主　编　李育民

近代中外条约关系通史

第 4 卷

不平等关系的强化
与条约外交体制的形成

（1896—1911）

尹新华　著

中 华 书 局

目　录

导　言

中日甲午战后直至清朝覆灭，是中外不平等条约关系进一步巩固、强化与条约外交体制最终形成的重要时期。

甲午战争开启条约关系新阶段之后，国际关系、中外关系和中国国内变革风起云涌，进一步推动中外条约关系内容、形式和范围的新发展。这一时期，伴随中朝、中暹缔约交涉的推进和部分条约达成，中国与朝贡国的传统关系基本被近代条约关系所取代，传统对外体制转向条约外交的新轨道，中外关系自此进入单一国际秩序时代。同时，列强的贪欲进一步滋长，并发展成 19 世纪末瓜分中国的狂潮，中外条约关系走向恶性发展。列强肆无忌惮的劫掠，激起了中国朝野的反抗，导致中外条约关系内在危机的白热化，进而引致震惊中外的义和团运动。经过八国联军的炮火打击，清政府被迫于 1901 年签订《辛丑条约》，"被制服"的中国更沦为"这样卑微的一个被奴役的国家"，不平等的中外条约关系因此得到巩固和强化。之后商约的修订，推动中外不平等条约关系进一步发展。

在上述基本趋势下，还产生或发展了其他方面的条约关系。其中，清政府顺应世界潮流，开始参加国际公约，条约关系因此出现了相对自主平等的新形式，而缔约国的范围也通过多边条约得到拓展。同时，甲午战争后中国的虚弱彻底暴露，俄、日、法、英等帝国主义列强以在中国周边所占区域为跳板，大力推进侵略中国边疆地区的步伐，甚至不惜发动侵略战争，以致中国东北、东南、西南及南部边疆陷入全面危机之中，有关边疆问题的条约如管涌般出现。另外，瓜分狂潮的出现，尤其是列强加大对华资本输出，中外"准条约"关系亦相应进入发展高峰，甚至走向恶性发展；伴随国内经济管理的专门化以及以收回利权为核心的国民外交运动的萌兴，清末"准条约"的签订总体上渐趋减少，而路矿、电信类"准条约"被否定和废弃的现象更是逐渐增多。

条约关系的运行在晚清最后十余年进一步调整和变化。面对新的条约关系格局，中国相关人士对订约的宗旨、条约的履行以及修约等问题的认识更趋明朗，条约关系观念进一步形成，中外条约关系向更深层次发展。中外各方围绕着条约的执行,从外交、法律变革、文化交流、边疆治理、通商贸易等方面建立和调整适应条约关系的制度。在这期间,中外双方既有冲突,也有变通、调适和改易。在中外条约关系的运行中,民众运动亦是不可忽略的一股推动力量。这一时期,义和团的笼统排外成为民众废约斗争的先导,它对现存的不平等条约体系产生极其重大的影响,而20世纪初年的收回利权运动和抵制美货运动,则是以理性和平的方式冲击不平等条约体系的根基。

甲午战后条约关系的发展对中国产生多方面的影响。就国际交往和国际秩序而言,伴随主要朝贡国的彻底丧失和新条约的议定,传统朝贡关系基本为条约关系取代。就不平等条约关系的发展及其对中国国家主权的危害而言,则是达到了巅峰,中国的国际地位因此坠入谷底。这些变化也推动了近代条约外交体制的最终形成。

为改变不利处境,中国各界出于国家利益的考虑,表现出更为强烈的修改不平等条约的意识,而且清政府在相关问题上采取了相应的举措。尤其值得注意的是,随着国人国际法意识的不断增强,清末中国政府在筹划修约的过程中形成了较为完整的思路,表现出了更多的主动性和更大的能动性。如积极利用《辛丑条约》的规定,努力争取中方修约权,并且在20世纪初的商约交涉中促使各国承诺条件成熟时放弃领事裁判权,筹划对应的内政改革、以民众呼声为修约后援,等等。这些亦为之后中外不平等条约关系的全面修改和废除埋下了伏笔。但不可否认的是,在受制于列强的国际环境,衰弱的清政府仍然缺乏坚定的决心,更谈不上完全废除不平等条约的意识,因此直至清朝覆灭仍未能突破中外条约关系不平等的基本格局。

本卷主要阐述从甲午战后直至清朝覆灭期间的中外条约关系,揭示不平等关系巩固、强化与条约外交体制最终形成的基本格局,包括朝贡关系被近代条约关系取代、瓜分狂潮中的条约关系、《辛丑条约》与不平等条约关系的巩固和强化、商约修订与条约关系的变化、边疆问题与条约关系、参与国际公约与条约关系新走向、"准条约"关系的进一步发展、条约关系观念的形成、清政府应对条约关系的举措、民众运动与条约关系等问题。

本卷内容的撰写遵循全书的理论框架与写作框架,紧扣甲午战争后直至

清朝覆灭期间中外关系的历史演进以及中外条约关系的整体发展态势,系统
论述这一时期中外条约关系的发展变化及其影响。

本卷的具体研究思路是:

首先,从纵向上梳理这一时期中外条约关系的发展变化,围绕不平等关系
进一步巩固、强化这一主题展开,主要包括朝贡关系被条约关系取代、瓜分狂
潮中的条约关系、《辛丑条约》与不平等条约关系的巩固和强化、商约修订与条
约关系的变化等方面。

其次,对这一时段产生或发展了的其他条约关系,如边疆问题相关条约、
国际公约、"准条约"等问题,设立专题,并结合时间顺序,分块集中论述。

再次,从横向上研究条约关系的运行,剖析中外之间围绕条约关系运行产
生的矛盾冲突,以及由此带来的观念、政策、制度等方面的影响,从而进一步展
现条约关系的运作实态与变化。

本卷还注意与前后各卷研究内容的联系与贯通,既注意本时段条约关系
发展的内在规律与特点,又关照前后时段的研究,从而与前后各卷内容相互关
联,浑然一体。

第一章　朝贡关系被近代条约关系取代

朝贡关系是封建时代所特有，以中国为中心的不对等的国际秩序模式。自鸦片战争以来，西方列强将体现强权政治的不平等条约关系强加给中国及其属国。在新的国际秩序挑战下，传统朝贡关系在清政府的苦心经营中不断衰落。甲午战争暨《马关条约》的签订更是以武力解除了中朝之间的朝贡关系，彻底摧毁了两种国际秩序并存的格局；暹罗停止朝贡也使得清朝保护海外华侨的形势日益严峻。如何与先前的朝贡国缔结条约并开展近代形式的外交，这成了中国不得不面对的一大难题。伴随中朝、中暹缔约交涉的推进及部分条约的达成，朝贡关系被近代条约关系彻底取代，传统朝贡体制转向条约外交的新轨道。其后，朝贡关系及意识在某些国家虽有残留，但未再能构成一种国际秩序，中外关系自此进入单一国际秩序时代。

第一节　中朝条约关系的重新构建①

朝鲜是朝贡体系下最典型，最主要，也是与中国关系最密切的朝贡国。在甲午战争之前，为抵制列强的渗透和侵略，清政府默认甚至支持朝鲜在对外关系上采用近代条约体制的部分内容，但这是在尽力维持朝贡关系的总体框架下展开的。中朝关系虽有了少许近代条约体制的内容，但朝贡在两国关系中仍然占据主导地位。中日《马关条约》第一款规定"中国认明朝鲜国确为完全无缺之独立自主，故凡有亏损独立自主体制，即如该国向中国所修贡献典礼等，嗣后全行废绝"②。该条款要求中国承认朝鲜"独立自主"，其实是要中国承诺放弃对朝鲜的宗主国地位，故它基本上宣告了中朝传统朝贡关系的终结，也为中朝新的外交关系的建立清除了体制上和思想观念上的障碍。自此，两国关系的发展进入了新的阶段。1899 年 9 月《中朝通商条约》（又称《通商条约：海关税则》）签订，中朝公使级外交关系确立，两国传统朝贡关系彻底被近代条约关系所取代。

在上述转变过程中，朝鲜是积极要求变革的一方。早在甲午战争爆发之际，受到日本控制的朝鲜政府便宣布废除之前与清朝缔结的条约，并要驱逐在朝清军，废止两国藩属关系。1895 年初，朝鲜政府开始积极地在政治上谋求独立平等，而彻底打破与清朝的朝贡关系，更是其独立平等地位的基本要求。该年 1 月 7 日，朝鲜国王颁布《洪范十四章》，宣告"割断附依清国虑念，确建自主独立基础"③。4 月 17 日中日《马关条约》签订，这无异于向全世界宣告朝鲜摆脱了与中国传统的宗藩关系，朝鲜的信心因此大增，自此更无所顾忌地从内政、外交等方面突破，以体现其独立自主的国家地位。12

---

　① 甲午战后《中朝通商条约》的缔结和外交关系的重新构建是近些年学术界关注的重要问题，本节主要由尹新华、李育民合作完成。

　② 《马关条约》，光绪二十一年三月二十三日，王铁崖编：《中外旧约章汇编》第 1 册，生活·读书·新知三联书店，1957 年，第 614 页。

　③ 王芸生编著：《六十年来中国与日本》第 3 卷，生活·读书·新知三联书店，1980 年，第 129 页。

月，朝鲜政府开始依据天子之国所使用之尊称，改变王室中称号，以示独立自主，如将国王改称大君主，王妃改称王后，王世子改称王太子，等等。1896 年 7 月，朝鲜政府还拆毁迎接清朝敕使的迎恩门牌坊，并在旧址建造独立门以示独立之志。1897 年 10 月 12 日，朝鲜国王李熙称帝，并将象征臣属地位的国号朝鲜改为与独立帝国相称的大韩①。通过建立帝国，朝鲜在形式上与中国和日本处于同等地位。

在国内改革以求独立平等的同时，朝鲜政府还试图通过外交途径实现国际上的独立平等地位。从 1896 年 5 月开始，朝鲜政府便派出特使或特命全权大臣参加俄、英等国举行的国际典礼活动，以对外昭示朝鲜之独立国家地位。同时，跟中国通使建立新约，更成为其推进独立政策的迫切要求。1896 年 7 月，朝鲜派华语翻译朴台荣会见清委办朝鲜商务委员唐绍仪，请求通使立约，以重建两国关系。朴台荣一方面表示"韩为中属，历有可考，今逼为自主，实出无奈，想中朝必不过责"；另一方面又明确提出废旧章，修新约②。

《马关条约》签订后，清政府不得不直面中朝关系的重要变化，开始重新思考中朝关系的走向。根据《马关条约》，中国必须认可朝鲜独立自主的国家地位，不能再视其为自己的藩属国。同时，甲午战后，日、俄等国加紧了对朝鲜的争夺，清朝在朝鲜半岛的争夺战中自是居于次要地位。但是朝鲜半岛地理位置至关重要，再加之长期延续下来的上国心理的影响，中国不甘彻底放弃对朝鲜的关注和影响。1895 年 5 月，两江总督刘坤一致电总理衙门，提出："朝鲜准其自主，仍归各大国保护，使之互相节制，则我东三省自安。朝鲜政事之不善者，自应令其更改，以免强邻藉口。"③ 7 月，刘坤一再次上奏："至朝鲜，许其自主，亦应归中、俄保护，

---

① ［日］福田忠之：《1897 年朝鲜国王李熙称帝史事考》，北京大学韩国学研究中心编：《韩国学论文集》第 19 辑，中山大学出版社，2011 年，第 75—77 页。

② 《总署奏预筹朝鲜通商办法以存体制折》，光绪二十二年六月十八日，王彦威、王亮辑编，李育民等点校整理：《清季外交史料》第 5 册，湖南师范大学出版社，2015 年，第 2414 页。

③ 《江督刘坤一致总署请与俄结欢以制东西两洋电》，光绪二十一年四月十六日，王彦威、王亮辑编，李育民等点校整理：《清季外交史料》第 5 册，第 2225 页。

或归各大国保护，我东三省暂得息肩矣。"① 刘坤一建议目标落脚于东三省的安全，但是难免仍有苦心维持对朝影响的印迹。可以说，甲午战后，清政府尚不习惯且不愿与朝鲜建立正常的条约关系，而这也预示新的中朝条约关系建立不会一蹴而就。

因此，唐绍仪在与朴台荣面谈时一再驳阻其要求，或称"韩王现驻俄馆，究系俄宾，是无独立之权，何能派使"？或答以"他国兵士驻扎国都，即为他国保护之国。派使一节，亦为公法之所不许。如韩王径行派使，中国恐不以礼相待云云"。朴台荣虽旋即告退，但唐绍仪在给北洋大臣的禀文中不得不承认："韩王派使意切，此次虽经驳阻，仍恐竟备国书，派使请修约款，假论公法，未可拒辞。"总理衙门在接到报告后，亦认为与朝鲜修订新约无法拒绝。但同时，总理衙门还指出，朝鲜"久为我朝藩属，亦未便与泰西各国等量齐观"，仍试图维持"属国之体"，并拟采取非条约关系的方式应对这一新的形势，即"准商订通商章程，准设领事，不立条约，不遣使臣，不递国书，中国派总领事一员驻扎韩城，代办使事"。为筹妥善，总理衙门就此方式特商出使大臣李鸿章，并由其遍查欧美成案。李鸿章回复称："英、法、德驻韩皆系总领事，南美如秘鲁等小国，俄、奥、德亦派总领事。按公法，应由总署寄信凭于彼外署，不递国书。所拟准订通商章程，设总领事，正合。"因此，总理衙门认为上述所拟各节既然有欧美成案可循，自然不致另外滋生异议，清廷遂同意照此办理②。随后，唐绍仪被委派为清驻朝总领事。

但是，朝鲜通使订约并力求独立平等之志十分坚决。在向中国提出立约交涉后，朝鲜加快推进自主独立的步伐。到1898年上半年，唐绍仪电称："英、俄、德、法、义、美、奥、日本诸国均认朝鲜自主，或派三等使臣驻扎汉城，或派领事兼理使事。"③ 当时，日、俄形成"共管"朝鲜状态，亦

---

① 《江督刘坤一奏请饬密商俄国促日还辽予以新疆数城为谢片》，光绪二十一年闰五月十六日，王彦威、王亮辑编，李育民等点校整理：《清季外交史料》第5册，第2284页。

② 《总署奏预筹朝鲜通商办法以存体制折》，光绪二十二年六月十八日，王彦威、王亮辑编，李育民等点校整理：《清季外交史料》第5册，第2414页。

③ 《总署奏拟请简派出使朝鲜国大臣折》，光绪二十四年六月二十四日奉旨，王彦威、王亮辑编，李育民等点校整理：《清季外交史料》第6册，第2606页。

不希望中国继续持有朝鲜仍为中国藩属的观念。为推动中国同意立约，朝鲜遂请日、俄斡旋施压。1898 年 3 月和 6 月，俄、日驻华公使分别照会清总理衙门，劝中朝两国通使订约。在 6 月 12 日的照会中，日本公使矢野文雄称："现因在韩国之清国人民其数不少，韩国政府愿与清国立约，请我政府居间玉成。"①

在这种情势下，清政府虽仍试图以属国之体处理与朝鲜的关系，但终究难以如愿，遂不得不同意与朝鲜遣使订约。不过，对于遣使订约的形式，唐绍仪仍建议由中国遣使赴朝订约，试图借此以存属国之体。他在电文中指出，"朝鲜先派使臣，似与体制攸关，不若中国遣四等使臣前往酌议商约，以示朝廷恩遇旧藩至意，未便令朝鲜遣使到京索约"②。总理衙门采纳其意见，并于 1898 年 8 月奏称："朝鲜国土与我奉、吉两省水陆毗连，商民来往，交涉甚繁。既经准其自主，自应按照公法遣使订约，以广怀柔之量而联车辅之情。"清廷遂任命徐寿朋以三品京堂充任出使朝鲜大臣，并负责赴朝交涉订约事宜③。由此足可见，清政府对传统朝贡关系的留恋和对国际秩序转换的无奈。之后，由于种种原因，直到 1899 年 1 月底徐才以全权大臣身份抵达汉城（今首尔）。2 月 15 日，徐寿朋与韩国全权大臣朴齐纯就订约展开会谈，9 月 11 日双方订立《中朝通商条约》十五款，12 月 14 日中朝双方在汉城交换条约确认书④。自此，中朝两国正式建立了近代性质的条约关系。

新建立的中朝条约关系，与此前朝贡关系主导下的中朝条约关系截然不同。19 世纪 80 年代以来，为抵制日本侵略朝鲜的野心，清政府以条约形式进一步规范和明确了中朝朝贡关系。1882 年的中朝《商民水陆贸易章程》、1883 年的《奉天与朝鲜边民交易章程》和《吉林朝鲜商民贸易地方章程》皆开宗明义，强调所订章程，系中国优待属邦之意，不在各国一体均沾之列或

---

① 郭廷以、李毓澍主编：《清季中日韩关系史料》第 8 卷，台北"中研院"近代史研究所，1972 年，第 5118 页。

② 《总署奏拟请简派出使朝鲜国大臣折》，光绪二十四年六月二十四日奉旨，王彦威、王亮辑编，李育民等点校整理：《清季外交史料》第 6 册，第 2606 页。

③ 《总署奏拟请简派出使朝鲜国大臣折》，光绪二十四年六月二十四日奉旨，王彦威、王亮辑编，李育民等点校整理：《清季外交史料》第 6 册，第 2606 页。

④ 关于该约的具体谈判过程，详见蔡建主编：《晚清与大韩帝国的外交关系（1897—1910）》，上海辞书出版社，2008 年，第 82—97 页。

"与各国通商章程两不相涉"①。虽然中朝《商民水陆贸易章程》还借鉴中外条约中的特权制度,规定中国在朝鲜的领事裁判权,但"它在本质上仍属朝贡关系,建立在历史形成的传统基础之上,与西方列强强加给东方国家的不平等条约关系,有着性质上的不同"②。总之,甲午战前的中朝条约关系,体现了传统朝贡关系模式,中国处于主导和中心位置,作为属国的朝鲜,居于相对不平等地位。

1899年缔结的《中朝通商条约》则是明确废弃了中朝间以中国为中心的传统朝贡关系,确立了近代条约关系。条约第一款首先强调了中朝两国友好相待的基本原则,即:"大清国、大韩国永远和好,两国商民人等彼此侨居,皆全获保护优待利益。若他国遇有不公轻藐之事,一经知照,均须相助,从中善为调处,以示友谊关切";第二款规定建立平等外交关系,即"自此次订立通商和好之约后,两国可交派秉权大臣,驻扎彼此都城,并于通商口岸设立领事等官,均可听便。此等官员与本地方官交涉往来,俱用品级相当之礼。两国秉权大臣与领事等官,享获种种恩施,与彼此相待最优之国官员无异。领事官必须奉到驻扎之国批准文凭,方可视事。使署人员往来及专差送文等事,均不得留难阻滞"③。这一规定无疑宣告了中朝官方平等交往的开始,条约签订以后,中朝正式建立公使级外交关系。对此,有论者指出:"从国际法秩序的角度看,可以说是与中国式中华主义残余作斗争的成果。这不亚于日本修订与西方列强之间的不平等条约的意义。"④ 由此,清政府放弃了维护传统国际秩序的努力,"鸦片战争之后建立的条约关系,基本上成为中国唯一的对外关系模式"⑤。

新订立的《中朝通商条约》与既存的中外不平等条约关系亦有明显区别。首先,"它主要依据具有近代进步性质的国际关系准则,并吸纳了中外

---

① 《商民水陆贸易章程》,光绪八年八月二十日;《奉天与朝鲜边民交易章程》,光绪九年二月;《吉林朝鲜商民贸易地方章程》,光绪九年八月,王铁崖编:《中外旧约章汇编》第1册,第404—405、418、444页。
② 李育民:《甲午战争暨〈马关条约〉与中外条约关系的变化》,《抗日战争研究》2015年第2期。
③ 《通商条约·海关税则》,光绪二十五年八月初七日,王铁崖编:《中外旧约章汇编》第1册,第910页。
④ 〔韩〕李泰镇著、金京子译:《明治日本侵韩史略》,中国人民大学出版社,2011年,第129页。
⑤ 李育民:《甲午战争暨〈马关条约〉与中外条约关系的变化》,《抗日战争研究》2015年第2期。

条约中体现这些准则的相关内容，旨在建立平等的条约关系"①。从具体内容来看，该条约基本上规定了双方对等的权利和义务，平等互利是该条约的基本特征。如互相享有领事裁判权，规定"中国民人在韩国者，如有犯法之事，中国领事官按照中国律例审办；韩国民人在中国者，如有犯法之事，韩国领事官按照韩国律例审办"。另外，在两国通商贸易的关税、通商口岸的居住或租地起盖栈房权、内地游历通商权等方面，亦都体现了基本对等的条约权利和义务关系②。这些规定，与近代以来中外不平等条约的单方面不平等规范有根本区别。总理衙门对此条约也表示满意，在遵旨议复时特别强调"所议均尚妥协"，认为以往与外国立约，仅针对外国人来华一面而言，"此次条约均系就两国交互所订，较为周密，将来办理，可无流弊"③。

其次，该约还结合中朝两国特殊的需求，就其他一些特别问题讨论后或撤销或入约，为两国以后的关系发展奠定了基础。其中，有些内容考虑到了两国的一些事项上的特别需求，如第五款两国彼此抓拿交犯一节颇为直接，与西方各国往往订立专条且区分所犯何罪不同。另有第六款朝鲜禁止米谷出洋；第九款管制两国兵器、各项火药进出口，朝鲜禁止鸦片进口及禁止红参出口；第十款有关海难相互救护的规定；第十一款有关"可雇请各色人等，襄执分内工艺"的规定，等等④。另外，中朝双方对某些既有不平等条约特权和国家主权相关方面颇为留意。如第十二款关于边民越垦问题，朝鲜外部初次交来约稿，增入"交界荒废之地，韩民已经垦辟者，仍令安住如旧，边界官应妥为保护等语"。徐寿朋即驳斥道："边界本无荒废之地，措词欠妥，且未便载明韩民，亦未便载明边界官妥为保护，盖各该处均系内地，既曰韩民，即不能听其居留。好在该民在华多年，朝廷一视同仁，地方官断不苛待，如遇涉讼一切，自应与华民一律办理。"朝外部无词可答，复行商恳改

① 李育民：《甲午战争暨〈马关条约〉与中外条约关系的变化》，《抗日战争研究》2015 年第 2 期。

② 《通商条约：海关税则》，光绪二十五年八月初七日，王铁崖编：《中外旧约章汇编》第 1 册，第 910—913 页。

③ 《总署奏遵议中韩通商条约折》，光绪二十五年正月二十日，王彦威、王亮辑编，李育民等点校整理：《清季外交史料》第 6 册，第 2650 页。

④ 《通商条约：海关税则》，光绪二十五年八月初七日，王铁崖编：《中外旧约章汇编》第 1 册，第 911—913 页。

为"边民已经越界者，听其安业，俾保性命财产"。徐寿朋认为"越垦则可见确在中国界内，并非交界之地"，"曰已经越垦者听其安业，则针对下文嗣后潜越边界者严行禁止，以见此系约前之事，中朝特施宽大之恩不加驱逐也。此数语尚无流弊"①。可见中方交涉人员维护边界主权的意识十分明确。另有最惠国待遇一款，徐寿朋认为各国最惠国待遇一款流弊最多，此次中朝虽能两面立说，"视各国正在中国所立之约专指洋人来中国通商一面而言大不相同，然究以不言利益均沾为妥"，故提议删除了该款内容②。第五款"凡在各口租地时，均不得稍有勒逼，其出租之地，仍归各本国版图"，则是反映了缔约双方维护领土主权的特别需求。在这当中，朝鲜提出了双方在议约期间最为纠葛的问题，即废止中国商民在汉城开设行栈之权。朝方认为，各国商民在汉城开设行栈，"此事实自中国滥觞"，"欲撤销汉城外商行栈，非先与中国商允不可"，而过去的中朝《商民水陆贸易章程》的第四条载明，"朝鲜商民在北京例准交易，中国商民准入汉城开设行栈，实有互酬利益之意"，"北京交易今已停废，汉城开栈却仍然如旧。揆诸情理，岂得谓平？"对此，徐寿朋反驳说："从前朝鲜贡使进京，商人顺带红参赴京交易，韩国以后再无贡使进京之事，乃情形之变迁，非情理之不平也。"但是朝鲜仍坚持前议，徐寿朋认为"此事关系华民利益，且与各国牵涉，未便曲为迁就。至于约内既载有与相待最优之国相同字样，汉城设栈，自已包括在内，日本与朝鲜商约即是如此"。因此，徐寿朋提出，"汉城撤销行栈，既改善后续条，可以暂从缓议"。朝方最后同意"先定正约"③。因此，徐寿朋认为与朝鲜所订条约做到了"各约尽有之款可以独无，各约尽无之款可以独有"，"为能就我范围"，故比各国条约较为优异④。

通过缔结新的条约，朝鲜进一步与中国建立了近代性质的平等关系，但

---

① 《使韩徐寿朋奏处置奉吉两省越垦韩民片》，光绪二十五年七月初十日，王彦威、王亮辑编，李育民等点校整理：《清季外交史料》第6册，第2700—2701页。

② 《使韩徐寿朋奏与韩所订条约比各国较为优异片》，光绪二十五年七月初十日，王彦威、王亮辑编，李育民等点校整理：《清季外交史料》第6册，第2700页。

③ 《使韩徐寿朋奏中韩通商条约业经议定折》，光绪二十五年七月初十日，王彦威、王亮辑编，李育民等点校整理：《清季外交史料》第6册，第2693—2695页。

④ 《使韩徐寿朋奏与韩所订条约比各国较为优异片》，光绪二十五年七月初十日，王彦威、王亮辑编，李育民等点校整理：《清季外交史料》第6册，第2700页。

这种平等仍然是畸形、不正常的。事实上，订约之后的朝鲜并不能获得真正独立平等的国际地位。《马关条约》虽然规定中国认明朝鲜为"完全无缺之独立自主"，但其重点不是真的给予朝鲜独立地位，而是如此款后面所言，"即如该国向中国所修贡献典礼等，嗣后全行废绝"。日本的用意是通过中国承认，以斩断中朝之间的朝贡关系，让朝鲜脱离中国的保护，为日本推进在朝鲜的侵略大开方便之门。从这一意义上而言，朝鲜与中国建立新的条约关系，虽然与其近代民族意识觉醒密切相关，但它直接本于《马关条约》，更是日本推行"大陆政策"的必然产物。也正是因为如此，脱离朝贡关系的朝鲜，非但没有成为一个真正独立自主的国家，还一步步沦为日本的殖民地。就在 1895 年 10 月日本制造乙未事变，谋杀了日渐亲俄的闵妃。翌年 2 月朝鲜国王高宗迁到俄国驻汉城公使馆避害。1898 年，以《西一罗森议定书》为转机，日本在朝鲜经济上的支配地位得到俄国承认，它的扩张"进入变朝鲜为'实质性保护国化'的新阶段"①。可见，甲午战后的朝鲜，是一个有名无实的"独立"国家，缺乏建立真正平等关系的必要根基。1899 年《中朝通商条约》所构建的平等关系，其实也是日本兼并朝鲜的"一个过渡和前奏"，"不过是以近代形式表明中朝传统关系的改变而已"②。

而且，伴随日本在朝既定侵略步伐的推进，中朝之间新缔结的条约关系最终走向瓦解，原中朝条约关系规范下的相关事务亦遭遇巨大冲击。日俄战争后，日本用武力迫使朝鲜签订《乙巳条约》，朝鲜自此失去外交权，变成日本的保护国。随后，中朝两国按照条约互派的公使机构被撤销，刚刚建立的公使级外交关系宣告结束。1909 年，日本与中国签订《图们江中韩界务条款》，进一步抛开《中朝通商条约》的相关规定，写入了侵害中国主权的内容，如将原有的越垦"边民"改成了"韩民"，并规定日本领事在中国境内的图们江北垦地对韩民的听审权，等等③。1910 年，通过签订《日韩合并条约》，日本正式吞并朝鲜，并由日本朝鲜统监府向中国驻朝总领事面交和邦

---

① 曹中屏：《朝鲜近代史 1863—1919》，东方出版社，1993 年，第 207、210 页。
② 李育民：《甲午战争暨〈马关条约〉与中外条约关系的变化》，《抗日战争研究》2015 年第 2 期。
③ 《图们江中韩界务条款》，宣统元年七月二十日，王铁崖编：《中外旧约章汇编》第 2 册，生活·读书·新知三联书店，1959 年，第 601 页。

条约及宣言书，在《日韩合并宣言书》中，日本政府正式宣告："所有韩国与各国条约自应作废，日本国与各国现行条约限其能以照行者，在朝鲜亦可照行"，原来中朝互享的领事裁判权也在收回之列①。《中朝通商条约》遂自动作废，并自此为中日之间现有条约关系所取代。

日本吞并朝鲜和作废《中朝通商条约》的行为，破坏了《马关条约》第一款中"朝鲜国确为完全无缺之独立自主"的规定，还直接侵害到中国的利益。但当时的清政府已自顾不暇，没有能力，也无意志去抗议或干预②。不过，这样一种条约关系的转换终究是清政府极不愿看到的，因为继之而来的是日本强权主导下的不平等条约秩序③，更何况日本还明显地表现出了以朝鲜为跳板，积极向中国东北乃至整个中国扩张的态势。事实上，日本吞并朝鲜和完全打破中朝条约关系对中国产生了强烈冲击。中国内部为求自存自保，也提出了系列应对之策。其中，或主张以朝鲜亡国为戒，推进立宪改革，或要求积极考虑中国东北边界条约的调整及地方治理问题，林林总总，皆透露出深刻的危机意识。在两种国际秩序转换的复杂格局下，中外条约关系的运行走向深入发展。这些后文有专门论述，此处不赘。

第二节　华侨问题与中暹缔约交涉的开始

暹罗（今泰国）地处东南亚，自古便是中国的朝贡国。自 1645 年顺治帝诏谕暹罗纳贡来朝到 19 世纪中叶，清暹之间一直维持着朝贡关系。1852年，暹罗最后一次遣使朝贡。1855 年，英国以武力强迫暹罗签订不平等的《暹英条约》，美、法、葡、德、意等其他西方列强遂蜂拥而至，纷纷与暹罗

---

① 《驻韩总领事马廷亮呈外部报日韩合邦条约并宣言书电附条约暨宣言书》，宣统二年七月二十四日，王彦威、王亮辑编，李育民等点校整理：《清季外交史料》第 8 册，第 4362—4364 页。

② 详见权赫秀：《"自顾不遑，断难干预"——清政府对日本吞并大韩帝国的认识与反应》，中国朝鲜史研究会、延边大学朝鲜·韩国历史研究所编：《朝鲜·韩国历史研究》第 12 辑，延边大学出版社，2012 年，第 189—209 页。

③ 另一方面，日本在控制朝鲜后，通过交涉，去除了中国在朝鲜享有的条约特权。日本学者川岛真专门就清末民初废除朝鲜半岛中国租界的中日交涉展开研究，认为"日本围绕中国利权进行修改不平等条约交涉的情况在近代史上实属罕见"。详见〔日〕川岛真著、田建国译：《中国近代外交的形成》，北京大学出版社，2012 年，第 340—352 页。

签订不平等条约。处于西方势力包围中的暹罗恃英、法牵制而自存，成为东南亚唯一维持名义上独立的国家。自19世纪中叶至20世纪初，晚清内忧外患交织，衰弱之相尽显，而暹罗在半殖民地化的过程中逐步西化，开始讲求近代西方国际关系中的民族国家与主权对等，再加之西人又加煽惑，暹罗已从心底里不认同中国的上国地位，中暹传统朝贡关系遭到冲击[①]。暹罗是广大东南亚华侨的重要聚居地。虽然暹罗此后未再按照传统体制朝贡，但它与中国的贸易关系仍在维持。而传统朝贡体制是华侨在当地生存、发展和联系祖国的重要支撑。暹罗停止朝贡也使得清朝保护海外华侨的形势日益严峻。到清末年间，华侨被苛待问题最终引发清暹遣使立约的外交难题。

　　长期以来，华侨在暹罗当地社会经济发展中扮演着十分重要角色。正如清政府农工商部侍郎杨士琦1908年上奏所言，暹罗"其全国户口不满千万，而华侨乃三百万人。人数之众，过于爪哇；商业之盛，过于西贡"[②]。暹罗政府最初给予华侨优惠待遇，后虽开征人头税但低于暹罗臣民。19世纪70年代中暹断绝外交关系后，暹罗政府加速推进民族国家的统合，着力强化"国人"与"外人"的差别待遇，华侨在暹罗被视为无条约国国民，他们所遭受的限制逐渐增多。19世纪末到20世纪初，在以法国为代表的西方国家的允许下，大量华侨开始以无条约国国民身份在暹罗成为"登录民"，他们在暹罗从事商业，可以享受领事裁判权的保护免于征税。这一情况导致更多的华侨，甚至暹罗臣民申请为"登录民"[③]。1903年孙中山在暹罗宣传革命时，曾关注过暹罗华侨的人头税负担问题，并在会见暹罗外交官员銮汕帕吉·比差时指出："在暹罗都城之华侨，似对暹罗政府当局有些不满，致使他们在暹罗都城愿意接受外国人之庇护。"[④]而暹罗政府为维护国家利权，并争夺侨民，一方面更加急切地要收回领事裁判权，1907年间开始，暹罗政府不

　　① 关于中暹朝贡关系的结束，学术界有较多关注。详见张启雄：《东西国际秩序原理的冲突——清末民初中暹建交的名分交涉》，《历史研究》2007年第1期；王杨红：《从朝贡到早期订约交涉：中一暹关系的变迁（1782—1914）》，厦门大学博士学位论文，2018年，第86—139页。

　　② 《农工商部侍郎杨士琦奏遵核暹罗订约通使事宜折》，光绪三十四年三月初四日，王彦威、王亮辑编，李育民等点校整理：《清季外交史料》第7册，第3797页。

　　③ ［日］川岛真著、田建国译：《中国近代外交的形成》，第355页。

　　④ 李明：《孙中山先生早期来暹曾就华人问题与外部官员一段对话》，转引自林家有、李明主编：《孙中山与世界》下册，吉林人民出版社，2005年，第222页。

惜以割让土地为代价，向英、法等国交涉收回领事裁判权①；另一方面全力推进"华侨暹罗化"，进一步取消华侨与暹罗臣民界限，于 1905 年规定华人子弟隶入兵籍②，1909 年更颁令再加征人头税③。华侨在当地被苛待问题越发严重。泰国政府强硬的政策，强化了一些华侨的民族意识，他们更不愿就此归化当地并承担更多的人头税，因此暹罗华侨陆陆续续地向清政府提出了议约遣使设领保护的要求，并最终在 20 世纪初形成了强烈呼吁议约遣使设领的声浪。

在 19 世纪下半叶中暹朝贡关系走向终结的过程中，便有了订约之议，而暹罗华侨保护问题也渐浮出水面。1869 年，暹罗上书中国，"请废贡献之礼，以后赠献用授受仪式，与西洋各国同"，其实是已决计要废除传统的朝贡关系。清政府对此予以拒绝④。之后，中方多次督促暹罗仍称臣入贡，但暹罗以各种理由拖延。1878 年，曾纪泽使英路过曼谷，要求暹罗照旧入贡，暹罗不允，反而请立商约，企图与中国建立西方式的国际关系，此亦为中方所拒⑤。进入 19 世纪 80 年代，一些华侨因为暹罗苛待，吁请中国设领保护，清政府内部出现了仿照朝鲜办法设立通商领事之议。1886 年曾纪泽与暹罗驻英使馆围绕订约进行了简短会谈，但在两国关系上，前者仍倾向维护上下秩序，而后者则力持平等立场⑥。1893 年法国挑起侵略暹罗的北榄事件，本已十分松散的中暹朝贡关系遭遇严峻考验，并最终走向终结。当时，中国方面对于法国侵暹十分关注，国内舆论有的主张"保暹罗以固藩封"，认为暹罗久为中国藩属，中国理应保全，而且当时中国传统属国已纷纷为列强吞并，如不救暹罗，朝鲜"不免渐渐离心解体"⑦。还有的建议暹罗恢复朝贡，而中

---

① 梁敬𬤇：《在华领事裁判权论》，商务印书馆，1934 年，第 196—198 页。

② 《侨暹华商温忠岳等禀一件：恳请派公使与暹订约设领以资保护并据情代奏由（附印禀一件）》，光绪三十三年十一月十七日，台北"中研院"近代史研究所档案馆藏北洋政府外交部档案，馆藏号：03—23—005—01—002。

③ 拉玛二世时期（1809—1824 年）华人人头税三年一纳，税额为 1.5 铢，拉玛四世（1851—1868 年）时增为 4.25 铢，1909 年拉玛五世颁令加增为 6 铢。参见［美］施坚雅著、许华等译：《泰国华人社会：历史的分析》，厦门大学出版社，2010 年，第 132、173 页。

④ 《暹罗》，刘锦藻撰：《清朝续文献通考》第 4 册，商务印书馆，1936 年，第 10736 页。

⑤ 《暹罗》，刘锦藻撰：《清朝续文献通考》第 4 册，第 10736 页。

⑥ 详见王杨红：《从朝贡到早期订约交涉：中—暹关系的变迁（1782—1914）》，第 130—132 页。

⑦ 《保暹罗以固藩封说》，《申报》1893 年 7 月 31 日。

国仿照朝鲜成法，在暹罗设领办理商务，派舰船驻扎，"使各国知暹罗有奥援，不敢复生其觊觎"①。另外，还有人认为暹罗"彼固不必以藩服自居，中国亦不必视为藩服"，主张中国作壁上观②。相对于舆论界纠结是否援助朝贡国而言，清政府内部此时考虑更多的是暹罗当地华侨的保护问题。时任出使英、法、意比大臣的薛福成主张派军舰保护华侨，并在 7 月 30 日致电北洋大臣李鸿章，谓："寓暹华商禀求兵船保护，英、德等国皆添船护商，华民在暹尤众，请派兵船赴暹海口，随同英、德等船进止最妥，可慰舆情、尊国体。若须入口，中、暹向无条约，可告驻英暹使电知该国，随后再议。"③ 李鸿章不同意派军舰，但对当地华侨的境况表示关切，他在 7 月 31 日的回电中指出："暹自咸丰三年后绝朝贡，外人犹疑为属国。闻暹初与法战，内有华商助之，若派船护商为名，法倘阻我入口，进退两难。然华民在暹百万，可令庆常婉询外部何意，彼或有疑忌，速定和局。"李鸿章还以为薛福成上面所言"再议"指的是中暹议约，故谓："尊意随后议约尤非体，此须熟商，未可轻举。"④ 可见，此时清政府内部的一些要员还拘束于朝贡之名分，认为与暹罗缔约有失体面，但对于朝贡之实际内容却已不太讲求。与此同时，暹法兵衅初开时，暹罗向清驻伦敦公使馆探问中方能否设法相助，薛福成以暹罗"久辍朝贡，一旦危急，势难援手"为由，回绝了暹使之请。但薛福成考虑到法国在越南、暹罗边境推进侵略的态势，感觉"滇疆之患，不可胜言"，因此在当年 8 月给总理衙门的报告中表示："就大计而论，中国未尝不隐惧暹罗之亡。"⑤ 之后，英国与法国继续交涉在缅越之间建立"缓冲国"问题，并支持暹罗独立⑥。1893 年 12 月，薛福成奉总理衙门之令回复英国，表示愿收受缅、越瓯脱之地，并申明"中朝极愿暹罗恒为自主之国及完全之地"，

---

① 《暹罗善后论》，《新闻报》1893 年 10 月 16 日。

② 《论中国不合与闻暹法之事》，《新闻报》1893 年 8 月 8 日。

③ 《薛使来电》，光绪十九年六月十八日到，顾廷龙、戴逸主编：《李鸿章全集》第 23 册，安徽教育出版社，2008 年，第 392 页。

④ 《复伦敦薛使》，光绪十九年六月十九日；《薛使来电》，光绪十九年六月二十一日到，顾廷龙、戴逸主编：《李鸿章全集》第 23 册，第 392—393 页。

⑤ 《论与法国声明澜沧江外滇属土司书》，光绪十九年六月二十八日，秦光玉编纂、李春龙点校：《续云南备征志》下册，云南人民出版社，2017 年，第 1777—1778 页。

⑥ 《暹罗》，刘锦藻撰：《清朝续文献通考》第 4 册，第 10736 页。

"英、法拟如何保护,中朝深愿帮助办理"①。至此,清政府虽有无奈,但也无异于表示了放弃中暹朝贡关系的态度。

之后,有关中暹订约的议论和交涉进入了一个新的阶段,那便是中国方面开始力主订约。如上所言,在与周边原朝贡国发展近代平等条约关系问题上,清政府迟迟放不下身段,这应是中国与暹罗缔约问题上迟滞之主要原因。但是,在西方列强侵略和条约体制的强烈冲击下,朝贡关系完全为条约关系取代已是大势所趋。而且,随着华侨被苛待的问题频频出现,中国内部已经日渐强烈地意识到保护华侨在巩固国家政治根基、扩大财源等方面的重要性。事实上,从 19 世纪 70 年代末以来,清政府陆续在华侨比较密集的美洲、东亚及东南亚各处纷纷设立领事馆。1893 年 8 月,驻英公使薛福成奏请豁除旧禁,保护出洋商民②。当年 9 月,清廷允准:"良善商民,无论在洋久暂、婚娶、生息,一概准由出使大臣或领事官给与护照,任其回国谋生置业,与内地人民一律看待,并听其随时经商出洋。"③ 1906 年五六月间,暹罗亲王顺道到中国游历,因之前有暹罗亲王在日游历推动日暹缔约的先例,中国舆论遂认为此亦即中暹订约联合之机。有文人罗振常撰《论我国今日宜与暹罗缔约》一文刊载在上海《中外日报》上,该文后又为《东方杂志》等各大报纸杂志转载。文章开宗明义,强调独立国家应缔约遣使往来,并要在外交上结盟互卫,即"天下无独立之国,即世值和平,使聘往来亦所宜有。况乎列强竞争,伺隙而动,于此有利害相同之国,未有不互相结合,以资保卫者也"。文章在详细介绍暹罗时,特提到华人在暹罗之势力与境遇,认为"今日华人在彼,如飘蓬败叶,零落无归,深可悯痛。吾闻西国政治家言,凡归化民愈多者,其国势愈盛,今乃以亿万活泼有为之赤子,举而属之于他人,以务杀吾之势力,果何为哉!"并认为当前中暹交往实在急迫,之前的藩属之制"所争只在名义,并无实益",中国的藩属中"名义最不可拔者,

① 《与英外部愿收受缅越瓯脱之地并保护暹罗》,光绪十九年十一月初九日,薛福成:《出使公牍》下册,朝华出版社,2019 年,第 689 页。

② 《使英薛福成奏请申明新章豁除旧禁以护商民折》,光绪十九年七月初十日,王彦威、王亮辑编,李育民等点校整理:《清季外交史料》第 4 册,第 1788 页。

③ 《总署奏遵议薛福成请申明新章豁除海禁旧例折》,光绪十九年八月初四日,王彦威、王亮辑编,李育民等点校整理:《清季外交史料》第 4 册,第 1791 页。

宜莫如朝鲜，今于朝鲜已俨然派公使矣，更何论要荒之服如暹罗者哉"。文章进而建议联合日本合保暹罗之独立，使其成为中国"南方一大屏蔽"。基于上述判断，该文提出了三步走的缔约建议，即在缔约程序上，先订修好通商条约，再遣公使往驻以开拓殖民①商业，进而缔结攻守盟约；具体策略上，鉴于中暹关系与日本略同的情况，可仿照日本先例，"先申旧好，订缔约书"，而后派专员赴暹调查，作为立约的准备，"然后参据日暹条约，以定各款"②。可见，当时中国内部对国际秩序的转换和条约外交已经有了比较深入的认识，并从国家"实益"出发，呼吁中暹立约。

与此同时，暹罗华侨因受当地政府的歧视与苛待，也迫切希望清政府能够与暹罗立约，派驻公使，保护侨民。1906 年，温忠岳等人遂代表暹罗当地二百余万华侨向外务部递交禀文，详细描述了华侨在暹罗的困境，指出"从前暹国入贡称藩，同在臣民之列，实与内地杂居无异"，但是，自从暹罗学习西方改革政治，当地政府就开始苛待华侨，"以身税一事而论，各国士商，绝不过问，即至巫来由、安南、印度亦概行豁免，乃独征收于华人……对于我邦，独不平等"。不但如此，当地还颁行征兵令，"凡华人子弟，亦须隶入兵籍……并非其国之人民，乃有服役之义务，岂非奇事"。华侨为求自保，甚至寄籍别国，接受列强的保护，"但以中国之族类，亦尝称为文物之邦，乃赧颜求庇于他人。无国家之保护，可耻孰甚！"故温忠岳等人联名禀请"速派大臣来暹订立和约，俾得派驻公使领事，以资保护"，如仍待筹议，"请先行奏明援照无约国办理办法，照会日本政府，转饬驻暹日本公使及领事代为保护"③。

从当时清政府内部的舆论和在暹罗华侨的处境来看，中暹交涉订约，已势在必行。1906 年 7 月，驻法公使刘式训上奏指出"该侨民等系中国子民"，建议在暹罗遣使设领以保护，"以全国体"。12 月，北洋大臣袁世凯亦建议订

---

① 此处的意思为移民，而非殖民侵略。
② 罗振常：《论我国今日宜与暹罗缔约》，《东方杂志》1906 年第 3 卷第 6 期。
③ 《侨暹华商温忠岳等禀一件：恳请派公使与暹订约设领以资保护并据情代奏由（附印禀一件）》，光绪三十三年十一月十七日，台北"中研院"近代史研究所档案馆藏北洋政府外交部档案，馆藏号：03—23—005—01—002。

约遣使，称暹罗独立已为各国公认，该国与中国西南接壤，"自宜订约遣使，以资联络"，且暹罗华侨众多，也应妥筹保护之策，袁世凯还将上述华侨的禀文转给外务部。12 月 10 日外务部致电刘式训令其妥筹立约办法。刘式训提出，中国与暹罗立约专为保护侨民起见，这样暹罗可能会顾忌中国干涉，故中国与暹罗协商时，宜晓以同洲唇齿相依、宜结通好之利害，使之就范。之后，清廷内部关于订约保侨之议论时有奏闻①。1907 年 5 月，刘式训再次函呈外务部，建议速与暹罗订约，以保护旅暹华侨。呈文一方面提到当时法暹修约，"暹廷不惜失地以推广裁判，实为收回治外法权，立定基础"，且"闻暹廷甚虑华侨投归日本保护"，故建议中国乘机"从速与暹议约遣使设领，自任保护之责"；另一方面，表示法国前海军大臣拉乃桑曾向其提及西贡设领一事，谓"越南苛例，限制华侨，原虑中国图复南服，故隐为禁制，使之不来。若两国明立专约各不侵占寸土，则设领问题自可迎刃而解"。刘式训建议政府以中越关系为例，利用法方议约之提议，"以收目前之实益"②。

可见，1906—1907 年间，中国朝野已基本认可暹罗的独立国地位，出于更好地统治和保护暹罗华侨的需要，开始催促政府与暹罗订约遣使，建立近代的外交关系，而且还从订约的具体程序和策略等方面提出了应对之策。在这种大背景下，清政府迈出了主动联系暹罗缔约的步伐。但是，此时的暹罗却已远非三十年前主动要求缔约的状态了。

1907—1908 年间农工商部右侍郎杨士琦率军舰巡历南洋，拉开了清末两国订约交涉的序幕。这次巡历由清政府派出，主要是宣传德意，考察东南亚一带华人商务，保护华侨，并兼筹日后设领之法，其实已暗含试探缔约之意。但在 1907 年 11—12 月杨士琦访问曼谷时，暹罗内阁会议确认的方针是与其他友好国家一样接待中国来使，不准设置常驻领事③。因此，杨士琦的暹罗巡历是在不谈政治与外交的前提下完成的，而暹罗在缔约问题上已展

---

① 袁丁：《晚清侨务与中外交涉》，西北大学出版社，1994 年，第 53 页；王杨红：《从朝贡到早期订约交涉：中一暹关系的变迁（1782—1914）》，第 136—139 页。

② 《驻法刘大臣函一件：详陈法暹商订新约各节（附清折）》，光绪三十三年五月初八日，台北"中研院"近代史研究所档案馆藏北洋政府外交部档案，馆藏号：03—23—005—01—001。

③ Krasuang Kantangprathet（外交部文件）. NA. R. V. 21/1-28；Chin（中国），转引自 [日] 小泉顺子：《"朝贡"与"条约"之间》，《南洋问题研究》2007 年第 4 期。

现了回避的态度。不过，暹罗的态度并未能阻遏住中国内部的缔约要求。留日学生陈发檀在 1907 年 9 月的一封条陈中强烈要求遣使，为打动清政府甚至称："暹罗一国……上有贵族，下有奴隶，而无与国同休戚之中等人民……彼所谓中等人民者，即我国旅居彼国之商民。全国商民、全国商业，皆在吾民之掌握。以彼物产之丰富，供我人民之懋迁，此实中国天然之殖民地。"① 1907 年 12 月，温忠岳等人再次上禀恳请缔约。在该禀文中，首先强调了遣使设领保护暹罗华侨对国家的重要性，试图以此引起清政府注意，其谓："国家设立公使领事所以代表国家政治保护商民财产，即无非所以巩固其自主国权"，而暹罗华侨不下于二百余万，"其生命财产关系于国家者匪轻"。禀文对清政府在中暹缔约问题上因传统的朝贡关系而顾虑延宕亦颇有微词，建议政府改弦更张，采主权国外交通例订约遣使设领，称："不谓事更二载，迄无成议，岂朝廷惮于立约，以为事关国体，惧开交涉。然查国际公法，公使之派遣，凡称独立国均有是权，双方国当然默认，不必拘以立约。领事虽须派遣国与接待国先订有条约乃可派出，而既有公使以担联络国交职务，则订约派遣领事保护商民，直指顾问事耳，夫何惮而不行。"为推动清政府议约遣使设领，他们还表示"创办事衙门原非易举，然商民望治心殷，愿报效者自不乏人，可无费国家之款"②。农工商部侍郎杨士琦在 1908 年 4 月 4 日遵旨酌核陈发檀之条陈时，也认为与暹罗订约通使"固圉保商，均关紧要"③。

有鉴于上述情况，清外务部在 1908 年 4 月 11 日致电驻法使臣刘式训，命其向暹罗驻法公使查龙（Charun）亲王交涉订约事宜。查龙表示两国订约时机尚未成熟。其理由概括起来主要有以下方面④：一是暹罗国王一直平等

---

① 《农工商部侍郎杨士琦奏遵核暹罗订约通使事宜折》，光绪三十四年三月初四日，王彦威、王亮辑编，李育民等点校整理：《清季外交史料》第 7 册，第 3797 页。

② 《侨暹华商温忠岳等禀一件：恳请派公使与暹订约设领以资保护并据情代奏由（附印禀一件）》，光绪三十三年十一月十七日，台北"中研院"近代史研究所档案馆藏北洋政府外交部档案，馆藏号：03—23—005—01—002。

③ 《农工商部侍郎杨士琦奏遵核暹罗订约通使事宜折》，光绪三十四年三月初四日，王彦威、王亮辑编，李育民等点校整理：《清季外交史料》第 7 册，第 3797 页。

④ Krasuang Kantangprathet（外交部文件）. NA. R. V. T. 8/4：Phraratchahat mi pai ma kap momchao charunsak（1）muat sanya（angkrit sawit lae chin）(R. S. 126-R. S. 128)，转引自 [日] 小泉顺子：《"朝贡"与"条约"之间》，《南洋问题研究》2007 年第 4 期。

地对待中国人，没有必要缔结条约保护。由前述可知，这一理由未免有点欲盖弥彰。二是暹罗正与外国进行撤销领事裁判权的谈判，此时缔结新约对暹罗来说会很窘迫。自 19 世纪中叶以来，暹罗王室持开国进取之国策，对内发奋图强，对外努力恢复国权，气势正高。1908 年 4 月，农工商部侍郎杨士琦在上奏要求订约通使时就提到暹罗"近岁锐意图强，俨然独立，与各国订约通商，冠盖四出，西人咸目为东方比利时国，不以弱小而轻之"①。而改订不平等条约，尤其是废除领事裁判权乃暹罗政府当时要务。如前所述，大量"登录民"的出现，让暹罗政府更加急切地要收回领事裁判权。此时如与中国订约，势必会牵涉到双方国民的管辖问题，暹罗不想给予中国领事裁判权，故在改约形势明朗前，暹罗自然不愿平添事端。另外，暹罗表面没向中方提及，但内里其实十分担心的一个因素，即中国派遣的驻暹罗领事可能成为华侨的领袖，会领导他们进行反抗和罢工，进而对暹罗产生很大的不利。这种情况下，中国的主动缔约要求从一开始便很难得到暹罗的同意，两国订约交涉遂陷入僵局。

与此同时，中国与暹罗对侨民的争夺斗争愈发激烈。清政府方面因荷属东印度（今印度尼西亚）虐待华侨，尤其是勒令华侨加入殖民地籍问题，加快了制定国籍法的步伐，并在 1909 年 3 月推出了中国历史上的第一部国籍法《大清国籍条例》。该条例采用了血统主义的指导原则，进一步明确了统治和保护华侨国民的范围。条例将海外华人均视为中国人，也为清政府保护暹罗华人提供了法律依据②。而为彻底解决华人待遇和治理纷争，暹罗政府在 1907 年 12 月 5 日召开内阁会议，决定将原属外交部，并管理中暹贸易和华人社群的港务左局移交给统辖华人的首都部。这一机构调整，打破了将华人作为外国人对待和统治的传统体制，使得华人事务由外交转为内政，暹罗由此进一步掌握了中暹交涉的主动权③。1909 年拉玛五世颁令华人人头税加

① 《农工商部侍郎杨士琦奏遵核暹罗订约通使事宜折》，光绪三十四年三月初四日，王彦威、王亮辑编，李育民等点校整理：《清季外交史料》第 7 册，第 3797 页。
② 关于晚清设领护侨，详见庄国土：《中国封建政府的华侨政策》，厦门大学出版社，1989 年，第 138—144、154—197 页。
③ Krasuang Nakhonban（首都部文件）. NA. R. V. N. 1. 1/260：Ruang yai krom tha sai krasuang nakhonban (R. S. 126-R. S. 129)，转引自［日］小泉顺子：《"朝贡"与"条约"之间》，《南洋问题研究》2007 年第 4 期。

增为 6 铢，与暹人无异，进一步从制度上全力推进"华侨暹罗化"。1910 年
6 月，暹罗侨界因为当地政府加增华商人头税，推行强硬的归化政策，爆发
了声势浩大的抗议运动，曼谷更是发生了华商集体罢市的冲突事件①。华侨
因此纷纷急电清政府，请求保护。

8 月，鉴于暹罗华侨问题严重，外务部再次训令驻法公使刘式训与驻法
暹罗公使交涉立约通好问题。恰逢暹使避暑出游，刘式训乃拟就法文节略交
由参赞代递。1911 年 2 月 10 日，暹罗使馆代办面交说帖，明确表示暹罗目
前不愿与中国立约通商。说帖提到的一个重要理由是照两国现在情形，目前
订约未必有益。如说帖所言，中暹无条约羁绊，暹罗政府反倒可视华侨如暹
民，一体优待，这对华侨反而有利，谓："夫华民旅暹，因系亚洲人且完全
归暹管辖，故所处地位，较之与暹有约诸他国人民较占优胜。准其不限于条
约范围之内，方能与暹民一律看待，享同等之利益"，若一经订约，暹罗政
府即不能允其享今日之利益，反而对在暹华侨有损无益。不仅如此，说帖还
指出："若订条约，应彼此平均看待。凡暹民在华，援照华民在暹，亦准在
内地居留，窥观中国现情，未必肯开放全境耳"②。其实，上面所言理由只是
为其阻挠缔约进行搪塞。暹罗政府十分排斥中国政府插手其国内华人事宜，
暹罗使馆所说给中国侨民以"国民"之优待，背后其实是暹罗政府积极扩大
国民范围，推进"华侨暹罗化"的政策在作祟。暹罗拒约显然有在政治上和
经济上与中国争夺华侨的明确考虑。1909 年中国颁布的《大清国籍条例》强
调血统主义原则，虽有防止华侨被居住国同化和归籍的考虑，但毫无疑问也
增加了双方订约的难度。暹罗政府对待华侨国籍采用血统主义与属地主义相
结合的原则，尽量扩大国民范围，1913 年 4 月还按照此原则制定国籍法，这
样两国在华侨国籍问题上冲突不可避免③。据此，一旦中暹订约，暹罗华侨
的国籍明确时，势必会进一步带来土地所有权、财富归属等法律问题，在政
治、经济上对暹罗政府都会相当不利。刘世训在转述暹罗使馆意见时也指

---

① ［美］施坚雅著、许华等译：《泰国华人社会：历史的分析》，第 173—174 页。
② 《驻法刘大臣致丞参信一件：暹罗订约事又驻法暹使因国戚回暹事（附洋文抄稿、说帖各一件）》，宣统三年二月初七日，台北"中研院"近代史研究所档案馆藏北洋政府外交部档案，馆藏号：03—23—005—01—004。
③ 详见郭威白：《中暹国籍法的冲突与世界各国国籍法的比较》，《民族（上海）》1935 年第 3 卷第 8 期。

出，该国与中国立约无利益可图①。同时，暹罗使馆说帖再次强调了另一拒绝之理由，即"目下暹政府正在商改各国条约，将来外人在暹之情形，若能改定，则华暹立约之事，或可易于商榷有成"②。对此，刘式训亦了解，指出："该国现正与各国修改条约收回治外法权，若同时与我订约，诸多窒碍。"③ 这种情况下，中国的主动缔约要求再次被婉拒。

晚清时期中暹缔约交涉，终究只是处于双方各自交错提议的阶段，尚未能涉及具体的条款内容，更遑论建立新的平等条约关系。不过，就缔约提议和相关交涉的发展变化来看，这一时期中暹缔约交涉在朝贡关系为条约关系彻底取代的进程中有着特别的意义。如果说在 19 世纪 70 年代暹罗要求缔约时尚能以下国的姿态索要平等地位，但是之后伴随暹罗国内西化改革的推进和对外废除不平等条约特权交涉的展开，到清末拒绝中国缔约要求时，其气势已远在中国之上，甚至控制了是否缔约的主导权。亦可想见，就暹罗一方而言，尚未展开的议约内容不太可能带有任何反映传统朝贡秩序的色彩，这是与中朝重新构建条约关系很不一样的地方。暹罗华侨也感慨当地政府的这种变化，谓："昔为藩属，亦非强权，犹且如斯，岂不可叹。"④ 而且，这样一种状态一直延续到民国，并影响到后来的中暹缔约交涉。与此相对应的是，在中暹朝贡关系已经终止的情况下，清政府由拒绝暹罗缔约要求，转向主动发起缔约，这一转变，本身就形成了主动要求以条约关系取代朝贡关系的历史环节。当然，就其转变动因而言，统治和保护华侨毫无疑问占据压倒性地位，而与原朝贡国构建平等的国家关系并非决策的主要出发点。这也反映了朝贡关系为条约关系取代的进程中中外关系的过渡性和差异性。

民国时期，暹罗华侨的待遇及相关"国民争夺"问题并未因此消失。民

---

① 《驻法刘大臣致丞参信一件：暹罗订约事又驻法暹使因国戚回暹事（附洋文抄稿、说帖各一件）》，宣统三年二月初七日，台北"中研院"近代史研究所档案馆藏北洋政府外交部档案，馆藏号：03—23—005—01—004。

② 《驻法刘大臣致丞参信一件：暹罗订约事又驻法暹使因国戚回暹事（附洋文抄稿、说帖各一件）》，宣统三年二月初七日，台北"中研院"近代史研究所档案馆藏北洋政府外交部档案，馆藏号：03—23—005—01—004。

③ 《驻法刘大臣致丞参信一件：暹罗订约事又驻法暹使因国戚回暹事（附洋文抄稿、说帖各一件）》，宣统三年二月初七日，台北"中研院"近代史研究所档案馆藏北洋政府外交部档案，馆藏号：03—23—005—01—004。

④ 《侨暹华商温忠岳等禀一件：恳请派公使与暹订约设领以资保护并据情代奏由（附印禀一件）》，光绪三十三年十一月十七日，台北"中研院"近代史研究所档案馆藏北洋政府外交部档案，馆藏号：03—23—005—01—002。

初中暹围绕争夺国民问题再次展开交涉。进入 20 世纪 20 年代后，民国政府亦开始从新的国际秩序下平等国家关系建立的角度审视中暹缔约问题，但是后来却又因中国执着于"皇帝"的称号而使得交涉暂停，之后暹罗乘机又提出其他理由延缓交涉，这样中国与暹罗订约建交问题迟迟未能解决。在这期间，暹罗政府又分阶段陆续颁布法令，采用高压手段，限制华侨，并压迫华侨归化，侨情因此日益沸腾，而旅暹华侨逐渐尽皆化为"暹罗国民"[①]。

第三节　朝贡关系及其意识的残留

中国在晚清时期经历了两种国际秩序的激烈碰撞，甲午战争暨《马关条约》最终从政治上基本结束了朝贡关系的对外模式，将中国推向了条约关系的单一国际秩序。但是，朝贡关系及其意识并未从此彻底退出历史舞台。事实上，甲午战争之后，朝贡关系在某些国家还有些残留，而其背后所反映的朝贡意识也很难一夜根除。这些留存，既是国际秩序转换的必然过程，也说明了从传统到近代过渡的不易，还从另一个角度证明朝贡关系作为一种历史存在自然有其价值。

从朝贡关系及其意识的存留表现来看，亦有着程度之分。其中，最突出的当属以尼泊尔为代表的南亚小国，它们在朝贡秩序基本终结后，仍断断续续与中国维持了较长时间的朝贡关系。尼泊尔是中国最后一个藩属。1902年，清政府封尼泊尔首相为"统领兵马果敢王"，赏穿黄龙马褂。尼泊尔的五年一贡之例一直维持到 1908 年，甚至到 1925 年，尼泊尔仍派人前来修贡[②]。另外还有同属南亚的小国不丹，亦间或入贡。到 1910 年，不丹与英国签订《普那卡条约》，规定其对外关系接受英国"指导"，这基本宣告了中不藩属关系的终结。不过，当时清政府似乎仍视不丹为自己的藩属，在行文不

---

① 详见张启雄：《东西国际秩序原理的冲突——清末民初中暹建交的名分交涉》，《历史研究》2007 年第 1 期；[日]川岛真著、田建国译：《中国近代外交的形成》，第 356—373 页。
② 章熙林：《尼泊尔新志》，商务印书馆，1947 年，第 87—88 页。

丹国王时还不改命令口吻①。晚清以来，尼泊尔、不丹并未被清政府视为主要朝贡国，它在整个朝贡体系中也无足轻重。这种残留现象，说明尼泊尔、不丹等个别国家仍或多或少眷念传统关系，同时清政府在与相关国家交往时也尚未完全摒弃朝贡观念。而 20 世纪初列强侵略的推进，更使得中国政府及相关国家立足朝贡的自卫功能，去格外要求加强传统关系。在中国西南边疆，当时主要是英国将侵略矛头指向中国西藏及其周边的尼泊尔、不丹等国。清政府努力维系与尼泊尔、不丹等国的传统关系，以"守在四夷"，遏制英印侵略。而尼泊尔等国迫于强英侵略导致南麓诸国相继沦亡的情形，亦有唇齿相依之心，遂积极维护与中国的朝贡关系以求自保。奉命赴西藏查办事件的张荫棠十分重视这一点。1907 年他在江孜会见赴拉萨的廓尔喀酋长，奏称"因宣布朝廷威德，兼谕以廓藏唇齿相依之义"，并劝其赶赴北京，重修职贡，廓尔喀酋长"颇知感悟"。张荫棠还建议对尼泊尔贡使"格外优待，密与联络"，认为这实为保藏要着，如果派专使赴廓，宣布威德，"挈带藏官往廓，考求兵制"，暗中缔结攻守同盟之约，"则敕书一纸，贤于十万甲兵"。此后，张荫棠反复强调"西藏门户，唇齿之依，唯廓与布"，故对其要"无事相亲睦，有事相扶持"②。同年，有识之士胡炳熊写了《藏事举要》一书，提出联络尼泊尔、不丹等属国，以屏护边疆，谓："近日事势，故非唐比，但尼泊尔、布丹，本我旧藩，屏蔽西藏，然则开陈利害，结以恩信，冀收形禁势格之效。"③ 1910 年外务部在致驻藏大臣联豫的电文中指出："至布鲁克巴即布丹，虽亦中属，近年颇为英所勾结，联为一气，二月路透电并有内政、外交听英指挥之说，若果受惑称兵，我亦以兵应之，正恐英人藉此进兵干预，则藏事殆不可问，总宜设法开导，或另筹防范，不使滋生事端，方可消弭隐患。"④ 可见，即便后来不丹沦为英国的保护国，渐采与英合作之态

---

① 刘宏煊主编：《中国睦邻史——中国与周边国家关系》，世界知识出版社，2001 年，第 330—331 页。

② 《清季筹藏奏牍·张荫棠奏牍》第 2 卷，第 26—27、42 页；《清季筹藏奏牍·张荫棠奏牍》第 3 卷，第 46 页，转引自吕昭义：《英属印度与中国西南边疆：1774—1911》，云南大学出版社，2016 年，第 252—253 页。

③ 胡炳熊：《藏事举要》，徐丽华主编：《中国少数民族古籍集成（汉文版）》第 95 册，四川民族出版社，2002 年，第 357 页。

④ 《外务部为罗长裿赴印已电商印督总宜开导不滋事端等事复联豫电》，宣统二年七月初六日，中国藏学研究中心、中国第一历史档案馆、中国第二历史档案馆、西藏自治区档案馆、四川省档案馆编：《元以来西藏地方与中央政府关系档案史料汇编》第 4 册，中国藏学出版社，1994 年，第 1626 页。

度，但中国出于边疆安全考虑，仍尽量设法开导，维持与不丹的关系，以免滋生事端。

就已经结束传统朝贡关系的国家来看，还在一些方面留有朝贡印记，体现出残留的朝贡意识。相关国家，尤其是作为宗主国的中国，很难在短时间内抛除传统关系下的"上下"名分秩序和"柔远""字小"的意识。例如，中朝新的条约关系重构，历时四年有余，朝鲜当局为与中国建立对等关系作了多方努力，中国方面则为维持传统朝贡关系设法驳阻缔结新的条约。在条约议定的过程中，中方依然保留了明显的上国意识。在遣使的形式上，坚持由中国遣使赴朝订约，认为"朝鲜先派使臣，似与体制攸关，不若中国遣四等使臣前往酌议商约，以示朝廷恩遇旧藩至意，未便令朝鲜遣使到京索约"，而按照公法遣使订约，是"以广怀柔之量而联车辅之情"①。而朝方虽追求独立平等，但身上仍保留了作为属国的一些低姿态。中方代表徐寿朋在报告议约情形时，就曾提到此番中朝议约与其他国家的不同。他认为，朝鲜现在虽然已经自主，"然其君臣上下仍存内向之心，约事易成，殆由于此。故各约尽有之款可以独无，各约尽无之条可以独有，不止汉城撤销行栈一节暂置不议，为能就我范围也"②。20世纪初日本与中国交涉废除在朝鲜租界特权时，中国十分讲求国家体面，要求与其他列强地位同等。有论者认为，"中国并没有认为自己与朝鲜平等，虽然方法上不是'宗主'，但意识上却有'上下'"③。而在清末中暹缔约问题上，传统上国身份使得其放不下身段，这成为清政府与暹罗迟迟未能缔约的重要原因，暹罗华侨要求清政府缔约遣使设领时亦指出，"朝廷惮于立约，以为事关国体，惧开交涉"④。而在中朝缔约交涉中，针对边民越垦问题，徐寿朋则指出，"已经越垦者听其安业，则针对下文嗣后潜越边界者严行禁止，以见此系约前之事，中朝特施

---

① 《总署奏拟请简派出使朝鲜国大臣折》，光绪二十四年六月二十四日奉旨，王彦威、王亮辑编，李育民等点校整理：《清季外交史料》第6册，第2606页。

② 《使韩徐寿朋与韩所订条约比各国较为优异片》，光绪二十五年七月初十日，王彦威、王亮辑编，李育民等点校整理：《清季外交史料》第6册，第2700页。

③ ［日］川岛真著、田建国译：《中国近代外交的形成》，第352页。

④ 《侨遁华商温忠岳等禀一件：恳请派公使与暹订约设领以资保护并据情代奏由（附印禀一件）》，光绪三十三年十一月十七日，台北"中研院"近代史研究所档案馆藏北洋政府外交部档案，馆藏号：03—23—005—01—002。

宽大之恩，不加驱逐"①。如此种种，以"上下"名分的讲求为核心，还夹杂传统的"柔远""字小"或"字小以德"的王道德行，皆体现了传统朝贡体制下的惯常思路②。

这一时期，清政府在与朝贡体系之外的个别国家交往时，仍有意无意抱持一些传统外交观念，可作为朝贡意识残留的另一种注脚。例如，1898年中国与刚果缔约，后者虽然被承认为独立国家，但在清政府眼中刚果还不是平等之国，不仅缔约内容十分简单，"惟不必照欧美各国条约之繁冗，因与订简明专款二条"，而且刚果外交代表的国书也在议约后由总理衙门递送，并强调"以示羁縻而昭敦睦"③。"羁縻"乃传统外交体制常用词，有怀柔远人、笼络安抚之意。清末中国在对外关系的处理上已从羁縻之道走向条约外交，"羁縻"一词已很少使用，但并未彻底消失④。这里仍用羁縻一词，并讲求"上下""大小"秩序，说明传统外交走向衰微的同时，依然有少许残迹存留。

另外，一些原来的朝贡国在追求平等独立国际地位的同时，又反过来担心中国重新复加不对等的关系，尤其是担心中国华侨不同程度地恢复传统的宗藩关系，因此这些国家格外警惕和重视对华侨的管理。朝贡关系解体之后，在原朝贡国的华侨很长时间都是追随中国，并希望在当地发展的同时能得到原来"上国"，也即中国的保护，华侨社会的壮大及其对中国的向心力引起当地政府的警惕。于是，积极要求重建国际关系的暹罗政府，一方面全力推进排华政策，企图通过各种污名化的宣传摆脱传统东方秩序。清末暹罗华侨在禀请清政府保护时，便提及遭到这方面的指摘，其言曰："朝廷向因其为属国，故未订立条约，派遣公使领事，以资代表保护。迨至暹罗君王游历欧西各国，归而改

---

① 《使韩徐寿朋奏处置奉吉两省越垦韩民片》，光绪二十五年七月初十日，王彦威、王亮辑编，李育民等点校整理：《清季外交史料》第6册，第2700—2701页。

② 茅海建指出，在派使朝鲜诸问题上，清政府的一些要员心中仍留有旧日藩属的痕迹，但光绪皇帝却力图摆脱传统外交束缚，在程式上向近代外交靠拢。清政府内部的此种差别，理应引起注意。详见茅海建：《戊戌变法期间光绪帝对外观念的调适》，《历史研究》2002年第6期。

③ 《总署奏与刚果国使臣订立条约折附专章》，光绪二十四年五月十九日，王彦威、王亮辑编，李育民等点校整理：《清季外交史料》第5册，第2583页。

④ 详见李育民：《清政府应对条约关系的羁縻之道及其衰微》，王建朗、栾景河主编：《近代中国、东亚与世界》下册，社会科学文献出版社，2008年，第467—505页。

革政治，我华民等遂至独受其种种之苛待，几比之犹太之民。"① 1914 年，在曼谷还出现了受暹罗政府暗中支持刊行的《远东之犹太人》一书，该书专门指摘在暹罗经商之华人，并提出驱逐华人之计，这是暹罗排华暗潮高涨的重要体现②。另一方面，暹罗政府大力推进华侨的"暹罗化"政策，逐渐斩断华侨在政治、经济上与中国的关联。另外，在越南，则是采取限制华侨发展的政策，其依据是"原虑中国图复南服，故隐为禁制，使之不来"③。

这种角力和状态的持续存在，从某种层面上说明了朝贡关系必然消亡，但又毫无疑问这是一个缓慢的历史过程。而且，与朝贡制度的消失相比，其意识改变是更难的。而在这背后，还不可忽略与朝贡关系相关的文化观念、道德准则等方面的持续存在。诸如汉字文化圈内的越南，虽然为法国所占领，但中华文化仍然影响着他们的生活。素有"小中华"之称的朝鲜，在推行去藩属化的进程中，其王朝内部还出现继承明朝之大统的正统论，主张"清韩两个'正统中华'"，在国际法上平起平坐。而在称帝次日即颁发的诏书中还提到"礼乐法度，祖述唐虞"，这种现象说明，在东亚国际秩序转换时，朝鲜王朝内部的国际意识仍有着明显的传统色彩，反映出很强烈的中华情节④。1920 年代初，中暹缔约交涉中，中国在考虑统治和保护华侨这一传统需要的同时，亦开始从新的国际秩序下两个平等国家关系建立的角度推进缔约，但却因双方纠结于"暹罗国皇帝"称呼的分歧而致交涉停顿⑤。事实上，通过此类文本明确位阶关系是朝贡关系下汉字文化圈的常见现象。例如日本在处理与朝鲜的关系时也曾以皇帝、国王来明确上下关系。由中国政府在暹罗君主改称皇帝一事中的犹豫和暹罗的坚持，可以看出传统名分秩序这一朝

①《侨暹华商温忠岳等禀一件：恳请派公使与暹订约设领以资保护并据情代奏由（附印禀一件）》，光绪三十三年十一月十七日，台北"中研院"近代史研究所档案馆藏北洋政府外交部档案，馆藏号：03—23—005—01—002。

② 陈民耿主编、蔡文星编著：《泰国近代史略》，正中书局，1944 年，第 84 页。

③《驻法刘大臣函一件：详陈法暹商订新约各节（附清折）》，光绪三十三年五月初八日，台北"中研院"近代史研究所档案馆藏北洋政府外交部档案，馆藏号：03—23—005—01—001。

④ ［日］福田忠之：《1897 年朝鲜国王李熙称帝史事考》，北京大学韩国学研究中心编：《韩国学论文集》第 19 辑，第 80、82 页。

⑤ 详见［日］川岛真著、田建国译：《中国近代外交的形成》，第 369—373 页；张启雄：《东西国际秩序原理的冲突——清末民初中暹建交的名分交涉》，《历史研究》2007 年第 1 期。

贡关系的内核依然在深深地影响着新的条约关系的构建。事实上，中国在与朝鲜缔结条约的过程中，也出现过类似纠结，只是与暹罗缔约不同，中国在派使谕旨和国书上最终作出调整，其中的关键词经历了从"朝鲜国"到"大韩国"，从"大君主"到"大皇帝"的变化①。中国在处理朝鲜与暹罗问题上的此种差别，不可忽略《马关条约》的相关规定在解除中朝朝贡关系上的作用。上述现象的存在，再次证明朝贡关系与条约关系在相互冲击中彼此渗透，互为表里，同时亦说明亚洲地域的国际秩序观念自有其值得研究的特殊性。

朝贡关系虽然是不合时宜的国际关系秩序，但从其存在的漫长历史、理论基础、主要目的及内容、具体运作等各方面来看②，它的一些方面依然存在残留是有原因的。朝贡关系有着长久的历史渊源，它是在中国封建王朝两千余年来处理与周边民族和国家的关系中逐渐形成的，"这一体制确定了从中华文明初现曙光之时直到公元十九世纪与西方对抗之际，中国在对外关系上的基本态度与实践"③。这一深厚的历史积淀，是朝贡关系长期存续的重要历史基础。而且，朝贡关系还有着深厚的文化底蕴和丰富的内容。它是以儒家文化为基础，以中国为中心，覆盖东亚、东北亚、东南亚和中亚地区的一种基本国际关系形态。这种国际关系的运作涉及区域政治秩序、贸易活动、文化观念等多方面，正如费正清所言，"朝贡制度既像一个处理贸易、外交关系的机构在起作用，又像一种断言儒教秩序之普遍性的宗教仪式在起作用。这个制度的最成功之处在于它与中华帝国的各种制度和社会生活融为一体"④。另外，朝贡关系也不像条约关系那样，是具有严格的国际法意义上的权利义务关系，"它是一个由中心与边缘构成的松散的区域国际关系体制，其参与者各取所需。它既是文化共同体内彼此认同的一种交往模式，又是跨

---

① 相关变化茅海建有详细研究，他认为"清朝与韩国旧日宗藩关系留下的阴霾，在徐寿朋的国书中扫荡得干干净净，两国在外交程式上完全平等"。详见茅海建：《戊戌变法期间光绪帝对外观念的调适》，《历史研究》2002 年第 6 期。

② 李育民从条约关系与朝贡关系比较的角度，对朝贡关系的理论基础、主要目的、运作原则及基本性质进行了深入阐释。详见李育民：《晚清中外条约关系与朝贡关系的主要区别》，《历史研究》2018 年第 5 期。

③ 〔美〕何伟亚：《从朝贡体制到殖民研究》，《读书》1998 年第 8 期。

④ 〔加〕保罗·埃文斯著、陈同等译：《费正清看中国》，上海人民出版社，1995 年，第 195 页。

文化交流的一条渠道"①。19 世纪中叶以来，朝贡关系与条约关系在中国的相互碰撞和彼此渗透，也说明传统与近代之间并非简单的二元对立。事实上，朝贡关系依然有许多可取之处，如论者所言："'治以不治'，体现了尊重各国的政治选择，不干涉他国内政的准则。'柔远''字小'，展示了天下一家的博大胸襟和仁德相维的情感纽带，培植了国际交往中的'王道'精神。'守在四夷'的自卫架构，'自守''防御'，而不是四处出击，掠夺利益，体现了与邻为善，崇尚和平的正义追求"，朝贡关系"内里贯注着仁政德治、以义为利、推己及人、认同多元的王道精神"，体现了"天下一家理念"②。这些具有积极意义的思想和规则，对当今国际关系的处理不无借鉴意义。

---

① 李云泉：《朝贡与条约之间：近代东西方国际秩序的并存与兼容》，《社会科学辑刊》2016 年第 6 期。
② 李育民：《晚清中外条约关系与朝贡关系的主要区别》，《历史研究》2018 年第 5 期。

第二章　瓜分狂潮中的条约关系

19 世纪最后 30 年，自由资本主义向垄断资本主义即帝国主义过渡，国际形势发生了重要变化。在各国的殖民政策之下，地球上"无主的土地"基本上被瓜分完毕，于是争夺那些政治上已不完全独立的半殖民地国家的斗争"当然会特别尖锐起来"[1]。而甲午战争失败和《马关条约》签订，则使得清朝的衰弱腐朽充分暴露，也更加刺激了西方帝国主义的殖民扩张欲望。列强甚至认为这是"结束处理清国最恰当之好时机"，要尽快对中国实施"共同占领"，"如同在非洲一样，将其作为保护国而分割之"[2]。于是，以三国干涉还辽和《辽南条约》的出台为开端，列强掀起了瓜分中国的狂潮，开始肆无忌惮扩展在华权益。俄国借助《中俄密约》，开始大力推进其在中国东北争夺势力范围的步伐；德国更是派兵强占胶州湾，迫使清政府与之签订《胶澳租界条约》，将瓜分中国的活动推向高潮，其他帝国主义国家纷纷效尤。19 世纪末叶，通过强迫中国签订新的条约或"准条约"，列强纷纷在中国争夺

---

① 《帝国主义是资本主义的最高阶段》，《列宁全集》第 27 卷，人民出版社，1990 年。
② 《驻俄西公使致陆奥外务大臣函》，1895 年 3 月，戚其章主编：《中日战争》第 10 册，中华书局，1995 年，第 56—57 页。

势力范围，强划租界地，并争抢对华借款和中国路矿利权。这些瓜分中国的条约或"准条约"，彰显传统国际法的"特殊国际法"畸形本质，空前发展了其反动规则，充分体现帝国主义侵略在经济上着重资本输出和在政治上分割在华权益的特点，中外条约关系由此走向恶性发展。

第一节　三国干涉还辽与《辽南条约》

日本在甲午战争中的获胜和《马关条约》的签订，极大地改变了远东国际关系格局，严重威胁到俄国在远东地区，尤其是在中国东北和朝鲜的殖民战略安排。为此，俄国纠集法、德两国共同干涉还辽并逼迫日本签订《辽南条约》，拉开了帝国主义列强瓜分中国的序幕。

三国干涉还辽是帝国主义在侵华问题上直接冲突的产物。中日《马关条约》第二条规定将中国的辽东半岛割让与日本①，这沉重打击了俄国的远东扩张计划。近代俄国是一个极具侵略性的国家，自第二次鸦片战争时期侵占中国北方大片领土以后，该国就一直没有停止对中国的侵略步伐。除侵吞中国大片陆地领土外，俄国一直试图寻找一个远东不冻港，并把获取位置锁定在朝鲜和中国北部沿海一带。甲午战争前后的中日冲突使俄国更加意识到寻找这样一个由自己支配的"坚固基地"的重要性②。甲午战争之前，俄国便已开始广泛搜集中国渤海湾沿岸，尤其是辽东半岛南端大连湾等地的相关情报③。随着中日战争接近尾声与两国和谈的展开，俄国为了保卫自己在远东的利益，于1895年2月1日召开特别会议商讨应对措施。此次会议虽然讨论了占领朝鲜巨济岛或中国渤海湾的旅顺口和威海卫等某个据点的问题，但顾虑到英国的反对及此时俄国的困难，会议的结论是暂不施行这种政策。对日本的要求可能威胁俄国在远东利益这一点，俄国决定增强太平洋舰队实

---

① 《马关新约》，光绪二十一年三月二十三日，王铁崖编：《中外旧约章汇编》第1册，第614页。
② 《外交大臣上沙皇奏》，1897年11月11日，张蓉初译：《红档杂志有关中国交涉史料选译》，生活·读书·新知三联书店，1957年，第180—181页。
③ 辽宁师范学院政史系历史教研室编：《沙俄侵占旅大的七年》，中华书局，1978年，第2页。

力,"尽可能较日本为强";与欧洲列强尤其是法国达成协议,一旦出现日本侵犯俄国重要利益时,"则对日本施以共同压力"①。4 月初,得知日本明确要求割占辽东半岛,俄国政府官员纷纷上奏沙皇,表示了强烈的不满和担心②。俄国外交大臣罗拔诺夫在上奏中指出,日本所提条件中,最引人注意的,无疑是完全占领旅顺口所在地的半岛,"此种占领会经常威胁北京,甚至威胁要宣布独立的朝鲜",将大大降低俄国在远东的影响,并严重危害到其下一步计划,因此"此种占领是最不惬意的事实"③。于是,俄国纠集德、法两国共同向日本施压,阻止日本在中国大陆"获得巩固的立足点"④。4 月23 日,俄、德、法三国公使联袂至日本外务省递送了干涉还辽的备忘录⑤。

10 月 20 日,中、日两国全权代表李鸿章、林董开始就辽东半岛归还问题在北京举行谈判。11 月 8 日,在三国武力胁迫下,日本被迫与中国签订《辽南条约》。条约开宗明义,规定"由日本国交还奉天省南边地方,一切仍归中国管理"。其主体内容是前三款:中国割让给日本的奉天省南边地方,"日本国军队一律撤回之时,该地方内所有堡垒、军器工厂及一切属公物件,永远交还中国";《马关条约》第三款"并拟订陆路通商章程之事,作为罢论",中国则要在 1895 年 11 月 16 日前交与日本政府 3000万两库平银作为"酬报";自条约签订之日起,3 个月以内,日本军队从该交还地方一律撤回⑥。

《辽南条约》的签订,是列强在瓜分世界的大形势下,出于自身利益的考虑,激烈争夺和分割在华权益的结果之一,它集中体现了帝国主义侵略时代条约关系发展的特点。一方面,该条约虽然最终由中日双方各派代表交涉

---

① 《一八九五年一月二十日特别会议记录》,张蓉初译:《红档杂志有关中国交涉史料选译》,第 143—144、148 页。

② 关捷等总主编,刘恩格、王珍仁、于耀洲主编:《中日甲午战争全史》第 4 卷,吉林人民出版社,2005年,第 3 页。

③ 《外交大臣上沙皇奏》,1895 年 3 月 25 日,张蓉初译:《红档杂志有关中国交涉史料选译》,第 149 页。

④ [美]狄龙:《俄国的衰落》,第 246 页,转引自中国社会科学院近代史研究所编:《沙俄侵华史》第 4 卷上,中国社会科学出版社,2007 年,28 页。

⑤ 三国围绕还辽问题与日本展开的国际交涉,详见关捷等总主编,刘恩格、王珍仁、于耀洲主编:《中日甲午战争全史》第 4 卷,第 12—85 页;戚其章:《中日〈辽南条约〉与俄德法三国同盟》,《东岳论丛》1988 年第 5期。

⑥ 《辽南条约》,光绪二十一年九月二十二日,王铁崖编:《中外旧约章汇编》第 1 册,第 636—637 页。

议订，但交还辽东半岛及 3000 万两的赎辽费这一核心内容皆由三国与日本交涉确定。其间，清政府将问题的解决完全寄希望于三国干涉和协调。1895年 9 月 10 日，清廷旨电驻俄公使许景澄，着其径告俄国："以归辽之议创自俄廷，此时断无撇开三国与日开议之理。俄前云帮助到底，顷复云，日可照办，其何时退兵，有无赔费？想两国已有成言。"并着其再切询俄国外交部，"必得确音，以便饬该衙门照会日本"①。之后，负责中日交涉的全权大臣李鸿章试图另行议减赎辽费，但徒劳无功。

据清驻外使臣及俄、法使臣反馈来的信息，大意谓此事列强定议在先，偿款中国无法更改。如清驻俄公使许景澄、驻法参赞庆常来电内称："以此事三国称系自行公办，一经议定，不肯再商，难再议减。"驻日公使裕庚、许景澄又来电，内称："俄、法、德三国已在日本将辽议偿款定数，画押互换。"俄驻华公使喀希尼、法驻华公使施阿兰照会内称："已将中国允如三国所订办理之处报明本国。"因此，李鸿章在上奏报告议约情形时，不得不指出："日本允还辽南，全恃三国劫持之力。偿款数目已由彼定议画押，即为凭据，无可更改。此时再以减少相商，必不肯协从，日本更无所畏忌，殊于邦交、国体有碍。且恐耽延日久，另生枝节。"② 另一方面，在此事件中，列强所争执的辽东半岛乃俄、日推进侵华战略重要据点，因此两国都试图排斥他国独占或染指该地。干涉之前，俄国内部的议论已明显表现出这一意图，并不惜以武力进行威慑。日本政府认为还辽之事不解决，势必促使三国联合，成为其对手，"三国方面无论其各自内心冷热如何，亦将依然互相提携，以抵制我国"，因此日本提出当前急务是与中国开始直接谈判，从速结束辽南问题，"解除帝国与三国之纠葛"③。在与中国议约的过程中，日本为抵制他国尤其是俄国觊觎辽东，要求在第二款中加

① 《旨着许景澄告俄外部订归辽约请俄帮助到底电》，光绪二十一年七月二十二日，王彦威、王亮辑编，李育民等点校整理：《清季外交史料》第 5 册，第 2328—2329 页。
② 《全权大臣李鸿章奏与日使会商归还旅因三国定议在先偿款未能减少折》，光绪二十一年九月初八日，王彦威、王亮辑编，李育民等点校整理：《清季外交史料》第 5 册，第 2338 页。
③ 《日本外交文书》第 28 卷第 1139 号文件，戚其章主编：《中日战争》第 10 册，第 378 页。

上"中国约不将此地让于他国"等语①。进入帝国主义阶段后，列强在分割世界的激烈争夺中，矛盾空前激化，不仅形成两个对立的军事集团，还爆发多次帝国主义战争。在三国干涉还辽和《辽南条约》出台的过程中，列强之间激烈对抗、相互勾结与军事威胁交织，这也是当时帝国主义重新分割世界和相互争夺的一个缩影。

当然，中国也得益于列强在侵华问题上的矛盾和斗争，以 3000 万库平银的代价，收回辽东，取消拟订陆路通商章程之规定，也部分取消了《马关条约》严重侵害中国主权的内容。当时中国国内要员虽普遍认为 3000 万甚巨，但仍看重这一取消的意义，主张照议立约。例如，两江总督刘坤一在 10 月 9 日为此上奏，言曰："万一三国撒手，令照马关原约定议，纵省此三千万，而辽地永无归期，其得失迥不侔矣！"他催促清政府照议完结，不必再作推敲②。另外，在中日议约过程中，双方激烈争论的一个问题是日本要求在第二款中加上"中国约不将此地让于他国"等语。还辽赎银问题一直是学术界探讨的重点，而对于这一未能写入条约的提议学界关注较少。事实上，该提议是双方交涉期间一直龃龉的问题。就日本而言，此款提议仍延续了帝国主义抢夺和分割中国权益的思路。日本公开割占辽东不成便退而求其次，试图将其纳入自己的势力范围，好为以后干涉拓展留下余地。对中国而言，此款提议依然严重侵害中国主权，留下重大隐患。在交涉中，李鸿章先以有碍中国自主之权为由反对，林董便援中英缅甸条约等有同类规定③为据；双方僵持不下，林董同意删除，但要求换成"将此意另备照会为据"，但双方在是否公开发表上没有达成一致意见。继后，李鸿章不同意另拟照会，理

---

① 《全权大臣李鸿章奏与日使会商交收辽南各款议定条约折》，光绪二十一年九月二十一日，王彦威、王亮辑编，李育民等点校整理：《清季外交史料》第 5 册，第 2343 页；《日本外交文书》第 28 卷第 1163 号文件附件 2 第 11 号抄件，戚其章主编：《中日战争》第 10 册，第 397—406 页。

② 《江督刘坤一奏还辽偿款三千万可照议完结电》，光绪二十一年八月二十一日，王彦威、王亮辑编，李育民等点校整理：《清季外交史料》第 5 册，第 2334 页。

③ 1894 年中英《续议滇缅界、商务条款》第五款规定，未经英国预先允许"中国必不将孟连与江洪之全土或片土让与别国"，据此英国将这一带视为自己的势力范围，也为后来的干涉和拓展埋下伏笔。1895 年 6 月中法议商务、界务专条时，英国依据此款强力干涉，在阻挠不成之后，英国便提出野人山地酌让若干和西江通商等系列要求。在英国的外交讹诈下，清政府于 1897 年 2 月与英国正式签订了《续议缅甸条约附款》，由此英国势力得以深入广西、广东腹地。详细内容见本书第五章第三节。

由是"三国政府不欢迎，尤其是俄国公使依据其本国政府之指令，表示反对"。林董认为"关于此事，无需与三国协商，而且外交公文亦无须公诸于世"。李鸿章继续坚持，表示俄国公使认为此规定专为俄国而设，"即怀疑俄国包藏祸心，因而坚决反对订立此规定"。林董虽然不满，但也只好作罢①。11 月 7 日，李鸿章最后上奏报告议约情形时，对于《辽南条约》交涉颇为满意，认为："尚不失交际之平，于中国体制、权利并无亏损。全辽收回以后，撤减防边营队，既可稍节饷需，其停止日本陆路通商，尤为隐杜后患，于大局不无裨益。"②

总之，相对于《马关条约》的内容而言，《辽南条约》对于中国国家权益的挽回不无裨益，这也是该条约主要的积极意义。但是，该条约的实质是帝国主义重新分割和争夺在华权益，中国在没有实力为后盾的情况下完全依赖外国干涉，进一步展现了人为刀俎我为鱼肉的衰弱景象，换来的也只是暂时转圜。继三国干涉还辽之后，必然是帝国主义更疯狂的殖民侵略。事实上，三国在讨论干涉还辽的过程中，就提到了向中国索取"报酬"的问题。1895 年 4 月 2 日，俄国外交大臣在上奏沙皇时指出，法国的态度是要求"海南岛西北的中国小岛作为报酬"，俄国则"主要由海军机关决定对我们最合适的地方"③。德国加入干涉还辽活动，其中一个重要目的就是，"自感恩的中国""得到割让或租借——实际上是一回事——一个地区作军事基地及煤站"④。三国干涉还辽及《辽南条约》出台，终究拉开了 19 世纪末列强疯狂瓜分中国的序幕，此后列强纷纷着手宰割中国，争相攀索，在中国掀起了资本输出、攫取租借地和划分势力范围的高潮，中国的民族灾难和民族危机随之加剧，中外条约关系遂走向恶性发展。

---

① 《全权大臣李鸿章奏与日使会商交收辽南各款议定条约折》，光绪二十一年九月二十一日，王彦威、王亮辑编，李育民等点校整理：《清季外交史料》第 5 册，第 2343 页；《日本外交文书》第 28 卷第 1163 号文件附件 2 第 11 号抄件、第 1167 号文件附记 1、第 1169 号文件附记，戚其章主编：《中日战争》第 10 册，第 396—406、408—415、418—425 页。

② 《全权大臣李鸿章奏与日使会商交收辽南各款议定条约折》，光绪二十一年九月二十一日，王彦威、王亮辑编，李育民等点校整理：《清季外交史料》第 5 册，第 2344 页。

③ 《外交大臣上沙皇奏》，1895 年 4 月 2 日，张蓉初译：《红档杂志有关中国交涉史料选译》，第 152—153 页。

④ ［英］菲利浦·约瑟夫著、胡滨译：《列强对华外交》，商务印书馆，1959 年，第 94 页。

第二节　《中俄密约》的议定

　　瓜分狂潮期间，俄国扮演着侵华急先锋的角色。瓜分的序幕拉开后，干涉还辽有功的俄国，开始紧锣密鼓地落实宰割中国的战略意图。《辽南条约》签订前夕，俄国便开始动作，并在 1896 年 6 月 3 日与中国秘密签订《御敌互相援助条约》（一般称为《中俄密约》）。该条约形式上是军事同盟性质的政治类条约，实质上体现了俄国在中国东北乃至整个中国抢占势力范围的既定计划，同时也与三国干涉还辽后中国外交政策调整和缔约理念的变化相关。该约加速了这一时期条约关系的恶性发展，并对东亚国际关系格局的变动带来持续性的影响。

　　《中俄密约》是俄国积极推行东方扩张政策，尤其是与列强在中国争夺势力范围的直接产物。19 世纪中叶以来，俄国便开始积极地在东方展开侵略。俄国不仅攫取了中国东北边疆大片土地，而且为解决交通不便的问题，开始修建横贯俄境的西伯利亚大铁路，同时还计划在太平洋上获得一个不冻港，对辽东更是早已垂涎三尺。通过三国干涉还辽，俄国成功阻止日本割占辽东半岛。到 1896 年，西伯利亚大铁路也已经修至外贝加尔地区。按照俄国财政大臣维特设计的扩张方案，俄国下一步应掌握中国北部的铁路网，首先要使西伯利亚大铁路直穿中国领土，主要是蒙古和中国东北北部地区，直达太平洋沿岸的海参崴①，也即建立所谓的"满洲线"。据此，"俄国能在任何时间内，在最短的路上，把自己的军事力量运到海参崴及集中于满洲、黄海海岸及离中国首都的近距离处。相当数目的俄国军人在上述据点出现，一种可能性是增加俄国不仅在中国，并且在远东的威信和影响，并将促进附属于中国的部族和俄国接近"。而且，"在建筑上述干线（即中东铁路）以后，短期内自然会由该线建筑支线到中国内地，并将促进后者与俄国间经济的密

――――――――――――

　　① ［美］亚尔莫林斯基编、傅正译：《维特伯爵回忆录》，商务印书馆，1976 年，第 67 页。

切接近"①。维特的计划反映了俄国以铁路线为手段，要在中国东北乃至整个中国推进侵略的企图，它与甲午战后按照维特计划同时推进的对华借款一起，构成了俄国东方扩张政策的关键环节，表现出了浓厚的军事封建主义与帝国主义交织的特征。

瓜分狂潮的序幕拉开后，干涉还辽有功的俄国，开始紧锣密鼓地落实分割中国的战略意图。1895 年五、六两月间，许景澄迭函总理衙门，称维特多次私下与之谈及，"俄国防日甚亟，现已赶造西伯利亚铁路，劝我造路与彼接连，两收通商、调兵之利"，又报告俄国舆论纷纷讨论西伯利亚铁路取道东三省以达黄海之事，估计俄国政府"必将有向我明商之举"。果然不出所料，10 月 14 日，即《辽南条约》签订前夕，俄国驻华公使喀希尼向清总理衙门递送要求派员分往东三省勘路的照会②。总理衙门觉察到俄国表面以接路为词，其实要借地修路。尽管当时中国在还辽问题上需要俄国帮助，自建又存在困难，但清政府内部权衡利弊后，仍然倾向自建维权，并要向俄国表明自建态度。10 月 19 日，总理衙门在奏报中指出该照会，借西伯利亚铁路与中国将来兴造铁路相接为词，实则成借地筑路之势。奏报还称，俄国修建西伯利亚铁路，已经营布置多年，其计划与东三省修接的意图，虽未与中国明商，而各国舆论纷纷传播。连署理南洋大臣张之洞也风闻此事，还电奏提醒俄国计划于黑龙江南岸接造铁路以达海参崴，沿鸭绿江而南，以江口为水陆衔接之所，"此路一成，俄可独擅二洲贸易之权"。总理衙门进而提出：俄国在东三省借地造路，"为中外形势交涉一大关键"，现又照会派员勘路，"盖两洲之大利所存，两国之地形相倚，此时若不设法，他日必难与争衡"，建议"惟有中国自造铁路，在边界处所与彼路相接，庶通商之权利尚可稍分，而辽海之形胖不致坐失"。清廷旨令回复时对俄国直接照会总理衙门的举动颇为讶异，令曰："俄派员四起分赴东三省勘路，虽以与我接路为辞，实有借地修路之势。此事原委，许景澄曾经函述，谅已了然。现在俄外部何

---

① 《财政大臣维特的节略》，1896 年 3 月 31 日，张蓉初译：《红档杂志有关中国交涉史料选译》，第 169、172 页。

② 《总署奏俄国派员分往东三省查勘修接铁路事宜折》，光绪二十一年九月初二日，王彦威、王亮辑编，李育民等点校整理：《清季外交史料》第 5 册，第 2335 页。

以不与该大臣面商，遽欲兴办？至中国办法，惟有自造铁路，在中俄交界与彼相接，方无流弊。着许景澄即将此意先与俄外部说明，总期勿损己权，勿伤交谊，方为两得。"① 许景澄虽然认为"先允自造"，俄国必然"趁此请借，转少退步"②，但在清政府坚决要求下，仍向俄方亮明自造态度。1895 年 11 月，维特在约见许景澄时提出由俄人建立公司承造铁路的要求，喀希尼给总理衙门的照会也涉及借地筑路的问题，但皆为中方所拒③。在几番直接索要未果后，俄国便以秘密结盟为诱饵，拉动清政府议定密约以解决问题。

三国干涉还辽事件发生后，清政府积极实施联俄制日及与俄结盟的外交政策，这正好陷入俄国的彀中。《马关条约》签订后，中国曾在外交上积极活动以推动俄、法等国出面干涉。1895 年 4 月 27 日，清廷令许景澄探问三国信息，并要许询问俄国："能否先以兵舰来泊辽东海面为我臂助？倘真用兵力，中国愿与俄立定密约，以酬其劳。"④ 自此，签署中俄密约便被清廷作为三国干涉还辽的酬劳而提了出来。之后，清政府内部要求联俄制日及与俄结盟的思想盛行起来，甚至连一贯主张亲英的大员张之洞、刘坤一也为之纷纷上书。5 月 10 日，刘坤一致电总理衙门，指出："俄阳为我抑日，其实阴自为计。要当因势利导，与之结欢，让以便宜，在所不惜。中俄既合，庶可以制东、西两洋。"⑤ 8 月 8 日，张之洞上奏指出，"今日救急要策，莫如立密约以结强援"，而且，他还特别强调缔结秘密军事同盟的重要性，指出"查外洋近年风气，于各国泛交之中必别有独加亲厚之一二国，平日预订密约，有战事时，凡兵饷、军火可以互相援助。若无密约者，有事便守局外，不肯干预"。至于结密约的对象，他经过一番比较后，也明确指出："今欲立约结援，自惟俄国最便"，称："俄与中国乃二百余年盟聘邻邦，从未开衅，

---

① 《总署奏俄国派员分往东三省查勘修接铁路事宜折》，《总署奏俄人在东三省借地造路关系甚大应自行查勘兴办片附旨及照会》，光绪二十一年九月初二日，王彦威、王亮辑编，李育民等点校整理：《清季外交史料》第 5 册，第 2335—2337 页。

② 《使俄许景澄致总署俄谋借地修路若先允自造转少退步电》，光绪二十一年九月初四日，王彦威、王亮辑编，李育民等点校整理：《清季外交史料》第 5 册，第 2337 页。

③ 详见李济棠：《中俄密约和中东铁路的修筑》，黑龙江人民出版社，1989 年，第 118—122 页。

④ 《旨着许景澄探问法俄德三国情劝之信并迅复电》，光绪二十一年四月初三日，王彦威、王亮辑编，李育民等点校整理：《清季外交史料》第 5 册，第 2190 页。

⑤ 《江督刘坤一致总署请与俄结欢以制东西两洋电》，光绪二十一年四月十六日，王彦威、王亮辑编，李育民等点校整理：《清季外交史料》第 5 册，第 2225 页。

本与他国之屡次构兵者不同。且其举动阔大磊落，亦非西洋之比……此次为我索还辽地，虽自为东方大局计，而中国已实受其益，日人凶锋，藉此稍挫，较之他国袖手旁观，隐图商利，相去远矣！正宜乘此力加联络，厚其交谊，与之订立密约。"① 1896 年 2 月，以沙皇尼古拉加冕为契机，清廷派李鸿章出使俄国以密结强援。5 月 3 日，俄财政大臣维特开始同李鸿章举行秘密谈判。俄国以御敌互相援助为由头，以借地筑路为前提，通过威逼利诱等各种手段，达成了目标。5 月 30 日，李鸿章接到总理衙门令其签约的来电。6 月 3 日，俄财政大臣维特、外交大臣罗拔诺夫与李鸿章在莫斯科秘密签订《中俄密约》②。

《中俄密约》内容共六款，形式上是军事同盟性质的政治类条约，实质上体现了俄国在中国东北乃至整个中国抢占势力范围的既定计划，是对中国展开赤裸裸侵略的不平等条约。其中第一、二款是关于同盟互助双方适用情形的内容。第一款规定，当日本国侵占俄国亚洲东方土地，或中国土地，或朝鲜土地，此约即当生效，中、俄两国依据条约，应将所有水陆各军，届时所能调遣者，尽行派出，互相援助，并尽力互相接济军火、粮食；第二款规定，中、俄两国既经协力御敌，非由两国公商，一国不能独自与敌议立和约③。从字面上看，这两款体现了缔结军事同盟、平等互助的性质。但事实上，俄国外交大臣早就明言，俄国"在紧急关头，根本不能把中国看成积极有用的同盟者"④。俄国也根本不打算履行义务，亦不看重这种结盟，这里的结盟规定只不过是推进侵略的跳板而已。密约的第三至五款全是规定俄国的权利和中国的义务，体现条约不平等的性质，并为俄国进一步实施大规模侵略做了铺垫。其中，第四款解决了俄国梦寐以求的筑路问题，规定："今俄国为将来转运俄兵御敌并接济军火、粮食，以期妥速起见，中国国家允于中

① 《署江督张之洞奏今日救急要策莫如与俄立密约以结强援片》，光绪二十一年六月十八日，王彦威、王亮辑编，李育民等点校整理：《清季外交史料》第 5 册，第 2307—2308 页。
② 关于密约交涉议定的过程，参见刘存宽：《国际外交史上的大骗局——论光绪中俄密约》，《社会科学战线》1987 年第 2 期。
③ 相关条约内容，参见《御敌互相援助条约》，光绪二十二年四月二十二日，王铁崖编：《中外旧约章汇编》第 1 册，第 650—651 页。
④ 《一八九五年三月二十五日（四月六日）外交大臣上沙皇奏》，中国史学会主编：《中日战争》第 7 册，上海人民出版社，1957 年，第 310 页。

国黑龙江、吉林地方接造铁路，以达海参崴。惟此项接造铁路之事，不得藉端侵占中国土地，亦不得有碍大清国大皇帝应有权利，其事可由中国国家交华俄银行承办经理。至合同条款，由中国驻俄使臣与银行就近商订。"华俄道胜银行是由俄国政府控制的一家银行，故这里的规定，等于直接给予俄国修筑和经营这条铁路（即中东铁路）的权利。第六款规定："此约由第四款合同批准举行之日算起照办，以十五年为限，届期六个月以前，由两国再行商办展限。"这里将筑路合同的订立与互助同盟条约的生效时间直接挂钩，更加体现出俄国所谓的结盟不过是一噱头或诱饵，其战略重点和实质是夺取铁路的修筑和经营权。而清政府的外交战略原本只想与俄结盟，并未想到要因此出让东北路权，也对俄国的索取进行了抵制，但最终未能扛住俄国取消结盟的威胁。除了铁路权利的获取之外，第三、五款还为俄国在军事上进一步侵略和控制中国提供了方便，其中第三款规定："当开战时，如遇紧要之事，中国所有口岸，均准俄国兵船驶入，如有所需，地方官应尽力帮办"；第五款规定："俄国于第一款御敌时，可用第四款所开之铁路运兵、运粮、运军械。平常无事，俄国亦可在此铁路运过境之兵、粮，除因转运暂停外，不得借他故停留。"这就意味着，俄国随时可以用"御敌"或其他借口，派兵直入中国东北，或者派军舰占领中国所有口岸！

《中俄密约》的签订加速了中外条约关系的恶性发展。俄国通过《中俄密约》取得了在东北北部修建铁路，战时派兵进入东北以及派军舰驶入中国所有口岸的条约特权。这样，俄国实际上迈出了在中国东北乃至整个中国抢占势力范围的步伐，而且还把整个中国都置于俄国兵力威胁的险境。同年 9 月，清政府与俄国的华俄道胜银行订立了《银行合同》和《东省铁路公司合同》。随即，俄国越过合同规定，进一步攫取铁路附近的设警驻军权、开矿设厂权等其他利权，开始了对东北北部的全面"经营"。接着，沙俄又谋划在黄海海岸攫取不冻港。1897 年 11 月，德国以两名德国传教士被杀为由，悍然派舰队占领胶州湾。俄国趁此良机，"在保护中国的幌子下"[1]，于 12 月

---

① ［苏］B. 阿瓦林著、北京对外贸易学院俄语教研室译：《帝国主义在满洲》第 1 卷，商务印书馆，1980年，第 36 页。

派舰队开进旅顺口。旋踵，即背弃"暂泊"的诺言，于翌年 3 月 3 日正式向清政府提出租借旅大的要求，并最终强迫清政府与其签订《旅大租地条约》。沙俄通过该约获得了旅大租借地，以及在东北南部修筑铁路的特权，整个东北完全成了它的势力范围。而俄国攫取中东铁路修筑和经营权的行为，激化了列强争夺在华铁路租让权的斗争，并使之走向白热化的发展阶段。可以说，俄国"不顾逼日本返还辽东之口实，不辞开瓜分中国之端绪"①，在这场瓜分狂潮中确实扮演着急先锋的角色。

《中俄密约》的签订也带来了国际关系格局的进一步变动。借助《中俄密约》及其他抢占租借地和势力范围的条约规定，俄国积极推进在中国东北的扩张步伐，而且"对俄国来说，更为重要的是它不仅可以随时过境中国的远东调兵，而且可以管理部分中国的领土，甚至可以随时以作战需要占领中国的领土"②。这使俄国在整个中国尤其是东北的地位大为增强。"这种变化对其它在远东具有重要利益的国家来说，不可能幻想他们对于这一件，破坏现有均势的事情，能够漠不关心。"③ 事实上，英国进而调整自己的外交政策，并通过与日本结盟来对抗俄国的威胁。这样，中、俄、日关系中又增加英日同盟，远东国际关系变得更加复杂，矛盾更加尖锐，最终引发了日俄战争。这场战争最终以牺牲中国的利益来结束，此后日、俄开始携手侵略中国东北和朝鲜，共同瓜分在东北的势力范围，中国的民族危机进一步加深。

总之，在近代中俄条约关系发展历程中，俄国从未放弃过对中国的侵略企图，并且其侵略政策也在延续性的发展。于俄国而言，《中俄密约》便是服务于其在东方尤其中国东北的既定扩张政策，是交织着浓厚的军事封建主义与帝国主义侵华特征的条约，其中的"同盟互助"，只不过是达成其侵略目的的幌子。从这一意义上而言，该条约毫无疑问是"国际外交史上的大骗局"，加速了瓜分狂潮时期条约关系的恶性发展。

从清政府方面来看，缔结密约虽然有还辽酬报之言在先，但其看重的是

---

① 刘彦：《帝国主义压迫中国史》上卷，太平洋书店，1934 年，第 199 页。
② ［英］菲利浦·约瑟夫著、胡滨译：《列强对华外交》，第 156 页。
③ ［英］菲利浦·约瑟夫著、胡滨译：《列强对华外交》，第 141 页。

与俄国构建带有条约约束力的军事同盟，以达到联俄制日，保证国家安全的目标。有论者指出："同盟往往会在存在冲突或冲突威胁的国际环境环境中形成"，实现同盟目标的方法是"提出实现目标的具体承诺"，"在一定限度内，将具体承诺写入条约，使其具有合法性；承诺会增大各方努力实现目标的可能性，因为同盟的建立将造就一种新环境，使各方背信弃义变得更困难"①。如前所述，清政府内部以张之洞为代表的一些要员，立足甲午战后危局，体察国际同盟条约缔结大势，提出以缔结同盟条约作为实现外交目标的方法。这样一种同盟条约观念的出现应是推动清政府缔约的内在原因。至于中国在铁路自筑问题上始争终让，与中国作为同盟关系中的弱国，更需要俄国出兵保护有关。有论者指出："小国之所以加入同盟，是因为它们从根本上需要（在某种程度上比大国更需要）依靠其他国家。大国与小国结盟，既是为了获得一定的政治和军事利益，也是要限制小国采取某些行动。"② 1895年 8 月张之洞上奏主张缔结同盟条约时，也大略提到这样一层利益需求关系："凡关系俄国之商务、界务，酌与通融……而与之约定，若中国有事，则俄须助我以兵，水师尤要，并与议定如何酬报之法。盖俄深忌英独擅东方之利，中俄相结，则英势稍戢，俄必愿从。"③ 在密约中，中国以巨大的代价，将国家安全问题上升到条约保护的范畴，这进一步丰富了中外条约关系的类别，也充分体现了瓜分狂潮时期中外条约关系的恶化和中国国势危如累卵的境地。

如前所述，俄国是只图从自己的侵华战略出发，一味索取报酬，获得权益，无意出兵保护中国。因此清政府在此同盟中从一开始便注定只有付出，而没有什么收益，事实上也是落得牺牲更大权益但未能实现外交目标的下场。1897 年 3 月 24 日，河南巡抚刘树堂听闻密约之事，即奏陈密约之害："自强者不败，因人者无成"，"况以包藏祸心之俄引为可患难之助，犹所谓

① ［美］詹姆斯·多尔蒂、小罗伯特·普法尔茨格拉夫著，阎学通、陈寒溪等译：《争论中的国际关系理论》，世界知识出版社，2003 年，第 572—573 页。

② ［美］詹姆斯·多尔蒂、小罗伯特·普法尔茨格拉夫著，阎学通、陈寒溪等译：《争论中的国际关系理论》，第 574—575 页。

③ 《江督张之洞奏今日救急要策莫如与俄立密约以结强援片》，光绪二十一年六月十八日，王彦威、王亮辑编，李育民等点校整理：《清季外交史料》第 5 册，第 2308 页。

独坐穷山养虎自卫者也"①。此言可谓一针见血地指出了中国缔结此约的核心问题。瓜分狂潮期间俄国甚至还打着同盟帮助的虚名，趁机占领旅顺，并在华推进侵略，义和团运动期间俄国又出兵占领中国东北地区。这些也引爆了清政府对俄国的失望与不信任，以及对与俄国结盟必要性的质疑。瓜分狂潮期间，张之洞等原本主张与俄联盟的要员不得不承认："各国乘机效尤，纷纷占地，各国皆同。俄亦自为，并无轩轾"，"俄、德系同谋，英、俄系仇敌，而其为效尤图我则一"，在当时情形下，"尚容我于数年间赶紧振作补救，尚可勉力维持"②。直至日俄战争，中国全然"意识到俄国前几年没有履行它在中俄条约中所负有的义务"③，因而愤然地未实施防守同盟的约定。至此，中俄之间所谓的"结盟"在事实上结束。

第三节　租借地和势力范围条约特权的形成④

三国干涉还辽之后，列强在华掀起了抢占租借地和划分势力范围的高潮。租借地和势力范围条约特权是条约关系中新增加的特权，集中体现了帝国主义阶段条约关系发展的特点，也是瓜分狂潮时期中外条约关系走向恶化发展的核心体现。对列强而言，这是它们在中国的某一区域取得属地管辖权及经济事宜的优先权、独占权，为维持彼此之间的均势而进行的新的分赃。这两种特权的性质有所不同，租借地更具有政治、军事的意义，而势力范围则主要具有经济的意义。这两种特权制度均侵犯了中国的主权，破坏了中国领土的完整，并严重损害了中国的经济利益。尤其是租借地，较之租界，更是一个"国中之国"。在当时，列强对中国权益的分割和相互争夺，加剧了

---

① 《豫抚刘树堂奏陈中俄密约于彼有利于我大害折》，光绪二十三年二月二十二日，王彦威、王亮辑编，李育民等点校整理：《清季外交史料》第5册，第2458—2459页。

② 《鄂督张之洞致总署胶事危迫谨陈应付办法五条电》，光绪二十三年十二月初一日；《鄂督张之洞致总署密陈英俄德相怨相谋情形电》，光绪二十三年十二月初六日，王彦威、王亮辑编，李育民等点校：《清季外交史料》第5册，第2512—2513、2515页。

③ ［英］菲利浦·约瑟夫著、胡滨译：《列强对华外交》，第151页。

④ 本节由李育民、尹新华合作完成。

中国的民族灾难和民族危机。

中日甲午战争之前，租借地和势力范围条约特权在中国便已零星有了一些雏形。其中，租借地最早始于葡萄牙人所占的澳门。1887 年，葡萄牙迫使清政府与之订约，取得"永驻、管理澳门"的条约特权①。这样，澳门便成了近乎割让的永久租借地。此外，1860 年 3 月，两广总督劳崇光亦将九龙半岛的尖沙咀，即九龙司租给英国，每年租银 500 两，但租借时间很短，同年 10 月订立《北京条约》，又将此地"并归英属香港界内"②，即割让给英国。势力范围最初萌芽可见于 1846 年 4 月 4 日中英签订《英军退还舟山条约》。该条约规定："英军退还舟山后，大清大皇帝永不以舟山等岛给他国"③，暗含初步排他之意。之后有 1884 年中法《简明条款》，其第一款规定："中国南界毗连北圻，法国约明，无论遇何机会，并或有他人侵犯情事，均应保全助护。"④ "中国南界"是指与越南接壤的南部省份，此条款即隐喻着视这些省份为势力范围之意。

甲午战后，列强在华攫取租借地和势力范围，开始成为普遍现象，并形成了完整的条约特权制度。如前所述，这一新的条约特权制度的出现，与资本主义的发展和国际关系的变化有着密切关系。在帝国主义重新分割世界，并激烈争夺半殖民地国家的背景下，甲午战争却向全世界证明了中国的"衰弱和无力抵抗侵略"，从而"激起了它们的贪婪"⑤。三国干涉还辽和《辽南条约》则更是拉开了帝国主义重新分割和争夺在华权益的序幕，进一步激发了列强贪婪的欲望。于是，列强在中国掀起了瓜分狂潮，一系列不平等条约集中出现。为了在这场瓜分中多分一杯羹，列强纷纷强占租借地，划分势力范围，作为战略要地。同时，为了维持均势，列强之间相互攀索，致使争夺愈演愈烈，几个主要的资本主义强国基本上都参与其中。连不赞成瓜分中国的英国，为维护自己的利益，也投入了这场大争夺。贻害无穷的租借地、势

---

① 《会议草约》，光绪十三年三月初二日，王铁崖编：《中外旧约章汇编》第 1 册，第 505 页。
② 《续增条约》，咸丰十年九月十一日，王铁崖编：《中外旧约章汇编》第 1 册，第 145 页。
③ 《英军退还舟山条约》，道光二十六年三月九日，王铁崖编：《中外旧约章汇编》第 1 册，第 71 页。
④ 《简明条款》，光绪十年四月十七日，王铁崖编：《中外旧约章汇编》第 1 册，第 455 页。
⑤ ［英］菲利浦·约瑟夫著、胡滨译：《列强对华外交》，第 126 页。

力范围特权制度，就是在这样的背景中产生和形成的。

一、 列强在华租借地和势力范围条约的签订

　　俄国在甲午战后的瓜分狂潮中扮演着急先锋的角色，就租借地和势力范围条约特权的攫取而言也是走在前列。如前所述，俄国通过 1896 年的《中俄密约》，迈出了在中国东北乃至整个中国抢占势力范围的步伐。之后，进一步攫取中东铁路附近的设警驻军权、开矿设厂权等其他利权，开始了对东北北部的全面"经营"。与此同时，俄国还积极谋划在黄海海岸攫取不冻军港，并通过迫签不平等条约，在东北南部抢占了租借地和拓展了势力范围。

　　早在干涉还辽之前，俄国便已确定了获取中国沿海港湾作为不冻港的方针，只是具体位置还有待选择。1895 年夏，俄国驻华公使喀希尼向清政府提出暂借胶州湾作为俄国舰队过冬的要求，并得到总理衙门的同意。不过，由于胶州湾离海参崴太远，俄国并没有把该地当作最佳选择；它看好的是旅顺港和大连湾，认为大连湾"是具有明显优越性的港口"，占领该地，则中东铁路支线和不冻港等问题均可迎刃而解①。恰好这年 11 月德国派舰队占领胶州湾，这为俄国推进上述计划提供了契机。11 月 15 日，李鸿章以中国政府的名义，在俄国驻华使馆恳求俄国提供支援，"不使德军用强力占领港口"②。因有御敌互助密约在先，中国在外交上迈出这一步自是必然。另外，德国在胶州问题上对俄国也相当忌惮，驻德公使吕海寰指出，当时"德、俄最亲密，德踞胶澳，亦俄所忌。或请俄先为调停，亦急则治标之法"③。不过，俄国缔结密约，只图一己私利，并无意保护中国；对于德国出兵胶州湾，更无意阻拦。事实上，早在这年 8 月德皇与沙皇密谈时已就胶州湾问题达成了谅解，后者表示："在俄国没有占领另一个海港之前……它将允许德国军舰共

---

　　① 《外交大臣上沙皇奏》，1897 年 11 月 11 日，张蓉初译：《红档杂志有关中国交涉史料选译》，第 180—185 页。

　　② 《驻北京代办巴夫洛夫致外交大臣穆拉维约夫伯爵电》，1897 年 11 月 16 日，张蓉初译：《红档杂志有关中国交涉史料选译》，第 103 页。

　　③ 《吕海寰出使发电：发北洋大臣王电》，光绪二十三年十月二十四日，庄建平主编：《近代史资料文库》第 3 卷，上海书店出版社，2009 年，第 317 页。

同使用该湾，而当它撤出胶州湾时，也将不反对把该湾交给德国占领"[1]。德皇由此得出"他（沙皇）没有理由会阻挠我们进入山东"的结论[2]。德国舰队强占胶州湾以后，俄国满心考虑的是如何趁火打劫，其外交大臣穆拉维也夫明确指出："德国人占领胶州湾，给我们提供了一个有利的机会，去占领中国的一个港口，为此建议占领旅顺口或其附近的大连湾。"[3] 为此，俄国积极联络中国表示"效力"，并称："请中国指定海口，俾泊俄舰，示各国中、俄联盟之证，俄较易借口，德或稍敛迹。"[4] 12 月 3 日，俄使馆代办巴夫洛夫与李鸿章等人会谈时，便以帮助中国为名，向中国索要报酬。其中不仅包括许定俄国军舰停泊港口，还要求"北省所用德国及他国教习，必须一概撤退，换用俄员""吉林及京都东北各铁路建造时，用俄人及俄款，并松花江行船二事，中国必先允准照办"等等。李鸿章等对俄国的做法很不满意，指出："如何相帮，亦未说明，却要中国好处，实在不是讲交情了！"但巴夫洛夫称："并非不愿帮助，惟须许定俄兵船在何口岸停泊方易为力"，"且一帮中国，即与德国交情有碍，如中国不允各事，本国岂非空费心，徒致怨于德国乎？"巴夫洛夫一再坚持要清政府就所说各条"复以准信"才肯"相助"[5]。俄国的野心至此暴露无遗。驻俄公使杨儒 12 月 1 日致电总理衙门，还提出"胶事俄先知情，貌示交好，恐不足恃"[6]。李鸿章也知俄国专为利益，但仍寄希望俄国相助。最终，12 月 15 日，俄国军舰还是在清政府的默许下开入旅顺港。俄代办照会中国政府，表面上声明："并无夺取中国领土之意，占领旅大，系为保护中国免受德国之侵略。德国军队撤退后，俄军亦立即撤

① 《代理外交大臣布洛夫大使致外部电》，1897 年 8 月 17 日，孙瑞芹译：《德国外交文件有关中国交涉史料选译》第 1 卷，商务印书馆，1960 年，第 139—140 页。

② ［英］菲利浦·约瑟夫著、胡滨译：《列强对华外交》，第 187 页。

③ 《维特回忆录》第 2 卷，133 页，转引自复旦大学历史系编写组编：《沙俄侵华史》，上海人民出版社，1986 年，第 272 页。

④ 《使俄杨儒致总署俄外部云德事愿效力但俄貌示交好恐不足恃电》，光绪二十三年十一月初八日，王彦威、王亮辑编，李育民等点校整理：《清季外交史料》第 5 册，第 2504 页。

⑤ 《俄署使巴布罗夫与李鸿章等会谈节略》，光绪二十三年十一月初十日，青岛市博物馆、中国第一历史档案馆、青岛市社会科学研究所编：《德国侵占胶州湾史料选编（1897—1898）》，山东人民出版社，1987 年，第 162—163 页。

⑥ 《使俄杨儒致总署俄外部云德事愿效力但俄貌示交好恐不足恃电》，光绪二十三年十一月初八日，王彦威、王亮辑编，李育民等点校整理：《清季外交史料》第 5 册，第 2504 页。

退。"① 其实俄国已经朝占领旅大迈出了关键一步，《泰晤士报》驻北京记者莫理循直言："俄国将不可避免地终将占领旅顺口，使它成为她的东清铁路的终点站。"②

1898 年 3 月初，胶州问题的解决已近尾声，俄国即背弃"暂泊"的诺言，于 3 月 3 日正式向清政府提出租借旅大的要求。清政府恐在北京交涉引起其他列强的关注，故特派许景澄为头等专使，赴俄京谈判。其间，俄国外交部声称："胶事已定，英已得他口利益，法亦有索件，故俄必须租得不冻海口，为各师屯地，保护两国利权。"交涉期间，俄国方面"词意坚持，大非昔比"，要求中国必须迅速答复③。清政府担心各国纷起效尤，遂称之前归辽谈判时曾与日本有约在先，"以后不让别国据占"，否则日本必与中国为难，故恳请俄国"勿相逼迫，顾全睦谊"，甚至提出俄可在旅大两口"随时借泊屯煤"的暗租方案④。然而，俄国却提出最后通牒，限定清政府在 3 月 27 日以前签约，"过期无复，俄国即自行办理，不能顾全联盟交谊"⑤。同时，又采取贿赂手段，给清廷新任命的全权代表李鸿章和张荫桓，"各酬他们银五十万两"⑥。通过炮舰和卢布两手并用，终于诱迫清政府接受了它的要求。在通牒期限的最后一天，也即 3 月 27 日，李、张二人代表清政府与俄国签订了《旅大租地条约》。该约共九款，规定：中国将旅顺口及大连湾暨附近水面租与俄国，租期二十五年，归俄国管辖；租借地以北隙地由中国管理，"惟中国兵非与俄官商明，不得来此"；辟旅顺口为军港，为中、俄船只独享，大连湾内亦辟一相同军港，大连湾其余地方作为通商口岸，准各国船

---

① 王芸生编著：《六十年来中国与日本》第 3 卷，第 179 页。

② 《致约·奥·珀·濮兰德》，[澳] 骆惠敏编、刘桂梁等译：《清末民初政情内幕——〈泰晤士报〉驻北京记者袁世凯政治顾问乔·厄·莫理循书信集》上卷，知识出版社，1986 年，第 66 页。

③ 《专使许景澄致总署俄外部言必须租不冻海口为各师屯地电》，光绪二十四年二月二十三日，王彦威、王亮辑编，李育民等点校整理：《清季外交史料》第 5 册，第 2552 页。

④ 《总署致许景澄儒前与日议归辽时订明旅大不让别国请俄顾全睦谊电》，光绪二十四年二月二十二日，王彦威、王亮辑编，李育民等点校整理：《清季外交史料》第 5 册，第 2552 页。

⑤ 《许景澄杨儒致总署报与俄外部剖辩租地事》，光绪二十四年二月二十六日，王彦威、王亮辑编，李育民等点校整理：《清季外交史料》第 5 册，第 2554 页。

⑥ 《一八九八年三月九日（二十一日）七等文官璞科由北京致财政大臣密码急件》，张蓉初译：《红档杂志有关中国交涉史料选译》，第 207 页。关于李鸿章、张荫桓是否接受贿赂问题，目前学术界有不同看法，参见马忠文：《旅大租借交涉中李鸿章、张荫桓的"受贿"问题》，《学术界》2003 年第 2 期。

只停泊；俄国在租借地内可修筑炮台等军事设施；允许俄国修筑中东铁路支线至大连湾，或至辽东半岛营口、鸭绿江中间沿海较便地方等等。俄国通过该约获得了旅大租借地，以及在东北南部修筑铁路的特权，整个东北完全成了它的势力范围①。同时，《旅大租地条约》只是一个大纲式的条约，随后由许景澄在圣彼得堡同俄国外交部进一步谈判租借地和隙地界限等各项有关租借详细问题。5 月 7 日，中、俄双方在圣彼得堡签订了《续订旅大租地条约》。主要规定了租借地的具体范围和隙地的界限，规定中东铁路支线终点在旅顺口及大连湾海口、金州城允许中国官吏自行治理等等②。中、俄双方又签订了关于中东铁路南满支线的修筑合同。"自'旅大租约'和南满路合同订立后，沙皇俄国控制了东北的铁路、矿山、森林等项权利，又积极加固旅顺军港的设备，它在东北的势力可以说是根深蒂固了。"③

德国强占胶州湾，迫签《胶澳租界条约》是列强在瓜分狂潮中抢占租借地的开端，同时也将列强在华抢占租借地和划分势力的活动推向高潮。德国是一个后起的资本主义国家，经济的迅速发展，刺激它在远东尤其是在中国扩张的野心。在中国，德国是一个后来者，其势力远不及英、美等国，因此，在中国海岸取得可以作为舰队与商业根据地的地盘，是它最重要的利益。在 19 世纪 60 年代末 70 年代初，德国政府就打算在中国沿海建立这样一个据点，但"由于预料的中国政府和人民的反抗，由于德国大部分资产阶级的反对及由于考虑到德国建国以后因德意志——普鲁士与欧洲各国关系而产生的时机"④ 等原因，这一计划未能实行。甲午战争引起远东局势的变化，使它感到时机已经成熟，便迫不及待地要实现三十余年前的梦想。当战争还在进行的时候，德驻华公使即提议乘机攫取胶州湾或澎湖列岛作为永久基地⑤。后来德国之所以加入干涉还辽活动，其目的之一就是自中国得到一个

---

① 《旅大租地条约》，光绪二十四年三月初六日，王铁崖编：《中外旧约章汇编》第 1 册，第 741—742 页。
② 《续订旅大租地条约》，光绪二十四年闰三月十七日，王铁崖编：《中外旧约章汇编》第 1 册，第 754—755 页。
③ 林增平编：《中国近代史》下册，湖南人民出版社，1958 年，第 447 页。
④ ［德］施丢克尔著、乔松译：《十九世纪的德国与中国》，生活·读书·新知三联书店，1963 年，第 92 页。
⑤ 《外交大臣马沙尔男爵致驻伦敦大使哈慈菲尔德伯爵》，1895 年 2 月 1 日，孙瑞芹译：《德国外交文件有关中国交涉史料选译》第 1 卷，第 8 页。

地区作军事基地及煤站。三国干涉还辽之后，德国驻俄大使拉度林在 1895 年 10 月按照外交部的指示，向中国驻俄公使许景澄提出希望得到可靠的海港作为回报，许景澄以"其他列强将提出同样要求或将与中国为难"为由予以拒绝①。12 月 14 日，德国驻华公使绅珂再次向清政府提出这一要求，总理衙门以"恐各国援照，事实难行"为由予以拒绝②。

此后，德国继续向中国提出交涉，态度一次比一次强硬，并决定诉诸武力；同时，经过一番讨论，逐步将要求海港的地点确定为胶州湾③。由于俄国已将东北划为自己的势力范围，而且俄国舰队 1895 年 11 月经清政府同意进泊胶州湾"过冬"，似有染指之意，因此，在采取军事行动之前，德国要先取得俄国的谅解。恰巧德国的两名传教士在山东被杀，11 月 6 日，德国政府以此为借口，悍然命令德国舰队去占领胶州湾，13 日舰队抵达后开始正式侵占。继而在 11 月 20 日，德国驻华公使向清政府提出六项严苛要求④。德国的做法完全背离了国际惯例，震动中外，俄、法、英等国蠢蠢欲动。清政府当心德占胶州会引来各国瓜分危局，因此希望尽快处理完教案，使德国尽速撤出。清政府一方面请各国调停斡旋，一方面派代表与德国谈判。12 月 4 日，中德会谈中，中方表示除赔偿德国军费一项保留处理外，准备接受德国提出的其他要求，并要求教案处理完后德军即从胶州撤退。中国提出的理由是如德国继续占领，"其他列强必将乘机仿效，这样中国势必有灭亡的危险"。此外，中方还提议德国军舰退出胶州湾后，可以秘密在华南另给一海港⑤。12 月 7 日，双方基本达成教案处理协议，德方以涉还辽为由，正式索要胶州湾。中方建议宣布胶州湾为通商口岸，决不把它割让给任何国家，并

---

① 《驻圣彼得堡大使拉度林公爵上帝国首相何伦洛熙公爵公文》，1895 年 10 月 29 日，孙瑞芹译：《德国外交文件有关中国交涉史料选译》第 1 卷，第 100—101 页。

② 《驻北京公使绅珂男爵上帝国首相何伦洛熙公爵电》，1895 年 12 月 15 日，孙瑞芹译：《德国外交文件有关中国交涉史料选译》第 1 卷，第 105 页；谢俊美编著：《翁同龢年谱长编》下册，上海交通大学出版社，2018 年，第 1315—1316 页。

③ 详见刘利民：《列强在华租借地特权制度研究》，湖南人民出版社，2010 年，第 43—47 页。

④ 包括将山东巡抚李秉衡革职并永不叙用，安主教在济宁建教堂中国应许赔银盖造，严惩凶犯并赔偿教士损失，保证嗣后永无此等事件，山东如有制造铁路、矿务先准德商承办，德国办结此案所费由中国赔偿，等等。详见《照录德使海靖会同开之六条》，1897 年 11 月 20 日，青岛市博物馆、中国第一历史档案馆、青岛市社会科学研究所编：《德国侵占胶州湾史料选编（1897—1898）》，第 141—142 页。

⑤ 《驻北京公使海靖男爵致外部电》，1897 年 12 月 4 日，孙瑞芹译：《德国外交文件有关中国交涉史料选译》第 1 卷，第 187—188 页。

给予德国在该处一个居留地和铁路建筑权，并仍许诺在华南割让一海港给德国。德国驻华公使海靖虽仍坚持索要胶州，但倾向于接受中方的提议，认为"在胶州方面获得特权的同时又能立刻获得一个华南海港，这对我们似乎更为有利"①。但德国外交部不同意海靖的意见，并强调割让军港不能与三国干涉还辽联系起来，以免俄、法提出同样的要求或进行反对，"而把中国崩溃的责任完全加诸德国身上"②。同时，德国又通过外交活动，与俄、日、英等国达成了分赃协议，承认它们在华的扩张，从而取得了这些国家的谅解。清政府所幻想的国际干涉终归无望，尤其是从中国获得巨大好处、自称"睦邻"的俄国，还劝诱清政府遵从德国愿望③。海靖还利用所谓曹州府滋扰教士事件大肆要挟，提出更苛刻的条件，并在 12 月 28、29、30 日，连续照会清政府，要求租借胶州湾。在此情况下，清政府完全屈服。自此双方转入租借胶州湾具体细节及山东铁路、矿山等各项权利问题的谈判④。

1898 年 3 月 6 日，中国代表李鸿章、翁同龢与德国代表海靖订立了《胶澳租界条约》。该约首先声明"山东曹州府教案现已商结，中国另外酬德国前经相助之谊"。具体内容共三端。第一端共五款，为胶澳租借的具体内容，主要规定中国将胶州湾租给德国，归德国管辖，租期 99 年，并"允许离胶澳海面潮平周遍一百里内"，准德国官兵随时过调；第二端共四款，为德国在山东享有的路矿权利，主要规定允许德国在山东修造铁路两条，由两国另订合同由德商、华商各自集股创办，铁道附近 30 里内准许德国开挖煤斤等项，亦可德商、华商合股开采；第三端一款，为山东全省办事之法，主要赋

---

① 《驻北京公使海靖男爵致外部电》，1897 年 12 月 7 日，孙瑞芹译：《德国外交文件有关中国交涉史料选译》第 1 卷，第 190—191 页。

② 《外交大臣布洛夫致北京公使海靖电》，1897 年 12 月 8 日，孙瑞芹译：《德国外交文件有关中国交涉史料选译》第 1 卷，第 191—192 页。据海靖报告所言，当时中方"害怕英国或日本侵占其领土，正极度急切地要求提前与我们签订协定"；在另一电报中海靖还提到，中方迫切希望"割让军港的交涉应完全与教案分开而与干涉还辽联系起来"。其理由应如张之洞电奏所言，"让地是酬谢，不归教案。如此，则以后教案方有办法。否则，一教案即占地，中国断无觊以善其后也"。详见：《驻北京公使海靖男爵致外部电》，1897 年 12 月 7 日，孙瑞芹译：《德国外交文件有关中国交涉史料选译》第 1 卷，第 191 页；《鄂督张之洞致总署胶事危迫谨陈应付办法五条电》，光绪二十三年十二月初一日，王彦威、王亮辑编，李育民等点校整理：《清季外交史料》第 5 册，第 2513 页。

③ 《驻圣彼得堡大使拉度林公爵致外部电》，1897 年 12 月 29 日，孙瑞芹译：《德国外交文件有关中国交涉史料选译》第 1 卷，第 209 页。

④ 具体交涉过程，详见刘利民：《列强在华租借地特权制度研究》，第 50—51 页。

予德国在山东省内承办工程及售卖物资的优先权①。通过此约，德国获得胶州湾租借地，以及在山东修路、开矿等种种权益，山东由此成为德国的势力范围。《胶澳租界条约》是甲午战后第一个租借地条约，"在国际法上创一新例"②。此例一开，直接推动了列强在华强占港湾的多米诺骨牌，各国纷起效尤，向中国索取租借地，拓展势力范围，瓜分中国的活动出现高潮。

在瓜分狂潮中，法国以它的殖民地越南为根据地，在中国南部几省蚕食鲸吞，并与英国展开争夺和互相攀索。三国干涉还辽之后，法国首先向中国索取报酬。1895 年 5 月 8 日，法国即以此为辞，要求清政府与之订立中越界约和商约。清政府没有拒绝，于 6 月 20 日签订了《续议界务专条附章》和《续议商务专条附章》，"以示酬答之意"③。在界约中，法国将法属越南边界扩张至湄公河上流东岸江洪之地，原云南宁洱县属车里土司的猛乌、乌得、化邦哈当贺联盟猛地等处皆归越南④；在商约中，法国获得在云南、两广的路、矿权益和其他通商特权，包括开放龙州、蒙自、思茅、河口，四口土货减税四成征收，三省开矿先向法国商办，越南铁路可接至中国境内，思茅至越南电报互相接线，等等⑤。通过这两个条约，法国显露出把西南地区划为它的势力范围的趋势。同时，英国亦在 1894 年 3 月与中国议定《续议滇缅界、商务条款》后，以缅甸为跳板，加强了对中国西南的争夺。而法国在中国西南和南部的上述扩张与英国的既得利益发生冲突。英、法两国为协调矛盾，在 1896 年 1 月订立《法国和英国关于暹罗等地的宣言》，在该宣言中双方约定"不在云南、四川享有排他性通商和其他特权"，这两省已在上述中英、中法界约商约出让以及将来可能出让给两国的一切通商和其他特权及利

① 《胶澳租界条约》，光绪二十四年二月十四日，王铁崖编：《中外旧约章汇编》第 1 册，第 738—740 页。
② ［日］田original天南：《胶州湾》，青岛市博物馆、中国第一历史档案馆、青岛市社会科学研究所编：《德国侵占胶州湾史料选编（1897—1898）》，第 410 页。
③ 《总署奏中法续议界约商约专条请旨派员画押折》，光绪二十一年二月二十七日，王彦威、王亮辑编，李育民等点校整理：《清季外交史料》第 5 册，第 2259 页。
④ 《续议界务专条附章》，光绪二十一年五月二十八日，王铁崖编：《中外旧约章汇编》第 1 册，第 624—625 页。
⑤ 《续议商务专条附章》，光绪二十一年五月二十八日，王铁崖编：《中外旧约章汇编》第 1 册，第 621—623 页。

益，在两国力所能及的范围内，"应扩大到两国及其公民和属民共同享有"①。不仅如此，英国同时还向中国寻求"补偿"，并迫使中国在 1897 年 2 月与其订立《续议缅甸条约附款》和《西江通商专条》，进一步加强了英国在西南的势力。法国转而以权益受到英国侵夺为由，要求清政府给予"补偿"，并在俄国支持下，几乎以"断绝邦交"相威胁②。清政府只得接受法国的要求，于 1897 年 3 月 15 日照会法国公使，正式承诺不将海南岛让与他国③。这是列强在近代迫使中国政府发表的第一个不割让声明，这种不割让声明实际上等于承认该地区为法国的势力范围。

德国强占胶州湾后，各国皆以均势东方为言，纷纷争夺在华利益。1898 年 1—3 月，列强在中国的争夺更趋激烈，各国均有索求，法国亦不甘落后，于 3 月 13 日向清政府提出不得将两广、云南让与他国，由越南往云南省城修造铁路，以及租借广州湾等要求④。法国进一步窥伺中国西南和华南的要求，直接挑战了英国在此两处的利益，因此上述要求遭到英国的强烈反对，总理衙门不敢贸然答应。法国便进行外交讹诈和军事恫吓，派遣两艘巡洋舰开赴福州施加压力⑤。清政府又再次屈服，于 4 月 10 日复照法国驻华公使，承诺不将越南邻省（即两广、云南）割让或租借给他国，且允准法国从越南往云南省城修造铁路，以及将广州湾租借给法国，等等⑥。至此，法国正式将两广、云南划为其势力范围，并在南部海岸获得一个租借地。但由于在租借区域与期限问题上"彼此强硬不相让，动有国际破裂之势"⑦，租借广州湾的具体协定一年之后还没有落实下来。后来因在广州湾附近，两名法国士官

---

① 《法国和英国关于暹罗等地的宣言》，1896 年 1 月 15 日，世界知识出版社编辑：《国际条约集（1872—1916）》，世界知识出版社，1986 年，第 146 页。

② ［法］A. 施阿兰著，袁传璋、郑永慧译：《使华记（1893—1897）》，商务印书馆，1989 年，第 147、149 页。

③ 《总理衙门致法国公使照会》，光绪二十三年二月十三日，王铁崖编：《中外旧约章汇编》第 1 册，第 697—698 页。

④ 《总署奏法国请租广州湾并建造滇越铁路谨拟办法折》，光绪二十四年闰三月初五日，王彦威、王亮辑编，李育民等点校整理：《清季外交史料》第 5 册，第 2561 页。

⑤ 鲜于浩、田永秀：《近代中法关系史稿》，西南交通大学出版社，2003 年，第 170 页。

⑥ 《总理衙门致法国署使照会》，光绪二十四年三月二十日，王铁崖编：《中外旧约章汇编》第 1 册，第 743 页。

⑦ 刘彦：《帝国主义压迫中国史》上卷，第 209 页。

和一名传教士被杀，法国政府效法德国，下令舰队开进港内，清政府才作出退让，于 1899 年 11 月 16 日被迫按照法方的意见正式订立《广州湾租界条约》。该约内容共七款，主要在原来照会的基础上，进一步明确了广州湾的租借范围、归法国管理和 99 年租期等租借具体事项，并"允准法国自雷州府属广州湾地方赤坎至安铺之处，建造铁路、旱电线等事"①。

瓜分狂潮中，英国虽然不是祸首，但它最终将广大长江腹地划为它的势力范围，又在南北各获一可与法、俄相抗的租借地，从而成为实际上获利最大的国家。英国是一个老牌资本主义国家，其在华势力和权益在列强中独占鳌头，当时它在中国的国际贸易中占有 80% 的份额。因此，瓜分中国的政策，对它发展在华商业利益是极为不利的。瓜分狂潮初起时，以外交大臣索尔兹伯里为首的英国内阁仍尽量维持传统对华政策，阻止列强瓜分中国。1898 年 1 月，英国政府宣布："我们不认为中国是供任何欧洲或其他的国家征服或占有的一个地区。"此后，英国国会还对此通过一项决议②。英国的这一政策并非为了保护中国的主权，而是为了维护独占中国市场的优势。但是，英国最终无法扼制瓜分狂潮的势头，到德国、俄国和法国向中国提出要求时，索尔兹伯里才被迫考虑英国政策的变更③。为了维护自己的利益，并同俄、法对抗，英国也投入到划分势力范围，强占租借地的争夺战。起初，英国通过取得对清政府的借款权，提出开放大连为通商口岸，以抵制俄国，遭到俄国的极力反对。此外，俄国军舰已占领旅顺，此议遂告失败。于是，英国转而要求将长江流域划为它的势力范围。长江流域是英对华经济扩张的主要区域，它要确保这一地区不落入别国手里。1898 年 2 月，英国以中国拒借英款，须予以"补偿"为由，提出三项要求，其中之一就是要清政府保证不将长江流域让与别国④。2 月 11 日，总理衙门照会英国公使，确切保证不

---

① 《广州湾租界条约》，光绪二十五年十月十四日，王铁崖编：《中外旧约章汇编》第 1 册，第 929—930 页。
② ［英］菲利浦·约瑟夫著、胡滨译：《列强对华外交》，第 229、248 页。
③ Peter Wesley-smith, *Unequal Treaty*, 1898—1997, *China, Great Britain and Hong Kong's New Territories*, Oxford University Press, 1980, p. 16.
④ 翁同龢：《翁文恭公日记》，光绪二十四年正月十五日，上海涵芬楼，1925 年。

将长江沿岸各省租押或以其他名义让予他国①。长江流域由此成为英国的势力范围。

接着,英国又北夺威海卫,以与俄国的旅大租借地抗衡;南取九龙半岛,以与法国的广州湾租借地对峙。3 月 25 日,英国外交部正式训令驻华公使窦纳乐(Donald),称:"由于总理衙门已将旅顺口租借给俄国,列强在北直隶湾的均势实际上已被打破",已从香港派出舰队前往援助,要求其立即向中国政府提出租借威海卫的要求,条件与俄国租借旅顺相同②。当时威海卫在日军手中,而且位于德国的势力范围山东境内,英国以承认山东为德国的势力范围③,以及同意和支持日本在今后采取类似措施为条件④,取得了两国的谅解。同时,英国又与清政府交涉。3 月 28 日,窦纳乐接到训令及中俄《旅大租地条约》订立的第二天,英国援均势之例,向清政府提出租借威海卫为设防的海军基地的要求,并声称"我们并不想吞并中国的领土","我们的目的是在北直隶湾恢复大国的力量均衡","我们决不允许任何国家在中国北方取得优势地位"。起初,清政府并不愿意俯首听命⑤。于是,窦纳乐进行武力要挟,声称 4 月 2 日若不定,"水师提督带兵到烟台,事且不测"⑥。终于,清政府在英国的"海军行动的威胁下屈服了"⑦。在 4 月 2 日的会谈中,清政府被迫同意将威海卫租借给英国,条件与俄国租旅顺口相同,窦纳乐则答应中国军舰使用威海卫,且表示中国重建海军时能够得到英国海军军官的帮助,细节留待以后再确定⑧。7 月 1 日两国订立了《订租威海卫专

---

① 《总理衙门致英国公使照会》,光绪二十四年一月二十一日,王铁崖编:《中外旧约章汇编》第 1 册,第 731—732 页。

② 《索尔兹伯里侯爵致窦纳乐爵士电》,1898 年 3 月 25 日,吴乃华、魏彬译:《英国蓝皮书有关甲午战后英国占领威海卫资料选译》,威海市政协科教文史委员会编:《英国租借威海卫三十二年》(《威海文史资料》第 10 辑),1998 年,第 228 页。

③ 《威廉二世谕外部电》,1898 年 4 月 6 日,孙瑞芹译:《德国外交文件有关中国交涉史料选译》第 1 卷,第 236 页。

④ [英]菲利浦·约瑟夫著、胡滨译:《列强对华外交》,291—292 页。

⑤ 《窦纳乐爵士致索尔兹伯里侯爵函》,1898 年 5 月 30 日收,吴乃华、魏彬译:《英国蓝皮书有关甲午战后英国占领威海卫资料译》,威海市政协科教文史委员会编:《英国租占威海卫三十二年》,第 279—281 页。

⑥ 翁万戈编:《翁同龢日记》第 7 卷,1898 年 3 月 31 日,中西书局,2012 年,第 3156 页。

⑦ [英]菲利浦·约瑟夫著、胡滨译:《列强对华外交》,第 293 页。

⑧ 《窦纳乐爵士致索尔兹伯里侯爵函》,1898 年 5 月 30 日收,吴乃华、魏彬译:《英国蓝皮书有关甲午战后英国占领威海卫资料译》,威海市政协科教文史委员会编:《英国租占威海卫三十二年》,第 283—285 页。

条》，规定将刘公岛及在威海卫湾内各岛，及全湾沿岸约 16 公里地方租与英国，租期与俄国驻守旅顺之期相同，专归英国管辖；在东经 121 度 40 分以东沿海及附近沿海地方，英国可择地建筑炮台、驻扎兵丁、凿井开泉、修筑道路、建设医院等；以上地方中国官员仍可各司其事；等等①。威海卫成了英国的租借地，这是它在北部中国与俄抗衡的重要基地。

在南方，针对竞争对手法国的活动，英国也采取了对抗性的扩张措施。如前所述，1898 年 3 月 13 日，法国向中国提出租借中国南方海口的要求，4 月 10 日，清政府在照会中已将两广、云南划为法国的势力范围，并大体承认将广州湾租借给法国。英国获得法国要求南方海口的消息后，立即要求清政府拒绝法国的要求。后法租广州湾之议已定，英国阻止不成，便在 4 月 2 日以广州湾租给法国危及香港为由，向总理衙门提出"展拓香港后面之九龙山地方，以为保护香港之计"②。因清政府与法有约在先，不将两广地方让与他国，遂严行拒绝。然英国亦毫不退步，强硬提出，"若中国能拒法不租广州，英亦不租九龙"③。清政府此时无法收回给法国的承诺，也只好同意英国的要求。之后，中英就租借的具体内容展开谈判④。1898 年 6 月 9 日，清政府与英订立《展拓香港界址专条》，规定按照粘附地图，展扩英界，作为新租之地，租期为 99 年；将来中国建造铁路至九龙英国管辖之界，临时商办；"九龙城内驻扎之中国官员，仍可在城内各司其事，惟不得与保卫香港之武备有所妨碍"；等等⑤。通过该条约，英国租借了九龙界限街以北、大鹏湾和后海湾一线以南的大片领土，陆地面积超过原来香港割让地的十余倍，水面扩大约 50 倍，真正实现了香港界址大拓展。

日本通过甲午战争，从中国割去了台湾岛，而三国干涉还辽，却夺去了它在中国大陆的立足点。尽管此时它还没有实力与西方列强在大陆竞争，但

① 《订租威海卫专条》，光绪二十四年五月十三日，王铁崖编：《中外旧约章汇编》第 1 册，第 782 页。
② 《总署奏英国拟拓香港界址议定租章折》，光绪二十四年四月十八日奉朱批，王彦威、王亮辑编，李育民等点校整理：《清季外交史料》第 5 册，第 2571 页。
③ 刘彦：《帝国主义压迫中国史》上卷，第 214 页。
④ 详见刘利民：《列强在华租借地特权制度研究》，第 73—74 页；张俊义：《英国强租和接管九龙新界的历史经过》，《近代史研究》1989 年第 6 期。
⑤ 《展拓香港界址专条》，光绪二十四年四月二十一日，王铁崖编：《中外旧约章汇编》第 1 册，第 769 页。

也不愿坐视各国将中国抢光而没有自己的一份。它的封建军事帝国主义的本性，决定它也要在宰割中国的争夺中扮演重要的角色。因此，在瓜分狂潮中，它也在窥测时机，以求一逞。俄、德、英在中国北部抢占租借地、势力范围时，日本没有反对，并与它们作了交易。各国为了实现自己的目的，均对日本有所许诺。而且，英、法两国在南方进行争夺时，丝毫没有提及台湾附近的福建省，这在日本看来，"难保没有一些意义"①。正是西方列强的激烈角逐，给这个新崛起的东方一雄提供了机会。1898 年春，当法国向中国提出不割让越南邻省的要求时，它感到向中国勒索的时机已经成熟。在清政府同意法国的要求之后，日本迅速采取了行动。4 月 22 日，日驻华公使矢野向总理衙门提出不割让福建给他国的要求，并威胁说，如果拒绝，中国必须对由此而产生的时局变化承担责任②。4 月 24 日，总理衙门照复，应允福建省内及沿海一带，"无论何国，中国断不让与或租给"③。这一声明实际等于宣布福建属于日本的势力范围④。

日本是个侵略性极强的国家，它在中国的对手主要是沙俄，两国在争夺朝鲜和中国东北上有着尖锐的矛盾。而且，日本对沙俄发起三国干涉还辽一直耿耿于怀，俄国在东北南部抢占租借地和势力范围的行为，也进一步激化它与日本的矛盾。1900 年，沙俄乘义和团运动之机又武装侵占东北三省，将俄、日之间的冲突推向白热化。1904 年，日本不惜发动战争来解决俄、日之间的问题。沙俄在战争中接连败北，不得不在 1905 年 9 月订立的《朴茨茅斯条约》中，承认日本提出的条件。其中包括将旅大租借地和南满铁路以及附属的一切特权都转让给日本。日本在背着中国与沙俄重新分赃之后，又转而胁迫中国予以承认。12 月 22 日，清政府与日本订立《会议东三省事宜正

---

① 《日本外交文书》卷 31 第 1 册，第 486 页，转引自丁名楠等：《帝国主义侵华史》第 2 卷，人民出版社，1986 年，第 70 页。

② 《日本外交文书》卷 31 第 1 册，第 499 页，转引自丁名楠等：《帝国主义侵华史》第 2 卷，第 71 页。

③ 《中国复照》，光绪二十四年闰三月初四日，王铁崖：《中外旧约章汇编》第 1 册，第 751 页。

④ 亦有个别论者指出，总理衙门照复中使用的是"无论何国"一语，明显是将日本包括在内，说福建是日本的势力范围，明显是对中方照会内容的误解。赵冠峰：《福建是日本的势力范围吗？——对部编本〈中国历史〉一则史实的再考证》，《历史教学》2019 年第 15 期。

约》，对日本从沙俄手里接过来的一切特权全部允诺①。这样，旅大便正式成了日本的租借地，南满也成了它的势力范围。

除上述国家之外，实力较弱的意大利也跃跃欲试。1899 年 3 月，意驻华公使以均势为由，向总理衙门提出租借三门湾，要求承认浙江省为它的势力范围。意大利的这一要求没有得到列强的支持，英国虽表示没有异议，但"希望勿用兵力"②。在这种背景下，清政府断然拒绝。意大利派军舰游弋附近海面，试图强索，之后几近一年，意屡以虚词恫吓，浙江防务不胜其烦。但是，意大利相较而言是一个小国，清政府认为："意国无端索地，衅自彼开，与其动辄忍让，不如力与争持。虽兵事之利钝不可知，然既非自我予之，即不难自我争之"，故令浙江地方相机制敌③。意大利的图谋最终未能得逞。

如上所述，甲午战后的四五年间，俄、德、法、英、日等几个主要资本主义国家，凭借武力，以你争我抢的态势，从清政府手中强力攫取了大量的租借地和势力范围特权。正如这一时期俄国外交大臣在给沙皇的报告中所指出那样："历史的经验教导我们，东方民族最尊重力量及威力；在这些民族的统治者面前耗费任何建议和忠告都不能达到目的……我们无益地及无目的地浪费时间去给总理衙门提出友好劝告而满足于中国大臣的绕舌保证时，一切其他欧洲强国将会用德国政府在山东半岛南部成功地为其船只所获港口的方法来达到他们所想达到的目的。"④ 这一新的条约特权，是各国赤裸裸的强权和疯狂攀索的产物。从列强方面来看，这是一次新的分赃，而为了能够将这一分赃而形成的均势确定下来，列强之间又相互订立协定。如英法在 1896年，英俄在 1899 年，英德在 1899 年均订立协约。20 世纪以后，此类协约更多，日俄、法日、英日、日美均有协约，其中以日俄最多。这些协约一方面

---

① 《会议东三省事宜正约》，光绪三十一年十一月二十六日，王铁崖编：《中外旧约章汇编》第 2 册，第 339 页。

② 刘彦：《帝国主义压迫中国史》上卷，第 218 页。

③ 《旨着刘坤一查意国有若干兵舰在淞严为戒备电》，光绪二十五年四月初八日；《浙抚刘树堂奏意人要索三门湾敬陈防务情形折》，光绪二十五年十二月十三日，王彦威、王亮辑编，李育民等点校整理：《清季外交史料》第 6 册，第 2677、2720 页。

④ 《外交大臣上沙皇奏》，1897 年 11 月 11 日，张蓉初译：《红档杂志有关中国交涉史料选译》，第 185—186 页。

相互承认对方的势力范围，另一方面又继续作出调整。这种协约亦是这一新的特权制度的重要依据。

二、 列强在华租借地和势力范围条约特权[①]

租借地和势力范围条约特权是第二次鸦片战争之后中外条约关系恶性发展的核心体现，它给中国造成的主权损失甚于任何一个时期，使得中华民族濒临亡国的境地。下面结合特权条约规定内容，分别述之。

1. 租借地条约特权

租借地条约特权是列强强行通过不平等条约，从中国租借某部分领土，于一定期限内行使属地管辖权，以作为在华侵略基地。有关这一特权的具体内容，包括租借地的范围和期限、租借国所享有的权利、中国和华人在租借地的地位和权利，以及关税征收等问题，各租借条约均作了具体规定。通过相关条约，各租借国在租借地建立了隶属本国政府、脱离中国管辖的一整套军事、行政机构，在中国的领土上实行殖民统治。

首先，规定了租借地的范围和期限。租借地均位于中国沿海，列强攫取租借地，其目的在于取得具有军事意义的港口，并作为经济扩张的根据地。因此，与只限于通商口岸某部分地域的租界不同，它的范围宽得多，不仅占据了港口本身，还包括周围的陆地和水面。例如，德国的胶州湾租借地，范围包括湾内各岛屿及湾口，口外海面之群岛，以及胶州湾海面，东北岸自阴岛东北角起，划一线南行至崂山湾止。在这一区域，不包括水面，仅陆地面积就达五百五十多平方公里。俄国的旅大租借地范围，包括旅顺口和大连湾，以及辽东半岛部分陆地，其北界从辽东西岸亚当湾之北起，至辽东东岸皮子窝湾止，以及附近水面及陆地周围各岛。水陆总面积约 7210 平方公里。英国的威海卫租借地，包括威海湾内水面、刘公岛及湾内诸岛，全湾沿岸约

---

① 本小节涉及的《胶澳租界条约》，光绪二十四年二月十四日；《旅大租地条约》，光绪二十四年三月初六日；《续订旅大租地条约》，光绪二十四年闰三月十七日；《展拓香港界址专条》，光绪二十四年四月二十一日；《订租威海卫专条》，光绪二十四年五月十三日；《香港英新租界合同》，光绪二十五年二月初八日；《广州湾租界条约》，光绪二十五年十月十四日，分见王铁崖编：《中外旧约章汇编》第 1 册，第 738—739、740—742、754—755、769、782、864、929—930 页。

16 公里以内地方。其九龙租借地包括整个九龙半岛和大屿山岛，以及大鹏湾和深圳湾两水面。陆地面积较前扩大十多倍，水面扩大至约 50 倍。法国的广州湾租借地，则据有遂溪、吴川两县的部分陆地和两县之间的港湾水域，包括海湾、湛江和东海、硇州两岛及其他岛屿。水陆总面积约 2130 平方公里，其中陆地面积约 518 平方公里。总之，租借地是列强占据我国领陆、领水相当大范围的区域。相形之下，租界则显得小巫见大巫，最大的上海公共租界扩展之后的面积也只有三十多平方公里。除租借地本身的地域之外，在德国的胶州湾租借地、沙俄的旅大租借地和英国的威海卫租借地的租借条约中，还规定了类似军事缓冲地带的区域。《胶澳租界条约》规定离胶澳海面潮平周边一百里内，作为这种区域。旅大租借地条约则称这种区域为隙地，规定从辽东西岸益州河口起，经岫岩城至大洋河一线以南为隙地。威海卫租借地，则以东经 121 度 40 分之东沿海暨附近沿海地方，作为这种区域。这种区域的范围相当大，如在胶州湾达六千五百多平方公里。关于租借地期限，胶州湾、九龙、广州湾均规定为 99 年。旅大则只规定 25 年，威海卫是英国以俄据有旅大为由租借的，因而租期"按照俄国驻守旅顺之期相同"。旅大租借地在日本接手后，于 1915 年 5 月迫使中国订约，允将租期展至 99 年[①]。租借地期限如此之长，实质是要侵占中国的领土。

其次，规定了各租借国在租借地和缓冲地带所享有的权利。在租借区域，租借国具有如同统治本国领土一样的各种权利。一是治理权，即属地管辖权。中德《胶澳租界条约》规定："德国所租之地，租期未完，中国不得治理，均归德国管辖。"中俄《旅大租地条约》规定："所定限内，在俄国所租之地以及附近海面，所有调度水、陆各军并治理地方大吏全归俄官。"英国所租借的九龙、威海卫"专归英国管辖"。法国所租广州湾，则"全归法国一国管辖"。上述规定，虽然表述参差，但均确定了租借国管辖租借地的基本权利。二是自卫权，即租借国具有使用武装力量保卫租借地和租借国利益的权利。本来列强强占租借地，其主要目的是取得军事基地，这一权利更

---

① 《关于南满洲及东部内蒙古之条约》，1915 年 5 月 25 日，王铁崖编：《中外旧约章汇编》第 2 册，第 1100 页。

是题中应有之义。各租借条约对此均有规定，如德在胶澳可以"保地栈""护卫澳口"；俄在旅大可以"着实御侮"，尤其是旅顺"专为武备一口"；英租九龙就是"以资保卫"香港，租威海卫就是为"多能保护英商在北洋之贸易"；法在广州湾可设"保护武备各法"，等等。根据这一权利，租借国可在租借地"安置防兵""驻扎兵丁"，港口可为"兵舰之用"，即可在租借地派驻陆军和海军舰队。同时，还可在租借地"自行盖造水、陆各军所需处所，建筑炮台"等军事设施。通过上述两项权利，租借国实际上已获得对租借地的统治权。因各国商船可往来租借地海港，所以除上述内容外，租借条约还特地就港务事项的权利作了规定。一是建造权，即可建造码头，起造、安设灯塔、浮桩等港口设施，胶澳、旅大、广州湾等租借条约在这方面都有明文规定。二是港湾海面管理权。《胶澳租界条约》规定："因胶澳内海面均归德国管辖，德国国家无论何时，可以定妥章程，约束他国往来各船；此章程，即中国之船，亦应一体照办。"法国在广州湾也可以立定章程，管理租界各地湾内水面。三是征税权，即征收吨税之权。在胶澳"各国船均应纳费，中国船亦应纳费，为修整口岸各工程之用"。在广州湾，法国可以"征收灯、船各钞，以为修造灯桩各项工程之费"。中国船舶只在硇东水面"毋需纳钞、征税"，而在湾内水面亦一样照办。

从上述所享权利来看，租借国完全成了租借地的主人，处于统治地位。即如一位德国法律学家评论《胶澳租界条约》时所说，中国政府在事实上将租借地的领土主权"让与"了租借国，租借国在租借地上，得以完全行使立法、司法及行政三权①。而各租借国也正是把租借地视为自己的领土，在这里建立政府机构、驻扎军队、设置警察、征收税饷、经营各种事业等等，实行殖民统治。

在胶州湾、旅大、威海卫三个租借地的缓冲地带，即所谓隙地，租借国亦享有很多权利。这些权利规定于各租借条约，但各租借地有所不同。在胶州湾的缓冲地带，德国可以随时调动军队以及进行水道工程的施工；而中国

---

① ［日］田原天南：《胶州湾》，青岛市博物馆、中国第一历史档案馆、青岛市社会科学研究所编：《德国侵占胶州湾史料选编（1897—1898）》，第 412 页。

有"饬令设法"等事以及派驻军队，要先与德国商定。在威海卫的缓冲地带，英国可以驻军、修建炮台等军事设施、修筑道路、建设医院等。在旅大北面的隙地，非经俄国同意，中国不得让与别国享用；不得将隙地东西沿海口岸与别国通商；中国军队进入隙地，须与俄官商明，等等。上述三个租借地的规定虽有不同，但都限制了中国的主权。从这些规定来看，这些隙地不是国际法上的中立地带，而是具有"暧昧性质的东西"。可以说，租借国在这些地带所具有的权利是它在租借地所享有的权利的延伸。在这一意义上，这种地带"不过是广义上的租借地的一部分而已"①。

第三，规定了中国及其华人在租借地的地位及权利。列强获得租借地之后，中国在租借地的地位，以及中国和界内华人所保留的权利，在条约中也作了规定。关于中国在租借地的地位，根据租借条约，领土主权仍属于中国。《胶澳租界条约》第一款即载，"惟自主之权，仍全归中国"。《旅大租地条约》第一款也规定："惟此项所租，断不侵中国大皇帝主此地之权。"《广州湾租界条约》亦同样规定："于中国自主之权无碍。"英国的威海卫、九龙两个租借地，虽未明确规定，但两地是中国"租与英国政府"的，其领土主权无疑属于中国。由于领土主权属于中国，租借地均有一定租期，而且，租借国永远不许转租于别国。显然，从法律上讲，租借地的领土主权仍归中国所有，而不是如同有些西方国际法学家所说的那样，是一种变相的割让②。当然，在租借期内，中国在租借地的这一地位只是名义上和形式上的。在此期间，中国实际上不能行使自己的领土主权，不仅失去了属地管辖权，甚至中国的军队也不能进入租借地，如《旅大租地条约》即明确规定，"中国无论何项陆军，不得驻此界内"。

由于租借地的领土主权属于中国，尽管在租期内受到严重侵剥，但中国还保留着某些优于其他国家的权利。一是对租借地范围内某些城市的治理权。例如，在旅大租借地，"俄国国家允中国国家所请，允听金州城自行治理"，并可设立巡捕。但中国军队不准驻扎金州，须用俄兵替代。此外，威

---

① ［日］田原天南：《胶州湾》，青岛市博物馆、中国第一历史档案馆、青岛市社会科学研究所编：《德国侵占胶州湾史料选编（1897—1898）》，第411页。

② 周鲠生：《国际法》下册，商务印书馆，1981年，第453页。

海卫租借地中的威海城和九龙租借地的九龙城，"城内驻扎之中国官员，仍可在城内各司其事"，但"不得与保卫租地之武备有所妨碍"。而九龙城在条约签订不久，英国以"妨碍保卫香港"为名，要求中方撤销管辖权。1899 年 5 月，英军按英国政府的命令，占领了九龙城，驱逐了城内的中国官员和驻军。二是中国的兵、商船均可"享用"租借地的港口，各国租借条约都有此类规定。如在旅大租借地，旅顺一口专为"武备之口"，"独准华、俄船只享用，而于各国兵、商船只，以为不开之口"；大连湾中亦有一港"照旅顺口之例"。三是对华人的司法管辖权。《旅大租地条约》明确规定，如果华人犯案，送交就近中国官府，按律治罪。九龙、广州湾两个租借地，则规定如有交犯之事，按有关条约办理。其他两个租借条约未作规定，但中德于 1900 年 4 月订立《山东胶澳交涉简明章程》，规定由山东巡抚特派交涉官一员驻扎，负责审理租借地界内华人案件，照中国常例审讯治罪，如案内不牵涉德人，则德国官员不得干预。四是在胶州湾租借地的青岛和旅大租借地的大连仍保留一定的关税征收权。关于这点，将在下面谈到。有关约章所规定的上述权利，实际上打了很大折扣，如使用军港权和司法管辖权就是一纸具文。

中国在三个缓冲地带的地位，按有关租借条约的规定，各地的主权及管辖权属于中国，但要受到租借国的限制。其中，胶州湾和旅大租借地的缓冲地带，中国受到的限制尤为严厉。如前所述，中国在这些地区派驻军队，都要与租借国商定，等等。

关于界内华人的权利，各租借条约均有规定。一是界内华人仍可随意居住，不可迫令迁移。二是华民产业，仍归华民管理，租借国须一律保护。租借国需用华民土地，应给地主地价。但在实际上，界内华人处于租借国的殖民统治之下，这些权利受到极大侵害。

第四，规定了租借地关税征收办法。在胶州湾和旅大租借地，由于其地与中国内地相接，与内地的经济关系极为密切，对中国的关税收入有很大影响。而租借国"为谋租借地之经济的发展"①，遂承认中国的关税主权，与中国另订有协定，允许中国设关征税。这是一种新的关税制度，它将自由港和

---

① ［日］高柳松一郎著、李达译：《中国关税制度论》，台北文海出版社，1972 年，第 58 页。

通商口岸制度结合起来，对中国关税主权的限制比一般通商口岸更为严重。两地的关税征收办法有所不同，我们先看旅大租借地所实行的办法。在《旅大租地条约》中，曾订明将大连湾作为通商口岸。同年 7 月，中俄又在《东省铁路公司续订合同》中议定，俄国可在租借地内自行酌定税则，中国可在交界处对租借地的进出货物征税；中国可将税关设在大连，委派东省铁路公司作为中国户部代办人，代为征收，并对征税范围作了规定①。这一协议对中国的关税主权限制尤严，但还未见诸实行，便爆发了日俄战争。战后，日本继承了俄的旅大租借地。1907 年 5 月，日驻华公使与清政府所委派的总税务司订立《会订大连海关试办章程》，按青岛海关所实行的办法，规定了在该租借地征收关税的具体制度。章程规定：中国在大连所设海关，须派日本人充任该关税务司。关于税则，规定适用其他各口之税则。关于征税办法，则与其他海关完全不同。规定：（1）凡进入大连而在租借地销售之洋货和土货，以及由大连出口之洋货和租借地内之生产品、制造品，无需征税。（2）洋货由租借地运送通商口岸或中国内地，征收进口税；土货由租借地运送中国内地，则征收复进口半税，由中国内地经过租借地而出口者，则征收出口税。（3）由通商口岸输往租借地之洋货，可将已纳之进口税发给存票；土货在原口已纳出口税者，则无需再纳。（4）船钞无需征收。此外还规定，大连海关有管理外国轮船在内港航行之权，并按以前所订内港航行章程施行②。上述规定中，大连海关由日本人专任税务司、租借地免征关税，是日本在该租借地所享有的不同于其他通商口岸的重要特权。

关于胶州湾租借地，在租借条约中曾订明"德国即拟将纳税之界及纳税各章程，与中国另外商定无损于中国之法办结"。据此，1898 年 4 月中德订立《青岛设关征税办法》。该办法亦规定中国在青岛所设海关（即胶海关），须委派德国人为税务司。适用税则及征税办法均是大连海关所实行的办法。因这种办法并未促进青岛的商业发展，而且走私严重，难以稽查，1905 年 12 月，中德又订立协定，对上述办法作了修改。根据新的章程，在胶州湾租

---

① 《东省铁路公司续订合同》，光绪二十四年五月十八日，王铁崖编：《中外旧约章汇编》第 1 册，第 784 页。

② 《会订大连海关试办章程》，光绪三十三年四月十九日，王铁崖编：《中外旧约章汇编》第 2 册，第 394—397 页。

借地划定免税区，凡在免税区外之租借地区域里，应由"中国所设之海关征收各色货物税项"。这一规定改变了以前在整个租借地免税的制度，并与此相应作了其他修改。一是由中国按胶海关进口正税实数，每年提拨二成，交给青岛德官，作为"中国政府津贴青岛租地之用"。二是增加免税货物，除按海关税则在各口免税货物之外，其他如军营需用之物、机器、零配件及工具、邮政包裹、旅客行李等，进入青岛租借地一概免税。三是对租借地之机器制品实行减、免税①。此外，1904 年 4 月中德又订立附件，给予胶海关管理外国轮船在内港航行之权②。第一次世界大战爆发后，日本占领了胶州湾，便于 1915 年 8 月与中国订立《恢复青岛海关协定》，继承了上述中德协定③。

法、英所攫取的广州湾和威海卫，其目的主要在政治与军事，其经济的意趣不大。中国也"完全视两地为外国领土，凡由两地出入各口之船舶及货物，均与由外国进出口货物受同一之待遇"。九龙租借地的背后是英国割占的香港，虽商业繁盛，但由于地理关系，以及英国在此历来实行自由港制度，中国亦"完全与对付外国领土"相同，均没有采取上述特殊的关税制度④。

上述有关租借地的各项条约规定，除了给中国以名义上的领土主权，以及某些微不足道的权利之外，其余均是为满足列强的欲求。其中，租借国在租借地享有的权利和地位，是租借地制度的核心和最基本的内容。从上述规定可以看到，中国的领土主权实际上被阉割，中国的各种权益被严重剥夺。其租借地域之宽，是为了适合租借国政治、军事及经济的需要。租借虽有期限，但时间之长，"实质是要侵占中国的领土"⑤。所谓租借，租借者可以不付一文租银，而中国在自己的土地上征收关税，竟还要给租借者以"补贴"。一言以蔽之，名为租借，实为抢夺。难怪乎西方学者把租借视为割让，这除

---

① 《会订青岛设关征税修改办法》，光绪三十一年十月初五日，王铁崖编：《中外旧约章汇编》第 2 册，第 336—338 页。

② 《青岛设关征税办法续立附件》，光绪三十年三月初二日，王铁崖编：《中外旧约章汇编》第 2 册，第 237 页。

③ 《恢复青岛海关协定》，1915 年 8 月 6 日，王铁崖编：《中外旧约章汇编》第 2 册，第 1123 页。

④ 〔日〕高柳松一郎著、李达译：《中国关税制度论》，第 59 页。

⑤ 〔日〕田原天南：《胶州湾》，青岛市博物馆、中国第一历史档案馆、青岛市社会科学研究所编：《德国侵占胶州湾史料选编（1897—1898）》，第 410 页。

了别有用心之外，不能不说多少反映了这种租借的实质。通过条约特权，列强在租借地建立了直接的统治。它们设置隶属本国政府的政权机构，对租借地的一切人和事，行使着属地管辖权。并且，它们无视条约对中国领土主权的确认，无视中国和界内华人所应具有的权利，公然把租借地视为自己的领地，在此实行赤裸裸的殖民统治①。

　　2. 势力范围条约特权

　　势力范围是比租借地大得多的广阔地域，从实际含义和具体内容来看，这一特权与租借地特权也不大相同。就势力范围特权本身来看，除了一般的条约、合同乃至照会等规定之外，还衍生了铁路附属地这一特殊的势力范围。后者与前者相比，其性质已发生很大变异，但它源于前者，并以前者为依据，因此仍属于势力范围的范畴。瓜分狂潮期间，列强在中国划分势力范围，含有准备瓜分、取得领土的意图，并促使了瓜分狂潮的形成。其所形成的势力范围特权，是列强各自通过条约、合同乃至照会等手段，取得在中国领土某范围内经济事项的优先权和独占权。该特权的形成严重侵害了中国经济权益，而且也进一步损害中国主权与领土完整。

　　列强在华势力范围内所享权利包含消极的和积极的两种方式。消极的权利是指中国的不割让声明，即中国向某国保证不将该地区割让给其他国家。清政府在1898年以照会形式，向三个国家作出这样的保证：一是向法国保证不割让海南岛、越南邻省即两广、云南给其他国家；二是向英国保证不割让长江流域给其他国家；三是向日本保证不割让福建给其他国家。这种保证，是通过清政府承诺不将某地区的权利让与他国的形式，间接承认该国在该地区享有权利，即作为它的势力范围。这种权利不是从正面明确给予，因此可以说是一种消极的权利。

　　积极的权利，是指清政府明确给予、各国通过协议相互承认某国在某地区范围内，享有某些经济事项的优先权和独占权。这是势力范围制度的实质性内容，是列强在势力范围所要实现的具体目标。这些经济事项包括以下几方面：一是修筑铁路的权利。如在1896年的《中俄密约》中，清政府允许

---

①　详见李育民：《近代中国的条约制度》，第249—255页。

沙俄在黑龙江、吉林修建东省铁路。1898 年《旅大租地条约》清政府又允许俄国修筑东省铁路支线至大连湾，或至辽东半岛营口、鸭绿江中间沿海较便地方。1895 年 4 月，清政府在《续议商务专条附章》中，允许法国将越南现已有、或将来拟建之铁路，接至中国界内①。两个月后，清政府明确给法国建造从越南至龙州铁路的特权②。1898 年，清又允准法国在云南修筑滇越路③。翌年租借广州湾时，又允修筑赤坎至安铺一线铁路。德国在租借胶州湾时，即取得在山东省的筑路特权，即修筑胶济北、南两线的特权。日本在1898 年亦向中国要求，"准别国成例"，"独准"日本在福建修筑铁路。总理衙门迫于压力，只得同意如果在福建筑路，"当先向日本政府筹商之"④。英国则以长江流域为出发点，从清政府手中攫取路权。如在 1898—1899 年，英独自取得了沪宁、苏杭甬、浦信、广九四条铁路的修筑权。二是开矿的权利。如德国在山东取得在铁路沿线 30 里内开矿之权。法国则取得在两广、云南的开矿权，在 1895 年条约中，清政府允诺，中国如在这些地区开矿，"先向法国厂商及矿师人员商办"⑤。此后于 1897 年又再次确定。俄国则掌握了在东北开矿的权利。清政府先是允准俄国在东北铁路附近开采煤矿，1901年又与其订立《改订吉林开采煤斤合同》，规定"采看煤苗、开挖煤，铁路公司有独擅之权，先于他项公司、他项人等采看、开挖"⑥。在铁路沿线 30里内，即使华人采矿，亦要"铁路应允"；在 30 里外，也须铁路公司先行开采，如铁路公司放弃，其他洋人"始可允准"。此外，俄国还与清政府订约，取得在吉林开办金矿，以及在黑龙江采勘金、铁、煤各矿苗的权利⑦。三是其他事业的优先权。如中德《胶澳租界条约》规定："在山东省内如有开办

---

① 《续议商务专条附章》，光绪二十一年五月二十八日，王铁崖编：《中外旧约章汇编》第 1 册，第 623 页。

② 《总署奏广西龙州边境拟开办铁路请旨饬行折》，王彦威、王亮辑，李育民等点校整理：《清季外交史料》第 5 册，第 2380 页。

③ 《总理衙门致法国公使照会》，光绪二十四年三月二十日，王铁崖编：《中外旧约章汇编》第 1 册，第745 页。

④ 《矢野文雄致总署照会》，光绪二十四年闰三月十五日，宓汝成：《帝国主义与中国铁路（1847—1949）》，上海人民出版社，1980 年，第 102 页。

⑤ 《续议商务专条附章》，光绪二十一年五月二十八日，王铁崖编：《中外旧约章汇编》第 1 册，第 623 页。

⑥ 《改订吉林开采煤斤合同》，光绪二十七年五月二十九日，王铁崖编：《中外旧约章汇编》第 1 册，第997 页。

⑦ 《新订吉林开办金矿条约》，光绪二十七年一月二十五日；《黑龙江省采勘矿苗草约》，光绪二十七年六月初八日，王铁崖编：《中外旧约章汇编》第 1 册，第 988、1001 页。

各项事务，商定向外国招集帮助为理，或用外国人，或用外国资本，或用外国料物，中国应许先问该德国商人等愿否承办工程，售卖料物。如德商不愿承办此项工程及售卖料物，中国可任凭自便另办，以昭公允。"也就是说，中国在山东举办各种事业，如需借款、聘用外国人、请外国承办等等，德国有优先权。上述权利中，以路矿权利尤其是路权，为各国所重。从一般意义来看，列强在势力范围所享权利，属经济性质。这是清政府在起初所予以接受的，也是列强之间通过各种形式而相互承认的。然而，在某种条件下，这一制度在某些区域的衍变，又突破了经济范围，而形成铁路附属地这一特殊势力圈①。

瓜分狂潮期间，各国获取的势力范围一般来说是确定的。但由于列强在中国的激烈争夺，一些没有在中国分割势力范围的国家也要在中国攫取权益，以及还有一些地区没有明确圈进势力范围等原因，势力范围的地域界定并不是绝对的，而是相互交错，并随着各国力量的变化而变化，从而呈现出复杂的格局。

在瓜分狂潮中，势力范围的基本格局，俄踞东北、德夺山东、法占两广与云南、英盘长江流域、日取福建。其后发生变化，日本扩大地盘，通过日俄战争，从俄国手里抢走了南满；又在第一次世界大战中，从德国手中夺取了山东，并把东蒙也收入囊中。英国在1906年与清政府订立《续订藏印条约》②，取得重要权益，实际上使西藏成了它的势力范围。

除了这一基本格局之外，还存在三种情况。一是某一地域成为两国的势力范围，较为典型的是云南、四川同时成为英、法两国的势力范围。如前所述，英、法两国在中国西南的拓展中产生利益冲突，而在1894年《续议滇缅界、商务条款》中，清政府允在云南给予英国最惠国待遇③，而翌年清政府给予法国在云南以路矿权益，英国根据中英条约也可要求享有。英、法两国为协调矛盾，在1896年订立协定，约定：不在云南、四川享有排他性通商和其他特权，并在两国力所能及的范围内，互享两国在这两省获得的一切

---

① 详见李育民：《近代中国的条约制度》，第261—265页。
② 《续订藏印条约》，光绪三十二年四月初四日，王铁崖编：《中外旧约章汇编》第2册，第345—348页。
③ 《续议滇缅界、商务条款》，光绪二十年正月二十四日，王铁崖编：《中外旧约章汇编》第1册，第580页。

通商和其他特权及利益，为此还提出要对中国政府施用它们的影响。英、法的这个协议实际上是要把云南、四川作为它们两国的利益范围。次年，中英订立《续议缅甸条约附款》，清政府承诺如果日后云南修建铁路，即答应与缅甸铁路相接①，英国得到了"补偿"。1899 年，英、法两国又分别在四川获得开矿的权利。第二种情况是没有取得势力范围的国家，也在某国的势力范围取得某项特权。以英国的势力范围长江流域而言，就有好几个国家打入进来。例如 1897 年 5 月、1898 年 6 月，清政府与比利时财团订立《芦汉铁路借款合同》，将芦汉铁路的修筑权给予比利时。英国对这种"反对英国在长江流域利益"的"让与"极为恼火②，但由于俄、法在背后支持，清政府也想拉拢俄、法集团，压抑英在长江流域的势力，英国的阻挠未能奏效。1898 年 4 月，美国合兴公司也与中国订立借款合同，取得修筑粤汉路的特权。翌年，合兴公司允许英国公司参与投资。作为交换，英国也允许美国合兴公司参与广九铁路的投资。第三种情况是各国之间订立协定，在各自势力范围的交错之处，以及还没有圈人势力范围的区域分割中国的权益。例如，1898 年 9 月，英、德两国由汇丰银行和德华银行出面，订立协定，双方同意：英国的利益范围，除长江流域以外还包括长江以南各省、山西省，以及正定以南与芦汉线的连接线和跨过黄河流域通过长江流域的连接线；德国的利益范围包括山东省，黄河流域以及自黄河流域联结天津及正定或芦汉线上其他地点和在南方在镇江或南京联结长江的铁路；其中黄河流域须除去构成英国利益的一部分，即与山西联结以及与长江流域联结的铁路③。这一协议解决了津镇铁路的争议，根据协议，山东南部至镇江由英国集团修筑，山东北部至天津由德国集团修筑。英、俄在 1899 年就长城内外的筑路权达成协议，约定：英国不在长城以北要求任何铁路让与权，俄国不在长江流域要求铁路让与权④。此外，英、俄在山西发生冲突，两国分别由福公司和俄华道胜银行出面，于 1898 年 4 月挟持李鸿章参与，对分割山西路矿权益订立一

---

① 《续议缅甸条约附款》，光绪二十三年正月初三日，王铁崖编：《中外旧约章汇编》第 1 册，第 689 页。
② 宓汝成编：《中国近代铁路史资料》第 1 册，中华书局，1963 年，第 309 页。
③ 《英国蓝皮书》，转引自［英］菲利浦·约瑟夫著、胡滨译：《列强对华外交》，第 362 页。
④ ［英］伯尔考维茨著，江载华、陈衍合译：《中国通与英国外交部》，商务印书馆，1959 年，第 294 页。

个协议。日、俄在 1912 年 7 月缔结第三次协定，将内蒙古的东四盟和西二盟分别划为两国的利益范围。

上述三种情况，其中不少是列强之间未经过清政府而订立的协定，但一般都能在事后胁迫清政府同意，亦成为势力范围的重要依据。这几种情况是对基本格局的补充，是列强取得他国对自己势力范围的承认过程中的一种相互妥协和调整，反映了列强在华争夺的激烈。通过这样的妥协和调整，即如英国政府向俄国表示的，以"避免彼此在中国利益交错问题上可能引起冲突的一切原因上"①。但实际上，列强之间的冲突并不能因此避免，这种妥协和调整，只取得相对的稳定。利益范围的划分不是一成不变的，当新的矛盾和冲突出现，便又要作出新的调整，中国的所有利权则由此落入列强手中。

第四节　条约订立与列强租界特权的扩充

租界是中外条约关系中的重要内容。自 19 世纪 60 年代列强开辟一批租界后，相当长一段时间没有开辟新的租界。直到甲午战败，它们又借机要求中国签订条约，扩大这一特权，从而掀起了强划租界的新浪潮，这也成为瓜分狂潮期间中外条约关系往恶性发展的重要方面。其中，过去在中国没有专管租界的德、俄、法三国以干涉还辽有功，抢先动作。之后，日本、英国等国也在各处提出了开辟或增扩租界的要求，同时，日本还通过与中国订立《公立文凭》（即《通商口岸日本租界专条》）等专章，大大扩展了列强在华租界特权。

瓜分狂潮期间，德国在租界特权的扩充上走在前列。在甲午战前，德国在华没有自己的专管租界，因此它也一直在寻找机会突破。1895 年 9 月，德国驻华公使绅珂以三国干涉还辽有功为由，向总理衙门索要在天津和汉口划定租界的特权。同时，德国外交大臣向清驻德公使许景澄一并提交了一份"租界节略"，提出要在相宜口岸商划出德国专管租界，理由是：英、法在中

---

① 宓汝成编：《中国近代铁路史资料》，第 338 页。

国通商口岸获得租界已有多年，而在华德商，"因无本国租界，未免散居在他国租界内，几作英、法寓客，事多不便。中、德商务日广，不便之处日益加多。所以德国商务相涉诸人，日夕盼自有本国租界也"①。清政府令当时的湖广总督和直隶总督分别与汉口、天津德国领事商谈划定租界事宜。1895 年 10 月 3 日，《汉口租界合同》签订。该合同规定：德租界在汉口城堡通济门外沿江一带，自沿江官地起至李家冢止，占地 600 亩，"永租与德国国家，由德国官员尽速将地基从华民租给洋人"，华民每年原纳钱粮德国领事照纳此数；"凡经德国领事照请让给基地，中国官宪应即强令华民办理"，界内"华民不准居住"；"租界内一切事宜归德国领事按照本合同及后订章程办理"②。10 月 30 日，中德双方签订《天津租界合同》，其中规定"天津设立德国通商租界，中国国家嗣后永租给德国国家"，界址占地 1034 亩，为北界自沿闽粤会馆地基北面至大沽路为止，东界沿北河，南界自小刘庄北面至大沽路东面路旁止，西界至大沽路东面；天津德租界租地形式是"国租"，规定"租界内全部地基，不论位于何处，均由德国领事凭单每亩一律一次付价 75 两，交给中国官宪"，且"付价后三个月内腾空交出"；德租界工部局仿照法租界章程，付给中国国家年租大钱 1000 文给县署，合同签押后，德国租界内华民地基如需收买，应由中国官宪办理③。与其他的租界合同一样，这两个合同严重侵犯中国领土主权，所划租界内中国领土与中国政府的关系主要表现在每年一定租金的关系上。而且，《天津租界合同》承认租界行政机构工部局的存在④，使得这一租界特权在条约中进一步得到了明确。另外，在租界的司法制度上，按照《汉口租界合同》规定，汉口德租界与其他各国专管租界不同，即对在租界内取得土地权的第三国侨民实行司法管辖⑤。这也成为汉口、天津德租界的一项司法制度。根据领事裁判权的条约权利，各有约国外侨只服从本国领事而不服从他国领事的司法管辖。可是，德租界却

---

① 许景澄：《许文肃公遗稿》第 8 卷，1918 年铅印本，第 47、50 页。
② 《汉口租界合同》，光绪二十一年八月十五日，王铁崖编：《中外旧约章汇编》第 1 册，第 631—633 页。
③ 《天津租界合同》，光绪二十一年九月十三日，王铁崖编：《中外旧约章汇编》第 1 册，第 633—636 页。
④ 《天津租界合同》，光绪二十一年九月十三日，王铁崖编：《中外旧约章汇编》第 1 册，第 635 页。
⑤ 《汉口租界合同》，光绪二十一年八月十五日，王铁崖编：《中外旧约章汇编》第 1 册，第 633 页。

规定，在德租界取得土地权的其他国家的外侨，须在同时签订一份誓约书，表示遵守德国法律，服从德国领事的司法管辖。这样，德国便将领事裁判权从属人进而扩展为属地的特权。但是从法律上讲，这一制度难以实行，因为各国在华取得领事裁判权，系根据与中国签订的条约，这种国家间的条约规定，不能因私人誓约而取消。之后，德国又以汉口、天津德租界为据点，进一步扩展在中国长江流域和北部沿海的侵略。

继德国之后，1896 年 6 月 2 日，俄国、法国通过与中国签订条约，获得了在汉口开辟租界的特权。其中，《汉口俄租界地条约》规定，从汉口英租界以下到城内通济门以上，都划为法国和俄国的租界，其中俄租界面积约414 亩，每年纳钱粮 83 两余，法租界面积 187 亩，每年纳钱粮 37 两余，而且"俄界一切事宜归俄国领事官按照此约及后订章程办理。惟租界内遇有华洋商民禀控欺凌等项事故，应由租界委员会同领事及领事官所派之员审讯办理"[1]。这是除上海租界以外，"明确侵犯中国在租界司法主权的最早规定"[2]。通过该条约，俄、法等国将势力进一步拓展到长江流域，并与英国展开激烈争夺。

瓜分狂潮期间，无论是直接签署条约开辟专管租界的数量，还是通过议定通商口岸租界专约拓展租界特权，日本都是居于首位。与德、俄、法开辟租界不同的是，甲午战后日租界的开辟，并非清政府的酬报，而是战败后被迫出让的又一特权，而新崛起的日本在这方面更是野心勃勃。因此，相关外交折冲要激烈不少。其中，《马关条约》第六款提到中国新增苏州、杭州、沙市、重庆为通商口岸，并按照中西条约，重新订立中日通商行船条约及陆路通商章程，"所有添设口岸均照向开通商海口或向开内地镇市章程一体办理，应得优例及利益等亦当一律享受"[3]。1895 年夏，日本政府借此将在新辟通商口岸设立日租界的问题提出，以一体均沾列强在华的"优例及利益"。由于《马关条约》并没有在中国通商口岸设立日租界的规定，清政府为减少

① 《汉口俄租界地条约》，光绪二十二年四月二十一日，王铁崖编：《中外旧约章汇编》第 1 册，第 648—649 页。

② 袁继成：《近代中国租界史稿》，中国财政经济出版社，1988 年，第 81 页。

③ 《马关新约》，光绪二十一年三月二十三日，王铁崖编：《中外旧约章汇编》第 1 册，第 615—616 页。

战败条约造成的恶果，不愿轻易让日本在中国开辟租界，因此双方就此展开了一番磋磨。8 月 6 日，清政府抱着"惩前毖后，力图补救，总期争得一分，即有一分之益"的态度，电谕封疆大吏们出谋划策①。8 月 26 日，署两江总督张之洞就《马关条约》第六款补救办法上奏十九条建议，其中第一条便提出按照宁波的模式建立外国通商场作为对策，谓："宁波口岸并无租界名目，洋商所居地在江北岸，即名曰洋人寄居之地。其巡捕一切，由浙海关道出费，雇募洋人充当。今日本新开苏、杭、沙市三处口岸，系在内地，与海口不同，应照宁波章程，不设租界名目，但指定地段纵横四至，名为通商场。其地方人民管辖之权仍归中国。其巡捕、缉匪、修路一切，俱由该地方官出资募人办理。中国官须力任诸事，必为妥办，不准日本人自设巡捕，以免侵我辖地之权。"清廷认为张之主张"剀切详明，堪资采取"②。于是，根据清政府的指令，有关各口岸的中国地方官员与日本官员展开了反复的交涉。交涉内容主要包括两个方面：一是日本租地的界址，另一是设立上海式租界还是宁波式通商场。

这一交涉首先在苏州、杭州两地展开。1895 年 11 月，日本驻上海总领事珍田舍已在苏州交涉时，提出界址要建在繁华的阊门外，但江苏地方政府只同意出租冷落的盘门、胥门外的土地，并且坚持所划区域作各国通商场之用，苏州谈判陷入僵局。在杭州，珍田提出将租界定在涌金门外西湖旁，对此浙江地方政府坚决反对，最终日方同意中方意见，将武林门以北、拱宸桥外的一片土地作为日人居留、贸易之地。同时，地方官员还力图把它建成宁波式的通商场。在北京，总理衙门也以"浙江系照宁波章程，一省之中不能两歧"为由，拒绝日本公使林董提出的由日本专管杭州等地租界的要求。由于中国方面态度坚决，后来中日双方签订的约章如《杭州塞德耳门原议日本租界章程》中，基本参照宁波通商场模式对该地日租界管理作出规定，这种

---

① 《谕李鸿章王文韶等此次议约关系国计民生甚巨慎毋含混迁就》，光绪二十一年六月十六日，王彦威、王亮辑编，李育民等点校整理：《清季外交史料》第 5 册，第 2299 页。
② 《署江督张之洞致总署遵旨筹议日约补救办法电附旨》，光绪二十一年七月初九日奉旨，王彦威、王亮辑编，李育民等点校整理：《清季外交史料》第 5 册，第 2315—2316 页。

租界与上海的外国专管租界有着本质的区别，因此日本政府拒绝批准[①]。

中日双方在租界问题上互不肯让步，一时谈判陷入僵局，日本政府转而寻求其他突破口。经过一番权衡，日本决定同意在新订的《通商行船条款》中加入日商向中国交纳 10% 的内地制造税的条款，以此来换取清政府在租界问题上的重大让步。1896 年 10 月 11 日，林董来总理衙门会晤，并宣称："马关约准新开苏、杭、沙市、重庆四口租界，应照向章办理。现中国自定行船章程，日本又不得以专界专管，及威海卫山东驻兵之地，均与马关约不符。商催逾年，各省迄不遵守。至所定机器制造税，日本可以照办，惟须增开津、沪、厦、汉四口租界，以相抵换。"总理衙门认为"苏、杭内地租界与沿江沿海不同，各省均以自设巡捕为宜，不愿日人专界专管"，并迭次与林董辩论。但是，林董以停换中日商约加以要挟，坚持称："奉国家训条，马关约本意如此，期于必办。否则，新约即行停换"，并且在 10 月 17 日照会总理衙门，要求翌日正午必须答复允否。总理衙门上奏指出：苏、杭、沙、重四地的交涉租界总体不太理想，"均难舍马关新约别开生面"，而机器制造税，关系甚重，"日本知中国志在必行，故允相让而别求利益，以津、沪、厦、汉四处租界为请，且有即非抵换利益，亦可援一体均沾为说。现各该口通商已久，别国均有租界，原难独拒日本。我虽全许，谅彼力亦尚不能全开"，并且威海卫"驻兵东省，意在进扎"，如果商约不成，日本会借此拒绝从威海卫撤军。因此，清政府最终被迫作出让步[②]。10 月 19 日，中日双方在北京订立《公立文凭》四款，其中第一款和第三款是关于租界事宜。紧接着，日本在 1897 年 3 月—1899 年 10 月两年多时间内，以鲸吞之势，胁迫中国与之订立 7 个租界章程，进一步获得了在苏州、杭州、汉口、沙市、天津、福州和厦门 7 个口岸开辟租界的特权[③]。其中沙市、福州、厦门三地由于种种原因，实际上并未开辟。此外，德国和日本在上海开辟专管租界的企

---

①　费成康：《中国租界史》，上海社会科学院出版社，1991 年，第 33—34 页。

②　《总署奏日本催约马关约请互立文凭折附文凭一件照会二件》，光绪二十二年九月十三日奉旨，王彦威、王亮辑编，李育民等点校整理：《清季外交史料》第 5 册，第 2431—2433 页。

③　7 个租界章程分别为：《苏州日本租界章程》《杭州日本租界续议章程》《汉口日本专管租界条款》《沙市口日本租界章程》《天津日本租界条款》《福州口日本专用租界条款》《厦门日本专管租界条款》。

图，由于英、法、美三国的抵制而未能实现。

在租界问题上，《公立文凭》中尤为重要的条款，是使租界成为条约特权。《公立文凭》的签订和后续系列租界专章的出台，使得日本在瓜分狂潮中获得了最多的专管租界的数量，日本及列强在华租界特权有了重大拓展。

在这之前，列强在华积极扩张租界特权，但却是长期在没有条约依据的情况施行的。《公立文凭》第一款规定："添设通商口岸，专为日本商民妥定租界，其管理道路及稽查地面之权，专属该国领事。"[1] 这是在正式条约中首次明确肯定了列强在租界的行政权。之后，日本与各口岸地方官员所订租界章程，也都按照这一原作作了更为详细、明确的规定。例如《厦门日本专管租界条款》第二款规定："租界内所有马路、警察之权，以及界内诸般行政之权，皆由日本政府管理。界内道路、桥梁、沟渠、码头由日本领事设法修造，并由日本领事官管理。"[2] 日本既开条约允许租界行政权之先例，"他国依最惠国之条款，亦得要求同等待遇。于是各国租界内行政权之取得，而成为条约上之权利"[3]。可以说，《公立文凭》在帝国主义侵略中国的历史上，特别是在帝国主义把中国的块块领土，变为脱离中国统治权力以外的"国中之国"方面，起了极为恶劣的作用。如果说以往侵略者在租界行使行政和司法权，都是非法的侵犯中国主权的行为，这次却以中日双方政府的名义，把这种权力正式规定下来。中国的一块块领土由外国专管，租界的管理权归于外人之手，这个文凭竟成了法律上的"依据"，使之合法化。这样，租界制度从条约外的侵夺，开始成为条约制度的一部分。当然，尽管租界的行政权有了条约依据，而实际施行的租界制度却仍然超出了条约允许的范围。

根据《公立文凭》的规定，中日《马关条约》新开的苏州、杭州、沙市、重庆等 4 个口岸，只准日本设立租界，同时在其他条约所开的上海、天

---

[1] 《公立文凭》，光绪二十二年九月十三日，王铁崖编：《中外旧约章汇编》第 1 册，第 686 页。
[2] 《厦门日本专管租界条款》，光绪二十五年九月二十一日，王铁崖编：《中外旧约章汇编》第 1 册，第 925 页。
[3] 林东海：《外事警察与国际关系》，商务印书馆，1937 年，第 102 页。

津、厦门、汉口等 4 个口岸，日本也可以设立租界①，再加上 1899 年还获得了在福州开辟专管租界的侵略权益②，这就使日本在向中国勒索租界方面，比其他列强居于更有利地位。正如日本学者所言，"在这次谈判过程中，日本取得了八处专管租界的设立权，比英国的五处还多；这个事实象征性地表明了日本外交的一个显著特点：维新以来'独立'这一课题的完成，同时，也就是'侵略'的开始。东京商业会议所兴高采烈，认为由于撤回反对纳税的要求而设立租界，已达 100 万锭并仍在骎骎发展中的各纺织公司的棉纱等各种产品将滔滔不断地流进这个巨大市场"；"日本资本主义依靠地理上靠近中国和拥有较多的专管租界，取得了比欧洲列强更为有利的条件，登上了开拓中国市场的新旅程"③。

这一时期，有关租界问题的多边约章也出现修订，如 1898 年的《增订上海洋泾浜北首租界章程：增订后附规例》在原有的基础上增添了一些内容。根据该章程，列强原有公共租界的界址和界内权益上也有一些扩展。其中，租界的面积增加了 21504 亩，公共租界面积由此达到 32180 亩，这比原来的面积增加了 2 倍④；工部局作为租界的最高行政机构，管理租界内的一切事宜，在征税、审判、管理市政设施及教育卫生等方面权力得到进一步完善和发展⑤。

总之，在瓜分狂潮下，列强在华租界的面积和数量有了急剧拓展。在短短的几年中，在中国开辟专管租界的国家由 3 个增加至 6 个，开辟租界的通商口岸由 7 个增加到 9 个，租界的数量则从 11 个增加至 19 个⑥。而且在租界的行政管理、司法制度等方面也扩充了特权。列强由此对中国领土主权和其他利权的侵夺大大加深。义和团运动爆发后，列强出兵镇压，攻占下天津

---

① 《公立文凭》，光绪二十二年九月十三日，王铁崖编：《中外旧约章汇编》第 1 册，第 686 页。

② 《福州口日本专用租界条款》，光绪二十五年三月十九日，王铁崖编：《中外旧约章汇编》第 1 册，第 894—898 页。

③ ［日］信夫清三郎编、天津社会科学院日本问题研究所译：《日本外交史》，商务印书馆，1980 年，第 293 页。

④ 朱寰、王恒伟主编：《中国对外条约辞典（1689—1949）》，吉林教育出版社，1994 年，第 793 页。

⑤ 《增订上海洋泾浜北首租界章程：增订后附规例》，光绪二十四年七月十六日，王铁崖编：《中外旧约章汇编》第 1 册，第 800—819 页。

⑥ 费成康：《中国租界史》，第 44 页。

和北京，这又给列强提供了一次开辟租界的机会。有的借机勒索，如俄国声称天津海河左段已成为俄国通过"战争而取得的财产"①，提出开辟专管租界的要求。1900年12月30日，清政府与之订立《天津租界条款》。意大利和奥地利也以军事占领要挟清政府，于1902、1903年分别与清政府订立合同，各自在天津获得一块专管租界②。没有加入八国联军的比利时也趁火打劫，于1902年2月与清政府订立《天津比国租界合同》，在天津取得一块租界。在此期间，日本自1896年以来就开辟重庆专管租界问题的交涉，也有了着落。1901年9月，双方签订《重庆日本商民专界约书》。1902年中国又自开鼓浪屿为公共租界，这是中国唯一主动开辟的租界。后来，日本于1905年和1915年又取得在营口、安东、奉天和青岛开辟专管租界的权益，但这些租界实际上均未开辟。这样，到1902年12月27日《天津奥国租界章程合同》的订立，列强开辟租界的行动便基本宣告结束。

第五节　中刚、中墨条约关系的建立

瓜分狂潮期间，中国还与非洲的刚果（今刚果民主共和国）、拉美的墨西哥等小国建立起了条约关系，进一步展现条约关系发展中复杂而又特别的面相。刚果、墨西哥在地理上与中国相隔遥远，推动双方立约的一个共同因素是华工问题，但是具体内容则超出这一范围，将建交与通商融为一体。当时，中国、刚果、墨西哥都是受到帝国主义列强侵略与压迫的国家，但刚果与中国、墨西哥在国家的独立性上又有程度差别，因此中国与这两个国家所缔条约也存在明显差异。通过与刚果、墨西哥这些小国缔约，中国在形式上进一步拓展了双边条约关系国的数量及覆盖地域，中外平等与不平等关系在性质和内容上皆有继续发展。

---

① ［美］马士著、张汇文等合译：《中华帝国对外关系史》第3卷，商务印书馆，1960年，第324页。
② 林京志编选：《天津租界档案史料选》，《历史档案》1984年第1期。《天津义国租界章程合同》，光绪二十八年；《天津奥国租界章程合同》，光绪二十九年五月，王铁崖编：《中外旧约章汇编》第2册，第150、162页。

一、　中刚条约关系的建立

1894—1895 年的柏林会议结束后，比利时利奥波德二世政府便开展积极的外交活动，中刚两国政府的交涉随即开始。1885 年 12 月，比利时国侍从大臣伯施葛辣照会中国，宣告"刚果国立为自主之邦，奉本国国主为君，理应报明大清国大皇帝"，并在递送国王致中国书时强调：刚果新建，由利奥波德二世兼辖，并非比利时统属，希望与中国立约通商①。同时，刚果外交大臣依特倭得也照会中国，希望两国政府"开通往来，互有裨益。遇有交涉事件，必当尽心竭力，妥善办理"，尚望中国"推诚相待，以敦睦谊"②。1898 年 6 月 18 日，刚果使臣余式尔赴北京面递汉译国书，并提出商办约章，总理衙门负责接待和交涉。刚果要求缔约，有"开通往来""以敦睦谊"之意，更与当地资源开发需要招劳工有关。刚果矿藏资源丰富，素有"非洲原料仓库之称"，但是存在劳动力紧缺的问题③，郑观应曾这样论及美洲、非洲及东南亚一带劳动力紧缺及相关人力掠夺问题，曰："盖美、阿两洲及南洋各岛日汲汲然开矿、垦荒，土著寥寥不能集事，故不得不招工，但工资过微，人谁乐往？于是招之不来，出之以诱；诱之不能，出之以掠。"④ 而柏林会议还决议在刚果河流域禁止奴隶制，取缔在非洲及海上进行奴隶贸易，刚果流域一带劳动力更加缺乏。在中刚缔约之前，已有少量华工远赴重洋，赴刚果开矿、修铁路和从事种植业，但是远远满足不了当地资源开发的需要。1887 年春，比利时驻华公使奉利奥维德二世之命，照会中国，要求为其在刚果自由国开发资源招工。但是，当时刚果自由国与中国还没有条约关系，因此，清政府没有同意比利时的招工计划⑤。到 1898 年缔约时，清政府也表达了支持华工去刚果谋生及两国友好往来的态度。总理衙门奏请缔约时指出：

---

① 《附译比利时国侍从大臣施葛辣照会》《附译比利时国书》，光绪十一年十一月十三日，朱家英整理：《许景澄集》第 1 册，浙江古籍出版社，2015 年，第 139 页。

② 《附译刚果国外部大臣伊特倭得照会》，光绪十一年十一月十三日，朱家英整理：《许景澄集》第 1 册，第 140 页。

③ ［法］罗贝尔·科纳万著、史陵山译：《刚果（金）历史》，商务印书馆，1974 年，第 214 页。

④ 《贩奴》，夏东元编：《郑观应集》上册，上海人民出版社，1982 年，第 413 页。

⑤ 许永璋：《古代中非关系史稿》，上海辞书出版社，2019 年，第 267—268 页。

"中国自与各国通商以来，风气大开，到处皆有华民前往。今该国既遣使来华订约，正可藉此多开一华民谋生之路，似应准其订约。惟不必照欧美各国条约之繁冗，因与订简明专款二条，以示羁縻而昭敦睦。"①

由中刚缔约程式来看，中方首先明确刚果的缔约权问题，表现出了一定的国际法意识。刚果的成立是列强在 19 世纪中后期瓜分非洲的直接结果。柏林会议上，列强瓜分了刚果河流域。刚果在"刚果自由邦"的名义下，被划为比利时国王利奥波德二世的私人领地，奉其为君主。1908 年，比利时议院通过法案，接管"刚果自由邦"，刚果正式成为比利时的殖民地，称"比属刚果"②。缔约交涉时的刚果与绝大多数非洲殖民地国家又有不同，它有自己的中央政府，是一个为柏林会议所承认的"自主之国"，但其君主利奥波德二世、外交部部长依特倭得和来华谈判签约的代表余式尔都是比利时殖民统治者。因此，刚果之自主只是名义上的，它充其量是非完全主权国家。一般而言，缔结条约者是为国际法承认的国际法主体，其中最重要的是主权国家和国际组织③。至于非完全主权国家是否有缔约权，学术界存在不同的解释④。但在国际实践中，"即使是殖民地也有或多或少的缔约权，而其缔约权的多少，一方面取决于保护国的政策，另一方面取决于其他意欲与之缔约的国家"⑤。总理衙门清楚知道刚果"系比利时君主兼辖"，因此刚果是否具有缔约权是首先需要弄清楚的问题。总理衙门为此两次致电清驻英国公使罗丰禄，先是询问"英、德各国曾是否与刚果立约？"得到肯定答复后，又询问"是否认为自主？抑与比利时国主订立？"⑥ 在确定了刚果的缔约权后，总理衙门才与刚果正式议定专章，并在 7 月 7 日上奏订约情形时首先明示比利时

① 《总署奏与刚果国使臣订立条约折附专章》，光绪二十四年五月十九日，王彦威、王亮辑编，李育民等点校整理：《清季外交史料》第 5 册，第 2582—2583 页。

② [法] 罗贝尔·科姆万著、史陵山译：《刚果（金）历史》，第 210—215、337—338 页。

③ 李浩培：《国际法的概念和渊源》，贵州人民出版社，1994 年，第 55 页。

④ 李浩培认为条约的主体可以包括主权国家、非完全主权国家（联邦成员国、被保护国）、政府间国际组织及其他国际法主体（已经独立的殖民地、罗马教廷等）；兴戈兰尼认为殖民地、委任地或联邦成员不能缔结条约，"只有主权国家能够缔结条约"，因为"缔约能力是国家主权的一项属性"。详见李浩培：《条约法概论》，法律出版社，1987 年，第 2—13 页；[印] 兴戈兰尼著、陈宝林等译：《现代国际法》，重庆出版社，1987 年，第 192—194 页。

⑤ 李浩培：《条约法概论》，第 6 页。

⑥ 《发出使罗大臣电》，光绪二十四年五月初四日；《发出使罗大臣电》，光绪二十四年五月初八日，《发电档》，转引自茅海建：《戊戌变法期间光绪帝对外观念的调适》，《历史研究》2002 年第 6 期。

自立之国的缔约地位，即："刚果虽为比利时兼辖之邦，然系自立一国。"①

7月10日，总理衙门大臣李鸿章与刚果全权大臣余式尔在天津正式签订中刚《天津专章》。该条约主要内容只有两款，具体如下："一、中国与各国所立约内，凡载身家、财产与审案之权，其如何待遇各国者，今亦可施诸刚果自主之国。二、议定中国民人可随意迁往刚果自主之国境内侨寓、居住，凡一切动者、静者之财产，皆可购买、执业，并能更易业主。至行船、经商、工艺各事，其待华民与待最优国之民人相同。"② 专章内容虽然只有两款，但它是一个颇具时代特征的条约，在中外关系史上有着比较重要的历史意义。

1898年订立的《天津专章》也是中国与非洲国家签订的第一个条约，故在中刚、中非关系史上是一个重要的节点。如前文所述，刚果在1885年便照会中国，表示要"开通往来""以敦睦谊"，刚果接着要求缔约，便有延续这一外交需求之意。清政府在缔约时也表达了两国友好通商往来的态度。就条约内容看，该条约开宗明义，称"大清国与大刚果自主国和好通商之约，拟照所奉合式之权，现将专款彼此议订"③。《清史稿·邦交志》中，刚果与其他小国合为一卷，列入建交国家之林④。

而且，该约在减轻中外条约关系中的不平等内容和保护华工方面都有所突破。此次缔约继续19世纪中叶以来小国缔约的思路，尽力减轻中外条约关系中的不平等内容。如在缔约形式上，强调"惟不必照欧美各国条约之繁冗，因与订简明专款二条"，在涉及刚果权利的第一款，虽然是仿照西方国家给予优待，但也只是择其大意，十分简略。这与1863年中比缔约交涉时的情况比较相似⑤。而且，也与以前的小国缔约一样，条约注意改变片面最惠国待遇条款的规定，强调"其待华民与待最优国之民人相同"。另外，条约第二款，将华侨的保护纳入条约规范之中，与这一时期清政府日渐重视保护华侨的政策基本一致。该条款对待华工的规定还算宽厚和优待，规定中国

---

① 《总署奏与刚果国使臣订立条约折附专章》，光绪二十四年五月十九日，王彦威、王亮辑编，李育民等点校整理：《清季外交史料》第5册，第2582页。

② 《天津专章》，光绪二十四年五月二十二日，王铁崖编：《中外旧约章汇编》第1册，第785—786页。

③ 《天津专章》，光绪二十四年五月二十二日，王铁崖编：《中外旧约章汇编》第1册，第785页。

④ 《邦交八·刚果》，赵尔巽等撰：《清史稿》第16册，中华书局，1976年，第4698—4699页。

⑤ 中比缔约情况参见本书第三卷第一章第一节内容。

人可随意迁往刚果侨寓居住，没有时间限制；规定"凡一切动者、静者之财产，皆可购买、执业，并能更易业主"；规定华人在刚果行船、经商、工艺等事，皆可享受最优国民待遇等等。而与之相比，同样也要从中国往非洲招工的英国却没有这方面的规定。如 1860 年中英《北京条约》第五款规定允许华工出洋，与英民立约为凭，该款内容没有涉及华工权益问题①。1904 年中英议定的《保工章程》，仍未见上述保护或优待方面的规定②。同年的英国的招工合同中，华工到南非都有时间限制，大致以三年为期，期满可再延三年，但无权侨寓居住，也不能购买不动产；华工在南非只准作粗工，熟练技工、小手工业、经商等都在禁止之列③。

另外，该约集中反映了帝国主义阶段列强进行资本输出和掠夺劳动力的大趋势，从中依然能看到不平等条约的印迹。如前所述，刚果只是名义上的"自主之邦"，其君主利奥波德二世是比利时垄断资本家的代表。比利时殖民者打起刚果这块"自主之国"的招牌与中国签约，是急需从中国输入大量苦力，以开发和掠夺刚果的资源④。这样一种急切需求，也在条约内容上体现出来。例如，条约一开始就强调"将专款彼此议订，速即执行"；条约第二款给中国人的优待不排除是出于吸引华工去刚果的考虑。与此相呼应的是，该约第一款规定刚果权利时，虽采用笼统表述，但仍体现了要均沾列强所已攫取权益的思路，刚果由此在中国获得领事裁判权等特权。这里的规定相较于 1881 年中巴《和好通商条约》有关领事裁判权的规定，没有体现尽力打开取消领事裁判权缺口的思路⑤。

二、 中墨条约关系的建立

华工问题同样是中墨缔约建交的重要引发因素。19 世纪末，由于美国排

---

① 《续增条约》，咸丰十年九月十一日，王铁崖编：《中外旧约章汇编》第 1 册，第 145 页。
② 《保工章程》，光绪三十年三月二十八日，王铁崖编：《中外旧约章汇编》第 2 册，第 238—241 页。
③ 《南非洲英属特兰斯哇尔招募粤工开矿合同》，《外交报》第 13 期，1904 年 7 月 8 日。
④ 条约签订以后，刚果开始在中国分批招募华工，许多华工在刚果从事铁路修筑事业，有些华工还定居下来。1908 年刚果正式成为比利时殖民地后，刚果招募华工的政策也相应地发生了一些变化，比如华工职业由建筑铁路变为以开矿为主，准许华工侨寓居住改为限期回国，等等。详见艾周昌：《一八九八年中刚（扎伊尔）条约与华工》，《社会科学战线》1983 年第 3 期。
⑤ 1881 年中巴《和好通商条约》第十一款规定"若将来中国与各国另行议立中西交涉公律，巴国亦应照办"。《和好通商条约》，光绪七年八月十一日，王铁崖编：《中外旧约章汇编》第 1 册，第 396 页。

华问题和墨西哥经济政策的调整，流入墨西哥的华工人数递增。墨西哥迪亚斯总统当政时期①大力发展经济，特别是倡导加强基本设施和基础经济的建设，如修建铁路、港口、开采石油和其他矿产等，这一切急需大批廉价劳工。而从 19 世纪中后期以来，墨西哥政府在吸引欧洲移民受挫之后，决定将引入移民的重点转向气候类似、人口众多且劳动力廉价的中国②，便向中国主动提出了签订条约、促进移民的要求。同时，面对美国排华及禁止华工入境而造成的各种问题，清政府也试图转向墨西哥以寻找解决美洲华工的出路。于是，华工问题便成为推动中墨两国政府接触，并最终促成两国缔约建交的动因。

在中墨缔约问题上，墨西哥方面更为积极主动。1884—1885 年间，墨西哥驻美公使便与中国驻华盛顿公使进行接触，屡次提出两国订立条约，通商招工，但总理衙门当时对同墨西哥建交问题并不重视，认为"该国商务未盛，华民赴彼佣工所得工值远不如美，商税尤重，殊以为苦，以是未与亟商"，致使缔约久无定议③。1888 年美国国会通过《斯科特法案》，完全禁止华工进入美国，华工遂多赴墨西哥。1889 年四月间，墨西哥驻美公使又提出招工之事，清驻美公使郑藻如考虑到秘鲁、古巴无约招工的前车之鉴，予以婉拒，并在当年 12 月将此事报告总理衙门，称："墨西哥系无约之国，未与立约，将来保护无权。"1890 年初，墨西哥驻美公使再次提出立约招工要求，郑藻如上书总理衙门建议缔约建交以处理华工问题，称："与其于既受凌虐之后始行设官挽救，害大而事难，不若乘其未往之先，妥订章程，设法经理，事易而害小。"④ 之后，1894 年中美签订《限制华工条约》，"华人赴墨，中隔美境，出进亦甚困难"。总理衙门考虑到墨西哥"实足为海外华工贸迁之地"，且"华民多赴墨西哥营生，非先与墨国订立通商条约不能则以保护"，遂函令清驻美公使杨儒处理交涉订约事宜。当时适逢墨西哥驻美公使

---

① 除 1880—1884 年外，1876—1911 年间波菲利奥·迪亚斯执掌墨西哥政权三十余年。

② Kennett Cott, "Mexico Diplomacy and the Chinese Issue, 1876—1910," *Hispanic American Historical Review*, Vol. 67, February 1, 1987, pp. 63—67.

③ 《总署墨西哥求订通商招工条约请派大臣画押折》，光绪二十四年十二月初八日，王彦威、王亮辑编，李育民等点校整理：《清季外交史料》第 6 册，第 2647 页。

④ 崔国因著，刘发清、胡贯中点注：《出使美日秘国日记》，黄山书社，1988 年，第 39—40、44 页。

重申前请，于是中、墨两国便开始交涉订约招工问题。同时杨儒亦派员赴墨西哥考察当地华侨实情，以为缔约交涉之准备。最终草拟条约二十款，但签约前夕墨又提出准其永远使用墨西哥银圆及互交逃犯不能照办等问题，双方往返争辩，未能达成一致，致使谈判中断①。1897 年清总理衙门令驻美使臣伍廷与墨西哥驻美公使卢美路重启谈判，经过一番交涉，双方在上述问题上各退一步，允将银圆一节删去，交犯一款以后再议，之后在总理衙门提议下，将进出口土产暂免税一节改成"彼此进、出口税不得多于相待最优之国"。1899 年 1 月 19 日总理衙门奏请批准互换修改后的约本，并奉朱批依议②。此次签约前夕，墨使卢美路病故，伍廷芳与墨西哥新任驻美公使阿斯庇罗斯续议，当年 12 月 14 日，两国代表在华盛顿签订了中墨《通商条约》。该约一共二十款，主要内容包括：两国互设使领馆；两国准其公民自愿出洋前往侨居，不得拐骗，与相待最优之国人民同获恩施权利；两国通商，彼此以最惠国相待，等等③。

由上述缔约过程可知，中、墨两国缔约交涉颇费周折，但总体上来看，尚且妥当合理。这是因为中、墨作为同受帝国主义列强侵略与压迫，但保持一定独立性的弱小国家，彼此之间不存在根本利益冲突；而且双方都有建立与发展政治经济关系的需要，尤其是在华工问题的解决上皆有急切需求。另外一个不可忽略的因素是，主持交涉的总理衙门，尤其是参与交涉的清驻美公使等相关各方，积极吸纳过去与小国缔约的经验，并参照了墨西哥与西方强国的条约。对此，清驻美公使伍廷芳在 1900 年 2 月 19 日上奏呈报订约情形时指出："查中国自与海外通商以来，定约者凡十余国，初因文字语言彼此隔阂，所订各款易为彼族所蒙。此次订约，臣先将历来中国与各国所订条约详审得失，将墨国与英、法、美所订条约比类同

---

① 《总署奏请饬杨儒妥议中墨约章请旨遵行片》，光绪二十年七月二十九日；《总署奏墨西哥求订通商招工条约请派大臣画押折》，光绪二十四年十二月初八日，王彦威、王亮辑编，李育民等点校整理：《清季外交史料》第 4、6 册，第 1917、2646—2647 页。

② 《总署奏墨西哥求订通商招工条约请派大臣画押折》，光绪二十四年十二月初八日，王彦威、王亮辑编，李育民等点校整理：《清季外交史料》第 6 册，第 2646—2647 页。

③ 《通商条约》，光绪二十五年十一月十二日，王铁崖编：《中外旧约章汇编》第 1 册，第 934—938 页。下文该约条款内容引用来源相同，不再一一注明。

观，历经磋磨，方臻美善。谨按中国与各国所订通商约章，以同治十三年秘鲁约、光绪七年巴西约为最持平。即以此二约为底本，而以墨与各强国所订之约参之，务期妥当。"①

华工及侨胞的公平待遇和保护问题自然是该约规范的重点。中、墨议约时，西方殖民者拐骗与贩卖华工出洋作苦力，尤其是古巴、秘鲁等处华工惨遭凌虐。从 19 世纪中后期以来，清政府开始加大对华工的保护，立约遣使设领便是一个重要的方面。就密切相关的中外条约来看，1874 年中秘《通商条约》、1877 年中西《会订古巴华工条款》和 1881 年中巴《和好通商条约》都涉及拉美一带的华工和侨胞的保护问题。如前所述，在中、墨议约之时，清政府内部已透露出了往墨西哥输出华工的倾向，而且已经比较明确地意识到要通过立约来保护华工。该约在华工和侨胞保护和待遇方面，主要参照上述相关条约，个别地方还吸收了墨西哥与西方强国的条约内容，在原来的基础上有所加强。

其中，第十二款明确规定："此国人民订立合同，在彼国承工，不论田寮、机器厂、行店、住宅等处，应遵照两国妥定章程办理"，这相当于承认墨西哥在中国招工。在华工保护方面，该约第五、六、十、十七款专门规定了招工或出洋移民的保护和优待。第五款直接针对早年来华工出洋流弊，规定不准诱拐华人出洋，即："皆须出于情甘自愿；不准或在中国各口，或在他处，妄用勉强之法，或施诡诱之计，诱令中国人民不出情愿而往。如有两国人民及船只违背此约，则两国必从严究办，均照本国律例从重拟定罪名。"伍廷芳在报告中指出，该款是查照中西《会订古巴华工条款》办理，并称"华人自闻中墨议约，来者已数千人，固虑他族欺陵，尤恐奸民拐卖。既于定约之始预防流弊，必须本人情愿，不准诱令出洋，则包揽诱拐之风不禁自绝"。第六款规定中国人在运货贸易上与他国人一律同沾利益。伍廷芳指出：华民出洋已成风气，外国人每每多加歧视。美国禁止华工，就是前车之鉴。而中墨订约，"则我国人民往来贸易与别国

---

① 《使美伍廷芳奏遵旨与墨西哥妥订约款定期画押折》，光绪二十六年正月二十日，王彦威、王亮辑编，李育民等点校整理：《清季外交史料》第 6 册，第 2727 页。

一律无异，非特商务可以扩充，且于将来开荒种植之事均可援照各国章程办理"。第十款从防止军务奴役或虐待的角度作出了新的规定，即：彼此不得令侨民充当兵勇，亦不得勒令出资捐免，不得以军需等名目勒借强派，按产抽捐则与彼国人民一律办理，"所有船只、器具、各项货物以及家用什物不得强令捐出，以供军务等用"。该款乃仿照英墨条约，"以期华民安土乐业"。又有第十七款规定："中国人民在墨国有控告事件，听其至审院控告，应得权利、恩施与墨国人民或与相待最优之国人民无异。"对于保护华工侨胞也不无裨益。这些规定在承认招工的同时，着重围绕华工及侨胞的拐骗及虐待问题进行阻止和防范，在一定程度上能维护出洋华工和侨胞的权益，改善他们的地位，也为中国政府交涉华工问题提供了重要的法律依据。伍廷芳因此言曰："查本年五月间墨国覃壁古埠华人数百被工头陵虐，具词呈诉，经臣备文，由墨使转送彼国政府，派员查办。惟条约未立，设施无由。今约内声明得享权利，则随时赴官，可以径达，外侮无由而来。"①

另外，该约延续了 19 世纪中后期以来与小国订约时的基调，尽力减轻中外条约关系中的不平等程度。该约不仅在条款数量上与 1874 年中秘《通商条约》和 1881 年中巴《和好通商条约》大致相当，而且在一些重要的条约特权的减轻或打破上，也有所承续和推进。

在同享最惠国待遇的平等互利原则上，相比较之前的中秘、中巴通商条约，该约主体规定大致相同，个别地方更为明确，或者有所补充强化。其中，前述第六款与中巴通商条约规定大致相同，提出中国人与他国人"在各处地方往来运货贸易上，与别国人民一律无异"，而且仍强调限定最惠国待遇的范围，即"嗣后两国如有给与他国利益之处，系出于甘让立有互相酬报专条者，彼此均须将互相酬报之专条一体遵守，或互订专章，方准同沾所给他国之利益"；第八款规定彼此进出口税照相待最优之国一律办理，即"中国土产及制造各物运入墨国，或墨国土产及制造各货运入中国，彼此征进口

---

① 《使美伍廷芳奏遵旨与墨西哥妥订约款定期画押折》，光绪二十六年正月二十日，王彦威、王亮辑编，李育民等点校整理：《清季外交史料》第 6 册，第 2727—2728 页。

税，不得较相待最优之国之同样物产现在或将来所征之税稍有区别，或有加增。各物出口征税，亦照此办理"。这较诸中巴通商条约更为明确①。伍廷芳指出："此是仿照法墨商约改订。法为大国，商务所在，剖析毫厘，准此为衡，较为得体。"② 另有第九款规定："两国兵船准赴别国兵船所至口岸，彼此接待与相待最优之国无异"，这与中巴条约大致持同。

领事资格和领事裁判权的限制性规定，是 19 世纪中叶以来中国与小国缔约时试图突破的又一重点，此次中墨条约基本上延续了之前中国与小国缔约的规定。在领事的限定上，1863 年尚未得批准的中比通商条约首次规定领事官不得以商人充当③，之后 1881 年的中巴通商条约第一次正式确立了这一点，并规定领事必须奉到驻扎国批准文凭方能视事，且如领事馆办事不合，彼此均可将文凭追回④。中墨条约第三款作了类似规定。伍廷芳上奏强调了这一规定的意义，即："查泰西通例，领事初到，须领事驻扎之国认准文凭，方可视事，大小各国无不皆然。中国除巴西约外，各国约内均无此条，以致各领事干预词讼，袒护教民，箝束无权，时局日坏。今于第三款内订明，领事必有认准文凭，方能视事，如办事不合，违背地方条例，可将文凭收回。在我既操用舍之权，在彼自无嚣陵之习。"至于领事裁判权，中方虽然认为"中国将来议立交涉公律一节，欧美通例，凡侨居他国人民遇有控告案件，均归地方官审断，所以尊主国之权"，但墨方以"利益均沾"为词，要求暂行照办。最后该约第十三至十七款规定了领事裁判权和涉外法律诉讼方面的内容，基本上延续了中巴通商条约的原则，既承认领事裁判权，同时又予以限制，而在个别地方该约亦有所发展。如十四款规定"两国人民在中国遇有交涉、财产犯罪各案，俱由被告所属之官员专行审断，各照本国法律定罪"；十五款规定"若将来中国与各国另行议立中

---

① 1881 年中巴《和好通商条约》第六款规定："至进出口税，则亦不能较相待最优之国或有增加。"《和好通商条约》，光绪七年八月十一日，王铁崖编：《中外旧约章汇编》第 1 册，第 396 页。

② 《使美伍廷芳奏遵旨与墨西哥妥订约款定期画押折》，光绪二十六年正月二十日，王彦威、王亮辑编，李育民等点校整理：《清季外交史料》第 6 册，第 2728 页。

③ 《通商条约》，同治二年七月十三日；《通商条约》，同治四年九月十四日，王铁崖编：《中外旧约章汇编》第 1 册，第 208 页。

④ 1881 年中巴《和好通商条约》第十一款规定："若将来中国与各国另行议立中西交涉公律，巴国亦应照办。"《和好通商条约》，光绪七年八月十一日，王铁崖编：《中外旧约章汇编》第 1 册，第 395 页。

外交涉公律，以治侨居中国之外国人民，墨国亦应照办"，伍廷芳认为这
一规定"以为日后治外国人张本，则外人受治于我，此实权舆"。另外，
该约在第十六款还规定，凡船到口岸，船上人等如有上岸，在二十四点钟
内滋事者，应由当地方官讯断、罚锾、监禁，伍廷芳指出，"此是创给中
国官讯问外国人之权，为向来所未有。如地方官办理得当，外人折服，既
有此约导其先路，他日各国修约即可循此而推"①。

该约还对沿海、内河航行权进行了限制，这也是与中秘、中巴通商条约
不一样的地方。沿海和内河航行权是一个主权国家的固有权利，也是对国
防、政治和经济影响甚大的一项国家主权。该约第十一款规定：两国商船
"准在彼此现在或将来开准通商各口与外洋往来贸易，但不准在一国之内各
口岸往来载货贸易，盖于本国之地往返各口运货乃本国子民独享之利也。如
此国将此例外施于别国，则彼国商民自应一律均沾，但须妥立互相酬报专
条，方可照行"。瓜分狂潮期间，列强由攫取沿海航行权进而攫取中国全部
内河的航行权，中国航行权丧失殆尽②。在这一背景下，此番规定无疑有着
抵制这一特权或打开取消这一特权缺口的积极意义。

总体来看，依据 1899 年的《通商条约》，中、墨两国在历史上首次建立
了外交关系。上述规定基本上体现了双边敦睦邦交和平等互利互惠的原则，
从而奠定了两国友好相处的基础。条约规定也尽力贯彻了 19 世纪中叶以来
中国与小国缔约的基本思路，对于减轻中外条约关系中的不平等程度不无裨
益。该约的签订充分体现了清政府试图利用并遵循国际公认的条约保护华侨
权益的政策，这也是中国将墨西哥华侨纳入双边条约保护框架之下的开始。
1911 年 12 月，中国又与墨西哥订立《赔偿华侨损失证明书》，专门为在
1910 年墨西哥内乱时遭受身家财产损失的华侨予以赔偿③。对中国当时而
言，该约有针对性地缓解了美国禁止华工的危机，有助于解决国内人民海外

---

① 《使美伍廷芳奏遵旨与墨西哥妥订约款定期画押折》，光绪二十六年正月二十日，王彦威、王亮辑编，李
育民等点校整理：《清季外交史料》第 6 册，第 2727—2728 页。
② 详见李育民：《近代中国的条约制度》，第 181—183 页。
③ 《赔偿华侨损失证明书》，宣统三年七月二十六日，王铁崖编：《中外旧约章汇编》第 2 册，第 775—776
页。

谋生出路，甚至对于化解当时国内危机，稳定社会也有一定积极意义。正如伍廷芳在上奏缔约时所总结的那样："该国地分二十九部，其南路一岁二获，尤为沃壤，民惰耕作，地利未兴。近年新定招人垦荒章程，一经开垦，即为永业。内地人稠，时虞艰食，托足海外，谋生日难。有此邦为消纳之区，既可广开利源，又可隐消患气。此事幸赖总理衙门指示动中机宜，而墨使愿缔邦交，事幸就绪。"① 中、墨缔约建交后，1900 年李经叙出任清政府驻墨西哥城代办，这也是清政府派出的第一个驻墨外交官，而应招去墨的华工人数日益增多，两国的经济文化关系渐趋加强②。

　　总之，在整个瓜分狂潮期间，中外条约关系的恶性发展除了上述强迫中国签署有关租借地、势力范围和租界的条约外，还体现在其他一些规定了列强对华借款、在华修筑铁路等内容的"准条约"上，这些"准条约"拓展了中外条约关系中不平等的内容，更显示了中外条约关系的畸形状态以及中国主权遭受严重侵害的实质。"准条约"相关内容后面会有专章论述，此处不赘。而中刚、中墨条约关系等建立，体现了中国与诸小国关系的发展，刚果、墨西哥这些小国对华没有明显侵略意图，甚至中墨条约还有着明显的平等互惠色彩。但是，小国订约的趋势和瓜分狂潮期间中国维护国权的种种努力，仍不可避免地被 19 世纪末叶列强集中瓜分中国的喧嚣所淹没。《清史稿》谓："秘鲁、巴西、刚果、墨西哥诸小邦，不过尾随大国之后，无他志也。咸丰庚申之役，联军入都，乘舆出狩，其时英、法互起要求，当事诸臣不敢易其一字，讲成增约，其患日深。至光绪甲午马关之约，丧师割地，忍辱行成，而列强据利益均沾之例，乘机攘索，险要尽失。其尤甚者，则定有某地不得让与他国之条，直以中国土疆视为己有，辱莫大焉。"③

---

　　① 《使美伍廷芳奏遵旨与墨西哥妥订约款定期画押折》，光绪二十六年正月二十日，王彦威、王亮辑编，李育民等点校整理：《清季外交史料》第 6 册，第 2728 页。
　　② 详见姜义华主编，刘文龙、赵长华、黄洋撰：《中华文化通志·中国与拉丁美洲大洋洲文化交流志》，上海人民出版社，2010 年，第 276—284 页；沙丁、杨典求：《中国与墨西哥的首次立约建交及其影响》，《历史研究》1981 年第 6 期。
　　③ 《邦交一》，赵尔巽等撰：《清史稿》第 16 册，第 4481—4482 页。

第三章 《辛丑条约》与不平等条约关系的强化①

自条约关系建立之后，经过第二次鸦片战争，列强对中国行使"准统治权"的制度已基本形成。但中国内部并未真正接受这一关系。列强肆无忌惮的劫掠，激起了中国朝野的反抗，导致中外条约关系内在危机的白热化，进而引致震惊中外的义和团运动。列强用武力胁迫并主导订立《议和大纲》，其目的主要是为了巩固和强化既有的条约关系，强固不平等的对华关系基础。之后在此基础上形成的《辛丑条约》在整个不平等条约体系中具有与其他条约大为不同的独持地位和作用。该约用国际法的名义将有违国际法原则的条件强加给中国，基本上消除了中国的抵拒，为条约关系的"长治久安"及其进一步扩展提供了有力的保障。由此，列强完成了条约制度中的最后一个环节，"制服中国之功告成"②，而中国则进入了"被制服时期"，半殖民地社会完全形成。因此，从中外条约关系的长远历程和发展态势来看，《辛丑

---

① 关于《辛丑条约》与不平等条约关系的强化，学术界已有深入研究，本章一、三、四节主要由李育民撰写，第二节主要由尹新华撰写。

② 《九七纪念敬告国人》，《政治生活》1924 年第 12 期。

条约》集不平等条约之大成①，是"束缚中国的不平等条约的总体"②。

第一节 不平等关系蓄积的深刻危机

《辛丑条约》的产生不是偶然的，有着深远的历史背景，它不仅仅是八国联军之役后的城下之盟，而是列强从根本上解决中外条约关系危机的必然结果。

自英国强迫清政府签订《南京条约》之后，中外关系中的这一新格局虽然不断在强化，但却始终存在危机，甚至是崩溃的危险。赫德认为，中国唯一普遍存在的民族情感，"就是对中国制度的自豪和对外国一切的轻视"。"与外国发生的条约关系并没有改变这一情况"，"反而是强化了这种感情"③。这是由于条约从一开始便具有不平等性质和强权性质，"它们不是自愿交往而是恳求交往的产物，它们被接受是在被打败后而不是在协商后，它们从中国得到的是外国人认为他们需要的而不是中国愿意让与的，它们不包含互惠的内容，它们的规定仅仅表明中国允诺将什么给予其他国家的人民，而决不保证其他国家允诺将任何什么给予中国人民"④。尤其是"包含在一系列条约中的中心思想"，即治外法权，"有损民族自豪，官员感到不满，广大民众也不欢迎"⑤。正惟如此，中外条约关系就如同一幢建筑在"偏离了垂直线"基础上的楼房，"迟早会倒塌"⑥。对中国而言，"条约关系就陷入了外国谈判者预先设置的圈套中"⑦。长时期以来，清政府与民众从不同的角度抵拒着条约

---

① 王芸生编著：《六十年来中国与日本》第4卷，第34页。

② 彭龢：《九七纪念的由来》，《战士》1937年第17期。

③ 《北京使馆——一次全国性的暴动和国际事件》，1900年8月，［英］赫德著、叶凤美译：《这些从秦国来——中国问题论集》，天津古籍出版社，2005年，第31页。

④ 《中国、改革和列强》，1901年2月，［英］赫德著、叶凤美译：《这些从秦国来——中国问题论集》，第123—124页。

⑤ 《中国与世界》，1900年11月，［英］赫德著、叶凤美译：《这些从秦国来——中国问题论集》，第87页。

⑥ 《义和团，1900》，1900年12月，［英］赫德著、叶凤美译：《这些从秦国来——中国问题论集》，第106页。

⑦ 《中国及其对外贸易》，1900年9月，［英］赫德著、叶凤美译：《这些从秦国来——中国问题论集》，第46页。

关系，潜蓄酝酿，至义和团运动时期联成一气，促使了危机的全面爆发，而《辛丑条约》则是列强对中国抵拒这一关系的总清算，并由此构筑了严密的防范体系。

从清政府来看，自订立第一个不平等条约始，它便没有真正接受这一与天朝体制大相径庭的新关系。当耆英签订条约之后，马士便指出："实际上，整个帝国都在反对他。""这些条约是未经他们同意就强加在他们头上的，即使那些利益不受直接影响的人，也深恨其中的每一项规定。"① 经过第二次鸦片战争，虽然清廷不得已确立了守约方针②，但并未在思想上树立条约观念。1867 年，清廷组织讨论修约问题，不少内外大臣仍抱有最后决裂的打算。如盛京将军都兴阿认为，"当咸丰十年，危疑扰攘，战守两穷之际，诚有不得不从权议换条约，勉事羁縻，徐图后举之势"。"据刻下形势，应如该衙门原奏，但使无甚关碍，仍当酌度权宜，倘或万不可行，断无迁就之理。"③ 署湖广总督江苏巡抚李瀚章谓："咸丰十年变出仓卒，实我朝二百年来未有之事。犹幸转危为安，于无可如何之中，为万不得已之计，暂事羁縻，与之议款……自兹以后，朝政修明于上，百官濯磨于下，在事臣工，时时存报敌之心，只以中原未靖，边患方殷，自强之谋，不能无待，外攘之策，第可潜图。"④ 所谓"外攘之策"，也就是驱逐洋人于中国之外。几个亲王、郡王甚至更明确地提出了驱逐夷人的根本之计。如惇亲王奕誴提出，"外洋之入内地，原应筹画所以自强，而驱之出境。而驱逐之策，全赖中外有兵柄者，善先事之防，以佐羁縻之术，则外洋慑服，自不致久长盘踞矣"⑤。醇郡王奕𫍽认为，"庚申必应和约，现在必应羁縻，将来必应决裂。何则？当不可向迩之时，除和约一法，别无良策……一面不动声色，驾驭洋人，示以真诚，施以权术"。"一旦翻然决裂，将以天下之兵之民，敌彼蕞尔数国。"他提出

① ［美］马士著、张汇文等合译：《中华帝国对外关系史》第 1 卷，商务印书馆，1963 年，第 374—375 页。
② 参见李育民：《论清政府的信守条约方针及其变化》，《近代史研究》2004 年第 2 期。
③ 《盛京将军都兴阿奏》，同治六年十一月丙寅，宝鋆等纂修：《筹办夷务始末·同治朝》卷 52，故宫博物院影印本，1930 年，第 21 页。
④ 《署湖广总督江苏巡抚李瀚章奏》，同治六年十一月庚午，宝鋆等纂修：《筹办夷务始末·同治朝》卷 52，第 30—31 页。
⑤ 《惇亲王奏》，同治七年十二月辛未，宝鋆等纂修：《筹办夷务始末·同治朝》卷 63，第 93 页。

驱除洋人，其办法之一是"请收民心以固根本"，乘军务渐平之时，饬各督抚设法激励乡绅和民众，"焚其教堂，掳其洋货，杀其洋商，沉其货船"。如果"夷酋向王大臣控告，则以查办为词以缓之，日久则以大吏不便尽治一省之民为词以绝之"。若各省皆然，"该夷又何能为厉"，这是比用兵还要好的办法①。宗室提出的这一"以民制夷"的办法，以后不断被运用，义和团运动之时达到高潮。

在各地，条约的履行也受到了各种阻难，其原因除了地方官不熟悉条约之外，更主要的是采取了敌视的态度。由于这些因素，他们有意为条约的颁行设置障碍，并发生了种种不按约办理的事件，如英商欲租地建屋，地方官"不惟不帮，且多阻滞"②。每遇中外交涉案件，"地方官或有意延阁，或含混了事，甚有任意妄断，因小事而激生他事"。除通商口岸之外，"不特偏僻小县为然，即通都大邑之府厅州县"也是如此③。即使朝廷确立了守约方针，各地方仍不以为然，甚至公然违约。如 1875 年，云南巡抚岑毓英指使部属李珍国半路截杀马嘉理，事后又推卸责任，隐瞒真相。案件发生后，英国方面指责清政府不遵守条约，强烈要求清廷"即刻宣出中国有意按照和约而行"，"必须尽力将条约令知通商口岸及内地各处，一律遵守"④。郭嵩焘为此上奏参劾，谓：西洋各国通商已历四十余年，"其到处游历，载在条约，原所不禁，又领有照会护送"，岑毓英于此实在难辞其咎⑤。一直到义和团运动爆发，地方官仍"漫不经心，以致匪徒肆行滋扰，伤害各国人民之案层见叠出"⑥。

尤须指出，清统治集团中的顽固派势力，更排斥一切与洋有关的事物，试图阻绝与国际社会的联系和接触，希望回到此前的闭关自守状态，对条约

---

① 《醇郡王奏》，同治八年正月乙亥，宝鋆等纂修：《筹办夷务始末·同治朝》卷 64，第 2—5 页。

② 《英国照会》，咸丰十一年十二月戊寅，宝鋆等纂修：《筹办夷务始末·同治朝》卷 3，第 28 页。

③ 《三口通商大臣、兵部左侍郎崇厚奏》，同治五年三月壬申，宝鋆等纂修：《筹办夷务始末·同治朝》卷 41，第 29 页。

④ 《照译英使威妥玛致李鸿章洋文节略》，光绪元年七月二十八日，王彦威、王亮辑编，李育民等点校整理：《清季外交史料》第 1 册，第 43—44 页。

⑤ 《请将滇抚岑毓英交部议处疏》，杨坚校补：《郭嵩焘奏稿》，岳麓书社，1983 年，第 349 页。

⑥ 《着各省文武大员切实保护入境之洋人事上谕》，光绪二十六年十二月十三日，中国第一历史档案馆编辑部编：《义和团档案史料续编》上册，中华书局，1990 年，第 923 页。

关系更是深恶痛绝。随着列强侵华的深入，第二次鸦片战争之后，清政府内部更明显地形成了顽固守旧和改革维新两大派势力的对垒。长期以来，作为统治阶级内部改革派的洋务派，虽然在清政府占有重要一席，但地位并不稳固。两相比较，顽固派更显得人多势众，六部九卿、台谏词垣多由他们把持。由于中法战争和中日甲午战争的失败，洋务派逐渐失势，新起的帝党思图振作，革新政治，他们重新启用洋务派首领奕䜣，并与反映正在形成中的资产阶级利益的改良派相结合，搞起了戊戌维新。但是不久，新起的改革派又被打入冷宫，后党及顽固派甚嚣尘上。义和团运动兴起之时，围绕着权力的再分配和己亥建储的恩恩怨怨，统治集团又重新组合，顽固派的地位大大上升，甚至把持朝政，以致促使了条约关系的直接危机。他们希望利用这一机会歼除所有洋人，回到没有条约束缚的闭关自守时代，徐桐上奏谓："外洋已干众怒，亟宜顺民心以锄非种"，"请旨通饬各直省督抚，飞札各府、州、县，自此次决裂之后，无论何省何地，见有洋人在境，径听百姓歼除，以伸积忿。则上报君国，下保身家，不至再为洋人鱼肉"[1]。

从民众方面来看，他们的反侵略斗争随着不平等条约体系的强化不断发展，更加剧了这一危机。自三元里抗英和广州反入城斗争之后，民众的反抗斗争一直没有停止。尤其是《天津条约》签订后，外国基督教获得了进入内地传教的特权，导致了反洋教斗争的普遍发生，各种教案层出不穷。又由于中外形势的变化，民族危机的加深，以及其他相关条约特权所引发的冲突和矛盾，使得这一斗争更趋激烈，逐渐趋向白热化，直接触发了条约危机的全面形成。

晚清教案的普遍发生和义和团运动的爆发，其基本原因，便是不平等条约所造成的后果。赫德从这一角度作了分析，认为"60 年来的条约关系竟然导致了这样一个义和团运动"。自从条约关系开始以来，列强不仅挑战了中国至高无上的地位，"并显示了支配和实践他们自己意志的能力"。中国的民族自尊心由此受到打击，"在心底扎下了根，成为一种持久的感受"。它所感

---

① 《大学士徐桐等折》，光绪二十六年六月初一日，故宫博物院明清档案部编：《义和团档案史料》上册，中华书局，1979 年，第 196 页。

受到的"不仅是虚荣心遭受的伤害，而且是公理遭到了凌辱"。这种受了伤的感受，"被条约的条款和一再发生的误会维持下来，并随着时间的流逝而越发强烈"。这一"条约关系是以伤害中国一方的感情开始的"，"那些条约中的东西使得伤口始终裸露着并且不让愈合"①。伍廷芳具体地说，"教案所以多者，推原祸始，则由昔年与之订立条约，许以遍地传教"②。各种条约特权的保护，使得西方基督教在中国获得迅速发展，至1900年，基督教徒约有85万人。其中耶稣教系统在华教会已有六百多个，天主教系统的势力则更大，仅直隶、山西、山东、河南四省，会所就有两千四百多个，教堂一千五百多处，教民15万左右。传教士和教徒以条约为护符，肆无忌惮，激化了民教冲突，反洋教斗争也逐渐走向高潮，据统计，从德国夺取胶州湾后，一年半间，山东闹出的路、矿、教三项外交案，共达一千余件③。在义和团兴起的山东，由于列强的强横，地方官处理教案难以持平办理，往往是"庇教而抑民"④，"一遇教案，非偏袒教民，即有谴责"⑤。这一状况，激起民众的更大不满，又给地方官造成压力，"外间遇有教案，无不栗栗危惧，办理惟恐不速"，以致"道、府、州、县纷纷求退"⑥，引起对外国和不平等条约更强烈的抵触情绪。甲午战争后的瓜分狂潮，更触发了这场大震动。此外，由于文化信仰等因素，尤其是偏远地区，民众对基督教产生一种本能的抵触。如赵尔巽事后谈及山西所发教案，谓："晋地僻左，风气未开，中外之成见未融，民教之素仇莫释。见纵拳之官吏，颂为神明；读抚教之文书，群相诟病。"⑦ 义和团运动便是这一斗争在北方省份特定历史条件下的一场总爆

① 《义和团，1900》，1900年12月，[英]赫德著、叶凤美译：《这些从秦国来——中国问题论集》，第97、99、104页。
② 《奏请变通成法折》，1898年2月10日，丁贤俊、喻作凤编：《伍廷芳集》上册，中华书局，1993年，第47—48页。
③ "中华民国开国五十年文献编撰委员会"编：《列强侵略》第4册，台北正中书局，1979年，第200页。
④ 《翰林院侍讲学士朱祖谋折》，光绪二十五年十一月二十四日，故宫博物院明清档案部编：《义和团档案史料》上册，第42页。
⑤ 《张汝梅为陈述山东教士欺压平民情形事致总署函》，光绪二十四年三月二十一日，中国第一历史档案馆编辑部编：《义和团档案史料续编》上册，第107页。
⑥ 《张汝梅为陈述山东教士欺压平民情形事致总署函》，光绪二十四年三月二十一日，中国第一历史档案馆编辑部编：《义和团档案史料续编》上册，第107—108页。
⑦ 《赵尔巽奏请奖叙办理教案出力各员暨洋官教士折》，光绪二十九年正月二十日，中国第一历史档案馆编辑部编：《义和团档案史料续编》下册，第1701—1702页。

发。这场爆发，使列强看到了天津教案时情景："同样的揭帖，同样的威胁，同样的传单，而且同样缺乏远见。"然而，从事件的规模，民众参与的广泛性，以及严重的程度来看，义和团运动均远远超过了天津教案，列强从中已看到了"可怕的觉醒"①。

更为可怕的，是清政府与民众斗争的结合，义和团运动时期正以一种荒唐的方式短暂地实现了这种结合。在此之前，清政府慑于外国的强权，为避免中外冲突，不断采取措施，加强地方官的守约意识，压制民众的反抗斗争。如马嘉理案之后，清廷谕令："嗣后各省督抚，务当通饬所属地方官细核条约本意，遇有各国执持护照之人入境，必须照约妥为分别办理，以安中外而杜衅端。"②经过甲午战争，清政府更注重加强防范，为了"见信于洋人"，专为教案问题拟定了对地方官的处罚办法，并将赔款责任扩及督抚，订立了由该管督、抚、藩、臬、道及府、厅、州、县分年按成分赔教案赔款的具体办法③。但另一方面，列强侵略的加深，使得清政府更强化了对它们的愤恨。"所有这一切都促使中国政府认识到，事事退让之路已经走得太远了，从今往后，抵拒外国的侵扰应该成为它的政策的主旨。"④因此，义和团兴起之后，清政府对民众的态度为之一变。清廷先是颁布"拳民、教民，皆我赤子"之谕，在伪"归政照会"的刺激下，又"慷慨以誓师徒"，向列强宣战，以泄"神人之愤"。宣战上谕声称："与其苟且图存，贻羞万古，孰若大张挞伐，一决雌雄。"⑤又对"义和团会同官军助剿获胜"，降旨嘉奖，认为"此等义民，所在皆有，各省督抚如能招集成团，藉御外侮，必能得力"⑥。

---

① 《樊国梁神父致毕盛先生》，1900 年 5 月 19 日，胡滨译：《英国蓝皮书有关义和团运动资料选译》，中华书局，1980 年，第 73 页。

② 《总理各国事务衙门奏》，光绪元年九月甲辰，朱寿朋编、张静庐等校点：《光绪朝东华录》第 1 册，中华书局，1958 年，总第 135 页。

③ 《总理各国事务衙门奏》，光绪二十二年四月丁丑，朱寿朋编、张静庐等校点：《光绪朝东华录》第 4 册，总第 3785 页。

④ 《北京使馆——次全国性的暴动和国际事件》，1900 年 8 月，〔英〕赫德著、叶凤美译：《这些从秦国来——中国问题论集》，第 4 页。

⑤ 《上谕》，光绪二十六年五月二十五日，故宫博物院明清档案部编：《义和团档案史料》上册，第 163 页。

⑥ 《军机处寄各省上谕》，光绪二十六年五月二十五日，故宫博物院明清档案部编：《义和团档案史料》上册，第 163 页。

由此，清政府利用民众的反侵略热情，将他们的斗争纳入了自己的排外轨道。如前所述，清政府尤其是其内部的顽固势力，长期以来试图驱逐洋人，摧毁条约关系，但对外战争的屡屡失败，不得不"暂事羁縻"。他们一直在等待机会，"翻然决裂，将以天下之兵之民，敌彼蕞尔数国"。声势浩大，又有种种"神术"的义和团的兴起，对他们是一个极大的鼓励，认为这是上天所助的千载良机。从近代历次对外战争来看，清政府与一国交锋尚一败涂地，况"以一弱国而抵十数强国，危亡立见"，其结果"不待智者而后知"。然而，清廷中的顽固势力，"皆以受外人欺凌至于极处，今既出此义团，皆以天之所使为词"，诸王、贝勒、群臣入对，皆众口一词。其时，"两宫、诸邸左右，半系拳会中人，满汉各营卒亦皆大半"，以致"都中数万，来去如蝗，万难收拾"。荣禄感到，"虽两宫圣明在上，亦难扭众。天实为之，谓之何哉！"[1] 如载勋等左右，全是拳民，他对义和团深信不疑，谓："汝看他们是匪，我看他们正是上天打发下来灭洋者，缘庚子至庚子，渠等在中国搅扰已一甲子，此时正天收时也可。"荣禄等反对借助义和团，而"苦于总以天命为是，奈何万不可有失民心"[2]。这种"天之所使，以助吾华"的论调，加上附合者又神奇其说，造成了清廷与列强决裂的主导倾向，"盈庭聚论，众口一词，无以制止"[3]。

这样，清政府中的顽固势力与民众的反帝力量紧密结合起来，形成了驱逐洋人，以彻底摧毁条约体系的态势，这是列强没有想到的。"没有一个欧洲人（在北京肯定是没有的）曾预见到这件事，即义和拳吹嘘的神奇力量竟使中国受到如此深刻的影响，以致相信他们确能打败世界上其余的国家。"这是不可想象的，"没有人认识到这个可能性，即中国政府事实要发疯，而且它将做那些当它仍然清醒时决不会想象到要做的事情"[4]。

---

[1]　《致李鸿章、刘坤一等电》，光绪二十六年六月下旬，杜春和等编：《荣禄存札》，齐鲁书社，1986年，第404页。

[2]　《荣禄致奎俊书》，光绪二十六年六月二十二日，北京大学历史系中国近现代史教研室编：《义和团运动史料丛编》第1辑，中华书局，1964年，第139页。

[3]　《光绪庚子年拳匪扰乱中北京五国使臣联名与外界通消息之书片纪事》，杜春和等编：《荣禄存札》，第422页。

[4]　《窦纳乐爵士致索尔兹伯理侯爵函》，1900年11月20日，胡滨译：《英国蓝皮书有关义和团运动资料选译》，第93页。

对于清政府试图摆脱条约关系的趋向，列强自第二次鸦片战争之后便非常关注。1866 年，英驻华使馆参赞威妥玛和总税务司赫德呈递《局外旁观论》和《新议略论》，直接向清政府提出了这一问题。他们指出，中国"自古不通于外国"，"从不愿与外国交易，闭门不纳，外省尤甚"。近数十年各国与中国往来，是"以力得通商条约，并非中国本意，系由外国而定。外国定约，系因保全来往之故"。各国与中国立约，"许为互保"，形成了"中外互结"的条约关系。但清政府仍沉湎"不与邻邦相交"的闭关之道，"交接邻邦，多有坚执闭绝，有渎各国体制"，这样"各国未免心寒"，"寒其睦好之心"。中外之间"数次失和，细查其故，总由中华有来无往"。即使相交，仍不能平等相待，"中华天子尊崇最上，诸国之君，果欲相交，尚以不能平行，欲问起衅之原，实由此也"。而中国的官吏士人不思变通，即使变通，也只是"变回旧法"。他们认为按照传统的"周王修内攘外"之策，即可太平。天下一平，"嗣将远人一齐逐出"；或者认为"变通亦不可少。先必变通而后乃能安定，俟安定后，再将远人驱去"。他们"不知外国事务系属何事，更不知与外国相交较诸何事尤为紧要"[1]。1869 年，美驻华公使劳文罗斯曾说道，"如果中国是有力量的话，毫无问题，她不把每一个外国人驱逐出境，也会把外国人的交往范围限在各口岸以内。她没有能力做这个，所以就企图用外交伎俩来规避她用武力避不掉的东西"[2]。显然，列强深悉条约关系的不稳定因素，不过，列强相信用武力可以压制清政府恪守条约。在列强看来，只要不断地"用武力把在前面用武力开始做的事进行下去"，就可以维系这一关系。马嘉理案发生后，威妥玛一方面威逼清政府认真整顿，胁迫订立《烟台条约》，另一方面认为，"马翻译被戕之事亦算不得什么，总是和局要紧"。并说，"中国自周朝以来，常说内修外攘，试问至今内修若何，外攘能否"[3]。显然，列强相信自己的武力能够压住清政府，没有看到该案所隐伏的

---

① 《总税务司赫德呈递局外旁观论》《威妥玛新议略论》，同治五年二月丙午，宝鋆等纂修：《筹办夷务始末·同治朝》卷 40，第 13—22、23—35 页。

② 《劳文罗斯对于美英商人所递公函的答复》，1869 年 7 月 17 日，[美] 马士著、张汇文等合译：《中华帝国对外关系史》第 2 卷，商务印书馆，1963 年，第 480—481 页。

③ 《与英国威使晤谈节略》，光绪元年七月初三日，顾廷龙、戴逸主编：《李鸿章全集》第 31 册，第 280 页。

危机。甲午战争的结果，使西方列强更感到清政府的衰弱，无力挑战它们的在华地位。

但情况发生了变化，至迟从 1900 年伊始，列强逐渐看到了这一异乎寻常的现象。该年 1 月，清廷颁发上谕，称民间会社也有区别，其不逞之徒，"固属法所难宥"，然安分良民自卫身家，互保闾里，则是"守望相助之义"①。列强非常敏感，认为这道上谕将结社区分为好坏两种，"造成了一个普遍的印象，即中国政府对'义和拳'和'大刀会'这样的结社抱有好感"。而"这些结社的成员公开表示他们的喜悦，并且从上谕中得到鼓励，继续对基督教徒施加强暴"。"认为他们有政府的支持，并继续犯下更严重的罪行，从而严重危及国际关系"②。因此，他们对中国政府在结社问题上的态度抱有严重的疑虑③。6 月，通过各种渠道所获得的信息，列强逐渐对清政府的趋向作出了自己的判断。他们从庆亲王奕劻那里获悉，清政府政府不愿严厉地处理义和团运动，"这个运动由于它的排外性质而深得人心"④。当时社会上广泛传闻，"慈禧太后及其顾问们已经决定消灭所有在北京的外国人，并把这些人逐出中国；他们认为帝国的完整遭受列强野心的侵害和威胁已达到这么严重的程度，所以为了发泄他们的仇恨起见，值得以帝国尚存的一切去甘冒风险"。英驻华公使窦纳乐与庆亲王和总理衙门的"使者"联芳见面时，问及这一传闻，彼告诉他"至少不是无稽之谈"。接着窦纳乐又获得"可靠的"消息，"慈禧太后在召见大臣时公开表示她希望把外国人逐出京城，同时董福祥的部队只等待发动总进攻的命令"。从危险的程度而言，"来自清军的危险，较来自义和拳的危险更为严重"⑤。列强认为，清政府对义和团的"犯罪"所采取的态度，造成了"这个可耻的情况"，它们必须使中国政府对

---

① 《为各省请拿会匪敕令地方官分别办理谕旨》，光绪二十五年十二月十一日，中国史学会主编：《义和团》第 4 册，上海人民出版社，1957 年，第 124 页。

② 《窦纳乐爵士致总理衙门照会》，1900 年 1 月 27 日，胡滨译：《英国蓝皮书有关义和团运动资料选译》，第 12 页。

③ 《窦纳乐爵士致索尔兹伯理侯爵函》，1900 年 3 月 16 日，胡滨译：《英国蓝皮书有关义和团运动资料选译》，第 16 页。

④ 《窦纳乐爵士致索尔兹伯理侯爵电》，1900 年 6 月 5 日，胡滨译：《英国蓝皮书有关义和团运动资料选译》，第 27 页。

⑤ 《窦纳乐爵士致索尔兹伯理侯爵函》，1900 年 6 月 10 日，胡滨译：《英国蓝皮书有关义和团运动资料选译》，第 88、80 页。

此承担责任①。

宣战上谕的颁布，事情已完全明朗化，标志着清政府最终确定了利用民众驱逐洋人的政策。它甚至以民众的要求为借口，不惜违反国际规则，谓："人民中间的仇恨是这么强烈和难以压抑，以致除了消灭各国使馆之外，没有其他办法可以满足它。"② 列强们已清楚地看到他们面临着"两方面的危险"，即官员和人民均表示了对列强的不满③。尤其是清政府采取了与义和团同样的态度，"中国政府没有试图制止它"，"运动本身获得她（慈禧太后）的赞同和支持"，这是"局势的一个最危险的特点"。它们的纲领之一便是："凡是带有外国来源或与外国有关连的一切东西都不应该继续存在而不受破坏"④。围攻使馆"是正规军联合义和拳一起发动的，他们服从朝廷的命令，而这些命令是从皇宫发出的"⑤。通过这些事实，列强得出结论："中国政府不仅致力于消灭各国使馆和使馆内的居民以及根绝内地的外侨，而且要毁灭天津各国租界并完全断绝所有各国同该国各个地区的贸易关系。"⑥ 也就是说，清政府不仅仅是解决使馆内的外国人，而且要摧毁所有通过条约建立起来的各种关系，包括贸易关系。

显然，至义和团运动爆发，各种对列强不满和仇恨的因素高度聚集起来，清政府和民众结成了反对外国列强的联合战线。尽管两者的结合注定是短暂的，但却显示了深扎在中国内部的一种趋向，即不愿接受现存条约关系，具有笼统排外色彩的早期民族主义倾向。这是列强最为担忧的，也是它们需要解决的急迫问题，即解除中外条约关系所面临的崩溃危机。

① 《窦纳乐爵士致索尔兹伯理侯爵电》，1900 年 6 月 5 日，胡滨译：《英国蓝皮书有关义和团运动资料选译》，第 25 页。

② 《窦纳乐爵士致索尔兹伯理侯爵函》，1900 年 11 月 20 日，胡滨译：《英国蓝皮书有关义和团运动资料选译》，第 107 页。

③ 《务谨顺领事致索尔兹伯理侯爵电》，1900 年 8 月 10 日，胡滨译：《英国蓝皮书有关义和团运动资料选译》，第 232—233 页。

④ 《窦纳乐爵士致索尔兹伯理侯爵函》，1900 年 11 月 20 日，胡滨译：《英国蓝皮书有关义和团运动资料选译》，第 93 页。

⑤ 《萨道义爵士致兰士敦侯爵电》，1900 年 11 月 30 日，胡滨译：《英国蓝皮书有关义和团运动资料选译》，第 371 页。

⑥ 《萨道义爵士致索尔兹伯理侯爵函》，1900 年 11 月 8 日，胡滨译：《英国蓝皮书有关义和团运动资料选译》，第 397 页。

第二节 列强对条约关系的考虑与《议和大纲》出台

义和团运动所显露出来笼统排外和全面抵制现存不平等条约关系的趋向，引起了列强的高度警觉，这也成为它们要重点解决的问题。八国联军攻占北京之后，列强形成了巩固和强化条约关系的基本方针，并且抛开中国政府外交代表，在列强之间协商一致后，强力向中国抛出了决定《辛丑条约》基本蓝图的《议和大纲》。因此，从订约过程来看，《辛丑条约》虽然如同以往不平等条约一样，也是通过武力手段胁迫清政府签订的，但却具有了明显的新特点。

1900 年 8 月八国联军攻占北京之后，如何处理战败的中国便提上了日程。对此，赫德谈到，有三种办法可供选择：瓜分、改换朝代、修补满洲人的统治。在他看来，前两种办法均不可取，只有第三种办法，"即把现存的王朝作为一个还在运转的王朝接受下来，并且，一句话，充分利用它"。要保持中国的领土完整和维持现政权的继续存在，就要采取某种手段"修补"这个政府。赫德提出，首先需要解决的，便是通过议和，"硬性规定些什么条件以保障未来，因为过去的条款已经受到藐视并且被破坏了"[①]。赫德的文章在当时引起很大轰动[②]，对列强确立对华政策不无影响。

赫德的主张无疑反映了西方国家的主要倾向，而各国出于各种考虑，最后采取的方针正是他提出的第三种办法。战争尚未结束，美国便向各国发出照会，提出了基本方针，除了当务之急，即各国合作，解救被围攻的驻华公使，保护本国人民生命财产和一切合法利益，制止骚乱蔓延和防止再度发生之外，更强调了根本之计，谓："美国政府的政策是谋求一项解决办法，这种办法能给中国带来持久的安全与和平，维护中国领土与行政

---

① 《北京使馆——一次全国性的暴动和国际事件》，1900 年 8 月，［英］赫德著、叶凤美译：《这些从秦国来——中国问题论集》，第 31—32 页。

② 陈霞飞主编：《中国海关密档——赫德、金登干函电汇编（1874—1907）》第 7 卷，中华书局，1995 年，第 117、122 页。

的完整，保护条约和国际法赋予各友好国家的一切权利，并为世界各国保卫与中华帝国各个地区进行平等与公平贸易的原则。"[①] 攻占北京之后，美国又再次重申这一方针，谓尽管八国联军解救各国公使的直接目的已经达到，"但是，各国仍然有着其他共同的目的"，这就是在上述照会中所提出的方针；并认为，通过各国联合占领北京，"重新建立中国政府"，缔结包括赔偿和为今后的列强在华利益安全提供保证的新条约，"这些目的是能够完全实现的"[②]。显然，美国提出的这一解决办法，其核心便是通过新的条约保障已有的条约关系。随后，各国均表示，"他们决定尊重中国领土的完整及其政府的独立"，愿意与中国和平谈判[③]。也就是说，《辛丑条约》标志着列强确立了对华政策，即放弃瓜分中国领土，实行所谓"保全"中国的方针。随后，列强正按照美国的提议，经过反复协商，胁迫清政府订立《辛丑条约》，便是上述方针的体现。

在八国联军占领北京后，清廷西逃之前，清政府任命李鸿章为全权议和大臣，与各国进行谈判，后来又加派奕劻为议和代表，但迟迟不为各国承认。10 月 11 日，李鸿章抵达北京即与赫德商定和谈四项条款，由赫德交与英国驻华公使[④]。10 月 15 日，李鸿章与奕劻联合照会各国，提出议和节略五条，主要内容包括：一是承认围攻使馆违反国际公法，保证今后不再出现类似事件；二是愿意协商赔款问题；三是同意修改或重订有关中外商务之条约；四是与各国分别缔结详细条约，赔款议定后，各国军队陆续撤退；五是和议开始前先行停战[⑤]。这是清政府第一次正式开出自己的谈判条件，其中仍在沿袭着以往议和谈判的老套路。一方面，它在条款内容上突出表现为以

---

① 《国务卿海致在华合作各国的通告照会》，1900 年 7 月 3 日，天津社会科学院历史研究所编，刘心显、刘海岩译：《1901 年美国对华外交档案——有关义和团运动暨辛丑条约谈判的文件》，齐鲁书社，1984 年，第 7—8 页。

② 《代理国务卿致美国驻柏林、维也纳、巴黎、伦敦、罗马、东京和圣彼得堡外交使节的电令》，1900 年 8 月 29 日，天津社会科学院历史研究所编，刘心显、刘海岩译：《1901 年美国对华外交档案——有关义和团运动暨辛丑条约谈判的文件》，第 18—19 页。

③ 《国务卿致法国驻美代办的备忘录》，1900 年 10 月 19 日于华盛顿国务院，天津社会科学院历史研究所编，刘心显、刘海岩译：《1901 年美国对华外交档案——有关义和团运动暨辛丑条约谈判的文件》，第 31 页。

④ 《奕劻等奏已嘱赫德与各使通意约期会商电》，光绪二十六年九月初七日，王彦威、王亮辑编，李育民等点校整理：《清季外交史料》第 9 册，第 4720 页。

⑤ 《附抄件》，光绪二十六年十月初七日，中国史学会主编：《义和团》第 1 册，上海人民出版社，1957 年，第 221—222 页。

经济利益的出让来避免军事及其他政治权利的丧失，尤其以维护"宗社"和
"两宫"为重。另一方面，在议和的策略上，是与各国分别进行谈判，试图
利用各国的分歧，以夷制夷，达到停战和减少清政府损失的目的。议和草案
的第三条显然针对的是赞成门户开放和修订关税与厘金的英、美列强；第四
条则直接指向了与俄国在满洲问题上的单独协定。在未入京以前，李鸿章就
已决定了交涉策略，务必拆散各国，以便于个别操纵影响。但是，众列强
中，除了俄国为保护其在东三省的特殊利益和要求，愿在私下里与清政府进
行谈判外，其余各国对中国提出的草案"不给予任何的理睬"，认为中国
"既已一败涂地至此，尚欲议和，惟有凛遵各国所示而已"①。

列强并未马上议和，也与其内部的矛盾有关。攻占北京后，列强彼此间
错综复杂的矛盾日益明显地暴露出来。先是沙俄为了讨好清政府，以便使清政
府允许它吞并东北，要求列强将军队撤往天津，开始议和，法、美同意，英、
德、日等则激烈反对，其中德国因任命为联军总司令的瓦德西尚未抵达北京，
有意拖延时间，提出否认李鸿章代表资格的主张，并宣布准备在李鸿章北上的
途中将他当作人质加以逮捕。先议和还是先撤兵的争论，反映了列强挑选代理
人的矛盾。最后由于和谈迟迟不能举行，不但将拖垮清政府，而且对列强自己
也不利，结果英、德、日作了妥协，承认慈禧的地位，接受李鸿章为议和代
表，开始着手议和。但是，所谓的议也仅是在列强之间。

与以往主要是单个国家胁迫清政府让步，以攫取条约权益不同，《辛丑
条约》要处理的是列强的整体利益，因此，它们之间的反复协商，以达成最
大程度的一致化，成为订约过程中最基本的环节。从出兵侵华开始，各国便
注意到这一问题，如日外务大臣青木周藏向英国表示，"日本政府认为，大
规模地进行联合军事远征和占领北京是迫不容缓的。可是，为了避免摩擦起
见，有必要在列强之间事先就所有这些问题达成一项协议"，如联军的最高
指挥权、各国部队的作战区域等②。俄国方面也认为，"必须在所有欧洲国家

① 《中外议和》，光绪二十六年，王彦威、王亮辑编，李育民等点校整理：《清季外史料》第9册，第4649页。
② 《怀特赫德先生致索尔兹伯理侯爵函》，1900年7月5日，胡滨译：《英国蓝皮书有关义和团运动资料选译》，第160页。

之间有关它们对华行动问题上保持完全一致"①。在《议和大纲》的相互协商和《辛丑条约》的谈判过程中，列强均注重相互之间的协调一致。从一开始便倡导统一行动的美国政府，"通常是不赞成与欧洲国家联合行动的"，但为重建被打破的中外秩序，也放弃了这一传统做法。美国很清楚，"这是一个国际性的问题，显然需要通过全体一致的行动，同时也通过其他各种方法来加强我们要求的力量。我们深信，一份联合照会总要比若干份分别照会更加有效"②。各国在此问题上达成了一致意见，如意大利和奥匈帝国公使也接到了本国政府的训令，要求他们首先要考虑的问题，"必须是维护各国使节之间的意见一致"③。由于不可能在所有问题上取得一致，各西方列强花了不少时间反复协商，相互妥协。如关于惩凶问题出现分歧，他们便"谋求一项中间条款"，以采取共同行动④。同时，为了照顾到各国的不同利益，利于它们分别向中国攫取新的特权，在协商过程中有国家代表提出了新的方式，即协调一致与个别交涉结合，且集体协商优先于个别交涉。如美国务卿海·约翰致函驻华公使康格，提出，"首要的是订立一项总协定。此后，各国当然可以自由协商其中没有体现的任何观点"⑤。《辛丑条约》体现的是列强共同的核心利益，即恢复和发展中外条约关系，至于各国的特殊利益和一般性的权益要求，可以通过个别交涉牟取。当然，首要的是保证各国的整体利益，通过该约的交涉，各国基本上达成了这一协议。谈判期间，多数使节也表示，"最初谈判尽可能包括和解决更多的问题，然后由各国之间的单独谈判解决其余问题"⑥。各国使节也在各个场合提出，"在缔结一项集体协定之前，中

---

① 《史科特爵士致索尔兹伯理侯爵函》，1900 年 7 月 4 日，胡滨译：《英国蓝皮书有关义和团运动资料选译》，第 134 页。

② 《康格致海函》，1900 年 11 月 26 日，天津社会科学院历史研究所编，刘心显、刘海岩译：《1901 年美国对华外交档案——有关义和团运动暨辛丑条约谈判的文件》，第 57 页。

③ 《萨道义爵士致兰士敦侯爵电》，1901 年 1 月 26 日，胡滨译：《英国蓝皮书有关义和团运动资料选译》，第 410 页。

④ 《萨道义爵士致兰士敦侯爵函》，1901 年 2 月 6 日，胡滨译：《英国蓝皮书有关义和团运动资料选译》，第 459 页。

⑤ 《海致康格电》，1900 年 11 月 23 日，天津社会科学院历史研究所编，刘心显、刘海岩译：《1901 年美国对华外交档案——有关义和团运动暨辛丑条约谈判的文件》，第 420 页。

⑥ 《康格致海函》，1900 年 10 月 19 日，天津社会科学院历史研究所编，刘心显、刘海岩译：《1901 年美国对华外交档案——有关义和团运动暨辛丑条约谈判的文件》，第 44 页。

国不应同任何一国签订任何协定"①。这一协调一致与个别交涉相结合的原则，在《辛丑条约》中得到了体现，该约对各国与清政府"议商"通商条约作了规定。这一原则的确定，既有助于各国共同维护整体的条约关系，也为列强各自牟取特殊利益及其在中国的争夺，留下了空间。

由于列强达成一致，在谈判交涉中，清政府基本上无置喙的余地，只能被动接受它们单方面提出的各项条件。李鸿章奏称，奉命议和，"始而各使竟将开议照会驳回，几莫测其用意之所在"，继而送来和议总纲十二款，不许改易一字，对中方提出的"应商之处"，"各使置若罔闻。且时以派兵西行，多方恫喝"。在这种情况下，李鸿章等"相机因应，笔秃唇焦，卒以时局艰难，鲜能补救"②。荣禄说，"可怜庆、李，名为全权，与各国开议，其实彼族均自行商定，是日交给条款照会而已，无所谓互议也。然时势如此，实逼处此，不能不为宗社计耳"③。这一状况，与此前条约交涉显然大不相同，清政府已无回旋的余地，更无设法抗争挽回的可能。

10月4日，法国照会各国政府，提出六项要求，作为谈判的基础。一是惩办由各国驻北京外交使节提出的罪魁祸首；二是继续禁止输入武器；三是对各国政府、团体及个人予以赔偿；四是在北京组成一支常驻公使馆的卫队；五是拆除大沽炮台；六是对天津到北京之间道路上的二三处地点实行军事占领，从而使这条道路对从各国使馆前往海边或者由海上前往京城的各国军队始终保持通行无阻④。显然，法国照会中倡议的方案与清方议和代表的草案相去甚远。同时它还提议由各国驻华使节联合提出这些要求，作为各国共同与中国进行谈判的基础，其实质就是反对进行分别谈判和单独缔约，以免互相牵制。这个方案得到列强的支持，日本提出补充意见，即除对六条基本内容进行讨论并作出必要的修改补充外，还可以提出照会上没有提到的要

---

① 《兰士敦侯爵致萨道义爵士函》，1901年3月1日，胡滨译：《英国蓝皮书有关义和团运动资料选译》，第441页。

② 《和议会同画押折》，光绪二十七年八月初十日，顾廷龙、戴逸主编：《李鸿章全集》第16册，第327页。

③ 《荣禄致奎俊书》，光绪二十六年十一月，北京大学历史系中国近现代史教研室编：《义和团运动史料丛编》第1辑，第142页。

④ 《法国驻美代办致国务卿的备忘录》，1900年10月4日，天津社会科学院历史研究所编，刘心显、刘海岩译：《1901年美国对华外交档案——有关义和团运动暨辛丑条约谈判的文件》，第27页。

求加以讨论、审查，各国采纳日本的建议。

从 10 月中旬开始，列强以法、日两国的方案和建议为基础，反复讨论并确定以下各点：一、扩大惩办的范围。英国代表提出，除惩办那些直接攻击各国使馆、负有责任的王公大臣外，各省杀害外国人的官员，也要列入惩处的名单中；二、关于赔款问题，作了两点原则性规定，包括：放宽赔款的范围，凡在义和团运动时期为外人服务而遭到损失的中国人，也予以赔偿；进一步控制中国的财政，决定中国政府应按照各国的要求实行财政改革，以保证偿付赔款的本息。三、美国代表提出，清朝地方官吏负有镇压排外群众的责任，各省总督、巡抚以下官员，对辖区内发生的排外活动如不立即镇压，即行革职，永不叙用。英国代表提出，发生事端的地方，停止科举考试五年。四、关于修改通商行船条约以及解决其他悬而未决的问题。由英国公使萨道义提出，这是英国长期以来重视掠夺在华经济利益必然要求，但俄国公使格尔思表示反对，理由是贸易问题不属于当前谈判的范围。萨道义坚持各全权代表有权提出包括促进贸易利益的条款，因为这种利益也受到了"无情的攻击"。英、俄双方相持不下，结果付诸表决。奥、比、德、意、日、美等国使节投赞成票，俄、法两国使节投反对票。这样，英国的建议最终获得通过，奠定了后来商约交涉的基础，成为"英国在和解中所取得的一项最重要的收获"①。根据这些要求，列强最终拟定了《议和大纲》。

12 月 24 日，德、奥、美、英、法、意、日、俄、比、西、荷十一国联合向清政府提出《议和大纲》照会。在这份由多国代表经近三个月讨论才达成一致意见的文件中，首先指责中国"致罹穷凶极恶之罪，实为史册所未见，事殊悖万国公法，并与仁义教化之道均相抵牾"②。并列出"情节尤重者"，如"奉令官兵戕害"德驻华公使克林德，北京各使馆"被官兵与义和

---

① ［英］杨国伦著，刘存宽、张俊义译：《英国对华政策（1895—1902）》，中国社会科学出版社，1991 年，第 234 页。
② 其英译照会表述有所不同，谓："在特别恶劣的情况下犯了人类历史上前所未有的罪行，即违反国际法、违反人道原则、违反文明等罪行。"参见《送给中国全权大臣的照会草稿》，1900 年 12 月 22 日，胡滨译：《英国蓝皮书有关义和团运动资料选译》，第 431 页。

团匪沟通，遵奉内廷谕旨者，围困攻击"，中国政府直到联军救至才宣布保全使馆，等等。固然清政府明攻暗保使馆的荒唐行为确实给各国提供了一个绝佳的借口，但揆诸史实和万国公法，其中所指中国戕使节、攻使馆及其违背公法之定性并非能完全站得住脚①。条约是国际法的重要制度，列强这样做的目的，是为其出兵中国，并使用武力手段恢复并强化不平等的条约关系提供所谓的合法依据。对于这一层，各国在讨论《议和大纲》时就曾特别提到，要在前言中"详细说明中国政府方面对国际法的违犯，从而使联军有必要进行登陆，并开往北京"②。紧接着，大纲提出中国"表明悔过认责，并愿挽回因此事变所生情势"，于是各国"公定允如所请"，"酌拟惩前毖后所必须定而不移之要款施行"。也就是说，列强提出的各项订于条约中的《议和大纲》，是本于国际公法，是本于中国所请允，绝非武力强迫，这显然是道貌岸然的强盗逻辑！

各国公定之《议和大纲》一共十二条。其中第一、三条关于德使克林德和日本使馆书记生杉山彬被害谢罪之事，第二条规定惩办"祸首"及"戕害凌虐外人之城镇"等，第四条关于在外国人坟茔遭污渎发掘之处建立碣碑，第五条禁止军火入口，第六条关于赔款数额及办法，第七、八、九条规定使馆及由京师至海边数处驻兵、拆除大沽炮台等，第十条规定"永远禁止军民人等加入仇视各国各会"及中国地方官负有镇压群众排外活动之责，第十一、十二条提出修订通商行船条约和改革总理衙门等新要求③。

此份《议和大纲》完全由列强炮制，它进一步明确了列强此次议约的基本宗旨，即巩固和强化现有的条约关系，并为进一步扩展新的条约权利打下基础。美国专使柔克义指出，可以将《大纲》提出的十二项要求分为四个主要项目，即：（一）适当惩办那些策动排外屠杀和暴乱的分子及其实际参与者；（二）采取必要措施防止此类事件重演；（三）对各国及其人民在这几次

---

① 详见张海鹏：《试论辛丑议和中有关国际法的几个问题》，《近代史研究》1990 年第 6 期。
② 《萨道义爵士致索尔兹伯理侯爵函》，1900 年 11 月 8 日，胡滨译：《英国蓝皮书有关义和团运动资料选译》，第 398 页。
③ 《全权大臣李鸿章电报》，光绪二十六年十一月初三日，故宫博物院明清档案部编：《义和团档案史料》下册，第 838—840 页。

暴乱中所遭受的损失予以赔偿；（四）普遍改善与中国政府和中国的关系，包括官方的和贸易的关系在内。如柔克义所说，各国认为，"实现这些要求是恢复与该国的正常关系所必需的"①。所谓"正常关系"，即是它们在国际法名义下要恢复、强化和进一步扩展的条约关系。

列强代表递交《议和大纲》时，中外双方一并按公法要求校阅全权证书，所谓的辛丑议和正式开始。但是列强态度从一开始就十分强横，完全没有给中国留下外交斡旋的余地。在《议和大纲》最后，列强直接以武力要挟中国全盘接受，指出："以上各款，若非中国国家允从，足适各国之意，各本大臣难许有撤退京畿一带驻扎兵队之望。"② 这样就进一步暴露了此次议和武力强迫之本质。

当时，中国全权大臣李鸿章和奕劻皆以不败和局，保住朝廷为上策。拿到《议和大纲》后，李鸿章立即原文电奏西安，并指出：条款末段所称"词意决绝，不容辩论。宗社陵寝，均在他人掌握，稍一置词，即将决裂，存亡之机，间不容发"，因此恳请慈禧和光绪"上念宗社，下念臣民，迅速干断，电示遵行"。此外，为加强说服力度，他们还电请荣禄等军机大臣"权利害轻重，径请施行"③。不过，电文传到西安行宫后，引起舆论大哗。其中张之洞更是接二连三地给西安行宫和北京议和大臣发出加急电报，要求奕、李继续同各国交涉，商酌修改细目，反对遽行画押，从而引起了一场风波。张之洞在电文中指出，条款总目中所提到的"遵奉内廷谕旨"等语，在他看来是"句中有眼，用意难测"，必须要将之删除。而对于禁止军火进口以及京、津驻兵等款，则把朝廷置于永远危险的境地。因此，他建议朝廷"饬下全权大臣，于此节务商善法"④。对于张之洞的意见，慈禧深以为然。于是，接连给

---

① 《美国赴华专使柔克义的报告》，1901年11月30日，天津社会科学院历史研究所编，刘心显、刘海岩译：《1901年美国对华外交档案——有关义和团运动暨辛丑条约谈判的文件》，第3页。
② 《全权大臣李鸿章电报》，光绪二十六年十一月初三日，故宫博物院明清档案部编：《义和团档案史料》下册，第838—840页。
③ 《全权大臣李鸿章电报》，光绪二十六年十一月初三、初五日，故宫博物院明清档案部编：《义和团档案史料》下册，第840、847页。
④ 《湖广总督张之洞电报》，光绪二十六年十一月初七日；《又电报》，光绪二十六年十一月初九日；《湖广总督张之洞电报》，光绪二十六年十一月初十日，故宫博物院明清档案部编：《义和团档案史料》下册，第855、859—862页。

奕劻、李鸿章发去电报，指示其交涉删除"专为制造军火之材料"及"遵奉内廷谕旨"等语①。紧接着，清廷再次电示奕劻、李鸿章，指出第二款内"日后指出，一律严惩"之"日后"二字，后患无穷，要其"婉切相商，务将日后二字改去"，另"偿恤款、改约章两条，尤须细酌。此外亦多有须详切蹉磨之处"，并要二人随时电商刘坤一、张之洞，"切勿草率画押为要"②。由上述主张，可见张之洞及清廷部分注意到了相关表述的危害，但尚未能提出从国际法的角度进行申辩。

张之洞及清廷的态度引起了各国的警觉，各国公使召开会议，并加大了对中国议和大臣的威慑力度，再加之奕劻和李鸿章一再劝说，慈禧只好于1901年1月10日无奈地回电表示："条款大纲业经允准，自未便延不画押"，同时还叮嘱两位大臣画押后，"应将迭次谕电及各说参酌辩论引申"，于画押后"从容计议，以期补救"。在这一电报中，清廷特别强调了几项关系紧要细目的修改：一、"遵奉内廷谕旨""奉令官兵"等语必须辩明，以绝后患。二、有关惩凶的第二款中"日后"二字，"不得任意牵混，贻患无穷"。三、列强使馆及京、津沿线驻兵数目、处所，尤须议定限制③。值得注意的是，清廷在批准《议和大纲》时还颁布自责之诏，谓："今兹议约，不侵我主权，不割我土地，念列邦之见谅，疾愚暴之无知，事后追思，惭愤交集。"④ 无论是"大纲"出台的过程，抑或是《大纲》文本内容，都严重违背了国际公法中的国家主权原则，是对中国主权的严重侵害。清廷这里做此番不顾事实的谄媚表态，并非没有国际法意识，而是进一步说明清政府在被列强掐住咽喉的情况下，其议和的重点是恢复和局，并保住朝廷。

1月15日，奕劻、李鸿章遵旨在《议和大纲》上签字画押。翌日，中方签字画押的大纲文件和"用宝谕旨"分送给各国公使，《议和大纲》由此正

---

① 《军机处寄全权大臣奕劻李鸿章电旨》，光绪二十六年十一月初九、十二日，故宫博物院明清档案部编：《义和团档案史料》下册，第859、863页。
② 《军机处寄全权大臣奕劻李鸿章电旨》，光绪二十六年十一月十三日，故宫博物院明清档案部编：《义和团档案史料》下册，第863页。
③ 《军机处寄全权大臣奕劻李鸿章电旨》《又电旨》，光绪二十六年十一月二十日，故宫博物院明清档案部编：《义和团档案史料》下册，第875—876页。
④ 《谕内外各大臣固邦交保疆土举贤才除积习并引咎自责》，光绪二十六年十二月二十五日，王彦威、王亮辑编，李育民等点校整理：《清季外交史料》第6册，第2782—2783页。

式生效。同时，两位全权议和大臣还准备了一份条款说帖，作为和约细节谈判的备忘录，呈给各国公使。据李鸿章所言，这份条款说帖是"参酌各说"，"于详细声明之中，隐寓设法补救之意"①。但是，中国在武力胁迫下签署的《议和大纲》已奠定了以后详细会议的基本格局，故要在具体交涉中有所突破挽救，自然是十分艰难。而且，在中国接受《议和大纲》后，列强并未马上按照《大纲》所言立即撤出军队，因此之后具体条款的交涉依然是在军事胁迫下展开的。

第三节　巩固和强化不平等关系的条约文本

中国在接受《议和大纲》后，从 1901 年 2 月 5 日开始就具体条款的议定与列强展开谈判，之后半年多的交涉里，列强之间矛盾重重，中方与列强间的磋磨更是极其艰难。一直到 9 月 7 日，中国全权大臣庆亲王奕劻、李鸿章才与德、奥、比、美、西、英、法、意、日、荷、俄等十一国代表正式签订丧权辱国的《辛丑各国和约》，简称《辛丑条约》。《辛丑条约》共十二款，另有十九个附件。作为一个负有特殊使命的条约，《辛丑条约》具有了不同以往的新面相，其内容不仅扩展了条约特权，更重要的是，它从各个角度解决了条约关系所面临的危机，为"一切条约作有力的保证"②，巩固并强化了中外之间这一不平等的关系。奕劻等谓之"各国重联旧好之总约"③，所谓"重联旧好"，即是恢复被打破的条约关系。而为了达到这个目的，《辛丑条约》更充分地体现了不平等条约的强权性质，对中国主权的损害更为严重，是一个典型的强权文契。

从条约形式来看，《辛丑条约》也具有与以往不同的新面相。以往所订

① 《寄西安行在军机处》，光绪二十六年十一月十六日，顾廷龙、戴逸主编：《李鸿章全集》第 27 册，第 496 页。

② 子毅：《辛丑条约对于中国的影响》，《向导》1925 年第 128 期。

③ 《全权大臣奕劻等折》，光绪二十六年十一月初五日，故宫博物院明清档案部编：《义和团档案史料》下册，第 848 页。

条约，均系双边条约，即使是英、法联合发动第二次鸦片战争，也是各自单独与清政府订约，《辛丑条约》则是各国与清政府订立的特殊多边条约。但表面上看是一个多边条约，而实际上是一个西方国家为一方，中国为一方所订立的双边条约。也就是说，它是西方国家集体与中国订立的条约，这个集体，除派出军队的八国之外，还有另外三个国家，共十一个国家，即包括了与中国有条约关系的主要资本主义国家。从过去的单个订约到集体订约，是一新的方式，反映了中国与整个资本主义世界的条约关系的重要变化，充分体现各国在这一问题上的利益一致性。另外，《辛丑条约》共有十九个附件，是附件最多的条约。这些附件涉及惩凶、赔款、拆毁炮台、外国驻军、军火武器、使馆区、黄浦河道修治、外务部、觐见礼节、惩罚反帝斗争、对德日"谢罪"以及修订新的商约等多方面①，内容之广泛，规定之详细，这在中外条约史上是极为罕见的。

该约又是一个严重的片面条约，其内容均是要求清政府单方面承担各种苛刻的义务，却无相应的权利，彼方则无丝毫义务而享有种种权利。权利义务的不对等，是不平等条约的基本特征，而在条约关系史上，《辛丑条约》背离对等原则达到了登峰造极的程度，淋漓尽致地宣泄了这种不平等的旨趣。纵观《辛丑条约》及其附件，不难发现，它是由清政府的一系列承诺组成的。且附件内容多为清帝上谕，这些以承诺国际义务为内容的上谕，通过附件的形式成为《辛丑条约》的一部分，将中国具有最高法律效力的官方文书，大量直接地融入条约，使条约各款得到强有力的执行。这是一种新的方式，强化了清政府所作承诺的责任，更凸显出该约的片面性和权威性，反映了列强将中国国内法（上谕即相当于法规）和国际法范畴的条约结合起来保障在华权益的新特点。无疑，这一特征鲜明地体现了列强对华的强权政治和前所未有的霸道性质，而这种强权和霸道正是它们维护不平等的条约关系所必需的。

更有甚者，如此强权和霸道的条约，却打着国际法的招牌，这又是它的一个重要特点。从八国联军侵华，到提出《议和大纲》和签订《辛丑条约》，

---

① 《辛丑各国和约》附件一至十九，光绪二十七年七月二十五日，王铁崖编：《中外旧约章汇编》第 1 册，第 1008—1024 页。

列强的基本依据便是国际法。前述议定《议和大纲》的过程中已初步体现了这一特点。1901 年 7 月，各国还发布通告，称："拳匪和帝国军队犯下了空前反人道法则的种种罪行"，中国也表示了"歉悔之意"，"中国的官员和人民还必须以上述事件为戒"①。在正式订立的《辛丑条约》中，列强的各项条件均获得了充分体现。在"惩凶"问题上，奕劻等力图减轻处罚，谓中国法律"区分首犯和从犯"，彼则反驳说："他们所犯罪行不是违犯了中国的法律，而是违犯了国际法和人道的原则。我们对中国的法律不能予以考虑。"②列强还为此照会清政府，谓："殿下和阁下曾提及此类惩罚中，有不符合中国法律规定的要求，这种理由我们不能予以考虑。""我们的首要任务在于以正义与有节制的原则镇压违反国际法、人道原则及文明准则的犯罪行为。此等史无前例的罪行，中国法律亦不曾预见。"③清廷无可奈何地接受了列强的要求，在"惩凶"上谕中，所列出的罪名除了"昏谬无知，嚣张跋扈，深信邪术，挟制朝廷""纵信拳匪，妄行攻战""戕害教士、教民"之外，多强调违反条约。如"围攻使馆，擅出违约告示""妄出违约告示""会出违约告示"，等等④。除了通过"惩凶"清洗顽固势力之外，列强还在条约中襃扬主张遵守国际规则的官员，如该约第二款明确规定：兵部尚书徐用仪、户部尚书立山、吏部左侍郎许景澄、内阁学士兼礼部侍郎衔联元、太常寺卿袁昶，"因上年力驳殊悖诸国义法极恶之罪被害，于西历本年二月十三日，即中历上年十二月二十五日，奉上谕开复原官，以示昭雪"⑤。

正如前文所述，列强这样做便是为其使用武力手段恢复并强化不平等的条约关系提供所谓的依据，而这并不能掩盖其不守公法、大力推行强权的本质。事实上，在堂而皇之的国际法名义之下，列强不遵订约通例胁迫

---

① 《各国全权公使通告直隶全省（草稿）》，天津社会科学院历史研究所编，刘心显、刘海岩译：《1901 年美国对华外交档案——有关义和团运动暨辛丑条约谈判的文件》，第 359 页。

② 《萨道义爵士致兰士敦侯爵函》，1901 年 2 月 6 日，胡滨译：《英国蓝皮书有关义和团运动资料选译》，第 455 页。

③ 《各国代表致中国全权大臣照会》，1901 年 5 月 17 日，天津社会科学院历史研究所编，刘心显、刘海岩译：《1901 年美国对华外交档案——有关义和团运动暨辛丑条约谈判的文件》，第 275 页。

④ 《辛丑各国和约》附件四，光绪二十七年七月二十五日，王铁崖编：《中外旧约章汇编》第 1 册，第 1009—1010 页。

⑤ 《辛丑各国和约》，光绪二十七年七月二十五日，王铁崖编：《中外旧约章汇编》第 1 册，第 1004 页。

清政府签订《辛丑条约》，不仅恢复了被摧毁的条约关系，且又加增了有违国际法的新特权，诸如使馆区特权、驻军特权等。《议和大纲》提出不久，便有官员指出该《大纲》及后续议约中不合国际法之处。例如，按照公法，"和约既立，旧时启衅之端即不得复论，地球万国从未有以此等丑词恶语载入约中者"。针对列强强行要求"惩凶"，指出载漪、载勋"庇护拳民"，据外洋公法，"则属公罪，断无可杀之理"。关于赔款，根据公法，"约中之事本国无力可成者废，赔款四万万，中国必无力可成"。关于使馆区，依据《万国公法》，"从无使馆驻兵之例"，"使权惟行于馆内，不得于馆外复立界限驻兵防守禁止华人"。关于限制中国自保权，"地球万国从无此例"，"中国自主之权未亡，外人即不得干预中国设险守国之事"。该官员奏请清廷据公法力争，"公法非中国所当道，彼既以公法为言，我即以公法诘之"。而且，根据公法，"约成贻害他国者可废，今日之约贻害中国甚矣，宜即据公法废约改议"①。

此奏不无道理，列强标榜国际法只是为了制约中国，并非以此为准则公正公平地处理与中国的关系。其实，义和团的兴起，远因是由于不平等的条约关系，近因则是列强无视国际法而掀起的瓜分狂潮。如果没有列强抢占租借地和势力范围，"中国不至因一部分暴民之野蛮复仇，而使全国负违背公法上神圣条规之名，自亦不至有百种辱国失权之《辛丑条约》"，而推源祸首，则"德人之夺我胶州也"②。显然，中国"负违公法"，只是对列强违背国际法的回应，后者不过食其果而已。该约单方面地责惩中国，体现了列强的强权逻辑，这正是《辛丑条约》的核心所在。

从条约内容和目的来看，《辛丑条约》的基本宗旨是巩固和强化现有的条约关系，并为进一步扩展新的条约权利打下基础。在《议和大纲》的议定时这一意向便已得到明确。《辛丑条约》的具体条款在这方面进行充分贯彻。一是惩罚性规定，如"惩办首祸诸臣"和京外官吏，停止发生义

① 《工部学习主事夏震武折》，光绪二十六年十一月十九日，故宫博物院明清档案部编：《义和团档案史料》下册，第871—873页。
② 若虚：《胶州事件》，中国社会科学院近代史研究所《近代史资料》编辑组编：《义和团史料》上册，中国社会科学出版社，1980年，第277页。

和团运动之城镇文武考试五年；永禁设立或加入反帝组织，违者处斩；各省地方官若不及时弹压惩办"伤害诸国人民之事，或再有违约之行"，即行革职，永不叙用，等等。① 二是赔偿性条款，即本息总额达到 9.8 亿多两的赔款条款。此类赔款除了赔偿它们镇压义和团所耗费的"成本"之外，还借机掠取大大超过"成本"的财富。三是预防性条款，即所谓"采取必要措施防止此类事件重演"，包括使馆区特权、驻军特权，以及限制中国自保权条款。后者如禁止在铁路沿线 30 公里以内增设备兵；"在大沽及闩洲上所驻中国兵舰不得逾二艘以上"②；两年内禁止中国输入军火暨相关器料，并可延长限期③，等等。四是"改善"性条款，即所谓"普遍改善我们与中国政府和中国的关系，包括官方的和贸易的关系在内"，主要体现在条约最后两款。

惩罚性条款，其苛厉程度是前所未有的，这是列强恢复和强化条约关系的关键所在，也是《辛丑条约》的重心所在。在十二条款中，此类条款为第一、二、三、四、十款，共有五款。从所涉及的官员级别来看，与以往主要是针对地方官员不同，这次连中央层面的王公大臣也包括在内，而且尤为注重惩办"祸首"，并将此作为议和的首要条件。1900 年 9 月 18日，德国驻美代办致函美国国务卿，建议"把交出那些确定为在北京发生的反国际法罪行的首犯和真正的罪犯，作为同中国政府开展外交谈判的先决条件"④。10 月 26 日，公使团首次开会，讨论"惩凶"问题，各国代表一致要求对他们所提的 11 名"罪首"处以死刑，并把这一要求作为条约的第一款和最后通牒⑤。赫德告奕劻，"此节办理得宜，以后诸事均易就商，否则仍虑决裂"⑥。翌年 2 月 5 日，各国代表与中国全权大臣会议，"旨在使他们

----

① 《辛丑各国和约》，光绪二十七年七月二十五日，王铁崖编：《中外旧约章汇编》第 1 册，第 1003—1007页。

② 《交还天津来往照会》，光绪二十八年六月十四日，王铁崖编：《中外旧约章汇编》第 2 册，第 62 页。

③ 《辛丑各国和约》，光绪二十七年七月二十五日，王铁崖编：《中外旧约章汇编》第 1 册，第 1004—1005页。

④ 《德国驻美代办致国务卿函》，1900 年 9 月 10 日，天津社会科学院历史研究所编，刘心显、刘海岩译：《1901 年美国对华外交档案——有关义和团运动暨辛丑条约谈判的文件》，第 23 页。

⑤ 《康格致海函》，1900 年 10 月 27 日，天津社会科学院历史研究所编，刘心显、刘海岩译：《1901 年美国对华外交档案——有关义和团运动暨辛丑条约谈判的文件》，第 48 页。

⑥ 《奕劻札》，光绪二十六年十二月初四日，杜春和等编：《荣禄存札》，第 7 页。

有机会听取我们在要求中所提的惩罚问题"。各国公使声称,"即使是其中罪行最轻的人也应判处死刑。因为死刑是能够加予的最严厉的惩罚,我们要求全部处决"①。德国更是坚持端王载漪等人也应均处以死刑。中国全权大臣则是以"懿亲不加刑"为辞,声称:"如果把他处死,将对皇室产生悲惨的后果。"② 最后列强勉强同意载漪等可定为死刑,但皇帝可酌情宣布减刑,将其遣往新疆永远监禁;应尽快剥夺董福祥兵权,并保证今后予以严惩;其余被指定为"祸首"之人,一概处死。为了迫使清政府同意,瓦德西在 2 月 15 日下令各国军队准备对山西发起进攻③。清政府终于屈服,于 1901 年 2 月 21 日再次颁布上谕,根据各国提出名单及处理意见谕令处置"祸首"④。从范围来看,在列强的坚持下,清政府不得不处罚一大批官员,从王公大臣、封疆大吏到道、府、州、县共一百多人分别被斩决、流放和革职。此外还采取了连坐处罚的手段,停止发生反帝斗争地方的科举考试。列强注重"惩凶",其目的显而易见,是为了"灰忠臣之心,隳义士之气"⑤,旨在压制和消除中国官民的反帝仇教心理,从根本上阻绝这一现象的继续发生,清除条约关系中最主要的障碍。

预防性条款,主要是列强攫取的新特权,这些特权不仅在背离国际法的前提下,充实和完备了条约体系,而且为巩固和强化不平等的条约关系提供了具有更有力的保障。如使馆区特权,是一种新类型的"国中之国",较之租界和租借地,更进一步剥夺和限制了中国的领土主权。驻军特权,包括在使馆区和山海关至京师沿线驻军,则大大发展了列强在华驻军的条约特权,更进一步剥夺了中国的自保权。此前,列强享有在华领水驻泊军舰,在租借地驻军的条约特权,这些特权虽同样是对中国主权的侵犯,但其目的和范围

---

① 《康格致海函》,1901 年 2 月 7 日,天津社会科学院历史研究所编,刘心显、刘海岩译:《1901 年美国对华外交档案——有关义和团运动暨辛丑条约谈判的文件》,第 83 页。

② 《萨道义爵士致兰士敦侯爵函》,1901 年 2 月 6 日,胡滨译:《英国蓝皮书有关义和团运动资料选译》,第 455 页。

③ 《陆军元帅瓦德西伯爵的命令》,1901 年 2 月 15 日,天津社会科学院历史研究所编,刘心显、刘海岩译:《1901 年美国对华外交档案——有关义和团运动暨辛丑条约谈判的文件》,第 100 页。

④ 《上谕》,光绪二十七年正月初三日,王彦威、王亮辑编,李育民等点校整理:《清季外交史料》第 9 册,第 4772 页。

⑤ 《都察院御史溥良等折(附翰林院编修张星吉等呈)》,光绪二十六年十一月初七日,故宫博物院明清档案部编:《义和团档案史料》下册,第 856 页。

却有差别。从目的来看，以往条约规定，列强军舰在华驻泊是为了"保护贸易"，在租借地驻军是为了"以保地栈""护卫澳口"之类，而现在则是直接针对中国政府和中国人民。通过这一特权，并与使馆区特权制度结合，列强建立了对中国的心脏部位——京、津地区实施有效控制的军事体系。一旦有警，列强就可以动用军舰运送军队，从海港登陆直达京城，对中国进行致命的一击。这些举措，对改变或破坏条约关系的冀图，无疑起着不可小觑的恐吓和震慑作用。

赔偿性条款，是列强之间争论最激烈的问题。围绕赔偿的总额、方式和担保来源，列强之间展开了广泛而又持久的争论，其间美国还多次提出将赔款问题提交海牙国际法庭仲裁①。列强的争端，反映了帝国主义之间在侵华问题上的深刻矛盾，暴露了它们的贪婪本质。清廷指示前方交涉大员，尽力减少列强索赔数额，宽展赔款期限，并"尤要在勿使各国干预我财政之权为要"②。中国全权大臣及相关交涉人员，积极与英、美等国展开交涉，但是在德、俄等国的坚持下，最后仍是确认了本息共计 9.8 亿多两，远远超过列强在华支出和损失的赔款总额。而在赔付方式和来源的确定上，中方提出"中国盐课、常税、漕折均有指项，不能全数作抵，商请加税展限"③。这一主张为列强接受。但是，俄、法、德等国想尽快获得可观的赔款，提出由列强联合担保的借款来支付赔款，主张将关税率由值百抽五提高到值百抽十，并以新增加的关税收入作为举借外债的财源保证。这对英、美等国在华商业利益很不利，英、美代表担心这样"将会使中国政府趋向破产"④。因此，英、美代表倾向分年支付，主张让中国用岁入分期偿付赔款并适当提高关税率，反对值百抽十，而且还必须要以废除厘金等通商的条件改善作为补偿。同时英国更担心各国公保，挑战它在中国的优势地位，因此积极联系张之洞等人，

---

① 详见尹新华：《晚清中国与国际公约》，湖南人民出版社，2011 年，第 177—183 页。
② 《军机处致全权大臣赔款请商勿现银并减数宽期电》，光绪二十七年三月十三日，王彦威、王亮辑编，李育民等点校整理：《清季外交史料》第 9 册，第 4851 页。
③ 《奕劻致荣禄赔款议加税抵补并公约已有端倪电》，光绪二十七年三月初五日，王彦威、王亮辑编，李育民等点校整理：《清季外交史料》第 9 册，第 4842 页。
④ 《备忘录》，1901 年 3 月 25 日，《1901 年美国对华外交档案——有关义团运动暨辛丑条约谈判的文件》，齐鲁书社，1984 年，第 130—131 页。

鼓吹"赔款之法，不可令各国公保，致干预中国财政"①。就这样，争吵一直拖到 7 月下旬，列强代表都已身心俱疲，最终相互妥协。作为当事国的中国希望列强尽快达成一致尽速撤军，因此基本处于旁观者的位置。最终形成《辛丑条约》第六款及其附件十二，对赔款作了具体规定，其中提到中国按月摊还，"付款之事，仍由税务司经理"，并且以"新关各进款"（海关税）、"所有常关各进款"以及"所有盐政各进项"作为赔款抵押担保，并将"在各通商口岸之常关，均归新关管理"②。就这样，通过赔款一项，中国的可靠财源基本上都掌握在了外国人手中，尤其是以英国为首外人所控制的海关，而海关职能管辖范围由此进一步扩展，被彻底改造成了一个代表外国列强利益、控制中国财政、并凌驾于中国政府之上的机关。

"改善"性条款，即柔克义所说"普遍改善"中外之间的官方关系和贸易关系两个方面。官方关系即中外交际模式，规定：总理衙门改为外务部，位列六部之前，以及变通诸国公使觐见礼节③。总理衙门和觐见礼仪的改革，均按照列强的意思得以解决。柔克义的报告说，"关于改进各国使节与中国政府直接联系渠道的问题，各国代表幸好没有任何分歧意见。长期争执不休的外国使节觐见中国皇帝时所应遵守的礼节问题，终于由全权代表们按照谈判各方均满意的方式解决了。四十年来的经验已向中国人和外国人同样表明，总理衙门（或称外交事务署）是既臃肿庞大而又无能履行所赋予的职责的机构，根据会议建议的方式进行了改组，变成了一个承担责任的外务部，并按照世界上所有其他国家所采用的类似方式组织起来"④。

总理衙门改为外务部，不仅是机构名称的更换，而且是列强巩固中外条约关系的需要。总理衙门的设立，是为了适应第二次鸦片战争后条约关系的发展，是一个具有近代性质的外交机构。但是，正如本书第三卷所述，总理

① 《鄂督张之洞致总署赔款不可令各国公保恐致干预财政电》，光绪二十七年五月初二日，王彦威、王亮辑编，李育民等点校整理：《清季外交史料》第 6 册，第 2807 页。
② 《辛丑各国和约》及附件十二，光绪二十七年七月二十五日，王铁崖编：《中外旧约章汇编》第 1 册，第 1013 页、1006 页。
③ 《辛丑各国和约》，光绪二十七年七月二十五日，王铁崖编：《中外旧约章汇编》第 1 册，第 1008 页。
④ 《美国赴华专使柔克义的报告》，1901 年 11 月 30 日，天津社会科学院历史研究所编，刘心显、刘海岩译：《1901 年美国对华外交档案——有关义和团运动暨辛丑条约谈判的文件》，第 6—7 页。

衙门不是一个完全的近代外交机构，筹建之时，便是从羁縻之道出发，出于作权宜之计的考虑。在中外交涉方面，列强们早就对总理衙门守护夷夏之防的羁縻外交非常不满，说"总署向来遇事总云从容商办，究是一件不办。今日骗我，明日敷衍我，以后我断不受骗了。中国办事，那一件是照条约的"①。在列强看来，总理衙门已成了履行条约的障碍，需要改弦更张。于是，《议和大纲》第十二款强硬提出，总理各国事务衙门必须革改更新②。其后，列强之间又多次讨论，并将其决定通报清政府。清廷于光绪二十七年（1901）六月初九降旨，谓："从来设官分职，惟在因时制宜，现当重定和约之时，首以邦交为重，一切讲信修睦，尤赖得人而理。从前设立总理各国事务衙门，办理交涉，虽历有年所，惟所派王大臣等，多系兼差，未能殚心职守，自应特设员缺，以专责成。总理各国事务衙门着改为外务部。"③《辛丑条约》第十二款对此作了规定，清帝上谕也作为该约附件，成为一项条约义务。这一改革对于完善条约关系具有重要意义，可以说它完成了这一关系的体制衔接，为履行条约提供了制度上的保障。

关于觐见礼仪，是一个中外争论不休的话题，至此亦有了令列强满意的结果。"因中西体制不同，各国使臣动援西例相衡，以为相形见绌。三十年来为此事彼此辩驳，迄未能定。"乘此良机，各国要求将礼节更改，李鸿章认为，彼虽系"有挟而求"，"然各国既有成规，则所言亦非尽无理"。主张"可就其能行者酌予通融，择其不能行者力加驳阻"。经过反复交涉，终于达成协定，满足了列强的"平等"要求，同时在一定程度上照顾了清政府的面子。李鸿章谓："窃思欧美各邦咸以遣使联交为重，轺车来往，络绎于途，将命呈书，仪文必洽，兴戎出好，消息可以微参。上年启衅之端莫甚于攻围使馆，是以此次各使必欲将觐见礼节乘机更改。使积年所不能请者，一旦邀准，虽核诸西国敬使之仪未必尽为过当，而揆诸天泽堂廉之辨，岂能每事曲从。臣等设法磋磨，历时至数月之久，始将乘坐黄轿及在太和殿觐见暨宫殿

---

① 《与英国威使晤谈节略》，光绪元年七月初三日，顾廷龙、戴逸主编：《李鸿章全集》第 31 册，第 280 页。

② 《议和大纲》，光绪二十六年十一月初一日，王铁崖编：《中外旧约章汇编》第 1 册，第 981 页。

③ 《辛丑各国和约》附件十八，光绪二十七年七月二十五日，王铁崖编：《中外旧约章汇编》第 1 册，第 1023 页。

阶前降舆三节酌议改易。"①《辛丑条约》及其附件规定，觐见地点设在乾清宫正殿，皇帝"必亲手接收"国书，若款宴诸国使臣，皇帝"亦躬亲入座"，等等。总之，"中国优礼诸国使臣，断不至与彼此两国平行礼制有所不同"②。

觐见礼仪的再次改革，对西方国家而言，它最终使清政府遵从"独立平等的国家之间已确立的惯例"③，完成了中外交往体制中最基本的"以夷变夏"。清帝国的天朝体制，在很大程度上是在中外相互交往中展示夏尊夷卑的虚荣，以维系帝国大皇帝作为"天下共主"④的尊崇地位。觐见礼仪则属于天朝礼制的最顶层，是该体制中的一个根本性的问题，也可以说是它维持夏尊夷卑的最后一道防线。自同治十二年（1873）第一次觐见之后，清政府逐渐改变传统的观念，尤经过中法战争，"表示得更为倾向于依从外交惯例"⑤。又经甲午战争的震击，清政府更加重视交际之道，光绪二十年十月在文华殿举行的觐见，被西方视为中西关系史上"一个新纪元"的标志，"是破天荒第一遭让君王神圣不可接近和不可仰望的信条（直到那天为止中国礼仪使它带上偶像崇拜的性质），被纯粹的外交仪式所代替"⑥。光绪二十四年，总理衙门奉旨参酌中西体制，制定款接外宾章程，"从优款待。"⑦ 清政府从以前坚执"中华之礼"到现在主动"从优款待"，在接受西方的交际之道方面，迈进了一大步。但是，西方各国仍不满意，认为没有完全按照西方的惯例，要求继续改革。借此机会，他们再一次迫使清政府让步，按照其意愿对觐见礼仪全面调整，且在《辛丑条约》及其附件中作明确规定。这一问题的最终解决，天朝体制所残存的体面和尊严基本上不复存在，从而为条约关系解开了最高层次交往的症结。

---

① 《商定使臣觐见礼节折》，光绪二十七年六月十一日，顾廷龙、戴逸主编：《李鸿章全集》第 16 册，第 314 页。

② 《辛丑各国和约》附件十九，光绪二十七年七月二十五日，王铁崖编：《中外旧约章汇编》第 1 册，第 1023—1024 页。

③ 《改革总理各国事务衙门和修改朝廷礼仪委员会的报告》，1901 年 3 月 29 日，天津社会科学院历史研究所编，刘心显、刘海岩译：《1901 年美国对华外交档案——有关义和团运动暨辛丑条约谈判的文件》，第 147 页。

④ 《高宗纯皇帝实录》卷 990，乾隆四十年九月乙卯，《清实录》第 21 册，中华书局，1986 年，第 224 页。

⑤ ［美］马士著、张汇文等合译：《中华帝国对外关系史》第 2 卷，第 460 页。

⑥ ［法］A. 施阿兰著，袁传璋、郑永慧译：《使华记（1893—1897）》，第 36 页。

⑦ 《总署奏遵议款接外宾参酌中西体制详定章程折》，光绪二十四年五月十三日奉旨，王彦威、王亮辑编，李育民等点校整理：《清季外交史料》第 5 册，第 2580—2581 页。

关于贸易关系的"改善"，规定："大清国国家允定将通商行船各条约内，诸国视为应行商改之处，及有关通商各事宜，均行议商，以期妥善简易"；并"约定中国国家应允襄办改善北河、黄浦两水路"①。该规定强行要求清政府按照它们的要求，立即修改商约，突破了期满修约的限定，为彼获得新的通商利益提供了依据。其后，英、美、日等国与清政府举行修约谈判，分别签订了通商行船续约。通过这些条约，列强在加税免厘、内港行轮，保护商标、版权和专利，增开口岸，以及要求中国改革币制，划一度量衡，改订矿务章程，承认华民购买他国公司股票为合法等等方面，与清政府达成协定，在通商航运和经营企业等方面，获得了更有利的条件，更完善和扩展了经济方面的条约关系。

上述种种内容，使得列强对中国行使"准统治权"的特权制度更为完备和严密②，恢复并扩展了陷入崩溃状态的中外条约关系。美国专使说，向中国提出的议和条件，是"恢复与该国的正常关系所必须的"。在他们看来，通常对中国政府施加压力的方法失去作用③，需要另辟蹊径，采取超常规的手段和举措。因此，《辛丑条约》将"惩前"与"毖后"相结合，采取了严厉的惩罚性措施，并增加新的条约特权予以进一步保障。"条款之酷，赔偿之巨，为亘古所未有。"④ "不但于过去帝国主义者加到中国的不平等条约作有力的保证，而且更进一步的与中国以严重的桎梏。"⑤ 可以说，"以前的条约，有了《辛丑条约》才有了保障；而且，《辛丑条约》以前，中国也还有些政治经济权利，归自己掌握，到了《辛丑条约》成立，便完全断送了"⑥。总之，《辛丑条约》及其附件，构筑了一个严密的网络，从政治、军事、外交、经济、思想等方面，全方位地巩固和强化了中外不平等的条约关系。

① 《辛丑各国和约》，光绪二十七年七月二十五日，王铁崖编：《中外旧约章汇编》第 1 册，第 1008 页。
② 参见李育民：《义和团运动与不平等条约》，苏位智、刘天路主编：《义和团运动 100 周年国际学术讨论会论文集》下册，山东大学出版社，2002 年，第 1042—1063 页。
③ 《窦纳乐爵士致索尔兹伯理侯爵电》，1900 年 6 月 6 日，胡滨译：《英国蓝皮书有关义和团运动资料选译》，第 27 页。
④ 陈夔龙：《梦焦亭杂记》，中国社会科学院近代史研究所《近代史资料》编辑组编：《义和团史料》上册，第 693 页。
⑤ 剑超：《从九七纪念谈到废除不平等条约》，《思想月刊》1928 年第 4 期。
⑥ 彭蠡：《九七纪念的由来》，《战士》1937 年第 17 期。

第四节　深远而又复杂的影响

从近代中外不平等条约关系的发展历程来看，《辛丑条约》及其附件的议定标志着不平等条约关系完全形成；它所构筑的严密的保障体系，不仅使得中外条约关系得以在不平等的轨道上继续运行，并进而趋向于超出条约范畴的畸态；而且，它在压抑中国的反抗意识的同时，又激励他们自强革新，从而在各方面直接或间接产生了深远而又复杂的影响。

自 1842 年《南京条约》签订以来，独立自主却又与世隔膜的中国开始沦为半殖民地，中外关系因为不平等条约关系的产生开始出现根本性的变化。之后，列强开始将一个个不平等条约强加给中国，在政治、经济、文化、军事等方面攫取了对中国行使"准统治权"的各种特权，在一定程度上取代中国的管辖权。第二次鸦片战争期间和之后，中外不平等条约关系基本形成。列强通过迫使清政府签订《天津条约》和《北京条约》，进一步充实不平等条约特权内容，并从扩展条约适用范围、迫使清政府守约等方面进一步改善了实施条约的各种条件，不平等条约已基本形成对中国形成"准统治权"的制度体系，中国完全被纳入资本主义的世界国家秩序之中，中国半殖民地半封建社会初步形成。甲午战争后和瓜分狂潮期间，通过迫签《马关条约》等一系列不平等条约，列强又进一步扩展了不平等条约的内容，中国国家主权遭到更严重的剥夺，国际地位一落千丈，传统的华夷秩序几乎荡然无存。《辛丑条约》及其附件使得中国"国权、兵权、政权、利权尽为所夺，一举而制中国之命"①。尤其是该约所规定的驻军和使馆区制度，严重损害了中国的主权，使得列强在一定程度上取代中国管辖权的基础上，进而发展为限制中国的自保权，将中国的心脏部位置于列强的直接军事控制之下。至此，不平等条约发展到它的高峰，其后，虽然有些调整、变化，但大的内容

---

① 《工部学习主事夏震武折》，光绪二十六年十一月十九日，故宫博物院明清档案部编：《义和团档案史料》下册，第 873 页。

和框架已完全确定，中外不平等条约关系完全形成，中国完全沦为半殖民地半封建社会，进入了"被制服的时期"。

《辛丑条约》签订后，列强大大发挥了体现其中的强权精神，甚至按照自己的需要曲解和滥用该约，将某些条款的应用外延到中国内政，大大扩展了损害中国主权的内涵。

政治方面，通过《辛丑条约》，列强在维护条约特权方面，加强了协调，从而更强化了对中国内政的干涉和控制。而北京公使团作用和地位的变化，突出地体现了这一点。自各国公使在 19 世纪 60 年代常驻北京之后，形成了一个共同与华交涉的外交团体，称为公使团或外交团。1900 年以前，公使团的地位和作用受到限制，尚未形成一股对中国政局产生极大影响的统一力量。在镇压义和团运动及其议和的过程中，出于对华军事和交涉的需要，各国共同商议对华方针，尤其是谈判条件，更加强了统一协调。《辛丑条约》签订后，公使团的组织和职能有了重要发展，成为列强扼制中国、维护条约关系的重要工具。

其一，公使团或外交团制度已趋于成熟。义和团运动期间，北京的各国公使便协商一致，采取共同的行动。如清政府的一道谕旨要求区别不同的社会组织，在公使团看来是"煽动性的"，因此举行会议决定提出抗议。抗议采取了共同照会的形式，指出"皇帝谕旨的含糊其词是不恰当的"，要求"再发一道明令查禁该两个会社全体成员活动的谕旨"[①]。《辛丑条约》订立后，公使团有了《辛丑条约》签订国的名目，在条约关系基础上的利益关系更为密切，其组织形态和运作方式更为完备，公使团或外交团这一概念也更为广泛地见诸媒介。在此之后，为处理《辛丑条约》谈判与监督问题，公使团会议还出现所谓的"领衔通告"。到民国时期，尤其是华盛顿会议之后，由于《九国公约》的签订，签约的英、美、法、意、日、荷、葡、比八国获得某种优势地位，有主导公使团的倾向。但由于《辛丑条约》在整个条约关系中具有重要地位，公使团并未舍此就彼，如后面所要谈到的，"《辛丑和约》关系国"仍是不可丢弃的名目。

---

① ［英］杨国伦著，刘存宽、张俊义译：《英国对华政策（1895—1902）》，第 112 页。

其二，公使团讨论、交涉的议题有极大的扩展，不仅仅是使馆区本身和有关中外关系的问题，而且还涉及中国内政。前者如使馆区安全和使团内部问题之处理，《辛丑条约》义务的履行，庚子赔款、关税存放、税务问题、外侨损害赔偿、军火贸易、会审公廨、法权交涉、处理德奥战俘敌侨与在华利益、关税和关余、关税会议、对华禁运军火、俄国使领待遇与馆产、各国驻京使馆升格案、沪案调查、青岛归还、法权与会审公廨、华盛顿会议各项议题，恢复德国使领待遇案，北方内战与京、津外人居住地安全，等等。后者如帝制、南北政权对峙、军阀混战、裁军减兵、庇护张勋案、南北议和、劝告中国停止内战、庇护安福系政客案、黎元洪总统就职案，等等①。这些说明，公使团的具体运作，从维护条约权利进而直接干涉中国内政。

其三，通过这一组织形式及其一系列活动，公使团已形成一股强大的力量，对中国政府产生了极大的压力。八国联军胁迫中国政府订立《辛丑条约》后，列强的驻京公使们组成公使团，为统一步调而举行公使团会议，协商对华方针，并常以所谓领衔公使代表各国对华交涉。通过公使团会议及其决议，列强结成了一个对付中国的国际联盟，共同压抑中国政府屈从它们的要求。"昔日列强之侵略中国，大抵各自为谋，立约营商，自致私利。"而自此之后，"列强由合力防卫，进而觉合力进攻之重要。于是使馆联成一气以谋我；有事共提要求，互分其利。凡所以侵剥中国，虽同时仍有强者占优之事实，而联合侵略已为常见之事例"②。而中国政府在其所谓"团结一致"面前，往往是噤若寒蝉，任其摆布。

显然，经过八国联军之役和《辛丑条约》，公使团得以恶性发展，成为列强制约中国的一种重要形式。在世界外交史上，列强在北京建立的公使团是一个奇特的组织，它没有任何条约依据和国际法依据，却凌驾于一个主权国家之上。其所作所为，突破了主权平等原则和国际法规范，充分体现了列强的强权政治。李大钊将其称为"太上政府"，说它用惯了"哀的美敦书"，"居然拿出命令的、自尊的、傲慢的口吻来，说什么'怪''不怪'"；"居然

---

① 参见黄文德：《北京外交团的发展及其以条约利益为主体的运作》，《历史研究》2005 年第 3 期。

② 叔谅：《九七国耻第二十四周年纪念》，《爱国青年》1925 年第 9 期。

干涉我们的言论自由，说什么'警告''取缔''限期答复'"①。"自有此约，北京使团俨然中国之太上政府，中国失去独立国家的实际。"② 也就是说，《辛丑条约》造就了公使团对中国的"太上皇"地位，使得列强势力渗入到中国内政，"确立于北京政治界"，而"中国的外交官吏仰承帝国主义的意旨，居然亦有左右北京政局的力量"③。而且，"公使团的范围，从来是没有限制过，自朝贺大典，至争夺利权，以及干涉中国内政，样样事都有权去做。毫无根据的公使团，居然有领袖公使，有使团会议，有使团决议，俨然成为一个专门侵略中国的国际联盟，真可算是空前绝后的恶例"④。

经济上，造成了国困民穷，列强进一步控制中国财政，严重摧残了中国国民经济的发展。总数近 10 亿两本息的巨额赔款，又兼银价猛跌，折算中又蒙受额外的损失，仅此中国便陷入了空前的财政危机。"大量资本的外流即使不致使中国的经济完全不能增长，也使它受到了抑制。"⑤ 列强为了从中国搜括到这笔巨款，要求将中国海关、常关、盐政各项进款担保，进一步控制了中国可靠财源。尤值得指出，巨额赔款造成了人民的极端贫困，又因此导致国内动乱。筹措巨款，必然设法巧取于民，而民穷必乱⑥。甚至《辛丑条约》尚未签字，清政府便开始筹措赔款。"赔款紧急，欲缓不能。诚恐各县捐输银两未能旦夕措办，缓不济急。于是谕州县官征收钱粮，上下忙兼征，勒限交纳。"与以往赔款不同，中国社会已深深感受到这一洋祸对百姓的影响，"洋夷扰害中国，从前尚未及于穷民。今则勒索赔款，害及闾阎"，以致"蚩蚩者氓，半为饥困，日不聊生"，"国乱民贫，莫甚于此时"。一位此时居乡的士大夫，"日闻闾左号寒啼饥者纷纷，而税敛之吏常自省来朘削民之脂膏，殆不堪其苦矣"。除了旧税之外，又增添各种名目的苛捐杂税，竭泽而渔，焚林而田。"小民困苦不能支，又加许多捐项，虽欲天下升平，

---

① 《太上政府》，1919 年 5 月 26 日，《李大钊全集》第 2 卷，人民出版社，2006 年，第 341 页。

② 《九七纪念敬告国人》，《政治生活》1924 年第 12 期。

③ 子毅：《辛丑条约对于中国的影响》，《向导》1925 年第 128 期。

④ 雪崖：《打破公使团的恶例》，《中央日报》1928 年 6 月 22 日。

⑤ 〔美〕费正清、刘广京编，中国社会科学院历史研究所编译室译：《剑桥中国晚清史》下卷，第 156 页。

⑥ 《工部学习主事夏震武折》，光绪二十六年十一月十九日，故宫博物院明清档案部编：《义和团档案史料》下册，第 871 页。

恐不可得矣。"① 据估计，条约签订后近 20 年，"彼等每岁吸收我国之金钱至十七万万，我国平民因之失业者每岁不下五千万人，奈之何不酿成近时之兵扰匪劫无已时也"②。

此外，《辛丑条约》关于重新修改商约的规定，完全否定了中国在修约中的平等地位，为列强牟取其他新的权益提供了空间。第十一款规定，"大清国国家允定"修改商约，并对修约权作了严苛的单方面限制，商约修改只能根据西方列强的需要进行，且与此相关的事宜均可"议商"，而中方无权提出自己的要求。这就使得中国在此后的商约交涉中处于非常不利的地位，即使提出自己的要求，也难以得到允准。而列强则是乘机强行将矿务章程的修订等问题纳入议题，获取更多的条约权益。关于商约交涉的相关种种，后文有详细论述，此处不赘。此后，又兼巨额赔款和片面协定关税等因素，中国的经济受到外国资本更严厉的制约，长期处于停滞不前甚至衰退的状态。

总之，通过《辛丑条约》，"凡有不利洋夷之政治，悉令变移"③。中国"已经达到了一个国家地位非常低落的阶段，低到只是保持了独立主权国家的极少的属性的地步"④。荣禄看到《议和大纲》十二条时，不胜悲哀，谓："十二条大纲固无必不能行之事，然按条细绎，则将来中国财力兵力恐为彼族占尽，中国成一不能行动之大痨病鬼而后已。"⑤ 正是《辛丑条约》巩固和强化了不平等的条约关系，中国被列强紧紧缚住了手脚，任其吸吮身上的精血，成了这样一个"不能行动之大痨病鬼"。而帝国主义列强，"可就得其所哉，大显身手，用了这一只蜘网式的链销，将这和平的儿缚着，奠百年宰割之基！"⑥ 列强"假政治的手段，操纵中国政府，军阀为他们作傀儡走狗。假经济

① 刘大鹏：《退想斋日记》，中国社会科学院近代史研究所《近代史资料》编辑组编：《义和团史料》下册，第 800、812、825—826 页。

② 《阳信县志》，中国社会科学院近代史研究所《近代史资料》编辑组编：《义和团史料》下册，第 1034 页。

③ 刘大鹏：《退想斋日记》，中国社会科学院近代史研究所《近代史资料》编辑组编：《义和团史料》下册，第 803 页。

④ ［美］马士著、张汇文等合译：《中华帝国对外关系史》第 3 卷，第 395 页。

⑤ 《荣禄致奎俊书》，光绪二十六年十一月，北京大学历史系中国近现代史教研室编：《义和团运动史料丛编》第 1 辑，第 142 页。

⑥ 慰：《辱国殃民之辛丑和约》，《向导》1924 年第 81 期。

力量，使中国农业手工业破产，许多人沦于无产阶级而处于他们铁蹄之下。《辛丑条约》，最足以表现列强联合压迫中国使中国变为殖民地而丧失主权"①。

以上所述，均系有形的损害，《辛丑条约》对中国还产生了一种无形的，也更为令人痛心的影响，这就是在相当程度上摧抑了中国的反抗精神。条约签订之后，很快就产生了这一效应。签订该约的李鸿章等，当时便警诫清廷，"坚持定见，外修和好"，"若再好勇斗狠，必有性命之忧"②。各级官吏无不心怀恐惧。该约使得中国之权操之洋人，"渐成洋世界"，列强"肆虐我邦无忌惮"。而"大小各官不顾国体，一听洋夷指挥"，甚至"畏夷如畏虎"，"不敢拂其心思"。民众忍气吞声，而依附于外国势力的教民更加肆无忌惮，甚至将人殴伤毙命，受害者亲属不敢报官，隐忍而已③。虽然反抗斗争仍然不断，但总体来看趋于消沉。该约签订二十余年后，废约反帝运动勃兴，人们检讨自《辛丑条约》以来的心理变迁，更深刻地感受到这一重要变化。"自 1516 年到辛丑条约止，我们看，有多少仇外的事迹，我们便知道了人民爱国的态度了！"而该约订立之后，"使中国人民心理改变，由仇外变为媚外，由反抗变为贴伏"④。

这一反抗精神的消沉，在某种程度上是由于中国自身产生了自责意识。清政府求和之时，自知攻打使馆的谬误，但归咎于义和团和所谓"祸首"。清廷在上谕中表示悔恨，谓："至今痛心疾首，悲愤交深"。但又撇清自己，称"拳匪肇祸，实由祸首激迫而成，决非朝廷本意，朕惩办祸首诸人，并无轻纵，即天下臣民，亦晓然于此案之关系重大"⑤。当时包括孙中山在内的资产阶级人士，对义和团的粗暴方式颇多批评。如孙中山在肯定其"视死如归""敢死之气"的同时，认为彼有"排外之心而出狂妄之举"⑥，"野蛮暴

---

① 世兴：《"九七运动"与"五卅运动"之比较并帝国主义的内幕》，《共进》1925 年第 89 期。

② 《和议会同画押折》，光绪二十七年八月初十日，顾廷龙、戴逸主编：《李鸿章全集》第 16 册，第 327 页。

③ 刘大鹏：《退想斋日记》，中国社会科学院近代史研究所《近代史资料》编辑组：《义和团史料》下册，第 807、815、813、818 页。

④ 世兴：《"九七运动"与"五卅运动"之比较并帝国主义的内幕》，《共进》1925 年第 89 期。

⑤ 《辛丑各国和约》附件四，光绪二十七年七月二十五日，王铁崖编：《中外旧约章汇编》第 1 册，第 1010 页。

⑥ 《支那保全分割合论》，1903 年 9 月 21 日，广东省社会科学院历史研究室等合编：《孙中山全集》第 1 卷，中华书局，1981 年，第 223 页。

乱，为千古所未闻"①。即使是到了 20 世纪 20 年代，一些进步或革命人士在肯定义和团的民族精神的同时，仍认为这种行为不当，《爱国青年》载文谓："义和团之练拳以御枪炮，其不能幸胜甚明；寰海大通，外人之不能尽逐又甚明。刘、张等有鉴于此而拒诏不附从，吾人因当佩服其有识。然彼等即知清廷纵容义和团之为悖谬，而处官又为兵多望重之职；袁世凯抚鲁，又遥为呼应。则彼等正当于乱事之始，深省国民付托之重，互相联合，率师入京，以纠正义和团之行动。"② 该文肯定刘坤一、张之洞抵制镇压义和团的政策，甚至指责他们没有出兵"纠正"义和团之错误。武力胁迫下订立的《辛丑条约》，对中国种种"责罚"，更强化了这种自责，"人民对外自断为有罪"③。中国的败弱和自我反思，与列强强盛和优胜者的形象相对照，极大地损害了中国人的自信和自尊，其态度也转向自卑和惶恐。

更主要的原因，是八国联军的枪炮和《辛丑条约》的抑制，导致了懦弱心理的形成。从前者来看，"人民受摧残太甚，而抵抗外人之勇气因之消沉，变排外为媚外"④。"自此役失败以后，吾国民并仅存之自卫之勇，亦遂丧失净尽。义和团之手段虽大有可议，然其因侵迫激为抗争，固自以一腔勇气，无坚不摧。此种自信之勇，要为民族争存之要素"。可惜的是，义和团之败，"遂使后之人引以为戒"。又因"国民固有怯懦和平之天性相乘相益，厥成今日奄奄不振之风"。乃至"乡村勇于私斗者，言外人则谈虎色变，中心更无丝毫之勇气；城市巧黠谋利，更复无论。于是尽世界空前之侮虐，亦得平心忍受之"。此种情况，"固辛丑以前未有且以为不应有者，而今之自名有远职者所视为常轨也"⑤。从后者而言，由于该约使中国"完全陷于国际帝国主义者的掌握中"，中国的民众"不但在物质上成了无抵抗的政治的经济的奴隶，而且在精神上形成中国十余年民族革命精神的消沉，中国的人民到处表现对洋大人'畏敬''屈服'的态度，不敢对帝国主

---

① 《论惧革命召瓜分者乃不识时务者也》，1908 年 9 月 12 日，广东省社会科学院历史研究室等合编：《孙中山全集》第 1 卷，第 382 页。
② 叔谅：《九七国耻第二十四周纪念》，《爱国青年》1925 年第 9 期。
③ 《九七纪念敬告国人》，《政治生活》1924 年第 12 期。
④ 《阳信县志》，中国社会科学院近代史研究所《近代史资料》编辑组编：《义和团史料》下册，第 1033 页。
⑤ 叔谅：《九七国耻第二十四周纪念》，《爱国青年》1925 年第 9 期。

义者要求独立平等的权利"①。中国政府为履行条约，"对于仇外人的痛剿，排外禁条之实施，使人民反抗帝国主义的心理，减至零度"。同时，"帝国主义者更得势澎涨起来，假宣教与教育的手段，网罗中国教民和青年，使之俯首帖耳于他们哼哈之下"②。因此，他们呼吁，"恢复吾民族正当自卫之勇气，打破怯懦不振之痼习"③。

中共早期领导人对这一现象也有深刻的揭示。瞿秋白认为，在此之后，"帝国主义者丝毫不用费力，便在思想上征服了中国"。帝国主义者则"教训中国人应当怎样服从外国人，怎样遵守所谓'国际公法'，怎样尊重外人的生命财产"，等等，而"中国人都伏伏贴贴的遵从"。政治上、舆论上和社会上，"无不以外人的一言为重"。直到辛亥革命，"各派政党都争以保护外人生命财产为荣"，"求外人承认他是'适当的''驯伏的'代理外人管理中国的统治者"。这种心理和"舆论"，"做了好几十年来帝国主义侵略中国的工具"，而"反帝国主义运动便消沉了不少"④。恽代英更进一步认为，《辛丑条约》"更大的恶影响，便是帝国主义者加于中国精神上的打击"。该约种种惩罚性规定，"深深印入每一个中国人的心中，这是加于中国民族如何痛楚的鞭挞啊！"中国人民"经过这些从来未有的重大打击，几乎没有一个人敢于不承认帝国主义的虎威了！"该约签订 25 年来，政局屡变，人民的思想也几经更新，"然而没有一个人敢不对于帝国主义表示虔畏恐怖，没有一个人不对于他的周围的人宣传帝国主义之不可以反抗的各种道理"。在这二十余年，"全中国真个是父诏其子，兄诏其弟，互相勖勉永世为帝国主义的不侵不叛之臣！"在精神方面"不敢对帝国主义国家要求独立平等的权利"。此种境况，不禁令人为之羞愧和痛心，"丑啊！痛啊！"他得出结论，"自从有了《辛丑条约》，中国人几乎完全失了民族独立的意识，没有人做梦还想到要申诉庚子赔款的残酷与其他一切约束限制的蛮横无理，没有人做梦还想到可以撕毁《辛丑条约》与一切不平等条约"。因此，"《辛丑条约》是比中日'二

① 剑超：《从九七纪念谈到废除不平等条约》，《思想月刊》1928 年第 4 期。
② 世兴：《"九七运动"与"五卅运动"之比较并帝国主义的内幕》，《共进》1925 年第 89 期。
③ 叔谅：《九七耻第二十四周纪念》，《爱国青年》1925 年第 9 期。
④ 秋白：《义和团运动之意义与五卅运动之前途》，《向导》1925 年第 128 期。

十一条'条约更大的国耻"①。

以上说明,《辛丑条约》产生了极其严重的后果和恶劣影响。这些后果和影响,主要源于该约为保障不平等条约按照列强的意志运转所作的设计,并更昭显了该约在整个条约体系中的枢要地位。正由于该约所具有的这一重要地位,被认为是"集不平等条约之大成"②,"束缚中国的不平等条约的总体",而"我们中国人的卖身契,最痛心的,要算是辛丑条约这一张"③,是"不平等条约之最厉害者",等等。不过,列强最终不能达到预想的目的,中国反抗精神的消沉只是一时的,如曾任美国国务卿及清政府议和顾问的科士达所言:"《辛丑和约》加在中国身上的条件似乎足以防止将来再发生任何广泛的排外起事。但是对外国人的仇恨仍然遍及于全中国,而列强的勒夺精神,在条约中所作出的一项规定,又很可能继续成为使中国人愤怒的源泉,很可能煽起不满的火焰。"④

另一方面,由于《辛丑条约》给中国带来的巨大震击,该约客观上又刺激中国产生了某些有助于主动走向近代和世界的积极影响;而且,在一时的消沉之后,中国出现了更大规模更高层次的反对不平等条约的近代民族运动。如赫德所言,"今天的这一事件不是没有意义的,它是一个要发生变革的世纪的序幕,是远东未来历史的基调:2000 年的中国将大大不同于 1900 年的中国"⑤。

就清政府而言,八国联军之役与《辛丑条约》损害国家主权的严酷现实,促使不少官吏重新探究了外交屡屡失败的原因,对条约关系和国际法及其近代国际交往规则和模式有了新的思考,产生了新的认识。山东巡抚杨士骧认为传统的羁縻之道是外交失败的重要原因,谓:"古今天下之趋势何归乎?一归于法治而已矣。""吾国开关之始,士大夫狃于闻见,其视梯航而至

---

① 子毅:《辛丑条约对于中国的影响》,《向导》1925 年第 128 期。
② 王芸生编著:《六十年来中国与日本》第 4 卷,第 34 页。
③ 彭龑:《九七纪念的由来》,《战士》1937 年第 17 期。
④ [美] 科士达:《美国在东方的外交》,吕浦、张振鹍等编译:《"黄祸论"历史资料选辑》,中国社会科学出版社,1979 年,第 201 页。
⑤ 《北京使馆——一次全国性的暴动和国际事件》,1900 年 8 月,[英] 赫德著、叶凤美译:《这些从秦国来——中国问题论集》,第 31 页。

者，莫非纳款贡献之列，交接之仪辄不屑以平等相待。外人以公法为辞，谢不肯应，其后屡经惩艾，不得已曲徇其请，割弃利益，欲返求公法以自全而已，无及矣。故国际共享之利，我独屏不得与，而中外交涉之历史，大抵失败之迹焉。"现在看到条约之弊而"肆其讥议"，只是"事后之智"。当初"果能从容擘画，参稽得失，使厘然各当，远胜于今所为邪"？有志之士"欲究明中外之势，以裨补国家者，其为术固自有在，毋徒訾议旧约为也"。他提出，要如日本一样"壹意维新""修政经武"，对条约须"谨而持之，以谋其便，化而裁之，以会其通，异日国运之振兴，必有赖于是者"①。驻美公使张荫棠也批评传统的驭夷之道，谓：中国"闭关日久，士大夫多昧于五洲大势，遇事习为虚憍"。他认为，清政府外交失败，列强之"威胁强逼、智算术取者半"，当局"不解国际法律自误者亦半"，对外之方，"其要在于勿忽略国际公法，勿放失土地主权，勿懵昧于列国情势而已"②。北洋大臣袁世凯在其所组织纂辑的《约章成案汇览》序中说："凡一国之法律，必有立法者以裁制之，惟国与国交际之法律，则无人能擅立法之权，故居今日国际法之主位者，莫如条约。""而吾士大夫鲜所究心，其何以惩前毖后乎？"他提出，"方今环球大通，世变日亟，诘戎练武之实与讲信修睦之文，二者相为表里。前车已逝，来轸方遒，杜渐防微，阳开阴阖，讵复有常辙之可循"③。上述说明，通过深切的教训，清帝国的大吏们看到了清政府昧于世界大势而造成的种种失误，认识到条约和国际法的严肃性及其在国际关系中的发展趋向。这些认识，虽然使得他们更加信守压迫中国的不平等条约，并因此从排外走向了惧外和媚外；但另一方面，又反映清政府对近代国际交往规则和模式有了更深入的了解，并从这一角度认同和接受条约关系，这又有助于中国从积极的方面改变这一不平等的关系。

新的认识推动了清政府进行深层次的改革，即在制度上大刀阔斧地进行

① 《约章成案汇览序·杨士骧序》，北洋洋务局纂辑：《约章成案汇览》甲篇卷1，上海点石斋，1905年，第1—2页。
② 《使美张荫棠奏敬陈外交事宜并请开缺简授贤能折》，宣统三年九月初四日，王彦威、王亮辑编，李育民等点校整理：《清季外交史料》第9册，第4575页。
③ 《约章成案汇览序·袁世凯序》，北洋洋务局纂辑：《约章成案汇览》甲篇卷1，第1页。

具有"欧化"性质的改革，为此进行了前所未有的新政和仿行宪政。光绪皇帝和西太后尚在西安，清廷便下诏维新，提出学西学之本源，取外国之长，去中国之短，还要"浑融中外之迹"，举凡朝章国政等等，进行全面改革①。荣禄拟复日本同文会党首领近卫笃磨的函中谓："敝国蒿目时艰，取鉴不远，惩前毖后，君臣上下，皆欲振厉自强，扫更积习。"②尤值得一提的是，还在议和之时，他们便已开始利用列强的压力进行革新。在这方面，最为典型的便是外交机构的改革。当列强提出必须革新总理衙门的要求时，李鸿章、奕劻等人积极响应，推动清廷降旨，将总理衙门改为外务部，班列六部之首，并给予各种优待。③ 这一改革，有助于改变总理衙门的弊端，推进中国外交制度的近代化发展。后文对此有专门论述，此处不赘。

民众的反帝斗争更趋向理性，国际法得到更充分的关注和重视，盲目排外的粗糙方式逐渐淡出。自《辛丑条约》以后，由于"中国人民的智识渐渐开了，渐渐知道了国际的友谊，渐渐知道了外交的方法，渐渐知道了粗野愚蠢的死斗必不足以胜人"，再也没有"排外的举动"和"仇外的表示"④。20世纪初年的收回利权运动、抵制美货运动等废约反帝斗争逐渐克服了义和团运动的落后性，在形式上代之理性平和的抗争，在内容上更是明确提出了废弃不平等约章、维护国家主权的具体目标。而且，形成了国民外交与政府交涉融合的新态势，并在某种程度上改进和减轻了条约关系中的不平等内容，这也成为中外条约关系发展中前所未有的新现象。关于民众运动与条约关系的发展，后文详述，这里不赘。

在整个条约体系中，《辛丑条约》以其所处的特殊地位，以其对中国所造成的巨大危害，理所当然地被作为废约斗争的最重要目标之一。义和团的斗争精神，也成为"中国国民革命史上悲壮淋漓可歌可泣的遗产"⑤。自20

---

① 《谕》，光绪二十六年十二月丁未，朱寿朋编、张静庐等校点：《光绪朝东华录》第4册，总第4601—4602页。

② 《拟复近卫笃磨札》，杜春和等编：《荣禄存札》，第391页。

③ 《辛丑各国和约》附件十八，光绪二十九年七月二十五日，王铁崖编：《中外旧约章汇编》第1册，第1023页。

④ 伏园：《根本取消辛丑条约》，《京报副刊》1926年3月20日。

⑤ 和森：《义和团与国民革命》，《向导》1924年第81期。

世纪 20 年代始，中国兴起废约反帝的民族主义运动，这一精神得以充分阐扬，而废除《辛丑条约》为代表的一切不平等条约更是成为这场运动的主要斗争目标。再到 1943 年，美、英与中国签订新约，放弃在华条约特权，均明确宣布取消《辛丑条约》，终止该约给予美、英的一切权利[①]。在各个具体的条约中，唯有《辛丑条约》被明确宣布整体废除，足以说明该约在不平等条约体系中的独特地位。

《辛丑条约》的这一独特地位，说明列强在中外条约关系的白热化冲突中，变本加厉地推行强权政治，实行殖民掠夺政策，用强力压迫中国屈从于这一不平等的关系。赫德当时期待，"给中国加上作为和平的种种条件，而这些条件必须是可行的也是公正的"，"并为将来播下良好关系的种子"[②]，"使对外交往在将来变得既受欢迎又有益"[③]。曾担任上海海关税务司的贺璧理致函美国务卿海·约翰，亦谓："如果外国期望中国的困难获得永久的解决，从而消除中国与西方国家之间冲突的因素并增进同情和往来，各国必须放弃以往采取的政策——只顾它们本身的利益而提出条件，名义上通过谈判，实际以命令的方式强迫中国接受，这必然不会考虑那些规定将给中国带来什么影响。"[④] 他主张将各国对中国的赔款要求，限制在适度和可行的范围以内[⑤]。然而，列强却反其道而行之，不仅没有放弃以往的政策，反而有过之而无不及。各国在此问题上的态度虽有差异，但维护不平等的条约关系则是其一致立场，也正惟此，列强协商共谋，共同打造了空前严苛的《辛丑条约》。由于列强的这一立场，中国的国际地位由此一落千丈，完全沦为屈辱的半殖民地国家，而本来就处于紧张状态的中外关系也失去了改善缓和的契机。

---

① 《关于取消美国在华治外法权及处理有关问题之条约》《关于取消英国在华治外法权及其有关特权条约》，1943 年 1 月 11 日，王铁崖：《中外旧约章汇编》第 3 册，生活·读书·新知三联书店，1962 年，第 1256、1264 页。

② 《中国与重建》，1900 年 11 月，[英] 赫德著、叶凤美译：《这些从秦国来——中国问题论集》，第 63、71 页。

③ 《义和团，1900》，1900 年 12 月，[英] 赫德著、叶凤美译：《这些从秦国来——中国问题论集》，第 102 页。

④ 《贺璧理致海函》，1901 年 1 月 3 日，天津社会科学院历史研究所编，刘心显、刘海岩译：《1901 年美国对华外交档案——有关义和团运动暨辛丑条约谈判的文件》，第 287 页。

⑤ 《贺璧理致海函》，1900 年 11 月 23 日，天津社会科学院历史研究所编，刘心显、刘海岩译：《1901 年美国对华外交档案——有关义和团运动暨辛丑条约谈判的文件》，第 283 页。

第四章　商约修订与条约关系的变化

　　《辛丑条约》的议定并不意味着中外议约较量的结束。实际上，从某种意义上说，它正是新角逐的开端。因为该条约第十一款作了中外修改商约的规定，而这直接带来了中外条约关系的新变化。中外有关修约的筹划在和约议定期间既已开始酝酿，并奠定了清末商约修订的基本格局。从 1902 年起至 1906 年止，清政府先后和英、美、日、葡、德、意六国进行了长期、艰苦的修约谈判，最终陆续签订一些新的通商行船条约。另外清政府还与瑞典在 1908 年间进行了商约谈判，并订立条约①。清末修订商约的交涉，规模之大、议约范围之广及持续时间之长都是前所未有的。所修订的商约内容仍属于不平等的条约，通过条约的修订，列强在通商航运和经营企业等方面，获得了更为有利的条件，更完善和扩展了经济及其他相关方面的条约关系。同时，相较以前的商约交涉，清末中国政府的国权意识明显增强，并且在加税、废除治外法权、限制传教、禁止吗啡鸦（即吗啡）等方面特别提出自己

---

① 葡萄牙和瑞典两国并非《辛丑条约》签字国，但是中葡、中瑞商约谈判与清末中英、中美等国间的商约交涉存在密切联系，因此学术界一般也将其并入清末商约修订的范畴之内。

的要求，并取得一些有利于中国的成果。

第一节　商约修订概况

一、　商约修订前的中外格局

清末中外修订商约，直接缘于《辛丑条约》的相关规定，而相关筹划在和约议定期间既已开始酝酿，并奠定清末商约修订的基本格局。

清末商约修订直接缘于《辛丑条约》的规定，它属于战败之下的议约范畴，带有媾和条约的性质，因此从一开始便具有强权和不平等这一近代中外不平等条约关系的本质特征。而且，此次修约，在所援条约文本上便明确了列强在其中的主导地位，置中国于完全不平等的位置，这是以往条约议定中没有的现象，这也从另一个方面反映了世纪之交条约关系的极度畸形发展。例如，最早规定了修约条款的《望厦条约》虽然是强权产物，但是相关条款至少在条约明面上有"两国派员公平酌办"之词①。而在规定修订商约的《辛丑条约》第十一款中，则是指出："大清国国家允定，将通商行船各条约内，诸国视为应行商改之处及有关通商各事宜，均行议商，以期妥善简易。"② 按照该条款规定列强获得了完全的修约主导权。一方面，该条款规定给予列强单方面的修约权。英国代表马凯（James Mackay）曾直言不讳地说："现在双方并不是在对等的地位上进行谈判，和约内已经规定了准许中国议和的条件，中国只能谈判各国认为必需改善的商务问题，而各国并没有答应中国互相修约的义务。"中方提出，英方"必定愿意考虑中国方面为了能使将来彼此的关系更满意而提出的建议"，但是不能承认"有对于任何条款须以英国方面给予交换条件才能同意的权利"③。即使如此，英方在交涉中

---

① 《五口贸易章程：海关税则》，道光二十四年五月十八日，王铁崖编：《中外旧约章汇编》第 1 册，第 56 页。

② 《辛丑各国和约》，光绪二十七年七月二十五日，王铁崖编：《中外旧约章汇编》第 1 册，第 1007 页。

③ 《1902 年 2 月 4 日戴乐尔致赫德呈文第 1392 号及第七次会议记录》，中国近代经济史资料丛刊编辑委员会主编、中华人民共和国海关总署研究室译：《辛丑和约订立以后的商约谈判》，中华书局，1994 年，第 35 页。

却一再强调这种片面的权利，当商讨中方提出的条款时，马凯特别指出：中国没有权利对现行条约的修正，只是"作为议和的一部分代价，承担谈判各外国政府认为通商航海条约中应当修正的各点"。尽管他曾经表示愿意接受中国所提出的任何议案，但这些议案并不在《辛丑条约》的规定以内，也不在他所收到的训令范围以内，因此他不能对这些条款作出任何决定①。由于列强的这一态度，中国即使提出自己的要求，也难以得到允准。另一方面，条款规定还方便列强借口扩大修订范围。在交涉过程中，它们强行将属于中国内政的矿章修改等问题纳入议题，以获取更多的条约权益。外人在中国内港航行，亦成了一项条约权利，并不断扩大。诸如此类，给列强进一步控制中国的各经济领域，打开了方便之门。

商约修订时间和方式的确定，进一步影响到此次中外条约交涉的格局。在庚辛议和交涉期间，列强考虑到商约修订的复杂性，曾同意待和约商定后再谈判商约，且由各国与中国单独商议。之后，虽有美国主张先合议基本原则，但在英国的坚持下，还是采用各国单议，且先由中国与英国先行议约供他国参考的方式②。这也就意味着，此次商约修订虽仍属于战败之下的议约范畴，但不再有公使团的集体组织，而且还是在和局已成的情况下展开的。这样一种时间和方式也是中国乐意看到的。早在 1900 年交涉停战议和时，李鸿章就曾试图采取分别谈判突破的策略，只是为列强所拒。在接到《议和大纲》之初，清政府内部，以后来的商约大臣盛宣怀为代表，就不赞成马上修订商约。他在 1900 年 12 月 27 日致奕劻、李鸿章的电文中指出："大约除加税外，中国必损多益少"，故议约"愈缓愈好，似宜作为善后，缓至约成以后，从容商酌，或可减免亏损"③。当然，此次修约交涉虽是与各国单独展开，但列强在华商业利益既有共同之处，因此在修订过程中各国往往相互联动和比较，故此次商约的议定依然没有改变列强协以谋我的格局，甚至时而

---

① 《1902 年 5 月 29 日戴乐尔致赫德呈文第 1430 号及第十九次会议记录》，中国近代经济史资料丛刊编辑委员会主编、中华人民共和国海关总署研究室编译：《辛丑和约订立以后的商约谈判》，第 51—52 页。

② 参见李永胜：《清末中外修订商约交涉研究》，南开大学出版社，2005 年，第 10—11 页。

③ 《盛宣怀致奕劻、李鸿章电》，光绪二十六年十一月初六日，王尔敏、陈善伟编：《清末议订中外商约交涉——盛宣怀往来函电稿》，香港中文大学出版社，1993 年，第 18—19 页。

因列强相互比争而变得十分棘手。正如商约大臣吕海寰所说，整个交涉的格局是"一国未定，一国又来，各占利益，协以谋我"，以至中方"操纵因应，其慎其难"①。

二、 商约修订前中国的准备

清政府对于此次商约修订虽然一开始是被迫无奈，但却又十分重视，并表现出积极应对甚至后来主动要求各国修约的态度，这也成为清末商约议定中不可忽略的一个因素。

清政府在商约修订上积极应对，一个重要的缘由是其试图借商约交涉争利维权，尤其是在加税一事上有着迫切的需求。在议定赔款财源的过程中，中方便提出"商请加税展限"的要求②。英、美等国也有意将赔款问题与通商问题的改善捆绑在一起解决，交涉期间中外达成将来必改税章和裁厘加税的初步共识③。最终经过一番争议，与赔款相关的加税调整要求被写入《辛丑条约》。条约第六款提到，为保证赔款财源，"进口货税增至切实值百抽五"，且"所有向例进口免税各货，除外国运来之米及各杂色粮面并金银各钱外，均应列入切实值百抽五货内"，增税一层，俟该条款画押日起，两个月后，即行开办④。这样，《辛丑条约》的上述相关规定虽让中国在商约交涉中处于不利位置，但在外国的军事威胁减轻，且中方提出的加税要求已被写入条约的条件下，中国在这场交涉中尚有斡旋余地。事实上裁厘加税后来更是成为商约交涉中的核心内容，是中外双方都试图有所推进，却又激烈交锋的焦点问题，而中国更将加税视为商约交涉的"主脑"⑤。而且，为实现普遍的加税，清政府在商约中越发变被动为主动，甚至督促各国前来议定商约。

另外，清政府相关人士对商约修订在世纪之交条约关系发展中的位置有

---

① 《吕海寰札》，杜春和等编：《荣禄存札》，第 31 页。
② 《奕劻致荣禄赔款议加税抵补并公约已有端倪电》，光绪二十七年三月初五日，王彦威、王亮辑编，李育民等点校整理：《清季外交史料》第 9 册，第 4842 页。
③ 《奕劻李鸿章致枢垣各使云赔款须筹现银即可办撤兵电》，光绪二十七年三月十五日，王彦威、王亮辑编，李育民等点校整理：《清季外交史料》第 9 册，第 4855 页。
④ 《辛丑各国和约》，光绪二十七年七月二十五日，王铁崖编：《中外旧约章汇编》第 1 册，第 1006 页。
⑤ 《吕海寰袁世凯张之洞伍廷芳盛宣怀奏美国商约定议遵旨画押折》，光绪二十九年十一月十六日，王彦威、王亮辑编，李育民等点校整理：《清季外交史料》第 7 册，第 3299 页。

着明确的认识，这也推动其在商约修订上积极地采取"补偏救弊，取益防损"的方针。奕劻、李鸿章从一开始则是将商约的修订放到与《辛丑条约》并列，甚至更要讲求交涉的位置。1900 年 12 月 26 日，也即收到《议和大纲》的第三天，两位全权大臣便上奏指出："臣等此次奉命议和，应分两端：一为各国重联旧好之总约，一为各国通商善后之分约。总约，仅止商结目前战事，提纲挈领，条款无多。分约，则通商权税之数，往来交涉之繁，条分件系，纤悉毕载，稍或疏漏，日后辄烦辩论。且总约既定以后，应如何补偏救弊，取益防损，悉惟分约是赖，尤不得不先事绸缪，以期周密"，而且，"现在局势虽与从前不同，然商约既须更定，则争得一分，国帑即受一分之益"①。也就是说，《辛丑条约》属于"总约"，重在商结目前战事，提纲挈领地确立战后和好关系的基本原则，商约则是属于"分约"，重在就通商权税、往来交涉等各方面作出详细规定，这也是取益防损之关键。中国批准《议和大纲》后，当时国内有人提出向外国交涉免改商约之议，刘坤一、张之洞、盛宣怀等人对此表示了反对态度。1901 年 1 月 20 日，他们联名致电总理衙门，称：《议和大纲》中国已经照允画押，此时若不愿修改，"各国将疑我反覆，各款均不足信，于和局且有妨碍"，"惟有商酌细目时，视彼要索何款，相机抵制，设法坚持，总以勿碍我商民生计，勿侵我自主之权利为主"。而且，他们还提出"和局大定之后，即行宣示整顿内政切实办法，使各国咸知我有发愤自强之望、力除积弊之心，则筹议修约时尚可容我置词，不致一味听人指挥，受人侵削"。刘坤一、张之洞还拟即札饬各关道并分咨转饬各省关道，"将关系通商行船各事宜，各具说帖，以备参酌"，盛宣怀亦饬"各商局预筹利弊，届时以便随同商酌"②。在中英修约交涉之初，中方就平等提出修改条款的权利与英方展开辩论，最后英方同意除已经议定者外，中方可适当提出交涉条款。盛宣怀等人等基本想法是"无论允与不允，亦作为曾经讨

───────────

① 《全权大臣奕劻等折》，光绪二十六年十一月初五日，故宫博物院明清档案部编：《义和团档案史料》下册，第 848 页。

② 《刘坤一张之洞盛宣怀致总署通商行船事应详思力筹拟具说帖以备修约电》，光绪二十六年十二月初一日，王彦威、王亮辑编，李育民等点校整理：《清季外交史料》第 6 册，第 2775 页。

议，立为案据，有益无损"①。因此，商约交涉期间，虽然明知对方很难支持，中方仍征询多方意见，积极提议。可以说，这样一种抗争精神，这样广泛的觉悟和参与是前所未有的。

因此，清政府不仅设置了一些专门负责交涉的办理商约大臣，而且还任命了一批位高权重，并在洋务事业和商约议订方面颇有经验的官员，组成了强大的谈判团体。收到《议和大纲》后，全权大臣特请调对商税事宜讲求有素，且熟悉条约交涉尤其是商税交涉的盛宣怀和徐寿朋来京参与议订商约②。1901 年 1 月 5 日，清廷任命盛宣怀等人为会办商务大臣。1901 年 10 月 1 日清政府发布上谕，"着派盛宣怀为办理商税事务大臣，议办通商行船各条约，及改定进口税则一切事宜，并着就近会商刘坤一、张之洞妥为定议"③。1902 年 2 月 23 日，清政府又谕令增派吕海寰为商约大臣，"会同盛宣怀悉心筹议，随时具奏"④。后来，清政府又不断增加人手，熟悉外交事务的袁世凯、伍廷芳、李经方等人都受命参加了商约修订交涉。在修约交涉中，商约大臣们很注意对国际条约的研究，具有初步的国家主权观念，对内政问题有着清楚的认识。1902 年 2 月，吕海寰将自己从国外购得的各国条约咨送外务部，以期谈判时可以援用。张之洞也搜集翻译了各国矿务章程，便于参酌比较。这些对中方的谈判产生了积极的影响。另外，清政府还大规模地聘用了海关税务司的一些外籍雇员，主要有英籍总税务司赫德、副总税务司裴式楷、江汉关税务司贺璧理、造册处税务司戴乐尔、德籍税务司赫美玲和意籍税务司卢嘉德等人。这些人在双方代表间往来奔波，或向中方提出条陈，或充当调解人，扮演着"两栖人"的角色。其中，赫德虽然没有直接参与谈判，但在场外发挥着重要作用。贺璧理、裴式楷等人则是直接参与谈判交涉。赫美玲、卢嘉德则分别担任中德议约、中意议约的翻

① 《盛宣怀致外务部、江督署、鄂督署电》，光绪二十八年正月初四日，王尔敏、陈善伟编：《清末议订中外商约交涉——盛宣怀往来函电稿》，第 52 页。

② 《全权大臣奕劻等折》，光绪二十六年十一月初五日，故宫博物院明清档案部编：《义和团档案史料》下册，第 848 页。

③ 《德宗景皇帝实录》卷 486，光绪二十七年八月壬子，《清实录》第 58 册，中华书局，1987 年，第 429 页。

④ 《商约大臣吕海寰奏奉旨会议商约谢恩折》，光绪二十八年二月初三日，王彦威、王亮辑编，李育民等点校整理：《清季外交史料》第 6 册，第 2892 页。

译，还充当着谈判双方的调解人。作为清政府任命的职员，税务司在清末中外修订商约中所起的积极作用是毋庸置疑的，他们的工作也得到了商约大臣的肯定和称赞。但他们毕竟是外国人，他们既不可能提出有损其所在国利益的建议，又要尽力维护其既得的条约权益，甚至有时会以牺牲中国的权益来换取谈判桌上的妥协。也正是因为如此，清政府对他们的意见并不是完全的接受或采纳，在一些关键性问题上，特别是在涉及海关本身的时候，也是采取不让税务司知道或参与的态度。

三、　中外修订商约交涉进程

1902—1908 年，中国先后与英、美、日、葡、德、意、瑞七国分别进行了修约谈判，规模之大、持续时间之长前所未有。在这过程中，中方相关人员积极争取，多方主张，而列强更是相互联动和比较，使得商约的修订十分棘手和复杂。

（一）中英修订商约交涉

清末商约议定的过程中，英国在经济方面条约关系扩展上再次发挥了急先锋的角色。不仅前叙商约修订进入《议和大纲》和《辛丑条约》直接得力于英国的主张和坚持，而且此次修订首先展开的也是中英谈判。同时，清末修约交涉中，中英修约扮演着提供蓝本的角色，因此毫无疑问也是最重要的。1902 年 1 月 10 日，中英谈判代表在上海全体出席第一次会议。商约大臣盛宣怀、吕海寰代表清政府出面谈判，刘坤一、张之洞则在背后出谋划策。英国代表是马凯，此人在英国外交部担任印度事务委员会委员，同时又是大英轮船公司的股东，拥有丰富的殖民统治经验。另外，协助英国修约交涉 的 还 有 英 国 驻 华 使 馆 参 赞 戈 颁（H. Cockburn）和 英 商 德 贞（C. J. Dudgeon）。会谈一开始，马凯便提出商约条款目录二十四条，且"各款均有详目，随议随交"①。也就是说，英国采取逐条提议解决的方式。外务部征询赫德的意见，赫德于 1 月 27 日向外务部呈递节略，针对马凯提出的

---

① 《商约大臣盛宣怀致外部马凯交来商约条款电》，光绪二十七年十二月初三日，王彦威、王亮辑编，李育民等点校整理：《清季外交史料》第 6 册，第 2856—2857 页。

要求逐条提出意见。同时，贺璧理、戴乐尔也拟出章程十五条。盛宣怀、吕海寰综合税务司的各种意见，并与外务部及刘坤一、张之洞等人往复电商，提出了中方意见二十一条，但会议未作讨论。之外，中方还陆续提出会查教务、治外法权、吗啡鸦、邮政、银式等问题，马凯则是补充提出修约期限及英文为条约正文、拨补谕旨和常关监察等问题，南京、武昌及汉口等地也成为重要的会议地点，刘坤一和张之洞等地方大员也直接与马凯展开交涉。1902 年 9 月 5 日，签订了中英《续议通商行船条约》（又称《马凯条约》）十六款，1903 年 7 月 28 日该约正式批准。

中英商约交涉虽然是以英国片面维护和拓展在华利权为开端，条款内容也集中体现了英国的要求，但在中方代表努力争取之下，中国在最终议订的条约也有所收获。其中，最核心的裁厘加税谈判，中英各取所需，达成了双方比较满意的结果。有关存票、关栈、统一货币、整顿航道、公司合股、保护商标、增开口岸、矿务章程等方面的规定，为英国拓展在华贸易进一步提供了便利。当然，其中的统一货币之类，也是有利于中国商贸发展的条款内容。另外，规定中国在条件成熟时收回治外法权、中外会查教务及禁止吗啡鸦进口都是由中国提出且达成的有利于中国的条款，商约大臣们认为此三款"皆我补救国计民生要图。幸就范围，实有裨益"[1]。而内河行轮一款及条约附件行轮章程，相较于 1898 年原订正续章程亦稍有挽回之处。在米谷禁令上，虽然英方强调"照约准其运往别口"，则中方无权禁运，但是商约大臣通过辩争，仍是规定了每遇岁歉禁米出口办法，借以挽回米谷禁运权[2]。还有洋盐进口、口岸免厘、口岸权利、整顿上海会审衙公廨等对中国不利的条款被中国代表驳回。

（二）与美、日、葡三国的修订商约交涉

清政府与葡萄牙、美国、日本的修约交涉也在 1902 年间陆续展开，美、日在修约交涉之初，便一次报送了全部条约草案以供讨论，并待全约议定后

---

[1] 《刘张吕盛致外部与马使议定全约请迅核准画押电》，光绪二十八年七月二十六日，王彦威、王亮辑编，李育民等点校整理：《清季外交史料》第 6 册，第 3047—3048 页。

[2] 《刘张吕盛致枢垣陈增改中英商约条款情形电》，光绪二十八年七月二十七日，王彦威、王亮辑编，李育民等点校整理：《清季外交史料》第 6 册，第 309 页。

一并画押。中国对于美、日等约往返会商准驳的宗旨是"抱定英约为主。凡英约所有者，自应均照英约办理，不能丝毫有异。英索而我未允者，仍不能稍予迁就"[1]。但是，美、日、葡等国都不愿完全受中英商约约束，因此使得中国与这些国家议定的商约存在不同程度的差别。

中美商约谈判从 1902 年 6 月在上海开始。美国派出的全权谈判商约代表是驻华公使康格（Conger），另有美国驻上海总领事古纳（Goodnow）和商人西门（Seaman）也被任命为议约代表[2]。在 6 月 27 日第一次会议上，美国便提交了四十款条约草案以供讨论，其中大多问题与英国所提条目类同，另有版权、专利及保教等问题为美国额外提出，而裁厘加税问题最初并未纳入。中国代表则是提出了有关废除治外法权、禁止吗啡鸦、禁止华民冒充洋籍及废止美禁华移民条约等内容。其间，中美商约谈判曾因中方忙于中英交涉而一度中辍，到 1903 年 3 月重新开启时，美国送交了新草案，添加了裁厘加税、开放口岸等内容，同时删除了对中国有利的议定赔款还银一条。1903 年 10 月 8 日，双方签订中美《通商行船续订条约》，1904 年 1 月 13 日该约得到双方批准。与中英商约相比较，有关关栈、存票、统一货币、矿务章程、治外法权、吗啡鸦进口等内容大致相同，裁厘加税略有出入。教务条款中美商约更加详细，知识产权方面中美商约进一步增加了专利和版权方面的规定，口岸开放方面中美商约另增加了东北三省开放通商等内容，关于公使、领事增加了双方互相优例的规定。因对方的抵制而未能入约的有：美国提出的修建铁路、最惠国待遇及保护外人上谕等内容，中方提出的禁止华民冒充洋籍及废止美禁华移民条约等内容[3]。

中日修订商约的交涉 1902 年 6 月 16 日在上海举行第一次会议。1903 年10 月 8 日，清政府与日本签订中日《通商行船续约》十三款，并达成附行轮修补章程及照会附件多件。中日商约与中英、中美商约交涉主体内容大致相

---

① 《吕海寰袁世凯张之洞伍廷芳盛宣怀奏日本商约定议遵旨画押折》，光绪二十九年十一月十六日，王彦威、王亮辑编，李育民等点校整理：《清季外交史料》第 7 册，第 3308 页。

② "Telegram received, Washington D. C. ," January 21, 1902, *Despatches from U. S. Ministers to China, 1843—1906*, Nineteenth Century Collections Online, Gale Group, 2020.

③ 《吕海寰袁世凯张之洞伍廷芳盛宣怀奏美国商约定议遵旨画押折（附商约及附件照会）》，光绪二十九年十一月十六日，王彦威、王亮辑编，李育民等点校整理：《清季外交史料》第 7 册，第 3298—3307 页。

同，但是与英、美交涉相比，"日本议约在英、美之后，凡英、美所允者，彼视为分所应得，英、美所索而未允者，彼则以为该国体面所关，必须多索数条，方见其改约之功"，因此中国与日本的修约交涉棘手万分。其中，日本所提出的加税幅度明显低于英、美方案，中日双方在裁厘加税等问题上争议较大，而日本甚至还就一些条约通例迫使中国画押。中国严词拒绝，双方在上海的谈判暂行停止①。之后，转由张之洞与内田康哉在北京着重就裁厘加税、北京开埠和谷米出口展开谈判，二者还在上海会议的基础上，就商约修订展开了全面商议，磋磨三月有余，终达成初步协议，并交由在上海负责谈判的盛宣怀、吕海寰、伍廷芳等人完成签约手续。按照约定中日商约与中美商约同日签约，但是盛宣怀等人接到议约初稿后，在裁厘加税问题上与张之洞产生很大分歧，最后经过一番斡旋，推动日本对个别词进行修改，但是仍未能像英、美商约那样明确值百抽十二点五的加税额度。而这时，预定的签约时间已到，最终盛宣怀等人只好遗憾地签约。中日商约不仅在裁厘加税条款的议定上有所不同，而且内港行轮权利也有所扩大，另外在日本要求下还增加了度量衡、最惠国待遇等内容，但其提出的口案居住权利、米谷出口、开放常德府等九处口岸未入约，对于其北京开埠的要求虽然同意，但也增加了各国使馆、护路兵队全撤后方能实施隐为抵制。中国要求的废除治外法权、禁止吗啡鸦、报律、互相优待入约，传教、引渡罪犯等款遭到抵制②。

葡萄牙并非《辛丑条约》缔约国，但在 1902 年也向中国提出商约交涉的要求，其缘由颇有趁火打劫的意味。除了通商条约的一般性规定外，中葡商约交涉的一个重要特点便是从一开始与澳门问题紧密联系。先是 1902 年 2 月，葡萄牙驻华公使白朗谷以承认 1902 年各国所议定之税则为要挟之据，提出勘定澳门属地之界限的要求，后经中方严词驳拒。白朗谷转而在 1902 年 4 月初表示愿将界务暂置不议，但葡萄牙承认 1902 年各国新定税则，要

---

① 《吕海寰袁世凯张之洞伍廷芳盛宣怀奏日本商约定议遵旨画押折》，光绪二十九年十一月十六日，王彦威、王亮辑编，李育民等点校整理：《清季外交史料》第 7 册，第 3308 页。

② 《吕海寰袁世凯张之洞伍廷芳盛宣怀奏日本商约定议遵旨画押折（附通商行船续约内港行轮章程暨照会六件）》，光绪二十九年十一月十六日，王彦威、王亮辑编，李育民等点校整理：《清季外交史料》第 7 册，第 3308—3315 页。

以扩充商务予以置换。中葡商约交涉遂开始。葡萄牙其所开商约条款大致分两类：一是应允改订税则、稽征洋药税税饷，中国海关在澳门设立分关，此为有益中国之款；二是允许葡萄牙在澳门附近任便修筑工程，由澳门至广东省城修筑铁路，此为有益葡萄牙之事。外务部征询赫德、两广总督陶模及督办铁路大臣盛宣怀的意见后，认为在澳门附近任便修筑工程之款暗侵界地址，因此驳令葡方删除，而澳门设关，有益税收，但章程必须妥定；修造铁路对税务有益，但要改成铁路总公司与之订立合同的方式，以免其他各国修订商约之时效仿索要，同时又能为以后在铁路合同中抵制葡萄牙的侵渔留下余地。1902 年 10 月 15 日，中葡双方签署《中葡增改条约》九款，并就铁路修筑互换照会，1903 年 1 月 27 日再签署分关章程。清外务部认为该约"尚属妥协"，不过该约及分关章程最终并未得到葡萄牙政府的批准①。

据白朗谷所称，葡萄牙政府拒绝批准该约，乃是因为其议院认为分关有碍葡萄牙主权。其实，还有另外一层原因，即见英、美、日等国纷纷签订详细的商约后，葡萄牙试图扩大要求范围。1904 年 4 月，白朗谷向外务部提出不再核准前约且要新立商约的声明。其中谓："新立商约，即照近日各国与中国所立之商约无异"，且新约包括 1902 年增改条约及关税章程，但要修改其中关碍两国主权之处，同时葡方还表示可整顿缉私之法，以协助中国防缉走私洋药一事。商约大臣吕海寰等人对葡方做法颇有意见，在商约交涉之前便与葡使再三辩驳，之后考虑到澳门设关之条款"系为稽查澳门出入口运入中国各埠洋药税饷起见"，"果能将缉私办法切实妥帖，得收成效，未始不可稍予通融办理"。同时，葡萄牙驻京参赞也赴外务部再三陈说，并托英使为之转圜，最终清外务部同意让商约大臣与葡方代表白朗谷在上海商订商约。有鉴于上次的经验，清方首先与葡方议定，须将税则、现议商约、缉私一切详细章程暨铁路合同一律妥定并奏奉政府允准后，才能签署画押。之后，白朗谷仿照英约并结合葡方尤其是澳门特别需求，开送商约款文二十条。1904 年 11 月 11 日，双方签订《通商条约》二十款，涉及遵守旧约、照办税则、

① 《外部奏增改中葡条约屡陈商办情形折（附条款照会及分关章程）》，光绪二十八年九月十二日，王彦威、王亮辑编，李育民等点校整理：《清季外交史料》第 6 册，第 3098—3101 页；《增改条约》，光绪二十八年九月十四日，王铁崖编：《中外旧约章汇编》第 2 册，第 129—131 页。

洋药缉私、查缉走私、内河行轮、互享最优待遇及葡酒进口、通商口岸居住贸易、华民入葡籍之管理、加税免厘、存票、统一货币、禁止吗啡鸦进口、合股公司、商标与专利、废除治外法权、传教等。此外另有广澳铁路合同、分关及行轮等专章、米谷运澳照会。这当中，中国侧重的是洋药缉私，而白朗谷以"免致议院再有疑阻"为由，立意约文以浑括为准，在中方商约大臣的要求下详订中国海关在澳门查缉洋药走私的办法、权限。另外，铁路合同将车站征税一条列入。中国商约大臣坚决抵制而未能入约的有：澳门居民所需的中国土产、食物转运至澳门免纳出口税；中国土产货物出口如纳完正税后运入澳门，再进口转运至中国各处，只纳通商口岸之转运税。此两条事关税务大项，商约大臣深虑奸商借此影射偷漏，它埠从而效尤，因此即便前条为 1902 年所订分关章程所有，依然强力抵制。另有葡方要求澳门华民每年准运食米 60 万石并免纳税课，中方商约大臣对此严驳力拒，双方为此相持数月，最终商定以互换照会的方式达成从广东运米 30 万石至澳门的办法，但是该办法后又为广东官民所拒，因画押期迫，最后只得先签允准照会，之后再缓定办法。但是，葡萄牙依然因为未充分达到其目的，迟迟不批准新订商约①。不过，因为之前清方与葡方议定各项条约文件须获政府允准后才能签署，因此虽然没有完成批准法律手续，但是跟第一个阶段签订而未批准的条约略有区别。

（三）与德、意的修订商约交涉

另有中德、中意议约，开始得相对较晚，且因为德、意两国都试图在已有商约的基础上，重点拓展更多的在华特别权益，而清政府对此也进行坚决抵制，因此与这两个国家的商约谈判最终未达成协议。中葡条约签订后，中国为推动加税的实施，开始主动照会各国修约。德国接到照会后，派出其驻上海总领事纳贝（Knappe）、副领事乐斯喇（Rossler）等人为议约代表，中方负责交涉的有商约大臣吕海寰、盛宣怀等人。1905 年 4 月 14 日中、德举行第一次会议，会议重点就德国提出的十四款草案进行商议，

---

① 《商约大臣吕海寰等奏葡国商约定议遵旨画押折（附条约一件章程二件）》，光绪三十年十月初五日，王彦威、王亮辑编，李育民等点校整理：《清季外交史料》第 7 册，第 3383—3393 页；《通商条约》，光绪三十年十月初五日，王铁崖编：《中外旧约章汇编》第 2 册，第 252—257 页。

其中基本内容与英、美、日等国条款大致相同，但德国的基本立场是，在可以借片面最惠国待遇特权而同享其他各国商约权利的情况下，德国必须取得新的权利，否则徒劳无功就没必要订约。因此德国在关栈、矿务章程、内港行轮、禁止米谷出口、约本语言等方面坚持系列比较过分的要求，双方产生很大争议。在这期间，德国还以拒绝中方提出的禁止吗啡鸦进口、传教、治外法权相要挟①。1905 年 11 月中德商约双方互送修改意见后谈判暂停，之后未再恢复②。

　　中德议约一年多后，中、意两国才在 1906 年 5 月 18 日开始举行第一次修约谈判。意大利出席会议的代表为其驻上海总领事聂拉济尼（Nerazziuni）、商人李阀（Riva）等人，中方出席人员有吕海寰、盛宣怀、李经方及贺璧理等人。7 月 26 日，意方提交条约草案十一款并以《辛丑条约》议定时中方所许，中方提交五款。在谈判中，意大利不仅想获得与其他已成商约一样的权利，还着重想在西山煤矿、浙江省铁路利权、增开口岸及设立蚕丝口岸等方面有所突破。而且，为推动中国同意其索求，意方企图用加税、传教两款作交换条件。清方的基本原则仍是以与各国一律进行抵制，而且为防止意大利乘机要挟，即便自己所提五款加税、禁止吗啡鸦进口、治外法权、货币、传教各问题，基本上也是仿照葡、英、美三国约文而拟。最后双方争执不下，商约大臣吕海寰、盛宣怀、李经方担心谈判破裂影响加税等其他已订各款的实施，考虑将开放安庆、蚕丝学堂用意教员等内容改成互换照会。但是张之洞坚决反对，称："新约若行于中国，并无益处，隐患实多，何必患其停议哉？"③ 外务部也持同样态度，10 月 25 日，中意商约谈判彻底破裂④。

---

　　①《1905 年 10 月 30 日中德修约谈判会议记录第 15 号》，中国近代经济史资料丛刊编辑委员会主编：中华人民共和国海关总署研究室编译：《辛丑和约订立以后的商约谈判》，第 318—319 页。

　　②《1905 年 11 月 2 日吕海寰、盛宣怀致克纳甫照会（附件：中德商约底稿及中国政府索改各款）》，中国近代经济史资料丛刊编辑委员会主编、中华人民共和国海关总署研究室编译：《辛丑和约订立以后的商约谈判》，第 320—327 页。

　　③《致外务部，上海吕大臣、盛大臣、李大臣，天津袁宫保》，光绪三十二年九月初三日发，苑书义等主编：《张之洞全集》第 11 册，河北人民出版社，1998 年，第 9532 页。

　　④《吕大臣、盛大臣、李大臣来电并致外务部、袁宫保》，光绪三十二年九月十一日到，苑书义等主编：《张之洞全集》第 11 册，第 9533 页。

（四）中瑞商约交涉

瑞典并非《辛丑条约》的签字国，但也在 1908 年由其驻华公使倭伦白（Wallenberg）向清外务部也提出修约要求。清政府考虑到 1847 年中瑞通商条约签订已久，通商情形多有变化，且原约签订者瑞—挪联盟已经分立，"自非重订约章不足以资遵守"，故同意瑞典修约要求。修约交涉主要在瑞驻华公使和清外务部之间展开。4 月 21 日，瑞方提出修约草案三十九款，多采集各国与中国所订之约款。清外务部将其删减后另拟为十七款，之后双方以此为基础，调整个别文字，在 7 月 2 日签订中瑞《通商条约》，1909 年 6 月 14 日双方将该约交换批准。在清末修约中，中瑞商约是最为顺利的，其中重要原因是瑞典主要是想同享片面最惠国待遇，不像德、意重点是索要额外的利益。而且，清政府在后来主导修改的过程中，也参照了之前多有持平之特征的中巴、中墨通商约，"不使各项利益偏归一处"，"更于各约中采用较为优胜之条，以期取益防损"，其中领事馆照公例发给认许文凭、"俟各国允弃其治外法权瑞典亦必照办、专条给予他国利益须一体遵守方准同沾及对外国在华传教的具体限制皆属此类"。另外，对于英、美、日新订商约中关于商标、矿务等有益于对方的条款，则未见专门详细列出，而是改用"商业、工艺应享一切优例、豁免、保护各利益"，"均一体享受"等语笼统概括，此外驻使设领及通商行船一切事宜，亦照相互最优待国之意规定。之后，鉴于各国在商约修订过程中任意要索新的利益，清政府特向瑞典提出对双方优待的第四款增订附加条款予以限制。该附加条款规定"本约第四款所载，断不于业经给与或将来给与最优待各国人民各种利益外，另以无论何项利益给与在中国之瑞典人民或在瑞典之中国人民"。1909 年 5 月 24 日中瑞双方签署该附加条款①。

最后，中英、中美、中日、中瑞四个通商行船条约完成批准手续后，相继生效。就条约内容而言，除裁厘加税因没有获得有约各国的普遍同意而未能执行外，其他各项规定大多次第付诸实施。

---

① 《外部奏中瑞修改通商条约请旨派员画押折（附条约）》，光绪三十四年六月初二日奉朱批，王彦威、王亮辑编，李育民等点校整理：《清季外交史料》第 8 册，第 3826—3831 页；《通商条约》，光绪三十四年六月初二日，王铁崖编：《中外旧约章汇编》第 2 册，第 515—520 页。

从 20 世纪初的中外商约议定交涉的过程来看，无论是交涉的规模，抑或是中外交涉纠葛的程度，毫无疑问都是空前的。谈判时，列强处于修约的主导位置，它们所提出的修约草案成为双方谈判展开的基础，各国代表也总是千方百计，想方设法地获取和扩大条约权利。经过一番交涉，商约大臣们更加充分认识到了这一点，明确指出："各国修改商约，无非占我利益"，"取益防损，心计甚工"①。最终通过这些新修订的商约，列强在加税免厘、内港行轮、保护商标、版权和专利、增开口岸，以及要求中国改革币制、划一度量衡、改订矿务章程、承认华民购买他国公司股票为合法等方面，与清政府达成协定。列强在通商航运和经营企业等方面，获得了更有利的条件，更完善和扩展了经济方面的条约关系，进一步控制中国的经济各领域。再加上当时中国还要承担巨额赔款和片面协定关税等因素，中国的经济受到外国资本更严厉的制约，长期处于停滞不前甚至衰退的状态。

而清政府系统提出的条款基本处于未作讨论的地位，这在与英、日等国的交涉中尤为明显。即便如此，清政府的谈判代表仍抱着"争得一分，即获一分之益"的信念②，积极运用所掌握的近代外交技能和国际法知识，同各国谈判代表展开斡旋。在各国既想获得与各国一律的条款又想追求特别突破的情形下，中国商约交涉大臣在国别交涉中也是尽量"于意义稍有出入增损之处，详加酌核，悉令改归一律"，即以各国一律以为抵制。当然，对于某些国家的特别条款也采取双方适当互换的交涉方式以求补救。而且，伴随修约交涉的发展，中国修约的主动性、能动性和维护国家权益的意识都在进一步增长。例如，清政府虽因加税等方面的需求迫切希望与德、意等国修约，但坚决拒绝满足两国在通商贸易上的过分索求。而在与瑞典的交涉中，更是后来居上，取代瑞典草案，推出相对持平的议约蓝本、增订限制约外索求的条款，瑞典外交部因此对批准新的商约颇为迟疑，而英国公使朱尔典更是在给倭伦白提出建议时指出，新商约还不如 1847 年的条约，"因为新约可能带

---

① 《吕海寰袁世凯张之洞伍廷芳盛宣怀奏美国商约定议遵旨画押折》，光绪二十九年十一月十六日，王彦威、王亮辑编，李育民等点校整理：《清季外交史料》第 7 册，第 3300 页。

② 《吕海寰袁世凯张之洞伍廷芳盛宣怀奏美国商约定议遵旨画押折》，光绪二十九年十一月十六日，王彦威、王亮辑编，李育民等点校整理：《清季外交史料》第 7 册，第 3300 页。

来牺牲原则"①。这样，清政府在商约修订中部分抵制了列强一些过分索求，同时也达成了一些双方互益或有利于改变中外不平等关系的条款。例如其要求的增加税收、废除治外法权、禁止吗啡鸦进口、中外会查教案、中外互相优待等期望也在条约中得到初步确认，这些条款规定为以后增加税收提供了可能，也为中国后来修改和废除部分列强在华条约特权埋下了伏笔，并为推进社会治理提供了某些可以援引的国际条规。

第二节　经贸条款的发展

　　商约是经济条约的一种，有关通商航运和经营企业等经贸方面的条款充分体现这一主体性质。清末商约修订中的经贸条款，既包括核心问题裁厘加税，还涉及矿务章程、保护知识产权、外国轮船行驶中国内河、开埠通商、统一货币度量衡、存票、关栈、中外公司合资、疏浚河道、外人内地居住以及禁止粮食出口等方面，其中亦不乏因中外经济关系发展而产生的新问题。各国要求修订商约的主旨，是通过相关条款扩展经济特权，以便为在华经贸发展提供便利，并进一步控制中国的各经济领域。同时，清政府维护国家经济权益的意识也是十分明确，并通过交涉，尽力将损失减少；最终，在裁厘加税、禁止粮食出口、统一货币度量衡等方面，达成了一些双方互益或有利于维护中国权益的条款。这些成为 20 世纪初中外条约关系发展的新趋向。

一、　中外裁厘加税交涉

　　裁厘加税是此次商约修订的核心内容，也是外国在华实践和发展条约特权的重要方面。

　　厘金和关税是晚清财税收入的重要来源，更重要的，它们也是中国最基本的经济主权。自鸦片战争以来，列强为扩展在华经贸，通过武力胁迫，攫

---

　　① "Sir J. Jordan to Edward Grey," December 9，1908，转引自李永胜：《清末中外修订商约交涉研究》，第69 页。

取中国关税主权，实行和发展片面协定关税制度；同时还不断加深对中国内地税的干预和破坏，1858 年《天津条约》规定子口半税明显破坏了厘金制度，继后列强更是进一步要求裁厘。因此，在清末商约修订中，裁厘加税既是要解决中外商务发展中的基本问题，同时更是列强在华实践和发展不平等条约特权、严重侵害中国经济主权重要体现。

裁厘加税也是近代中外经贸关系和中外条约关系发展中的一大难题。厘金原本是清政府在镇压太平天国运动过程中为解决军需而设的临时性税种，后在全国推广，变为一种常税，成为清政府财政收入的重要来源，尤其是地方行政经费来源之大宗，一向被视为禁脔。由于厘卡遍地，官吏肆意敲索，严重阻挠了国内民族经济的发展，也引起了国外商人的强烈不满。从 19 世纪中叶厘金制度形成以来，列强就迫切希望裁撤厘金，为在华商贸发展提供便利。与此同时，列强通过发展片面协定关税特权，剥夺中国自定关税的主权，使得中国进口税、吨税、沿岸贸易税、陆路关税等关税长期处于很低的水平①。长期以来，清政府也希望通过加税来增加财政收入，不断向列强提出加税要求，因此加税也成为协定关税制度下中外协商的重要方面。可以说，中外双方对加税和裁厘问题的解决试图有所推进，但由于各执一端，故争议一直很大。

从 19 世纪中叶以来，伴随片面协定关税制度的发展，裁厘加税交涉也在不断推进。1869 年中英修约谈判过程中裁厘加税既已开始酝酿。当时，英国公使阿礼国考虑到中国地方在征收厘金时常常与洋商发生冲突，提出增加进口税以废除对进口洋货征收厘金。1880 年英国公使威妥玛再次向清政府提议，而后者也表示同意 12.5% 甚至 10% 的进口税率，但最终因为列强担心免除厘金能否实行而未能付诸实施②。甲午战争及八国联军侵华之后，片面协定关税制度进一步发展，中外有关裁厘加税认识和交涉进入新的阶段。其中，甲午战败的巨额赔款，迫使中国大量举借外债，由此打开以关税作担保的先例。1896 年，李鸿章出访欧美开始与俄、英、法、德、美各国交涉增加

---

① 详见李育民：《近代中国的条约制度》，第 97—111 页。
② ［美］马士著、张汇文等合译：《中华帝国对外关系史》第 2 卷，第 356—357 页。

进口洋税事宜，但列强坚持必须先废厘金，拒绝根据值百抽五的原则改订税则。1896 年 10 月，盛宣怀上奏《条陈自强大计折》，提出了裁厘加税的具体主张，谓"莫若径免天下中途厘金，加关税为值百抽十"①。1897 年，清政府就提高关税税率向英国提出交涉，但英国方面则主张先裁厘后加税，清方则是"免厘一节，万不可允"，因此没有达成协议②。《辛丑条约》规定了更为严格的财税担保制度，即以全部关税、常关和盐税为担保，这也意味着中国的关税收入，在赔款偿清以前，与中国的财政脱离关系③。在该条约议定过程中，中方为保证赔款财源，亦为增加政府收入，便提出"商请加税展限"的要求④。英、美等国也有意将赔款问题与通商问题的改善捆绑在一起解决，但是各国在华商业利益存在差异，其间各国围绕赔款和加税展开了一番斗争，经过多番沟通和折冲，中外双方在辛丑议约期间达成了将来加税裁厘的初步共识⑤。而《辛丑条约》具体条款也为该问题的解决解决提供了初步保障，不仅第十一款规定修改商约，第六款还专门要求将"进口货税增至切实值百抽五"，且之前进口免税各货皆在条约签订两个月后开办增税事宜⑥。从协定关税制度的发展来看，《辛丑条约》通过规定修改商约和重修税则，对协定关税又开了十一国共同协定之先例⑦。清末商约修订，虽然是以双边交涉的方式展开，但基本上仍在《辛丑条约》多国协定的框架下进行，这种多边与双边的交织，使得这一协定关税的交涉及其结果变得更为复杂。

（一）中英裁厘加税交涉

裁厘加税问题主要是裁撤全国厘金，并通过增加进口税来抵补相关损失。在裁厘加税问题上，各列强重在要求裁厘，中方在于加税。1902 年中英

---

① 《条陈自强大计折附片二件》，光绪二十二年九月二十六日，中国史学会主编：《中日战争》第 2 册，第 440 页。

② 详见周育民：《晚清财政与社会变迁》，上海人民出版社，2000 年，第 329—334 页。

③ 李育民：《近代中国的条约制度》，第 96 页；《辛丑各国和约》，光绪二十七年七月二十五日，王铁崖编：《中外旧约章汇编》第 1 册，第 1006 页。

④ 《奕劻致荣禄赔款议加税抵补并公约已有端倪电》，光绪二十七年三月初五日，王彦威、王亮辑编，李育民等点校整理：《清季外交史料》第 9 册，第 4842 页。

⑤ 《奕劻李鸿章致枢垣各使云赔款须筹现银即可办撤兵电》，光绪二十七年三月十五日，王彦威、王亮辑编，李育民等点校整理：《清季外交史料》第 9 册，第 4855 页。具体交涉过程参见李永胜：《清末中外修订商约交涉研究》，第 120—124 页。

⑥ 《辛丑各国和约》，光绪二十七年七月二十五日，王铁崖编：《中外旧约章汇编》第 1 册，第 1006 页。

⑦ 李育民：《近代中国的条约制度》，第 96 页。

修订商约的同时，商约大臣吕海寰、盛宣怀和伍廷芳还与《辛丑条约》签字国代表在上海进行了修改税则的谈判，各国从 1902 年 8 月 29 日开始陆续签署新的货物税则及通商进口税则善后章程①。这里虽然是落实《辛丑条约》规定的增税原则，但是，值百抽五的税率远不能解决赔款财源，至于趁机解决清政府长期存在的财政困难更是痴人说梦。因此，清政府将解决加税问题的希望投放到与各国修订商约上，并视裁厘加税为修约之主脑②。商约修订期间有关裁厘加税问题的谈判，无论是中外双方，抑或是中国国内，各种意见分歧依然很大，其中主要集中在加税幅度和是否免除一切厘金问题上。中外之间因为裁厘加税而产生的交涉主要是在中国与英国、美国和日本之间展开，其他各国虽有涉及，但一般都采用一并照办的方式。尤其是首先进行的中英交涉，集中展现了裁厘加税方面争论的关键问题，最后订立的裁厘加税方面的条款更是成为各国谈判或拟约的参照。

谈判一开始，英国明确了裁厘的目标。1902 年 1 月 10 日，中英商约谈判第 1 次会议上，马凯提出拟在谈判中讨论的二十四款大纲，其中并未提到加税问题，但却有八款与厘金的裁撤有关。其中有五款直接涉及裁厘：（1）第十款规定由此内地至彼内地货物宜免税，其实是要获得洋货和土货在中国内地免纳厘金、完全自由流通的权利；（2）第十四款规定修改并推广土货出口三联单镇江章程，则能便于更多的土货可以请领子口税单，而不用交纳厘金运送出口；（3）第十八款规定设法按条约所订各款办理子口单，按照英商的片面解释，是要一次性缴纳子口半税后，洋货可免除内地一切税厘；（4）第十九款规定指定通商口岸免厘区域，这意味着在扩大洋货口岸免厘的范围，实际上也等于在口岸的更大范围内剥夺清政府的征税权；（5）第二十四款规定货物在同一河或该河分支由此口运至彼口免税，也就是说免除货物在内河转运的复进口税。此外，还有三款间接与厘金有关，即第饲款开放新的

---

① 《续修增改各国通商进口税则善后章程》，光绪二十八年七月二十六日，王铁崖编：《中外旧约章汇编》第 2 册，第 72—101 页。

② 《吕海寰袁世凯张之洞伍廷芳盛宣怀奏美国商约定议遵旨画押折》，光绪二十九年十一月十六日，王彦威、王亮辑编，李育民等点校整理：《清季外交史料》第 7 册，第 3299 页。

通商口岸，第六款准许洋人内地长远侨居贸易，第十七款修改内河行轮章程①。英国这里的交涉意图是不提加税，却暗中排挤厘金。

盛宣怀等人洞悉英国的企图，并进行了坚决抵制。张之洞指出马凯所提条款中"最巧黠者，暗免厘而不加税，盖此目既言子口单，又言镇江章程，又言口岸租界免厘，土货、水陆均只言免税，是明明不责我免厘矣！然照此办法，全归洋旗联单及口岸免厘界内，则厘已去十之八九矣！"对于马凯的交涉策略，张之洞等人进行了分析，认为其"或因厘金内外销之数过多，不愿以加税之数相抵"，或者是"逼我自说出免厘，税可少加"②。刘坤一认同张之洞的看法，指出其中关涉税厘各条"无非着劲相挤，逼我免厘稍加税"。因此，他们要盛宣怀预先筹措办法抵制③。1 月 19 日，盛宣怀致电外务部，主张提出加税予以抵制，内称："惟内有八条关涉厘金，该使不提免厘加税而处处挤我厘税。香帅所云全归洋旗联单及口岸免厘界内，则厘已去十之七八，诚不可不虑。但此时若再不索加税，恐以后厘吃亏而税不加。洋债每年四千九百万，愈逼愈乱，如何得了。数日内即须议及关涉厘金之款，可否即以加税试探，以为抵制？"④张之洞、刘坤一也持同样意见，认为应先将加税之意说出，而且张之洞在 1 月 20 日的电文中再次强调裁厘必先加税，且加税与厘金相抵的基本原则，称："彼允加税若干，则我于各条有关厘税者，方可酌量宽让，多加则多让，少加则少让，通筹盈绌，既可不亏国用。章程简易，不纷不歧，亦免淆惑商民。若枝枝节节而议之，必致厘金损尽而洋税不能加矣。"⑤之后，中国坚持裁厘必先加税为争，往复磋商，英始允一面议加税，一面议免厘。

① 《商约大臣盛宣怀致马凯交来商约条款电》，光绪二十七年十二月初三日，王彦威、王亮辑编，李育民等点校整理：《清季外交史料》第 6 册，第 2856 页。

② 《鄂督张之洞致外部英约二十四目录谨抒管见电》，光绪二十七年十二月初六日，王彦威、王亮辑编，李育民等点校整理：《清季外交史料》第 6 册，第 2858 页。

③ 《刘制台来电并致外务部、盛大臣》，光绪二十七年十二月初八日未刻到，苑书义等主编：《张之洞全集》第 10 册，第 8705 页。

④ 《商约大臣盛宣怀致外部整顿厘法系内政宜自行办理又免厘拟加税为抵制电二件》，光绪二十七年十二月初十日，王彦威、王亮辑编，李育民等点校整理：《清季外交史料》第 6 册，第 2861 页。

⑤ 《致外务部、上海盛大臣、江宁刘制台》，光绪二十七年十二月十一日卯刻发，苑书义等主编：《张之洞全集》第 10 册，第 8701 页。

1月26日，马凯向盛宣怀提交加税免厘专门条款十一节，其要点如下：（1）裁撤中国内地一切货物厘卡；（2）进口货税，在正、子并交7.5%的基础上，收一附加折征之税，作为裁厘补偿；（3）海关于该补缴附加税项下，按照1897、1898、1899此三年各省所报厘金之数每月拨给各省地方之用；（4）不在加税免厘范围的有：1901年以前的免税货物、外洋鸦片烟、盐及土药；（5）一旦查得中国未能照办，英国有权将税项复旧；（6）有约之国须与中国一律照允此约，不得另有加增，或另索其他利权；（7）附加税限期十年，之后逐年递减半厘，直至减完；（8）同一河道中运输的货物不征进口税及沿海之税①。为消除对货物销售和流通的限制，马凯这一方案集合了英国政府多方面权威人士的意见，再次明确了英方彻底裁厘的基本立场，并且该方案也承认通过加税补偿裁厘②。

1月29日，盛宣怀与马凯开始就上叙方案展开讨论。对于马凯的方案，中英双方争执的主要集中在以下两个方面：

一是进口洋货加税的幅度。马凯根据英国政府的指示和大多数英国商人的意见，提出进口税加征至10%。盛宣怀则最初提出要加至20%，否则不足以抵补厘金。他向英方提出的厘金估算数目是，拨解户部者每年1700余万，局卡经费每年约二三百万，另外各省还须留支大量外销厘金。因此，要全部废除厘金，至少须加税3000万才能相抵。按照现行5%的税率计算，每年税收为800万，将以前的免税货物征税以后，总共可得约为1000万。如此计算，则必须征税20%才能增加3000万，才与裁撤厘金数目相抵，且十年后不能递减。马凯表示20%断不能议，且只可仍议厘金各条，并威胁说，英商只要求切实执行子口税制度，不必免厘加税，只因此事关系中国大局，他才与中方商议。若不将局卡全撤，进出口一律办法，洋商亦断不允加税。盛宣怀最后让步，提出洋货加税至15%③。马凯态度有所松动，表示考虑。

① 《盛大臣来电并致刘制台》，光绪二十七年十二月二十三日酉刻到，苑书义等主编：《张之洞全集》第10册，第8719—8721页。

② "Trealy Revision and Likin," *The North-China Herald and Supreme Court & Consular Gazette*，1902-03-19，No. 1806.

③ 《盛宣怀致外务部，江、鄂督署电》，光绪二十七年十二月二十一日，王尔敏、陈善伟编：《清末议订中外商约交涉——盛宣怀往来函电稿》，第46—47页。

但是，英国国内商会反对意见较大，"商民不愿加足十五分之多"，且"恐加税后内地厘金仍有影射之弊，须得中国切实担保"①。

另一是如何裁厘的问题。按照马凯的方案，土货出口和国内的流通也必须免征厘金，而且所有内地厘卡都要裁撤。这是对中国国内税收主权的严重侵害。1 月 29 日的谈判中，盛宣怀明确指出，土货在中国内地流通，其抽厘不关涉洋商，如果将厘卡全部裁去，则土货厘金也无法征收，损失部分只能由洋货加税相抵。马凯则表示，可以通过加重土药和食盐的税课来抵补。盛宣怀认为，此举不可行，因为土药的吸食者主要是贫困人家，难与洋药并论，如果洋药加税，土药才能酌加，至于盐税，则已经"加课指抵洋债"，无法抵补厘金。盛宣怀要求行使中国的主权，土货税厘任由中国自行抽征，如果英方一定要内地土货一概免厘，进口税非抽 20% 不可。马凯坚决反对土货抽厘，强调总要将厘金全除，方能商酌。在相持不下的情况下，盛宣怀提议，按西方办法，开办营业税和印花税等。马凯表示同意，声称只要离开货字就行②。

但是对于土货免厘和裁撤厘卡问题，清政府内部存在严重分歧。盛宣怀赞同免除土货厘金，裁撤厘卡，并将其视为便民利商之举。对于免厘撤卡后的财政问题，他提出通过增加土货出口税和开办营业捐、铺户捐和印花税等新税项等方式来弥补③。刘坤一部分赞成盛宣怀的方案，他认为，"在我与其厘捐处处为彼侵削牵制，暗受大亏，似亦不如免厘加税，以轻土货价值，得以畅销路、纾民困之为愈"，而加税免厘的原则是"征免总须抵补有余，方是胜着"，既然对洋货抽征重税做不到，就必须加征土货出口税来抵补，但是，他不同意全裁厘金，提出要保留乡约捐等少量地方税，因为"按西例地方用款，本可抽捐"，惟须限定数目，不使地方官任意滥收④。

① 《吕海寰、盛宣怀致外务部、户部、刘坤一、张之洞、袁世凯电》，光绪二十八年四月初四日，王尔敏、陈善伟编：《清末议订中外商约交涉——盛宣怀往来函电稿》，第 75 页。

② 《盛宣怀致外务部、江、鄂督署电》，光绪二十七年十二月二十一日，王尔敏、陈善伟编：《清末议订中外商约交涉——盛宣怀往来函电稿》，第 47 页。

③ 《盛宣怀致外务部、江、鄂督署电》，光绪二十七年十二月二十一日，王尔敏、陈善伟编：《清末议订中外商约交涉——盛宣怀往来函电稿》，第 48 页。

④ 《复盛宫保并寄外务部张宫保袁宫保》，光绪二十七年十二月二十三日，陈代湘校点：《刘坤一集》第 3 册，岳麓书社，2018 年，第 531—532 页。

在裁厘问题上，张之洞的想法与盛、刘二人有很大差别。他坚决反对增加土货出口税和完全免除土货厘金，裁撤厘卡。早在商约谈判开始之前，张之洞就曾致电刘坤一与盛宣怀提出了裁厘加税十八条意见大纲，其中主张内地往来土货厘金不能免，产地厘金不能免，土货地方所用、州县绅董所抽厘金不能免，除矿产出洋加税至值百抽十五外，其他土货出口税万不可加。他反对土货加税免厘最主要的原因是出于对地方财政的考虑。张之洞指出，"各厘各捐皆免载入条约，是中华全国利权专在海关税务司之手，此外不许自筹一钱，设有援急，竟成束手"，与其多受关税拨补，不如少留厘捐自抽，万一加税不能抵补免厘之数，还可设法。另外，张之洞也有出于维护国家主权的考虑。他强调指出，在内地销售的土货，与各国商务无涉，是否征税应由中国决定；至于厘金之弊，也应由中国"自行设法轻诚裁并"。难能可贵的是，张之洞还深刻认识到，发展出口贸易和保护华商的重要性，称出口贸易为"富民第一义，商务第一义，劝工第一义，交涉第一义，自强第一义"。因此，强烈反对增加出口税，并提出丝茶出口税必须诚以保固有之民业对抗国际竞争；另外在免厘方面，他也担心土货往来厘金取消，洋商暗地从事内地土货贸易，作成一遍地开放通商之局有碍华商生计①。在得知马凯的加税免厘方案及首次交涉情况后，张之洞的意见较以前没有太大的变化，强调全面裁厘的做法"损我财用""限我主权""实违万国公理"，故仍要求保留土货产地税和地方各税，以备地方财政支出，但同意裁撤过境厘金（即行厘），"以利华商，畅土货"②。

张之洞裁撤行厘、保留坐厘的意见得到外务部支持，外务部还一并提出将行厘所收税数并入坐厘统一征收办法，如此"任行无阻，商情必乐从，则厘收不至大减。行厘既免，再商加税，或可就绪"③。可见，清政府，尤其是地方政府在裁厘加税问题上的基本原则仍是要求税厘相抵，并主张给地方政

---

①《鄂督张之洞致刘坤一盛宣怀免厘加税十八条分别详注请酌示电》，光绪二十七年十一月初三日，王彦威、王亮辑编，李育民等点校整理：《清季外交史料》第 6 册，第 2850—2852 页。

②《致外务部、上海盛大臣、江宁刘制台、保定袁制台》，光绪二十七年十二月二十七日未刻发，苑书义等主编：《张之洞全集》第 10 册，第 8717—8718 页。

③《外部致张之洞请将行厘加入坐厘再商加税或可就绪电》，光绪二十八年三月初五日，王彦威、王亮辑编，李育民等点校整理：《清季外交史料》第 6 册，第 2920 页。

府保留一定的征税权。盛宣怀随即将内地土货只能免行厘之意转达英方。对英方来说，中国政府既不肯彻底免厘，也就偏离了加税免厘的基本原则，失去了继续和谈的基础。以马凯方案为基础的对话遂宣告破裂，谈判陷入僵局。其间，盛宣怀又与马凯商议镇江三联单章程和口岸免厘区域问题。但刘坤一和张之洞强烈呼吁"万勿与议零星厘章"，要求先议加税为主，刘坤一主张"税多加，则厘多免，税少加，则不免，务以足敷相抵为度"①。盛宣怀按照刘、张意见，坚持不肯议办三联单等损厘条款，又不肯完全废除土货厘金。马凯只得同意由中方代表拟订税厘新章提交讨论。随后，吕海寰与盛宣怀部分采纳税务司裴式楷提议进行折中处理，草拟了加税免厘新章四条，该新章提出：英国允洋货进口税 15%，中国允进口洋货免一切税厘捐款；英国允凡华洋商贩运出口土货纳出口税 7.5%，中国允凡出口土货免内地一切税厘捐款；中国有权对华商贩运土货行销中国内地征销场税；中国允以上各款办到后即将各省厘捐局卡全行裁撤。5 月 11、13 日，吕、盛将新章分别电告外务部、户部、刘坤一、张之洞、直隶总督袁世凯及马凯②。该税厘新章遭到外务部和张之洞、刘坤一反对，他们一致认为一切税厘捐款概不征收，包括太广，马凯也认为销场税即坐厘，并表示"第一条加税十五，第三条坐厘不除，万办不到"，之后盛宣怀提出进口加税减为 12.5%，马凯仍不接受，这样，谈判再次陷入僵局③。

随后，税务司裴式楷从中协调，并提出更加详细的方案十一条。5 月 30 日，盛宣怀要裴式楷带着这个方案去见马凯，后者大致接受，并提出了一些修改意见。裴式楷根据马凯的建议，对草案做了修改，要点为：进口税增至 12.5%，出口货税加至 7.5%，铁路所设厘卡以及盐卡、鸦片厘卡一律裁撤，明确可征内地税的土货品种是中国人自用货物，时间为"入零售商之后"，

① 《江督刘坤一致外部免厘加税以相抵为度勿议零星厘章电》，光绪二十八年二月二十七日，王彦威、王亮辑编，李育民等点校整理：《清季外交史料》第 6 册，第 2911 页。
② 《吕海寰、盛宣怀致外务部、户部，刘坤一、张之洞、袁世凯电》，光绪二十八年四月初四日；《吕海寰、盛宣怀致外务部，刘坤一、张之洞、袁世凯电》，光绪二十八年四月初七日，王尔敏、陈善伟编：《清末议订中外商约交涉——盛宣怀往来函电稿》，第 78、81 页。
③ 详见曹英：《晚清中英内地税冲突研究》，湖南师范大学出版社，2008 年，第 181—183 页。

并明确规定了内地税率①。对于这个加税幅度，刘坤一、张之洞也表示同意。但是，在裁厘问题上他们表示了强烈反对意见，张之洞更是表示"顷接盛电开送马使《免厘新章》，竟有'一切税厘捐款，概不征收'之语，万分可骇"，认为如果照此，"中国无财政之权，不成为国矣"。他一面电奏清廷，一面致电鹿传霖，希望他"务恳切商略相，痛切上陈，力阻盛，万不可遽与英马使定议。此国家存亡所关"②。

由于双方对加税幅度已达成共识，故谈判转入讨论裁厘问题。盐税和鸦片税是清政府财政税收极其重要来源，从维护国家财政税收的角度出发，清政府自然不能同意。6 月 12 日，双方第一次正式讨论完全裁厘问题，盛宣怀一开始就声明裁撤所有厘卡，指的是征收一般货厘的厘卡，不包括盐和鸦片的厘卡在内③。马凯坚决反对，驳称："加税只买沿途不留难，如有盐土行卡，进出口货过卡，亦必借搜私盐私土讹索阻滞"，故坚持要求所有厘卡都必须裁撤，但建议将盐厘和土药厘金在产地或销场并征④。可见，马凯这里并不抵制中国征收盐厘和土药厘金，其反对的是厘卡存在的讹索阻滞问题，会给在华商业发展带来不便。早在 1902 年 1 月的第一个加税免厘方案中，马凯就曾提出将盐卡和鸦片厘卡予以保留，但在华英商提出反对意见，他们认为保留盐卡和鸦片税卡，则不能保证货物将获得充分的保护，不被拖延和收取非法税费，唯一实际的做法就是将整个制度全部扫除⑤。因此，之后的交涉主要是在马凯分别与刘坤一、张之洞交涉盐卡和鸦片烟卡的问题，刘、张表示了坚决不撤的态度，但也同意此两项厘卡可不查他货。最终，各方达成协议，将盐卡改名为盐报验公所，土卡改为土药税所，仍可保留，但不查

---

① 《1902 年 6 月 5 日裴式楷致赫德函第 82 号》，中国近代经济史资料丛刊编辑委员会主编、中华人民共和国海关总署研究室编译：《辛丑和约订立以后的商约谈判》，第 65—66 页。

② 《致京鹿尚书》，光绪二十八年四月初五日亥刻发，苑书义等主编：《张之洞全集》第 10 册，第 8719 页。

③ 《1902 年 6 月 15 日裴式楷致赫德函第 84 号》，中国近代经济史资料丛刊编辑委员会主编、中华人民共和国海关总署研究室编译：《辛丑和约订立以后的商约谈判》，第 67 页。

④ 《吕海寰、盛宣怀致刘坤一、张之洞电》，光绪二十八年五月初八日，王尔敏、陈善伟编：《清末议订中外商约交涉——盛宣怀往来函电稿》，第 111—112 页。

⑤ "Inland Taxation," *The North-China Herald and Supreme Court & Consular Gazette*，1902-04-16，No. 1810.

验别项货物①。

与裁厘加税有关的问题还有常关的去留、销场税、出厂税、增开口岸、海关洋员监察常关等事宜。7 月 10、11 日，马凯与盛宣怀、张之洞谈判常关问题。张指出常关可以不征洋货税，但不能不征土货税。马凯同意保留原有全部常关。土货出口由常关征 2.5% 的附加税，不出口的在经过第一个常关时交 2.5% 附加税。销场税是货物在消费地销售时交纳的税，主要是针对不出口土货而征收的，由中国自定。出厂税是机制品出厂时征收的税，双方议定出厂税由海关负责征 10%，所用洋棉花退还所交进口税 12.5% 之值百抽十部分，土棉花全退各税，可以不按此规定征收出厂税的有湖北汉阳大冶铁厂及中国国家现有免税各厂，以及嗣后设立之制造局、船澳等厂所出之物件②。1902 年 7 月 15 日，刘、张、吕、盛联衔向朝廷奏报加税免厘问题谈判情形及最后拟订的条款全文。外务部在确定加税之数足可抵厘以后，于 7 月 21 日奏请批准。中英加税免厘谈判基本定议。中、英之间裁厘加税问题的解决，为以后的相关谈判提供了一个蓝本。清政府从中也似乎看到了税收大幅增加的美好前景。然而，中国与其他国家之间的交涉却并非十分顺利。日、美等国纷纷根据自己的情况，提出不同要求，中国往返会商准驳的宗旨是与英约一致③。但在具体的交涉中，还是有所变化，甚至在某些地方并不尽如人意。

（二）中美、中日裁厘加税交涉

美国政府对裁厘加税问题非常重视。不过，1902 年 6 月 27 日中美商约谈判第一次会议上，美国提交供讨论的四十款条约草案并未包含裁厘加税问题。1903 年 3 月 17 日重新开启会议时，美国再次送交了新草案，并添加了裁厘加税的内容。美国提出的裁厘加税草案条款与中英商约有很大差别。主要体现在：进口货税仅加增至 10%；不仅裁撤厘金，而且裁撤内地常关、土

---

① 《1902 年 7 月 8 日马凯在武昌与张之洞等会谈简记——表式楷记》，中国近代经济史资料丛刊编辑委员会主编、中华人民共和国海关总署研究室编译：《辛丑和约订立以后的商约谈判》，第 92—93 页。

② 《续议通商行船条约》，光绪二十八年八月初四日，王铁崖编：《中外旧约章汇编》第 2 册，第 103—108 页。

③ 《吕海寰袁世凯张之洞伍廷芳盛宣怀奏廷定议遵旨画押折》，光绪二十九年十一月十六日，王彦威、王亮辑编，李育民等点校整理：《清季外交史料》第 7 册，第 3308 页。

药税所、盐报验公所等；取消丝在所过内地常关付税的规定，出口附加税也未提，等等①。在 3 月 27 日的会议上，吕海寰对美方的裁厘加税方案表示失望。事实上，在进口加税幅度上美国并不抵制 12.5% 的税率。早在《辛丑条约》议定期间，1901 年 1 月 25 日美国亚洲协会应总统要求向其递交了关于修订商约问题的说帖，其中赞成将进口税和子口税加一倍，征收 15% 的税收，出口税征 5%，并裁除厘金②。3 月 2 日，特派全权委员约翰·凯森致函国务卿，提出有关将来协议条款意见，其中建议增加进口税至 15%，厘金全部废除③。为了保证彻底裁撤厘金，美国坚持内地常关必须裁撤。这里提出 10% 税率，其实是要迫使中方在常关上让步。在这期间，美代表向商约大臣声称："美政府四次来电，均谓不裁内地常关，万不能允加税"，"且日使屡劝美万勿允加税过十"，而意、比、奥各国亦视美国议定后接续开议④。最后，经过长时间沟通，到 6 月 11 日，中美终于达成协议，即美方同意加税幅度为一倍半，实现与英国一致，但在裁厘的范围上有明显差别。中美商约是裁撤内地常关（北京崇文门等处除外），保留土货产地税，中英商约则是保留全部常关，而没有土货产地税的内容。在清政府方面来看，裁撤内地常关将减少收入，但保留产地税又可增加相当收入，因此这一改变，并不影响其增加收入的总体构想。但是，这一国别差别，从技术上很难付诸实施。

日本表示对中英商约中有关裁厘加税的第八款可以考虑接受，但前提是必须要按照日本要求修改一些内容，因此中、日之间在该问题上的谈判并不容易。1902 年 12 月 22 日，日方代表就中英商约有关裁厘加税条款提出六条反对意见，在 12 月 29 日会议上，日方代表逐条详细解释，加税的幅度是日本反对的焦点。与英、美所定加税全部抵补裁厘原则不同，日本特别强调

---

① 《1903 年 3 月 17 日美方交来的草案》，中国近代经济史资料丛刊编辑委员会主编、中华人民共和国海关总署研究室编译：《辛丑和约订立以后的商约谈判》，第 164—167 页。

② 《关于修改同中国通商条约的说帖》，1901 年 1 月 25 日，天津社会科学院历史研究所编，刘心显、刘海岩译：《1901 年美国对华外交档案——有关义和团运动暨辛丑条约谈判的文件》，第 294—298 页。

③ 《关于中国赋税、赔款，以及拟议中的协议条款等问题的报告》，1901 年 3 月 2 日，天津社会科学院历史研究所编，刘心显、刘海岩译：《1901 年美国对华外交档案——有关义和团运动暨辛丑条约谈判的文件》，第 278、280 页。

④ 《吕海寰伍廷芳致外部美使坚执裁常关始加税之说请商户部迅示电》，光绪二十九年四月二十七日，王彦威、王亮辑编，李育民等点校整理：《清季外交史料》第 6 册，第 3194—3195 页。

"日中通商贸易尚未大旺，深恐因此致受挫折"，只同意加税部分补偿裁厘所失，提出降进口税增出口税的计划，即降低进口税至 10%，将中国土货出口税加增至 10%，且考虑到其个别商贸发展的需要，特别强调煤进口不应加税，丝斤蚕茧出口税则是一律增收。而且，还表现出了对征税监察权的争夺意识，表示对于英约中规定的海关洋员监察常关、销场税、盐务及土药征收事宜碍难允准，提出"监察所需人员，应视各国与中国通商贸易总数之多寡，选定各国人员，以昭公允"①。1903 年 1 月 16 日会议上，中方代表提出答复六条。其中，对于日本指责进口税 12.5% 的加增为过重急激，中方结合镑价日增和中国裁厘之数予以解释，声明在加税额度上不能不统一。出口税上，则是强调国际上多免税的惯例和中国征税的特别考虑，且特别指出日、英在这方面的不同，驳称"贵国爱中国之心，转不如英国之厚，甚非本大臣等平日所仰望于贵国者，并恐为各国訾议，亦殊为贵大臣所不取"②。因为争执不下，谈判陷入僵局。清政府利用裴式楷去日本参加博览会的机会，让其调停。最后，日本采纳裴之建议，中日商约裁厘加税部分采用模糊表述，即规定照各国一致办法，而未写明加税幅度③。

（三）中外裁厘加税交涉的结果与意义

清末商约修订期间之初，中外双方分别把加税、裁厘视为交涉的最重要目标，于是确立了裁厘加税在商约交涉中的核心地位。但是，无论是各国对在华商业利益拓展的思路，抑或是中国政府内部对经济主权和经济发展规划的思考，都是呈现出意见纷歧的状态，这也注定了这一问题上要达成各方满意的一致结果是十分艰难的。最后，除英、美商约对裁厘加税详细规定外，中日、中葡、中瑞商约亦规定与各国一律照办，其他各国却无所收效，而上述缔约之国也以未得各国一致同意为由拒绝实施。这样，裁厘加税一款在清

---

① 《1902 年 12 月 29 日中日修订商约会议记录 15 号》，中国近代经济史资料丛刊编辑委员会主编、中华人民共和国海关总署研究室编译：《辛丑和约订立以后的商约谈判》，第 228—230 页。

② 《1903 年 1 月 16 日中日修订商约会议记录 16 号》，中国近代经济史资料丛刊编辑委员会主编、中华人民共和国海关总署研究室编译：《辛丑和约订立以后的商约谈判》，第 230—234 页。

③ 《吕海寰袁世凯张之洞伍廷芳盛宣怀奏日本商约定议遵旨画押折（附通商行船续约内港行轮章程暨照会六件）》，光绪二十九年十一月十六日，王彦威、王亮辑编，李育民等点校整理：《清季外交史料》第 7 册，第 3308—3315 页。

末商约修订中的结局事实上是无果而终。不过，清末商约修订裁厘加税条款的交涉形式、过程及议订的内容等方面，在近代中外条约关系发展的相关方面依然有着重要意义。

毫无疑问，清末商约修订裁厘加税条款是外国在华协定关税特权的一次全面实施，形成了列强全面干涉中国财税主权的局面。列强在尽可能去除外国在华商贸发展种种障碍的宗旨下，允诺适当提高中国的进口关税，但坚持要求中国全面裁厘，并对中国内地税的税种保留及变革、关卡裁留乃至行政监管的各个方面在新修订的商约中做出了规定。这些要求和规定沿袭了《辛丑条约》用强权惩后的基本思路，充分体现了近代中国协定关税制度的一些基本特征，如单方面协定的片面性、税率一刀切的不合理性、国境和内地关税同受协定的广泛性，等等①。这些特征也是近代中国关税自主权丧失的表现。因此，在这种情况下展开的谈判，很难真正做到增加中国财政收入和保护中国经济，甚至还会伴随列强财税相关特权的扩展。

首先，通过交涉和相关条款规定，列强进一步扩大了子口税特权。根据马凯第一次提出的方案，英方实际上是要将加税免厘之举视为原子口税制度的扩大。马凯方案第二、三节明确写道："查天津和约第二十八款：'英商洋货进售内地，综算货价每百征银二两五钱，海口完纳给票，为他子口毫不另征之据'，兹欲推广此项利权，并将英商进售内地货物，现在所有阻滞全行除去"，因此，马凯进而提出"通中国各处华、洋货物及土产，其内地征收各项，无论如何名目，又无论其归国家，或归本省，或归州、县，或乡约局所征收各项，又无论该货是进口、或出口、或国内行销者，中国并承允，将所有各局、卡，系为征收货物而设者，永远裁撤。除洋关及边界所设之洋关，不在此例"②。英方这里是要求裁撤一切内地货物厘金及厘卡，实际上是再次要求扩大子口税特权。

具体而言，1858 年《天津条约》中子口税条款，允许洋商运销洋货进入

---

① 关于近代中国协定关税制度的特点及问题，详见李育民：《近代中国的条约制度》，第 112—117 页。
② 《盛大臣来电并致刘制台》，光绪二十七年十二月二十三日酉刻到，苑书义等主编：《张之洞全集》第 10 册，第 8720 页。

内地或从内地购买土货缴纳子口半税，以抵代内地过境厘金①。1876 年《烟台条约》对子口税特权进一步扩展，该约规定只要是洋货，不管是华人或洋人运销内地，在缴纳子口税后皆可免过境税②。而按照马凯这里的方案，并非如他所说采用《天津条约》子口税条款的规定，而是采用了英商一贯所持的对子口税制度的宽泛理解，即在原来子口税的基础上再加一进口附加税后，即裁撤所有厘金和厘卡，这里的厘金既包括之前已要求中国免除的洋货过境厘金和洋商从内地购买土货出口的过境厘金，另外还增括了华商出口土货的过境厘金，洋货抵达目的地后及内销土货的一切厘金，盐厘、鸦片厘，等等。清政府方面，商约大臣盛宣怀、吕海寰开始并没有注意到马凯加税免厘方案与子口税制度之间的联系，也对原来条约的真实含义不甚明了，因此面对马凯要求切实履行子口税条款的责难，无法有力应对。直到 1902 年 6 月底，经总税务司赫德详告，吕、盛二人才在致马凯的照会中，重申了 1870 年英国政府对子口税条款的解释，并结合《天津条约》及之后的通商章程善后条约，理直气壮地对马凯的无理要求予以驳斥，其中指出：进口洋货和出洋土货完纳子口税并领有子口税单后免纳其他内地税捐的范围只限于由进口口岸至到达地或由采购地至出口口岸之间，出洋土货领取税单以前，进口洋货缴纳税单进入一般流通过程以后，都应完纳当地税捐③。最后，经过中外之间良久的争论，商约修订中的裁厘和子口税特权制度的扩展，主要表现为裁掉华商运土货出口的过境税和土货内销的过境税④，另外从土货产地税、出厂税、销场税等方面限定了地方各税的征收范围，之前所有的厘金名目或取消或删改，总之在明面归于无形。抛开强权干涉中国内政不议，列强通过裁厘尽可能减少各种拦检勒索的可能性，从而为在华商贸畅通提供了更多保障，但就清政府而言，事实上还是保留了一些重要的内地税种。

其次，通过相关条款规定，以英国为首的列强进一步侵害中国征税监

---

① 《天津条约》，咸丰八年五月十六日，王铁崖编：《中外旧约章汇编》第 1 册，第 100 页。

② 《烟台条约》，光绪二年七月二十六日，王铁崖编：《中外旧约章汇编》第 1 册，第 349 页。

③ 《1902 年 6 月 27 日吕海寰、盛宣怀致马凯照会》，中国近代经济史资料丛刊编辑委员会主编、中华人民共和国海关总署研究室编译：《辛丑和约订立以后的商约谈判》，第 72 —73 页。

④ 亦有论者指出，1896 年清政府已采纳赫德意见，并允许华商想有此项权利。[日]高柳松一郎著、李达译：《中国关税制度论》，第 184 页。

察权主权，扩展了海关行政特权。例如，中英《续议通商行船条约》第 8
款第 11 节规定，"每省督抚自行在海关人员中选定一人或数人，商明总税
务司，由该督抚派充每省监察常关、销场税、盐务及土药征收事宜。该员
等须实力监察，如有不合例之需索、留难，已经监察之员禀报，该省督抚
即行将弊端除去"。该节进一步规定："凡照此款有不合例之需索及留难情
事，一经商人高发，即又中国派员一名，会同英国官员一名，及海关人员
一名，彼此职位相等，查办其事"，一旦查实确有此事，由"最近通商口
岸海关，在加税项下拨款赔还。舞弊之员应由该省大吏从严参办，开去其
缺"①。从海关中挑选并经总税务司核准的洋员监察常关、销场税、盐务及土
药征收事宜，甚至就违规滥查滥收现象处罚相应官员之类的表述也见诸条
约，这是变相扩展了海关特权，会使得以英人为主的海关人员进一步控制和
侵害中国征税监察权主权。

　　另外，他们还希望索要其他一些好处，以便为外国在华通商贸易中收获
更多，这也为商约交涉中列强获取其他特权打开了方便之门。例如，裁厘加
税一款中有关增开通商口岸的内容便带有这方面的企图和意义；在商约交涉
过程中他们还常常以加税为筹码要求筑路、开矿、行船等特权。商约交涉期
间其他一些特权的扩大，是与裁厘加税的谈判紧密交织在一起的。

　　当然，与辛丑议约惩凶方面的善后之计略有区别的是，在全面裁撤厘金
的情况下，外国在华贸易的开展和辛丑赔款的兑现都需要保证中国自身维持
一定的财税运行能力，再加之中国谈判代表的积极力争，于是有了商约修订
中有关加税及保留部分内地税方面的内容。正如英国政府方面所言，如果不
能在裁厘后在财税上给予相应的支持，那么，清政府和它的官僚们会更加发
挥其掠夺的本能，对国内外贸易和过境贸易进行敲诈勒索，其结果将首先减
少出口贸易，紧接着减少进口贸易②。可以说，除了作为进一步要挟的筹码
之外，英国为代表的列强同意加税也考虑到不能杀死清政府这只下金蛋的
母鸡。在这种情况下，列强所能接受的加税空间是极其有限的，再加之各

---

① 《续议通商行船条约》，光绪二十八年八月初四日，王铁崖编：《中外旧约章汇编》第 2 册，第 106—107 页。
② "Treaty Revision and Likin," *The North-China Herald and Supreme Court & Consular Gazette*，1902-03-19，No. 1806.

国经济实力尤其是在华商贸发展不平衡，因此加税额度的分歧成为中外议约的一大障碍。事实上，中国与英、美交涉许久，后者才勉强同意进口税率增至 12.5%、出口税率增至 7.5%，而日本更是一直强力反对，且最后是以与各国一律的方式来模糊处理。这样一种状况，决定列强很难就裁厘加税达成一致意见。而以中英新订商约中的规定为代表，还特别规定实施的条件是其他各国允立此款，且不得借此明要求中国给以政治利权或给以独占之商务利权①。这就使得该条款的实施更加渺茫。最后，已经缔约之国也以未得各国一致同意为由拒绝实施。而商约中其他一些因为裁厘加税而获得的特权条款，却依然留存。所谓的裁厘加税，在事实上成为列强获取其他利权的助推器。

此次裁厘加税谈判及相关条款的达成，对中国而言并非没有积极意义。提高关税是清政府长期以来的愿望，其背后承载了清政府增加财政收入的梦想，因此也是清政府在此次商约交涉中最重要的目标。裁厘虽然非其所愿，但是厘金制度积弊严重，清政府内部早就有整顿之意。商约大臣盛宣怀对原本对清末的裁厘加税更是充满期待，他在协商条约之前曾宣称："某不自量欲为国家岁增一二千万巨资，为闾阎除四十余年积弊"，商约交涉期间盛宣怀等人更是以裁厘加税条款"为全神所贯彻"②。在交涉过程中，中国内部但对于土货厘金的裁撤及税款的抵补，不仅未能形成统一意见，而且存在难以调和的矛盾。商约大臣盛宣怀为达成加税的协议，从全局的角度出发，赞成免厘而开征新税；刘坤一和张之洞则从地方政府的财政需要出发，在不同程度上要求保留地方厘税。在这一问题上的分歧和争议成为中外议约的另一大障碍。最后，所议定的裁厘加税方案虽然是片面协定关税的结果，但也算综合了清政府内部各方面的意见，因此中国方面总体上是满意的，尤其是进口税率终于突破了 5% 增至 12.5%，这对于中国改变近代协定关税制度下中国进口税率十分低，且出口税高于进口税税率的境地无疑是振奋人心的一大交涉结果，"苟一旦实行者，国利民福，庶几有豸"③。因此，为实现普遍的加

---

① 《续议通商行船条约》，光绪二十八年八月初四日，王铁崖编：《中外旧约章汇编》第 2 册，第 107 页。
② 盛同颐：《盛宫保行述》，中国史学会主编：《洋务运动》第 8 册，上海人民出版社，1961 年，第 67 页。
③ 盛同颐：《盛宫保行述》，中国史学会主编：《洋务运动》第 8 册，第 67 页。

税，清政府在商约中越发变被动为主动，甚至督促各国前来议定商约。虽然清末中国最终未能如愿，但之前相关条款的达成，从内政和外交的角度，都为中国之后改革和废除厘金制度，以及提高关税和实现关税自主奠定了基础。1919 年巴黎和会上中国提出关税自主的条件，1921—1922 年华盛顿会议中国提出的关税交涉及《关于中国关税税则之条约》的达成，以及之后的关税特别会议和有条件的关税自主，无不是在清末商约修订期间有关裁厘加税协议的基础上展开的。除了上述内容之外，商约修订期间，中国与各国还就矿产开采、开放通商口岸、内港行轮权等方面展开了系列交涉，外国在华特权在得到扩大的同时亦有所限制。

二、 外商在华投资开矿交涉

矿产资源，属国家永久主权的范畴①。对外国在本国投资采矿业，各国均非常慎重。在近代，"各国通例皆不准他国人承办本国矿务或公司，间有附股，事权仍是本国人为主，股份仍是本国人为多"，日本更为严格，"开矿公司直不准外人附股"②。然自鸦片战争之后，西方列强即开始觊觎中国的矿权，并通过巧取豪夺，逐步攫取中国的采矿权，对华进行大量矿业投资，而且还形成了控制中国矿权的特权制度。20 世纪初，为了便于外资在华投资开矿及获取其他相关利权，有关矿业投资的内容被纳入商约修订议程，其中，英、美、德三国议约时都提出了有关矿务的条款。从一开始，中国商约交涉大臣们便对列强将矿务纳入修约交涉进行了抵制，但在各方利益权衡之下，最终同意将矿务纳入商约，列强在开矿权利和矿务章程的修改等方面进一步扩大了列强在华特权，从而带来了中外条约关系的新变化。

英国在提交草案大纲时便在第五款中要求修改铁路矿务章程。1902 年 3 月 24 日中英上海会议上，吕海寰首先就英国将矿务纳入修约交涉提出反对，称该款不适于通商条约。订立矿务章程不是一个商务问题，而且会影响到中

---

① 姚梅镇主编：《国际经济法概论》，武汉大学出版社，1989 年，第 31 页。
② 《致外务部、商部》，光绪三十二年九月初三日巳刻发，苑书义等主编：《张之洞全集》第 11 册，第 9530—9531 页。

国政府的主权①。在一度延迟讨论之后，英方又一再提出。5 月 16 日会议上，马凯开送新改第五款，内容如下："中国意欲兴办矿务铁路，以便开辟利源，并知悉如能招集华洋资本，则可冀望大为推广，故允愿派专员在北京商订章程。英国所应派之员数必须公平按所定之章程，得以利便探查矿产及煤油，并开挖兴办矿峒、油井及筑造铁路。"吕海寰、盛宣怀认为英国意图将条款纳入商约，借此干预中国矿务，坚持"中国路矿关系最重，若无极好办法，总以不入约章为是"，因此在会上再次声明："矿路章程应由中国自行整顿，且矿路总局现有专章，未便列入商约。"②刘坤一、张之洞也持此观点。张之洞明确表示矿务不应入商约。刘坤一认为矿章的修改颁行，是中国的内政，如果入约，各国援引一体均沾，则国家的路矿之利尽被外人掠夺。7 月 8 日，马凯在武昌与张之洞会谈时，指出中国"现行的矿务章程很难令人满意"，英国政府为中国备好了一个能更好吸引外国资本来中国办矿的新章程，而且在上海时马凯已将新章程交给盛宣怀。张之洞指出议和条约内并没有提到矿务，马凯辩称开矿是商务问题，并以加税一倍半相诱，称"你们必须提供一些这类的东西"为条件，才能"劝诱"英国人"答应加税百分之一百五十"③。随后，英方又搬出英国政府和《辛丑条约》，谓："英国政府认为，按照议和条约，矿务完全是一个商务问题。"在英方的一再坚持要求之下，张之洞等人终于同意在条约中加入矿务条款，并商定条款内容。7 月 16 日会议时，中方代表告诉马凯，他们已收到外务部电令，有权解决矿务章程，但有损中国权益的事不能答应。马凯说矿务比任何事更带商业性，不是政治问题。张之洞反驳说，商务是在一个国家地面上交换货物，而矿藏是地下之物，属于这个国家，两者有分别。看到中国代表对矿务有很强的戒备心理，马凯狡猾地推说他并非谈判矿务章程，而是要谈判一个条款，在条款内答应以后续谈矿务章程。这实际上是要避开交涉锋芒，为

---

① 《1902 年 3 月 24 日戴乐尔致赫德呈文第 1407 号及第九次会议记录》，中国近代经济史资料丛刊编辑委员会主编、中华人民共和国海关总署研究室编译：《辛丑和约订立以后的商约谈判》，第 40 页。

② 《吕海寰盛宣怀致外部路矿关系最重请勿入约章电》，光绪二十八年四月初九日，王彦威、王亮辑编，李育民等点校整理：《清季外交史料》第 6 册，第 2941 页。

③ 《1902 年 7 月 8 日马凯在武昌与张之洞等会谈简记——裘式楷记》，中国近代经济史资料丛刊编辑委员会主编、中华人民共和国海关总署研究室编译：《辛丑和约订立以后的商约谈判》，第 94—95 页。

以后进一步剥夺中国利权预留伏笔。在当时情况下，张之洞等人也认为，讨论这样一个条款，相比较而言对中国更有利。于是他提议中国参考英国与其他国家的矿章，两年内制订新章程，新章公布以前不能开矿。但是，马凯反对这样做。经过讨论，双方商定中英商约矿务条款①。该条款规定："中国因知振兴矿务于国有益，且应招徕华、洋资本兴办矿业，故允自签押此约之日起，于一年内，自行将英国、印度连他国现行矿务章程迅速认真考究，采择其中所有与中国相宜者，将中国现行之矿务章程从新改修妥定，以期一面于中国主权毫无妨碍，于中国利权有益无损，一面于招致外洋资财无碍，且比较诸国通行章程于矿商亦不致有亏。凡于此项矿务新章颁行后始准开矿者，均须照新章办理。"②

1902 年 6 月 27 日，美国在递交的商约修订草案中提出有关矿务条款，具体为："美国人民若遵守嗣后由两国政府所商订之开矿及租矿地输纳税项各规条章程，可准在中国地方开办矿务及矿务内所应办之事。"③ 1902 年 9 月 30 日，中美双方会议讨论了矿务问题，盛宣怀宣示了矿务是中国内政的基本立场，并指出中英商约有极笼统的规定，希望美国代表比英国代表对中国更友好。之后的交涉中，中方代表坚持参照英约办理，并坚决抵制美方要求增加租地开矿等其他要求。4 月 24 日，双方议约代表同意照中英商约第九款增加一段话，大意是如果美国人遵守中国政府制订的章程，可准美国人在中国开办矿务及矿务内之事。但外务部及张之洞等认为"及矿务内之事"不够明确。后双方代表协商将其改为"及矿内应办之事"，但张之洞仍认为如此规定，将来索造铁路，借口运矿，很难阻止。他以山西某公司为例，说"失权最甚，前车可鉴"④。后又经沟通，终于在 8 月 26 日会议上，将其改为"并按请领执照内载明矿务所应办之事"，双方遂议定此款。因此，中美商约

---

① 《1902 年 7 月 16 日马凯在武昌纱厂与盛宣怀等会议简记——裴式楷记》，中国近代经济史资料丛刊编辑委员会主编、中华人民共和国海关总署研究室编译：《辛丑和约订立以后的商约谈判》，第 135—136 页。

② 《续议通商行船条约》，光绪二十七年八月初四日，《中外旧约章汇编》第 2 册，第 108 页。

③ 《1903 年中美商约谈判开始时美方交来的通商行船条约草案》，中国近代经济史资料丛刊编辑委员会主编、中华人民共和国海关总署研究室编译：《辛丑和约订立以后的商约谈判》，第 157 页。

④ 《致上海吕大臣、盛大臣、伍大臣，天津袁宫保》，光绪二十九年闰五月二十七日，苑书义等主编：《张之洞全集》第 11 册，第 9071 页。

有关矿务条款在英约的基础上，增加了以下内容，即："美国人民若遵守中国国家所定为中外人民之开矿及租矿地、输纳税项各规条章程，并按照请领执照内载明矿务所应办之事，可照准美国人民在中国地方开办矿务及矿务内所应办之事。至美国人民因办理矿务居住之事，应遵守中、美彼此会定之章程办理。"①

德国草案第四款规定中国政府允准德人及归德国保护者在中国土地开采矿产，矿产按所得净利及矿地面积大小纳税，不得另行索取。对德国提出的矿务条款，中方争论的主要是矿产生利纳税的规定。中方感到无法确实查知各矿的净利数额，还认为矿产税是中国主权，新矿章必须有纳税规则。最后德方让步，基本同意按清政府与英、美两国达成的条款拟定条文。

由上述交涉可知，英、美列强以修改矿章为突破口，拓展路矿利权。清政府相关人员在矿务问题上有明确的主权意识，而且尽力抵制英、美的侵略企图，争取将损害降到最低。只是矿务问题的交涉与加税谈判交织，中方代表在各方利益权衡之下，最终同意将矿务问题纳入商约，从而使得外国在华开矿特权有了进一步的发展。

首先，将外商在华办矿的权利，明确列入条约。在《天津条约》即将届满十年，准备修约时，英国商人即要求提出矿山的特权②。到 19 世纪 80 年代，外国资本便直接渗入了中国的矿业。但那时列强的投资主要是为商品输出服务的，规模不大。而且，在甲午战前，清政府在采矿业实行的也是排斥外资的政策，外国人没有取得合法的采矿权。甲午战争之后，为扩充利源，摆脱财政困境，清政府产生了吸收外资采矿的意向，这就为外国人攫取矿权提供了契机。法国以干涉还辽向清政府索取报偿，首先取得这一特权。1895 年 6 月，中法订立的《续议商务专条附章》第五条规定中国将来在云南、广西、广东开矿时，先向法国厂商及矿师人员商办。虽然这里没有划定具体矿区，但外人在华办矿由此成了条约特权。我们知道，矿权与路权一样，是列强争夺势力范围的具体内容。在甲午战后的瓜分狂潮

---

① 《通商行船续订条约》，光绪二十九年八月十八日，《中外旧约章汇编》第 2 册，第 185 页。
② ［英］伯尔考维茨著，江载华、陈衍合译：《中国通与英国外交部》，第 45 页。

中，列强也掀起了争夺矿权的高潮，"得步进步，直有拒之不能，应之不给之势"①。德国通过《胶澳租界条约》，首先获得了具体的开矿权，俄国亦步其后尘，取得同样的特权。各国及其外人攫取矿权的手段主要有四：一是因路及矿，即路权的攫取兼及矿权；二是各国私人或公司得到本国驻华公使的支持，从清中央政府取得矿权；三是各国私人或公司从各省当局取得矿权，并得到清廷的认可；四是外商与华商私订合同，然后胁迫清廷追认②。此时，这已不是一个简单吸收外资的问题，清政府已不能自主地处理这一问题，只能是在外国的强权政治下，被迫开放矿权。而清末修订的商约，却使得清政府将外商在华办矿的权利，明确列入通商行船续约，规定中国应招徕华、洋资本兴办矿业。翌年，中美通商行船续约亦订入同样的条款。这样，就明确给予了外人在华承办矿业的权利，允许外人来华采矿也就成了中国不可推卸的国际义务。

其次，国内矿务章程的修订被纳入双边条约规范的范畴，反映了列强在华条约特权的变本加厉，也是中外不平等条约关系深入发展的重要体现。在外人攫取矿权的同时，清政府即着手订立矿务章程。1898 年清政府制订了近代中国第一个矿务章程，1899 年予以修改。1902 年又制订了新的矿章。这些章程均是临时性质的暂行章程。由于没有正式章程，"致多中外镠轕者，或洋商冒称华商，或华商假托洋商，办理甚形棘手"③。从中国方面来看，对于外人漫无边际的要挟渎扰，需要加以限制。从列强方面来看，需要中国在法律上保障他们的开矿特权，但又对清政府制订的矿务章程很不满意，故在商约修订时提出按照他们的意见修改的要求。最后，中英、中美商约包含了有关修改矿章的条款内容，其中还特别提到了"自行将英国、印度连他国现行矿务章程迅速认真考究"，"自行将美国连他国现行矿务章程迅速认真考究"之类的话，而且还规定章程"于中国主权毫无妨碍，于中国利权有益无

---

① 《总署奏》，光绪二十四年七月十八日，台北"中研院"近代史研究所编印：《矿务档》第 4 册，1960 年，第 2255 页。

② 李恩涵：《晚清的收回矿权运动》，台北"中研院"近代史研究所，1978 年，第 45—46 页。

③ 《致外务部、农工商部》，光绪三十三年三月十一日巳刻发，苑书义等主编：《张之洞全集》第 11 册，第 9599 页。

损"，但同时又要求"于招致外洋资财无碍"。如此这般，按照列强的意愿制订矿务章程，便成了中国的国际义务。

当然，矿务章程一款，只是原则规定，中国如何制定便利外商投资的矿务章程，其决定权还在清政府。清政府从 1902 年即开始筹备正式矿务章程的编纂，大约在 1905 年底由张之洞完成，但直到 1907 年 9 月才正式颁布，称《大清矿务章程》。该章程共七十四款，此外还有附章七十三条，是中国具有近代法律形式和性质的第一部矿业法。章程对于外人投资矿业，主要有如下规定：关于已订矿务合同者，须照本章程办理，其中"有占夺华民生计及有碍中国主权、地方治理者，仍应妥为修改"。关于新投资者，规定外国矿商不能充地面业主，无论用何方法，不得执其土地作为己有；外商投资只能与华商合股承办，合股办法有二，一是业主以矿地作股与洋商合办，则专分余利，不认亏耗；二是华商以资本入股与洋商合办，华洋股份以各占一半为度，权利均分，盈亏与共。关于外商担保及外商犯罪处罚办法，规定合股洋商须有该国领事公文证明其人能切实遵守本章及附章，方能发给执照；外商有犯罪情事，仍由该国领事处断，如处断不能得中国官吏许可，商民悦服，以后该国商人即不准在本省再请开矿执照。除上述之外，在矿地限制、税、利等方面亦有规定[1]。

该章程的主旨是"便于洋商，不致有亏"，对于华民生计，中国主权，则是"设法保持"，"用资补救"[2]。因此，"较之各国通行章程但有加宽并无加严"[3]，外人仍能获取很大的矿权。例如，章程规定，地面业主与洋商合股而别无华商银股，洋商则留股份三成听华商随时入股；五年之后，若华股无人则留一成半，再五年则全部不留[4]。这一规定实际上是允许洋商占有全部股份，控制矿权。此外，对于中外合资的矿务管理，该章程亦未具体规定办

---

[1] 《农工商部等会奏核议矿务章程折附片并清单》，上海商务印书馆编译所编纂、李秀清等点校：《大清新法令 1901—1911 点校本》第 4 卷，商务印书馆，2011 年，第 338—382 页。

[2] 《进呈拟订矿务章程折》，光绪三十一年十一月二十八日，苑书义等主编：《张之洞全集》第 3 册，第 1686 页。

[3] 《农工商部等会奏核议矿务章程折附片并清单》，上海商务印书馆编译所编纂、李秀清等点校：《大清新法令 1901—1911 点校本》第 4 卷，第 333 页。

[4] 《农工商部等会奏核议矿务章程折附片并清单》，上海商务印书馆编译所编纂、李秀清等点校：《大清新法令 1901—1911 点校本》第 4 卷，第 341 页。

法，外商仍有可能掌握管理大权。即使如此，总的来看，该章程对于加强开矿的管理，维护中国主权，还是起了积极的作用。此后外人投资矿业所订合同，较以前所订合同，则大有利中国。不过，清末商约的相关规定仍给外国干预中国矿务章程的制定和干预中国内政留下了依据。在该章程颁布后，英、美等国纷纷照会中国表示反对，要求中国在实施该章程前，根据外国代表的反对意见进行彻底的修改，其理由是该章程的一些条款对开矿活动限制太多，直接违背了新订商约之规定，会对外国人投资开矿形成阻碍[①]。

三、 增设通商口岸交涉

自第一次鸦片战争以来，开放通商口岸是列强在战后迫签不平等条约的重点内容，而在修订通商条约的谈判中，列强往往也会要求增开口岸以拓展在华权益。因此，清末商约修订期间，各国提出增开口岸的要求便成为不可避免的问题。中国近代通商口岸的开放主要是在列强的强迫下开放的条约口岸，它与居留租建权、领事裁判权、税收、租界等外国在华特权有着密不可分的关系，由此发展出来的通商口岸特权是外国在华不平等条约特权的重要方面。此外，自1898年以来，清政府为维护国家行政管理权并振兴商务、扩充利源，开始主动开放一批通商口岸，是为自开口岸。清末商约修订期间，列强纷纷提出开放条约口岸的要求，而中国也有着强力地维护国家权益的意识，因此中外双方围绕开放的地点、形式及外国在口岸的具体权利等问题展开了激烈的争论。

中英议约时，英方代表提出仿照天津、南京条约先例，开放北京、常德、长沙、成都、叙州、云南府、安庆、湖口、珠江和江门等十处为通商口岸[②]。盛宣怀在1902年1月21日第四次会议上答复说，中国若答应，他国必效尤，这样会带来厘金减少、外人在内地居住权等一系列问题；并表示中国

---

① "Charge Fletcher to the Secretary of State (Inclosure: Charge Fletcher to the Prince of Ch'ing)," February 6, 1908, U. S. Department of State, *Papers Relating to the Foreign Relations of the United States with the Annual Message of the President Transmitted to Congress December 8, 1908*, U. S. Government Printing Office, 1908, p. 174.

② 《商约大臣盛宣怀致外部英使请推广通商口岸并随时陈说电务均不能允电》，光绪二十七年十二月初十日，王彦威、王亮辑编，李育民等点校整理：《清季外交史料》第6册，第2860页。

已经决定将来自己主动开放口岸，某些沿海沿江口岸或者可以开放，但是内地口岸开放将遭到反对①。1 月 24 日第五次会议，盛宣怀进一步表达了要削减英国要求的态度，而且再次强调中国要自开口岸，外国人可以享受到与约开口岸相同的贸易便利，并可划定专为外国人居住的地区，但市政与巡捕由中国人自办②。在 1902 年 1 月 27 日举行的第六次会议上，盛宣怀向马凯转达了中国内部对开放口岸的反对意见，但马凯以中国人在伦敦可以任便经商为据，坚持要求开放北京。盛宣怀以中国人在英国不能享受治外法权进行了有力反驳③。双方在增加口岸问题上频频交锋，许久未能达成一致意见。7 月 6 日，盛宣怀与马凯在"新裕"轮上又讨论了增开口岸一事。马凯把口岸数目减少到五个，即长沙、万县、安庆、惠州、江门。但盛宣怀仍坚持自开，马凯退一步表示，如果中国怕开口岸减少厘金收入，他愿意把增开口岸——江门除外——放在裁厘加税条款中。盛宣怀争辩说中方害怕的是其他国家援例。但是马凯态度十分强硬，表示他自己已减少口岸数目，因此除非开作通商口岸，再谈也无用。就这样，双方针锋相对，继续争辩④。最后，在中英新订商约有关裁厘加税第八款第十二节中对开放口岸有专门规定。其中明确指出，以条约口岸的形式开放长沙、万县、安庆、惠州和江门五处，其中前四处的开放以裁厘加税的实行为前提。而在这五处条约口岸的具体管理上，与以往一般的条约口岸略有区别，即规定"各国人在各通商口岸居住者，须遵守该处工部局及巡捕章程，与居住该处的华民无异，非得华官允准，不能在该通商口岸之界内自设工部局及巡捕"⑤。也就是说，外国人不得在这些口岸自开租界，并得部分接受中国政府的管理，而其中四地的开埠又以裁厘加税的实施为前提。因此，英国虽然通过商约修订，进一步扩大了条

---

① 《1902 年 1 月 21 日戴乐尔致赫德呈文第 1385 号及第四次会议记录》，中国近代经济史资料丛刊编辑委员会主编、中华人民共和国海关总署研究室编译：《辛丑和约订立以后的商约谈判》，第 31 页。

② 《1902 年 1 月 25 日戴乐尔致赫德呈文第 1387 号及第五次会议记录》，中国近代经济史资料丛刊编辑委员会主编、中华人民共和国海关总署研究室编译：《辛丑和约订立以后的商约谈判》，第 32 页。

③ 《1902 年 1 月 28 日戴乐尔致赫德呈文第 1388 号及第六次会议记录》，中国近代经济史资料丛刊编辑委员会主编、中华人民共和国海关总署研究室编译：《辛丑和约订立以后的商约谈判》，第 33 页。

④ 《1902 年 7 月 6 日马凯在"新裕"轮上与盛宣怀会谈记录——裴式楷记》，中国近代经济史资料丛刊编辑委员会主编、中华人民共和国海关总署研究室编译：《辛丑和约订立以后的商约谈判》，第 83—86 页。

⑤ 《续议通商行船条约》，光绪二十八年八月初四日，王铁崖编：《中外旧约章汇编》第 2 册，第 107 页。

约口岸，但是数量受到了限制，事实上后来因为裁厘加税条款没有实施，就英国而言，所获得的约开口岸仅为江门①。与先前条约口岸管理办法相比，上述规定是类似自开口岸的管理办法，这不仅能使中国部分挽回在这些口岸的利权，从中外条约关系的发展来看，也具有对条约口岸特权制度进行直接限制的积极意义。

在与中国修订商约的国家中，美国最初索要的通商口岸是最少的。1903年3月17日，美方代表递交条约草案，其中第十二款后面提出将北京、东北之奉天和大孤山三处开埠通商，与其他已开口岸无异②。谈判过程中，美方又把大孤山换成大东沟，继后又换成安东。东北开埠势必牵涉俄国。自19世纪末叶瓜分狂潮以来，东北已成俄国的势力范围，尤其当时俄国军队尚未从东北撤军，因此俄国坚决反对东三省添开口岸。美、日等国要求东北开埠，有不欲东三省为俄国一国独占之意③。中方顾虑俄国反对开埠，甚至借口不肯退兵，因此最初拒绝美国开埠要求。张之洞还建议外务部，"宜趁美、日索开东三省之便，即恳美、日、英三国代我劝俄，照约按期退兵换地"④。此后，美国与沙俄多次交涉，在东北开埠问题上获得俄国同意，美驻华公使康格与清政府外务部在北京就开埠多次协商。中方同意俄国撤兵后在东北自开商埠。8月30日，吕海寰、盛宣怀与伍廷芳电外务部，草拟自开口岸约文，文曰："中国政府又允将盛京、大东沟两处由中国自行开埠通商，准外国人居住、贸易。至于开埠及设工部、巡捕一切善后事宜，与现在已经自开之岳州等口岸一律。"⑤ 但是，美方坚持要求约开口岸，最后双方妥协，在中美商约中规定：奉天府和安东县两处地方由中国自行开埠通商，但将来由

---

① 1903年的中日《通商行船续约》又作出了长沙照中英商约所定江门办法开放的规定，这与同时有效的中英商约的规定存在矛盾。因此，1904年的长沙开埠，存在自开和约开两种争议。

② 《1903年3月17日美方交来的草案》，中国近代经济史资料丛刊编辑委员会主编、中华人民共和国海关总署研究室编译：《辛丑和约订立以后的商约谈判》，第168页。

③ 《吕海寰伍廷芳致外部东三省开埠应由中国自办希告美使电》，光绪二十九年四月初十日，王彦威、王亮辑编，李育民等点校整理：《清季外交史料》第6册，第3187页。

④ 《鄂督张之洞致外部俄人要我东省不许添口岸断不可允电》，光绪二十九年四月初八日，王彦威、王亮辑编，李育民等点校整理：《清季外交史料》第6册，第3186页。

⑤ 《吕盛伍三使致外部盛京大东沟开埠通商仿照岳州办理电》，光绪二十九年七月初九日，王彦威、王亮辑编，李育民等点校整理：《清季外交史料》第7册，第3231页。

中、美两国政府共同商定有关"外国人公共居住合宜地界并一切章程"①。这样就形成了奉天、安东两个不同于以往的约开口岸。

日本最初要求开放十三处通商口岸，居于列强索要口岸数量榜首。这十三处分别为北京、奉天、大东沟、长沙、常德、南昌、湖口、安庆、惠州、芦溪、成都、叙州、衢州。其中长沙、万县、安庆、惠州已在中英商约中有规定，奉天在中美商约有规定。日本在此基础上展开交涉。对于长沙、万县、安庆、惠州四口，中方告之"以英索开口岸，系列入加税免厘款内，若此款不举行，则口岸亦不能允开，惟江门一处，不在第八款之列"，但日本不愿照英约办法加税开埠，称"此与加税系属两事，不能归入一款"。双方争持不下，1902 年 4 月初，日方提出拟一照会，由中方电告外务部，然后由日使内田与外务部谈判。4 月 7 日，吕海寰、伍廷芳将此照会电告外务部。照会大意是中国应在一年内开放北京、奉天、大东沟、长沙，准外国人居住、营业，所有章程应与日本协定；常德、湖口、安庆、叙州由中国按上述办法择日开放。吕海寰、伍廷芳坚持北京开埠万不可允，自开口岸与日本协商章程丧失主权，另考虑到俄国在东北的扩张，"奉天及大东沟意在牵制，于我尚未为有益"，但也认为要警惕俄国有所借口，妄事要挟②。张之洞知悉后，对于日本的大肆索取口岸和协商章程很有意见，并致电吕海寰、盛宣怀，谓："英国加税，止开数口，日本不允加税，而索开九府地方，实无情理。况将来他国借口要挟，一国数府，一国即数十府，岂非遍地通商？鄙意不得格外利益，断不可再添一口。"而且，他提出："至日使所拟照会内章程与日本协定，一切办法，仍照前开各处办理等语，尤多窒碍。将来如有万不能不开之通商场，其章程界限应由我自定，所有一切管辖、收捐各主权，由中国自操，不能照旧开口岸办理。"另对于自开放奉天和大东沟两处口岸，他也认为"于中国保护根本之道实有大益，确是善策"，并提出"惟此系特许索开之口岸，他国或援例又指别省，纷纷索开口岸，

① 《通商行船续订条约》，光绪二十九年八月十八日，《中外旧约章汇编》第 2 册，第 187 页。
② 《吕海寰伍廷芳致外部日索开口岸请俟加税后再办电》，光绪二十九年三月十二日，王彦威、王亮辑编，李育民等点校整理：《清季外交史料》第 6 册，第 3173—3174 页。

势难遍应，其患亦不可不防。倘能切商日使，许我别项利益，然后允开此两处口岸，则既有词以对俄人，亦有词以谢各国"①。可见，清政府有鉴于以往通商口岸特权的危害，这时已形成了维护主权的强烈意识，通过利益交换的方式将危害降到最低，亦成为商约修订期间中方交涉的重要策略。之后，张之洞与日使内田就商约修订进行谈判，其间英、美、日三国都一再坚持的北京开埠问题成为双方争论的焦点。6 月 3 日，日本提出各国洋商纷纷在北京设商肆，散漫无稽，有碍地方管辖之权，不如开埠通商加以限制，张之洞则要求以撤退护馆兵为条件，并且要仿照日本东京所开外国居留地办法，由中国自设巡捕管理②。最后，中、日两国商定，东北的奉天和大东沟按照中美商约所定方法开放，长沙则照中英商约所定江门办法开放，"如驻扎直隶省之各国兵队暨各国使馆兵队一律撤退后，中国即当在北京自开通商场，其详细章程临时商酌订定"③。

《辛丑条约》规定了各国护路兵和护馆兵驻中国，形成了严重侵害中国主权的在华驻兵权，这里规定各国撤兵后，北京始通商，无疑不是一种挽回主权的办法。

总之，通过商约的修订，这一时期条款规定的增开口岸数量又增加了八个，反映了列强企图借修约进一步扩展贸易的趋势。但是伴随中国维护主权和利权意识的增强，中方大大缩减了列强，尤其是英、日两国索要通商口岸的数量，而且在开埠通商的形式上尽量争取自开，且无论是自开或约开，在条款规定中都加强了中国对口岸的管辖权，从而对条约口岸特权制度加大了限制。在这当中，长沙、万县、安庆及惠州四处开为条约口岸，又是以裁厘加税的实施为前提，而北京通商则以外国撤退驻军为前提，由这些条件的设置，足可见商约修订期间清政府的一些重要交涉目标。清末时期，因为相关条件没有实现，除长沙外，其他四口都没有开埠通商。商约议定后，中外之间仍围绕自开与约开，以及相关章程的制定继续展开交涉斗争。

---

① 《鄂督张之洞致吕盛二使日索开九府口岸请向日使切商电》，光绪二十九年三月二十二日，王彦威、王亮辑编，李育民等点校整理：《清季外交史料》第 6 册，第 3180 页。
② 《致瞿子玖》，光绪二十九年闰五月二十七日，苑书义等主编：《张之洞全集》第 12 册，第 10284 页。
③ 《通商行船续约》，光绪二十九年八月十八日，王铁崖编：《中外旧约章汇编》第 2 册，第 194 页。

四、 外国在华内港行船问题

商约修订期间，外国在华内港行轮权有了新发展，这也成为商约修订的又一重点内容。

所谓"内港"，按《内港行船章程》规定，"即与《烟台条约》第四端所论'内地'二字相同"[①]，系指沿海、沿江、沿河及陆路各处不通商口岸[②]。也就是说，非通商口岸皆属"内地"。内港行轮权属于内河航行权，它与国家的国防、政治和经济关系密切，是国家主权的重要组成部分。没有得到河流归属国的许可，任何一个国家的船舶都不能在此内河航行，否则，便是对此国主权的侵犯。列强攫取内河航行权，始于第二次鸦片战争，此后便逐渐由长江扩展到其他河流，由通商口岸扩展到非通商口岸，即内港。1858 年 6 月订立的中英《天津条约》是列强取得内河航行权最早的条约依据。该条约规定"长江一带各口，英商船只俱可通商"，航行区段限于汉口以下长江水域，通商口岸限于三口，而且除镇江一年之后可通商外，余均须俟战事结束方可通商[③]。之后，英国参赞巴夏礼与中国地方当局拟定了《长江各口通商暂订章程》。该章程规定了开放镇江、九江、汉口长江三口的暂行办法，经总理衙门核准，于 1861 年 3 月颁布。至此，长江正式对外开放。之后列强陆续与中国签订多个条约，进一步扩大内河航行权。随着芜湖、宜昌、重庆成为通商口岸，至 1890 年，外商可沿长江行驶到宜昌，再雇用或自备华式船只航行至重庆。1895 年中日《马关条约》，日本亦取得在重庆通商的特权，并增开沙市、苏州、杭州为通商口岸，同时亦允许日本轮船驶入重庆[④]。至此，外国轮船取得了在长江上游航行的特权，长江差不多完全对外开放。1898 年，应列强要求，以及为适应形势变化，总理衙门于 1898 年交由总税务司、各关税务司筹议，重订长江通商章程。除长江航行权之外，列强还攫取了其他河流的航行权。1895 年《马关条约》允日本轮船从上海驶进吴淞江

---

① 《内港行船章程》，光绪二十四年五月二十五，王铁崖编：《中外旧约章汇编》第 1 册，第 786 页。
② 《烟台条约》，光绪二年七月二十六日，王铁崖编：《中外旧约章汇编》第 1 册，第 349 页。
③ 《天津条约》，咸丰八年五月十六日，王铁崖编：《中外旧约章汇编》第 1 册，第 97 页。
④ 《马关条约》，光绪二十一年三月二十三日，王铁崖编：《中外旧约章汇编》第 1 册，第 616 页。

及运河以至苏州府、杭州府①。继而，通过 1897 年订立的《续议缅甸条约附款》，英国取得在珠江航行的特权。该约专条规定将梧州、三水城、江根墟开为通商口岸，香港至梧州，广州至梧州，轮船可以往来②。

　　列强并不满足取得几条河流的航行权，在 19 世纪 90 年代的瓜分狂潮中，又进而把手伸向中国的全部内河，攫取了内港的航行权。外商很早就想获得在内港的航行权，在太平天国运动期间，他们利用战乱并获得清政府的默许，开始在上海附近的川流或运河，经营非法的汽艇运输业务③。太平天国失败后，清政府于 1865 年发布一项公告，禁止外国汽艇在非条约口岸航行。外商却以中英《天津条约》第 9 款所给予的内地旅行权为借口，强词夺理，硬说这是内港行轮的充分根据④。这完全是曲解条约，该款所给予的内地旅行权，"只限于利用就地所能得到的代步工具作为旅行手段"，而不是"内港行轮"的特权。1895 年，日本通过《马关条约》，取得了在吴淞江、运河航行至苏、杭的特权，首先打破了外国轮船不得在长江以外的内河航行的成规，可以说是"我国内港航权丧失之嚆矢"⑤。但严格来说，这不是内港航行权，因苏、杭已被开为通商口岸。然而，紧接着甲午战后所掀起的瓜分狂潮，为列强正式攫取这一特权提供了机会。1898 年英国在向中国贷款被拒后，便于 2 月 5 日向中国提出了补偿的要求。清政府屈服于"战争的威胁"，同意了三项要求中的两项，其中包括允许外国轮船在中国广大内河航行⑥。

　　外国商船在内港航行，与在沿海、长江航行有着重要的不同。沿海、长江的航路均是以通商口岸为依托，航路两端都有通商口岸，而在内港航行的路线是在通商口岸与未开放的内地之间。因而，内港航行所牵涉的问题更多，其具体制度也更为特殊和繁杂。外国商船在内港航行的特权和具体制度，在清政府 1898 年所颁布的两个章程中作出了初步规定。1898 年 7 月 13

　　① 《马关条约》，光绪二十一年三月二十三日，王铁崖编：《中外旧约章汇编》第 1 册，第 616 页。
　　② 《续议缅甸条约附款（附专条）》，光绪二十三年正月初三日，王铁崖编：《中外旧约章汇编》第 1 册，第 690 页。
　　③ ［英］莱特著、姚曾廙译：《中国关税沿革史》，生活·读书·新知三联书店，1958 年，第 325 页。
　　④ ［英］莱特著、姚曾廙译：《中国关税沿革史》，第 326 页。
　　⑤ 卢化锦：《沿岸及内河内港航行权问题》，《东方杂志》1929 年第 26 卷第 16 期。
　　⑥ ［英］菲利浦·约瑟夫著、胡滨译：《列强对华外交》，第 241—242 页。

日，清政府颁布了《内港行船章程》，其第一款载："中国内港，嗣后均准特在口岸注册之华、洋各项轮船，任便按照后列之章往来，专作内港贸易。"①此后，中国的内河，无论巨川支流，凡可以通航者，均对外国轮船开放。9月，又对章程作了增补，"目的是要为有关外国人等设法把他们的条约利益和权益应用到内港章程上"，从而使"内港行轮的范围一天比一天的扩张"②。

从 1898 年清政府颁行内港行轮章程开始，列强一直图谋扩大内港行轮权。清末中外修订商约时，英、日两国都提出了这样的要求。英方第十七款草案要求修改 1898 年的内港行轮章程。日方草案明确要求中国允许能驶入内河的行海商船，办理注册后，往来中国内河。另外，美方 1902 年草案第三十四款要求美国人享受 1898 年《内港行船章程》，且中国承允嗣后将章程修改，以利通商。与此同时，中方亦有修改旧有章程，试图挽回中国内港航权的意识。1902 年 7 月 30 日，吕海寰、盛宣怀致电外务部、刘坤一和张之洞，指出："内港行轮，诚于治权、利权有碍"，"二十四年所定章程，已注定内地二字，虽竭力限制，终有后患。如欲收回治权利权，非将前章删改不可"。而在具体的办法上，该电文进而指出："查各国内港行船，均本国人办理，外人不得侵越，中国何独不然。自应限定一年后即照新章，专归中国轮船行驶。如各国民人欲行小轮，只能与华人议立合股公司，该公司归中国注册，填发关牌，张挂中国旗号，与华人之例无异。本船上俱用华人。或争讼、或犯法，概归地方官管理。码头栈房亦概照民船例，由中国内治向章办理。"③ 因此，中方代表为维护国家权益，同各国代表进行了积极、艰难的斗争。但是，内河航行交涉与加税等其他交涉牵扯甚多，而且又有成案在先，要想完全收回治权利权谈何容易。就清末商约修订期间的内港行轮谈判来看，清政府与美国的交涉相对比较简单，而其与英、日两国的谈判却是比较艰难。最后，在清末新订商约及中英、中日商约附件《续议内港行轮修改章程》中，对内港行轮制度再次加以补充，外国在华内港行船权虽然部分受到

① 《内港行船章程》，光绪二十四年五月二十五日，王铁崖编：《中外旧约章汇编》第 1 册，第 786 页。
② ［英］莱特著、姚曾廙译：《中国关税沿革史》，第 331 页。
③ 《吕海寰、盛宣怀致外务部、刘坤一、张之洞电》，光绪二十八年六月二十六日，王尔敏，陈善伟编：《清末议订中外商约交涉——盛宣怀往来函电稿》，第 138 页。

限制，但总体而言有了明显扩大，主要表现在以下方面：

一是外国轮船在华内港航行权有了明确的条约依据。1898 年《内港行船章程》是清政府颁布的，还未受国际条约束缚。而列强"一旦用侵掠或让与的方法取得一项利益，便尽速把这项利益载在条约规定中，以期给予这项既得权益以合法权利的地位，借以防范它的万一被收回"①。1902、1903 年，英、日与中国修订通商行船条约时，不仅此特权载于该约，还对此章程进行修改，作为商约的附件。同时亦明确规定，"惟此章程应按照遵行，直至日后彼此允愿更改为止"②。中美新订商约也确定了美国获得与他国同样的内港行轮权，且约定美国以后参与修改行轮章程之权③。这样，外国轮船在内港航行，有了条约依据，中国不仅不能随意收回此特权，就是更改章程，也须英、日、美等国允准。吕海寰、盛宣怀在 8 月 6 日致外务部、刘坤一和张之洞的电文中道出该条入约的大致情形缘由及进一步修改章程的困难，谓："内地侨居，前所力拒。而内地行轮，彼欲将成案推广入约。屡拒而仍允者，实因马必欲我允第九、第十、第十一款，彼方允第八、第十二、第十三款一起电英，意甚决绝。在鄂会商矿务、口岸，将来勘议得人，可期无损。行轮则成案难挽，惟有设法限制。效电系会商拟稿，经香帅添改、钞送、译发，向来联名会奏，无不意见相同也。总之，内地行轮，香帅与海、宣皆虑流弊甚大。电内声明，只能于修改章程时竭力挽救，因在鄂辩论已到尽处，是以海、宣过宁面告岘帅谓，全约皆无后患，惟此实属疚心，请图补救。"电文进而指出："现图补救者有二难焉。马凯执定和约内通商行船各条，诸国应行商改之处，中国应允商议妥善数语，必欲列入条款。不列万不答应，列则永留后患。此一难也。马凯又执定总署已颁行华洋轮船驶行内港章程内声明，嗣后如有应行修改之处，即可随时改订，而彼欲修改者在推广，我欲修改者在限制，如矛刺盾。此二难也。"④

① ［英］莱特著、姚曾廙译：《中国关税沿革史》，第 324 页。
② 《续议通商行船条约》，光绪二十八年八月初四日；《通商行船续约》，光绪二十九年八月十八日，王铁崖编：《中外旧约章汇编》第 2 册，第 108、194 页。
③ 《通商行船续订条约》，光绪二十九年八月十八日，王铁崖编：《中外旧约章汇编》第 2 册，第 187 页。
④ 《吕海寰盛宣怀致外部及刘张内港行轮惟有设法限制电》，光绪二十八年七月初三日，王彦威、王亮辑编，李育民等点校整理：《清季外交史料》第 6 册，第 3015 页。

二是在外国商船的航路规定上有所变化。对于内港航行的航路，1898 年《内港行船章程》的规定是："或在口岸内驶行，或往来内港。"① 这一规定，按照当时的一般见解，是指从事内港贸易的外国轮船，只能以发放专照的口岸为其活动中心，从此口岸驶赴内地，不得驶入另一个通商口岸的境界②，即不能从事通商口岸间的贸易。新订的《续议内港行轮修改章程》则大大扩充了内港航行的行驶范围。章程第八款载："此项轮船准在口岸内行驶，或由通商此口至通商彼口，或由口岸至内地，并由该内地处驶回口岸。"③ 这项规定取消了外国轮船只能以一个通商口岸为其活动中心的限制，让内港航行轮船可在一次航程中兼有对内地各处和通商各口贸易的便利④。这样，从事内港贸易的外国轮船，实际上既可作内港贸易，又可作沿岸贸易。此外，关于新航线的开辟，章程规定，如有商人有意于商船未经到之内港设轮行驶，先向税务司报明，再转禀商务大臣，会同该省督抚，体察情形，迅速批准⑤。

新的内港行轮章程对外国商船的航路亦做了进一步的限制。1898 年的章程规定"不得驶出中国之界"⑥；在交涉中，对此中方试图进一步明确和限定，并往以张之洞或刘坤一颇为坚持进行申辩。吕海寰、盛宣怀曾告诉马凯，"江督只准由口岸至内地，并由该内地处回口岸，断不能由此内地至彼内地任便行驶"，但是马凯坚持认为旧的章程"任便往来专作内港贸易"，不能更改已定之案⑦。最后，新修订的章程还是就此作出了明确限定："非奉中国政府允准，不得由此不通商口岸之内地至彼不通商口岸之内地，专行往来。"⑧ 但是，外国商船在航路方面基本上享有与中国船只一样的权利，它们所受到的某些限制，中国船只亦不能例外。如新章程还规定，"如有浅水河道，恐因行轮致伤堤岸以及相连之田地，中国欲禁小轮行驶者，知会英国官

---

① 《内港行船章程》，光绪二十四年五月二十五日，王铁崖编：《中外旧约章汇编》第 1 册，第 786 页。

② ［英］莱特著、姚曾廙译：《中国关税沿革史》，第 374 页。

③ 《续议内港行轮修改章程》，光绪二十八年八月初四日；《附件第一：续议内港行轮修补章程》，王铁崖编：《中外旧约章汇编》第 2 册，第 113、196 页。

④ ［英］莱特著、姚曾廙译：《中国关税沿革史》，第 374 页。

⑤ 《续议内港行轮修改章程》，光绪二十八年八月初四日，王铁崖编：《中外旧约章汇编》第 2 册，第 113 页。

⑥ 《内港行船章程》，光绪二十四年五月二十五日，王铁崖编：《中外旧约章汇编》第 1 册，第 786 页。

⑦ 《吕海寰盛宣怀致外部及刘张内港行轮惟有设法限制电》，光绪二十八年七月初三日，王彦威、王亮辑编，李育民等点校整理：《清季外交史料》第 6 册，第 3015 页。

⑧ 《内港行船章程》，光绪二十四年五月二十五日，王铁崖编：《中外旧约章汇编》第 2 册，第 113 页。

员，查明实有妨碍，即行禁止英轮行驶该河，但华轮亦应一律禁止"①。这一规定无疑是说，在中国的内河，若不准外国商船行驶，那么，中国自己的船只也不能行驶。

三是规定了外国商船在内港航行、贸易等其他方面的权利和义务。在权利方面，一是规定外国船东可以在河道两岸租栈房及码头，租期不超过 25 年，所纳税捐，"如同中国人民左近及相类之房产一样"。外商不能在所租栈房之内居住、贸易，只能雇用中国代理及办事等人，但可随时前往察视生意情形②。二是还扩大了内港航行轮船式样的范围。1898 年章程曾规定"非出海式样轮船"可在内港航行，这实际上是禁止大轮在内港行驶。1903 年中日条约取消了这一限制，其第三款载：中国"允能走内港之日本各项轮船"在内港地方贸易③。日使日置益随即又照会清政府，对其含意加以强调："日本各项轮船，无论大小，只以能走内港为准"，中国不得借词禁止④。照此规定，驶入内港的外国商船已没有任何体积限制，只要能在内港航行均可。三是外商可以投资华人在内港设立的轮船公司，但该公司轮船不可因有外商股份而悬挂外国旗帜⑤。

在应遵守的义务方面，主要有：不准装运违禁货物；如损伤堤岸或各项工程，应予赔偿；不得驶过内河向有坝闸之处；轮船拖带之船只，其船户、水手均应归华民充当，等等⑥。

从上述条约内容及相关章程的变化可以看出，列强对中国航行权侵夺的更进一步加深。从航路规定来看，有一显著特点，即没有指明航行路线，而是作笼统的规定，凡属上述范围，外国商船均可驶入。这样，便保障了外国商船在中国的任何内河航行、贸易的特权，而且，外国商船与中国船只在航路方面的权利基本上是同等的。中国航行权的丧失，由此达到了顶点。另一

---

① 《内港行船章程》，光绪二十四年五月二十五日，王铁崖编：《中外旧约章汇编》第 2 册，第 113 页。
② 《内港行船章程》，光绪二十四年五月二十五日，王铁崖编：《中外旧约章汇编》第 2 册，第 113 页。
③ 《通商行船续约》，光绪二十九年八月十八日，王铁崖编：《中外旧约章汇编》第 2 册，第 193 页。
④ 《附件第三（系第三款附件之一）》，明治三十六年十月初八日，王铁崖编：《中外旧约章汇编》第 2 册，第 197 页。
⑤ 《续议内港行轮修改章程》，光绪二十八年八月初四日，王铁崖编：《中外旧约章汇编》第 2 册，第 113 页。
⑥ 《续议内港行轮修改章程》，光绪二十八年八月初四日，王铁崖编：《中外旧约章汇编》第 2 册，第 113 页。

方面，在具体管理方面，也体现出清政府对在内港航行的外国商船，努力实行更严格的限制。例如，外商不能在内港所租栈房居住、贸易，而在通商口岸不仅可以建房居住，而且还建立了"国中之国"的租界。诸如此类的限制，是由于内港还不是如同通商口岸那样完全开放的地方，外商不能享有在通商口岸所享有的一切条约权利。这种限制大致确定了外国商船内港航行特权的范围，尽管能起到一定的遏制作用，但在列强已经攫取了在中国广大内河航行特权的情况下，同样是无足轻重。

五、　中外知识产权保护问题交涉

知识产权保护问题亦成为此次商约修订的新内容。

伴随中外经济关系的发展，产生了一些新的问题需要条约规范，其中，中外商民之间日益频繁的知识产权纠纷便是这方面的典型。商约修订期间，经济技术相对发达的英、美、日等国，提出了在商标、版权、专利等方面议定约款保护知识产权的要求。中国在版权、专利保护方面并没有十分强烈的需求，这主要是因为中国经济技术相对落后，担心其实施会给中国相关发展带来不利影响。同时，中国社会内部也产生了一定的保护版权及商标需要。因此，有关知识产权的一些条款虽然是在英、美等国的提案框架下展开讨论的结果，但也不同程度地反映了中国的一些特别需求。最后议定的条款，给中外条约关系增添了一些区别于传统条约特权的新内容。

商标保护是知识产权谈判中最为突出的内容，中国与英、美、日等国的新订商约都有规定。总体而言中外双方没有原则分歧，所以交涉期间争议不大。其中，商标保护也是中英间关于知识产权的交涉的唯一内容，其交涉结果成为其他国家与中国议约的示范。1902年1月10日的首次修约会议上，英方提出了英国商标的注册和保护问题，从一开始便显示出要单方面保护的特征。中国则强调了彼此互利的基本原则①。第二次会议时，英国提出的草案条款修改为双方相互保护；而且，英方还提出为方便外国贸易牌号注

① 《1902年1月11日海关造册处税务司戴乐尔（F. E. Taylor）致总税务司赫德呈文第1382号》，中国近代经济史资料丛刊编辑委员会主编、中华人民共和国海关总署研究室编译：《辛丑和约订立以后的商约谈判》，第18—19页。

册，由南北洋大臣在各管辖境内设立局所，归中国海关管理，凸显了英国通过控制海关干涉中国经济的一贯思路；另外，应中方要求，增加了贸易牌号注册之费，其数目应秉公收取等内容①。之后，中美有关商标问题的谈判主要是在中英交涉结果的基础上展开，1902 年 6 月 27 日第一次中美谈判时，美方提交了商标草案，其内容较英国的最初草案有了进一步的发展②。一是该草案首先明确了相互保护的原则；二是草案特别对在中国注册保护的商标范围从三个层面进行了明确，即"在中国境内美国人民、行铺及公司有商标实在美国已注册，或在中国已行用，或注册后即欲在中国行用者"；三是草案提出的注册管理机构为南北洋通商大臣，未再如英约那样提到海关；四是进一步明确了对侵权行为的禁止和打击，即"中国政府允由南北洋大臣出示禁止中国通国人犯用、或冒用、或射用、或故意行销冒仿商标之货物；所出禁示应作为律例"。之后的交涉中，又有进一步的修改。例如按照中国的要求，在保护的范围之前，加上了由中国官员查考后合例等字予以限定，吕海寰、盛宣怀及伍廷芳等商约大臣的考虑是"则将来查有不合例之商标，即可不予保护。此中亦尚有微权也"③。另外，在中国提供美方商标保护之前，增加"欲中国人民在美国境内得获保护商标之利益"作为前提条件④。中日商标谈判开始后，日方所提出的草案一开始也只是强调规定中国保护日本臣民的责任，即"中国国家须定一章程，以禁中国人民冒用日本臣民所执挂号商牌，有碍利益，所有章程必须切实照行"⑤。后经中国交涉，增加了日本对等保护之语⑥。

---

① 《1902 年 1 月 14 日戴乐尔呈文第 1383 号及第二次会议记录》，中国近代经济史资料丛刊编辑委员会主编、中华人民共和国海关总署研究室编译：《辛丑和约订立以后的商约谈判》，第 23 页。

② 《1903 年中美商约谈判开始时美方交来的通商行船条约草案》，中国近代经济史资料丛刊编辑委员会主编、中华人民共和国海关总署研究室编译：《辛丑和约订立以后的商约谈判》，第 156 页。

③ 《吕盛伍三使致外部与美使会议保护商标办法电》，光绪二十九年七月十四日，王彦威、王亮辑编，李育民等点校整理：《清季外交史料》第 7 册，第 3233 页。

④ 《1903 年 3 月 17 日美方交来的草案》，中国近代经济史资料丛刊编辑委员会主编、中华人民共和国海关总署研究室编译：《辛丑和约订立以后的商约谈判》，第 167 页。

⑤ 《1902 年 6 月 19 日戴乐尔致赫德函附件：中日商约日方草案》，中国近代经济史资料丛刊编辑委员会主编、中华人民共和国海关总署研究室编译：《辛丑和约订立以后的商约谈判》，第 212 页。

⑥ 《1902 年 9 月 22 日中日修订商约会议记录第 2 号附件：中日双方代表同意的第七、八款》，中国近代经济史资料丛刊编辑委员会主编、中华人民共和国海关总署研究室编译：《辛丑和约订立以后的商约谈判》，第 213—214 页。

值得一提的是，在与各国的商标谈判中，中国还提出了如何商禁华商冒充洋行洋旗之弊的问题。这本应是中国税捐管理部门管理之事，但是因为外国在华领事裁判权及子口税等特权的存在，使得中国在此类案件没法进行完全有效的管理。中方极力要杜绝此种现象，一方面是要避免捐税流失，另一方面也是要维护政府的管辖权。但在这方面，英、美、日等国皆以"与商标一款无涉"，或是"咎在税捐之员"等理由拒绝入约①。在马凯拒绝中国要求后，最后中英商约关于商标部分加入了贸易牌号注册后"不得藉给他人使用，致生假冒等弊"一语②。中美交涉期间，经中国商约大臣一再劝喻，最后美方同意用相互照会的方式备案③。中日议约时，双方围绕该问题展开了激烈的辩论，但是日本坚决不同意在约文中加入"禁止日本人民受华人所雇出名改华商字号，冒充日本洋行"之类的规定④。1904年，清政府为实施条约规定颁布《商标注册试办章程》，宣布对外国商标进行保护。在该章程中，清政府特别规定外国人受中国司法管辖。这一内容遭到列强抵制，最后外国商标保护主要通过中国官员发布禁令的方式实现。

中美、中日商约中都订有保护版权的内容。这方面的具体要求首先由日本和美国提出，中国当时并没有多少版权保护的意识，多数人的态度是不要议订条约，一个重要的原因是清末正是西方文化大量输入中国的时期，如果对外国书籍、地图实行版权保护，这对中国学习西方文化会产生较大危害。另外，由中国社会当时实行的翻刻必究制度来看，已经有了初步的版权保护实践，因此部分人也能接受在版权保护上讨论差不多性质的国际条约。日、美虽然差不多同时与中国展开交涉，但在具体要求上略有差别，对此，中国在谈判的策略往往是择其相对有利者而图之。日本在1902年6月16日递送了版权草案，其中谓："日本臣民特为中国人备用起见，以中国语文编成之

---

① 《吕海寰盛宣怀致刘坤一张之洞内港行轮英使以已定案不肯轻动现订三事电》，光绪二十七年七月十五日；《江督刘坤一致外部论内地杂居贸易之害请商阻电》，光绪二十七十二月十四日，王彦威、王亮辑，李育民等点校整理：《清季外交史料》第6册，第2868、2864页。

② 《续议通商行船条约》，光绪二十八年八月初四日，王铁崖编：《中外旧约章汇编》第2册，第103页。

③ 《吕盛伍三使致外部与美使会议保护商标办法电》，光绪二十九年七月十四日，王彦威、王亮辑，李育民等点校整理：《清季外交史料》第7册，第3233页。

④ 《吕海寰盛宣怀致外部于日本订约保护商牌版权条文电》，光绪二十八年八月二十五日，王彦威、王亮辑编，李育民等点校整理：《清季外交史料》第6册，第3073—3074页。

各书籍、地图、海图及其余一切著作，执有印书之权，即由中国设法保护，以免利益受亏。"① 美国代表在 1902 年 6 月 27 日向中方提交有关版权的草案，内容如下："无论何国若以所给本国人民版权之利益一律施诸美国人民者，美国政府亦允将美国版权之利益给予该国之人民。中国政府今允，凡书籍、地图、印件、镌件或译成华文之书籍，系经美国人民所著作，或为美国人民之物业者，由中国政府援照所允保护商标之办法及章程极力保护，俾其在中国境内有印售此等书籍、地图、镌件或译本之专利。"② 比较这两个草案，可以看出日本草案是单方面的要求，并没有体现条约权利义务的相互性；保护的范围上，日本草案范围更窄，要求保护的是为日本人专门针对中国读者，并用中文创作的书籍及地图等；而美国草案体现出相互性，但强调了美国人著作或相关物业广泛意义上的版权，其中还可能包括了相关作品的翻译权。另外，两个草案都没有规定保护的期限。因此，在对日交涉中，中国强调了"保护书图一节，亦以互相钤制为妥"③。而中日第二次会议上便增加了"日本国家亦允保护中国人民按照日本律例注册之商牌及印书之权，以免为日本臣民冒用之弊"等内容④。美方版权保护要求的宽泛性，则在中国国内引起了很多人的反对，甚至在朝野激起了一片抵制签署版权约款的声浪。尤其是管学大臣张百熙，尽管他也痛恨翻印盗版行为，但是在这里他很担心翻译权因此受限，进而影响中国振兴教育。有鉴于此，外务部特将此情转电刘坤一、张之洞、吕海寰和盛宣怀，电文称："闻现议美国商约有索取洋文版权一条，各国必将援请利益均沾。如此，则各国书记中国译印种种为难。现在中国振兴教育，研究学问，势必广译西书，方足以开通民智……此

---

① 《1902 年 6 月 19 日戴乐尔致赫德函附件：中日商约日方草案》，中国近代经济史资料丛刊编辑委员会主编、中华人民共和国海关总署研究室编译：《辛丑和约订立以后的商约谈判》，第 212 页。

② 《1903 年中美商约谈判开始时美方交来的通商行船条约草案》，中国近代经济史资料丛刊编辑委员会主编、中华人民共和国海关总署研究室编译：《辛丑和约订立以后的商约谈判》，第 156 页。

③ 《外部致吕海寰盛宣怀尊处拟驳日约各款极是电》，光绪二十八年五月二十七日，王彦威、王亮辑编，李育民等点校整理：《清季外交史料》第 6 册，第 2987 页。

④ 《1902 年 9 月 22 日中日修订商约会议记录第 2 号附件：中日双方代表同意的第七、八款》，中国近代经济史资料丛刊编辑委员会主编、中华人民共和国海关总署研究室编译：《辛丑和约订立以后的商约谈判》，第 213—214 页。

事所关匪细，亟应设法维持，速电吕、盛二大臣，万勿允许，以塞天下之望。"① 因此，商约大臣就自由翻译权和五年的保护期限问题向美使提出交涉。1903 年 3 月 17 日，美国在提交的新草案作出了部分回应，如将版权保护的范围缩小为"凡专备为中国人民所用"，保护期限定为十年②。

版权条款议定期间，中方还特别向日、美提出查禁有碍中国治安和邦交的书报一条，这是清政府出于思想控制和维护统治需要而特别提出来的要求，其实质与版权保护关系不大。张之洞认为"查外国报律，此等报亦在所禁"，"此节甚关紧要，正与版权相抵"③。之后，中方又再次提议，但日本迟至最后签约才勉强同意④。美国方面也是一再推脱，直至签约前夕才同意协助中国禁阻有害书报，即："凡美国人民或中国人民为书籍、报纸等之主笔或业主或发售之人，如各该件有碍中国治安者，不得以此款邀免，应各按律例惩办。"⑤ 总之，日、美提出版权保护问题和草案，但在中国的积极争取和有力抵制下，最后的条款还是适当考虑到了中国的实际情况，对版权保护的范围、期限等做出了限制，这也为之后中国继续自由翻译和出版外国作品，以及建立近代版权制度提供了便利。

专利方面的条款仅在中美商约修订中作出了规定。美国是当时实行专利制度最为成功的国家，在清末商约修订期间，美国也是唯一提出专利保护要求的国家。1902 年 6 月 27 日，中美商约第一次谈判时，美方提交的商约草案第三十一款便是有关保护专利的内容，其中提到了相互保护的原则，即："美国政府允许中国人民将其创制之物在美国注册发给创造执照，以保自执自用之利权。中国政府今亦允凡美国人民创制各物已经美国给以执照者，经

① 《外部致刘张吕盛据京师大学堂称中国振兴教育暂不立版权电》，光绪二十八年八月二十三日，王彦威、王亮辑编，李育民等点校整理：《清季外交史料》第 6 册，第 3072 页。

② 《1903 年 3 月 17 日美方交来的草案》，中国近代经济史资料丛刊编辑委员会主编、中华人民共和国海关总署研究室编译：《辛丑和约订立以后的商约谈判》，第 167—168 页。

③ 《致外务部，江宁刘制台、上海吕大臣、盛大臣》，光绪二十八年八月二十二日卯刻发，苑书义等主编：《张之洞全集》第 11 册，第 8934—8935 页。

④ 《吕海寰袁世凯张之洞伍廷芳盛宣怀奏日本商约定议遵旨画押折》，光绪二十九年十一月十六日奉朱批，王彦威、王亮辑编，李育民等点校整理：《清季外交史料》第 7 册，第 3308 页。

⑤ 《1903 年 9 月 3 日中美修订商约会议记录第 48 号》，中国近代经济史资料丛刊编辑委员会主编、中华人民共和国海关总署研究室编译：《辛丑和约订立以后的商约谈判》，第 203 页。

向南北洋大臣注册后，援照所允保护商标之办法保护其在华自执专用之利权。"① 只是，中国长期以来经济技术处于落后水平，亟需仿制外国先进技术产品，如果在中外条约关系规定实行专利保护，极有可能损害中国经济技术的发展，而以美国为代表的拥有先进技术的国家则会形成垄断，甚至发展成专利霸权。因此，这里的相互其实是很不对等的保护。对此，张之洞在致吕海寰、盛宣怀等人的函件中做了十分清晰的揭露，谓：保护创制专利一条，"其起首数语，'美国允许中国人将其创制之物，在美国领取专利牌照'云云，此时中国人岂有能创制新机在美国设厂者，不过借此饵我允保护美人专利耳，真愚我也。所谓'保护'者，即禁我仿效之谓也。现中国各省局厂，仿用外洋新机、仿造专利机件不少，且正欲各处推广制造，以挽利权。此款一经允许，各国无不援照。此约一经批准之后，各国洋人纷纷赴南、北洋挂号，我不能拒，则不独中国将来不能仿效新机、新法，永远不能振兴制造，即现有之各省制造各局、枪炮弹药各厂，仿效外洋新法、新机者，立须停工，中国受害实非浅鲜"②。因此，从谈判一开始，中方代表对该款内容便表示了抵制态度，表示深虑此款有碍中国工艺仿造③。之后双方驳论再三，但都坚持甚坚，美方更是以治外法权的取消相要挟，称："如果中国不能像其他文明国家一样禁止窃取别人成果，他也不便向华盛顿提出关于取消治外法权的问题了。"④ 而中国内部要求删除此款之论亦是颇盛。最后双方只好相互妥协，在中美商约第十款中就专利保护有如下规定："美国政府允许中国人民将其创制之物在美国注册，发给创造执照，以保自执自用之利权。中国政府今亦允将来设立专管创制衙门。俟该专管衙门既设，并定有创制专律之后，凡有在中国合例售卖之创制各物已经美国给以执照者，若不犯中国人民所先出之创制，可由美国人民缴纳规费后，即给以专照保护，并以所定年数

① 《1903 年中美商约谈判开始时美方交来的通商行船条约草案》，中国近代经济史资料丛刊编辑委员会主编、中华人民共和国海关总署研究室编译：《辛丑和约订立以后的商约谈判》，第 156 页。

② 《致上海吕大臣、盛大臣、伍大臣，天津袁宫保》，光绪二十九年闰五月十三日丑刻发，苑书义等主编：《张之洞全集》第 11 册，第 9068 页。

③ 《吕海寰袁世凯张之洞伍廷芳盛宣怀奏美国商约定议遵旨面议折》，光绪二十九年十一月十六日，王彦威、王亮辑编，李育民等点校整理：《清季外交史料》第 7 册，第 3300 页。

④ 《1903 年 4 月 23 日中美修订商约会议记录第 18 号》，中国近代经济史资料丛刊编辑委员会主编、中华人民共和国海关总署研究室编译：《辛丑和约订立以后的商约谈判》，第 183 页。

为限，与所给中国人民之专照一律无异。"①

　　这样，中方在确实难以完全抵制美国要求的情况下，不仅对专利保护设定了范围，而且还坚持用了留待将来制定专律的表述，至于专利保护的期限也未明确，这些都为中国制造业的发展争取了一定的时间和空间。商约大臣在汇报该款内容时，亦对这里的"留后操纵"进行了肯定，谓："俟中国设立专营衙门，定有创制专律后，再予保护，其权仍自我操。"② 事实上，直到清朝灭亡，中国都没有按照条约去建立机构和颁布相关法律。美方虽然对于中国将来是否能尽快进行专利保护顾虑重重，但无论如何基本达到了专利保护入约之目的，这也推动中国进一步从条约义务和国际法的层面去思考发明创造的保护问题，有利于中国专利制度的近代化发展。当然，就该款的达成过程及中国当时的发展处境来看，这一条款毫无疑问带有强权压迫，且不利于中国相关权益维护的色彩。

　　清末商约修订期间的议定的知识产权条款，是知识产权保护国际化潮流对中外条约关系产生影响的必然结果，它也反映了列强在中国经济扩张的需要。交涉期间，处于优势的西方强国主导谈判，同时中国在不得不接受知识产权条款的同时，也结合中国的实际情况，尽力与列强斡旋，甚至也开出谈判的筹码，化被动为主动，从而在很大程度上维护了中方的利益，给之后相关事业的发展和中外纠纷的处理留下了可操控的空间。当然，条款内容的模糊性，尤其是留待将来的思路，也为条约实施的迟滞埋下了伏笔。

第三节　其他条款的达成与条约关系的新拓展

　　清末商约的修订并非仅限于经贸方面，其中亦有传教、治外法权、外交往来优例与礼仪、禁止吗啡鸦片等其他内容。这些方面或多或少牵涉通商贸易

---

　　① 《通商行船续订条约》，光绪二十九年八月十八日，《中外旧约章汇编》第 2 册，第 186 页。
　　② 《吕海寰袁世凯张之洞伍廷芳盛宣怀奏美国商约定议遵旨画押折》，光绪二十九年十一月十六日，王彦威、王亮辑编，李育民等点校整理：《清季外交史料》第 7 册，第 3300 页。

事务，也可纳入广义的通商贸易范畴。但是，它们更涉及外交、司法、社会文化等方面的条约关系。这些条款的达成，使得清末商约带有综合性商约的特征，也体现了晚清中外条约关系的复杂性。清末商约修订期间，清政府抱着"补偏救弊，取益防损"的主旨，在上述一些非专门的经贸内容上，与各国展开斡旋，最后推动相关方面条约关系的新拓展。

一、 传教特权的扩展与限制

传教问题不属于经贸范畴。按照国际惯例，各国通商条约也不牵涉保护传教之事。但在近代中外条约关系的发展过程中，外国在华传教往往与列强在华经贸特权的扩展交织在一起，而民教冲突频发最终酿成以灭洋为旗帜的义和团运动，直接危害到中外和局尤其是列强在华商贸的推进，由此便有了商约中对传教事务作出规定的特例。清末中国与各国修订商约交涉的过程中，大多涉及传教问题。中国在这当中也是积极主张。最后，外国在华传教特权进一步扩展，同时中外各方在调和民教冲突尤其是限制教徒的行为等方面亦有所推进。

毫无疑问，整个商约交涉中清政府是积极推动传教条款入约的一方。其最大动力是想借修约之机设法解决教务问题，尤其是要调和民教冲突并约束传教士。

早在庚辛议和过程中，清政府内部不少人士就长期存在的民教冲突和此次肇乱之由进行分析，提出要借议和之机，签订专条限制基督教，以图一劳永逸解决教务问题。这些建议清政府十分重视。1900 年 12 月 15 日，鸿胪寺少卿裴维侒提出亟图补救各条，其中有传教一项，其中称"如传教之国本属订有约章，惟此次始由民教相争，以致有碍大局。查各国多有许通商而不任传教者，亟宜持以并议辨明中外利害，我固非宜，彼亦鲜利，用以消绝隐患。值此各国咸在，可冀有成。若失此机会，则事关数国，恐不易轻于议及矣"。翌日，清廷谕令李鸿章、奕劻在议约参酌情形妥为办理[①]。12 月 17

---

① 《裴维侒奏和议即开宜将有关大局各条亟图补救折》，光绪二十六年十月二十五日，王彦威、王亮辑编，李育民等点校整理：《清季外交史料》第 9 册，第 4740 页。

日，刘坤一在上奏应对危艰时局之策时，特别提出要"慎教案"，称"近日英国沙侯及日本宗教，皆谓西教行事，或亦不无遗憾，正可迎机善导，共泯诈虞。拟请饬下全权大臣与各国公使婉切商订，另立专条，总以握定不得干预词讼为第一义，明知战败议款，何能就我范围，然非此不能相安，各国当思共保和平之局"①。之后，安徽巡抚王之春专折上奏，建议乘议约之机解决教务问题，其中谓：中国历次开衅"独以教案为最多"，且衅之开"尤以教案为最易"，尤其是"至此次以民教相仇而失和，因事机不顺而挫败"，使得"彼族之焰愈炽，教民之势益张，驱爵驱鱼，势必至于不可收拾"，因此他提出"故此时之隐患更以教务为最巨"。接着，他分析当时各国在华商贸利益因此番乱局而受损的情况，指出"闻其商人颇极忧惶，其各报之明事理者亦并以教实碍商，着为论说"，故"正宜乘其悔机弭我巨患"。王之春进而分析各国在华商务和教务的差别，提出交涉应对之策，即"各国之在中国独法人以商务较稀，可以一意护教，别无顾惜。此外，类无不爱护商利者。俄、日虽各有本教，尚未畅行于中华，故其教务尤少"，故"宜约此两国纠同商务最盛之英、美，以保全利益为词，于传教一事公同议一善后之策，不必自我限制，但开诚布公陈说事势，以中其隐微。试一令其平心以思，当能得其真心之助"。王之春和刘坤一的上奏引起清廷的格外注意。12 月 25 日，清廷发布上谕，要求议和全权大臣李鸿章、奕劻在议约时斟酌王之春、刘坤一的意见办理②。另外，军机大臣就《议和大纲》各条提出修改时，针对第十条规定的惩办之计也表达了在教务问题的处理上的意见："此后教案及关交涉之事，如实系伤害洋人、地方官保护不力，自应重处；如其因民教不和伤及中国教士或游历之人，亦须查明情形，分别轻重，未便一概永不叙用。且拟于此次和议成后，设法议立专条，以免教案日繁，民不堪命，官不胜参。"③

可见，借议和之机解决教务问题为很多人所注意，清廷也有同样的考虑

---

① 《时局艰危谨陈愚虑折》，光绪二十六年十月二十六日，陈代湘校点：《刘坤一集》第 3 册，第 176 页。

② 《王之春奏洋教关系邦交亟宜乘机议约以弭巨患折》，光绪二十六年十一月初四日，王彦威、王亮辑编，李育民等点校整理：《清季外交史料》第 9 册，第 4745—4746 页。

③ 《军机大臣奏遵拟庆亲王等来电公约各条应向磋磨大略片》，光绪二十六年十一月初五日，王彦威、王亮辑编，李育民等点校整理：《清季外交史料》第 9 册，第 4747—4748 页。

并且在 1901 年 2 月 23 日特电旨奕劻、李鸿章，强调："惟必须将传教一事妥定章程，以免后患。尽可约同不传教之俄、日两国及虽传教而最和平之美国公议，嗣后教士不得再有欺凌平民及干预词讼情事。向英、法、德三国使臣会议，永定约章，总期民教相安。若一味严束平民，激成祸变，即各国教士、教民亦大有不利。而中国之大员、地方官不胜惩罪，民情怨愤，人才消沮，何以为国？此次大乱亦实因教民平日欺侮良民，积愤莫泄，拳匪因而煽惑所致。闻各使亦颇知此中情形。该王、大臣等务趁此商议条款之时，一并妥商一平允专条，以弭后患，是为至要。"①

但是，奕劻、李鸿章认为在议和过程中通过谈判达成限制传教士条款是十分困难的。1901 年 6 月 22 日，奕劻、李鸿章在电复清廷时指出："至民教更订章程，已饬周馥相机商订。值此教士气焰方张，各使极力庇护，不特难期就范，且虑藉势要挟，侵我政权，无益有害。试思此次杀戮教士、教民过多，而我转欲设法钳制，理势俱绌，能否订定，所不敢知。"② 事实上，奕劻、李鸿章在谈判过程中，并没有解决限制传教士的问题，只是在因教案处罚官员和加强以后限制的交涉中讨价还价，以使处罚和约束有所减轻而已。最终《辛丑条约》并没按照清政府内部设想的那样出现调和民教冲突并约束传教士的专门条款，而是如前文所述，条约专门规定了对涉案的官员、民众的惩罚，以及教案赔偿，并以上谕作为附件的形式加以确认。

中国在庚辛议约中未能通过限制传教来达到解决教务问题的目的，这个任务就留给了 20 世纪初的商约交涉。在这当中，各国最关心的是通商方面的经济利益，传教问题并不是谈判的核心问题。但是，各国对于传教问题也还比较重视，尤其是美国表现得尤为明显。在与英、葡、德、意、日、瑞典等国的谈判时，中国都是主动提出加入有关传教的内容。而美国则是在修约时主动提出了传教条款。最后，有关传教的内容在中国与英、美、葡及瑞典的商约中得到规定，而真正缔约生效的仅有英、美、瑞典三国。

① 《旨电奕劻、李鸿章》，光绪二十七年正月初五，王彦威、王亮辑编，李育民等点校整理：《清季外交史料》第 9 册，第 4775 页。
② 《奕劻李鸿章致枢垣商约未必利我至钳制教焰亦无把握电》，光绪二十七年五月初七日，王彦威、王亮辑编，李育民等点校整理：《清季外交史料》第 9 册，第 4892 页。

英国提出修约后，中国即进行了相关准备。1901 年 10 月 9 日，总税务司赫德提出修约节略 6 条，其中第 3 条关于教务。节略提出"教务屡肇衅端，若能乘此改约之机会并议，不如议添"，具体议添的教务内容涉及传教士、中国教徒、教会建造房屋三个方面。关于传教士，提出凡入内地传教者，"须赴通商口岸之本国领事官署，将姓名、某会、前往何处等情报明转请道台发给护身执照前往，一面由地方官妥为保护，一面由该管领事随时查管"；关于中国教徒，地方官"毫无查禁"，因此"应与不入教者一体由地方官保护，亦须与不入教者一体遵循中国律例，安分守法"，传教士不能有"干预地方官管民之权"；关于教会建造房屋，"凡在内地盖房建堂与修造育婴留养医病等院，均应与邻近之绅者商允，以期相安，一面准地方官随时入内阅看"①。谈判开始后，英方谈判代表马凯提出的要求，并没有关于传教的内容②。1902 年 2 月 12 日，中方代表盛宣怀向马凯提出中国增加的谈判内容，其中之一即是关于传教事务，内容与前此赫德所拟大致相同，只是关于教会建造房屋部分有一些改动，其中增加了"各契据内必须注明该地系为本处某教堂公产字样，不能专列传教士及奉教之人之名；且堂院应以本地式样为本"等内容③。3 月 6 日，赫德在税务司贺璧理拟具的拟议章程基础之上，增加五条，形成了中方所提出的通商行船章程二十一款，其第十六款为教务相关内容，与盛宣怀所提出的完全相同④。

然而，中方所提出的有关传教的内容并不为英方所接受。中英双方在 3—5 月进行了十一次会议（即第八至十八次会议），均未提及该内容。5 月 29 日第十九次会议上，马凯对中方的二十一项条款特别提出意见。对有关传教的第十六款草案，他拒绝讨论或考虑，认为这是超出他的权力以外。同

---

① 《1901 年 10 月 9 日总税务司赫德的修约节略》，中国近代经济史资料丛刊编委会主编、中华人民共和国海关总署研究室编译：《辛丑和约订立以后的商约谈判》，第 3—4 页。

② 《商约大臣盛宣怀致外部马凯交来商约条款电》，光绪二十七年十二月初五日，王彦威、王亮辑编，李育民等点校整理：《清季外交史料》第 6 册，第 2856—2857 页。

③ 《商约大臣盛宣怀致外部与英使订行轮传教诉讼通商各条电》，光绪二十八年正月初五日，王彦威、王亮辑编，李育民等点校整理：《清季外交史料》第 6 册，第 2879—2880 页。

④ 《1902 年 3 月 6 日总税务司赫德致外务部函（附件：中国方面所提的通商行船章程二十一款）》，中国近代经济史资料丛刊编委会主编、中华人民共和国海关总署研究室编译：《辛丑和约订立以后的商约谈判》，第 9、13 页。

时，他也拒绝了盛宣怀的请求，不肯向英国政府提出，他认为中国政府的唯一办法是向英国公使交涉①。此后，中英双方的各种谈判均未涉及这一内容。

7 月，马凯在与张之洞会谈时，双方才对传教问题进行了实质性的商谈。7 月 17 日，马凯与张之洞在武昌纱厂谈判。当时马凯答应了张之洞提出的在商约中加入传教条款的要求，说："我也应当电告我的政府，请特准把这一条放进去。我也要说明这是经张制军特别要求的。""我本人必定极有赞助这件事。"为什么马凯会在此时同意这样做呢？这固然与张之洞的要求有关，然而前提却是张之洞满足了英国的其他要求。诚如梁敦彦在会谈开始时对马凯所说："这几天内已经谈妥了很多条款！"而马凯在此前的八个月里却没有什么收获，原因就是张之洞"答应了您的一切条件"。因此，作为交换，马凯应该同意张之洞的要求。同时，马凯态度变化还与张之洞在传教问题上的让步有关，他在谈判中并没有让马凯难堪。当中方提出传教问题之初，马凯还说："我不能讨论传教问题。法国永远不会答应，这会使整个修约受影响！"张之洞对此回答道："关于传教问题，我并不想对教士严加限制。我也不愿使你为难。以前的通商条约内都没有纯粹传教的条款。"为了使马凯打消疑虑，张之洞还对他说："我知道你不愿谈传教问题。我可以加进一条使教民和中国民众相安无事的规定。这样就可以使你容易办。"②

最终双方在此次会议上就加入传教内容达成了协议。这就是 1902 年 9 月 5 日签订的中英《续议通商行船条约》的第十三款，即："中国之意，教事必须详细商酌，以免从前嫌衅滋事将来复萌。倘若中国与各国派员会查此事，尽力妥筹办法，英国允愿派员会同查议，尽力筹策，以期民教永远相安。"③ 这一条款与清政府提出的内容相差较大，而且比较笼统。但是，该条款的产生却为中英间解决传教问题提出了要求，即"必须详细商酌""会同查议"，这为以后通过"会查"解决传教问题埋下了伏笔。

---

① 《1902 年 5 月 29 日戴乐尔致赫德呈文第 1430 号及第十九次会议记录》，中国近代经济史资料丛刊编委会主编、中华人民共和国海关总署研究室编译：《辛丑和约订立以后的商约谈判》，第 51、55 页。

② 《1902 年 7 月 17 日马凯在武昌纱厂与张之洞等会议简记——裴式楷记》，中国近代经济史资料丛刊编委会主编、中华人民共和国海关总署研究室编译：《辛丑和约订立以后的商约谈判》，第 137—138 页。

③ 《续议通商行船条约》，光绪二十八年八月初四日，王铁崖编：《中外旧约章汇编》第 2 册，第 109 页。

　　与中英商约谈判不同，美国在商约谈判之始提出的条约草案中就有关于传教的内容，其中第十一款草案重申美国人在通商口岸，"均准赁买房屋行栈等，并租赁或永租地基，自行建楼，并设立医馆、礼拜堂及殡葬之处"，与中美《望厦条约》第十七条的规定大致相同；第二十八款的内容绝大多数内容与中美《天津条约》的内容完全相同，但是在最后增加了一句"美国教会准在中国各处租赁及永租房屋、地基，以备传教之用"①。这其实是要进一步将美国传教士实际上已经获得租地权写入条约。美国之所以在谈判时提出有关传教的条款，这在很大程度上受到本国传教士的影响。早在 1895 年，美国在华传教士曾联名向国务卿递交了"一份既长又态度坚决的请愿书，请求他采取行动，并提出更大的保护"，其中便提到要政府与中国签订新的条约，以确保美国传教士拥有地产的权利。美国此次商约谈判的翻译海克斯（J. H. Hykes）正是 1895 年请愿的签名者之一，他"在传教条款的实际措辞上起到了相当重要的作用"②。

　　1902 年 9 月 9 日，中美双方进行第二次会议时，着重对草案第二十八款规定的内容进行了讨论。总税务司赫德建议附加内容，但没有为美方谈判代表古纳所全部接受，而且古纳还对该款的后一部分作了许多修改，这次会议最终没有解决传教问题③。9 月 12 日，双方就第二十八款有关教会的问题再次做了讨论和补充修正④。9 月 26 日，古纳向国内报告称：中方提出租地建房的位置和建筑的样式要征得地方官员的同意，美方拒绝了这种要求；中方提出删除他们加入该款的最后一句话，并"在前一句的'房屋'加'合宜'一词"，美方表示同意。美方代表也同意了中方提出的反对使用"购买"一词的意见，用"永租"代替了"购买"。美国政府在提出的草案中要求获得教会在内地的租地和购房权，不过最终接受了双方代表达成的协议，因为美

　　① 《1902 年中美商约谈判开始时美方交来的通商行船条约草案》，中国近代经济史资料丛刊编委会主编、中华人民共和国海关总署研究室编译：《辛丑和约订立以后的商约谈判》，第 151、155 页。

　　② Norman J. Padelford, "The Negotiations Leading to the Missionary Rights Clause in the Sino-American Treaty of 1903," *The Chinese Recorder*, Vol. LXI, 1930, pp. 441–444.

　　③ 《1902 年 9 月 9 日中美修订商约会议记录第 2 号》，中国近代经济史资料丛刊编委会主编、中华人民共和国海关总署研究室编译：《辛丑和约订立以后的商约谈判》，第 159 页。

　　④ 《1902 年 9 月 12 日中美修订商约会议记录第 3 号》，中国近代经济史资料丛刊编委会主编、中华人民共和国海关总署研究室编译：《辛丑和约订立以后的商约谈判》，第 159 页。

方以为永租与购买是同样的合法权利。10 月 25 日，古纳就相关事宜向国内报告，称没有接受刘坤一提出的对教徒入教前的情况进行调查以及张之洞提出的美国会查教务的要求①。

1903 年 3 月 17 日，美方交来新的条约草案，已没有通商口岸"设立医馆、礼拜堂及殡葬之处"这样的文字。它的第十四款是专门关于传教的，内容与前次相比有了较大的不同，包括：保护传教与习教，平等对待教徒与非教徒；教徒应当遵守法令，不能因人数而免除法律制裁，教徒应当按规定交纳捐税，但是可以免除酬神赛会等违背基督教义的活动的抽捐；传教士不干涉中国官员"治理华民之权"，中国官员不歧视教徒；"美国教会或其代理人准在中国各处租赁及永租房屋地基，以备传教之用，俟地方官查明地契妥当盖印后，该教士方能自行建造合宜房屋，以行善事。"② 3 月 27 日，双方代表就教会问题进行商谈，同意"增加'查明（地契）妥当'和'作为教会公产'等字样"，这对教会租地又有限制③。4 月 17、18 日谈判时，双方又对传教士不受其他外国人租地的限制达成共识④。而且，谈判过程中，美国谈判代表并没有受到其他国家的影响。当时，日本人不反对美国在传教条款中加入关于租地的内容，他们认为没有必要重提已经成为合法权利的问题，担心中国人将会认为这样做表明是在"怀疑传教士在习惯的基础上获得的合法权利"。美国谈判代表没有接受这一建议。当时，英国也要求美国谈判代表在条约中加入中英商约的第十三款，美国谈判代表用强硬的措辞加以拒绝，并认为会查教务的"意义非常小"⑤。

1903 年 10 月 8 日中美《通商行船续订条约》签订，其第十四款即是关

---

① Norman J. Padelford, "The Negotiations Leading to the Missionary Rights Clause in the Sino-American Treaty of 1903," *The Chinese Recorder*，Vol. LXI，1930，pp. 445—447.

② 《1903 年 3 月 17 日美方交来的草案》，中国近代经济史资料丛刊编委会主编、中华人民共和国海关总署研究室编译：《辛丑和约订立以后的商约谈判》，第 169 页。

③ 《1903 年 3 月 31 日中美修订商约会议记录第 10 号》，中国近代经济史资料丛刊编委会主编、中华人民共和国海关总署研究室编译：《辛丑和约订立以后的商约谈判》，第 172 页。

④ 《1903 年 4 月 17 日中美修订商约会议记录第 15 号》《1903 年 4 月 18 日中美修订商约会议记录第 16 号》，中国近代经济史资料丛刊编委会主编、中华人民共和国海关总署研究室编译：《辛丑和约订立以后的商约谈判》，第 180 页。

⑤ Norman J. Padelford, "The Negotiations Leading to the Missionary Rights Clause in the Sino-American Treaty of 1903," *The Chinese Recorder*，Vol. LXI，1930，p. 444.

于传教的内容，包括了前述 3 月 17 日新草案第十四条及 3 月 27 日所做的修订。不过，该款开头的表述有所变化。其中，"耶稣、天主两等基督教"的提法是以前所没有的。关于习教与传教、中国教徒、传教士的规定与 3 月 17日草案的规定没有什么差异，只是教会租地的规定改为："美国教会准在中国各处租赁及永租房屋、地基，作为教会公产，以备传教之用，俟地方官查明地契妥当盖印后，该教士方能自行建造合宜房屋，以行善事。"① 该条款的规定涉及在传教士在华的所有权利。它正式承认了美国传教士过去实际上已经拥有的内地租地权，同时也对传教士、中国教徒、教会租地有一定的限制，后者正是中国政府所需要的。该条约成为后来基督教在华拥有特权的重要依据。因此，中美《通商行船条约》签订后，美国总统西奥多·罗斯福说："我们已经为我们的传教士获取了一项有价值的特权，即认可他们有权永租教会在中国各地所需的地产。"② 中英、中美商约谈判中传教问题的处理，为清政府与其他国家谈判解决同类问题提供了经验。

1902 年中葡商约谈判开始时，葡方提出的增改条款中并没有关于传教的内容。但是，在 1904 年 5 月谈判的条约草案中，第十六条是关于保护教堂等方面的内容，后经中国修正，"差不多全照中美商约中的文字"表述。不过 1904 年 8 月 1 日谈判时，葡方代表白朗谷提出异议，要求规定这一款须待其他在中国有天主教堂的国家一致同意这一原则以后才能发生效力。白朗谷解释说，葡萄牙在华的四个教会有两个在海南，因无本国领事，暂由法国代为保护，所以葡方担心照该条款会触犯法国。中方代表吕海寰、盛宣怀表示反对，9 月 5 日，双方达成同意教会条款的一致意见，并决定按照白朗谷上述意思交换照会③。

中国于 1908 年 7 月 2 日与瑞典签订新的《通商条约》，其中传教条款的整体内容主要仿照中美《通商行船续订条约》的相关规定，二者只有个

---

① 《通商行船续订条约》，光绪二十九年八月十八日，王铁崖编：《中外旧约章汇编》第 2 册，第 187—188页。

② John Bassett Moore，*A Digest of International Law*，Vol. V，Government Printing Office，1906，p. 459.

③ 《1904 年 8 月 1 日中葡修约谈判会议记录第 7 号》，《1904 年 9 月 2 日中葡修约谈判会议记录第 8 号》，中国近代经济史资料丛刊编委会主编、中华人民共和国海关总署研究室编译：《辛丑和约订立以后的商约谈判》，第275、282 页。

别文字差别。该条约的第四款规定瑞典人可以在通商口岸租地建房屋、礼拜堂、坟茔、医院。第十二款则是专门的传教条款，规定保护传教士和教徒，教徒应当遵守中国法律且可以免纳酬神赛会等与基督教相悖的抽捐等，传教士不能干预中国司法，教会可以在中国各处租赁或永租房屋、土地作为教会公产[①]。

另外，1902 年 6 月中日商约开始交涉时，中方也曾仿照中英商约的提出传教草款，但日本以本国无僧侣在华传教为由，拒绝在商约中对传教作出规定。而中德、中意两国修约中的传教问题情况大致相同。1905 年，中德修约时德国提出的条约草案也没有传教的规定。因此，中方代表提出了关于传教的条款。其内容除了从 1861 年的中德《和好通商行船条约》内引用了一句以外，全照美约的文字，但前后次序重作了安排[②]。但是，德国因为通商贸易等方面的要求没有得到满足，而不愿意接受中方提出的传教等三个方面的条款[③]。最终中德双方并没有签订新的商约。1906 年，中意两国修约时，中方提出的五款中同样包含有传教内容[④]。意方为换取中方对其索取利益的承认，特提议中方将教会条款"扼重列约"，清外务部认为教务条款除非各国俱允，所谓"扼重"办法没有多大实际意义，"意领欲借该国无关轻重之款见好于我，倘听其言，扼重列约，适为彼索酬地步，在我仍属无益"，因此决定教务一款照美约酌拟。最后，意大利谈判代表聂拉齐尼表示接受传教条款，同时提出意见，"用美约的文字，但删去关于置产的一段，或者改采英约的文字"[⑤]。结果中、意两国也因为经济利益上的分歧而没有签订新的商约。

可见，商约谈判中各国着重关心的是通商方面的经济利益，传教问题并

---

① 《通商条约》，光绪三十四年六月初四日，王铁崖编：《中外旧约章汇编》第 2 册，第 518—519 页。

② 《1905 年 10 月 22 日中德修约谈判会议记录第 12 号》，中国近代经济史资料丛刊编委会主编、中华人民共和国海关总署研究室编译：《辛丑和约订立以后的商约谈判》，第 316 页。

③ 《1905 年 10 月 30 日中德修约谈判会议记录第 15 号》，中国近代经济史资料丛刊编委会主编、中华人民共和国海关总署研究室编译：《辛丑和约订立以后的商约谈判》，第 319 页。

④ 《1906 年 7 月 26 日中意条约谈判会议记录第 2 号》，中国近代经济史资料丛刊编委会主编、中华人民共和国海关总署研究室编译：《辛丑和约订立以后的商约谈判》，第 336 页。

⑤ 《1906 年 10 月 25 日贺璧理致赫德密函》，中国近代经济史资料丛刊编委会主编、中华人民共和国海关总署研究室编译：《辛丑和约订立以后的商约谈判》，第 340 页。

不是其谈判的核心。但是，考虑到日趋紧张的民教关系与世纪之交这场国变之间的关联，新订商约就传教方面的交涉往来作出详细规定以补偏救弊，确是题中应有之意。《辛丑条约》签订后，仅有英、美、葡、瑞典与中国签订的商约中有传教条款。这也是晚清时期最后产生的传教条款。而且，中瑞、中葡商约中的传教条款又来自于 1903 年的中美商约，至于中德、中意商约谈判中的传教条款，也基本上以中英、中美商约为蓝本。截至 1903 年，基督教在华传教特权已基本定型，此后没有什么新的变化。已经缔约的传教条款，尤其是以中美商约为代表的传教条款，明确了教会在华租地权，并且重新强调了对外国在华传教活动的保护。而新修订的商约又开放了新的口岸。这些都为基督教在华传教事业的发展进一步提供了便利。1903 年和曼·伊顿(Rev. Homer Eaton) 在美以美会东方传教会议上的发言就充分证明了这一点。他说：新的中美条约为传教士在通商口岸的活动提供了保护，"今天与多年以前有着多么的不同，那时在整个帝国通商口岸不多、给予外人的特权也极少"。现在，传教士拥有新的、最有利的机会以取得传教的成功。所以，"每个条约口岸都要尽可能早地占据，建立起学校、医院，开始传教工作，并把这些大的贸易中心变成传教活动的中心"①。当然，20 世纪初新修订的商约也在中国的坚持下，增加了中外会查教务、教徒应当遵守中国法律、传教士不能干预中国司法等方面的内容，这些也为以后中国要求外国教会规范传教并会查解决传教问题留下了凭据。当然，在没能与多数国家达成协议的情况下，即便有这些限制，但其实效仍是相当有限。诚如办理商约的吕海寰1906 年上奏所称：中美商约签订后，"各国颇不以约束办法为然"；至于会查教务，"将来如各国均能允我派员会查，则民教或可望从此辑洽。第商约尚未一律告竣，会查一节刻下想难办到"②。

二、　取消领事裁判权

　　领事裁判权是一国领事对本国侨民行使司法管辖权的制度。通过鸦片战

---

①　*The Asiatic Fields：Addresses Delivered Before Eastern Missionary Convention of the Methodist Episcopal Church，Philadelphia，Pa.，October 13—15，1903*，Eaton & Mains，1904，pp. 48—49。

②　《光绪三十二年三月二十一日办理商约事务大臣兵部尚书吕海寰抄折》，台北"中研院"近代史研究所编印：《教务教案档》第七辑（二），1981 年，第 750 页。

争和第一批不平等条约，西方列强将这一特权制度强加于中国。在所有不平等条约特权中，领事裁判权处于中心地位。它使中国的司法主权遭受极大侵害，也使中国人蒙受了极大的耻辱，实行后不可避免地产生了种种弊害，不仅涉外案件中的华人遭受不公正的对待，处于不利地位，甚至在华外人也感到不满而怨言不断。因此，修正甚至取消领事裁判权虽然属于司法范畴，但也成为此次商约修订期间中方的重要目标，并且，最终确认了中国在条件成熟时取消领事裁判权的原则，这在清末商约修订和近代中外条约关系史上都有重要意义。

19 世纪中后期以来，中外便开始就领事裁判权的改进展开交涉，中国方面也开始关注和思考修正及收回领事裁判权的问题。清末商约修订期间的相关思考和交涉，便是在此基础上开展的。

同治年间，英国为更方便维护在华外国人的利益，便主动提出共同商定通商律例，成立混合法庭的方案。之后滇案发生，英国为首的列强通过《烟台条约》获取了观审权，借此参与了中国官衙对华人被告的审判，领事裁判权在朝着对外国人有利的方向改进，同时也得到了进一步的扩大。1876 年，赫德进一步提出建立一个完整的"混合法庭"的方案，即中外混合的案件采用"共同的法典""共同的程序""共同的处分方法"和"共同的法庭"[①]，该方案引起了清政府内部的重视，总理衙门认为赫德"所议自可采取"，但担心其用意"有因此及彼，此利而彼弊，此益而彼损并行；则我有所难专办，则彼非所愿，且悔不可追"，因此"不得不审慎图维，相机筹议"[②]。可见清政府此时尚缺乏收回领事裁判权的强烈意识，最终对于赫德提议未予采行。之后清政府内部相关议论虽然继续，但是中西法律的差距和担心外人进入内地一直是中国改进、收回领事裁判权的基本障碍。甲午战前，清政府在领事裁判权问题上，考虑的主要是一种过渡性的混合审判机构，并产生了采用西方法律的意向。这一问题的处理需要得到列强的认可，而此前亦在某种程度

---

① 《总税务司条陈改善对外关系》，[美] 马士著、张汇文等合译：《中华帝国对外关系史》第 2 卷，第 501 页。
② 《总署奏拟纂通商则例以资信守折》，光绪三年九月二十五日奉旨，王彦威、王亮辑编，李育民等点校整理：《清季外交史料》第 2 册，第 216—217 页。

上主张改进领事裁判权的英国，由于观审权的获得，可以在中国法庭上监督中国法官的审判，也就在相当程度上获得"混合法庭"的效应，因而失去了继续改进这一制度的热情。

甲午战败后，维新思潮勃兴，日本废弃领事裁判权获得成功，中国社会因此产生了改革法律制度以收回司法主权的强烈要求。戊戌变法期间，康有为上书指出："外人来者，自治其民，不与我平等之权利，实为非常之国耻。彼以我刑律太重而法规不同故也。今宜采罗马及英、美、德、法、日本之律，复位施行；不能骤行内地，亦当先行于通商各口。其民法、民律、商法、市则、舶则、讼律、军律、国际公法，西人皆极详明，既不能闭关绝市，则通商交际势不能不概予通行。"① 他明确提出："吾国法律，与万国异，故治外法权，不能收复。且吾旧律，民法与刑法不分，商律与海律未备，尤非所以与万国交通也。今国会未开，宜早派大臣及专门之士，妥为辑定，臣前所亟亟请开法律局为此也。请附于制度局并设之。"② 较之以前，康有为推进了对这一问题的认识。一是对改革必要性的认识更为深切，认为中国既不能闭关绝市，则不能不通行国际交际规则，采用西方法律；二是主张进行全面改革，采用各国法律，建立完备的法律体制；三是主张成立改革机构，在制度局中附设法律局，由自己主导司法改革，而不是中外会商。这些主张，在很大程度上借鉴了日本改革的经验。同时，出使美、日、秘鲁大臣伍廷芳亦奏请变通成法，较为明确地提出了收回领事裁判权的方案。他认为领事裁判权的产生，并不完全是列强恃强凌人的结果，而是有一定的原因和借口。"一则谓我限以通商口岸，民人应就近归彼领事管束；二则谓我刑律过重，彼实不忍以重法绳其民"。在收回领事裁判权的方法上，伍廷芳主张效法日本，从消除列强的借口入手，变通陈规，"为一劳永逸之谋"。具体而言，一是内地通商，"无论大小各国皆与通商"，"各国商民准其任便居住"，"凡教士商民在我国者，我既任保护之责，即当有约束之权"，彼则无借口与中国为难。二是修订法律，"采各国通行之律，折中定议，勒为通商律例一书，

① 《上清帝第六书》，1898 年 1 月 29 日，汤志钧编：《康有为政论集》上册，中华书局，1981 年，第 214—215 页。

② 《请开制度局议行新政折》，1898 年 8 月 30 日，汤志钧编：《康有为政论集》上册，第 352 页。

明降谕旨，布告各国。所有交涉词讼，彼此有犯，皆以此为准"。此律制定之后，"教民教士知所警，而不敢妄为。治内治外有所遵，而较为画一矣"。伍廷芳的这个方案，与此前清政府的谋划，有很大的不同。其中允许内地通商，突破了原来总担心外人进入内地的思路，是这个方案的核心所在，也是其难点所在。至于制订通商律例，其重心是改重从轻，引进西方资产阶级法律①。此前总理衙门虽也主张翻译各国法律作为借鉴，但却要将其附于大清律例之下，总不能摆脱封建旧律的羁绊。甚至担心引进各国法律之后，重典易为轻典，以身试法者数不胜数，"律减犯多，或至办不胜办"②。显然，伍廷芳的主张突破了封建传统的藩篱，而具有较鲜明的资本主义色彩，是一个颇具理性的方案。事实上，此后中国正是循着这一思路，真正步入了废弃领事裁判权的进程。但清廷稍后只接受了修订法律的内容，对于内地仍视为不能开放的禁脔。

八国联军之役给清政府以更大的震动。在新政改革推进之初，收回领事裁判权的问题便被明确地提了出来，并很快付诸行动。1901 年 1 月 19 日，光绪和西太后下诏维新，要学"西学之本源"，"取外国之长"，尤其要"浑融中外之迹"③。各地封疆大吏纷纷响应。4 月 8 日，张之洞提出，不变西法不能挽救危局，"不能化中国仇视各国之见"，"不能化各国仇视中国""仇视朝廷之见"。必变西法，"商约乃能公平"，"内地洋人乃不横行"，等等。如果仅仅整顿中法，在传统体制中讨出路，就无法革除"二千余年养成之积弊"，自强久存也无望。为此他列出了需要先办的九事，其中便有修改律例④。接着，7 月 20 日刘坤一与张之洞联衔会奏，提出编纂矿律、路律、商律、交涉刑律的方案，主要内容有：由总理衙门致电驻各国公使，访求各国著名律师，每个大国一人，充当编纂律法教习，"博采各国矿务律、

---

① 伍廷芳的方案，参见《奏请变通成法折》，1898 年 2 月 10 日，丁贤俊、喻作凤编：《伍廷芳集》上册，第 48—50 页。
② 《总署奏拟纂通商则例以资信守折》，光绪三年九月二十五日奉旨，王彦威、王亮辑编，李育民等点校整理：《清季外交史料》第 2 册，第 216 页。
③ 《谕》，光绪二十六年十二月丁未，朱寿朋编、张静庐等校点：《光绪朝东华录》第 4 册，总第 4601—4602 页。
④ 《致江宁刘制台》，光绪二十七年二月十二日，张之洞：《张文襄公全集》卷 71，中国书店，1990 年，第 30—31 页。

铁路律、商务律诸书，为中国编纂简明矿律、路律、商律、交涉刑律若干条，分别纲目，限一年内纂成"。经总理衙门大臣斟酌妥善后，再请旨核定，照会各国，颁行天下。其后，所有民、刑案件均按所定新律审断。两造如有不服，"可上控京城矿路商务衙门，或在京审断，或即派编纂律法教习，前往该省会同关道审断。一经京署及律法教习复审，即为定谳，再无翻异"①。这一方案注重采用西方法律改革旧律，但忽视审判制度的革新，没有考虑独立的审判机构，其上诉部门亦属行政机构。这里没有明确提出收回领事裁判权，而其意明确，目的是为废弃这一特权奠立法律基础。之后，清廷接受了编纂新律的建议，1902 年 3 月 11 日下诏纂修矿律、路律、通商律等类，"着各出使大臣，查取各国通行律例，咨送外务部"，并责成袁世凯、刘坤一、张之洞保送数员熟悉中西律例者，"听候简派，开馆纂修"②。根据他们的推荐，清廷在 5 月 13 日颁发谕旨："着派沈家本、伍廷芳将一切现行律例，按照交涉情形，参酌各国法律，悉心考订，妥为拟议，务期中外通行，有裨治理。"③ 清廷的两次谕旨，注重的是商律之类，没有提及刑律，也没有明确提出收回领事裁判权，但"中外通行"原则无疑含有这一意图。

与国内改革相呼应的是，随后的商约谈判，清政府便提出了收回领事裁判权的问题，只是从最初的酝酿到明确提出，有一个逐步发展的过程。在准备修约和修约交涉之初，清政府已就领事裁判权的修正提出方案，但没有还明确提出收回要求。赫德在 1901 年 9 月所拟修约节略提出：关于治外法权，"似应增添此等语义，即系各国人民固应照约按本国律例，由本国官定办，然亦应知中国自有律例，凡华民照例不准行者，各国人民亦一律遵守，以昭公允。此条似系早晚必废之件"。又提出，中国在各通商口岸"自行另立衙署，请各国领事官用为审案公堂"；中国派委员"在座听审以资学习，并随时注写可用之律章，俾日后不归管辖之条作废时，中

---

① 《遵旨筹议变法谨拟采用西法十一条折》，光绪二十七年六月初五日，张之洞：《张文襄公全集》卷 54，第 18—21 页。

② 《谕》，光绪二十八年二月癸巳，朱寿朋编、张静庐等校点：《光绪朝东华录》第 5 册，总第 4833 页。

③ 《谕》，光绪二十八年四月初六日，朱寿朋编、张静庐等校点：《光绪朝东华录》第 5 册，总第 4864 页。

国亦能取信于各国，不致接办时遇事竭蹶"①。1902 年 1 月 10 日中英商约谈判第一次会议上，马凯提出外国人为了贸易可以在中国内地长久居住的条款草案，盛宣怀在反驳该草案时初步表达了取消领事裁判权的意向，称只要治外法权存在一天，中国绝不能答应。他还告诉马凯，中国的法律不久即将修订，以与各国的法律更相接近。将来外国人如能像在日本一样受地方官吏的管辖，即可准给这项权利②。1902 年 2 月，盛宣怀所拟中方条件，提出了较具体的主张：一是英国人应遵守中国律例，领事裁判权不能作为无须遵守中国律例的依据，"凡华民照例不准行者，英国人民亦应一律遵守"。二是聘请外国律师帮助编纂律法，华洋争讼"均于各处一律办理"。三是在通商口岸特设公堂，中英人民所有词讼案件，均由公堂按律办理。四是如果中国官员不熟悉新定律例，可以聘请英国律师在公堂代为听审。五是华人可以选择"或到地方官处伸讼或到该公堂请办"③。这些主张没有明确提出取消领事裁判权，且不具体，不完善，但通过制定新的律例，设立统一的法庭即公堂，要求外人遵守中国律例等，在相当程度上限制了这一特权。

由于中国的主张没有提出以西方法律为原则改革中国法律等原因，自然会遭到英国等西方国家的抵拒。1902 年 5 月 28 日，中英举行第十九次会议。中方向英方提交了二十一条修约要求，其中就有关于治外法权的条款，但是全部被马凯拒绝④。英方虽然不同意立即放弃领事裁判权，但亦愿意中国改进司法法律。因此在武昌谈判期间，张之洞提出中国修改法律后，外国人一律归中国法律管辖，马凯立即同意将此订入条约。最后，中英《续议通商行船条约》第十二款规定："中国深欲整顿本国律例，以期与各西国律例改同一律，英国允愿尽力协助，以成此举，一俟查悉中国律例情形及其审断办法

---

① 《1901 年 10 月 9 日总税务司赫德的修约节略》，光绪二十七年八月二十七日，中国近代经济史资料丛刊编辑委员会主编、中华人民共和国海关总署研究室编译：《辛丑和约订立以后的商约谈判》，第 3—4 页。

② 《1902 年 1 月 13 日戴乐尔致赫德函附件（二）：1902 年 1 月 10 日中英修约会议记录》，中国近代经济史资料丛刊编辑委员会主编、中华人民共和国海关总署研究室编译：《辛丑和约订立以后的商约谈判》，第 21 页。

③ 《盛大臣来电并致制台》，光绪二十八年正月初六日，张之洞：《张文襄公全集》卷 178，第 5—6 页。

④ 《1902 年 5 月 29 日戴乐尔致赫德呈文 1430 号及第十九次会议记录》，中国近代经济史资料丛刊编辑委员会主编、中华人民共和国海关总署研究室编译：《辛丑和约订立以后的商约谈判》，第 51—55 页。

及一切相关事宜皆臻妥善，英国即允弃其治外法权。"① 其实，清政府并未做好思想准备，对该条款亦未认真推敲。该条款是在仓促中谈妥的，几乎没费什么口舌。张之洞向英方代表马凯提出："您是否可以同意，在我们的法律修改了以后，外国人一律受中国法律的管辖。"其时张之洞已允诺英方种种条件，因此要求对方必须"让他能有可以拿出来的东西"② 向清廷交差，甚至表示，"如不肯商，我便不开议"。在这种情况下，马凯接受了这一要求。张之洞对马凯同意此条款，甚感意外，"实为意料所不及"③。对英方而言，该条款实际上是一个没有风险，不需要承担任何具体义务的空头诺言。且其中的规定，给中方此后修律留下了难题。

英国答应把治外法权列入条约给中国代表很大的鼓舞和信心。随后，中国与美、日进行商约时提出交涉，亦在条约中作类似的规定。当然，这背后也不可避免地存在一些利益交换。例如，美国代表便将该条的通过与其提出的专利条款进行交换。最后这两款都写入了中美商约。

清末商约修订标志着中国政府在取消领事裁判权历程上迈出了具有实质性意义的一步。尽管列强的允诺在很大程度上只是一个画饼，可望不可即，但毕竟为列强承诺放弃条约特权开了先河，为收回领事裁判权带来了一线希望。

取消领事裁判权的条款达成，大大推进了清末中国的法律改革。清政府内部张之洞当时兴奋地将此视为"立自强之根，壮中华之气"④ 的重大收获，沈家本、伍廷芳也认为是"变法自强之枢纽"⑤。这一条款对清政府是一个极大的鼓舞，法律改革的目标开始明确起来。此前，从清廷发布的修律谕令到刘坤一、张之洞等人的变法奏议，均对收回领事裁判权的要求闪烁其词，未能彰显出改革的最重要诉求。现在，朝臣疆吏无不以此为论说之主旨，这一

① 《续议通商行船条约》，光绪二十八年八月初四日，《中外旧约章汇编》第 2 册，第 109 页。
② 《1902 年 7 月 17 日马凯在武昌纱厂与张之洞等会议简记——袭式楷记》，中国近代经济史资料丛刊编委会主编、中华人民共和国海关总署研究室编译：《辛丑和约订立以后的商约谈判》，第 137 页，第 139 页。
③ 《鄂督张之洞致外部与英使商收回法权补救教案电》，光绪二十八年六月十七日，王彦威、王亮辑编，李育民等点校整理：《清季外交史料》第 6 册，第 3002 页。
④ 《鄂督张之洞致外部与英使商收回法权补救教案电》，光绪二十八年六月十七日，王彦威、王亮辑编，李育民等点校整理：《清季外交史料》第 6 册，第 3002 页。
⑤ 《删除律例内重法折》，光绪三十一年三月二十日，沈家本：《沈寄簃先生遗书·寄簃文存》第 1 卷，民国刻本，第 2 页。

诉求成了改革的主调，并大大推进了改革的深入。主持修律的沈家本、伍廷芳等人更是以收回治外法权为据，进行大刀阔斧的全面改革，他们多次表示："臣等奉命修订法律，本以收回治外法权为宗旨。"① 他们认为，必须按照西方资产阶级法律原则，对封建旧律进行根本、彻底的改革，才能达到这一目标，谓：当今"瀛海交通，俨同比伍"，举凡政令、学术、兵制、商务，"几有日趋于同一之势"，因此当以"专以折冲樽俎，模范列强为宗旨"②。现在"风气所趋，几视为国际之竞争事业"，中国"万难守旧"。具体而言，从维护国家主权的必要来看，"国家既有独立体统，即有独立法权，法权向随领地以为范围"，而"独对于我国借口司法制度未能完善，予领事以裁判之权"，以致"主权日削，后患方长；此惄于时局不能不改也"③。奕劻更从国家存亡的角度说明其重要性，视此为"撤去领事裁判权之本"。日本、暹罗即为例证，而"土耳其等国不能改者，则各国名曰半权之国，韩、越、印度、西域诸回之用旧律者则尽亡矣"④。

当然，仅彻底改革法律，能否收回领事裁判权？对此，一些要求维护传统礼教之士提出了质疑，他们认为要达到这一目的，还需要其他条件。大理寺正卿张仁黼谓：欲收回领事裁判权，仅制定西式法律尚不足，还要看"国势兵力之富强若何？人民教育之程度若何？内外文武人材之担任若何？"等等。如果这些"尚待培养，则虽法律精允，足与列强同符，而欲治外法权遂能一一收回，不待智者而知其未易言矣"。因此，他主张循序渐进，不可急于实行⑤。应该说，这些看法不无道理。事实上，列强并不愿轻易放弃领事裁判权，收回这一特权，需要其他综合条件。它们为所作承诺预设的条件，范围甚广，且无具体的标准以资判定。张之洞当时便清

---

① 《伍廷芳等奏》，光绪三十一年九月丁亥，朱寿朋编、张静庐等校点：《光绪朝东华录》第5册，总第5413页。

② 《修订法律大臣沈家本等奏请编定现行刑律以立推行新律基础折》，光绪三十四年正月二十九日，故宫博物院明清档案部编：《清末筹备立宪档案史料》下册，中华书局，1997年，第852页。

③ 《修订法律大臣沈家本奏刑事草案告成分期缮单呈览并陈修订大旨折》，光绪三十三年八月二十六日，故宫博物院明清档案部编：《清末筹备立宪档案史料》下册，第845—846页。

④ 《宪政编查馆和硕庆亲王奕劻等奏为核定新刑律告竣请旨交议》，光绪三十三年，刘锦藻撰：《清朝续文献通考》第3册，第9893—9894页。

⑤ 《大理院正卿张仁黼奏修订法律宜妥慎进行不能操之过急片》，光绪三十三年五月初一日，故宫博物院明清档案部编：《清末筹备立宪档案史料》下册，第837页。

楚地看到这一点，谓："所谓'一切相关事宜皆臻妥善'十字，包括甚广。其外貌则似指警察完备，盗风敛戢，税捐平允，民教相安等事。其实则专视国家兵力之强弱，战守之成效以为从违。"他认为，变通诉讼制度以冀撤去治外法权，"其意固亦甚善"，但不能仅恃此来挽救"已失之法权"①。当时舆论亦有同样的看法，《外交报》载文认为，此承诺是一种欺骗，"蒙我"而已。所谓与各西国"改同一律"，必不能行。各国法律不同，不可能与彼尽同。"我同于甲，必不能同于乙"，如尽同于英，英放弃治外法权，其他各国能弃乎？"诸国不弃此权，而谓英能独弃乎？"再者，"查悉妥善等字，Satisfied 含满意义，意在于彼，满与不满，有何界限。则治外法权之弃与不弃，亦无定也"②。

诚然，商约中的条款规定，给列强提供了可以任意否定中国收回领事裁判权要求的空间，又使得中国法律司法改革处于中法和西法自我矛盾冲突的两难境地。但不管如何，这一条约关系的变化，进一步推动中国的司法法律逐渐走向近代化，为中国后来废除此项条约特权提供了法律依据，这些对于中国推进收回领事裁判权的进程不无裨益。事实上，取消领事裁判权的条款达成后，清政府还取得了些微成绩。1909 年中日为间岛问题订立《图们江中韩界务条款》时，经过争辩，按中方要求规定："图们江北地方杂居区域内之垦地居住之韩民服从中国法权，归中国地方官管辖裁判。"③ 该约虽然给予日本领事听审权，但韩民照之前条约应得之领事裁判权基本消灭。进入民国后，巴黎和会、华盛顿会议中国提出废除各国在华治外法权的交涉，无不是以清末修订商约中关于治外法权的规定为依据的④。

三、 其他有利于中国主权和民生的条款

商约谈判期间，除了前述要求取消治外法权的条款外，在中方的积极要求

---

① 《遵旨核议新编刑事民事诉讼法折》，光绪三十三年七月二十日，张之洞：《张文襄公全集》卷 69，第 3 页。
② 《论中英商约》，《外交报》第 23 期，1902 年 9 月 26 日。
③ 《图们江中韩界务条款》，宣统元年七月二十日，王铁崖编：《中外旧约章汇编》第 2 册，第 601 页。
④ 中国社会科学院近代史研究所《近代史资料》编辑室主编、天津市历史博物馆编辑：《秘笈录存》，中国社会科学出版社，1984 年，第 180、425—426 页。

下，还将互相给予使领优例和最惠国待遇、禁止吗啡鸦等内容部分订入条约，从而进一步发展了中外条约关系中有利于中国主权维护和发展民生的内容。

在商约交涉中，中国代表提出了中国使领优例及最惠国待遇条款的修改问题。美国在商约谈判之始提出的条约草案中，多条涉及中国单方面以平行礼节优待美国驻华使领方面的内容，另外还专款提到片面最惠国待遇的内容，并强调"美国国家暨人民及其财产、利权、特权，仍应照公例相待最优之国一体待遇"①。互相优待外国使领是国际惯例，最惠国待遇是从国际法中的国家平等原则派生出来的贸易平等待遇原则，但在近代中国，列强强迫中国接受的最惠国待遇却是片面的、不平等的。片面最惠国待遇与领事裁判权一样，是近代中外不平等条约中危害最大条款之一。因此，中国商约大臣们积极争取，试图进一步修正美国提议，使这些内容成为真正互惠的条款。1903 年 3 月 17 日，美方交来新的条约草案，除了在使领优例上精简部分内容外，片面优待的原则依然没有改变。之后交涉中，中方多次提出双方互惠的要求，4 月 28 日会议时，第十五款关于最惠国待遇问题，伍廷芳建议增加一节，说明美国也应当根据互惠原则，给中国最惠国待遇。美方代表当时表示同意，并称要将此款撤回，以便继续研究修正字句②。5 月 22 日，中国代表再次建议美国应该给予中国最惠国待遇，美方代表表示要向国务卿海・约翰请示③。6 月 19 日会议，古纳声明应中国代表要求，撤销有关最惠国待遇的第十五款④。这样，双方在对等的最惠国待遇上没能达成一致意见。而在使领待遇上，则是改变中国单方面给予美国优待的规定，在条约第一、二款规定中美双方相互给予优例的原则⑤。日方提出的草案中，有关最惠国待遇的条款同样是单方面的。1902 年 9 月 26 日，盛宣怀说在日本的中国商人申

---

① 《1902 年中美商约谈判开始时美方交来的通商行船条约草案》，中国近代经济史资料丛刊编委会主编、中华人民共和国海关总署研究室编译：《辛丑和约订立以后的商约谈判》，第 148—149、157 页。

② 《1903 年 4 月 28 日中美修订商约会议记录第 20 号》，中国近代经济史资料丛刊编委会主编、中华人民共和国海关总署研究室编译：《辛丑和约订立以后的商约谈判》，第 184 页。

③ 《1903 年 5 月 22 日中美修订商约会议记录第 28 号》，中国近代经济史资料丛刊编委会主编、中华人民共和国海关总署研究室编译：《辛丑和约订立以后的商约谈判》，第 189 页。

④ 《1903 年 6 月 19 日中美修订商约会议记录第 32 号》，中国近代经济史资料丛刊编委会主编、中华人民共和国海关总署研究室编译：《辛丑和约订立以后的商约谈判》，第 192 页。

⑤ 《通商行船续订条约》，光绪二十九年八月十八日，王铁崖编：《中外旧约章汇编》第 2 册，第 182—183页。

诉，他们比其他国家的国民付税要高，经中国驻日本公使证实确有此事。因此，他要求在税则问题上，在日的中国商人也应该享受到一体均沾的待遇。9 月 29 日，中方又提出日本应该给予中国最惠国待遇，日方表示予以考虑并向本国政府请示。此后，由张之洞与内田康哉在北京议约时将最惠国待遇列入条约第九款。在该款，大部分文字规定了中国给予日本的最惠国待遇，在最后简单地增加了一句优待中国的内容，即："中国官员、工商人民之在日本者，日本政府亦必按照律法章程，极力通融优待。"① 显然，它与中国给予日本的最惠国待遇有原则区别。相对于美国而言，日本这里适当考虑中国的主张，一定程度上体现了优待的相互性，但它并非说明要给予对等优待，而是以一种模糊的表述，给日本留下了很大的回旋空间。

此外，清末中外修订商约谈判中，中方代表还提出禁止吗啡鸦片贩运进口中国的要求。吗啡鸦即吗啡，由鸦片提炼而成，对人体的毒害比鸦片更烈，同时它也被医药界用作麻醉剂，有极强镇痛作用。自 1858 年《天津条约》规定了外国在华鸦片贸易的特权后，中国烟毒的泛滥更加严重，尤其是吗啡进口，对中国人民的生命健康构成极大的危害。因此，中国社会各阶层要求禁烟呼声日涨。进口鸦片大多来自英国印度殖民地，而英国国内也兴起了禁烟运动。因此，商约修订时盛宣怀多次与马凯商议禁止贩运吗啡鸦进口的问题，这一提议得到英国支持。最终中英商约第十一款对此作出了专门规定，即"大英国允愿禁止吗啡鸦任便贩运来华"，同时中国亦应允吗啡鸦作为药品进口，即英国领有执照之医生在领事馆立下切结后，可运入鸦片供自用或医院专用，英国药铺亦要立下切结后方可在有西医医生药单的情况下小量出售吗啡鸦。另外，还规定"惟须有约各国应允照行，乃可举办"，中国亦允禁止中国铺户制炼吗啡鸦，以杜其患②。之后，中美商约中对禁止吗啡鸦问题也作了类似的规定。而英国也帮助中国积极推动其他国家同意禁止吗啡鸦进口，1907 年 12 月中英还议订了逐年减少鸦片输入的协定③。到 1908 年各国基本一致同意禁止吗啡进口到中国。清政府随即制定吗啡章程，规定除外

---

① 《通商行船续约》，光绪二十九年八月十八日，王铁崖编：《中外旧约章汇编》第 2 册，第 194 页。
② 《续议通商行船条约》，光绪二十八年八月初四日，《中外旧约章汇编》第 2 册，第 108—109 页。
③ 《英使致外务部照会》，光绪三十三年十月二十七日，《中外旧约章汇编》第 2 册，第 446 页。

国医生和外国药剂师为医疗上需用在特定限制下进口外，一律禁止吗啡和吗啡针具的制造和进口①。

此次商约修订的内容十分广泛，并非仅限于上述几款。从整体上看，这些议约内容反映了商约作为经济条约的本质特征，同时亦体现了近代中外商约兼具综合性条约属性这一特殊情形。而保护知识产权等内容进入中外商约，亦在一定程度上揭示了新时期经济国际化发展潮流对中外条约关系的影响。上述相关条款的达成，反映了列强借强权修约，并进一步扩展经济特权，为在华商贸发展谋取更多便利的本质，也在事实上方便了列强进一步控制中国的各经济领域。正是因为如此，清末中外修订的商约仍属于不平等条约的范畴，是不平等条约关系进一步发展的基本环节。当然，在此次商约谈判过程中，中方的商约大臣及其他相关人员，表现出了明确而又强烈的维护国家权益的意识，同时对于中外条约关系及相关事业发展现状及走向，有了更加深入的思考。因此，他们在交涉过程中往往分利必争，与外国列强的斗争激烈几近白热化②，最终部分抵制了列强的索求，在挽回了一些权益的同时，也为以后条约关系的改善留下伏笔。而在适当时候，这些人也能遵从国际国内发展需求，接受一些对中国权益损害不大，或从长远发展来看双方互益的条款。从这一层面上来说，清末商约修订亦是中外条约关系发展的一个转折点③。

---

① ［英］莱特著、姚曾廙译：《中国关税沿革史》，第367页。

② 这种白热化的发展突出表现在以下两个方面：一是以对方要求为筹码的现象十分普遍，尤其是裁厘加税往往成为中外利益互换的核心筹码；二是中国对于一些"不能全允"或"万不可允"但又不得不允的问题，最后采用"留后操纵"之计，以模糊的表述，为将来留下操控余地，商标、专利、矿务、领事裁判权等等，诸如此类等条款无不体现这一特点。也正是因为如此，商约议定后，一些围绕条款进一步落实的交涉斗争依然继续。这些纠葛也是中外条约关系的调整往这深入发展的体现。

③ 学术界对于中外商约交涉评价，过去多从帝国主义侵华的角度进行批判（如丁名楠等：《帝国主义侵华史》第2卷，第174页）。近些年，不少学者开始从正面角度思考其对中国的积极意义（如崔志海：《试论1903年中美〈通商行船续订条约〉》，《近代史研究》2001年第5期；李永胜：《论清末中外修订商约交涉的历史地位——清末新订商约：中外条约的转折点》，《近代史学刊》2007年第4辑，等等）。

第五章 边疆问题与条约关系

与边疆问题相关的条约大多属于领土及边界条约，主要涉及领土的归属、边界的划分、边民的管理等方面，其主旨体现的是条约关系中的政治关系。同时，因为近代中国的特殊性，与边疆问题相关的条约或部分条款还会涉及铁路的修筑和经营、通商口岸与租界、开矿及势力范围等其他方面的内容，这也反映了近代中外条约关系的复杂性。19 世纪 90 年代中后期，各帝国主义列强在全球的争夺加剧，尤其是在中国周边的朝鲜、帕米尔、印度、暹罗、缅甸等亚洲地区的竞夺更是进入白热化的状态，而且，伴随甲午战后中国虚弱的彻底暴露，俄、日、法、英等帝国主义列强更是以在中国周边所占区域为跳板，大力推进侵略中国边疆地区的步伐，甚至不惜发动侵略战争，以致中国东北、西北、西南、南部及东南边疆陷入全面危机之中，有关边疆问题的中外条约因此如管涌般出现。与 19 世纪中叶相比，这一时期有关边疆问题的条约中，没有形成广大领土被割占的局面，但是依然有一些领土主权受到列强的蚕食、侵占。同时，中国自身领土主权意识和相关国际法知识也在逐步提升，因此，这一时期通过签署条约或相关交涉，中国亦成功捍卫了部分领土主权，这在海疆相关的条约上表现得尤为明显。另外，列强在这一时期掀起了抢占租界、租借地和势力范围的热潮，加大了对华资本输出，这些新的侵略因素也部分反映到有关边疆问题的条约关系中。

第一节 东北边疆问题与相关条约达成

中日甲午战争及三国干涉还辽，改变了战前东北亚国际关系的基本格局，也激化了日、俄为首的资本主义强国对东北边疆的争夺。在帝国主义瓜分中国的大狂潮中，中国东北成为首起波澜之地，尤其是当争夺近东巴尔干的斗争暂时平息和瓜分非洲、南美洲的争夺基本结束时，中国东北更是成为国际帝国主义竞相角逐的场所和激烈争夺的对象，因此围绕东北边疆问题的中外条约集中浮出水面，并成为这一时期中外条约关系发展的重要方面。

一、《奉天交地暂且章程》的签署和作废

如前所述，甲午战后，俄国通过三国干涉还辽，进而租借旅顺、大连，并与中国签署御敌互助密约和中东铁路合同，将中国东北变为俄国的势力范围。1900年义和团运动期间，俄国不仅直接参加八国联军攻掠京、津，同时为达到武装强占中国东北，进而吞并其为殖民地的阴谋，还打着保护中东铁路和镇压义和团暴动的幌子，单独派出15万之众的军队侵入中国东北地区。当年10月底，俄军占领了海拉尔、哈尔滨、营口、齐齐哈尔、吉林、奉天、锦州等东北主要城市和交通线。在这期间，东北当地民众对于俄军的侵略进行了英勇抗击，打破了俄国想一举兼并东北的意愿。而且，如果俄国公开兼并中国东北，势必引起列强的强烈反对，甚至可能造成列强纷纷兼并中国各个地区的形势，这是俄国所不愿意看到的。八国联军统帅瓦德西曾说："从可靠方面闻得，俄国占领满洲一事，曾遇不少困难。"[1] 因此，为侵占东北地区合法化，俄国决定展开外交攻势，暗中向清政府提出缔约交涉。

---

[1] 王光祈译：《瓦德西拳乱笔记》，台北文海出版社，1972年，第228页。

1900 年 10 月，在向清朝中央政府展开单独秘密交涉受挫后，俄国财政部代表璞科第由上海致电俄国财政大臣维特，建议先由东北占领军司令官阿列克赛也夫同东北各省官厅分别缔结地方性协定，待时机成熟，再与清中央政府缔结总协定。11 月 3 日，盛京将军增祺派已革职道员周冕为代表到旅顺谈判交还事宜。但是，俄国早已拟就了章程草本，只待中方签字，因此，此次谈判无所谓议。最后，在俄国的诱胁下，11 月 8 日，盛京将军增祺在章程上签字。《奉天交地暂且章程》共有九款，主要内容是：（一）增祺回任后，应任保卫地方安静，"务使兴修铁路，毫无拦阻损坏"。（二）奉天省城等处现留俄军驻防，以"保护铁路"和"安堵地方"。奉天将军与地方官等对俄军要"以礼相待，并随时尽力帮同"。（三）奉天将军将所有军队一律撤散，收缴军械。尚存军装、枪炮，统转交俄官管理。（四）奉天各处俄军尚未占据的炮台、营垒、火药库一并拆毁。（五）营口等重要城市，俄官暂为经理，俟俄廷查得奉省确实太平，再许调换华员。（六）奉天通省城镇、屯堡，应听将军设立巡捕马、步各队，保护商民。（七）沈阳应设俄总管一员，以便办理奉天将军和俄国军方往来交涉事件，而且"凡将军所办要件，该总管应当明晰"。（八）奉天各处如欲设立巡捕马、步各队，倘遇地方有事不足于用，也要"转请俄带兵官，尽力帮同办理"[①]。

《奉天交地暂且章程》完全暴露了沙俄长期以来欲独占中国东北的侵略野心，彻头彻尾是一个严重损害地方行政权、军队驻防权、警察权等一系列重大国家主权的丧权辱国的条约。按照这一约章，清朝的盛京将军仍然回到奉天统治，但也只是奉天形式上的最高官员，实际上沦为俄国总管监督下的走卒，必须为沙俄侵略者效力，去镇压中国人民的反抗斗争。章程名为"交地"，但事实上该章程无一字涉及交地、撤兵事宜，不仅如此，条约还规定解除清政府在奉天的全部武装，并使沙俄侵占奉天、控制该省警察权合法化，奉天省实际上处于沙俄军队的控制之下。总之，该章程破坏了中国的独立与主权，使奉天省成为俄国武装占领下的名副其实的殖民地，只是在名义

---

① 《奉天交地暂且章程》，光绪二十六年九月十七日，王铁崖编：《中外旧约章汇编》第 1 册，第 978—979 页。

上享有行政管辖权。

紧接着，为了使章程的各项规定推行到全东北，俄国还企图把《奉天交地暂且章程》加以扩大，制订了《俄国政府监理满洲之原则》十五款。该原则虽然承认中国对东北的行政管理，但也只是形式上而已，事实上，它把中国东北全面置于俄国阿穆尔军区司令官、关东军区司令官及西伯利亚铁道委员会的多重监督和控制之下。之后，俄国即以此原则作为与清政府进一步谈判东三省交还问题的基础。而且，为便于向清政府拖加压力，并避开英、美、日等列强对俄国独占东北企图的反对，俄国还将有关东三省问题的谈判从北京秘密转移到彼得堡。

1901 年 1 月 2 日，清政府任命驻俄公使杨儒为全权大臣，与俄商办接收东三省事宜，并随时电商奕劻、李鸿章，互相参酌。当时远在西安的清廷还不知《奉天交地暂且章程》签订之事，甚至在给杨儒的训令中还感谢俄国"深敦睦谊，允许交还"。但就在中俄彼得堡谈判开始前，英国伦敦《泰晤士报》全文刊出章程全文，引起舆论大哗。英、日等国纷纷针对此章程向俄国政府提出质问。驻俄公使杨儒得知此事后，立即向清政府报告。李鸿章得到消息后，在 1 月 15 日电奏电中指出："增祺派周冕与立约章，未请示，铸此大错。"[①] 1 月 16 日，清廷旨电奕劻、李鸿章，表示暂约"殊骇听闻"，并指出："此事增祺并未奏知，周冕系已革道员，即系暂且，该革员亦无订约之权"，考虑到东三省交收关系重大，要杨儒立即与俄国婉商妥办，李鸿章则要"通盘筹画"；清政府在电旨中还斥责增祺"擅派委员，妄加全权字样，实属荒谬，着交部严加议处"[②]。之后，杨儒奉令向俄国外交部提出交涉，明确表示章程的签订无效，并表示"东三省安危所系甚重"，清廷绝无批准之理，可谓是"据理力争，不稍松动"，奕劻、李鸿章亦向俄使格尔斯多方开导[③]。最后，在杨儒等人的坚持和英、日、美等列强的强烈反对下，俄国被

① 《李鸿章奏杨儒电增祺擅立奉天交地九款铸成大错电》，光绪二十六年十一月二十五日，王彦威、王亮辑编，李育民等点校整理：《清季外交史料》第 9 册，第 4756 页。

② 《旨电奕劻、李鸿章》，光绪二十六年十一月二十六日，王彦威、王亮辑编，李育民等点校整理：《清季外交史料》第 9 册，第 4756 页。

③ 《杨儒奏与俄人议约旋又停商谨陈先后办理情形折》，光绪二十七年五月初二日，王彦威、王亮辑编，李育民等点校整理：《清季外交史料》第 9 册，第 4885 页。

迫于 1 月 24 日表示章程姑且作罢。

二、《交收东三省事宜条约》的议定

1901 年 2 月 16 日，俄国向杨儒提出了条件更为苛刻的约稿十二条，不仅要求允许中东铁路公司设兵保路，还允许俄国从东北造一条铁路直达北京，俄国铁路损失之赔款"与公司商定，将全数分成若干，以他项利益作抵"；同时规定清政府不得在东北设立军队和运入军火，清地方官员"办事不合邦交，经俄声诉，即予革职"，"中国北境水陆师不用他国人训练"，满、蒙、新疆各处路矿及他项利益，没有俄国的允许，"不得让与他国，中国亦不准自行造路"，等等①。这十二条约款企图"用取消和限制中国在东北军事、行政、经济、财政等项主权的办法，巩固俄国在东北的全面优势"②，而且要借此机会将其在华势力范围扩展到中国的蒙古、新疆地区，还要向内地的直隶、山西、陕西、甘肃等其他各省渗透，企图在这些地方也拥有独占的权益，意在夺取中国北方大多省份的主权利益，充分暴露了沙俄对中国的野心。杨儒认为该约稿"不可许者尚多"，"如禁用外人练兵，因东三省兼及北省之水陆师；矿路工商利益，因东省而兼及蒙、新各处；满、蒙、新疆铁路不但禁外国人，且禁中国自造。北边数万里利权，势必一网打尽"，等等。

杨儒将指驳之款，一并送交俄国外交部③。该约稿一经传出，英、美、日等列强纷纷向俄政府提出质询，并表示强烈反对。同时俄国一再向李鸿章、杨儒等人施加压力。清政府不得不向列强提出调停的要求。而国内反对签约的舆论也是日益高涨，其中刘坤一、张之洞等人更是一再上奏反对签订俄约④。在此形势下，杨儒坚决拒绝在出卖中国主权的约稿上签字，因此彼得堡谈判无果而终。

基于各方反对，3 月 12 日，俄国将十二条约稿加以删改，抛出最后约

---

① 《电报汇钞》，中国社科院近代史研究所近代史资料编辑组编：《杨儒庚辛存稿》，中国社会科学出版社，1980 年，第 73—74 页。

② 崔丕：《近代东北亚国际关系史研究》，东北师范大学出版社，1992 年，第 201 页。

③ 《杨儒奏与俄人议约旋又停商谨陈先后办理情形折》，光绪二十七年五月初二日，王彦威、王亮辑编，李育民等点校整理：《清季外交史料》第 9 册，第 4885 页。

④ 《电报汇钞》，中国社科院近代史研究所近代史资料编辑组编：《杨儒庚辛存稿》，第 88—89 页。

稿。其中遵旨更改之处有七端：一是"北境水师不用他国人训练，全款删去"；二是"删金州自治之权废除一句"；三是"删满、蒙及新疆塔、伊、喀、噶、叶、和、于阗等处矿路及他项利益不得让他国人一节"；四是"删蒙古、新疆各地名，改为满洲全境"；五是"满洲禁我造路及租地与人两节均删"；六是"禁运军火加照公约句，即允我与公约同时起止"；七是"路工未竟不设兵队改为应与商定驻兵地方，即允我不设兵队专指铁路边旁而言"。另外，经杨儒指驳，得到允许修改的有四端：一是"将军大员办事不合邦交，改革职为调离"；二是"满洲内地巡捕与俄商定数目加地方平定以前一句"；三是"巡捕兵供差不用他国人改只用中国人"；四是"铁路赔款改照公约所拟赔款意旨，与该公司商赔"。3月17日，清廷电旨杨儒，指出该约"尚有窒碍之处，恐为各国借口"，刘坤一、张之洞、盛宣怀、李盛铎等人先后来电，劝勿画押，且多以"有俄约各国哗然，立待效尤"为辞。之后，杨儒一再提出交涉，但是俄国坚持最后约稿不能再易一字，并限定中国十四天内画押，逾期则不会再议论交收东三省之事，正所谓"限期挟制"，"骎骎乎有决裂之势"。3月24日，清廷电旨杨儒，"谕以不遽画押仅止激怒于俄，画则群起效尤，其祸尤速"，并饬令杨儒转告俄国外交部："中国为各国所迫，非展限改妥、无碍公约，不敢遽行画押。"但是，俄国拒不让步，并在4月16日登报发表声明，宣布停止谈判，称："各国既因此约之故大与中国为难，俄国虽欲撤兵、不克速办交地一节"，故俄国从东北撤军之事，只能"俟中国事定，京、津立定，自主政务，力量稍强，保无后患，方可再提"①。中、俄关于交收东三省的谈判再次破裂。

《辛丑条约》签字后，俄国军队仍然拒不撤出东北，但亦无理由继续霸占东北。俄国政府又重新拟定关于从东北撤军的新方案，即先由华俄道胜银行与清政府订立银行协定，规定该银行对东北各项利权的垄断权，并以签订协定作为俄国撤兵的先决条件。该协定事实上是前述十二条约稿和最后约稿的变种，即用金融资本垄断组织的罗网变中国东北为俄国的独占市场。10月

---

① 《杨儒奏与俄人议约旋又停商谨陈先后办理情形折》，光绪二十七年五月初二日，王彦威、王亮辑编，李育民等点校整理：《清季外交史料》第9册，第4885—4887页。

5 日，俄国向清政府提出新的撤兵条约交涉，10 月 10 日向李鸿章提出《银行协定》。不久，李鸿章去世，由奕劻接续与俄国讨论《银行协定》，刘坤一、张之洞等人坚决反对签订该协定，并在 1902 年 2 月联名致电清廷，逐条驳斥，称协定明系予俄专利，有碍主权，万不可许，"仍以请各国公断为妥，否则仍暂作宕局"[①]。清政府最终拒绝进一步讨论银行协定。同时，英、日等国亦不愿坐视俄国盘踞东北。1901 年下半年，英、日开始交涉，以达成针对俄国的同盟，并且在 1902 年 1 月 30 日签署第一次《日英同盟条约》。翌日，美国照会中国、俄国及其他列强，反对俄国独占东北利权[②]。

在列强的干预和中国的反对下，俄国不得不向中国作出某些必要的让步。1902 年 4 月 8 日，中、俄双方在北京签订《交收东三省条约》，又称《俄国撤兵条约》。该约明确规定"允在东三省各地归复中国权势，并将该地方一如俄军未经占据以前，仍归中国版图及中国官治理"。并规定俄军在一年半内分三期撤出，且俄军撤退后，中国在东三省驻兵数量增减，应随时知照俄国；"东三省安设巡捕及绥靖地方等事，除指给中国东省铁路公司各地段外，各省将军教练，专用中国马步捕队，以充巡捕之职"；东三省南段续修铁路，或修支路，并或在营口建造桥梁、迁移铁路尽头等事，应彼此商办，等等。该约的订立，也在一定程度上宣告了俄国以《奉天交地暂且章程》原则为框架而构想的独占东北迷梦的告终。但是，俄国撤军所附其他条件还是使中国在东北的军事和其他主权受到限制，而且，该条约还规定撤军取决于中国"再无变乱，并他国之举动亦无牵制"，这就为俄国拒绝撤军预留了张本[③]。

三、 中日《会议东三省事宜条约》的议定

中俄《交收东三省条约》签订后，当年 10 月，俄国完成第一期撤军，

---

① 《刘坤一张之洞致枢垣俄约万不可许请各国公断电》，光绪二十八年正月初九日，王彦威、王亮辑编，李育民等点校整理：《清季外交史料》第 6 册，第 2884—2885 页。

② "Memorandum Respecting Manchuria," February 1, 1902, U. S. Department of State, *Papers Relating to the Foreign Relations of the United States with the Annual Message of the President Transmitted to Congress December* 2, 1902, Government Printing Office, 1902, pp. 275—276.

③ 《交收东三省条约》，光绪二十八年三月初一日，王铁崖编：《中外旧约章汇编》第 2 册，第 39—41 页。

其占据的关外铁路同时交还中国。但是，俄国并未就此放弃独占东北的野心。12 月，俄国陆续出台远东政策"新方针"①。1903 年 4 月第二期撤兵期满时，俄国竟违约不撤，并进而提出俄国在东北三省享有特殊权益的七项要求，作为撤兵的新条件②。到 1903 年 10 月，俄军非但不撤，而且增兵重新占据奉天省城。俄国帝国主义的远东政策与日本帝国主义的北进政策相抵牾冲突，并在 1904 年 2 月引发日俄战争。1905 年 9 月，战败的俄国与日本签订《朴茨茅斯条约》。

《朴茨茅斯条约》规定日、俄两国 18 个月内从中国东北撤军的同时，还有多处涉及俄国向日本转让在中国东北南部所获得权益等问题。清政府对于此次日、俄分赃阴谋是有所警觉的。就在和议将开之际，清政府分别照会日、俄两国，声明"现在议和条款内，倘有牵涉中国事件，凡此次未经中国商定者，一概不能承认"③。但是，自从日俄战争开始后清政府宣布"中立"之时起，实际上就等于清政府承认"东三省俨如胡人之于越人，不复视为已有"④。因此，俄、日对清政府的声明置若罔闻。依据此约，中国东北从此形成了日、俄南北对峙的局面。其中原属俄国的旅顺口、大连湾及其附近地带的租借权，长春至旅顺口间的铁路（即南满铁路）等东北南部中国固有利权全部被俄国转让给了日本。《朴茨茅斯条约》签订后，日本政府立即策划对中国的外交谈判，以图尽早完成东北南部权利转让的法律手续，并借机扩大在中国东北的势力。

1905 年 11 月 17 日，日本外相小村寿太郎、驻华公使内田康哉同清外务部总理大臣奕劻、外务部尚书瞿鸿禨及直隶总督袁世凯举行谈判。自 11 月 17 日至 12 月 22 日，中日双方在京会议二十二次。为取得更多的权益，日本全权代表在第一次会议上首先提交会议大纲十一款，要求作为会议基础，并要中国代表回复意见。考察日本所提大纲，固然首先是要将日俄和约中有关

---

① 详见崔丕：《近代东北亚国际关系史研究》，第 214—217 页。
② 柏森辑：《1903 年沙俄侵占东三省文件辑录》，《近代史资料》1978 年第 2 期。
③ 《清政府在朴茨茅斯会议前给日俄两国政府的照会》，1905 年 7 月 6 日，复旦大学历史系中国近代史教研组编：《中国近代对外关系史资料选（1840—1949）》，上海人民出版社，1977 年，第 195—196 页。
④ 《论中国时局》，《东方杂志》1904 年第 1 卷第 3 期。

东三省权益的转让获得中国承认，另外还就中国在东三省的行政治理、木植采伐、铁路经营、开放商埠、河道航行、沿海渔业、满韩陆路通商、东三省阵亡日军将士坟茔保护等方面提出系列要求，其中大多为侵害中国国家主权和人民生计者①。

第一次会议后，中国代表就日本所列大纲，逐条复文表达意见，并付诸会议讨论。其中，中国应许照列的，只有有关东三省阵亡日军将士坟茔保护的第三款和有关满韩陆路通商互惠的第十一款。其他各款中国或直接要求删除或提议增改。对于日本所提第六款规定"中国政府将俄国按照日俄和约第五款及第六款业经向日本国允让之一切概行允诺"，中国认为此款重要，建议提作正约，并从九个方面就允让内容加以明确。另外，中国要求删除的款项及理由如下：第一款和第二款分别要求中国布置地方行政以维持地方治安、中国政务在东三省确切实行良政等问题，中国认为侵犯中国内政；第四款要求中国非经日本国允许，不得将东三省土地让给别国或允其占领，中国认为"本国断不肯以地土让给别国，更不能允人占领，且此款损阻碍主权"；日本所提第十款要求中国政府将奉天省沿海渔业权让给日本，中国认为"沿海贫民大半资渔业为生，政府尤不忍绝其生计"。另有其他款项，中国就其表述作了部分修改，以尽可能保护本国利权。如在第五款东三省开埠问题上，要求将"按照中国已开商埠办法"中的"已"改为"自"字，并由中国另订开埠详细章程；第七款日本接续经营安东至奉天之行军铁路，改为"专运各国工商货物"；第八款"在鸭绿江沿岸之地，由韩国交界划分界限，其在划界以内之木植采伐权，中国政府允让日本国"，中国政府认为"沿江居民仰给木植糊口者不下数十万，本政府断不忍夺其生计"，主张改成"中国政府允许设立一合办木植公司，应行划定采伐地界"，并另订详细合同。第九款中国政府允许各国船只在辽河、鸭绿江、松花江以及各支流任便驶行，中国认为"此款颇涉宽泛，保护、稽查，在在为难"，因此主张在这些江河一带，"凡经指定开埠地方，均可照内港行船章程办理"。除日本所列之外，

---

① 《中日全权大臣会议东三省事宜节录第一号（附附件一件）》，光绪三十一年十月二十一日，王彦威、王亮辑编，李育民等点校整理：《清季外交史料》第 7 册，第 3502—3503 页。

中国还拟请增入七款，涉及要求日本军队迅速撤军，并退还强占、擅管中国各项公私权利、产业及地方，申明中国维持地方治安等主权，等等①。

经过一番折冲樽俎，12 月 22 日，中日双方签署了中日《会议东三省事宜条约》正约三款、附约十二款。主要内容为：一是清政府承认《朴茨茅斯条约》第五款及第六款中俄国向日本允让有关东三省权益的规定，即俄国将旅顺口、大连湾租借地、长春到旅顺间的铁路及其支线以及上述租借地、与铁路相关的一切权利全部转让给日本；二是中国自行开放凤凰城、辽阳、新民屯、铁岭、长春、吉林、哈尔滨、齐齐哈尔等十六个城市为商埠，并允许外国人居住；三是日本有权在铁路沿线驻扎护路兵，直至"满洲地方平靖，外国人命、产业中国均能保护周密"；四是允许日本在奉天、营口、安东划定租界和经营安奉铁路；五是允许日本在鸭绿江右岸采伐木植②。

可见，中国所提删除各款基本得到日本同意，建议增改之处也在最后的约本中多有体现。至于一些具体问题上双方争执较大之处，也通过协商，写入会议节录，共计十七条，作为条约的补充。这些节录未经双方批准互换，当时中日双方还一致约定对《会议节录》"一律严守秘密"，因此其性质与正式条约有别③。这样，通过过 1904—1905 年间的日俄战争和战后《朴茨茅斯条约》、中日《会议东三省事宜条约》，日本帝国主义者取得盘踞东北的正式法律依据，打破了俄国独占中国东北的局面，形成俄占东北北部、日占东北南部，东北被日、俄共同控制的局面，而且还为之后在东三省的进一步侵略埋下了伏笔。再加之美、英等国的角逐和渗透，帝国主义列强间在中国东北问题上的矛盾更加复杂，中国的民族危机仍在进一步加深。

四、《图们江中韩界务条款》和《东三省交涉五案条款》的议定

日俄战争结束后，日本继续推进在东北的侵略。1906 年下半年，日本在

---

① 《中日全权大臣会议东三省事宜节录第二号（附正约一件另件暨附件各二件）》，光绪三十一年十月二十七日，王彦威、王亮辑编，李育民等点校整理：《清季外交史料》第 7 册，第 3504—3509 页。
② 《会议东三省事宜正约（附附约）》，光绪三十一年十一月二十六日，王铁崖编：《中外旧约章汇编》第 2 册，第 338—342 页。
③ 《中日全权大臣会议东三省事宜节录第一号（附附件一件）》，光绪三十一年十月二十一日，王彦威、王亮辑编，李育民等点校整理：《清季外交史料》第 7 册，第 3502—3503 页。

中国东北筹建了"南满铁道株式会社"，在旅大租借地设立关东都督府，此二者成为战后日本侵略东北的主轮。此时，中国东北仍旧是国际帝国主义争夺的焦点，只是斗争的格局由战前的日本联英抗俄发展为联俄制美，1907 年 7 月，俄、日两国达成了瓜分中国东北、外蒙古和朝鲜的俄日协约，为二者在这些地区扩大侵略提供了十分有利的国际环境。1907 年初，日本出台《帝国国防方针》，将维护和扩张在中国东北及朝鲜的殖民权益作为帝国施政根本方针。按照这一方针，日本积极向朝鲜扩充实力，继在朝鲜设立殖民地最高权力机关统监府后，又在 1907 年 7 月签署《日韩协约》，彻底完成朝鲜的保护国化，这为日本全力以赴转向侵略中国东北进一步提供了有利条件。在这当中，日本重点围绕东北的路矿利权和边界问题，发起了系列交涉，并且在 1908 年下半年将主要的问题归结到一起，作为"东三省六案"向中国集中提出，而《图们江中韩界务条款》和《东三省交涉五案条款》便是这一轮交涉的结果。为方便了解相关条约交涉的内容，下面先对之前六案的发展予以略述。

一是"间岛"问题。"间岛"一词是朝鲜越江垦民创造的，原指图们江北岸中国吉林省延吉厅和龙峪、光霁峪附近之假江滩地，向属中国领土。清初被列为封禁之地，同治以来朝鲜人不断越境开垦。经交涉后，清政府从 1869 年开始允许韩民来该地域租种，而该地韩民归中国政府管束。1887 年与朝鲜政府勘定国界，立有界碑，明确此处为中国领土。1904 年，中朝边吏会订《新定画界边防条约》，曾明确规定，"古间岛即光霁峪假江地，向准钟城韩民租种，今仍旧"[1]，这表明"间岛"主权仍属于中国。日俄战争后，韩国沦为日本的保护国，日本加大在该地侵略步伐。1906—1907 年间，派出一千多名日本人及被日本收买的朝奸在延吉窃取情报，测绘地图，极力扩大"间岛"范围，而且还以"间岛"归属未定为借口，试图强占。1907 年 8 月 19 日，日驻清代理公使阿部照会清外务部，别有用心的提出："间岛究为清国领土，抑为韩国领土，此事悬案已久，迄未解决"，进而日本以"保护韩民"为由，由统监府向延吉派员统治[2]。清政府在 8 月 24 日的复照中明确表

---

① 《新定画界边防条约》，光绪三十年，王铁崖编：《中外旧约章汇编》第 2 册，第 282 页。

② 《附录：日本阿部使致外务部照会》，光绪三十三年七月十一日，吴禄贞、匡熙民：《光绪丁未延吉边务报告延吉厅领土问题之解决》，吉林文史出版社，1986 年，第 160 页。

示:"此地隶属延吉厅,确系中国领土",并坚决抵拒统监府派员①。之后,中日两国政府就此问题进行了多次交涉,至 1908 年末,日本政府将此案归入六案交涉之中,清政府则是把此案置于六案之首要位置。

二是新法铁路修筑问题。1906 年末,清政府拟修筑新民屯至法库门的铁路,并计划由此向北延伸。日本担心由此会破坏其在东北的垄断,故以此线为南满铁路并行线为由,进行无理阻挠。1907 年 4 月末,清政府决定该铁路线避开南满铁路和东清铁路,从法库门向洮南延长,最后修至齐齐哈尔,并做了修路的准备工作。但是,日本仍在 8 月 12 日再次照会清政府继续反对修筑此路。之后,清政府在复照中说明该铁路不会损害"满铁"的利益,强调这完全是清廷的内政。英、美两国介入其中以推动该路的修筑,但日本依然坚决反对。到 1908 年此案交涉继续进行,4 月,日本外务大臣林董在会见英驻日公使麦克唐纳时,提出新法该路修筑要与"满铁"线相接。5 月 6 日,清政府照会日本政府,强烈抗议其对该线的阻挠,9 月 25 日的日本内阁会议仍作出了继续反对新法铁路修筑的决定。

三是拆除大石桥至营口间铁路问题。大石桥至营口间之铁路,乃俄国为运输建筑中东铁路南满支线所需物资而临时铺设。按照 1898 年中俄东省铁路续订合同时规定,南满支线勘定路线拨给地段后 8 年,此大石桥至营口之铁路必须拆除。日俄战后,中日北京会议交涉议定中日《会议东三省事宜条约》时,清政府又强调此路通海,故要求由中国自行拆除。但是日本不仅拒绝拆除,并强行要求清政府承认该线为南满铁路支线。1907 年 10 月,日本人又计划延长该铁路,为此清外务部照会日使林权助表示抗议。1908 年 3 月,林权助指示日驻牛庄领事:"关于展修营口支线问题,清政府已据当地官宪报告提出抗议,故收买土地事应尽量秘密而又机敏地进行。"② 9 月 25 日,日本内阁会议大石桥铁路问题时,进一步确定:大石桥至营口铁路条约规定的拆除日期虽然已到,但该线路不应拆除,因为"满铁"干线有必要接

---

① 《附录:外务部致日本阿部使照会》,光绪三十三年七月十六日,吴禄贞、匡熙民:《光绪丁未延吉边务报告延吉厅领土问题之解决》,第 160—161 页。
② 吉林省社会科学院《满铁史资料》编辑组编辑:《满铁史资料》第 2 卷第 2 分册,中华书局,1979 年,第 434 页。

通海口，营口自是唯一的选择。12 月 28 日，东三省六案第一次正式谈判时，日方代表一再坚称该线保留十分必要，清方代表则是从一开始明确表示反对，称：中国所希望的不在于铁道本身的拆除，"而主要在于清国做为主权国家，为适应便利交通和经济上的需要，必须自主地采取措施，而不能听任日本的独断行径"①。

四是京奉铁路展造至奉天城根问题。京奉铁路奉天车站原在"满铁"线以西距奉天城 2.5 公里远之处，考虑到交通不便，清政府决定把车站往东迁移至奉天城根，这样需要穿越南满铁路。清政府表示在交叉点，或穿洞，或架桥，总之绝不会影响"满铁线"的运输。此次展造，应属中国内政，其他国家无权干涉。但是日本蛮横无理地反对中国移站，不仅如此，还乘机要求把"满铁"线与京奉线的奉天车站移至一处。对此，清政府坚决抵制。于是，日本便将本不应构成交涉的移站问题列入六案之中。此案成为日本交涉其他案件的砝码。

五是抚顺及烟台煤矿交涉问题。日俄《朴茨茅斯条约》曾规定，在清政府同意下，俄国所经营之中东铁路南满支线及其附属矿山等利权转让给日本。抚顺及烟台煤矿与此毫无关系，但日本竟无理提出转让要求。

六是安奉铁路沿线矿山问题。按照《朴茨茅斯条约》和中日《会议东三省事宜条约》的规定，日本攫取了安奉铁路的经营权，但是与该铁路沿线的矿务无涉。之后，日本试图迫使清政府同意该铁路沿线矿务中日合办，清政府予以反对，日本政府进而提出"满铁"所有干、支线路沿线的矿务由中日合办。

上述六案中，"间岛"主权、拆除大石桥至营口间铁路、抚顺及烟台煤矿、安奉铁路沿线矿务等四案均属于日本按不平等条约继承俄人在南满的权益之外要求的新权益；新法铁路修筑和京奉铁路移站则完全属清政府内政。总之，日本相关干涉和要求，严重侵害中国主权，反映了日俄战后日本在东北路矿利权和边境领土上积极扩大侵略的趋势。

1908 年 9 月 25 日，日本向中国提出东三省六案交涉。之后，中日双

---

① 吉林省社会科学院《满铁史资料》编辑组编辑：《满铁史资料》第 2 卷第 2 分册，第 434 页。

方代表曾于 12 月 28 日，1909 年 1 月 12、27 日在北京举行了三次谈判。2 月 6 日，日驻华公使伊集院彦吉向清政府外务部递交了日本关于六案的意见书：（一）反对中国政府修筑新民屯至法库门的铁路；（二）要求保留大石桥至营口间铁路，并将其划归"满铁"，予以延展；（三）要求在京奉路展造至奉天城根时，与"满铁"共用奉天车站，或在与"满铁"车站接连地方另立京奉路之新站；（四）要去抚顺、烟台煤矿的经营权；（五）要求合办安奉铁路沿线矿务；（六）要求确定"间岛"归属及管理方式，并将吉长铁路延至朝鲜会宁①。

在上述六案中，中方最重视的是所谓"间岛"问题。面对咄咄逼人的日本，中方在此案上的立场异常坚决，主要是因为该地乃中国固有领土，证据确凿，且"西接长白，南滨图们，为我朝发祥之地，非寻常边界可比，是断无轻弃之办法"②。而且，自 1907 年日本挑起的"间岛"问题以来，东省地方官员积极整顿边务，加强对延吉地区的统治，以为确保领土主权之根本，同时更通过考证历史文献和实地勘查搜集大量证据，在外交谈判上对日本的野心进行有力抵制。1909 年间，以梁敦彦为首的中国外交部门与日方进行了大量交涉，勉力维持中国权益。不过，在日强我弱的形势下，中方自知力有不逮，难以做到全面兼顾。纵观 1909 年此次中日交涉全过程，外务部为了重点维护延吉领土主权，在外交上主要是结合使用两种策略：一是不断要求将东省各案提交海牙国际常设仲裁法庭仲裁。二是弃车保帅，以在东省其他五案上让步，推动日本在延吉问题上松口。

就仲裁一层，早在 1907 年 12 月 9 日，东三省总督徐世昌和奉天巡抚唐绍仪在致外务部的电报中已提出"亦可援照公举第三国公正人出为评判之意"。并称徐世昌在哈尔滨与各国领事见面时，"美、法皆言，间岛在泰西地图均属中国，惟日本图则阑入韩境，实于公理不合，如引西图为证，而举海牙会裁判，日本当无异词。即彼用强权我仍可折以公理"。"公论尚在，我更

---

① 《日使伊集院递外部关于东三省六案事节略》，宣统元年正月十六日，王彦威、王亮辑编，李育民等点校整理：《清季外交史料》第 8 册，第 3894—3896 页。

② 《外部致锡良程德全陈昭常东省中韩界务及交涉五事请妥筹善后函》，宣统元年七月二十八日，王彦威、王亮辑编，李育民等点校整理：《清季外交史料》第 8 册，第 4144—4145 页。

不可放手。"徐世昌建议外务部迅速搜集证据,速与日本交涉,因为"我虽极力坚持,彼则有意延缓而暗中经营,进步极速"①。徐世昌和唐绍仪提议仲裁,即有依恃国际公法和国际力量尽速解决问题之意。不过,当时清外务部对中日双边交涉还抱有幻想,并没有采纳提交仲裁之建议。

"间岛"交涉前后,以吉林地方自治会及地方商会为核心的社会各界积极要求清政府力争"间岛"主权,并且主动"搜罗证据,以为力争张本"。吉林地方自治会会员文元等人周密调查康熙年间中朝划界界碑之处,找到1886 年与朝鲜分界所立的界碑原图,并参以历史文献,汇成《中韩国界历史志》一册。1908 年年初,自治会将该书呈送外务部,称"该书足证间岛之地确为中国疆土","实可引为铁证! 尚乞据此力争"②。以宋教仁为代表的一些有识之士也曾提出,适当运用国际法的相关理念与成例,有助于维护国权。1908 年宋教仁推出了《间岛问题》一书。该书一个重要特点就是运用了大量日本、朝鲜方面的资料,从国际法出发论证了中国对"间岛"的领土主权,同时也分析了"间岛"在国际形势上的军事战略地位以及日本方面的要求③。另外,该书还提出以和平方式解决该问题的三条途径:一是请第三国居中调停,二是国际审查,即两国成立审查委员会调查真相,解决争端,三是仲裁。此三条也是 1899 年《和解公断条约》所规定的和平解决国际争端的主要途径。在他看来,居中调停不可取,而如果国际审查的办法也行不通,则可以通过仲裁的方法实现问题的最终解决。他写道:"一千八百八十一年,智利与亚尔然丁国安的士山境界问题,委英国仲裁裁判,一千八百八十九年,巴西与法领基阿那境界问题,委瑞士仲裁裁判,皆为国际之成例,吾不妨效而行之。"他的方案是:"拟定主张,备列证据,或提出海牙公会,或欧洲一国裁决,折以公议,质以大义,吾意日人其终不能不俯而就我主张也又

---

① 《徐世昌唐绍仪致外部间岛交涉当速解决各国公论尚在勿使布置完全电》,光绪三十三年十一月初五日,王彦威、王亮辑编,李育民等点校整理:《清季外交史料》第 7 册,第 3725 页。

② 《吉林地方自治会呈外部请争间岛并附呈中韩国界历史地图文》,光绪三十三年十二月二十五日,吴禄贞、匡熙民:《光绪丁未延吉边务报告延吉厅领土问题之解决》,第 350 页;记工编著:《历史年鉴(1907)》,吉林文史出版社,2006 年,第 239 页。

③ [日] 松元英纪:《宋教仁和间岛问题》,中华书局编辑部编:《纪念辛亥革命七十周年学术讨论会论文集》下册,中华书局,1981 年,第 2553—2554 页。

明矣。"① 在该书出版之前，宋教仁便把其提供给了清政府，并造成震动，外务部以及吉林地方官皆希望宋教仁回国参加接受"间岛"交涉工作，后来宋教仁虽未接受邀请，但他的著作及其所提仲裁之议仍然对中方的交涉策略产生了积极影响。

从外交策略上看，日本将东三省六案一并提出交涉，其实是要以"间岛"主权归属为筹码，迫使清政府在其他交涉上让步，以攫取大量路矿利权。而且，日本自知在"间岛"及东北其他问题上理亏，因此对将中日争端提交海牙仲裁一事，无论其民间还是官方均极力反对。1907 年初，日本《大阪每日新闻》发表题为《论中国请万国公断满洲事》的文章。文章说："中国欲请万国会议，虽为所允，而日、俄果亦赞成之否耶？以中日、中俄所已协定之案，乃更任第三国之干涉，天下之至愚，莫甚于此。想日、俄二国，必无赞成之之谬见耳。"文章还嘲笑中国"曾以欲列入日、俄议和之席，请求于美而终不报，此其失败之已事，何竟忘之耶，今又出此无谓之举"。②

1909 年 2 月 10 日，外务部尚书梁敦彦会见日使伊集院，商谈东省路矿及延吉韩民管辖权问题③。会谈中，伊集院在新法铁路问题上毫不退让，而梁敦彦则表示愿以出让路权换取日方在延吉问题上的让步。梁问道："此事各执一词，实难早了，不如先将延吉问题先行商结。以我个人意见，请问，如中国将抚顺煤矿极力和平商办，贵国能否将延吉认为中国领土，一如十年前惯例，尽归中国管治否？"伊集院虽原则上认可上述办法，但并未明确回答延吉是否属中国领土。而且他还提出：如属中国领土，则中国"应允日本在该处设立领事管理日韩国人"，其实是要通过领事裁判权架空中国地方官之管辖权，使中国徒有领地之虚名。梁敦彦遂以该处并非通商口岸为由予以反对。在其他问题上，如吉长铁路延展至韩国会宁等，伊集院要价颇高，不

---

① 《间岛问题》，陈旭麓主编：《宋教仁集》，中华书局，1981 年，第 134 页。

② 《论中国请万国公断满洲事》，《外交报》第 170 期，1907 年 3 月 28 日。

③ 这里主要指对越过图们江而到中国延吉地区垦荒谋生的朝鲜国人的管辖权。中方认为延吉地方官对这些人拥有管辖裁判权，而日本则主张朝鲜垦民应由其保护，并在延吉各地非法设立所谓的统监府间岛临时派出所等机构，抵制和破坏延吉地方官对朝鲜垦民的管辖裁判权。

肯退让。在这种情况下，梁敦彦提出了仲裁，他说："贵大臣若一事不让，彼此辩论，迄无效果，只好请人公断了。"对此伊集院并未表态①。

中日全权大臣会谈期间，以徐世昌为首的东三省地方官也积极地与外务部会商，并建议其依据国际法据理力争。徐世昌认为对韩民之裁判权万不可轻弃，"日使既认延吉为中国领土，足见彼无确实证据，难与我争，特欲借此以获他项利益。至允我征韩民之税，而靳我裁判主权，是直欺弄童稚之言。领土与裁判权岂可离而为二。倘韩民不服征税，我将何法以处之"。"经吉林将军奏明，越垦韩民纳租入籍章程，历年遵办有案。是越垦韩民，我固视同华人一律办理"，而按照"国法通例，有成法则守成法，无成法则守命令。国家宣布命令条例，历办多年，岂能一日强为攘夺"，况且现在"韩民剃发易服，供我使役，服我政教者甚多，若听彼裁判漫无限制，不但必多生枝节，而土地亦难完全"。另外，对于吉长至会宁铁路也断难承认，认为日本"欲借此伏线为将来包举吉林之计"，后患无穷，况且"日俄订约第七条载明，彼此在东三省经营铁路系专为商务，不得为行军作用"，"今日使悍然以军用为言，无理孰甚"②。

1909年3月18日，外务部参议曹汝霖就东三省交涉等事又与伊集院会谈。曹汝霖正式提出：拟将东三省交涉各案"送交海牙和平会公断，以听公论而维睦谊"。伊集院当即拒绝，称："公断一层，以我两国交谊素笃，何至不能自相解决。转请西洋各国之公断，启西国以干涉东方政治之渐，我为贵国设想不宜轻发此议。无论日本政府断难同意，且恐转达政府，即启本国政府疑心中国不信用日本而信用他国，必于感情有碍。"曹汝霖强调："欲听各国公断以免彼此之争执，即以保持彼此交好之意，请代为达到为要"，但伊集院坚决表示："此事万办不到。"最后，曹汝霖再次要求日方"将裁判权允照中国，则他事自易商办"。随后，曹汝霖向伊集院递交一份节略，集中阐述中方在东三省六案上的立场，并再次表达了中国对延吉领土主权的重视，称"中国政府视延吉一案至为重要，该地之为中国领土，征之会图，考之历史，毫无疑义"，要求日本同意"先将延吉问题结束，以示日本和衷商量之据，其余问题自易商办"。节略最后再次提出："若仍各执一词，终无了结之期，惟有请贵大臣转达贵国政府，将以上所开各案送交海牙和平会公断，以免争执。"①

中日东三省六案交涉事关东北"门户开放"问题，也引起了西方舆论的关注。事实上，日本企图独占东北利权的排外做法也损害了西方列强的利益，引起了它们的不满。这一点也是日本拒绝海牙仲裁的重要原因。例如英国虽是日本的盟国，却对六案交涉中的新法铁路问题比较关心，因为该问题直接与英国人的利益相关。1907 年 11 月 8 日，一家英国建筑承包公司就已经签订了新法铁路筑路合同。现在日本以该路危害南满铁路利益为由禁止修筑，自然引起英方的高度敏感。满洲海关税务司（英国人充任）宣称"日本所谓新法铁路的修筑将危害南满铁路利益的说法完全是无稽之谈"。他详细解释说："在朴茨茅斯会议上，日本提出了一项特别谅解，表示将来为发展满洲工商业而采取的措施，不会在任何方面阻碍中国。现在日本否定新法铁路的做法与当初的庄严承诺背道而驰。"②

不仅如此，日本还企图插手英资参与的粤汉铁路工程，要求半数工程师须雇用日本人。日本的张狂引起英国国内舆论的反感，1909 年 1 月 26 日的《泰晤士报》评论道："日本的做法实在过分，它口口声声说尊重门户开放原则，却在实际行动上独占满洲及关外的铁路修筑，排斥英国铁路公司，同时却又希望在长江流域获得英国的支持，以便在铁路修筑中雇佣更多的日本工程师。"③

对于中日东三省六案交涉，《泰晤士报》在 1909 年 3 月 24 日又发表文章进行了报道。文章站在客观的角度介绍了东三省六案，尤其是"间岛"问题的来龙去脉。就中国欲将六案提交仲裁一事，文章作者评论说："我相信

---

① 《外部参议曹汝霖与伊集院议延吉韩民裁判事语录》，宣统元年二月二十七日，王彦威、王亮辑编，李育民等点校整理：《清季外交史料》第 8 册，第 3936—3939 页。

② "Japan and China（The Fa-Ku-Men Railway），" *The Times*，January 26，1909.

③ "Japan and China（The Fa-Ku-Men Railway），" *The Times*，January 26，1909.

在北京的每一位独立观察家都会站在中国一方支持它的这一行动。"文章最后说:"中国建议将间岛及满洲其它问题提交海牙公断法院是非常重要的,很难想象日本将会如何拒绝中国的建议。"①

《泰晤士报》关于中日交涉及中国拟交海牙仲裁的报道令日本极为不快。日方认为是中国故意泄露了会谈的消息。1909 年 3 月 26 日,伊集院专门到外务部询问此事,并提出抗议,谓:"若中外报纸纷纷议论两国交涉,必将使两国国民又生意见,实于两国前途大有妨碍。故我深望贵部竭力设法约束,互守秘密为盼。"梁敦彦回答道:"我亦不愿彼此报纸登载此事,然我亦不能禁其不登。故我深愿交涉各案早日和平了结,外人自无议论。若贵国政府同意交海牙公断,更为盼望。"② 梁敦彦这里所言并非全是事实。上述两篇报道皆为《泰晤士报》驻北京记者莫理循发表。此人与唐绍仪、梁敦彦等部分外务部高层人士来往频繁,中方人士常常有意识地向其透露一些中外交涉情报,其中就包括了中白东三省交涉的内容。据莫理循 1 月 14 日的日记记载,梁敦彦曾与其谈及中日关于东北问题的谈判,说日本人的要求比以前更甚,尤其是新法铁路问题情况比以前更糟。莫理循对日本的野心很不满,并强烈建议梁敦彦不要同意日方要求。而在 3 月 23 日,梁敦彦又与莫理循见面,并告诉其几件事③。

其实,外务部的行为充分体现了清政府在东北的既定外交策略。日俄战后,清政府为打破日、俄独占东北局面,在东北奉行"平均各国之势力,广辟商场,实行开放"的计策,试图利用列强间本身存在的竞争和抵制,使东北成为"万国贸易平权之公地",以达到保全领土主权完整的目的④。"间岛"交涉前后,东三省地方督抚尤着力引进欧美势力,以扼制日本的扩张。但是,1908 年 11 月美日《罗脱—高平协定》订立,使得清政府联美制日的希望落空。在这种情况下,梁敦彦等人与莫理循会面,其实就是授意其公开谈

① "Japan and Manchuria (Chinese Proposal for Arbitration)," *The Times*,March 24,1909.
② 《日使伊集院来外部言中日交涉六案请约束报纸勿再登载语录》,宣统元年闰二月初五日,王彦威、王亮辑编,李育民等点校整理:《清季外交史料》第 8 册,第 3944—3945 页。
③ 戴银凤:《莫理循的中国观(1897—1911)》,华东师范大学博士学位论文,2007 年,第 128、144—145 页。
④ 徐世昌等编纂:《东三省政略》上册,吉林文史出版社,1989 年,叙言第 1 页。

判内容，希望以此离间英日同盟，并引起英国政府干涉，或引起更多国家的关注，给日本制造压力，以推动谈判尽快朝自己希望的方向发展。莫理循当时也希望英国政府对日本在东北的扩张进行抵制，故积极地将中日东三省六案交涉及中国主张海牙仲裁的计划付诸国际公论。

4月15日，日本使馆翻译高尾亨到外务部送达了日本政府的答复节略。但日方立场并未有明显变化，节略内所云"仍与从前所言无异"。梁敦彦再次要求海牙仲裁，并为日方所拒。梁又重申了中国愿在其他事项上让步以求得延吉问题了结的立场，称："贵国如能将我利权大为让步，我国亦愿早日和平了结，不必请他国公断，且此事一经了结，则他事皆易了结。"在会晤中，高尾亨还怀疑中国私下将中日交涉情况告诉了英国，"闻贵国有密告英国公使之说，未知确否"。梁答以"并无其事"①。可见，日本方面非常担心中国拉其他列强来助阵。这实在是因为日本恃强凌弱，自知理亏。

中国将会谈付诸国际舆论的外交努力，虽然使日本不得不面对公众舆论的压力，但以英国为代表他列强并没有积极响应。在英国众议院会议上，曾有议员提出是否应该命其驻北京公使支持中国的这一计划。英国外交大臣葛雷答道，"他看不出有任何理由英国政府应该介入此事"②。英国的态度助长了日本的嚣张，日本由此更加坚决拒绝仲裁提议。无奈之下，外务部于5月17日照会日使伊集院，要求日方从速定期会议，以了结东省各案③。此外，为了推动东省各案的解决，外务部于5月28日致电驻日公使胡惟德，要求其向日本政府"切实声明本部宗旨"，"请其允将延吉一事中国所争各节悉行照允，以表和平之谊，此外他事自易商结"④。

1909年9月4日，中日终于签订《图们江中韩界务条款》和《东三省交

---

① 《日使馆翻译高尾亨来外部言延吉事不必请他国干涉节略》，宣统元年闰二月十五日，王彦威、王亮辑编，李育民等点校整理：《清季外交史料》第8册，第3951页。

② "China and Japan（Manchurian Question），"March 30，1909，*The Parliamentary Debates*（*Official Report*），House of Commons，Fifth series，Vol. 3，Printed for the Controller of H. M. S. O.，by Jas. Truscott & Son，Ltd.，1909，Col. 166，转引自戴银凤：《莫理循的中国观（1897—1911）》，第136页。

③ 《外部致伊集院东省各案请速定期会议照会》，宣统元年三月二十八日，王彦威、王亮辑编，李育民等点校整理：《清季外交史料》第8册，第3968页。

④ 《外部致胡惟德请日政府将延吉事照允余事易商结函》，宣统元年四月初十日，王彦威、王亮辑编，李育民等点校整理：《清季外交史料》第8册，第3973页。

涉五案条款》。中日共同认明以图们江为中朝国界，准韩民在图们江北垦地居住，并服从中国法权，归中国地方官管辖裁判和保护，许日本领事听审。除了延吉界务问题外，其余各案则基本以满足日方要求的方式收尾①。

清政府通过自身努力交涉，使日本承认以图们江为中朝国界，准韩民在图们江北垦地居住，并服从中国法权，归中国地方官管辖裁判和保护，从而明确了中国对"间岛"的领土主权。对于此次中日交涉，尤其是"间岛"问题的谈判，外务部自认为已尽了最大努力，并在致东北官员的函电中说，经与日本艰难交涉，日方已放弃对延吉领土权的要求，但外务部"仍与争警察裁判，不少松懈，且谓如再不结，拟归海牙公断。是本部于东省各案要端，持之不可谓不力矣"。至于最后交涉，中方作了巨大让步，乃是因"默察局势，公断恐不足恃，边情复极迫切。彼既有挟而求我，难空言相抵"，万一界务交涉迁延不决，日本强行占据，祸患不可胜言。而《图们江中韩界务条款》所规定的凡涉及韩民之诉讼案件，听任日人到堂听审一节"则系争至无可如何，始留此以存彼保护韩民之面子"②。当时中国正从事法制改革以废除领事裁判权，在延吉问题上的努力无疑呼应并推进了这一进程。

自甲午、日俄战后，日本俨然成为东亚中心，并奉行东方门罗主义。在此不利情形下，中国要求将东三省六案诉诸海牙仲裁，即有依恃国际公法和多边外交，以压制日本，保障中国主权之意。但是，清政府试图将中日问题国际化的意图终因日本的坚决抵制而失败。不仅如此，日本反倒利用清政府解决领土归属问题的急切心理，迫使清政府在其余五案与"间岛"设立领事馆和会审、天宝山银矿的开采权等方面对日本全然让步，中国依然丧失了大量权益。至此，日本在中国东北南部的地位得到全面加强。

可以说，东三省既是清王朝龙兴之地，又是拱卫京师的门户；19 世纪末尤其是 20 世纪初，国内收回利权运动也在持续高涨，这些都给清政府的相关交涉造成了强大的压力。所以，在中外有关东北边疆问题的交涉会议上，

---

① 《东三省交涉五案条款》，宣统元年七月二十日；《图们江中韩界务条款》，宣统元年七月二十日，王铁崖编：《中外旧约章汇编》第 2 册，第 599—602 页。

② 《外部致锡良程德全陈昭常东省中韩界务及交涉五事请妥筹善后函》，宣统元年七月二十八日，王彦威、王亮辑，李育民等点校整理：《清季外交史料》第 8 册，第 4144 页。

清政府派出的代表有着维护东三省权益的强烈意向，自是也提出了一系列针锋相对的意见，展开系列斡旋努力。但在当时，中国东北已经完全沦为日、俄等帝国主义国家争持之地，屡屡成为帝国主义政策中的新筹码，人为刀俎，我为鱼肉，从这个意义上说，中国作为被侵略的对象，虽能部分挽回或维持部分利权，但依然十分艰难。

第二节　条约议订与东南边疆问题

《马关条约》签订，日本夺取中国东南边疆的屏障台湾省。之后，日本、葡萄牙等国继续在中国东南边疆侵袭，并在 20 世纪初，分别与中国围绕东沙岛的归还及澳门勘界展开议约交涉。

一、　中日《收回东沙岛条款》的议订

东沙群岛是中国南海岛屿中最靠近大陆的岛群，古称"珊瑚洲"，1866年英人蒲拉他士（Pratas）航行至此停泊，之后西方图籍便称东沙群岛为Pratas Island，清代属广东惠州管辖。东沙群岛及附近海域自然资源十分丰富，岛上有大量鸟粪磷矿，它也是中国南海的渔业要区。岛上的中国渔民在此建立坟地、祠堂、天后庙等设施。

1901 年，日商西泽吉次在发现东沙岛后，开始掠夺该岛资源的活动，于 1907 年武装驱逐岛上中国渔民，捣毁坟地、祠堂、天后庙等设施，强占东沙，而且还私自将东沙岛改名为西泽岛。当地中国渔民一再向中国政府控诉日人侵占之事。外务部在得到该岛被侵占的消息后，电请两广总督端方和两广总督张人骏对此展开调查。1909 年 3 月 15 日，张人骏致电外务部，称已查得日人强占该岛并在岛上经营详情，指出"该日商西泽频年所为，殊属不合，自须商令撤回"[①]。3 月 17 日，张人骏就日人侵占东沙

[①] 《粤督张人骏致外部查明日商私据东沙岛请与日使交涉电》，宣统元年二月二十四日，王彦威、王亮辑编，李育民等点校整理：《清季外交史料》第 8 册，第 3923 页。

岛之事照会日本驻广州领事赖川浅之进，称："现查惠州海面有东沙一岛，向为闽、粤各港渔船前往捕鱼时聚泊所在，系隶属广东之地。近有贵国商人，在该处雇工采磷，擅向经营，系属不合，应请贵领事官谕令该商即行撤退，查明办理，至纫睦谊。"[1] 翌日，赖川浅之进来两广总督衙署，称已将此事电知日本外务省。3月21日，赖川浅之进再次来到两广总督衙署会晤，并强调两点：一是东沙岛为"无主荒岛"，如果中国认为该岛为其辖境，则"须有地方志书"及"该岛应归何官何营管辖"之确切证据；二是西泽经营该岛"系商人合例营业，已费甚巨"，日政府"应有保护之责"。张人骏认为日本"用意狡谲"，谓："揣彼用心，以为神庙已毁，无可作证。又知中国志书只详陆地之事，而海中各岛素多疏略，故坚以志书有语，方能作据为言。"因此，张人骏在驳斥日领时称："东沙系粤辖境，闽粤渔船前往捕鱼停泊，历有年所。岛内建有海神庙一座，为渔民屯粮聚集之处。西泽到后将庙拆毁，基石虽被挪移，而挪去石块及庙宇，原地尚可指出，该岛应属粤辖，此为最确证据，岂能谓为无主荒境！且各国境地如山场、田亩，非必有人居方有辖权。"中日双方反复辩论，但日领始终坚持索据之说，双方未能达成一致意见[2]。事后，张人骏等人努力搜求证据，以作下一步谈判之资，并很快找到一些能证明东沙群岛为中国所属的文献记载和地图，其中有王之春的《国朝柔远记》、陈寿彭译的《中国江海险要图志》以及其他一些中国和英国出版的地图[3]。

在掌握足够证据的情况下，张人骏在3月25日致电外务部，谓："查该岛向名东沙，与附近琼岛之西沙对举，沿海渔户倚为屯粮寄泊之所。海神庙建设多年，实为华民渔业扼要之区，青港有华商行店，转输该处渔业。商民具控，以日人强暴为词。志书虽漏载，而遍查海图及舆地各书，列有此岛，均指粤辖，证据已足。西泽擅自经营，毁庙、驱船，种种不合，实系日人侵

① 《张督照会日领文》，陈天锡编：《西沙岛东沙岛成案汇编·东沙岛成案汇编》，商务印书馆，1928年，第20页。

② 《粤督张人骏致外部日领谓东沙岛原不属日应否与日廷交涉候夺电》，宣统元年二月二十九日、三十日，王彦威、王亮辑编，李育民等点校整理：《清季外交史料》第8册，第3940页。

③ 详见吕一燃主编：《中国海疆史研究》，四川人民出版社，2016年，第25—26页。

夺,并非华人放弃,似未便予以保护。"因此,他请外务部电令驻日使臣胡惟德与日本外务省交涉,饬令西泽撤出东沙岛,并赔偿毁庙、损失渔业和私运磷质出境等所造成的各项损失①。清外务部采纳张人骏之意见,遂致电胡惟德由其向日外务部门提议。

3月29日,日本领事与两广总督张人骏展开了新一轮的晤谈。晤谈一开始,张人骏便将上述证据摆出。面对中方证据,日本领事透露了可承认东沙群岛为华属之意,但提出对西泽在该岛所经商业妥为保护作为附加条件,否则政府仍作为无主之岛看待。日本领事指出,"西泽经营,颇费工本,一旦撤退,必多损失,亦殊可悯。政府势难办到。似应予限数年,或数月,从长计议。撤退后,其所营房屋、机件、铁路等物,必有相当之办法"。张人骏则是针锋相对地指出:"我国渔业,无端被逐,伤损甚巨,应作何办法?"这样,一方坚持商业应保,一方坚持渔业被毁。张人骏认为虽仍有争执,但日本政府已有承认中国所属之意,故事已有转圜,希冀折中议结,务必以收回该岛为宗旨。为避免互歧,张人骏特致电外务部,建议此案先由广东总督与日本领事磋商,原定由驻日使臣胡惟德向日本外务省商办计划暂缓②。清外务部同意了张人骏的意见,故该案由广东地方与日本领事继续交涉。

接着,中日重点就日商撤退具体办法展开交涉。日本领事最初提出的解决办法要索居奇,其主要内容是:西泽在东沙岛计划之采磷矿鸟粪、采海产及开牧场等经营已费资计五十一万元,"该岛归中国领土,则关税之外,变永久之计划,不可不为限期之事业,其影响即(一)磷矿及肥料需要者,不欲为特约,(二)中止新规制造事业,(三)中止牧场计划。三十年间,欲收回五十一万之额,⋯年须得二十万元之利益"③。照此推算,中方要购买西泽在该岛产业,会耗费巨资。很明显,日方的要求不无故意抬高筹码以拖延不还之意。张人骏提出的解决办法是先将东沙岛交还中国;

① 《粤督张人骏致外部日人侵夺东沙岛证据已足拟商令西泽赔偿损失电》,宣统元年闰二月初四日,王彦威、王亮辑编,李育民等点校整理:《清季外交史料》第8册,第3943页。

② 《张督致外部齐电》,陈天锡编:《西沙岛东沙岛成案汇编·东沙岛成案汇编》,第28—29页。

③ 《日领提出办法条款》,陈天锡编:《西沙岛东沙岛成案汇编·东沙岛成案汇编》,第31—32页。

然后由两国派员公平估值西泽在岛上安设的一切物业，并由中国收买；另外，岛上庙宇被毁，及沿海渔户被驱逐，历年损失利益，也由两国委员详细公平估值，由西泽赔偿；而且，"所采岛产、海产，应纳中国正半各税，应令西泽加一倍补完"①。日本坚持在交还该岛之前，要先确定中国收买西泽在该岛物业之价额，同时还称"西泽绝无驱逐中国渔民之事，而西泽到该岛之时，庙宇无存"，并提出西泽经营该岛"投巨资创始永年经营之计，尚未得毫厘之利，而今为撤退，损失更大，实不得纳税，再重损失"②。张人骏认为，"此案岛为我所属，彼已承认，特为西泽袒索厚利，自难轻许"，故继续设法与日方磋磨③。

当时日本亦侧重于在中国东北扩张侵略，故最后在当年6月中旬基本接受了张人骏提出的解决方案。7月17日双方各派代表同往东沙岛进行勘估。10月11日，署理两广总督袁树勋与日本驻广州总领事代理濑川浅之进代表两国签订《收回东沙岛条款》。该条约主要内容为三条：一是中国收买东沙岛上西泽之物业定为广东毫银16万元；二是西泽交还渔船、庙宇、税项等款定为广东毫银3万元；三是西泽将在东沙岛之物业及现存挖出鸟粪按照之前勘验清单逐一点交给中国委员后，中国要在半月内在广东向日本领事交付收买物业定价④。11月19日，清方代表补用知府蔡康在东沙岛点收物产，举行接受典礼，之后派官兵留岛驻守。至此，中日关于西泽掠夺中国东沙群岛资源的交涉基本结束。按理说，日人西泽非法侵占在先，清政府理应没收西泽在该岛的一切设备，而非向其支付收买设备的款项。但是，总体而言中国此次交涉还是取得了较大成功。在当时日强我弱且志书记载缺乏的情形下，两广总督张人骏、两江总督端方及其他官员，为捍卫国家权益，多方搜集证据，与日本政府展开针锋相对的斗争，终使日本不得不承认东沙群岛属于中国，撤出侵占该岛的日人，并且还允诺赔偿中国渔民之损失，并向清政

① 《张督提出办法单》，陈天锡编：《西沙岛东沙岛成案汇编·东沙岛成案汇编》，第32页。
② 《日领交洋务处草单》，陈天锡编：《西沙岛东沙岛成案汇编·东沙岛成案汇编》，第32页。
③ 《粤督张人骏致外部认东沙岛为我所属现正磋磨电》，宣统元年三月二十六日，王彦威、王亮辑编，李育民等点校整理：《清季外交史料》第8册，第3966—3967页。
④ 《收回东沙岛条款》，宣统元年八月二十八日，王铁崖编：《中外旧约章汇编》第2册，第605页。

府补缴税款。

二、 中葡澳门划界交涉

澳门历来是中国领土。16 世纪初,澳门半岛上围墙内不足两平方公里的土地被葡萄牙人以贿赂和欺骗手段所占据,但其地位一直未获中国正式承认。鸦片战争后,葡萄牙趁火打劫,用武力强占澳门半岛,并蓄谋使其在澳门的地位"条约化"。1886 年,中英双方在香港商谈对进口鸦片实行税厘并征,以防走私漏税时,为了获得澳门的合作,清廷委托总税务司赫德与葡萄牙政府接洽。1887 年 3 月,葡萄牙利用哄骗的手法,与中方达成《里斯本草约》,该约第二款规定:"葡国永驻、管理澳门以及属澳之地,与葡国治理他处无异。"12 月 1 日,中国代表孙毓汶和葡萄牙代表罗沙在《里斯本草约》的基础上,正式签署中葡《和好通商条约》。在澳门地位问题上,由于中国的强力反对,删除了"属澳之地"一语,其第二款规定前项草约"大西洋国永居、管理澳门之第二款,大清国仍允无异",且未经中国方面同意,葡萄牙"永不得将澳门让与他国"[①]。上述条约对澳门的法律地位第一次作出规定,毫无疑问,这种规定是简单而模糊的。对于澳门界址,中葡《和好通商条约》并未明示,仅规定仍俟两国派员妥为会订,另立专约。"其未经定界以前,一切事宜俱照依现时情形勿动,彼此均不得有增减、改变之事。"[②] 会订界址的规定为两国日后的勘界谈判与争执埋下了伏笔。之后,葡萄牙人利用条约中澳门没有划清界址之便,开始以澳门半岛为中心扩张地界。对此,中国政府采取了诸多抵制措施,尽可能维护领土主权。由是澳门划界问题经常引发中葡之间的外交争端。而条约对于澳门法律地位规定的不确定性,进一步加剧了中葡两国在澳门划界问题上的矛盾。

因澳门勘界问题而出现的中葡公断之争直接导源于 1908 年"二辰丸"事件。1908 年 2 月,澳门人购买大批军火由日本轮船"二辰丸"号运抵澳

[①] 《会议草约》,光绪十三年三月初二日;《和好通商条约》,光绪十三年十月十七日,王铁崖编:《中外旧约章汇编》第 1 册,第 505、523 页。

[②] 《和好通商条约》,光绪十三年十月十七日,王铁崖编:《中外旧约章汇编》第 1 册,第 523 页。

门海面，欲经澳门走私到中国内地，结果被清廷缉获。日本提出抗议，要求赔偿并道歉，触发广东人民抵制日货运动。这次事件再次引发了中葡澳门界址之争。在事件中，葡澳当局坚称"二辰丸"号被缉地点属澳门领海，反诬清政府越境截捕商船①。在"二辰丸"事件的推动下，中葡商定就澳门划界问题展开谈判。此次划界斡旋谈判，交替在香港、北京和里斯本展开。1908 年底，清政府指派驻法兼使葡国大臣刘式训前往里斯本，开始同葡萄牙政府商谈澳门划界问题。1909 年初，中葡双方达成协议，决定派相当之员"查照丁亥年十二月葡京节略及中葡条约第二款会订界址"。会谈期间葡方提议"如两国有意见不合，不能裁决之处，应届时察度，是否可交公断"，外务部当时表示"公断只可姑存其说，不必预先声明"。葡允"公断作罢"②。

　　1909 年 7 月中葡双方正式在香港开始勘界谈判，一直到当年 11 月，一共持续了四个月的时间，按照双方约定，清方所派勘界代表为云南交涉司高而谦，而葡方则派工程提督马楂度（又译为马沙铎，曾任葡属东非殖民地总督）为勘界专员。葡方主要依据所谓的占据之事实，提出的方案几乎包括了已占、未占甚至想占的一切地域。具体而言，包括由马阁至关闸的澳门半岛，对面山、青洲、氹仔、路环、大小横琴、马骝州等附近海岛，内港和诸岛附近水域，以及关闸至北山岭的"局外地"。而中国外务部一直强调中国对澳门的主权，坚持对于澳门勘界之宗旨："以旧日界址作为澳门，以原界之外彼最先占据之地作为附属，其与澳不相连各岛，无论已占、未占，一概极力驳拒。其潭仔、过路环两岛彼旧占之地，可以澳岛之龙田、旺厦等处，计所占亩数抵换，如彼坚不允让，亦只可将潭仔、路环内已占之处作为彼往来停留处所，不能作为附属。"在交涉中，中国代表也一再强调，未经中国

① 按照国际法，"二辰丸"停泊一带水域不属于葡萄牙领海。详见刘利民：《不平等条约与中国近代领水主权问题研究》，湖南人民出版社，2010 年，第 319—320 页。

② 《外务部收驻法大臣刘式训电：报告葡外部商允各条由》，宣统元年一月初五日，台北"中研院"近代史研究所档案馆藏外务部档案，馆藏号：02—15—005—01—003；《外务部发两广总督张人骏电：转告葡外部商允各节并拟定高交涉司为勘界员由》，宣统元年一月初六日，台北"中研院"近代史研究所档案馆藏外务部档案，馆藏号：02—15—005—01—005；《外务部收驻法大臣刘式训电：报告与葡外部续商各节由》，宣统元年一月十七日，台北"中研院"近代史研究所档案馆藏外务部档案，馆藏号：02—15—005—01—014。

允许所做的任何事情都属临时性质，不能成为葡萄牙的权利，葡萄牙不能因
为这样一个租约而主张对附近岛屿和水域的权利①。

可见，澳门地位依然是双方划界争执的根本问题，因为双方分歧过大，
并且任何一方都不愿偏离起初所援引理由的核心，此次谈判无果而终。更何
况此次勘界谈判，对中国而言有着捍卫和收复被篡夺的领土权利的意义，对
葡萄牙则是一个殖民地的丢失或保留的问题，故双方的交涉斗争也是异常激
烈。尤其是葡萄牙，态度强硬，在交涉过程中，屡次提及将澳门划界之争交
海牙国际法庭公断。

就中葡勘界之争，中方有些官员自觉从国际法角度思考，也倾向赞同通
过海牙公断的方式解决问题。在这方面中国驻法兼使葡国大臣刘式训堪称代
表。刘曾担任中国驻海牙常设公断法院公断员，他注意从国际公法的角度看
待澳门划界争端。1909 年初葡萄牙提议如出现双方不能达成一致的局面，可
否考虑将有争议内容提交公断。刘式训对该提议持支持态度，他认为"葡人
勘界意在争领海权，凡让人占据管理之地，是否与割地无异，并应否给与领
海权，此公法问题也"。为了证明"占据管理"与"割地"在国际法上的区
别，他建议外务部援引国际先例："奥国占据并管理土耳其国之保士尼亚及
黑次戈温二省历三十年，而复有通告收入版图之举，是占据管理显与割地有
别，如将来葡国争领海权，似可据此成案以驳之。"他比较赞同以提交国际
公断的方式解决该问题，指出澳门勘界"事关公法，引据推求，非言所能折
服，则惟海牙公断为正当之结束耳"②。另外，云南补用知县童振藻也表示了
对海牙公断的支持。他在 1909 年 2 月给外务部的呈文中这样写道："况查国
际公法，收用其地年份尚浅，易于稽查，仍当归还原主，至所租之地，如租
借国越界侵占，主国将侵占之由布告友邦，取消租约云云。是则或据公法而

① ［葡］马楂度：《勘界大臣马楂度葡中香港澳门勘界谈判日记（1909—1910）》，澳门基金会，1999 年，第
55 页，65 页；黄鸿钊：《澳门史》，福建人民出版社，1999 年，第 318—319 页；《外务部为拟将与葡不相连之各岛
葡已占者由我出资购回事致总理外务部事务庆亲王奕劻等呈文》，宣统元年，中国第一历史档案馆、澳门基金会、
暨南大学古籍研究所合编：《明清时期澳门问题档案文献汇编（四）·档案卷》，人民出版社，1999 年，第 510 页。

② 《驻法兼使葡国大臣刘式训为二十五日与葡外部磋商澳门葡官违约等事致外务部函》，宣统元年二月初三
日，中国第一历史档案馆、澳门基金会、暨南大学古籍研究所合编：《明清时期澳门问题档案文献汇编（四）·档
案卷》，第 200—202 页。

与之争，或布告海牙和平会而取消光绪十三年所订之约，亦无不可……我国国力，现虽不能与欧美各强国相敌，区区一葡，迥非法与日本可比，似不足畏。况与葡有交涉之事，我国出而抗拒，葡人无不退让……如此次与之磋商，能将所占之地退还我国，即藉整顿地方各费之说，稍偿厥款，亦所不惜。如其不然，一方面请和平会判断，取消租约，一方面调集海陆各军，示以不退还不休之意。"①

上述二者，在从国际法角度思考澳门公断问题的意义时，肯定了澳门非割占地的法律地位。这也是中国政府在澳门法律地位上的基本立场。一般而言，国家领土主权包括对领土的所有权和统治权②，中葡《和好通商条约》的中文文本规定葡萄牙人永居、管理澳门，其实是赋予了葡萄牙统治权中的行政管理权。阿尔弗雷德·菲德罗斯等人指出："所谓行政割让必须同真正的割让区别开来，前者的实质在于主权者给与另一个国家以占领他的领土的一部分并且在那里实行国家权力的权能。所以'行政割让'实际上不是割让，因为割让者保留领土主权。割让者也没有把领土最高权让与于另一个国家（因为每个国家只是基于它自己的法律秩序实行支配），而只是让与它以在那里实行它自己的支配的权利。"③ 可以说，因为行政管理权的部分出让，此后中国对澳门的领土主权是不完整和缺损的，可在该约中清廷并没有把澳门的所有权出让给葡萄牙，虽然"永居""管理"词义模糊，但是与中英《南京条约》《北京条约》中"给予""付与"之类意味着割让的文字还是有原则区别的。

葡萄牙里斯本大学萨安东教授也指出，"在那个文件中（中葡《和好通商条约》——引者注），按照领土取得的各种传统凭据，坦率地承认，不存在任何关于将澳门给予葡萄牙王室的真实原件"④。而且就统治权而言，条约规定未经中国方面同意，葡萄牙"永不得将澳门让与他国"，说明中国依然

---

① 《云南补用知县童振藻为陈澳门地势及历年界务交涉大略情形并附葡侵占略图事致外务部呈文》，宣统元年正月，中国第一历史档案馆、澳门基金会、暨南大学古籍研究所合编：《明清时期澳门问题档案文献汇编（四）·档案卷》，第198—199页。

② 周鲠生：《国际法》上册，商务印书馆，1976年，第320—321页。

③ ［奥］阿尔弗雷德·菲德罗斯等著、李浩培译：《国际法》上册，商务印书馆，1981年，第347—348页。

④ ［葡］马楂度：《勘界大臣马楂度葡中香港澳门勘界谈判日记（1909—1910）》，前言第8页。

持有澳门领土的处置权。事实上，从葡萄牙进占澳门的历史、条约签订的过程以及同类条约的比照等方面，皆可以看出葡萄牙在 1887 年条约中获得的对澳门的"永居"和"管理"不是割让。关于这一点，葡萄牙外交大臣巴罗果美本人也承认，关于澳门的地位条款，"并不构成正式割让土地"，而且永居管理与不经中国许可、葡萄牙不得将澳门转让给第三国的规定"对整体是一种保证，完全符合租赁的愿望（无租金租赁）"[1]。因此，即便是一些学者和习惯国际法将领土主权等同统治权[2]，又或是中葡条约的英文文本上"永居"写成了"perpetual occupation"，但是在澳门的国际法律地位上，中国仍是清楚地保留了大部分领土主权。而领海权是以领土主权的取得为前提的，因此葡萄牙自然不能索争澳门的领海权。而且正如许多学者所指出的那样，事关澳门地位的 1887 年中葡条约是葡、英密谋勾结对中国进行欺诈的产物，根据国际法，这种欺诈的结果原本应是无效且不平等的[3]。再加之，条约签订后，葡澳当局公然违反在划界完成前"依现时情形勿动"的条约义务，采取讹诈、武力强取等手段大肆扩张居住、管理界限，公然粗暴侵犯中国主权，违背了中方租借澳门"因愿信敦友谊，俾永相安"的订约宗旨，当属严重违约，中国自然"有权援引违约作为理由，以全部或一部终止该条约或暂停其施行"[4]。

因此，从国际法的角度来看，付诸海牙公断，若不考虑背后国际社会的强权干预，或如刘式训、童振藻等人所言，至少可以驳斥葡萄牙对澳门领海权的无理要求。更进一步，则可取消 1887 年和约所订关于澳门的条款，从葡萄牙手中收回澳门。童振藻、刘式训等人赞同公断，表现出了借助国际公约和国际公法，捍卫和收回领土主权的自觉意识。

对葡萄牙来说，海牙公断不是什么新鲜事。在此之前，葡萄牙曾通过这一机构解决了一些和海外领土有关的问题。值得一提的是，在澳门勘界谈判

---

① 陈霞飞主编：《中国海关密档——赫德、金登干函电汇编（1874—1907）》第 4 卷，中华书局，1992 年，第 459、568—569 页。

② 如奥本海指出，"全国所受其支配者，乃国家之领土主权（即统治权）也"。参见［德］奥本海著、岑德彰译：《奥本海国际法——平时》，商务印书馆，1936 年，第 261 页。

③ 详见刘存宽：《关于澳门历史的几个问题》，《中国边疆史地研究》2000 年第 2 期。

④ 李浩培：《条约法概论》，第 722 页。

中，葡方主要坚持的原则是"久占之地即有主权"①。至今不少葡人仍持这样一种论调，谓："自传说中的 1557 年驱逐海盗后，一个不可置疑的事实是，葡萄牙人不间断地占用了澳门 350 年。这一事实状况为各列强所尊重，中国在 1887 年条约的第二款中也正式予以承认。"②

其所谓的国际法根据便是领土的时效取得原则。按照国际法，领土的时效取得"是以所有的意思对该领土进行了持续和有效的占有为前提"，"只有在不受扰乱地、不中断地并且无争论地实行支配的场合，国际法才以这样的法律结果同这样的事实相连接"，"如果对于一个武力的兼并没有予以反对，而其它国家容忍了这种状态，那末随着时间的进行就发生时效的取得，因为国际法最后使持续的和不受扰乱的占领状态合法化"③。1908 年 3 月至 1909 年 10 月，海牙公断法院在挪威—瑞典间格里斯巴丹那国境争端案中的公断判决即体现出了这种倾向。瑞典在格里斯巴丹那区域长期、不中断且无争论地进行了各种活动的事实，为它主张格里斯巴丹那海岸的主权提供了相当有力的论据④。因此，葡萄牙强烈要求海牙公断，其中一个重要的原因乃是自以为依据领土的"时效取得"原则，他们可以获取澳门领土及领海主权，而这也是解决中葡澳门勘界问题"最合适的途径"⑤。

固然，自从 1557 年葡萄牙人进占澳门之后，其对澳门的治理权一直在延续，但这种延续是以租地的方式进行，并且治理权也是有限的。另外，这种延续并非是"不受扰乱地"和"无争论地"。1887 年中葡和约缔结前后，中国政府不仅没有放弃对澳门半岛三巴围墙以南地区的所有权和部分管辖权，而且对澳门半岛三巴围墙以北至关闸门一带，以及周边岛屿和水域，中国政府也屡次宣布对其拥有所有权和管辖权，并多次抗议澳葡

---

① 《澳门勘界大臣高而谦为详陈会议情形及驳葡谓澳门原址在全岛属地在各岛事致外务部电文》，宣统元年六月十七日，中国第一历史档案馆、澳门基金会、暨南大学古籍研究所合编：《明清时期澳门问题档案文献汇编（四）·档案卷》，第 292 页。

② ［葡］马楂度：《勘界大臣马楂度葡中香港澳门勘界谈判日记（1909—1910）》，"前言"第 7—8 页。

③ ［奥］阿尔弗雷德·菲德罗斯等著、李浩培译：《国际法》上册，第 344—345 页。

④ 详见［德］马克斯·普朗克比较公法及国际法研究所主编，陈致中、李斐南选译：《国际法案例选》，法律出版社，1986 年，第 35—37 页。

⑤ ［葡］马楂度：《勘界大臣马楂度葡中香港澳门勘界谈判日记（1909—1910）》，第 55 页，65 页；黄鸿钊：《澳门史》，第 318—319 页。

当局对中国在澳主权的侵犯。就连葡国人也承认，"1888 年至 1908 年的这段时间是冲突不断的时期，海上和陆地上的领土纠纷频频发生"①。故在勘定界址前，澳门一直是有争议的地区。因此，从理论上说，"时效取得"原则不适用于澳门问题。

　　不过，强权即是公理的国际社会，给人们对国际法和事实依据的解读平添了几许变数。在澳门问题上，中国即便有理，但如付诸国际公断，仍不能保证有绝对的胜算。其实，当时中方的主流意见认为，如果此事交海牙公断，则于中国不利。外务部在 1909 年初坚持要求搁置公断之议，即已表明了他们在澳门勘界问题上宁愿选择双方协商解决的基本态度。香港谈判开始后，1909 年 8 月 10 日，中方勘界大臣高而谦在给外务部的电文中指出：葡方态度蛮横，"悍言占据澳门"，主要有"六恃"，其中第"六恃"即为"若交海牙会判断，彼可处优胜地位"②。在该电文中，高而谦详细解释了此事交海牙公断的弊端。他说："海牙判断，欧美之于东亚本有不同种族之成规，益以中国政治未尽修明，必以此地属葡为优，葡人布局已久，既有可藉之词，必有袒葡之意。澳门为无税口岸，便于通商，一也。英人虑葡穷蹙，将地献于他国，于己不便，二也。法人在彼有电灯公司之利益，三也。葡人拟开内河，已与法、荷议明，购彼黄浦江浚河机器，包修河道，法、荷均有利益，四也。有此数大国主持其间，海牙会必为葡国之辩护士，难免全败，反不若自与磋议，尚有得半失半之望。"③ 由高而谦所言我们可以看出，在西方列强长期侵略中国的历史背景下，中国官方对西方世界很不信任，海牙公断的解决方式，也即意味着接受对中国有所图谋的第三者的干预和控制，因此他们宁愿选择直接谈判或者妥协来解决纠纷。

　　然而，中葡谈判僵持日久，高而谦为首的中方代表颇为担忧，恐生后

---

① ［葡］马楂度：《勘界大臣马楂度葡中香港澳门勘界谈判日记（1909—1910）》，"前言"第 4 页。

② 《澳门勘界大臣高而谦为葡悍言占据澳门有六恃者事致外务部电文》，宣统元年六月二十五日，中国第一历史档案馆、澳门基金会、暨南大学古籍研究所合编：《明清时期澳门问题档案文献汇编（四）·档案卷》，第 299 页。

③ 《澳门勘界大臣高而谦为申明海牙判断之弊不若自与葡国磋商议事致外务部电文》，宣统元年六月二十五日，中国第一历史档案馆、澳门基金会、暨南大学古籍研究所合编：《明清时期澳门问题档案文献汇编（四）·档案卷》，第 301—302 页。

患，其在澳门勘界及公断问题上的立场日趋妥协。8 月 10 日，高而谦致电外务部，称"此事似不出于和平、延宕两办法。若和平，宜筹如何承认，方不失计"，"又似以承认占据为愈，且承认占据，则未经占据者为大小横琴、对面山三岛，均望可以保存"①。8 月 19 日，高而谦在给外务部的电报中又说："日来反复焦思，亦觉延宕终非正办……相持不下之日，将有各国出而居中说合，纵或虑伤感情，有碍商务，未必无他国出头干预。盖在公法，凡属与国，与有调和邻邦，息两造争端，保世界平和之谊。即葡人亦未必不要我或各举一人、或互举一人评定，或归海牙公断。若必一一拒绝，是谓环球无可取之国，举世无可信之人，恐难出之于口。"②

马楂度也观察到了中国代表的变化。8 月 21 日会谈时，马楂度注意到"高仍和当初一样毫不妥协，但流露出不太坚定的迹象"。到 8 月 29 日会谈时，高而谦表明了实现和平解决的强烈愿望，当马楂度又提起了海牙公断和坚持那么做的几个比较重要的理由时，高而谦"已不显得那么反感"，马楂度把高而谦的这种变化视为问题解决的"好征兆"③。9 月 14 日，高而谦召见中葡界务研究社等团体人士，备述界务之难，并提出和平了结，"勉徇葡人所求"之办法④。9 月 24 日，高而谦致电外务部，进一步分析了中国政府在勘界公断上的困难与因应，其中谓："公断则又为莫要之图，不可逃之举……相持不下，葡国必极力要求公断，政府亦将无词以却。且恐英人借口日前介绍出而调停，民人必以向之怒葡者转而怒英，因而生出种种抵制。中国友邦无多，似不合再伤英国交谊，亦令仍交公断为宜，此所谓无可逃者也。"但是，"公断总与自结较为失算"，高而谦为此想出了一个"万全之策"，即一半由中葡自行解决，一半由公断解决。具体而言就

---

① 《澳门勘界大臣高而谦为和平勘界宜如何承认占据方不失计事致外务部电文》，宣统元年六月二十五日，中国第一历史档案馆、澳门基金会、暨南大学古籍研究所合编：《明清时期澳门问题档案文献汇编（四）·档案卷》，第 302 页。

② 《澳门勘界大臣高而谦为延宕终非正办自当相机筹画事复外务部电文》，宣统元年七月初四日，中国第一历史档案馆、澳门基金会、暨南大学古籍研究所合编：《明清时期澳门问题档案文献汇编（四）·档案卷》，第 306—307 页。

③ ［葡］马楂度：《勘界大臣马楂度葡中香港澳门勘界谈判日记（1909—1910）》，第 65、70、83 页。

④ 《附件一：香港中葡界务研究社陈席儒等为驳葡天然澳门及属地说恳勿徇葡请》，宣统元年八月二十七日，中国第一历史档案馆、澳门基金会、暨南大学古籍研究所合编：《明清时期澳门问题档案文献汇编（四）·档案卷》，第 420 页。

是，"由中、葡二使将彼此所愿承认之地先行一一划出，如某处某处我认为彼之已占划以予彼，某处某处彼认为彼之未占不加要索，力争海界河道，然后将彼此不能了之事归海牙公断"。为不至民众起疑，别出枝节，高而谦还建议双方移地易员秘议，并且认为"此所云则无意外之失"，"易地张本，彼必乐从"①。由上述分析亦足可见，高而谦生怕澳门勘界延宕日久，民众的反对运动会引发英国的强力干涉。因此，希望通过上述妥协方案尽快解决勘界问题。

毫无疑问，在勘界公断问题上，英国对葡萄牙的支持是公开而坚决的，这种支持也是其帮助葡萄牙推进在澳利益的一贯政策的延续。同时，这也是葡萄牙在勘界谈判上态度强硬，并坚持要求海牙公断的又一重要原因。"二辰丸"事件发生后，中葡澳门划界争端变得更加复杂，但同时也如《泰晤士报》上的评论文章所言，"为英国使团友好干预中葡澳门划界争端提供了机会"②。1909 年初，英国便提出了澳门问题的一套解决方案，并为葡萄牙在香港进行勘界谈判提供了便利。之后，以朱尔典（Jordan）为首的英国驻华使团不断对中国外务部施加影响，指责中国代表"无理取闹"，强调"一千八百八十七年中葡订约时，葡国所占之地均应划归葡国"，指出葡萄牙对一些岛屿和水域也应拥有无可争辩的权利③。并且，还表示："英葡两国原有互相扶助之盟约，彼时英政府即不能不帮助葡国，俾该国得受公平之看待"④。9 月中旬，英国外交部又应葡萄牙的要求，在伦敦和北京向葡方明确表明了其支持海牙公断的态度。

但是，英国的干预并没有使中国外务部就范。8 月 31 日，外务部致电高而谦，明确指出："此次勘界必以新旧占地为限制，必以澳门本岛为范围。

① 《澳门勘界大臣高而谦为勘界宜一半自结一半公断且须员员易地续议事至外交部电文》，宣统元年八月十一日，中国第一历史档案馆、澳门基金会、暨南大学古籍研究所合编：《明清时期澳门问题档案文献汇编（四）·档案卷》，第 366 页。

② "China and Her Foreign Relations," *The Times*, September 22, 1908.

③ 《英国公使朱尔典为中国不认附属地为葡所有愿出面调停事与外务部左侍郎联芳问答》，宣统元年七月二十三日，中国第一历史档案馆、澳门基金会、暨南大学古籍研究所合编：《明清时期澳门问题档案文献汇编（四）·档案卷》，第 350 页。

④ 《英国公使朱尔典为自治会刊布传单及撤兵事与外务部左参议周自齐问答》，宣统元年三月二十二日，中国第一历史档案馆、澳门基金会、暨南大学古籍研究所合编：《明清时期澳门问题档案文献汇编（四）·档案卷》，第 252 页。

执事前电与本部宗旨本相符合，界址出入，关系重大，数百年悬案不必取决于立谈，无论如何为难，总宜坚忍磋磨，期于外不食言，内无失地，万一旷日持久，坚不就范，势必出于停商，亦当使后人得所措手……如所谈实有稍逾分际之语，亟须向该使声明万不作准，勿致于正式磋议有所牵碍"。① 外务部并且要高而谦与两广总督"熟商妥筹办理"。9 月 4 日，外务部又致电高而谦，称："青州、潭仔、路环各全岛虽久为葡人所管，究属私行强占，不得以其私占有迹，概行割予。且约中亦仅言永居管理，虽与租借别然，亦与割让不同。此事上关国家疆土，下系舆情，自应格外审慎，妥筹兼顾。公断一节，固宜设法预行拒绝。"②

　　之后，高而谦虽曾提议一半由中葡自行解决，一半由公断解决，但外务部终未予以同意。1909 年 11 月 13 日，中葡香港会谈举行了最后一次会议，会谈期间葡方重申了公断的要求，高而谦表示"未便劝请政府移交公断"，马楂度因此颇为气愤地指出，"高就连向其政府提议仲裁也无法接受"③。

　　香港谈判结束后，香港的英文报纸就谈判中断纷纷发表倾向于支持葡萄牙的文章，并对中国的做法表示强烈反对，且指责中国"失信"，马楂度因此认为港英新闻界在"坚定、热心和明智地维护葡萄牙利益"④。之后，马楂度前往北京，试图继续谋求英国支持，以通过公断方式解决中葡澳门界址之争。1909 年 12 月 8 日，葡署使柏德罗向外务部提交照会，正式要求将澳门勘界之事交与海牙公断法院公断⑤。12 月 10 日，外务部照复柏德罗，表示

　　① 《外务部为勘界必以新旧占地为限制必以澳门本岛为范围事复澳门勘界大臣高而谦电文》，宣统元年七月十六日，中国第一历史档案馆、澳门基金会、暨南大学古籍研究所合编：《明清时期澳门问题档案文献汇编（四）·档案卷》，第 334 页。
　　② 《外务部为青州潭仔路环不得因葡私占概行割予若移地或停议应由葡发端事复澳门勘界大臣高而谦电文》，宣统元年七月二十日，中国第一历史档案馆、澳门基金会、暨南大学古籍研究所合编：《明清时期澳门问题档案文献汇编（四）·档案卷》，第 339—340 页。
　　③ ［葡］马楂度：《勘界大臣马楂度葡中香港澳门勘界谈判日记（1909—1910）》，第 127 页；《会勘澳门及其属地界务第九次会议简明议案》，宣统元年十月初一日，中国第一历史档案馆、澳门基金会、暨南大学古籍研究所合编：《明清时期澳门问题档案文献汇编（四）·档案卷》，第 449 页。
　　④ ［葡］马楂度：《勘界大臣马楂度葡中香港澳门勘界谈判日记（1909—1910）》，第 132 页；《澳门勘界大臣高而谦为停议未妥且久停宜先磋商允洽再给公文事复外务部电文》，宣统元年十月初四日，中国第一历史档案馆、澳门基金会、暨南大学古籍研究所合编：《明清时期澳门问题档案文献汇编（四）·档案卷》，第 456 页。
　　⑤ 《外务部收葡署使柏德罗照会：澳界事于海牙公判前应各持旧状判定后应永远承认》，宣统元年十月二十六日，台北"中研院"近代史研究所档案馆藏外务部档案，馆藏号：02—15—003—02—019。

交海牙公会仲裁实难同意，指出："惟该处界务系中葡两国之事，其所关系者中葡两国之民，非局外所能判定，是自应始终由我两国和平商结，方与敦睦事宜悉无妨碍。兹云交与海牙和平会判定，是必我两国别有意见永难融洽，则数百年敦睦之谓何？非与来照之言相刺谬乎？"①

这样，外务部就明确拒绝了葡方提出的海牙公断方案。同一天，英国驻华公使朱尔典亲自来到中国外务部，并面见外务部尚书梁敦彦，再次表示了其支持海牙公断的强烈态度。梁敦彦回答说："勘界之事，中、葡两国当能和平了结，中国不能将此事交海牙公会评断，业已照会葡国柏署使矣。"②朱尔典见不能改变中国意见，遂离去。12月24日，朱尔典致函外务部，措辞强硬地宣称，中国拒绝就中葡争端提交公断使英国政府很为难，因为英国与葡萄牙订有条约，但凡葡萄牙领土遇有无正当理由之攻击，英国负有保护之责。该函还警告说，中国拒绝公断以后，如果中国对澳门有攻击行动，英国将被迫站在葡萄牙一边，予以强力干预。为了加强威慑效果，这封函件还特附1661年英葡条约的副本。按照朱尔典自己的说法，这是"为了表明英国可能的干预行动是情势所迫，而非蓄意干涉"③。显然，英国这是要以武力威胁中国改变在勘界谈判以及海牙公断上的强硬态度。葡萄牙外交大臣布加热相信英国政府会采取强硬手段维护葡萄牙的利益，以使中国接受公断。马楂度对此虽有质疑，但在会见了朱尔典后也高兴地致电本国外交部，指出英国公使"对中国政府采取的步骤似乎很坚决，有理由对中国接受仲裁抱希望"④。

但是中方仍未理会来自英国的"劝说"和压力。12月30日，外务部照

---

① 《外务部发葡署使柏德罗照会：界务系中葡两国之事交海牙公会判定一节本部实难同意》，宣统元年十月二十八日，台北"中研院"近代史研究所档案馆藏外务部档案，馆藏号：02—15—003—02—020。

② 《外务部尚书梁敦彦答英国公使朱尔典、英国使馆参赞甘伯乐：华兵登岸系往捕海盗勘界不能交由海牙公断已照会葡使》，宣统元年十月二十八日，台北"中研院"近代史研究所档案馆藏外务部档案，馆藏号：02—15—003—02—021。

③ "Annual Report on China for the Year 1909," Kenneth Bourne etc. ed., *British Documents on Foreign Affairs: Reports and Papers from the Foreign Office Confidential Print*, Part I, Series E, Asia, 1860—1914, Vol. 14-Annual Reports on China, 1906—1913, University Publications of America, 1994, p. 137. 《英国公使朱尔典为中国不允调处惟英葡有约设葡境受侵英有保护之责希斟酌事致外务部函》，宣统元年十一月十二日，中国第一历史档案馆、澳门基金会、暨南大学古籍研究所合编：《明清时期澳门问题档案文献汇编（四）·档案卷》，第484—485页。

④ ［葡］马楂度：《勘界大臣马楂度葡中香港澳门勘界谈判日记（1909—1910）》，第161—162页。

复朱尔典，再次坚决拒绝提交海牙公断，其中强调指出：澳门界务属中、葡两国之事，与中、葡两国之民有关，非局外所能判定，始终应由中、葡两国和商议结，无须交公会公断；现在虽暂行辍议，但中、葡两国仍主张和平商办；"来照所称攻击之举，既与事实全不相符；附送约件，即与此事毫无干涉"①。1910 年 1 月 4 日，马楂度在朱尔典的授意下来到外务部，再次提出公断问题，云"划界一节，贵政府执一理，葡政府执一理，不如由第三国公平评断，得以迅速了结"。中方毫不妥协，答以"中、葡邦交素笃，不难和平了结，公断一层，已照会柏署使在案矣"②。

其实 1909 年底，葡、英各方人士已经清楚认识到了中方坚决捍卫澳门主权，抵制海牙公断的强硬态度，同时也更多地反省英国干预在澳门勘界及其公断一案中的效果。

一方面，以马楂度为代表的葡方谈判代表团对英国的干预早就心存质疑并颇有怨言。他们认为英国政府为了维护自身的在华利益，并没有毫无保留地支持葡萄牙。在香港谈判结束时，马楂度曾这样指出：欧洲列强和美国在中国面前显得"卑躬屈膝"，并"给予他们种种实惠"，"做买卖和在中国建立影响的愿望使然，使他们更像是中国的奴仆而非中国为他们服务"，"这样就可以解释为何英国人处于一种很少能或一点也无法在澳门勘界问题上替我们说话的境地"③。即便是后来英国公开表示了强硬的干预态度，马楂度依然表示"不相信澳门问题会被英国用来向中国生意易燃品这个大仓库点火，这些生意和远东的重大问题紧密相连"④。众所周知，在澳门勘界问题的干预上，英国表面上是打着履行 1661 年葡英条约义务的旗号，但毫无疑问依然是以维护其自身利益为指归的。马楂度所言无疑揭露了英国在华以商业为核心的整体利益的图谋。同时我们还要看到，在澳门勘界及其公断之争上，英

① 《外务部为界务系中葡之事所称攻击之举既与事实不符附送约件即与此时无涉事复英国公使朱尔典照会》，宣统元年十一月十八日，中国第一历史档案馆、澳门基金会、暨南大学古籍研究所合编：《明清时期澳门问题档案文献汇编（四）·档案卷》，第 487 页。

② 《葡国勘界大臣马沙铎等为谨守条约办理划界并请交公断速结事与外务部会办大臣兼尚书梁敦彦等问答》，宣统元年十一月二十三日，中国第一历史档案馆、澳门基金会、暨南大学古籍研究所合编：《明清时期澳门问题档案文献汇编（四）·档案卷》，第 490 页。

③ ［葡］马楂度：《勘界大臣马楂度葡中香港澳门勘界谈判日记（1909—1910）》，第 125 页。

④ ［葡］马楂度：《勘界大臣马楂度葡中香港澳门勘界谈判日记（1909—1910）》，第 161 页。

国的干预更有维持和推进其在香港等地利益的直接考虑。高而谦曾在致外务部电文中指出："在国民，实重土地，恐政府坚持不力，常以租界割让各国效尤为警告；在各国，固未必即有此虑，见我舆论如此，将来难保不生此心，则旅大、广胶等处均在可虑。"[①] 事实上，长期以来英国不断对香港及其岛屿邻近的地区提出领土要求，并对一些通过租约获得的土地界限也一再进行拓展，故在中英之间同样存在界址有待两国政府勘定的类似问题。因此，在澳门堪界谈判问题上，英国政府一方面积极帮助葡萄牙获得更多的好处，同时又很担心这种干涉会将中国的怒火延及自身，甚至直接危及它在香港的利益。当港督卢押（Lugard）向伦敦咨询澳门勘界之事时，英国政府便指示他不要插手澳门界务之争，称"此事和香港无关，由外交部全权负责"，卢押遂对马楂度遗憾地表示他无能为力[②]。这样在中国的强烈抵制下，英国政府虽威吓要付诸武力，但最终也不敢过分干涉，只能徒呼奈何！

另一方面，葡、英双方一致认为，在中国政府决策的过程中，英国的干涉非但没有推动中国同意公断，反倒成为其抵制海牙公断的重要原因之一。如前所述，中国政府认为海牙公断援引欧美成规，必有袒葡之意，再加之在澳门问题上又有英、法、荷等大国主持其间，故海牙公断必为葡国辩护。英国的一再指责和干涉，让外务部更加深刻地认识到其极力维护葡萄牙的立场，因此自然加大对海牙公断的排斥。同时，葡方在华代表也关注到了这方面的消极影响。柏德罗这样谈到，因为澳门问题，英国驻华公使朱尔典有一次在外务部勃然大怒，"指责大臣们所作所为居心不良，使他们觉得受到了极大冒犯"。马楂度曾这样表示了他对英国干预的担心："好像英国公使为我们进行的干预结果弊大于利，原因是激怒了一些因英国的所作所为而仇视他们的中国人"，"将中国政府拒绝接受仲裁归咎于目前中国和英国间存在的紧张关系是有道理的"[③]。另外，在向英国外交部提交的年度报告中，朱尔典也

① 《澳门勘界大臣高而谦为和平勘界宜如何承认占据方不失计事致外务部电文》，宣统元年六月二十五日，中国第一历史档案馆、澳门基金会、暨南大学古籍研究所合编：《明清时期澳门问题档案文献汇编（四）·档案卷》，第 302 页。
② ［葡］马楂度：《勘界大臣马楂度葡中香港澳门勘界谈判日记（1909—1910）》，第 128 页。
③ ［葡］马楂度：《勘界大臣马楂度葡中香港澳门勘界谈判日记（1909—1910）》，第 98、167、170 页。

承认："我们对葡萄牙的支持看起来只是进一步刺激了外务部，而无助于事情的解决。"①

当然，外务部坚持在澳门界址上的原则立场，并力拒海牙公断，更是人民运动的结果。对于澳门勘界问题，以广东地方绅商为核心的人民群众极为关心，并在粤商自治会带动下，成立了香山划界维持会、广东勘界维持总会、香港中葡界务研究社等民间团体，坚决要求清政府维护领土主权，并拟就电文，纷致外务部、同乡京官及各埠，宣称："葡人租借澳门陆案，原有围墙为记"，"澳门陆界旧址，力拒勿让，海非葡有，无界可分，海界主权万勿放弃"，但凡政府代表在谈判中出现妥协倾向，他们势必以各种方式"抗死力争"。与此同时，他们还通电各埠及海外同胞，呼吁各界人士为力争边界问题抗争。各埠回电宣称，"澳门仍系我国领土，只能照旧界租借，勿得稍有退让"②。海外华侨也纷纷致电奥援，指责"葡占澳门地界违章"，乞求政府力争③。

对于将中葡勘界交海牙公断一事，以广东地方绅商为核心的人民群众是强烈反对的。1909 年 10 月 14 日，香港中葡界务研究社陈席儒等人上书朝廷，反对公断。其中谓："我之与葡人划界，非两国相邻界限不清，亦非我国被葡人战败割地求成，不堪诛求，须得局外人从中调处者可比。是海牙公判，万无适宜于今日之役也，明矣。"当然，他们也认识到，"海牙公判行否权在我国，本无足虑"，因此他们坚决要求当局拒绝葡方的公断要求④。后来，广东勘界维持总会在给高而谦的信中，又详细论述了反对海牙公断的原因。他们是从三个方面来说的：一是他们认为白人种族主义偏向比较明显，

---

① "Annual Report on China for the Year 1910," Kenneth Bourne etc. ed., *British Documents on Foreign Affairs: Reports and Papers from the Foreign Office Confidential Print*, Part I, Series E, Asia, 1860—1914, Vol. 14-Annual Reports on China, 1906—1913, p. 196.

② 《外务部收香山划界维持会杨应麟等电：葡国占界人心愤恨请宣示派员勘界办法由》，宣统元年二月二十三日，台北"中研院"近代史研究所档案馆藏外务部档案，馆藏号：02—15—005—01—049；《澳门划界初记》，《东方杂志》1909 年第 6 卷第 4 期。

③ 《外务部收香山划界维持会杨应麟等电：葡国占界人心愤恨请宣示派员勘界办法由》，宣统元年二月二十三日，台北"中研院"近代史研究所档案馆藏外务部档案，馆藏号：02—15—005—01—049。

④ 《中葡界务研究社陈席儒等为沥陈勘界愤虑所及事致民政部等禀文》，宣统元年九月初一日，中国第一历史档案馆、澳门基金会、暨南大学古籍研究所合编：《明清时期澳门问题档案文献汇编（四）·档案卷》，第 408 页。

"每遇交涉事起,凡报馆之批评、社会之言论,恒左袒其同种而排诋异种,几无公理之可言。海牙和平会主之者,固白种也,其对于葡人之感情与对于我国之感情,孰厚孰薄,孰亲孰泛,固不俟智者而知之。以澳界之事而交其裁判,彼既内挟一种界之成见,而环噪于其旁者,报馆之批评、社会之言论又从而劫持之势,必附会法理,妄造证据,出其诪张为幻之惯技,以伸葡而抑我。其违之耶,则开罪于多数之友邦;其从之耶,则蒙失地之耻而又获妄争之名"。二是他们认为西方人善于趋炎附势,"故彼族之对于他族,遇胜利者,则群许之为文明,或且阴助之";"遇失败者,则群目之为野蛮,或且阴抑之"。"今澳门议界之事,葡人节节进行,我国节节退让,案虽未结,而胜负之势,彼族固已知之矣。若交海牙和平会裁判,强葡从我,则其势难,且因是而失欢于葡人,彼亦何乐而为此?屈我从葡,则其势易,且我国久甘弃地,虽使之再让三让,而不敢怨也。"三是他们深知西方在中国一向追求利益均沾,"每遇要求权利之事,莫不协而谋我","今澳界之事而交海牙会裁判,彼会员者纵不为葡国计,亦必为己国计,使葡人而得直,则各国之总进为有词,葡人而不得直,则各国不啻自隘其总进之路"。因此,不能把这件事交由海牙公断①。

以上所言,显然洋溢着浓烈的民族主义情绪,在他们看来,当时的国际社会现实是西方列强协以谋我,弱肉强食。海牙裁判由西方社会主导,其判决自是毫无公义可言。这与官方对西方社会的印象是一致的。即便是高而谦倾向妥协,希望通过部分公断尽快解决争端,但当时也承认"公断诚为最下之策","率尔定议,人民必不甘服,政府岂容屡失民心?若起风潮,必惹各国干预,所伤实多"②。

广东地方民众的强烈抗争让葡中香港会谈从一开始就陷入民众运动的紧张气氛和压力之中,这让葡萄牙感觉糟糕透顶。香港总督卢押也认为,"谈

---

① 《附件:广东勘界维持总会易学清等为集采粤人之公意论列勘界三办法事致澳门勘界大臣高而谦函》,宣统元年九月二十日,中国第一历史档案馆、澳门基金会、暨南大学古籍研究所编:《明清时期澳门问题档案文献汇编(四)·档案卷》,第453—454页。

② 《澳门勘界大臣高而谦为勘界宜一半自结一半公断且须易员易地续议事致外务部电文》,宣统元年八月十一日,中国第一历史档案馆、澳门基金会、暨南大学古籍研究所合编:《明清时期澳门问题档案文献汇编(四)·档案卷》,第366页。

判应该改到北京进行，这样才能使中方代表摆脱胁迫和环境的左右"①。事实上，他们的这种担心并不多余。日俄战后至清朝灭亡的那几年，也是中国近代历史上一个动荡的阶段。此时期，中国民族主义情绪高涨，公众舆论激昂，下层群众的民变以及中上层人士的反帝爱国运动频频发生，社会矛盾异常尖锐，这些给清政府在全国的统治造成了危机。随着民众抵制运动的日渐高涨，清政府在处理外交问题时不得不更多地考虑民意。我们看到，在澳门勘界交涉及公断之争中，两广总督张人骏等人一再致电外务部，坚决驳斥葡萄牙的无理要求，对于广东等地人民关心澳门界务的举动，采取了同情和支持的态度。之后署两广总督袁树勋依然延续了前任的政策，也致电外务部表示："现在民间保地之心甚切，勋有地方之责，甫经履任，遽议界务，若未能尽惬民情，此后于地方行政必因之而生阻碍"，"一再筹思，惟有由高使先商葡使，借与社会讨论为词，藉作延缓之计"②。广东地方政府对民众抗争的态度直接影响到清政府的决策，中国谈判代表团在跟葡萄牙代表会谈时不无抱怨地批评两广总督的处事方式，说其"不愿冒招致众怒的风险"，而北京外务部大臣"不深层次地了解此问题"，且"普遍比较软弱，只根据总督说的对其进行评价"③。外务部也因此认为，"粤省民情如此，断无让地之理"，因此致电高而谦，称"界务事万难允归公断"，"葡使来文时，可复以现在民情愤激，舆论沸腾，我于界务未便再让，且定界不过一时之事，葡人在澳总期永远相安，若葡占便宜，中国吃亏过甚，即目前迁就定议，终恐不无后患，于葡亦有何益"④？这样，在各方的压力下，高而谦在 11 月 13 日的最后一次会议上也只能无奈地对葡使宣称："此处土地诚不足宝，重惟民情，实

---

① 〔葡〕马楂度：《勘界大臣马楂度葡中香港澳门勘界谈判日记（1909—1910）》，第 45 页。

② 《署理两广总督袁树勋为移地不妥且应由高而谦与葡使直接商议事复外务部电文》，宣统元年八月初六日，中国第一历史档案馆、澳门基金会、暨南大学古籍研究所合编：《明清时期澳门问题档案文献汇编（四）·档案卷》，第 362 页。

③ 〔葡〕马楂度：《勘界大臣马楂度葡中香港澳门勘界谈判日记（1909—1910）》，第 136 页。

④ 《外务部为拟将与澳不相连之各岛葡已占者由我出资购回事致总理外务部事务庆亲王奕劻等呈文》，宣统元年；《外务部为界务勿公断移京再提并请复我因民情舆论未便再让事复澳门勘界大臣高而谦电文》，宣统元年九月二十四日，中国第一历史档案馆、澳门基金会、暨南大学古籍研究所合编：《明清时期澳门问题档案文献汇编（四）·档案卷》，第 510、445 页。

不能不顾。如有后患，岂为两国之福？本大臣之所以坚持者，此也。"①

香港会谈还未开始前，葡萄牙原本希望中国政府能对广东人民关心澳门界务的举动进行限制和禁止。但是，清政府从上到下，非但没有约束民意，反而予以默认和支持，并以其抵制葡萄牙的要求，葡萄牙谈判代表团因此气愤不已，"将围绕这个问题的所引发的一切重大骚动都归咎于中国政府"，认为"这一骚动如果不是直接由北京政府支持，则是由广州政府挑起的"，"两个政府对公众舆论应有的顾忌不应过头到为屈从任何政治煽动份子的无理要求而置国际条约于不顾"。香港也有报纸指责中国政府"利用公众舆论的压力寻求解脱，以逃避它的责任"②。

可以说，中葡澳门勘界之争，为我们呈现出一幅政府与国民通力合作，共谋外交的生动画卷。以绅商为主体的广东民众借助舆论，迫使清政府在澳门勘界及海牙公断问题上坚持维护本国利权，从而真正地参与到外交当中。诚如时人所言：中国今日外交之时势，"得力于官吏，盖已仅见，全恃国民之意志能力以为后盾"③。面对葡英咄咄逼人的强力要素，羸弱的清政府更是以民众舆论为利器，进行抵制，暂为羁縻。政府与国民的这种互动合作也是20世纪初期中国外交的一种潮流。对此，葡、英等国屡有怨言，但却束手无策，由此亦足见人民对于外交成败的重要影响。当然，政府对国民外交的运用是以不危及自身统治、不扩大中外纠纷为前提的。在拒绝马楂度以后，外务部十分担心广东地方百姓的抗议之举会给葡萄牙提供借口以利其公断主张。因此，外务部在1910年1月6日电令广东当局对百姓举动严加防范。电文称："现我既坚持不允公断，英、葡两国必以彼处百姓鼓动攻击为词，谓我恃强欺逼，应由尊处严饬该地方官妥为弹压，或另派一明干委员暂驻该处随时劝导，总以维持旧状，勿生事端，致令有所借口为要。"④

---

① 《会勘澳门及其属地界务第九次会议简明议案》，宣统元年十月初一日，中国第一历史档案馆、澳门基金会、暨南大学古籍研究所合编：《明清时期澳门问题档案文献汇编（四）·档案卷》，第449页。
② ［葡］马楂度：《勘界大臣马楂度葡中香港澳门勘界谈判日记（1909—1910）》，第62、116、122、103页。
③ 《论国民外交与官僚外交之别》，《外交报》第253期，1909年9月9日。
④ 《外务部为我坚不允公断惟应严饬地方官或派员随时劝导勿生事端致有借口事致署理两广总督袁树勋电文》，宣统元年十一月二十五日，中国第一历史档案馆、澳门基金会、暨南大学古籍研究所合编：《明清时期澳门问题档案文献汇编（四）·档案卷》，第491页。

在英国强力干涉失效后，1909 年底至 1910 年初，葡萄牙的对华外交由原来的专恃英盟，转向寻求多国干涉。朱尔典和马楂度会面时一致认为，"有必要将此事周知各个友好国家，请求他们的合作"。在这之前，葡萄牙应维持澳门现状，向北京政府不断坚持将澳门勘界提交仲裁①。1909 年 11 月 13 日，葡萄牙谈判代表给欧洲新闻界发了份电报，要当地的报纸按葡方议和代表的观点发表一篇文章，他认为："这是我们优先要做的有益事情，因为，最初的印象先入为主。"② 其实质是推动新闻界张扬此事，以表明葡萄牙的权利，并争取更多的支持。1910 年 1 月，英国记者莫理循则以朱尔典提供的备忘录为依据，在《泰晤士报》上更详细地讨论此问题。1910 年 1 月 17 日，《字林西报》刊登文章，指责中国拒绝将澳门问题提交公断毫无道理③。此后，中、葡双方在澳门勘界问题上多有交锋，但始终未能达成和解。由于中方态度坚决，葡萄牙虽屡有提议，其公断主张却从未如愿。在此期间，英国亦多次表态支持葡萄牙及其公断之议，但全为中方驳回。1910、1911 年葡、中两国相继发生革命，澳门划界问题遂又成悬案。

众所周知，近代国际公法虽然遵奉国家主权独立及平等原则，但其实质都是为强权服务。海牙公断法院虽然高举公平、正义的旗号，但其听讼方法，仍是以西方法理为指归。董鸿祎曾以 1902 年海牙公断法院裁判日本与英、德、法三国之争赋屋税案为例，指出海牙公断法院袒护西方，并认为"今我国学术国势，远不如日本，一旦欲与世界法家，共处一廷，互争法律之胜，可决其必无此事矣。此诉讼裁判所之所以无利益也"④。也正是因为如此，在处理与西方国家的外交纷争时，中国宁愿进行双边交涉，或是邀请第三国调停的解决方案⑤。这一态度在中葡澳门公断问题上得到了集中体现。九龙关税务司夏立士（Harris）早在 1909 年 8 月就针对中葡澳门公断之争明

① 〔葡〕马楂度：《勘界大臣马楂度葡中香港澳门勘界谈判日记（1909—1910）》，第 160、166、170 页。
② 〔葡〕马楂度：《勘界大臣马楂度葡中香港澳门勘界谈判日记（1909—1910）》，第 127 页。
③ 〔葡〕马楂度：《勘界大臣马楂度葡中香港澳门勘界谈判日记（1909—1910）》，第 167、178 页。
④ 董鸿祎：《海牙仲裁裁判与中国之关系》，《外交报》第 254 期，1909 年 9 月 18 日。
⑤ Jerome Alan Cohen, Hungdah Chiu, *People's China and International Law*: *A Documentary Study*, Princeton University Press, 1974, p. 11.

确指出："由于中国人不相信欧洲法庭，采取公断绝对行不通。"① 但同一时期，在与日本交涉东三省六案时，中国官民却合力要求将该问题提交海牙公断。显然，清廷在决定是否将某事提交公断时，是区分东方与西方的。在中葡争端中，清政府担心国际法庭会袒护葡萄牙，同时也知道英国可能横加干涉，因而不愿提交公断。当然，清廷也深知自己的实力远强于葡萄牙，完全有把握"单打独斗"。但在中日争端中，清政府处于劣势，自然希冀国际社会的干预。而且日本与中国同属东方国家，公断法院或许能够秉公执法呢！

第三节　关于西南和南部边疆问题的条约

在日、俄等国对东三省进行激烈争夺的同时，英、俄、法等国在中国周边的缅甸、印度、暹罗等地继续推进，并加紧在中国西南边疆西藏、云南及两广等南部地区等的侵略活动，进而推动形成新一轮有关西南和南部边疆问题的条约。

一、《拉萨条约》与中英《续订藏印条约》

继 1890 年中英《藏印条约》模糊规定藏哲边界后，1893 年两国就藏印通商、交涉和游牧订立《藏印条款》，英国借此进一步打开西藏门户。甲午战后，英、俄基于中国的虚弱可欺，纷纷推进在西藏的侵略，英国更是在 20 世纪初发动对侵藏战争，迫签新的不平等条约。

1894 年，藏印边界上的亚东按照《藏印条款》开关通商。但是，英国并不不满足，印度的英国殖民主义者立意要向北推进其侵略据点，因此制造各种借口，要求把市场改设在亚东以北的帕里。不仅如此，他们还利用 1890 年《藏印条约》有关藏锡边界的含糊规定，频频制造边界纠纷，强指西藏境内的甲冈在锡金界内，要求中、英派员会同勘界。清政府对勘界表示同意，

---

① ［葡］马楂度：《勘界大臣马楂度葡中香港澳门勘界谈判日记（1909—1910）》，第 68 页。

但是西藏地方当局予以坚决抵制，并明确主张甲冈属西藏地界，而且要求仍维持以甲冈以南的藏锡边界鄂博。其间，英人怀特等人拆毁原来鄂博作为边界标志的石堆，藏人亦将怀特私自所立石堆碑柱毁掉。英国还企图以承认甲冈为西藏地界为条件，威胁西藏地方当局同意市场北移，但是西藏地方当局态度坚定，仍坚持以恢复原有边界为商谈贸易问题的前提。

西藏地方当局坚决抵制英国的侵略，这与俄国背后的支持密切相关。甲午战争之后，达赖十三世面对英国侵略的威胁，转向俄国求援，俄国便乘机大肆在西藏展开渗透活动。其中，俄国达赖喇嘛的侍读堪布阿旺·德尔智在这当中扮演了十分重要的角色。四川总督鹿传霖对于英、俄在西藏的图谋和争夺，尤其是俄国在西藏影响力增强十分警觉。他在 1896 年向清廷上奏指出："自英人窥伺藏地，早存吞并蚕食之心，势已岌岌可危。而藏番素嫉英人，年来定议勘界藏番，以我为左袒英人，心怀怨忿。俄人从而生心，暗勾藏番，许以有事救护，藏番遂恃俄为外援"，而清驻藏大臣奎焕"行止不检，商上更为藐视久为藏所轻，竟至威令不行"[①]。

俄国在西藏的活动进一步刺激了英国的野心。1899 年 1 月，寇松出任英印总督，力主对西藏采取激进的侵略政策，提出了把西藏变为英国控制下的"缓冲国"计划，积极地和沙俄进行竞夺。一方面，试图越过清政府，与西藏地方当局建立直接关系，以使后者受英国的控制，但以失败告终。另一方面，在与中方关于藏锡边界的谈判中，继续坚持改移市场到帕里的要求，以由此长驱直入拉萨，但该要求为中方所拒。于是，寇松决定利用边界问题对西藏发动武装侵略。1902 年 6 月，英国驻锡金政治专员怀特率军侵入甲冈，强行逐出当地藏民。1903 年 6 月，寇松派怀特和荣赫鹏上校以与中方谈判为由，带领武装卫队强行越界侵入干坝宗。1903 年 11 月，英军以荣赫鹏为政治首领、麦克唐纳准将为军事司令，发动了对西藏的新一轮侵略，12 月 21 日占领帕里，1904 年 7 月初始攻下江孜宗，8 月 3 日攻陷拉萨。

在英军攻陷拉萨之前，十三世达赖喇嘛出走，交由噶尔丹寺长罗生戛尔摄政，并代表西藏地方与英方代表和荣赫鹏谈判，同时一并参加此次交涉的有清驻藏大臣有泰。面对英方提出的赔款和增开商埠的要求，西藏地方代表最初坚决反对，但是英方以武力要挟，坚持不让，清驻藏大臣有泰不希望再开兵衅，故在西藏地方代表中斡旋，推动西藏地方政府同意英方的要求①。1904 年 9 月 7 日，西藏地方代表被迫与英国代表签署了《拉萨条约》，签约地点为英方强烈要求的布达拉宫。荣赫鹏坚持此处签约，主要是考虑到："在布达拉宫签订条约之意义，事实上与条约本身同一重要。条约之内容惟少数人知之，惟英国签订条约于布达拉宫之事实，则可视为藏人被迫屈服之明确表现也。"签约之前，英方在至布达拉宫之途中密布军队，宫内要道亦为英军控制，此次缔约可为名副其实的城下之盟②。

1904 年的《拉萨条约》一共十条。主要内容如下：（1）西藏承认 1890 年中英《藏印条约》第一款所定藏哲边界，并于亚东之外，增开江孜、噶大克为商埠。（2）西藏对英赔款英金 50 万镑，合 750 万卢比，分 75 年偿清（第六款）；在赔款未偿清前并商埠切实开办 3 年后，英国于春丕"驻兵暂守为质"（第七款）；而且，西藏自印度边界至江孜、拉萨之炮台、山寨等一律削平，并将所有阻碍通道的武备，全行撤去（第八款）。（3）非得英国政府先行同意，西藏不能允定以下五端（第九款）：一是不得以任何方式出让西藏土地予任何外国；二是不得允许任何外国干涉西藏事务；三是不得允许任何外国派员或派代理人入藏；四是不得以铁路、道路、电线、矿产或其他利权给予任何外国或外国人，否则英国政府得享受同等权利；五是不得以西藏各项进款，或货物或金银钱币等类，抵押予任何外国或外国人③。可见，边界和通商问题完全按照英国的意思予以解决，规定了巨额的赔款，英国还借此将西藏置于其军事控制之下，不仅长期占据自缅甸至克什米尔东北边境一带最称险要的春丕，而且还可由藏印边界长驱直入拉萨；第九款不容许其他

---

①《有泰奏英人入藏阻战开议暨筹办情形折》，光绪三十年七月二十日，北京大学历史系等编辑：《西藏地方历史资料选辑》，生活·读书·新知三联书店，1963 年，第 213—214 页。
②《荣赫鹏自述胁迫西藏地方当局签约的经过》，北京大学历史系等编辑：《西藏地方历史资料选辑》，第 216—218 页。
③《续订藏印条约·附约》，光绪三十年七月二十八日，王铁崖编：《中外旧约章汇编》第 2 册，第 346—348 页。

国家和个人侵入的规定，更是无异于宣告西藏为英国的独占势力范围。正约之外，还附有一项协议，即允许江孜的英国商务专员必要时有权进入拉萨与中国和西藏官员谈判解决商务问题，其实是以英国与西藏地方当局建立直接关系为目标。总之，该条约内容充分体现了寇松等人企图分裂中国，并要把西藏变为英国保护下之的"缓冲国"的政治阴谋。

清外务部认为英约十条，有损主权，第九款尤为窒碍，隐有中国在外国之列含义，因此在致有泰电文中，提出"此事应由中国督同藏番，与英立约，不应径由英与藏番立约，嘱尊处切勿画押"。在得知英国代表已逼令西藏地方政府画押后，外务部仍电嘱有泰坚持勿画押①。可以说，在整个《拉萨条约》形成过程中，中国驻藏大臣有泰未能发挥积极抵制的作用。事后外务部丞参在有关西藏事务的签注中指出驻藏大臣在西藏应付无方，"致英人诋我国在藏无主权，借口自行设法保卫该两约权利，驱兵深入，为城下盟，于是有拉萨之约，而驻藏大臣不能赞一辞，坐视其劫盟而去无如何也"②。最终，《拉萨条约》未经中国中央政府批准，因此从一开始便具有武力强加的非法性。

英国政府对于这样一个条约的达成，总体上是肯定的。当年 12 月，英国印度事务大臣波罗德里克在致印度政府的公函中指出，《拉萨条约》实现了他在之前电报和公函中所提出的政策，"英王政府热烈地庆贺阁下政府的使团得到了成功的结果"；波罗德里克接着指出，在签约之前，西藏的统治者们"甚至在最必需的事务上也坚决拒绝与英国政府发生关系，而西藏政府若是卷入与其他列强的政治关系之中，对于印度帝国的边境来说就可能会构成一种危险的情势。现在，由于拉萨条约的签订，这种危险已得到了解除"③。

不过，英国内部尤其是内阁对于该条约也存在不同的意见。一是关于

---

① 《外务部致有泰嘱勿画押电》，光绪三十年八月二十一日由亚东寄来，北京大学历史系等编辑：《西藏地方历史资料选辑》，第 216 页。

② 《边防大臣赵尔丰致外部沥陈筹办藏务为难情形请如数拨款函（附外部丞参签注）》，光绪三十四年八月十四日，王彦威、王亮辑编，李育民等点校整理：《清季外交史料》第 8 册，第 3841 页。

③ 《英国印度事务大臣波罗德里克致印度政府公函（摘要）》，1904 年 12 月 2 日，北京大学历史系等编辑：《西藏地方历史资料选辑》，第 218—219 页。

赔款及其担保问题。英国印度事务大臣波罗德里克在 7 月 26 日和 8 月 6 日电报中已经提出："赔款数目不得超过西藏人所能在三年之内付出的数目，同时在赔款偿清以前把春丕谷留作担保"，但是荣赫鹏并未按照英国政府的要求减低赔款数目，而是建议将赔款延长到 75 年，而同时又毫未修改地保留了原来的在赔款付清前英军占领春丕为质的附带条件。这样，这一规定不仅违背了 1893 年中英《藏印条约》的规定，而且还违背了英国对俄国及其他列强所做的不占领土的承诺，一旦公开生效势必会引来列强干预，甚至其他列强还会援最惠国待遇条款对西藏提出同样的要求。当时英、德关系紧张，英国在亚洲力求与俄国和解，因为西藏问题而激化英、俄矛盾是英国政府极不愿意看到的。波罗德里克在致印度政府的公函中接着指出："这一规定使英王政府感到完全出乎意外。因为这一规定的作用，就等于我们好像至少存心占领春丕谷七十五年，而我们在一八九三年的'中英会议藏印条约八款'和一八九三年的商务章程中却是已经承认过春丕谷是西藏领土的。这一规定与英王政府历次所作的使团不应陷入领土占领，以及一当赔款得到保证就应从西藏撤军的宣言是矛盾的。"因此，波罗德里克命令印度政府在批准条约时，"应就英王政府的训令对条约加以修正"，即"减低赔款的数额，并修正占领春丕谷为质的规定"。二是有关江孜商务专员有权进入拉萨的另一协定。英国政府认为条约中不应附入这一条件，并表示了拒不批准的态度。理由是它与之前英国政府确立的政策矛盾，即"应当排除其他列强，同时西藏应当保持孤立的状态"[1]。因此，英印政府接到英内阁指示后，在 11 月 11 日批准该约时，特做一声明附于条约之内，以减少赔款和驻兵时间。声明称该约"现经印度总督批准，并惠允饬将该约第六款西藏应赔补英国人兵费，由原定七百五十万卢比，减为二百五十万卢比"，且"该约所定之赔款初缴三年三期之后，英国所派占守春丕之兵可以撤退，惟该约第二款所立之商埠，西藏须按照第七款开妥三年，并须按照该约内各节，一一认真遵办"[2]。

---

① 《英国印度事务大臣波罗德里克致印度政府公函（摘要）》，1904 年 12 月 2 日，北京大学历史系等编辑：《西藏地方历史资料选辑》，第 219—221 页。

② 《续订藏印条约·附约》，光绪三十年七月二十八日，王铁崖编：《中外旧约章汇编》第 2 册，第 346—348 页。

《拉萨条约》一经宣布,"各国议论蜂起,俄尤从中牵制"①。这一国际形势进一步推动中、英之间就该约的修改或重订展开接洽和交涉。英国内阁清楚知道《拉萨条约》在没有中国中央政府批准的情况下,是毫无国际法依据的,而且在上述方面也部分违背了当时英国在西藏问题上的一些基本政策。因此,在得知条约签署的消息后,英国内阁就下令与清政府外务部展开进一步的修约谈判。按照最初的设想,在 1904 年 9 月中下旬,英国方面安排荣赫鹏在拉萨与中国中央政府的代表谈判,清政府外务部则是派出外务部右侍郎唐绍仪赴藏与英使谈判。但是,荣赫鹏接到电令时已在回印途中,便以已告假回国,不再参与此事为由予以拒绝。年末,清外务部任命唐绍仪为议约全权大臣,张荫棠、梁士诒为参赞,前往印度加尔各答同英方进行交涉。此时,寇松仍未放弃分裂中国吞并西藏的阴谋,故一开始坚决该约经西藏地方政府签署生效,反对与中国中央政府进行谈判。后来,在英国内阁的压力下,寇松只得派出印度外务秘书费利夏(S. M. Fraser)为专使与中方代表交涉。1905 年 2 月,唐绍仪一行等抵达加尔各答,并预拟在 3 月 2 日正式开始谈判②。

从一开始,双方交锋的焦点便是中国在西藏的主权问题。唐绍仪的基本立场是坚持中国在西藏的主权,要求取消或修改《拉萨条约》中侵害中国主权和体现英国对西藏的保护关系的内容。费利夏则是在寇松指示下就宗主权大作文章。3 月 6 日会议期间,唐绍仪提出中方草案,主要内容为:原《拉萨条约》中加诸西藏地方政权的责任概由中国政府承担;英国对藏交涉只通过中国中央政府,赔款由中国驻藏大臣派人到春丕交付;英国保证不干涉西藏地方事务,且不兼并西藏土地;明确《拉萨条约》第九款中规定的禁止事项适用于英国,且要将中国排除在外;在英国同意上述条件的前提下,中国同意《拉萨条约》作为附约。费利夏则是坚持表示:英国承认中国对西藏的宗主权,中国要承认英国在西藏的特殊利益,且英国只有在其他国家不违背

---

① 《边防大臣赵尔丰致外部沥陈筹办藏务为难情形请如数拨款函(附外部丞参签注)》,光绪三十四年八月十四日,王彦威、王亮辑编,李育民等点校整理:《清季外交史料》第 8 册,第 3841 页。

② 《议约大臣唐绍仪奏行抵印度与费使定期议藏约折》,光绪三十一年三月初二日,王彦威、王亮辑编,李育民等点校整理:《清季外交史料》第 7 册,第 3431 页。

《拉萨条约》第九款的情况下才能对该款禁止事项予以遵守；英国有权建设和维持从印度边界到江孜的电报线。之后，唐绍仪设法让英方取消宗主权的提议皆为后者所拒，不仅如此，费利夏还提出西藏三处开埠之地海关不得雇用外籍人员，这进一步侵犯中国的用人主权，唐绍仪亦表示对此断难应允①。

这样，双方在主权和宗主权问题上一直是彼此龃龉，谈判陷入僵局。9月，唐绍仪见难以成议，遂回国，留下张荫棠等人与英印继续磋商。交涉到11月中旬，寇松在卸任回国前，用计胁诱张荫棠签约。11月13日，费利夏按照寇松指示，私访张荫棠，同意在条约中回避宗主权或主权的提法，删除上述提议中涉及这方面内容的第一款，但是"其余各款，寇督已请英政府允准，照末次约稿办理，否则当请英廷罢议"。其实质仍是要将非法的《拉萨条约》强加于中国。张荫棠对于英方的意图十分清楚，遂明确表示："我政府以第一款中英文义不同，以致彼此龃龉，久未能成议，是以暂行删去，使以下各款，易于商讨，并非放弃主权，亦非允将各款画押也。"翌日双方正式会谈，费利复断然拒绝任何商讨，并以罢议相威胁，张荫棠毫不妥协，亦针锋相对地声明："英政府既认接议，即明知此约稿未妥，所以续行商定。贵大臣自应遵照英政府训条，妥商办理。今贵大臣并未与我开议，仍以未经妥洽之约稿遽请画押，实属无此办法。非俟开议后两相认可不能允准。如果罢议，则系出自英廷，非由我国作罢也。"② 至此，中英加尔各答谈判以罢议告终。

虽然未能与英方达成一致意见，中方仍想设法让英军退兵，并尽可能伸张对西藏的主权，甚至不惜主动提出按照《拉萨条约》规定按期交付赔款。张荫棠在1906年2月6日给外务部的报告中指出："现在既经罢议，惟藏案内赔款、开埠二事系为按期撤退英兵要款，自应从速筹办，免致再生枝节。"而且，他还为此主动联系英印政府，但为后者所拒。张荫棠认为英印"其意在与藏直接，固属显而易见。盖收我款，即是明认主权。伊既不认接待，弟

---

① 《出使英国大臣、议约大臣唐绍仪致外务部电》，光绪三十一年三月二十二日，转引自吕昭义：《英属印度与中国西南边疆：1774—1911》，第228—229页。

② 《议约大臣张荫棠致外部在印度与费使会议情形电》，光绪三十二年正月十三日，王彦威、王亮辑编，李育民等点校整理：《清季外交史料》第7册，第3556页。

亦无从交付，是以于十四号公函请电有大臣泰筹办，届时饬令藏官随同交付。又电请照会萨使，以赔款我国以给达赖，俟其回藏妥交，均系暗寓不失主权之意"①。

鉴于在加尔各答难以达成协议，中、英双方将交涉地点移至北京，仍由唐绍仪与英使萨道义磋商定议。同时，英国对西藏的侵略也引起了俄、美、德、法等国的关注，后者纷纷提出反对或抗议，这对英国起了一定的牵制作用。在中国政府的坚持下，英国亦不得不作出让步，外务部认为，"彼此既有意转圜，我当早图结束，以保主权。若听其径行与藏直接立约，深恐枝节横生，易滋事变"，打算就此次约款再与萨道义磋商修改，"如是不越范围，似即可会商订定"②。1906 年 4 月 27 日，中英签订了《续订藏印条约》。该条约第一款首先规定中英双方将《拉萨条约》及更顶批准之文据作为附约，彼此允认切实遵守。中国在这里没有坚持废除非法的《拉萨条约》，显然有所让步。其中批准开设新的商埠等各项，也方便英国进一步打开西藏的门户。当然，在中国的坚持努力下，《续订藏印条约》也在维护中国在西藏的主权方面作出了进一步的规定。该条约虽然没有明文写明中国在西藏的主权，但其第二、三款明确规定英方承诺不占并干涉西藏，中国承诺不准他国干涉藏境及其一切内治；《拉萨条约》第九款第四条规定的各项权利，除中国独能享受外，不许他国或他国人民享受，惟经与中国政府商定，英国有权在商埠架电线通至印度境内。第四款还强调 1890 年和 1893 年中英所订有关西藏的条约，与本约及附约无违者概应切实实行。按照这些规定，进一步排除了原《拉萨条约》暗列中国为"外国"的含义，而且中国承担起不准他国干涉藏境及其一切内治的责任，表明中国中央政府是西藏唯一合法外交代表。而英国则是属外国之列，它在西藏的商埠架设电线的权益是经过中国中央政府批准才取得的，而且它应停止干预西藏内政、分裂中国等非法活动。事后，外务部高度肯定了中国在这一轮交涉中的努力成果，称：北京条约

① 《议约大臣张荫棠致外部在印度与费使会议情形电》，光绪三十二年正月十三日，王彦威、王亮辑编，李育民等点校整理：《清季外交史料》第 7 册，第 3556 页。
② 《外部奏中英两国商议藏约请旨办理折》，光绪三十二年三月初一日奉朱批，王彦威、王亮辑编，李育民等点校整理：《清季外交史料》第 7 册，第 3561 页。

"虽认拉萨约为附约,其正约五条看似平淡,实已煞费苦心,于拉萨约已失之权利暗中收回不少","拉萨定约而后,西藏已非复中国所有,赖北京一约,仅乃维持。故今日修订中英藏印通商章程,英人虽持直接主义,仍不得不与我会议者,未始非北京条约之效力也"[①]。

自 1906 年中英《续订藏印条约》达成后,清政府为巩固在西藏的主权,着手加强中央政府对西藏的管辖,采取措施防止英国和西藏地方当局直接打交道。1906 年派赵尔丰为川滇边务大臣,张荫棠为查办藏事大臣。前者在西藏进行了改土归流,后者则整顿了财政、外交、学务、通商、吏治等。1908 年,清政府派川军入藏,进一步加强对西藏的统治。与此同时,英国则是设法越过清政府,积极发展与西藏地方当局的直接关系,以进一步推进在西藏的侵略。1907 年 9 月至 1908 年 4 月的中英《修订藏印通商章程》交涉,在英国的坚持下,清政府只得同意派藏官随同张荫棠参加谈判,而在具体的条款内容上,与西藏地方官员直接交涉是谈判中争执最久的问题,最后规定各商埠治理权应归中国官督饬藏官管理,事实上英国商务委员可以与西藏地方官员发生直接关系,而在西藏地方和印度当局不能解决分歧时,才由"中、英两国政府核办"。英国借此章程还在西藏取得治外法权、租地建房等权利,这使西藏进一步沦为半殖民地[②]。此外,英国还收买西藏上层分子,唆使其以反对清政府民族压迫为名,继续展开系列分裂活动。

二、 中越、中缅商务和界务条约的议定

在英、俄对西藏进行渗透之时,法、英等国也加紧向云南、两广等地扩张渗透,并在甲午中日战争结束后展开激烈争夺,新一轮中越、中缅商务和界务条约的交涉由此产生。

1895 年,法国驻华公使施阿兰以法国参与干涉还辽"大有益于中国"为由,向总理衙门提出优待以偿之意,并送来中越界务、商务各专条,恳求照

---

① 《边防大臣赵尔丰致外部沥陈筹办藏务为难情形请如数拨款函(附外部丞参签注)》,光绪三十四年八月十四日,王彦威、王亮辑编,李育民等点校整理:《清季外交史料》第 8 册,第 3841 页。

② 《修订藏印通商章程》,光绪三十四年三月二十日,王铁崖编:《中外旧约章汇编》第 2 册,第 494—498 页。

办。总理衙门认为法国的要求"虽迹近居功求报，究非无因"，施阿兰既奉国命而来，明求利益，"其万难依行者自应驳阻，其可以迁就者自不得不稍示变通"①。有所争持但必有所让步，这便是此次中方议约交涉的基调。1895年6月21日，中法正式签订《续议商务专条附章》和《续议界务专条附章》两个条约。法国借此在中国西南和南部边疆获得了系列新的特权。云南、广西、广东更是成为法国的势力范围。当然，从条约议订过程来看，清政府也并非简单的拱手让权，其中亦不乏尽力驳阻之处。

在中越界务问题上，经中法各派专员逐段履勘绘图，法国要求"将原定第二段内之漫美归越南，猛峒三村归中国；第五段内由南那河改线向北，从大箐山分水岭至南马河为界"。总理衙门电商署云贵总督，后者认为对我方边界形势尚无大碍，应即照准。至于滇越边界自南马河接连湄江一带，法国要求顺分水岭划至南腊河湄江西岸为止。如果这样划界，则意味着要将向为滇属土司之地猛乌、乌得划入越界。总理衙门认为不妥，因此与法使往返辩论，但是法使以两地毗连越境为由，坚决要求将其让与法国。总理衙门最终让步同意，总理衙门在奏折中进一步解释了其中缘由："法既因调停和局，坚求利益，自不得不勉从其请，以示酬答之意，因于界务、商务二者权衡利害，于界务予以通融，于商务严其限制，允将猛乌、乌得两地让与法国，以敦睦谊"②。这样，《续议界务专条附章》将云南境内的猛乌、乌得等地划给了法属越南③。该约缔结后，两国便按照条约规定，派官员会同勘查所有龙膊河至广西边界各段界线，并商定设立中越第一、二、三、四段界牌，1897年6月13日会勘竣事后签署约文，是为《滇越界约》④。

对于商务问题，中方同意云南思茅增开为法越通商处所，法领事派驻思茅，将1887年中法《续议商务专条》规定的通商地蛮耗改为河口，思茅准

---

① 《总署奏中法续议界约商约专条请旨派员画押折》，光绪二十一年五月二十七日奉朱批，王彦威、王亮辑编，李育民等点校整理：《清季外交史料》第5册，第2259页。

② 《总署奏中法续议界约商约专条请旨派员画押折》，光绪二十一年五月二十七日奉朱批，王彦威、王亮辑编，李育民等点校整理：《清季外交史料》第5册，第2259—2260页。

③ 《续议界务专条附章》，光绪二十一年五月二十八日，王铁崖编：《中外旧约章汇编》第1册，第624—625页。

④ 《滇越界约》，光绪二十三年五月十四日，王铁崖编：《中外旧约章汇编》第1册，第716—721页。

接越南电线，越南铁路可延接至中国界内。中法双方争持的焦点在土货进出口征税、云南等处开矿、越盐进口等方面。其中第四条，法使原议要求云南土药、土货出口后运至通商各口概免征税，清总理衙门认为"土药系中国所产，另有专章，应毋庸置议。即土货概行免税，虽但指经过越境而言，但恐他国援以为例，所关税项甚巨"。因此，总理衙门与法使迭次磋磨，并与总税务司赫德从长商酌，同意指定四处，这样无论何国均不能援引，即法国通商他口亦如此。最终确定龙州、蒙自、思茅、河口四处，凡经越南出口的土货减十分之四的关税，进口货免税；对于沿江、沿海通商口岸经越南运送至以上四口的进出口土货之关税也做相应减免。对于第五条，法使臣原议是"中国云南等处开矿，则向法国矿师商办"。总理衙门指出："该国欲独专其利，恐他国不免违言"，因此，与法使往返力争，最终将其改为"中国将来在云南、广西、广东开矿时，可先向法国长商及矿师人员商办以求。其开矿事宜，仍遵中国本土矿政章程办理"，这样，按照总理衙门上奏所言，"进退我可自主"。另外，法使原议内尚有越盐准入云南、两广销售一条，总理衙门认为"中国行盐各有引地，岂容越盐进口，夺我利权，断难应允"，因此尽管法使复恳请试办，但总理衙门再三驳辩，并电饬驻法参赞官庆常与法国外交部沟通，最终该条未载入条约①。1896 年 5 月 7 日，两国按照此番议定的《续议商务专条附章》第一条规定，议订《中越边界会巡章程》六条二十八节，并分别咨送各地方负责人员，以便分发承办之文武员弁遵行②。

古人云："以地事秦，如抱薪救火，薪不尽，火不灭。"法国的推进和清政府的妥切进一步激起了英国对中国西南和南部边疆的侵略野心。早在法国索取之初，编修陈荣昌等人便看到了这一危机，奏请拒绝法国要求，以保边圉，该上奏指出"与其悔于后，不若慎之于始，故边陲土地，尺寸不可予人。且外人何厌之有？今闻割地与法，而英国使臣已积不能平，啧啧焉议其

---

①《总署奏中法续议界约商约专条请旨派员画押折（附谨将中法续议商务条款照录恭呈御览）》，光绪二十一年五月二十七日奉朱批，王彦威、王亮辑编，李育民等点校整理：《清季外交史料》第 5 册，第 2259—2261 页。

②《总署奏中法续议界约商约专条请旨派员画押折（附照会三件）》，光绪二十二年三月十九日、二十三日、二十五日；王彦威、王亮辑编，李育民等点校整理：《清季外交史料》第 5 册，第 2262—2264 页；《中越边界会巡章程》，光绪二十二年三月二十五日，王铁崖：《中外旧约章汇编》第 1 册，第 644—647 页。

后矣……我国之疆宇有数，敌人之欲壑难填"①。事实上，以中法续议商务、界务专条的签订为开端，出现了法、英轮番向清王朝勒索"补偿"的景象。

1895 年 6 月 21 日，也即中法续议商务、界务专条在北京签订的当天，英使欧格讷（O'Conor）即赴总理衙门，以该约将猛乌、乌得让法违背 1894 年的滇缅边界条约为由，大力阻止签字画押，"词甚激烈"②。按照 1894 年中英《续议滇缅界、商务条款》第五款规定，未经英国预先允许"中国必不将孟连与江洪之全土或片土让与别国"③。这给英国此次干涉留下了伏笔。总理衙门查证缅约界图，指出英国所指猛乌、乌得在缅甸江洪界线之外，此两地向属中国宁洱，因此英使所持属江洪无根据，故仍与法使签署上述界约，并电由驻英使臣龚照瑗向英外交部声明两地与江洪无无涉④。法国在得知英国干涉中法条约的签署和批准后，怀疑中国会以英国要求为借口而爽约，因此法使在京"哓哓不已"⑤。

但是，该条约签订时，薛福成并未画江洪全境图进呈，中国驻英使馆虽收存英方当时所绘江洪草图，但该图并未将江洪全境各土司标明。因此，虽然中方从多方面证明猛乌、乌得两地属中国宁洱，但英国仍坚持猛地在江洪界内，并援引上述第五条规定强力干涉。在阻挠不成之后，英国便要求中方以野人山地酌让若干归英⑥。清总理衙门坚持"两乌地方原隶普洱府属，岂得指为违约？野人山地关系甚重，未可轻许"。英外交部又提出"如允西江通商，则野人山地尚可稍让，各事亦可商量"。总理衙门要求英方先指明野人山减让若干，方可议及西江通商。但英仍坚执前见。1895 年 12 月 30 日，

① 《编修陈荣昌及公车等奏请拒绝法国要求割让普洱蒙自以保边圉折》，光绪二十一年六月初五日，王彦威、王亮辑编，李育民等点校整理：《清季外交史料》第 5 册，第 2290—2291 页。
② 《总署致李鸿章转寄英告英外部法约画押与中缅条约无干电》，光绪二十一年五月二十八日，王彦威、王亮辑编，李育民等点校整理：《清季外交史料》第 5 册，第 2270 页。
③ 《续议滇缅界、商务条款》，光绪二十年正月二十四日，王铁崖：《中外旧约章汇编》第 1 册，第 577—578 页。
④ 《使英龚照瑗致总署请将缅约暂缓批准电》，光绪二十一年闰五月初六日，王彦威、王亮辑编，李育民等点校整理：《清季外交史料》第 5 册，第 2275 页。
⑤ 《使英龚照瑗致总署法外部谓猛乌乌得与英无涉当晤商沙侯电（附旨）》，光绪二十一年六月十二日奉旨，王彦威、王亮辑编，李育民等点校整理：《清季外交史料》第 5 册，第 2294—2295 页。
⑥ 《使英龚照瑗致总署英告驻英法使猛乌与法无涉电》，光绪二十一年六月二十一日，王彦威、王亮辑编，李育民等点校整理：《清季外交史料》第 5 册，第 2309 页。

总理衙门上奏指出，"西江通商，虽于厘金有损，尚有洋税抵补。野人山地，则系云南屏蔽。且照英外部所索，又不止野人山地，竟将包络西南，延及车里土司一带，形势全失。两害相形，则取其轻。且恐迁延不决，又将别起波澜，更难收拾"，故提出"拟将西江通商允准，而野人山界事仍与实力磋磨"①。之后，中、英就西江通商和野人山地界的具体问题继续展开交涉。其间，英方在野人山地减让无几，但却在通商口岸上索要太多，甚至包括了桂林、浔州、南宁等西江之外的地方。八月间，英使窦纳乐向总理衙门面交该缅甸条约节略二十款，其中还变本加厉提出 1895 年中法条约利益一律让与英国，照 1881 年中俄条约准英人在新疆设埠贸易，无所限制，亦不纳税等；而西江通商坚决要求到南宁以上，并多索停泊处所，且以"决废缅约"相要挟。后经中方再三驳辩，英国同意将新疆设埠及援照法约利益两节删除，滇缅接路一节，改为"俟中国铁路展至缅界时，彼此相结滇界"；腾越、顺宁、思茅三处设领事改成"将已设之蛮允领事改驻或顺宁，或腾越一处"，思茅设领事则是援利益均沾之说。野人山界线改将南坎一处作为永租，其余俟两国派员勘定。惟有西江通商一节，双方辩论最繁，对于南宁之议，英使表示"断难全驳"，因此，双方议定"俟彼此察看商务情形，如果情形兴旺，设埠有益，及中国铁路展至百色时，亦可作为通商口岸。给予文函，不载条约"②。

在英国的外交讹诈下，清政府于 1897 年 2 月 4 日与英国正式签订了《续议缅甸条约附款》。中国方面虽然再三驳辩，但是仍被迫开放西江，且规定中国未经事先与英国议定，"不能将现在仍归中国在湄江左岸之江洪土地，以及孟连与所有湄江右岸之江洪土地，或全地或片土，让与他国"，这样江洪仍是相当于英国势力范围；该条约还要求中国承允将野人山南部的一部分地区割让缅甸，南坎地区则是"永租与英国管辖"；如云南修筑铁路，中国同意将其与缅甸铁路相接。此外，还另拟专条规定中国开放广西梧州、广东

---

① 《总署奏拟准英国通商西江并野人山事仍与磋磨折》，光绪二十一年十一月十五日，王彦威、王亮辑编，李育民等点校整理：《清季外交史料》第 5 册，第 2360 页。

② 《总署奏筹议粤省西江通商并复位滇缅边界折（附条约暨专条）》，光绪二十三年正月初三日奉朱批，王彦威、王亮辑编，李育民等点校整理：《清季外交史料》第 5 册，第 2451—2454 页。

三水、江根墟为商埠，英国派驻领事，英国船只可行驶于香港和三水、梧州，以及广州和三水、梧州间①。由此英国势力又得以深入广西、广东腹地。

法国不甘心英国取得以上特权，于是又向中国提出新的要求，清政府再次无奈退让，在 1897 年 6 月 18 日的照会中允诺："一俟同登至龙州铁路筑竣，如果费务林公司办理妥当，中国令该公司接造往南宁、百色"，"在广东、广西、云南南边三省界内矿务，中国国家开采之时，即延用法国矿师、厂商商办"，中国疏通红河上游河道，并修平河口至蛮耗、蒙自至昆明的陆路，且允准"自越南交界起，由百色河一带或红河上游一带修造铁路，以达省城"②。在英、法争相勒索侵略的竞争中，云南、广东、广西等地的半殖民地化进一步加深。

总之，甲午战后列强利用各种借口在中国边疆挑起界务及商务等方面的争端，甚至外国商人也加入其中，积极掠夺中国边疆资源，导致边疆危机十分严重。其中，亦可见清政府迫于列强的轮番施压而一再退让之处。不过，从总体上看，伴随民族意识的觉醒，清政府和人民仍是同入侵者进行了针锋相对的交涉斗争，而且在与列强进行条约交涉的过程中，清政府日渐摆脱了传统的藩属主义色彩的疆土观念，日益清楚地意识到之前在疆界舆图绘制以及边疆治理等方面的不足，并思考采取措施，以巩固对边疆地区的统治，这为中国进一步维护边疆地区的领土主权奠定了基础。

---

① 《续议缅甸条约附款》，光绪二十三年正月初三日，王铁崖编：《中外旧约章汇编》第 1 册，，第 686—690 页。

② 《商务专条及铁路合同等事照会》，光绪二十三年五月十九日，王铁崖编：《中外旧约章汇编》第 1 册，第 721—722 页。

第六章　参加国际公约与条约关系新走向

19 世纪中叶，清政府便已具备了一定的世界意识，并开始了参与国际会议和接触部分国际公约的进程。甲午战后，伴随中国国际地位的急剧下降，清政府要求融入国际社会的意识进一步增强，并正式开启了参加国际公约的进程。从甲午战后到清朝覆亡，中国参加的国际公约的主体是有关战争与和平方面的，同时亦涉及经济及交通等其他内容。中国参加国际公约开启了中外条约相对自主平等的新形式，为中外条约关系增添了新的内容和新的特点。

第一节　开启参加国际公约的进程

甲午战后至清朝覆亡是中国参与国际公约，承担国际义务的开启和奠基阶段。这一时期，中国所接触和参加的国际公约的数量不少，范围也比较广，中国与国际公约的关系大致经历了从拒绝、观望，到被动地初步参与，再到较大幅度拓展和相对主动加入的变化过程。

中国参加国际公约是相关事务国际化或全球化发展进程的一部分。1815年的维也纳会议之后，通过多边国际会议来协商处理国际事务逐渐成为国际生活中的一种稳定制度。而且，这些国际会议所讨论的国际事务与以往一般的停战善后会议不同，其宗旨在于调整各国平时国际关系的各个方面，包括政治、经济、宗教、河川管理、少数民族等问题，范围非常广泛。其中，有不少是带有普遍性的国际问题，从而直接推动相关国际公约或国际组织的产生。1815年欧洲七国签署的《维也纳会议最后议定书》及相关文件开始便对一些带有普遍性的国际问题作出规定，其中涉及取缔贩卖黑奴、河流自由航行、外交代表等级等方面。

到19世纪中后期，国际社会相互依存和互动模式越来越复杂，"结构性需求（Structural Requisites），即为了使系统有效运行而必须满足的需要，变得越来越多了"[①]。在这种情况下，通过召开国际会议、制定国际公约来集体协商和规范国际事务变得日渐频繁，而且在活动内容和制度架构上也由原来的对领土纠纷、战争与和平等问题的关注，扩及人类社会生活的各个领域。1856年《巴黎会议关于海上若干原则的宣言》是比较正规的国际公约开始出现的标志，之后国际行政联盟和相关公约集中出现，推动了国际公约的划时代发展，在公约涉及范围上，开始涉及邮政、电信、文化版权、专利、度量衡、农业、关税、交通等多个方面；而且，参加国际公约的国家，逐渐突破欧洲的界限，有了亚洲、美洲等其他地区的国家参加，体现了国际关系发展由欧洲向全世界拓展的基本趋势。

19世纪八九十年代，中国开始接触和参与国际公约的制订会议，并在甲午战争结束之际，开启了参加国际公约的最初实践。近代中国参加国际公约的第一步是在1894年，该年4月1日，在经过多年的酝酿后，总理衙门以照会的方式，宣告加入万国海关税则公会和《国际海关税则出版联盟公约》，

---

① ［美］詹姆斯·多尔蒂、小罗伯特·普法尔茨格拉夫著，阎学通、陈寒溪等译：《争论中的国际关系理论》，第 117 页。

并声明"其不在各国通商税则之内地税厘中国自行专主，无庸入此公会"①。另外，在甲午战前派员参与议定约章会议的基础上，总理衙门于1896年12月再次以照会的方式宣告接受《航海避碰章程》，并声明华式船只不受海上避碰规则的约束，先将"洋式兵船、商船"两类照章遵行②。

　　到19世纪末20世纪初，国际局势日趋紧张，各帝国重新瓜分殖民地、争夺欧洲和世界霸权，纷纷展开军备竞赛，国际和平运动因此勃兴。1898—1899年间，俄国先后两次致函各国政府，呼吁召开国际和平会议，停止毫无止境之军备扩张，以防止不断威胁全世界之灾难。于是在世纪之交，便有了众多国家参加、大量国际公约集中制订的两次海牙和平会议。海牙和平会议是中国参与大规模的国际会议并缔结系列国际公约的重要开端，在中国参加国际公约的历史上具有里程碑意义。1899年和1907年，中国通过参加两次海牙和平会议，缔结了十项有关战争与和平问题的国际公约（含宣言），大大扩展了中国参加国际公约的途径、范围和内容。其中，1899年海牙和平会议上，各国在寻求和平解决国际争端、制订陆战法规、减少战争伤害等问题上取得进展，通过《和平解决国际争端公约》《陆战法规和习惯公约》《关于1864年8月22日日内瓦公约原则适用于海战的公约》等三项公约和《禁止从气球上或用其他新的类似方法投掷投射物和爆炸物宣言》《禁止使用专用于散布窒息性或有毒气体的投射物的宣言》《禁止使用在人体内易于膨胀或变扁的投射物，如外壳坚硬而未能全部包住弹心或外壳上刻有裂纹的子弹的宣言》等三项宣言，形成第一批海牙法规。中国在1899年12月27日签署了除《陆战法规和习惯公约》之外的其他五项条约宣言文件，后因庚子国变，签署原文遗失，一直到1904年7月24日，这五项条约才正式奉旨批准。1907年的第二次海牙和平会议重新修订了1899年的三个公约和《禁止从气球上或用其他新的类似方法投掷投射物和爆炸物宣言》，通过了有关限

---

①　《总署致比国公使陆弥业照会：照送中国与各国通商税则其经费俟有确数再由总税司拨照付由》，光绪二十年二月二十六日，台北"中研院"近代史研究所档案馆藏总理各国事务衙门档案，馆藏号：01—27—014—01—018。

②　《总署致英国公使窦纳乐照会：行船免碰章程中国先饬洋式兵商船试办由》，光绪二十二年十一月十六日，台北"中研院"近代史研究所档案馆藏总理各国事务衙门档案，馆藏号：01—13—019—02—018。

制使用武力追债、战争开始、中立问题及海战法等十项新公约。对于上述新修订的国际公约，中国缔结了除《陆战法规和习惯公约》之外的二项，对于新制定的十项，中国在 1909 年 10 月 18 日批准了五项，分别是《限制使用武力以索偿契约债务公约》《关于战争开始的公约》《中立国家和人民在陆战时的权利和义务公约》《关于中立国在海战中的权利和义务公约》《关于战时海军轰击公约》。

20 世纪初，除海牙和平会议之外，日俄战争的爆发及国际农业合作的推进，也给中国参与其他一些国际会议和缔结相关国际公约提供了契机。1904 年 7 月 1 日，中国出于解决日俄战争现实问题的需要，紧急加入了《改善战地武装部队伤者境遇的公约》。1904 年 12 月，中国还派员赴海牙会议战时参与救护的医院船免税公约事宜，12 月 21 日中国签署《关于战时医院船免税的公约》，1905 年 5 月 24 日奉旨予以批准。1905 年 5 月，中国应意大利邀请，参加了以成立一个农业国际机构的罗马农业会议，并在 6 月 7 日与其他三十九个国家的代表共同议定了《罗马万国农业会合同》（简称《万国农会合同》），翌年 5 月 29 日中国正式签署该合同，1907 年 11 月 2 日奉旨予以批准。

从横向来看，晚清中国新批准国际公约有十五项，涉及政治、军事、经济以及交通诸方面，形成了中外条约关系发展的新局面。

表 6—1：晚清中国参加之国际公约一览表

序号	名称	签订时间、地点	中国签署时间	中国批准或加入时间
1	《国际海关税则出版联盟公约》	1890 年 7 月 5 日，布鲁塞尔		1894 年 4 月 1 日照允加入
2	《航海避碰章程》	1889 年，华盛顿		1896 年底照允遵行
3	《改善战地武装部队伤者境遇的公约》	1864 年 8 月 22 日，日内瓦		1904 年 7 月 1 日加入
4	《和平解决国际争端公约》	1899 年 7 月 29 日，海牙	1899 年 12 月 27 日	1904 年 7 月 24 日奉旨批准

（续表）

序号	名称	签订时间、地点	中国签署时间	中国批准或加入时间
5	《关于 1864 年 8 月 22 日日内瓦公约原则适用于海战的公约》	1899 年 7 月 29 日，海牙	1899 年 12 月 27 日	1904 年 7 月 24 日奉旨批准
6	《禁止使用在人体内易于膨胀或变扁的投射物，如外壳坚硬而未全部包住弹心或外壳上有裂纹的子弹的宣言》	1899 年 7 月 29 日，海牙	1899 年 12 月 27 日	1904 年 7 月 24 日奉旨批准
7	《禁止从气球上或用其他新的类似方法投掷投射物和爆炸物宣言》	1899 年 7 月 29 日，海牙	1899 年 12 月 27 日	1904 年 7 月 24 日奉旨批准
8	《禁止使用专用于散布窒息性或有毒气体的投射物的宣言》	1899 年 7 月 29 日，海牙	1899 年 12 月 27 日	1904 年 7 月 24 日奉旨批准
9	《关于战时医院船免税的公约》	1904 年 12 月 21 日，海牙	1904 年 12 月 21 日	1905 年 5 月 24 日奉旨批准
10	《罗马万国农业会合同》	1905 年 6 月 7 日，罗马	1906 年 5 月 29 日	1907 年 11 月 2 日奉旨批准
11	《限制使用武力以索偿契约债务公约》	1907 年 10 月 18 日，海牙		1909 年 10 月 18 日奉旨批准
12	《关于战争开始的公约》	1907 年 10 月 18 日，海牙		1909 年 10 月 18 日奉旨批准
13	《关于战时海军轰击公约》	1907 年 10 月 18 日，海牙		1909 年 10 月 18 日奉旨批准
14	《中立国家和人民在陆战时的权利和义务公约》	1907 年 10 月 18 日，海牙		1909 年 10 月 18 日奉旨批准
15	《关于中立国在海战中的权利和义务公约》	1907 年 10 月 18 日，海牙		1909 年 10 月 18 日奉旨批准

　　政治和军事方面的公约是中国参与的重点。在上述国际公约或相关规章中，除《国际海关税则出版联盟公约》《罗马万国农业会合同》《航海避碰章

程》以外，其余公约都是有关和解纷争、规范和限制战争的。对于《万国邮政公约》《国际电报公约》以及《伯尔尼版权公约》等经济、文化方面的国际公约，中国虽有所接触，甚至也部分考虑过加入问题，但最终没有实现。究其原因，主要有以下三个方面：

第一，与当时国际公约实体发展的横向分布有着密切关系。自近代以来，国际冲突和战争始终是国际关系最重要的表现形态，也是国际公约规范的重中之重。尤其是在 19 世界末 20 世纪初，召开了两次制定和解纷争、限制战争国际法的海牙会议，并推出了十六项国际公约。中国参加了两次会议，并批准了其中十项。

第二，中国在参与时偏重政治、军事方面的国际公约，也是在特殊情势下追求自身安全的结果。鸦片战争以来，中国备受列强武力侵犯，中外纷争不断，在这种情况下尤为渴望能消弭冲突和限制战争。而通过参加和解纷争、限制和规范战争等方面的国际公约，依恃相关国际规则，可以为中国提供一种类似于集体安全的保障。日俄战争爆发后，清政府在参与和解纷争及战争法规方面国际公约的力度大大推进，无疑跟这种现实需要有着较大关联。

第三，选择延迟或拒绝加入某些国际公约，尤其是社会文化和交通通讯类国际公约，其中一个重要原因是本国经济技术发展水平或法律法规的颁布相对落后，在国际化过程中要考虑本土发展状况。比如，对于邮政、电信以及版权等领域的国际公约，晚清中国虽一再接到入约邀请，但是都未加入。其中一个重要的原因也是晚清政府比较清楚地看到了中国在发展水平上落后的事实，并且担心未得其益先已被其掣肘。民国政府署交通总长叶恭绰在回顾晚清中国没有加入电报公约的问题时，曾这样描述中国与国际社会的差距："当时因电报系属商办，而各省复有官办之局，管理不能统一，万不能加入公会以致启人訾议。而线路之窳败，机械之迟钝，报务局务之措理不当，尤无加入之资格。"[1] 而国际公约的制订格外强调所定规则或规范的标准化和统一化，很难完全顾及各民族国家之间发展状况的差异。因此，一些公

---

[1] 交通铁道部交通史编纂委员会编纂印刷：《交通史·电政编》第 3 册，1936 年，第 479 页。

约条款在形式上固然平等，但事实上却并不尽然，甚至还会损害民族国家利益。不考虑本身情况，盲目地全部接受国际规则或规范，只会导致民族独立性的丧失，而且也会损害本国相关事业的发展，这也应该是各国在国际化过程中要力图避免的问题，从这一角度来说，晚清中国为维护民族国家利益，延迟或拒绝加入某些国际公约是必要的。

当然，纵览晚清中国参与国际公约的整个历程，亦不难发现国际责任意识的欠缺以及民族主义意识的消极面。譬如，第二次保和会召开前夕，中国因陆军已改订新章，遂补签《陆战法规和习惯公约》。但是待该约修订后，最终却因其增加了违约追责条款（其中提到如有违犯约章，国家需担负赔偿责任），遂将它与其他五种公约一起列入"与我国无甚利益及势难实行"之列①。

第二节　参加经济类国际公约

经济方面的国际合作是国际公约重点且较早进行规范的领域，从 19 世纪中叶以来，国际社会已经在度量衡、工业产权、税则、农业等相关领域形成了系列合作机制。在晚清时期，中国参加经济领域的国际公约主要涉及海关税则出版和万国农业会两个方面。

一、 加入《国际海关税则出版联盟公约》

19 世纪中叶以来国际商贸交流的日益频繁和扩大，了解时下各国通商税则成为现实需要，《国际海关税则出版联盟公约》及其组织万国海关税则出版联盟（IUPOCT，时人称为万国税则公会）便应运而生。《国际海关税则出版联盟公约》的主旨是汇集、出版发布各国税则，以利各国商贸往来。1888 年 3 月 15 日，各国在比利时布鲁塞尔召开拟定公约的会议，到 1890 年 7 月 5 日，所有入会各国代表对会议约章签字画押，最终形成了《国际海关

---

① 《外务部奏折：具奏第二次保和会条约五件拟请画押并业经画押之条约三件一并请旨批准》，宣统元年八月二十六日，台北"中研院"近代史研究所档案馆藏外务部档案，馆藏号 02—21—006—01—012。

税则出版联盟公约》十五条，规定成立"刊印各国税则之会"，也即国际海关税则出版联盟，目的是"从速出版和公布世界各国的海关税则及随后的修改规定"。按照公约第十五款规定，该公约将于 1891 年 4 月 1 日起生效。有效期为 7 年，如于第一个 7 年届满前 12 个月公约未宣告无效，将继续延长 7 年，以后依此类推，迄今该公约依然有效。国际海关税则局（ICTB）也是从 1891 年 4 月 1 日起开办各国寄来文件。该国际局负责出版英、法、德、意、西五种文字的《国际关税公报》（又称《国际关税杂志》），尽可能及时正确地刊载成员国的海关税则以及补充和修改的海关税则资料。同日，还出台了实施条例十款作为公约附件，详细规定了国际局出版关税公报的方式，与国际局预算有关的一切事项和国际局内部的组织机构，等等。按照公约第十三条规定，该实施条例与公约具有同等效力。同时，各参加国的权利和义务也是公约适用最主要的方面，条约规定参加国的义务是交纳会费，并提供公开出版的海关法、税则材料及与海关税则直接有关的商约、国际协定和国内法令，权利是得到《国际关税公报》。①

在万国海关税则出版联盟及其组织约章酝酿、形成和最初实施的阶段（1888—1892 年），比利时政府便积极地向中国发出参加公约制订会议及参加公约的邀请，但是中国政府方面却对这方面的国际合作满是犹疑，并从一开始采取了抵斥的态度。

1886 年 11 月 25 日，比利时驻华公使维礼用就曾照会总理衙门，称"本国现拟将各国通商税则翻译妥协共印成书，即在本国都京另立衙署总理此事，以归简易"。1888 年 1 月 26 日，比利时署公使米师丽再次照会总理衙门，告知入会之期为 1888 年 3 月 15 日，并称："倘中国入会后不克始终会办，亦可随时撤出。"米师丽还将税则条例两卷封送中国。该条例包括两章，其中第一章为所议设立万国税务公所节略，共十款。第二章为所议税务公所办法节略，提出税则出版及公所办事规则的具体规条十一款，其中第九款内

---

① 《出使大臣刘瑞芬致总署文：咨送比国与各国会议税则条款及往来照会并摘译各国会议税则条款呈阅由》，光绪十四年十二月十六日，台北"中研院"近代史研究所档案馆藏总理各国事务衙门档案，馆藏号：01—27—014—01—004；中华人民共和国外交部条约法律司编：《中华人民共和国领事条约集》第一集，世界知识出版社，1987 年，第 42—46 页。

载，"会办各国按股均摊所摊之费若干，即分给印妥各国文字商务税则书籍若干卷。嗣后按年照办"①。按照照会所言，此组织及条例于商务发展不无裨益。至少政府可参照各国情况，调整通商税则，商人出口时亦可查照各国纳税各条，灵活敲定货物价格之低昂，以便参与国际市场竞争。

然而，总理衙门将条例译出阅悉后，却在 2 月 27 日照复米师丽，示以拒绝之意，称："中国向遇各国此等公会因中外情形各异，均未派员前往，此次贵国税则公会自亦未便派员。"② 3 月 15 日开始的会议上，担任会长的比利时外交部部长兰博孟对中国等一些国家拒绝入会特做解释，即"中国、波斯等国因其税则永远不改之故，辞却比国求其入会之请"③。这其实是对中国所说的"中外情形各异"的进一步解读。不过，这种解读并没有完全揭示清廷不愿入会的本质，其拒绝的背后有着更深刻的原因。

同年 7 月，米师丽再次照会总理衙门，将会中议妥之章程底稿封送查照，并称"所有外各国于西历本年四月初一日起，限定六个月为期，外各国将其中会议底子及章程底稿查照明晰是否中意。除此六个月外，尚有四个月限期以定摊资若干，且是否允诺。即在四个月后照准本国，按照会议底子画押后永远遵守"。为了拉动中国签约，米师丽还在照会中鼓吹："各国之所以愿意加入此会，"因于商务有裨益，如遇事即查照各国纳税各条，即可定货物之低昂也"。如果中国阅览章程了解此会的好处而愿加入，可再照复④。为了更快地推动中国入会签约，同年 10 月，比利时外交部部长喜梅来文照会中国出使英、法、意、比大臣刘瑞芬，将会中所议各事刊印成书封寄两本请其查阅，还请其将一本转呈总理衙门查核，并称："据本部堂之见，总理衙门所以未允所请者，因只为中国进口货物立论，未尝详察一切有益情事也。

---

① 《比国署公使米师丽致总署照会：本年四月比京开万国税则公会希望中国入会由》，光绪十三年十二月十四日，台北"中研院"近代史研究所档案馆藏总理各国事务衙门档案，馆藏号：01—27—014—01—001。

② 《总署致比国公使米师丽照会：比京万国税则公会未便派员由》，光绪十四年正月初六日，台北"中研院"近代史研究所档案馆藏总理各国事务衙门档案，馆藏号：01—27—014—01—002。

③ 《出使大臣刘瑞芬致总署文：咨送比国与各国会议税则条款及往来照会并摘译各国会议税则条款呈阅由》，光绪十四年十二月十六日，台北"中研院"近代史研究所档案馆藏总理各国事务衙门档案，馆藏号：01—27—014—01—004。

④ 《比国公使米师丽致总署照会：函送万国税则会章程一卷呈阅，是否入会请示复由》，光绪十四年六月二十三日，台北"中研院"近代史研究所档案馆藏总理各国事务衙门档案，馆藏号：01—27—014—01—003。

窃查中华大国不但由西洋各国运货入口，其出口之货亦渐增多，故各国税则实系华民所宜知也。"这两封照会都强调了晓知各国税则对中国出口之货参与国际竞争的重要性。而后一封照会还把中国与周边等其他国家对比，其中谓："凡与中国相近之国如日本、印度皆愿入会同立约条，本部堂因此请贵大臣将本国所称要义达知贵国总理衙门，恳求裁夺施行"，而且"自公会初次议事之后，尼喀拉瓜、玻力斐亚、哥伦比亚等国均已入会，又义国……入公会矣。现计入会之国及各埠已有七十五处"①。言下颇有催诱之意。

事实上，中国历来就有轻商传统，涉外商务的发展更从来不是政府倾力扶植的重点，因此遇有商政一类的国际会议态度一般都不是十分积极，在涉外商务方面缺乏进取意识。至于涉及税则的国际会议及条约更是避之不及，其重要缘由是片面协定关税制度的存在，中国"海路、内地、陆路的关税主权均受到协定的限制"②。这样，中国不仅全然不能按照国家主权灵活调整、订定关税税则，而且也抵挡不住列强不断干涉、要挟和侵渔的步伐。另外，中国长期以来所实施和倚重的内地关税也存在与近代关税原则相违背之处。正式基于税则问题上生怕招来新的束缚和干涉的心理，清政府无视税则出版的益处，转而着意防备因此而可能带来的掣肘和干涉。1887 年比利时邀请中国参加第二次万国商务公会，清政府表露出了同样的抵拒态度，而且其中有关理由的表述如出一辙，从中亦可见中国在这一事件上表态的典型性③。

---

① 《出使大臣刘瑞芬致总署文：咨送比国与各国会议税则条款及往来照会并摘译各国会议税则条款呈阅由》，光绪十四年十二月十七日，台北"中研院"近代史研究所档案馆藏总理各国事务衙门档案，馆藏号：01—27—014—01—004。

② 李育民：《近代中国的条约制度》，第 95—96 页。

③ 在 1887 年米师丽也曾照会总署，邀请中国参与第二次万国商务公会，会议海路商务则例。最初，总署误以为该会要议定通商税则，遂马上照复米师丽表示会议商务则例一事与中国无关不能入会，称："查中国与各国通商议定税则通行载在各国条约，此外别无通商税则与西洋诸国情形不同，今贵国议办此举于商务实有裨益，惟中国既无别项则例，无从入会。"之后，米师丽再次照会总署，特意申明"商务则例并无税则字样，此商务条例系商民海陆贸迁，其中倘遇事争辩往往难办，于今立有公会将商务所有龃龉之处各国议妥一定条例载在简编，刷印成书，以归画一而行久远"。但是，总署将此次公会所拟每条条规译汉阅悉后，依然照复米师丽："惟现在中国商船前赴外洋各国贩运者无多，应俟以后商务如果畅行再行按照一切情形酌拟入会，此时尚可缓议。"(《总署致比国公使米师丽照会：会议商务则例一事与中国无关不能入会由》，光绪十三年七月二十九日；《比国署公使米师丽致总署照会：各国议定商务则例一事请将前送条例译明可否入会祈示复由》，光绪十三年八月初四日；《总署致比国公使米师丽照会：公会则例一事中国暂缓入会由》，光绪十三年十二月十三日，台北"中研院"近代史研究所档案馆藏总理各国事务衙门档案，馆藏号：01—27—004—01—040、01—27—004—01—041、01—27—004—01—043。)

刘瑞芬在照复比利时外交部时指出，入会并刊印各国税则对中国商务并无利益：1. 相关条款与中国通商情形关系不大，所以总理衙门未允所请。原因是"中国与各国通商所定税则章程久已载明条约，所有进口、出口货物多是有约各国商人承运，遵照税则完纳已历多年"。中国商人并不需要尽知各国税则。2. 公会每年刊译各国税则需款颇巨，对中国商人亦无利益。况且所刊税则系用英、法、德、日、意五国文字，若中国再译汉文又需多费，中国工商人等亦难周知。他虽然答应将送来的公会所刊条款送呈总理衙门察核，但仍告诉比利时外交部，入会刊印税单仍不会得到允许。1899 年 1 月，刘瑞芬咨呈总理衙门，称"本大臣细阅所刊条款，似于中国通商情形无甚关系，业经备文照复在案"，并将与比利时外交部往来照会、摘译比国会议各国税则条款以及比国原送各国税则公会条款洋文刊本一件备文咨呈总理衙门①。

1891 年 4 月 1 日公约开始生效后，国际海关税则局开始开办各国寄来文件。翌年，该局按照公约第七款规定（也即每年应向各参加国提供工作和财政管理报告②），将 1891 年 4 月 1 日起至 1892 年 3 月 31 日止所有一年办理情形暨支销事宜造具年报呈递入会各国。中国当时并不是会员国，但是总理衙门依然收到了上述年报。米师丽在封送年报时，照请总理衙门再次考虑入会。为了打消中国的疑虑，米师丽在照会中还坚定地指出："倘贵国如愿入会，而各国断不干预贵国税则，惟嗣后各口岸税则如有增改之处随时将增改各条行知本国万国税则公会查照。查外各国均有一定税则，会中亦任其低昂，绝不干预……望贵王大臣查照明晰作速复示"③。不过，米师丽的信誓保证并没有打消清廷的顾虑。1892 年 12 月，总理衙门照复比国公使，仍是以上述理由为拒绝托词，称："贵国设立万国税则公会，原属有益商务，惟中外税则不同，地方相隔遥远，商民鲜有带货赴西洋贸易者，此次贵国税则公

<hr>

① 《出使大臣刘瑞芬致总署文：咨送比国与各国会议税则条款及往来照会并摘译各国会议税则条款呈阅由》，光绪十四年十二月十六日，台北"中研院"近代史研究所档案馆藏总理各国事务衙门档案，馆藏号：01—27—014—01—004。

② 《出使大臣刘瑞芬致总署文：咨送比国与各国会议税则条款及往来照会并摘译各国会议税则条款呈阅由》，光绪十四年十二月十六日，台北"中研院"近代史研究所档案馆藏总理各国事务衙门档案，馆藏号：01—27—014—01—004。

③ 《比国公使米师丽致总署照会：照送万国税则会书籍并请入会由》，光绪十八年十月二十日，台北"中研院"近代史研究所档案馆藏总理各国事务衙门档案，馆藏号：01—27—014—01—006。

会仍难入会。"①

1893 年底，在比利时的一再劝说下，中国的态度出现了变化。这年 12 月，比利时驻华公使陆弥业（Loumyer）照会总理衙门，附送 1892—1893 年间公会办理情形暨支销事宜年报，并重点针对之前中国拒绝的原因，列数中国应该入会的五点理由：一是中外税则不同一节自系实在情形，中国税则原系随各国条约议定，必须彼此商议之后方能增删更改，但各国税则于中国通商事务亦大有关系，"各国税则如有变通之处立即奉告知悉，于中国商务不无裨益"；二是"虽然中国商民鲜有带货赴西洋贸易者，而洋商在中国各口设立行栈甚多，所有外各国通商贸易者亦不少，以海关所造册报征明系属蒸蒸日上"；三是西洋各国属地俱近在邻境，若明悉此数地方税则例章，于中国商务亦有关系；四是其商务弱于中国而地方较中国相隔遥远之邦，"即如东洋暹罗、巴西等国均已入会，谅中国海关亦并不辩驳，贵国亦可一律入会"。五是各国所摊经费，按每年商务统合出入货价综计多寡折算，分为等第。中国商务系在三等 5 亿—20 亿法郎之间，综计每年应摊给经费 1863 法郎，此外入会费 447 法郎，总共为数无几②。由以上各点，可以看出比利时调整了劝说中国的方向，即由尽量解释不会带来新的掣肘，转向强调中国加入可从中获得各种利益，并且还从与他国一律和会费不多两个层面进一步打消中国疑虑。

事实证明，这一转变对中国是有作用的。1894 年 1 月，总理衙门札行总税务司赫德，"此会究于中国商务税务有无裨益，所摊经费中国应摊若干，如果无益于事，自不值摊给经费，希即申复以便转复可也"③。几日后，总税务司赫德呈复总理衙门，称入税则公会有益无损，具体而言："不但长各国之学识，且又联各国之睦谊。所刊印之书籍乃系将各国现行则例及如何更改之处随时宣示众知，是以于华商与来华贸易之洋商均有裨益，缘得知何货运

---

① 《总署致比国公使米师丽照会：税则公会事中国仍难入会由》，光绪十八年十一月初五日，台北"中研院"近代史研究所档案馆藏总理各国事务衙门档案，馆藏号：01—27—014—01—007。

② 《比国公使陆弥业致总署照会：万国税则会中国所摊经费为数无多仍请入会并附送书籍由》，光绪十九年十一月十三日，台北"中研院"近代史研究所档案馆藏总理各国事务衙门档案，馆藏号：01—27—014—01—008。

③ 《总署致总税务司赫德札：万国税则会中国可否入会即申复由》，光绪十九年十一月二十五日，台北"中研院"近代史研究所档案馆藏总理各国事务衙门档案，馆藏号：01—27—014—01—009。

赴何国以及何货由何国运来，各征税若干，藉以预筹生息。中国货物恒运赴各外国，外国货物亦恒运来中国，故此项税则在中国之华洋商人俱应知晓，况入会之经费甚少，而各国之欣望良殷"。同时，赫德还指出，中国倘入此会似应言明，"只将通商税则咨送译刊，其内地厘捐及落地税等项名目繁多，时有更改与外国无涉，故俱不在此例"①。很显然，这里是针对出使大臣刘瑞芬摘译的第 12 款丁项要求报送内地现行关税则章的规定而特意做出的申明，无疑有利于减少或消除清政府的顾虑。

到这里，总理衙门此时也承认"入此公会于中外通商往来诚有公共利益"，但是对于公会可能会对中国关税带来新的干涉一事依然心存顾虑。3 月 5 日，总理衙门不顾比国公使陆弥业的翘盼力催，依然再次札行总税务司赫德，称："各国税则口岸情形有别，恐不能概照会中章程办理，除内地厘捐落地税外，既入此会，洋税设有变通，能否不为公会所格。"② 其实，比利时驻华使臣及赫德皆已强调，此公会之职乃系将各国现行则例及如何更改之处出版，并随时宣示众知。其间并无讨论拟议之事，税则出版联盟公约各条款也清晰地揭示了这一点。由此可见以总理衙门为代表的清政府一方，对外国干涉关税的顾虑之深非同一般。见此情形，赫德不得不再次申呈强调："所询中国入此会洋税设有变通能否不为公会所格一节，此节实无格碍，在中国不过将现行税则咨送该会，如日后有变通之处，亦随时咨明而已，在该会不过将所接之税则等项刊印成帙，并无斟酌争论拟议阻滞之事"，而且他还主动提议，入会公费（除应先纳入会费 447 法郎，按随时行市约合银 100 余两外，每年应分摊经费 1863 法郎，约合银 450 余两）由总税务司在罚款项下支拨开销③。赫德的解释彻底扫除了总理衙门的顾虑。1894 年 4 月 1 日，总理衙门正式照复陆弥业，明确表示"特将中国与各

---

① 《总税务司赫德呈总署文：比税则会于华洋商人来往有益各国公摊经费为数无多倘入此会只将通商税则咨送译刊其内地厘捐等不在此例由》，光绪十九年十二月初四日，台北"中研院"近代史研究所档案馆藏总理各国事务衙门档案，馆藏号：01—27—014—01—010。

② 《总署致总税务司赫德札：税则会于洋税变通时有无窒碍公费由何处支送望详复由》，光绪二十年正月二十八日，台北"中研院"近代史研究所档案馆藏总理各国事务衙门档案，馆藏号：01—27—014—01—012。

③ 《总税务司赫德致总署申呈：申复中国入税则会实无妨碍至入会公费似可由总税司在罚款项下支销由》，光绪二十年二月初七日，台北"中研院"近代史研究所档案馆藏总理各国事务衙门档案，馆藏号：01—27—014—01—015。

国通商税则检齐照送贵大臣查收转送公会"。陆弥业当日收到照会。这样，总理衙门便在这天以照会宣示的形式加入税则出版联盟和公约，且针对公约第十二条丁项"各参加国所订的与现行海关税则直接有关的商约，国际协定和本国法令"中"本国法令"对中国可能产生的条约义务，一并声明"其不在各国通商税则之内地税厘中国自行专主，无庸入此公会"①。9 月 12 日，陆弥业照会总理衙门，递送万国税册四份，来照并有"准贵署照会于光绪二十年二月二十六日来文相许入会"等语②。这样就进一步确定了中国加入公约及组织的时间。

值得一提的是，在片面协定税则制度下，中国的关税还存在税率没有差别、进口税率极低、出口税实际上高于进口税、陆路与海关不相统一等众多不合理的地方，这些给中国发展带来很不利的影响③。而通过加入万国海关税则公会和《国际海关税则出版联盟公约》，把中国的税则置于世界税则之大拼盘中，从修改和废除不平等条约的角度上看无疑是有帮助的。但遗憾的是，这样一种可能性和推动力并没有被纳入清廷的决策之中。相反，不平等条约带来的片面协定税则制度严重束缚了它的双翼，使其生怕因为公约的签订再增添新的干预④，以至于在比国驻华公使的一再力催下，才迟迟在几年后同意加入。另外，总理衙门在照会中强调，"其不在各国通商税则之内地税厘中国自行专主"，其中固然有避免干涉、维护主权之意，但是，毫无疑问这一动作也反映出中国政府在税制变革上的故步自封和积习之重。

当然，从清政府最后的转变可以看出，总理衙门看到了对于中外通商皆有利益之处，因此也不排除有为中外商务往来提供便利的考虑，但历来轻商的传统，使得这方面的必要性大打折扣，反而透露出了浓厚的邦交睦谊的一

---

① 《总署致比国公使陆弥业照会：照送中国与各国通商税则其经费俟有确数再由总税司拨照付由》，光绪二十年二月二十六日，台北"中研院"近代史研究所档案馆藏总理各国事务衙门档案，馆藏号：01—27—014—01—018。

② 《比国公使陆弥业致总署照会：照送万国税册四分由》，光绪二十年八月十三日，台北"中研院"近代史研究所档案馆藏总理各国事务衙门档案，馆藏号：01—27—014—01—020。

③ 详见李育民：《近代中国的条约制度》，第 149—156 页。

④ 信守既有条约，防止条约外的侵渔是这一时期清廷应对条约关系的基本方针。详见李育民：《论清政府的信守条约方针及其变化》，《近代史研究》2004 年第 2 期。

贯思维。赫德在上述回复总理衙门的照会中就提到"联各国之睦谊"，而总理衙门在 4 月 1 日同意加入公会的照会中更是着意强调："本大臣等熟筹邦交友睦之谊，特将中国与各国通商税则检齐照送贵大臣查收转送公会。"① 陆弥业在收到该照会后，也立即欣慰地在 1894 年 4 月 9 日照复总理衙门，"伸谢贵王大臣敦睦友邦之情也"②。

　　总之，由清政府加入国际海关税则出版联盟和公约的过程可以看出，它基本上处于一种在防御中进取的状态，而且略显得防御有余，进取不足，这也正与其在国际社会中的角色身份定位遥相呼应。不过，无论如何，这意味着中国迈出了参加国际公约、承担国际义务的第一步，其意义非同小可③。而且，从加入公约之始，中国便按照公约条款，照送中国与各国通商税则，并且也相应地接收了国际局分发的年度工作和财政管理报告，以及编译的税册书籍。据 1895 年 11 月总理衙门收到的税则会报单记载，1894 年 4 月 1 日至 1895 年 3 月 31 日，包括中国在内，递送税则的国家和地区就有六十六个之多④。之后数年，以迄清亡，中国与国际局的上述文件往来一直没有间断。另外，根据公约第九款规定，各国按照贸易额大小分六等分摊会费，入会者每年应付会款一次，且"所有各国应付之费务于三个月内，系六月三十日以前一并付清"⑤。中国按照贸易额位列三等，每年应捐会款 1863 法郎，并由总税务司在罚款项下支拨开销⑥。事实上，早在总理衙门照会比使入会之前，总税务司便在 1894 年 3 月 26 日申呈总理衙门，称特遵备入会公费并 1894 年应分摊经费共计 2310 法郎，共合关平银约

---

　　① 《总署致比国公使陆弥业照会：照送中国与各国通商税则其经费俟有确数再由总税司拨照付由》，光绪二十年二月二十六日，台北"中研院"近代史研究所档案馆藏总理各国事务衙门档案，馆藏号：01—27—014—01—018。

　　② 《比国公使陆弥业致总署照会：收到照送各国通商税则由》，光绪二十年三月初四日，台北"中研院"近代史研究所档案馆藏总理各国事务衙门档案，馆藏号：01—27—014—01—019。

　　③ 中国于 1894 年 4 月 1 日加入国际海关税则出版联盟和公约后，1926 年 3 月 31 日退出，1931 年 9 月 1 日又重新加入。中华人民共和国成立后，于 1978 年 5 月 3 日再次承认并加入其组织，成为该组织的正式成员。

　　④ 《照送税则会报单三分由》，台北"中研院"近代史研究所档案馆藏总理各国事务衙门档案，馆藏号：01—27—014—01—022。

　　⑤ 《为请拨发万国海关税则公会第十五次会议章程费用以便转寄事》，中国第一历史档案馆编：《晚清国际会议档案》第 1 册，广陵书社，2008 年，第 39 页。

　　⑥ 《为转比使所送第十八期万国海关税则章程条陈请查照事附件：堂批底稿》，中国第一历史档案馆编：《晚清国际会议档案》第 1 册，第 63 页。

607 两已送交比利时驻华公使陆弥业查收①。之后除 1898 年公会费没有按期付给外②，其余各次虽然比使多有催促，但基本上都在限定日期以前由总税务司递送比使转付。

二、 缔结《罗马万国农业会合同》

万国农业会（The International Institute of Agriculture）亦称为"万国农业公院""万国农业公会""万国农会"或"万国永久农业会"，等等。它是第一个政府间合作处理农业问题的国际组织，也是联合国粮食及农业组织的前身③。《罗马万国农业会合同》则是万国农业会这一国际组织据以建立组织机构和进行活动的国际公约。在意大利政府倡导之下，1905 年 5 月 29 日至 6 月 7 日，四十多个国家的代表在罗马举行会议，议定了《罗马万国农业会合同》。与海牙和平会议及其公约相比，该组织和公约没有那么浓厚的政治色彩。就清政府而言，这也是继国际海关税则出版联盟之后，主动参加的另一个经济类性质的国际组织和公约。清政府在意大利政府邀请下派员赴会时，除了一般农业交流之外，还赋予了该会更多政治意义，充分表露出晚清政府对参与国际事务的渴求。之后，伴随中国与万国农业会事务往来的展开，农业建设逐渐成为中国与万国农业会关系发展的主题。

1905 年 4 月 6 日，意大利公使巴乐礼（Baroli）照会外务部，告之罗马万国农业会首次会议定于 1905 年 5 月 28 日在罗马召开。5 月 12 日，意公使又译送了一份会议条款的详细节略供外务部参考④。在这之前，中国亦奉行联络邦交的主旨，陆续参与了一些国际会议或组织，并开始了接受、遵守近

---

① 《申报分摊税则会经费数目已送交比使查收由》，台北"中研院"近代史研究所档案馆藏总理各国事务衙门档案，馆藏号：01—27—014—01—017。

② 《税则会中国尚欠两年经费请电出使大臣速发由》，台北"中研院"近代史研究所档案馆藏总理各国事务衙门档案，馆藏号：01—27—014—01—032。

③ 万国农业会于 1905 年成立后，持续运作直至第二次世界大战。战后将组织资产，包括图书资料全部由新成立的联合国粮食及农业组织吸收（参见 Ralph W. Phillips，*FAO：Its Origins，Formation and Evolution 1945—1981*，联合国粮农组织网站：http：//www.fao.org/docrep/009/p4228e/P4228E01.htm）。

④ 《意大利驻华公使巴乐礼致庆亲王奕劻照会：为呈罗马万国农业公院会议条款节略事》，光绪三十一年四月初九日，中国第一历史档案馆编：《晚清国际会议档案》第 5 册，第 2793 页。

代国际规则，承担国际义务的历程。因此，在接到意大利的邀请后，中国便派驻意使馆参赞翟青松参加了会议。当时，由驻外使馆人员就近处理国际事务是中国外交的惯例，比照此后第二次保和会专使的派遣，可以初步看出中国对该会并没有额外的重视①。

《罗马万国农业会合同》是罗马万国农业会这一国际组织据以建立组织机构和进行活动的基本文件。根据这份合同，万国农业会在罗马设立，属于国家建设性质的国际组织，由入会各国遴派会员赴会。万国农业会将设总会及常会两个机构。总会由各国代表组成，"秉本农业会综理大权"，如"察核常会预备之组织事宜及本农会内容之作用，条议限定经费总数，并稽查核准账目"等。在总会中每个会员国都有投票权，但投票权的多寡取决于该国所列等级，等级越高，投票权越多。合同规定了五个等级，每个国家列于何等，由该国自愿决定；但等级越高，所享有的投票权和所交纳的会费也就越多。其中一等享有的投票数目为 5 票，所交纳的会费为 16 股，每股金额不得过 2500 法郎，头两年每股金额不得过 1500 法郎。常会即常驻办事机构，归总会调度，主要是"实行总会讨议之事，并条议事件交总会采择"。常会由各国所派常驻人员组成，常会内的投票方式与总会相同②。

万国农业会旨在研究世界范围内的农业发展，并促进各国间农业信息交流。合同第九款还详细规定了该会办理各国农政的内容，分列如下："（甲）应将关系农政、动植出产、农产贸易以及各埠行情之统计、技术、财政各项报告赶紧搜集研究宣布；（乙）应将上载一切报告通知关系之国；（丙）应指示农田工价；（丁）应将无论何处出现之植物新病指出受病地方、病之进步及治病良方一律报告；（戊）应将关系农政之协助保险及劝农银行各种问题一体考察，并应将各国内有裨协助农工、农务、保险、劝农银行等组织之报告概行搜集宣布；（己）应将广搜万国公会或其余农务

① 1907 年的第二次海牙保和会上，清外务部特简陆征祥为全权专使，"并作为二品实官，以崇体制"（参见《为遵旨议复保和会事宜，并请简派陆征祥为全权专使事》，光绪三十三年三月二十五日，中国第一历史档案馆编：《晚清国际会议档案》第 2 册，第 484 页）。
② 《商务部收录文件：意大利罗马农业会之议定条款》，光绪三十一年六月考证，中国第一历史档案馆编：《晚清国际会议档案》第 5 册，第 2798—2800 页。

公会陈明之意旨，及农学专门民立农会、翰林院博士会等项之紧要报告后，所设保护农夫公利、改良农夫条款之法请各政府核准。"该条款也明确指出："关涉特别一国之财政、法政、行政一切问题应在本农会界限之外。"① 这就进一步明确了该会"不涉及各国内政问题，而专作调查及发展农业各项工作之国际机关"的性质②。

合同订立后不久，意大利驻华公使即照会外务部，请其派员签约以正式入会。不过，中国虽派代表参加了上述订立合同的会议，但要不要正式入会，外务部尚未拿定主意。由于该会条款主要注重农务、树艺、畜牧等问题，在当时隶属商部管辖范围，因此外务部就入会问题咨询商部。按照《罗马万国农业会合同》的规定，万国农业会对于促进各国间农业信息交流和农业发展无疑是有益的。当时中国政府正将振兴农务作为新政的重要内容，并从建立与农业有关的新式管理机构、农会组织，到设立农业学堂、农业试验场、农业公司等各方面加速了农业变革的进程③。因此，签署和批准《罗马万国农业会合同》，加入万国农业会，对推进中国农业改革向纵深发展也是必要的。但是，当时商部并没有认识到这一点。在给外务部的回复中，商部的态度和理由是："中国并无专门熟悉农业之员，现在农业甫议振兴，一俟农学发达后再行入会。"④

8月31日，外务部就万国农业会一事又电询驻意使臣许珏。许在回电中详细阐述了他对该会的看法。首先，他分析了意大利的动机，指出："意主创立此会宗旨与和兰弭兵会用意颇同，各国竞尚战功，和兰兵力有限故倡弭兵之议，各国竞骛商利，意大利商业未盛故有创重农之议，总此不甘落后，力争面子之见。"既然如此，中国也就不必太过积极，因为参与此会原为联络邦交起见，且"中国远处东方，派员来此考求殊属不易，摊分一节几同掷

---

① 《商务部收录文件：意大利罗马农业会之议定条款》，光绪三十一年六月考证，中国第一历史档案馆编：《晚清国际会议档案》第5册，第2801页；《罗马万国农业会合同》，薛典曾、郭子雄编：《中国参加之国际公约汇编》，商务印书馆，1937年，第873—874页。

② 曾义：《中国农业建设与国际农院》，《中国建设》1930年第1卷第6期。

③ 苑朋欣：《晚清时期的农业变革及现实启示》，《中国农学通报》2011年第8期。

④ 《外务部奏折：为请旨派员画押意大利万国农业公院条款事》，光绪三十二年闰四月初二日，中国第一历史档案馆编：《晚清国际会议档案》第5册，第2829页。

金虚牝"。正是出于这种考虑，许珏建议在画押问题上，等探明英、法、德、美各国签字以后再说，而在摊分问题上则仿照日本，"如日本已认头等我自不便认二等，如日本只认二等我亦落得从同"①。1906 年初，意大利外交部司员示意许珏，"中华为东方大国，意主亟盼早日派员画押以敦邦交"。这更加坚定了许珏的认识，随后他在给外务部的电报中说："此事于邦交枢纽稍有干涉，而与农学实业无关。"②

正是受商部及许珏意见的影响，外务部决定在入会问题上暂时搁置不理。但是，意大利驻华公使又多次照请中国派员画押，并以两国邦交为说辞。意使称："现环球各国大半允准入会"，"中、意两国敦笃睦谊，本国政府嘱为切请中国政府允入该会。"该使还告诉外务部，画押入会的最后期限是 1906 年 6 月 1 日。经过再三考虑，外务部终于决定画押入会，并于 1906 年 5 月 24 日会同商部缮就奏折，请旨画押。奏折说："臣等查该会所议各条款均属切要之图，各国既多入会，该使臣又复再三敦请，邦交所关，未便坚却，拟请特派驻扎该国出使大臣黄诰入会画押，以重实业而联睦谊。"③

谕旨当天即下，并由外务部立即转达驻意使臣黄诰。5 月 29 日，黄诰在意大利外交部正式签署《罗马万国农业会合同》。据黄诰所言统计有四十国入会画押④。该合同第十一款明确规定："本合同日后批准从速交义（意——引者注）政府互换。"⑤ 这也就意味着合同签署后，依然需要政府有权机关用印批准。由于对批准程序不熟悉，外务部在电告黄诰签押后，遂将中国政府批准一事向意大利外交部门咨行在案，但并未向后者递交玺印约凭。直至 1907 年 11 月 2 日（光绪三十三年九月二十七），清政府才在意大利外交部的

①　《驻意大利大臣许珏致外务部丞参信函：为详陈罗马农业会创办意图及认款摊分画押签字事》，光绪三十一年八月初五日，中国第一历史档案馆编：《晚清国际会议档案》第 5 册，第 2811—2812 页。

②　《驻意大利大臣许珏致外务部丞参信函：为意大利君主亟盼中国早日派员画押俟到京面陈事》，光绪三十二年正月二十八日，中国第一历史档案馆编：《晚清国际会议档案》第 5 册，第 2813 页。

③　1905 年 9 月 4 日黄诰被任命为驻意使臣，1906 年 2 月 17 日与许钰交接。《外务部奏折：为请旨派员画押意大利万国农业公院条款事》，光绪三十二年闰四月初二日，中国第一历史档案馆编：《晚清国际会议档案》第 5 册，第 2830 页。

④　《驻意大利大臣黄诰奏折由军机处抄交外务部：为遵旨入罗马万国农业会并业已画押事》，光绪三十二年五月二十五日，中国第一历史档案馆编：《晚清国际会议档案》第 5 册，第 2836 页。

⑤　《义国罗马设立万国农业会合同》，许同莘、汪毅、张承棨编：《光绪条约》，沈云龙主编：《近代中国史料丛刊续编》第 8 辑，台北文海出版社，1974 年，第 2954 页。

提醒和催促下，奏请用印批准以送至意大利政府存案，当日奉旨依议①。

由上述中国加入万国农业会的过程可知，联络邦交的考虑在外务部的决策过程中起到了决定性的作用。在此基础上，再一并图谋本国农业发展之福利。其实，这也是当时许多入会国（尤其是弱国、小国）的基本立场。后来黄诰进一步解释了这一点，指出万国农会的宗旨，一则联络邦交，一则考求实业，"中国远处东方，此次入会，因为邦交起见，正可于农业藉兹取则""以副圣朝振兴农务之至意"②。进而言之，这样一种两倚且有所偏重的状态，其实是当时中国参与国际公约的一个缩影，即顺应国际化的趋势，通过接受国际规则，承担国际义务，达到融入国际社会之目的，同时一并图谋国家之建设。

另外，需要说明的是入会等级问题。19 世纪末 20 世纪初，中国对外交往局势出现大转变。在传统的华夷秩序彻底崩溃后，中国形成了自进于"文明国"的身份需求。这一时期中国参与国际会议和参加国际公约的活动，还被赋予了恢复亚洲之中心乃至居于西方大国通等行列的重任。按照《罗马万国农业会合同》规定，各国在加入万国农业会时可自愿根据会费缴纳额来选择等级，这自然给中国追求这一目标留下了实践的余地。许珏认为在入会等级的选择上可仿照日本办理，外务部和农工商部皆以为然。1907 年 7 月，在得知日本已经自认一等国后，中国政府便向意大利外交部声明在万国农业会中中国愿列一等③。不过，加入罗马万国农会所能反映出来的国际地位是不能跟 1899 年的海牙和平会议相比的，清政府也觉得在这里自认一等是一种浪费和负担，但是对同属亚洲的日本又有争胜之心，故出此下策，要仿照日本办理。从中亦不难看出，中国参加罗马万国农业会及签订合同，更多着眼

---

① 《外务部奏：译呈义国罗马万国农业会合同请用御宝折》《出使大臣黄诰咨外务部函：义外部称万国农业会合同既经批准应交批准约凭》，许同莘、汪毅、张承棨编：《光绪条约》，沈云龙主编：《近代中国史料丛刊续编》第 8 辑，第 2939—2942 页。

② 《驻意大利大臣黄诰奏折由军机处抄交外务部：为遵旨入罗马万国农业会并业已画押事》，光绪三十二年五月二十五日，中国第一历史档案馆编：《晚清国际会议档案》第 5 册，第 2837—2838 页。

③ 《农工商部致外务部咨呈：为罗马万国农业会中国应仿照日本拟认一等请核办事》，光绪三十三年五月二十八日，中国第一历史档案馆编：《晚清国际会议档案》第 5 册，第 2854 页；《驻意大臣黄诰致外务部电文：为已将农业会愿列一等告知意外部事》，光绪三十三年六月十八日，中国第一历史档案馆编：《晚清国际会议档案》第 5 册，第 2854 页。

于政治、外交的需要。

中国签署《罗马万国农业会合同》，加入万国农业会组织，反映了中国对国际事务的参与和对国际义务的承担。这无论是对拓展外交局面，提升国际地位，抑或是对推进农业发展，都有积极的意义。当时的民间舆论在中国参加万国农业会及合同问题上亦有着不同的看法。1906 年《万国公报》发表文章，认为"农会之关系最重不但在于耕稼也，亦与商务相表里，农会之消息奠，则市场之恐慌可免矣。且此种万国会愈多，国际上和平之交谊愈笃，亦能永息兵戈"①。1908 年《现世史》发表的评论，则从农业会与世界之关系及该会与中国之关系这两个角度阐述该会建立的意义。评论认为该会于世界而言主要是传播农业知识，交流农业情报；于中国而言则在于讲求农学新法，以为当时的救贫之策。评论不赞成从政治抑或外交角度看待该会："窃以为此会全关于学问智识，与海牙保和会名为保和，实则列强比较国力者，判若天渊；其各国等级之所异者，不过投票之数与金额股数有差异之等，而并无国体荣辱关系"，"此会之设，裨我良多，当轴者宜求切实之益，勿仅视为联络邦交已也"②。无论如何，加入万国农业会于中国确实有益，这是时人所公认的。

1908 年，农业公院落成，万国农业会由此正式开始事务运作。中国政府派翟青松为常驻议员赴会③。当年 11 月，农业公院开会，中国在常驻议员之外，还派驻意使臣钱恂莅会"以重实业而笃邦交"，且"凡有可以考求艺理，裨益农政者必表同意"④。同年 7 月，农工商部与万国农业会亦开始就农业问题直接商办，彼此往来函商⑤。1909 年 5 月，驻意大利大臣钱恂与万国农业会更达成一致意见，该会所有事件不再由其转寄，而是全部改由农业会直接

① 《万国农会之成立》，《万国公报》1906 年第 216 期。
② 《中国与万国农业会之关系》，《现世史》1908 年第 6 期。
③ 《驻意大利大臣钱恂致农工商部咨呈：为前派翟青松兼充常驻议员现农业院落成自应令其遵照赴会事》，光绪三十四年四月，中国第一历史档案馆编：《晚清国际会议档案》第 6 册，第 2868 页。
④ 《外务部致驻意大利大臣钱恂电文：为奉旨派出使大臣钱恂莅视罗马万国农业公院希遵照事》，光绪三十四年九月十五日；《农工商部等奏折：为中历十月至十一月意大利农业公院开会请旨派员莅会事》，光绪三十四年九月；《驻意大利大臣钱恂致外务部咨呈：为拜发详陈罗马万国农业公院大会会务一折请代递事（附件：为罗马万国农业公院大会蒇事并陈会务情形事奏折）》，光绪三十年十一月二十六日，中国第一历史档案馆编：《晚清国际会议档案》第 6 册，第 2912、2910、2921 页。
⑤ 《外务部致农工商部咨文：为应由贵部直接与罗马农业会会董商办希查照声复事》，光绪三十四年六月二十九日，中国第一历史档案馆编：《晚清国际会议档案》第 6 册，第 2885—2886 页。

寄送农工商部①。这样，中国农业管理部门与国际组织逐步建立起了直接联系，农业建设成为中国与万国农业会关系发展的主题。

万国农业会正式运作以后，该会总部根据其行政规则，不断要求各国报送有关农业报表、农政书籍、农会章程、农业法规、法令、税则、各地播种面积、收获数量、农学专报或杂志名目等农业资料。但是当时中国农业生产体系很不完善，管理也不规范，很多时候都无法及时提供该会所需资料。尴尬之余，又"不便以农会未成，无可报告为答"，因此中方驻会代表只得经常以"外交人员于农政向不预闻，一俟本国政府寄到，即行送会，惟集汉译洋，编纂刊绘恐需时日"为辞②。不过，在万国农业会经常性的催索之下，中国也加快了在各省成立农务总会及分会的进程。到 1911 年初，全国成立农务总会 19 处，农务分会 276 处③。同时农工商部开始饬令各地，搜集整理农政书籍、农作物面积、产品数量、动植物疫病、农政法规等方面的资料，并不时向罗马万国农业会寄送。下面仅列举 1909—1911 年间中国向万国农业会递送或饬令调查后再回复的部分资料内容，以进一步管窥当时中国履行国际公约与万国农业会开展事务往来的情况。

表 6—2：1909—1911 年间中国向万国农业会递送或饬令
调查后再回复的部分资料

时间	资料内容	时间	资料内容
1909 年 6 月	农政书籍共 8 种 115 本，业经购办之书籍清单 1 件	1910 年 11 月	回复农业会，告知落花生系北省出产大宗，皆系自由贸易，无从调查姓名住址
1910 年 7 月	湖南调查益害虫鸟及植物病害并惯用药料、农具图说 1 本	1910 年 11 月	寄送农学书目清单 1 份

---

① 《驻意大利大臣钱恂致农工商部咨文：为嗣后意大利农业会事件悉由该会径寄贵部办理事》，宣统元年四月初四日，中国第一历史档案馆编：《晚清国际会议档案》第 6 册，第 2997—2998 页。

② 《驻意大利大臣钱恂致农工商部咨文：为农业会催取各国农产报告请按细目编答或径寄该会事》，宣统元年四月初四日，中国第一历史档案馆编：《晚清国际会议档案》第 6 册，第 2993—2994 页。

③ 苑朋欣：《晚清时期的农业变革及现实启示》，《中国农学通报》2011 年第 8 期。

（续）

时间	资料内容	时间	资料内容
1910 年 7 月	饬令农事试验场调查植物病症如何检查各法	1910 年 12 月	寄送直隶省试验场报告书 1 本
1910 年 8 月	饬令各省督抚将五谷、烟、棉播种收获情形切实调查咨报	1911 年 3 月	寄送吉林、黑龙江、云南三省五谷种植收获调查表
1910 年 9 月	农会章程 1 本	1911 年 4 月	广西农业法规 5 项
1910 年 9 月	田野贷款等 7 项饬令各省实力调查	1911 年 4 月	照表填注本国秋冬季种植情形和春季播种情形
1910 年 9 月	札各省劝业道切实调查置买并转移地产法等农业法规	1911 年 4 月	广西桂林等府有益无益虫鸟暨植物病害表册 1 本
1910 年 9 月	札行代理总税务司详细查明海关对于农产肥料、农具等项所行各法	1911 年 5 月	河南省宣统二年（1910）秋冬季耕地亩数、收获斤数等农务调查表
1910 年 9 月	札令顺天府尹速将五谷种植收获情形统计列表	1911 年 6 月	1910 年中国全年农产出入数目调查表
1910 年 9 月	厘定表式，通饬各省调查五谷种植收获情形	1911 年 6 月	陕西省宣统二年冬季耕地亩数及收获斤数表册
1910 年 10 月	浙江农业法规 6 项		

资料来源：中国第一历史档案馆编：《晚清国际会议档案》第 6 册，第 2999—3120 页。

而且，中国对于寄送的材料是否刊登也比较在意，这进一步反映了其在承担国际事务的过程中对自身国际形象及地位的关注。1911 年 5 月 9 日，农工商部特致函万国农业院，指出该院所寄每月各国农务统计表备载各国五谷产额及收获盈缩情况，但中国独付阙如，"尚请将本部陆续寄送之各省五谷调查表册交由敝国使署，促速译出，附入每月各国报告之中，藉供众览"。与此同时，农工商部还咨文驻意大臣，催请派员接洽，随时摘译①。驻意大

---

① 《农工商部致意大利农业院书记官信函：为致谢寄送农务统计表并本部已陆续附寄各省五谷调查表册事》，宣统三年四月十一日批文；《农工商部致驻意大利大臣吴宗濂咨文：为前次农业统计表并未刊载本部所送表册希饬员接洽随时摘译事》，宣统三年四月十四日批文，中国第一历史档案馆编：《晚清国际会议档案》第 6 册，第 3093—3095 页。

臣吴宗濂查实农业会统计表未刊登是逾期不载之故，建议农工商部以后"调查统计等件如为期急"，则用洋文电达，农工商部采纳其意见[①]。

另外，为改进本国农业，亦有参考外国农业之必要。清朝末年，外国农业知识在中国的传播亦经常见诸国内一些报纸杂志。例如，以记述国内外大事与介绍新学术、新知识为主要内容的《经世报》就专辟农政专栏，并集中译载一些介绍外国农事状况及经验的文章，代表性的有《御荒变记》《种萝卜法》《奥农近况》《英牛大赛》《光绪十九年天下出麦多之各国列表》《俄农苦况》《馒头荒年》以及《加大有年》等等[②]。《农学丛书》第 1—7 集刊载翻译外国有关农业原理、农业技术的综合性书籍和农作物种植技术的书籍有六十余种。此外，尚有土壤、气候、肥料、农具、水利、蚕桑、畜牧、家禽、害虫、林业等专书约 60 种左右[③]。相对而言，在与万国农业会建立事务往来之前，外国农业知识在中国的传播尚停留于零星介绍的状态。事实上，在当时情况下要一国一国去搜集参考材料，以完整掌握世界农业发展状况，这是不可能做到的。但万国农业会作为执掌世界农业消息最敏速周到之总枢，无疑为中国解决这一难题提供了一条便捷的途径。晚清时期，万国农业会陆续给中国外务部或农工商部寄来了各种农事资料，涉及各国农业统计制度、各国农业统计表、常会决议录、植物病症报告书、农业书籍、保农要政、农产品售卖所制度、各国农会章程、农业银行、农业保险统计表、经济社会报以及各国农史等各个方面，这为中国全面了解世界农业发展提供了重要帮助。农工商部对其中的一些材料比较重视。例如，对于各国农业统计表，该部认为该表"于各国五谷、稻米、棉花等项播种收获情形及比较数目无不备载，足资参考"，故将其分送各省农务总会以供研究[④]。而植物病症报告书在该部看来，于各项植物病症"备载无遗，足资参考"，故将其分送各省农事试验

---

① 《驻意大利大臣吴宗濂致农工商部咨呈：为详陈寄送农业院统计表册未及刊登之缘由事》，宣统三年五月十一日；《农工商部致驻意大利大臣吴宗濂咨文：为已饬司将农业院征取待刊之统计表径电该院俾免逾期事》，宣统三年六月初五日批文，中国第一历史档案馆编：《晚清国际会议档案》第 6 册，第 3111—3113、3121—3123 页。

② 《农政第四》，《经世报》1897 年第 3、4、13、16 期。

③ 李文治编：《中国近代农业史资料》第 1 辑，生活·读书·新知三联书店，1957 年，第 868—870 页。

④ 朱先华：《万国农会简介》，《世界农业》1983 年第 11 期；《农工商部致各省农务总会札文：为发送意大利万国农业院统计表希查收俾资研究事》，宣统三年三月十五日，中国第一历史档案馆编：《晚清国际会议档案》第 6 册，第 3079—3081 页。

场悉心研究①；对于农业院敦请各国试用的旱地种植法，农工商部立即饬员将该法翻译购买，并表示"应设法调查该国实地办法，务期广兴地利而裨农田"②。而且，该部对农业改良新法格外重视，并希望中国常驻会员"调查该会，凡有关于农业改良新法及漏未汇送各项报告随时送部以凭核办"③。

总的来看，参加罗马万国农业会及签署其合同，不仅活跃了中国的国际交往，而且推动中国逐渐掌握了全国农业和世界农业发展的基本情况，这对于制定科学合理的农业政策、促进中国农业发展均产生了较大作用。

第三节　参加战争与和平类国际公约

世界近代史也可以说是一部战争史，尤其是在处于世界中心的欧洲，发生了许多大大小小的战争，并最终演化成波及全世界的两次世界大战。而且，由于工业革命带来的武器的革命，战争惨烈的后果更加令人震惊。正如《新编剑桥世界近代史》所说："战争的手段不论是陆上还是海上，在 1830 年到 1870 年的 40 年中发生了比近代史上过去整个时期，或者可以说比有史以来更为巨大的变化。"因此，从 19 世纪以来，无数的仁人志士，也在不断地思考，并以各种方式来维护和平与制止冲突，或要求制止战争以及减少战争伤害。在这当中，通过召开国际会议，共同协商调解、制止冲突和限制战争就成了他们思考的一个重要方向，战争及和平类国际公约的制定于是便构成了近现代世界条约发展历史中的核心内容。早在 19 世纪中叶，各国便围绕战场伤员的救护在日内瓦制定了国际公约。19 世纪末 20 世纪初，伴随两大帝国主义集团的形成和大战危险的迫近，世界和平主义运动高涨，1899 年和 1907 年，世界各国更是在海牙两次召开和平会议，集中制订一系列有关

---

① 《为致谢赠送植物病症报告书农务统计表并已分送各省实验场研究事》，宣统三年闰六月二十二日批文，中国第一历史档案馆编：《晚清国际会议档案》第 6 册，第 3141 页。

② 《为农业院敦请各国试用旱地种植法已饬司翻译购买并调查实地办法事》，宣统三年九月十四日批文，中国第一历史档案馆编：《晚清国际会议档案》第 6 册，第 3142—3143 页。

③ 《为收到各国农业统计制度及报告册希饬常驻将改良新法随时送部事》，宣统元年三月初十日批文，中国第一历史档案馆编：《晚清国际会议档案》第 6 册，第 2974 页。

战争与和平的国际公约。晚清中国自鸦片战争以来，便频频遭受外国军事侵略，战争与和平也是与其最密切相关的国际问题，这一时期中国参加了两次海牙和平会议及其前后的相关会议，并缔结十三项此类国际公约，这也构成了晚清中国参加国际公约的主要画卷。

一、 参加第一次海牙和平会议及相关国际公约

通过参加第一次海牙和平会议及相关国际公约，近代中国开启了参加战争与和平类国际公约的进程。1898—1899 年，国际局势日趋紧张，俄国沙皇先后两次致函各国政府，呼吁召开国际会议，研究限制军备和和平解决国际争端等问题。俄国的提议最终得到各国响应，并确定以荷兰海牙为会议地点。1899 年 4 月，荷兰政府向各国发出正式的邀请[①]。1899 年 5 月 18 日，欧、亚、美三洲 26 国（其中欧洲 19 个，亚洲 5 个，美洲 2 个）代表在海牙正式开议，7 月 29 日会议闭幕。

会议期间，各国代表就俄国提案十条进行了讨议[②]。其中第一、二条是关于限制和裁减军备的问题。俄国提议限制军备扩张，表面上是要"修好息戎"，但事实上，这一设想本身"隐含着对旧帝国有利，对新兴国不利的内在机制"[③]。正如 1898 年 4 月俄国外交部起草的呈文所言："俄国军队在数量上占优势，各国签订一个渐进的、按照比例裁减军队数量的协定，对俄国特别有利。"[④] 事实上，德、英、法、美等在会各强国议员均称军备不可限制，甚至还主张不受限制地进行军备竞赛，故前两项提案被绝对否决。而反对最烈者为德国[⑤]。另外，第五、六及第八条所涉禁用潜水

① 《荷兰公使克罗伯致总署照会：电达本国请派员前往和京议弭兵会祈照复由》，光绪二十五年三月初二日，台北"中研院"近代史研究所档案馆藏总理各国事务衙门档案，馆藏号：01—28—001—02—001。
② 俄国提案十条分别为：第一，于一定之年限间，不增加军备；第二，将来各国军备，当逐渐减缩；第三，禁用新发明之武器，并禁用较现在所用之爆发物尤为剧烈者；第四，虽现使用之爆发物，亦制限之，又禁止由轻气球与类似轻气球者上，投下爆发物；第五，禁用潜水水雷；第六，禁用附冲角之军舰；第七，以《红十字条约》之原则应用于海战；第八，海战所破坏之军舰，不得因其破坏复加以危害；第九，修正 1874 年布鲁塞尔宣言作为条约；第十，定仲裁裁判之原则。参见〔日〕中村进午：《战时国际公法》，商务印书馆，1911 年，第 24—26 页。
③ 林学忠：《从万国公法到公法外交：晚清国际法的传入、诠释与应用》，上海古籍出版社，2009 年，第 308 页。
④ 杨闯：《近代国际关系史纲》，中国人民大学出版社，1998 年，第 370 页。
⑤ 刘达人、袁国钦：《国际法发达史》，中国方正出版社，2007 年，第 122—123 页。

水雷、禁用附冲角之军舰等提案也被否决。第三、四条关于禁用新发明武器、禁止由升空气球投下爆发物等两条皆前段被否决。至于第七、九、十条各项所涉推广《红十字公约》于海战、修正 1874 年布鲁塞尔宣言以及制订公断裁判原则等则被各国认可。因此，时人认为是年海牙会议"提案多不能议决"，而成立为条约者，"多关于陆战之条规，而关于海战，未设详细之规定，世之所深憾也"[1]。

第一次海牙保和会虽然在限制军备方面未达成任何协议，但如第一节所述，本次会议在寻求和平解决国际争端、制订战争法规和减少战争伤害等问题上却取得了相当进展，形成了三项公约和三项宣言。这些条约文件是"以造法条约的方式进行的国际立法"，形成了海牙公约体系，这在国际法发展历程上具有重要意义[2]。而且海牙公约虽然"是在承认战争作为推行国家政策的工具的合法性的基础上制定的"[3]，但它是在和平时期达成的，重在预防或缓解国际冲突和战争祸害。因此，毫无疑问，它们对于推动战争行为的人道化、文明化是有积极意义的。不过，会议形成的公约与宣言（除《和平解决国际争端公约》外）都规定了普遍参加条款（General Participation Clause），意即该公约或宣言只有在全体交战国都是公约或宣言的缔约国时才发生效力，一旦一个非缔约国加入交战一方，该公约或宣言即失去其效力。普遍参加条款大大限制了海牙公约的适用范围。

1899 年 5 月，中国出使俄奥大臣杨儒率同驻俄使署二等参赞官何彦升、三等参赞官胡维德、二等翻译官陆征祥起程赴海牙参加和平会议。当时，各国大抵以现任外长，或重要外交官为首席全权代表，驻扎荷兰之公使为全权代表，又派陆海军将校及国际法学家为专门委员[4]。而中国仅以驻外使馆人员就近处理，未免相形逊色。在公约或声明文件形成的过程中，各国代表"各据己见，驳诘推敲"，中国代表虽"将会中大概情形迭次电陈总理衙门代

① ［日］中村进午：《战时国际公法》，第 24—26 页。
② 周鲠生：《国际法》上册，第 30 页。
③ 熊伟民：《和平之声——20 世纪反战反核运动》，南京出版社，2006 年，第 11 页。
④ 如法、俄、德、奥及日本等国皆有知名国际法学家与会。详见刘达人、袁国钦：《国际法发达史》，第 122 页。

秦请旨遵行"，但在会中却无所谓议。纵览当时的会议记录，甚少看到中国代表的发言。可以说，在会议过程中，他们的主要职责是详细汇报和会事宜，"期于中国情形无碍"①。当然，在这过程中，他们对会议的重要问题及相关公约也有自己的看法，并留下了一些记录。

首先，对于会议限制军备及整体上的维持和平问题，中国方面并不是十分看好。据杨儒所言："俄国创设保和公会本意专在限制兵数暨禁用猛力军火，故原拟列作第一股，若和解公断、陆地战例、推广日来弗原议行之于水战各条约皆系陪笔。在会各强国议员均谓兵数固不可限制，而猛力军火尤属战务要需，碍难禁用。迭次驳诘，不得列入条约之中。于是公议将限制兵数一层叙入首篇藏事文据内，愿归下次续议，虚词塞责。禁用猛力军火一层改作声明文件附诸帙末，以示变通。"② 他还指出，"此会之设，与春秋时弭兵会大致相同"，昔会"明知不可久弭，而各国皆许之"，今会："明知俄为掩耳盗铃之举，而各国咸播为美谈"③。可见杨儒等人清楚认识到，各强国对限制军备并无诚意，保和会也并不能维持真正之和平，事实上，当时各国对此也是心知肚明④。就当时中国而言，列强环峙，猜忌方深，发展军备乃当务之急，因此也不太可能积极支持限制军备之议⑤。

再具体到会议所订各项公约的签署，诚如总理衙门所言，各项公约"皆系申明泰西通行条例，与中国规则不同"⑥，而且会议又规定签署后必须批

---

① 《军机处交出杨儒抄折：具奏遵赴和都保和会藏事返俄情形由》，光绪二十五年九月十一日，台北"中研院"近代史研究所档案馆藏总理各国事务衙门档案，馆藏号：01—28—001—03—005。

② 《出使俄国奥大臣杨儒致总署函：函述红十字会各条关键由》，光绪二十五年九月初四日，台北"中研院"近代史研究所档案馆藏总理各国事务衙门档案，馆藏号：01—28—001—03—004。

③ 《外务部收驻俄大臣信一件：函陈俄国近事并抄呈红十字会奏稿及文件由（附奏稿：杨儒遵赴和兰画押并请补签日来弗原议暨筹办救生善会各缘由）》，光绪三十年八月二十八日，孙学雷，刘家平主编：《清代孤本外交档案》第 38 册，全国图书馆文献缩微复制中心，2003 年，第 15972 页。

④ 例如，日本舆论在谈及第一次海牙保和会时也这样评价道："平和会所贡献于世界平和者甚微且弱，而提倡此会之人皆非真实好平和者"（参见《论第二次平和会始末情形》，《外交报》第 183 期，1907 年 8 月 3 日）。

⑤ 早在 1898 年，张之洞就曾明确指出国际社会竞相扩张军备的事实，谓"廿年以来，但闻此国增兵船，彼国筹新饷，争雄争长而未有底止"，有鉴于此，他进一步指出："我果有兵，弱国惧我，强国亲我，一动与欧则欧胜，与亚则亚胜，如是则耀之可也，弭之可也，权在我也。我无兵而望人之弭之，不重为万国笑乎"，中国"苟议弭兵，莫如练兵"，"查今日中国练兵诚为第一要事"（参见《劝学篇·辖轩语》，张之洞：《张文襄公全集》卷 8，第 8 页）。

⑥ 《总署议奏：遵议保和公会第一三四股似均无甚窒碍可准予使臣会同画押由》，光绪二十五年九月二十八日，台北"中研院"近代史研究所档案馆藏总理各国事务衙门档案，馆藏号：01—28—001—04—003。

准，因此针对如何签约，清政府内部认真讨论，而这也是我们考察中国参加公约的重点，下面结合各项公约的内容分述之。

就和平解决国际争端而言，涉及的公约主要是《和平解决国际争端公约》（*The Convention for the Peaceful Settlement of International Disputes*，又称《和解公断条约》）。该公约共六十一条，分为保和局、和解调处、派员查究及仲裁四章。该约第一次对以战争解决国际争端的所谓"绝对权利"作了限制，明确提出："现经议定画押各国遇有争端，须竭力设法和商了结，预免兵衅。"同时，该公约还综合19世纪已提出的诸如谈判、斡旋、调停、仲裁之类的国际争端和平解决方式，确立了一整套和平解决国际争端的方法和程序。主要分为两个递进的层次：其一是政治解决方法，主要包括和解调处（或调解，conciliation）和调查（investigation）两个方面。其二是法律解决方法——仲裁（arbitration，中国时称公断），"系将两国争端即由该两国所举之员按律商结"。公约规定设立常设仲裁法院（the Permanent Court of Arbitration），由各国派充仲裁员，随时办理诉讼。另外，还设国际事务局负责转达文件，保管档案和处理行政事务，并设立一个监督事务局工作的常设行政理事会，由荷兰外长和各国驻荷公使组成。此外，在法院裁判之前，各国还要缔结仲裁专约或协定以明愿讼之志，而仲裁结果对缔结协定的当事国以及涉入此案的其他缔约国都有法律约束力①。

在各国竞相展开军备竞赛，战争迫在眉睫的情况下，尽量消除争端是必要的。该公约规定争端各国在诉诸武力前，要尽量先行运用和平解决方式，并且还确立一套和平解决国际争端的方法和程序，"果能遇事转圜"，未尝不是"弭衅息争之一术"。中国赴和会代表杨儒、总理衙门以及军机处三方皆以此为是②。即便如此，清政府内部对是否缔结该公约依然心存顾虑，在签署的各项公约中，该约是讨论最久、争议最大的一项。为打消政府顾虑，推动公约签署，总理衙门结合杨儒的议论，在11月24日致军机处的议奏中提到了两项有利依据：其一，"友邦调处亦曾载入约章"。言

---

① 《和解公断条约》，薛典曾、郭子雄编：《中国参加之国际公约汇编》，第8—11页。
② 《总署奏折：具奏遵旨查照保和会拟准画押各款并红十字会章尚无窒碍由》，光绪二十五年十月二十二日，台北"中研院"近代史研究所档案馆藏总理各国事务衙门档案，馆藏号：01—28—001—02—005。

外之意,中国早已与外国缔有调处以弭衅息争之约章,这次要签订的公约在这方面已有先例。其二,"愿归公断与否,仍听自便,不至有牵制之虞"。会议期间,各国对于常设公断法院有权进行强制性仲裁的提议也进行了讨论,并最终由于德国坚决反对,否决了该项提议。检视公约各条款,也不难发现和解调处、调查和仲裁这三项和平解决国际争端的方法和程序都体现了自由的原则。从清廷各机关往来函文来看,首先关注到的是仲裁与否自由决定的规定。杨儒指出,"《和解公断条约》议设常川公断衙门,遇有争端愿归公断与否,仍听自便"。总理衙门采纳杨儒的观点,并在致军机处的议奏中强调了这一点①。

诚然,查晚清中外条约,友邦调处确曾载入中外约章,如1858年的中美《天津条约》、1871年的中日《修好条规》以及1882年由中、美、朝往复协商达成的《朝美通商条约》。上述各约皆大致规定,若他国有何不公或轻藐之事,一经照知,必须相助,从中善为调处,以示友谊关切②。这些包含相助调处条款的条约,在中国方面更多的是为了贯彻以夷制夷的外交原则,条约另一方对于所谓的调处并不重视,反倒着意拓展在中国或朝鲜的利益,而且即便是同意调处,其实也无所谓友谊或公义,有的只是本国利益的维护或图取,进而导致他国进一步丧失权益或错失机会更是常有之事,19世纪末叶甲午中日战争期间及之后的调处便是此番明证③。可以说,无论是以往调处的条款规定,抑或是调处实践,留给中国的惨痛教训要远大于成功体验。总理衙门在这里只是抓住了之前双边条约所涉条款规定与该公约在形式上的相似性,并没有深入、透彻地分析和检讨之前的问题,以及前后二者的差别。事实上,这里的仲裁条约除了一般的调处外,从内容上更增加了调查和仲裁的内容,尤其是仲裁还涉及常设仲裁法庭的组织和运作,这使得以后的调处更加朝着法律解决的正规途径发展。虽然在近代国际社会,即便是有了国际公约的规

---

① 《总署奏折:具奏遵旨查照保和会拟准画押各款并红十字会章尚无窒碍由》,光绪二十五年十月二十二日,台北"中研院"近代史研究所档案馆藏总理各国事务衙门档案,馆藏号:01—28—001—02—005。

② 《天津条约》,咸丰八年五月初八日;《修好条规》,同治十年七月二十九日,王铁崖编:《中外旧约章汇编》第1册,第89—90、317页。郭廷以、李毓澍主编:《清季中日韩关系史料》第1卷,第552页。

③ 详见孙克复:《甲午中日战争外交史》,辽宁大学出版社,1989年,第104页。

定仍很难保证公义，但相对以前打着"友谊"或"公义"旗号的笼统调处，终究有了质的飞跃。因此，总理衙门在这里原本试图按照旧事重提的思维模式来打消朝廷的戒备心理，但事实上反倒加重了后者的顾虑。军机处在接到总理衙门事关上述理由的议奏后，当日致总理衙门文片，进一步表示了恐外国协以谋我的担忧，指出"惟外国皆联为一气，恐临战时专视彼此交锋之利钝，巧为和解之谋"，并着该衙门就仲裁条约应否签署再行妥议具奏①。

在接到军机处再行妥议具奏的指示后，总理衙门在12月7日复奏时对条款所体现出来的自由性或无牵制性展开了进一步的挖掘和分析。其中和解调处是其关注到的另一个重要方面。公约第二章内有关调处规定意在和解争端，融化意见，从否仍听相争国之便②。对此，总理衙门在复奏中皆已注意到，称："详其文义，所谓公断和解在两国未交锋之先，此时利钝未形，调处之国无所用其阴谋袒助，若相争之国不允调处或即允调处而未订专条，此时并不停止用兵，于战事机宜尚无阻碍。"③ 而公约最后一条即第六十一条又称"业经订议之国，将来如不愿遵从本约，准备文知照荷兰政府声明不愿遵从之意，并由该政府随即通知所有其他缔约国一年后生效"。也就是说，如果不愿遵从本约，还可自由使出最后一招——退出公约。这也成为总理衙门在复议时得出上述结论的重要依据④。另外，该约十四条规定"所派查究之员申报文件系专为查实案情，不得有判断语气，至如何办理之处，概听相争国之便"，也就是说"查究之员"专为调查实事，解释疑窦，解决办法仍归相争国自主，这也体现出了很大的自由性，对此，杨儒和总理衙门皆未提及⑤。因此，总理衙门认定"是虽经准约，而操纵之权仍可临时自定机宜，

① 《军机处致总署文片：奉旨保和第一股内公断一案应否从众画押着该衙门妥议具奏》，光绪二十五年十月二十二日，台北"中研院"近代史研究所档案馆藏总理各国事务衙门档案，馆藏号：01—28—001—02—006。
② 如公约第二章第五条载"所拟调处之法，一经相争国或调处国查明办法实难允从，调处之责立即作罢"；第六条载"和解调处或由相争国特请或系局外国自愿，务须商量办理，毋得勉强"；第七条载"相争国虽允他国调处，如未经专条订明另有办法，不因此停止或迁延或挠扰征调之事暨筹备一切战务，已开战如未经专条订明另有办法，不得因此停止用兵"。详见《和解公断条约》，薛典曾、郭子雄编：《中国参加之国际公约汇编》，第8页。
③ 《总署奏折：具奏保和会第一股内公断一条遵旨再行复核由》，光绪二十五年十一月初五日，台北"中研院"近代史研究所档案馆藏总理各国事务衙门档案，馆藏号：01—28—001—02—007。
④ 《总署奏折：具奏保和会第一股内公断一条遵旨再行复核由》，光绪二十五年十一月初五日，台北"中研院"近代史研究所档案馆藏总理各国事务衙门档案，馆藏号：01—28—001—02—007。
⑤ 《和解公断条约》，薛典曾、郭子雄编：《中国参加之国际公约汇编》，第9页。

不受公会之牵掣"。同时，鉴于清廷的一再迟疑，总理衙门还急切地描绘了画押各国之数众多并快速增长趋势，以推动政府抛却顾虑，赶快同意画押，其文称："国家整军经武，内严戒备，外示怀柔。此次入会之始，系分条画押，其公断一条据杨儒译稿画押已有十六国，本年九月二十五日又据杨儒电称奥、义、美三国亦赴和将全款画押，闻英、德亦有派员画押之信等语，中国似亦未便立异。所有公断一条臣等再三详核，尚无窒碍，拟请旨饬下该大臣届时一并从众画押，以泯猜嫌而示辑睦。"① 此番复奏后，军机处未再对该约签署发表质疑意见。

为了使战争法规和习惯臻于明确，并在军事需要所许可的范围内减轻战争祸害，海牙和平会议延续了 1874 年布鲁塞尔会议的精神，制定了《陆战法规和习惯公约》(*The Convention with Respect to the Laws and Customs of War on Land*，又称《陆地战例条约》)，该公约及所附章程对交战国之间以及交战国与居民之间关系的一般行为规则做出调整和限制。时人认为该条约"是除中立外，关于陆战所当遵守之规定，无不网罗"②。公约及章程条款旨在确定和调整陆战法规和惯例，"使其臻于更明确，或为其规定一定的界限，以尽可能减轻其严酷性"③。为达到这一目标，该公约第一条即明确要求缔约各国应向本国陆军发出训令，务必遵守本公约附件《关于陆战法规和习惯的章程》的规定④。

《陆战法规和习惯公约》及其章程所列战争法规和习惯肇源于各国（主要是西方诸大国）陆战实践和惯例。正如杨儒所言，"《陆地战例条约》，各国陆军同一训练，视章程为习见之端，此次意在精益求精"⑤。因此，该约对于西方诸国陆军而言不至于有太大窒碍。但是对于当时中国而言，要履行这

---

① 《总署奏折：具奏保和会第一股内公断一条遵旨再行复核由》，光绪二十五年十一月初五日，台北"中研院"近代史研究所档案馆藏总理各国事务衙门档案，馆藏号：01—28—001—02—007。

② ［日］中村进午：《战时国际公法》，第 26 页。

③ 《陆战法规和习惯公约》，1899 年 7 月 29 日，世界知识出版社编辑：《国际条约集（1972—1916）》，第 186—187 页。

④ 《陆战法规和习惯公约》，1899 年 7 月 29 日，世界知识出版社编辑：《国际条约集（1972—1916）》，第 187 页。

⑤ 《军机处交出杨儒抄折：具奏遵赴和都保和会藏事返俄情形由》，光绪二十五年九月十一日，台北"中研院"近代史研究所档案馆藏总理各国事务衙门档案，馆藏号：01—28—001—03—005。

一公约及章程，存在较大挑战。

其时，中国传统的八旗和绿营兵已经衰败，从 19 世纪 60 年代起，淮军在装备洋枪洋炮的同时，开始进行西式操练。与此同时，北京、天津、上海、福建、广东等地先后抽调少量八旗、绿营官兵进行西式训练，这些整军练兵活动推动了晚清军事近代化的发展。甲午战败后，清政府得出了"倭人此次专用西法取胜"的结论，于是，掀起了仿照西法编练新式陆军，以实现军事全面近代化的热潮。从甲午战后到海牙和平会议召开期间，清政府主要仿照德国陆军，编练了新建陆军和自强军，在军官的使用、士兵的选募、武器的配备、官兵的训练及薪饷制度等方面进行改革。但是，无论是甲午战争之前抑或战后，中国大部分陆军依然是传统旧式部队，而且在上述整军练武的活动中，枪炮与阵法始终是西式训练的重点，当时国际社会通行之陆战规例则较少涉及。不惟如此，章程第一章规定交战者的资格时，便指出战争的法律、权利和义务不仅适用于军队，也适用于具备有条件的民兵和志愿军，甚至"未占领地的居民在敌人迫近时，自动拿起武器以抵抗入侵部队而无时间按照民兵组织起来，如其尊重战争法规和习惯，应被视为交战者"[①]。这些规定，无疑进一步增大了中国遵守公约的难度。因此，杨儒在上奏时强调指出，"中国虽间改洋操，未必尽谙西例，设或准约，一旦与外邦开战，必须照约施行"，此约"似与中国究有窒碍"，然而，以此与同样有窒碍之《关于 1864 年 8 月 22 日日内瓦公约原则适用于海战的公约》相较，则"陆地战例，非旦夕所克举办，窒碍良多"，故不应在签署之列[②]。总理衙门复加查核后甚为赞同杨儒的意见，奏曰："《陆地战例条约》，泰西各国陆军行之已久，于彼国俗军心称便，而施之中国陆军，恐多窒碍难行，且中国各省旗、绿、防营虽间有改习洋操，未必尽谙西例，设或准约，一旦疆场之事，转多牵掣，此一股自

---

① 《关于陆战法规和习惯的章程》，1899 年 7 月 29 日，世界知识出版社编辑：《国际条约集（1972—1916）》，第 188—189 页。
② 《军机处交出杨儒抄折：具奏遵赴和都保和会藏事返俄情形由》，光绪二十五年九月十一日，台北"中研院"近代史研究所档案馆藏总理各国事务衙门档案，馆藏号：01—28—001—03—005。

应毋庸画押。"① 清廷也完全认同上述意见，《陆战法规和习惯公约》遂议定毋庸画押。

由上可知，清政府各方在筹议陆战条例是否有窒碍时，中国承担国际义务的能力成为衡量的重要依据。而且，1900 年 1 月 27 日杨儒还上奏指出："会章应由总理各国事务衙门刊印颁发各省统兵大员备案存核。如军操已改西法，务将陆地战例训练有成，营制一律相符，第二股仍可随时允从。此会遂臻完备，各国知我之整顿精进，遇事不至任意要求，未始非自强之一助也。"② 也就是说，之后中国要积极培养实践公约的能力，为加入公约作准备，而且，这也是缓解列强侵略、追求自强的重要途径。此番建言，与前面的筹议遥相呼应，皆反映了中国试图承担国际义务以谋将来的努力。

保护和优待战俘及伤病军人亦是海牙和平会议要解决的关键问题。早在 1864 年，12 个国家在日内瓦举行国际会议，并在 8 月 22 日议定了《改善战地武装部队伤者境遇的公约》（*Geneva Convention for the Amelioration of the Condition of the Wounded and Sick in Armed forces in the Field*，又称《日内瓦公约》《红十字公约》《红十字条约》），规定了伤员、医院、救护人员和救护车辆的不可侵犯性。然而，这一公约只是局限于陆战，而且也没有规定战俘的待遇。因此，为弥补缺陷，海牙会议上国际社会决定议定新的国际公约。除了上述陆战公约及所附章程对战俘以及病员和伤员的保护作出进一步规定外，另外还通过《关于 1864 年 8 月 22 日日内瓦公约原则适用于海战的公约》（*The Convention for the Adaptation to Maritime Warfare of the Principles of the Geneva Convention of August 22，1864*，即《推广 1864 年日来弗原议行之于水战条约》），从海战救护及战俘待遇等方面对 1864 年的公约进行了补充。该公约对于医院船（救护船，hospital ship）和装运交战国

---

① 《总署议奏：遵议保和公会第一三四股似均无甚窒碍可准予使臣会同画押由》，光绪二十五年九月二十八日，台北"中研院"近代史研究所档案馆藏总理各国事务衙门档案，馆藏号：01—28—001—04—003。

② 《外务部收驻俄大臣信一件：函陈俄国近事并抄呈红十字会奏稿及文件由（附奏稿：杨儒遵赴和兰画押并请补签日来弗原议暨筹办救生善会各缘由）》，光绪三十年八月二十八日，孙学雷、刘家平主编：《清代孤本外交档案》第 38 册，第 15975—15976 页。

病、伤、溺水等人的局外商船、游船、其他小船，及宗教、医护人员给予不可侵犯的地位。而且还规定凡水陆军士，受伤患病业已登船者，无论所属何国，均应受到捕获者的保护和照顾，并且遇船难者、伤者或病者如陷入敌手，皆给予战俘的待遇①。

虽然红十字战场救护规则由来已久，且各国多设有红十字会，参与战场救护，但是中国在这方面却表现得比较落后。据报载，19 世纪 80 年代，英国医生梅威令曾于台湾设伤科医院，并广收聪慧子弟数十人，教以临阵医伤之术。学成之后，挈众航海至天津，"谒当道贵人"，并主动表示愿赴军营效力，遗憾的是"当道者不之用"，最终只好无奈返回②。甲午战争期间，英、法等国医生特意在牛庄、营口等地设立红十字医院，收治伤兵，而日本红十字组织——赤十字社亦不分畛域，积极参与救伤行动，但是中国官兵却昧于国际公约，竟有伤害红十字会人之举③。因此，中国各方在筹议该公约时，自然把其纳入与中国有窒碍之列。杨儒为此作出了这样的解释："中国各口岸尚无官设之西式医院暨西学医生执役人等，又无救伤船只，设或准约，一旦与外邦开战，或中国为局外之国，所有病伤军士亦必须照约施行。"④ 总理衙门甚为赞同杨儒的意见，并于 11 月 1 日上奏，称该约规定"为中国水陆军向章所无"⑤。

不过，即便如此，杨儒及总理衙门仍建议批准该约。杨儒在同一奏折中指出："推广日来弗原议行之于水战条约，各国均有红十字会，此次不过由陆军推诸水战……日来弗约之红十字会，各国均视为最关文化之善举，即如日本向未入会，官倡民捐，办有成效，如不准约，必致独违善举，措词较难。如欲准约，似宜仿照日本捷便办法，以示中国善与人同，是虽有窒碍，即仍可免于窒

① 《推广一千八百六十四年八月二十二号日来佛原议行之于水战条约》，薛典曾、郭子雄编：《中国参加之国际公约汇编》，第 19—20 页。
② 鲫生：《创兴红十字会说》，《申报》1898 年 5 月 9 日。
③ 池子华：《红十字与近代中国》，安徽人民出版社，2004 年，第 7 页。
④ 《军机处交出杨儒抄折：具奏遵赴和都保和会藏事返俄情形由》，光绪二十五年九月十一日，台北"中研院"近代史研究所档案馆藏总理各国事务衙门档案，馆藏号：01—28—001—03—005。
⑤ 《总署议奏：遵议保和公会第一三四股似均无甚窒碍可准予使臣会同画押由》，光绪二十五年九月二十八日，台北"中研院"近代史研究所档案馆藏总理各国事务衙门档案，馆藏号：01—28—001—04—003。

碍。"① 总理衙门亦称该约"环球方视为善举，日本亦办有成效，虽为中国水陆军向章所无，势难独异，不妨示以善与人同，好行其德之意"②。显然，在杨儒及总理衙门看来，红十字是国家教化文明、社会进步的重要标志，因此，他们强烈地表现出了比齐日本，不致独违善举的秩序意识。这种认识，与国内倡办红十字会的社会舆论遥相呼应。其实，该公约体现的是以博爱为主旨的人道主义，这与中国传统主流文化中"仁"的本质相同，因此，中国要接纳该公约没有不可逾越的社会心理障碍。而且，《红十字公约》于 1864 年在瑞士日内瓦订立后，因其宗旨为多数国家赞同，加入者甚多。在 1898 年前，共有 32 国入约，就连日本，也早已于 1886 年加入该公约③。正如前文所述，甲午之役，中国虽败于日本，但不乏与日争雄之心。因此，该约虽有窒碍，但仍在考虑签署批准之列。对此，清政府并无异议。不过，当时清政府对《日内瓦公约》知之甚少，国内更没有创办红十字会，为慎重起见，仍在 11 月 1 日接到总理衙门奏折后，传谕军机大臣，要求总理衙门就"所称红十字会系何等善举一并查明具奏"④。

11 月 24 日，总理衙门回奏详细解释《红十字公约》的来龙去脉，指出《关于 1864 年 8 月 22 日日内瓦公约原则适用于海战的公约》"始自同治三年，各国公议立约十条，大致遇有战事在战地设立病院救治伤病者军士，两军当视作局外中立之人，公同保护。大抵泰西政俗与墨子兼爱之义相近，此次推广会章行之于水战，详立十四款，添设救伤船只，意在广施医药，拯溺扶伤，故环球各国均视为最要之善举"。同时，总理衙门根据日本公使矢野文雄递送的《日本赤字社社则》，说明日本红十字会官倡民捐的具体情形，指出中国"风气既开，未始不可仿照，以示大公仁爱之意"⑤。之后，清廷对

① 《军机处交出杨儒抄折：具奏遵赴和都保和会藏事返俄情形由》，光绪二十五年九月十一日，台北"中研院"近代史研究所档案馆藏总理各国事务衙门档案，馆藏号：01—28—001—03—005。
② 《总署议奏：遵议保和公会第一三四股似均无甚窒碍可准予使臣会同画押由》，光绪二十五年九月二十八日，台北"中研院"近代史研究所档案馆藏总理各国事务衙门档案，馆藏号：01—28—001—04—003。
③ 周秋光：《晚清时期的中国红十字会述论》，《近代史研究》2000 年第 3 期；《改正红十字条约之规定》，《外交报》第 263 期，1909 年 12 月 17 日。
④ 《军机处致总署文片：奉谕旨拟准画押各款究竟有无窒碍着该衙门再行详慎复核并所称红十字会系何等善举一并查明具奏》，光绪二十五年九月二十八日，台北"中研院"近代史研究所档案馆藏总理各国事务衙门档案，馆藏号：01—28—001—02—003。
⑤ 《总署奏折：具奏遵旨查照保和会拟准画押各款并红十字会章尚无窒碍由》，光绪二十五年十月二十二日，台北"中研院"近代史研究所档案馆藏总理各国事务衙门档案，馆藏号：01—28—001—02—005。

此项约款未再有疑问。

　　对战争武器以及某些作战方法的限制，在国际社会早已有先例。譬如，1868 年的《圣彼得堡宣言》约定放弃使用任何轻于 400 克的爆炸性弹丸或是装有爆炸性或易燃物质的弹丸①。禁用猛力军火是俄国创设保和会之本意，前述俄之十条提议中，第三、四条皆属于此范畴。毋庸置疑，当时与会各强国竞相扩张军备，皆认为"猛力军火尤属战务要需，碍难禁用"，迭次驳诘，俄之提议两条前段皆被否决，后段则付诸详细的讨论，最后照 1868 年《圣彼得堡宣言》之意旨，继续推出三项宣言，禁止部分武器的使用②。

　　其中，《禁止从气球上或用其他新的类似方法投掷投射物和爆炸物宣言》（*The Declaration Concerning Launching of Projectiles and Explosives from Balloons*），声明"五年限内禁用升空气球暨同样新器掷放炸弹及易炸之物"。《禁止使用专用于散布窒息性或有毒气体的投射物的宣言》（*The Declaration Concerning Asphyxiating Gases*），声明"禁用专放迷闷毒气之弹"，此禁令只限于"以迷闷毒气之散布，为惟一之目的者"，若由普通发炮所生之毒气，则不以此论。《禁止使用在人体内易于膨胀或变扁的投射物，如外壳坚硬而未能全部包住弹心或外壳上刻有裂纹的子弹的宣言》（*The Declaration Concerning Expanding Bullets*），声明"禁用入身易涨易扁之枪弹，此弹硬壳不包满里核，更有中作空槽者"。这三项条约虽为宣言，且如杨儒所言暗含变通之意，但考其条文内容，实与同时期的其他公约一样，所涉内容具备了造法性和公共性，且条文中明确规定了各当事国遵从条约义务，指出"订议各国如遇有两国或数国开战，务须恪遵办理"，另外还规定了各国签署、批准和加入的程序③。

　　对于猛力军火的限制与禁用宣言，清政府虽声明暂缓签署，但是仍认为尚无窒碍，且各方的意见比较一致。会后杨儒上奏指出："声明文件禁用气

---

　　① 《圣彼得堡宣言》，1868 年 12 月 11 日，世界知识出版社编辑：《国际条约集（1648—1871）》，世界知识出版社，1984 年，第 458 页。

　　② 《出使俄国奥国大臣杨儒致总署函：函述红十字会各条关键由》，光绪二十五年九月初四日，台北"中研院"近代史研究所档案馆藏总理各国事务衙门档案，馆藏号：01-28-001-03-004。

　　③ 《声明文件之一》《声明文件之二》《声明文件之三》，薛典曾、郭子雄编：《中国参加之国际公约汇编》，第 22—28 页。

球掷放炸药暨迷闷毒气、硬壳枪弹，中国虽有制造局厂，尚未讲求此项猛力军火"，因此，把其列入与中国无窒碍之列①。总理衙门甚为赞同杨儒的意见，也称："各项猛力军火，中国制造局厂现尚未讲求及此，于利害无甚关系"。之后，又应军机处要求，详慎复核拟准签署各约究竟有无窒碍，其中对于猛力军火之宣言，作出解释："泰西以火药器擅长，竞尚新奇，未免愈趋酷烈。各强国议员虽不愿入禁约，仍议付诸帙末，限以五年，盖亦难遽违公义。中国练兵之要，武备为先"，"后膛枪炮、无烟栗色火药等厂逐渐扩充，至于此项猛力军火，现在各局厂并未制造，于行军利器并无出入"②。之后，对于此三项宣言，清政府未再置词。

"一个合法缔结的条约，在其有效期间内，当事国有依约善意履行的义务。"③ 同治初年以潮州入城事件为转机，清政府逐渐确立了重视履行条约义务的主体意识④。只是，其主要实践对象是被强加的不平等条约义务，因此这种守约表现出了很大的被动性。清政府上述有关公约的筹议是立足信守条约义务这一前提而展开的。而国际公约参与上的自主性、条款性质的相对平等性以及所涉内容的公共性，为我们考察这一时期中国的国际责任意识提供了更好的平台。

总体来看，清政府各方在筹议公约时，把很大一部分注意力放在了承担国际义务能力的评估上，并将该项能力作为缔约的前提。这一行为本身在一定程度上说明了其对国际义务的承担。但是，仍不能就此高估清政府的国际责任意识。事实上，在清政府各方的往来电文中，很少看见这方面的分析。甚至，他们强调为无窒碍的各种因素，反而成为其国际责任意识有限或相对缺失的证据。譬如，1899 年 3—4 月间，清政府先后接获俄国及荷兰政府派员赴会之邀请，但最初对中国是否必须入会有所顾虑。旋据俄国外交部来文

① 《军机处交出杨儒抄折：具奏遵赴和都保和会藏事返俄情形由》，光绪二十五年九月十一日，台北"中研院"近代史研究所档案馆藏总理各国事务衙门档案，馆藏号：01—28—001—03—005。
② 《总署奏折：具奏遵旨查照保和会拟准画押各款并红十字会章尚无窒碍由》，光绪二十五年十月二十二日，台北"中研院"近代史研究所档案馆藏总理各国事务衙门档案，馆藏号：01—28—001—02—005。
③ 李浩培：《条约法概论》，第 329 页。
④ 详见李育民：《论清政府的信守条约方针及其变化》，《近代史研究》2004 年第 2 期。

览悉"准驳之权在我"，清政府便令总理衙门即派杨儒届时赴会①。而对于《和解公断条约》，是否接受调解或仲裁的自由，正是该约在调节纷争和维护和平上的效力有限的重要原因，却是推动清政府缔约的重要依据。三项禁用猛力军火之宣言，中国愿意参加的主要理由是"尚未讲求此项猛力军火"，等等。

其实，中国的考虑还有着特别的内涵和意义。1899 年 6 月中国赴会之初，清廷旨电杨儒，训以"总期于中国情形无碍，仰见宸衷慎重，严杜觊觎"②。可见其重点是要避免外人的侵略。在这样一种思想指引下，清政府对《和解公断条约》表现出了列强合以谋我的担心，故将是否仲裁不受公会之牵掣作为强调重点，试图在强权即是公理的国际社会为以后铺设有利的退路，这种努力透露出丝丝侥幸与万般无奈。毫无疑问，这种状态也是对当时以强凌弱的国际关系现状的认知和反应。从外交政策的延续性上看，清政府最初的表态既是常年受外国武力及不平等条约欺压的特定思维，也可以说延续了 19 世纪中叶以来在国际会议参与上表现出来的防御中进取的基调。这样一种防御和戒备，使得清廷在入会前对参加这次会议并没有表现出满怀期待，更多的则是初入国际社会的小心翼翼，这在一定程度上影响了中方代表在会议过程中的作为以及之后对国际公约的签署。

既然承担国际事务并非清政府同意签署的主要动机，那么各项国际公约对中国的吸引力到底在哪里呢？前面提到，清政府在筹议时，对《和解公断条约》通过国际调处及公断解决外交纷争，避免战争虽有所期待，但却依然对由此可能引来的干涉和侵略顾虑重重。而其他各项公约的分析亦甚少提及此类裨益。可见，对于公约条款所涉国际事务对自身以及国际社会的重要性，清政府并没有深刻认识。其实，相对于公约条款本身，它更看重的是参加公约在形式上所带来的意义。进而言之，这一时期，推动清政府同意缔结公约的根本动因，是试图通过参加国际公约改变低下的国际地位，以期不被

---

① 《荷兰公使克罗伯致总署照会：转达本国电请派员前往和京议弭兵会祈照复由》，光绪二十五年三月初八日，台北"中研院"近代史研究所档案馆藏总理各国事务衙门档案，馆藏号：01—28—001—01—001；《旨寄杨儒着奏明减兵保和会宗旨并届时赴会电》，光绪二十五年二月十四、十五日，王彦威、王亮辑编，李育民等点校整理：《清季外交史料》第 6 册，第 2654 页。

② 《军机处交出杨儒抄折：具奏遵赴和都保和会藏事返俄情形由》，光绪二十五年九月十一日，台北"中研院"近代史研究所档案馆藏总理各国事务衙门档案，馆藏号：01—28—001—03—005。

国际社会排除在外。在各项公约订议时，即有半数以上与会国签约。和会结束后，杨儒在应旨全盘议奏和会各项条约是否窒碍，最后总结性地强调指出："此项与会，为中国入会之始，倘概不画押批准，外人将疑中国显分畛域，遇有应入之公会，未必肯与我周旋。"① 之后，总理衙门在筹议各项条约时又正折谨奏，"然当入会伊始，亦未便畛域过分，致使外人歧视"②，从而在酌议各项公约之初就在画押问题上铺垫了除非万不得已，不可立异的基调。具体到清廷顾虑重重的《和解公断条约》以及认为尚有窒碍的《关于1864 年 8 月 22 日日内瓦公约原则适用于海战的公约》，杨儒及总理衙门在这方面的强调显得格外突出。前者在清廷一再迟疑的情况下，强调该约多数国家已画押，中国"似亦未便立异"。后者所议之核心则无外乎强调红十字是国家教化文明、社会进步的重要标志，应要参与该公约，不致独违善举。因此，上述两约虽有顾虑和窒碍，但仍在清政府考虑签署批准之列。而海牙和平会议召开之时，有欧、亚、美三洲 26 国代表与会，这无疑是国际社会的一次盛会，笼罩了象征国际地位的光环。因此杨儒在画押后发出了这样的感叹："我中国办理交涉已数十年，欧墨两洲各大会向未与闻。去岁俄请入会，据外部面告，此系俄主顾念邦交，欲中国侪于各强国之列。在该外部虽不免甘言见好，然较诸高丽、巴西、阿根廷诸国遣使驻俄而未约入会，其相待已判等差。此次仰邀宸断，饬议画押，俟遇有邮政、商务、公法等会皆可援引列入，不至见摒，裨益尤多，此诚近日外交之一大转机也。"③ 可见，在初入国际社会之时，中国试图通过国际公约的参加，刻意塑造一个积极融入国际社会的形象，试图以此抬高国际地位。这是中国在海牙和平会议上缔结公约的重要推动因素。

　　经过一番讨论，12 月初清政府在已在签署与否及签署哪些公约问题上达

---

① 《军机处交出杨儒抄折：具奏遵赴和都保和会藏事返俄情形由》，光绪二十五年九月十一日，台北"中研院"近代史研究所档案馆藏总理各国事务衙门档案，馆藏号：01—28—001—03—005。

② 《总署议奏：遵议保和公会第一三四股似均无甚窒碍可准予使臣会同画押由》，光绪二十五年九月二十八日，台北"中研院"近代史研究所档案馆藏总理各国事务衙门档案，馆藏号：01—28—001—04—003。

③ 《外务部收驻俄大臣信一件：函陈俄国近事并抄呈红十字会奏稿及文件由（附奏稿：杨儒遵赴和兰画押并请补签日来弗原筹议暨筹办救生善会各缘由）》，光绪三十年八月二十八日，孙学雷，刘家平主编：《清代孤本外交档案》第 38 册，第 15975—15976 页。

成了一致意见，剩下的便是签署及批准等程序性问题。12 月 7 日，总理衙门奉谕旨，令杨儒依议签约。1899 年 12 月 13 日，杨儒遵令照会荷兰外交部，申明承政府之令，拟准将《和解公断条约》《关于 1864 年 8 月 22 日日内瓦公约原则适用于海战的公约》及三项宣言一律画押，至《陆战法规和习惯公约》中国甚愿照办，只是各省练习军旅尚未一律改从西法，且俟办有成效再行遵从，故暂不签署。同时，杨儒特意申明："查日来弗会议定以红十字为标记，本大臣因中国宗教与欧洲不同，拟援土耳其、波斯、暹罗等国在会声明之例，另作一简明标记，以示区别，此标记须俟政府核定，随后告知，先行声明。"① 按照当时通行的国际法会议规定，此项申明意味着对该公约第五款有关红十字旗号的规定提出保留，由于中国代表未在会议期间提出，因此此项保留声明要生效必须以其他各国允准为前提。但据笔者所见，尚未发现这方面的材料。而且 1904 年中荷交涉补批上述国际公约时，驻俄荷使曾来文一件，其中提及："前保和会会议时土耳其、波斯、暹罗、美国议员均声称愿将红十字旗号改用他样显明标记等语。此愿本会未克照准，应归下次日纳弗修约会议时再行议定。"② 事实上，后来的会议来往文件也证明中国在实践中采用的就是红十字标志的旗号。由此可见，中国在会后作出此类保留声明得到允准的可能性不大。

1899 年 12 月 27 日，杨儒代表中国政府在荷兰签署上述条约。按照保和会藏事文件规定，上述签押约本应送回国内，由政府用印批准，然后再送回荷兰外交部存储，这样才完成参加手续。不过中国适逢 1900 年事变，杨儒签署之约本遗失无存，清政府因此未能及时办理批准并知照荷兰政府的程序③。从严格的国际法角度来看，1899 年 12 月 27 日自然不能算是中国批准或加入上述公约的时间。但由前述可知，为了避免重蹈覆辙，各国约定条约签署后必须批准，从而使得第一次保和会公约法律效果至少具备以下两层意

① 《致和外部照会》，光绪二十五年十一月十一日，孙学雷、刘家平主编：《清代孤本外交档案》第 38 册，第 15989—15992 页。
② 《收驻俄大臣文一件：和外部称和会条约未便先认由（附抄驻俄和使来文一件：和外部称和会条约未便先认由）》，光绪三十年八月十二日，孙学雷、刘家平主编：《清代孤本外交档案》第 38 册，第 15950 页。
③ 《发回国公使信一件》，光绪三十年五月十六日，孙学雷、刘家平主编：《清代孤本外交档案》第 38 册，第 15911—15912 页。

义：一是确定公约文本已经不再变更；二是表示该方初步同意缔结该条约。各国没有明文昭示签署有批准或接受条约约束的效果，但由上述约定可以推论，保和会公约的签署也即意味着同意批准，前述清政府的筹议已透露出这方面的意思，之后的一些交涉也印证了这一点，因此，作为签署国，中国也有一定的义务去善意履行条约①。

1904 年，日俄战争爆发后，东三省深受其害，出现大量难民，需要成立红十字会参与救济，而其前提是中国要加入 1864 年的《日内瓦公约》。而且，自日俄开战以来，中国虽宣布中立，但"东省因应尤处两难"，迭遭日、俄指责，在外交上十分被动，遂对以调解争端和规范战争行为的海牙和平会议系列公约寄予厚望。因此，当年中国加入 1864 年的《日内瓦公约》，并补批了海牙和平会议前已签署的二项公约和三项宣言。另外，中国还自愿按照大国标准承担了海牙公断院头等国会费，其中暗含了对国际地位的追求。

二、 参加第二次海牙和平会议及相关国际公约

参加第二次海牙和平会议及相关国际公约，则是近代中国参加战争与和平类国际公约的高潮阶段。

第一次海牙保和会结束时，各国约定局外中立、海上财产之保护、限制海军轰击陆上城市及村庄等悬案留待下次会议一并解决，这为和会的再次召开预留了张本②。20 世纪初期，国际形势的日趋紧张，进一步加速了第二次海牙保和会的召开。先是有中国之庚子事变，继后又有英布战争、日俄战争、摩洛哥危机等局部战争和危机不断发生，而英日同盟、英法协约以及法俄同盟等接替形成和继续发展。另外，1904—1907 年间，英、法、俄三国协

---

① 如 1904 年间外务部与红十字总办交涉加入红十字会事宜时，该总办摩尼业曾来函曰："万国红十字会始于西历一千九百六十四年日来弗会议增补陆军应行各款之约，至一千八百九十九年在海牙弭兵会各国使臣会议海军应行各款之约，中国同араб此约，而入会之事至今有阙，惟有按照章程将一千八百六十四年之约补行承允，向瑞士国声明此事，中国既愿遵行海军各款，其余陆军自应并重。"外务部在复文中亦指出："光绪二十五年即西历一千九百九十九年保和会所定海军应行各款中国已经入约，所有一千八百六十四年陆军应行各款之约自应一体承允。"（参见《发红十字会总办摩尼业信函一件：允任中国入会由》，光绪三十年二月十八日，孙学雷、刘家平主编：《清代孤本外交档案》第 38 册，第 15877—15878 页。）

② 薛典曾、郭子雄编：《中国参加之国际公约汇编》，第 5 页。

约形成，并与德、奥、意三国同盟对峙。与此同时，欧洲列强军备竞赛进一步加剧，尤其是德国在 1900 年、1906 年两次通过海军法案，加紧扩张海军，英国生怕被德国赶超，为此展开了反德和加强英国海军实力的宣传①。大战危机迫在眉睫，各国更迫切地希望能再次召开保和会，修订条约，以维护和平。中国舆论纷纷指出："自日俄一战，而日胜俄败，败者固有一蹶不振之势，而胜者亦未必能占莫大之利益……世界各国乃愈知战争之不可恃，遂一变其战争主义，而为和平主义。"②"世界既不能统一，列国嫌恶在所不免，则弭兵之事终难实行。苟能增设新例，有所限制，或亦差强人意耳。"③ 日本舆论亦言："自第一次平和会议之后，东半球大事迭起……皆足以震惊世人，以是，国际交涉，有待修正协定者甚多。第二次平和会议果成，则吾人于世界平和，与夫国际法进步二端必将大有贡献。聊为河海潢潦之助。此所以亟盼其开会也。"④

最先把第二次保和会的召开提上议事日程的是美国。1904 年 10 月，就在日俄战争正在进行之时，美国国务卿海·约翰受命通电各国，倡议在海牙召开第二次保和会。据海·约翰致本国驻各国公使咨文所言，推动各国重新召集会议之缘由有以下四端：一为上次会议遗留三件事需处理；二是万国议事公会请美国政府出面召集保和会；三是 1898 年美西纠纷要处理；四乃不忘 1899 年善举⑤。但是，当时日俄战争正处于胶着状态，以俄国为首的大国对美国的提议根本不感兴趣。日俄战争结束以后，俄国转而积极地与美国政府交涉⑥，要求按照第一次保和会召开的传统，由俄国出面召集第二次海牙和平会议，美国政府欣然同意。会议原本定于 1906 年召开，但是后又延至

---

① 杨闯：《近代国际关系史纲》，第 3、373 页。
② 《论世界竞争大势趋于平和之原因》，《外交》第 207 期，1908 年 5 月 4 日。
③ 《论海牙平和会（编者按）》，《外交报》第 163 期，1906 年 12 月 10 日。
④ ［日］牧野英一：《论第二次平和会议》，《外交报》第 155 期，1906 年 9 月 22 日。
⑤ 《美国外部海约翰致本国驻各国公使咨文》，光绪三十年年九月十三日，孙学雷、刘家平主编：《清代孤本外交档案》第 38 册，第 16040—16052 页。
⑥ 如英国所言，俄国态度的转变，其中一个重要的原因是想通过这次会议为其在国际法实践中遭受的损害获取补偿，尤其是针对最近日俄战争中出现的一些事例，如中立国捕获物的毁损、商船改装军舰、交战国船只在中立国港口停留等；另外日本方面也认为俄国欲乘此机会，声讨日本舰队不法无礼，对外博取各国同情，对内伸张政府威信。参见 "Memorandum by Lord Reay," G. P. Gooch and Harold Temperley eds. , *British Documents on the Origins of the War 1898—1914*, Vol. 8, His Majesty's Stationery Office, 1932, pp. 299—300；［日］牧野英一：《论第二次平和会议》，《外交报》第 155 期，1906 年 9 月 22 日。

1907 年。这年年初，俄国政府向各国重新发出邀请，定于当年 6 月 15 日在海牙召开第二次海牙保和会①。

第二次海牙保和会于 1907 年 6 月 15 日开幕，10 月 18 日闭幕。这次会议在国际外交史上意义非凡，与会的有 44 个国家的代表约 300 人，几乎包括了当时国际社会所有的民族国家。时人评论曰："夫世界之独立国仅五十余，而多数之大国乃无不参列其间，是可观各国之于平和，无不注意。"② 在 44 个国家中，有 26 个为第一次海牙和会的与会国，另一因瑞典—挪威联盟解散而增，其余新增的 17 个皆为中南美洲国家，这成为这次会议的一个崭新特点③。此次保和会采用分股（又称委员会）讨论的制度。按照会议规定，各股股员在开会时有发议、决议及拟定约稿之权，决议之法即用口号按照各国字母依次询问④。因此有学者指出该会是"首次大小国平等，实行一国一票的国际会议"⑤。然而，据中国代表所呈《股员录》所言，各国股员上述之权力"亦恒视乎其国势何等，国望何等，国律何等"⑥。日本方面曾有人指出："平和会议则为全世界极大之运动场。按向来有大势力于世界，实际足以操纵世界者，欧罗巴也。是故文明者，欧罗巴特有之物，彼所谓欧罗巴以外无文明无势力者。"⑦ 另外英国代表团亦谈到类似情况："（南美国家）他们十分愿意支持我们修改国际法。但很清楚的是，他们的支持并不能弥补美国及其它大国在这个问题上的意见分歧。主要由南美国家投票而形成的数量优

---

① William I. Hull, *The Two Hague Conferences and Their Contributions to International Law*, Ginn & Company, 1908, pp. 4—5.

② 《论世界竞争大势趋于平和之原因》，《外交报》第 207 期，1908 年 5 月 4 日。

③ "Memorandum by Lord Reay," G. P. Gooch and Harold Temperley eds., *British Documents on the Origins of the War 1898—1914*, Vol. 8, pp. 299—300.

④ 《外务部收保和会专使陆征祥、出使荷兰大臣钱恂文：译送会中公布之件作为第一次报告册由（附股员录、会议规则）》，光绪三十三年九月初九日，台北"中研院"近代史研究所档案馆藏外务部档案，馆藏号：02—21—003—01—010。

⑤ 唐启华：《中国在周边——二十世纪初国际组织中的中国与日本》，发表于"从周边看二十世纪中国"研讨会，2001 年 11 月 28—30 日，日本长崎县对马岛。

⑥ 《外务部收保和会专使陆征祥、出使荷兰大臣钱恂文：译送会中公布之件作为第一次报告册由（附股员录）》，光绪三十三年九月初九日，台北"中研院"近代史研究所档案馆藏外务部档案，馆藏号：02—21—003—01—010。

⑦ 《论第二次平和会始末情形》，《外交报》第 183 期，1907 年 8 月 3 日。

势没有多少份量。"① 由此可见，羸弱的中国要在这样一个看重国家实力的国际外交舞台发挥作用是相当艰难的。

对于第二次保和会应议各问题，俄国政府早在 1906 年 4 月 2 日已将其通告各国。之后，英、美各国又各提案补充。其中美国提议"追索平常债负，不得妄用兵力"，另外美、英及西班牙还有限制军备问题之提案，此三国中，又数英国对裁减军备最尽力。不过，俄国会前通告各国补充的提议时，宣称仍以俄国政府 1906 年最初之提议为"开议张本"，并声明"凡遇商议之件，查于事实无效者，本政府有权提明不议"，而且该宗旨与"德、奥二国所见相同"②。德、奥两国强烈反对裁减军备，谓："苟列议，即不参预斯会。"俄国其实是认同德、奥反对裁减军备之意见。日本舆论这样评价道："俄国提案，本不列裁减军备一题，盖今之俄国海军力薄弱已极，其不言裁减军备，奚待知者而后明。"③

这样，第一次海牙保和会裁减军备一节尚且列入议案，付诸公论，而待到第二次保和会，在德、奥等国的坚决抵制下，在一开始就遭到否决，故未列入会议正式议程④。如俄国照会所言，第二次保和会之宗旨，"必致创作保护世界文明各国、彼此和平之新据"⑤。不过，从裁减军备提议遭拒来看，这样一种和平诉求无疑是大打折扣的。对此，英国代表团曾这样指出："这次会议非但没能鼓励裁军的实行，反而极大增强了欧陆国家已经存在的一种认识，即没有国家可以承担忽视发展攻防武器的后果。和平最强有力的保证，在于有关各方认识到所有国家都在准备战争，并且认识到在战争中，和平问题取决于各国投入的陆海军的相对实力地位。这次大会并未

---

① "Memorandum by Lord Reay," G. P. Gooch and Harold Temperley eds. , *British Documents on the Origins of the War 1898—1914*, Vol. 8, pp. 299—300.

② 《外务部收保和会专使陆征祥、出使荷兰大臣钱恂文：译送会中公布之件作为第一次报告册由（附丙午俄政府通文、丁未俄政府通文）》，光绪三十三年九月初九日，台北"中研院"近代史研究所档案馆藏外务部档案，馆藏号：02—21—003—01—010；《论第二次平和会始末情形》，《外交报》第 183 期，1907 年 8 月 3 日。

③ 《论第二次平和会各议题》，《外交报》第 182 期，1907 年 7 月 24 日。

④ 《外务部收保和会专使陆征祥、出使荷兰大臣钱恂文：译送会中公布之件作为第一次报告册由（附四股议纲）》，光绪三十三年九月初九日，台北"中研院"近代史研究所档案馆藏外务部档案，馆藏号：02—21—003—01—010。

⑤ 《外务部收俄国公使璞科第照会：声明弭兵会之现象请查照由（附洋文）》，光绪三十三年二月二十四日，台北"中研院"近代史研究所档案馆藏外务部档案，馆藏号：02—21—002—02—024。

就维护和平提供任何新的保证，而是确认了一个事实，即所有大国都在不断地准备战争。"① 当时，国人也清楚地认识到世界平和之实质，谓："今日世界之平和，非可以苟安而得也，必彼此势均力敌，而后可以言平和。此平和实以武力保持之，乃武装之平和，非真正之平和也。若有一国之军备不足，即不能保持其平和。吾国执政者，慎毋误以他国保持之平和，而自谓亦居于平和之列也。"②

这样，会议议程基本上是按照俄国最初之提议，分四股讨论，涉及和解公断、陆战、中立以及海战法规等内容，其主旨"在修补第一次议决之事，并决议前次会议录所载希望各事及其它类似前次所决议之各事"③。具体而言：第一股所议包括公断裁判、义务裁判、国际派员调查以及海上捕获物审检所；第二股所议有改良陆战规则、1899 年声明文件、中立国权利义务以及宣战条规；第三股所议为海军攻击口岸城乡、敷设水雷、战国兵船在中立国口岸停泊期限以及增修《推广 1864 年日来弗原议行之于水战条约》；第四股为商船改良为战船、交战国海面私产、在中立国海面停船期间之宽限、战时禁品、封锁港口以及不得已而损毁被擒获之中立国货物④。

经过四个多月的讨论，10 月 18 日会议闭幕，最终形成了十三项公约和一项声明文件。其内容大致可分为以下三类：

第一，和平解决国际争端类。

此类公约有两个。其一是在 1899 年的《和解公断条约》基础上修订的《和解国际纷争条约》。修改《和解公断条约》是保和会第一股第一个问题。保和会虽会名保和，然所议条约大都关于战事，只有《和解公断条约》的确为平时保和之件，"是足以弭患于未然，息争于已然者"，故与会各国对该约

① "Memorandum by Lord Reay," G. P. Gooch and Harold Temperley eds. , *British Documents on the Origins of the War 1898—1914*, Vol. 8, pp. 299—300.

② 《论世界竞争大势趋于平和之原因》，《外交报》第 207 期，1908 年 5 月 4 日。

③ 《论第二次平和会各议题》，《外交报》第 182 期，1907 年 7 月 24 日。

④ 《外务部收保和会专使陆征祥、出使荷兰大臣钱恂文：译送会中公布之件作为第一次报告册由（附四股议纲）》，光绪三十三年九月初九日，台北"中研院"近代史研究所档案馆藏外务部档案，馆藏号：02—21—003—01—010。

颇为关注①。会议前一天，各签押国一致同意那些没有参与第一次海牙和会但受邀参与第二次海牙和会的国家遵从（adhere to）1899 年的《和解公断条约》，可见，国际社会从一开始亦表现出了对维持和平的期待和努力。在第二次海牙和会期间，各国对于前次公约所覆盖的保和局、和解调处、派员查究及公断等内容接续提议修正之处颇多，并使其由原来的六十一条扩展为九十七条，使其规定更加详细和明确。

值得一提的是，加大和解公断的强制力度依然是第二次保和会努力的重点。如前所述，在第一次保和会上，由于德国坚决反对，会议否决了常设公断法院有权进行强制性公断的提议。公约第十六条也规定，对于法律性问题的争端，特别是对于解释或施行条约问题的争端，鼓励提交公断，但显然并非强迫提交公断。而且，公约还规定有关国体主权及重大利益各问题皆不归公断，可见公断条约维持和局的效力是相当有限的。因此，在第二次和会上，英、美等国希望在某些特定事项的争端上进行强制公断。会议期间，各参加国代表团就这个问题提出了许多草案。最后，英、葡、美三国关于强制公断增订条款草案被付诸表决，但却因为九票反对，三个国家弃权，而未能通过形成公约条款②。之后，会议通过了一个宣言，规定会议各国一致承认强制公断的原则，并一致宣告某些争端，特别是有关解释和适用国际协定规定的争端可以并无限制地提付公断。该项宣言是以所谓不计算弃权票的"准一致"表决原则通过的，包括中国在内的四十一国赞成，另外美、日、罗马尼亚三国弃权③。

这样，在具体的公约条款上，1907 年修订的公约虽试图有意识地强化各国参与公断的责任意识，但并没有实质性地突破。对于 1899 年《和解公断条约》第十六条，该公约在保留原来基本内容的基础上，增加了"缔约各国于有事时如情形相宜，自当极力请求公断"（the contracting powers should, if the case arose, have recourse to arbitration, in so far as circumstances

---

① 《外务部收保和会专使陆征祥函：保和会公断约事》，光绪三十三年十月初七日，台北"中研院"近代史研究所档案馆藏外务部档案，馆藏号：02—21—003—03—001。

② 《主张公断者得多数》，《大同报（上海）》1907 年第 9 期。

③ 李浩培：《条约法概论》，第 115—116 页。

permit) 一句话，从而进一步表达了希冀各国尽力把这方面的争端提交公断之意。另外还增补了第五十三条，进一步明确常设公断法院之诉讼管辖是对国家自愿提出的法律争端进行公断宣判。该条指出，如果当事国商订将争端提交常设公断法院处理，公断法院即可与闻其事，解决争端。同时该条提到，即便只有当事国一方提出公断申请，法院也有权就一些争端做出裁决，其中关键之一为："不论其现订或续订在本约实行之后，凡争端之归于公断条约"，"并不明指或隐示不归法院与闻者"。似乎这里要有意突破国家自愿的底线，但其实不然。该条接着补充道："但遇有一造声明彼之意见，以为此项争端不属于应受强迫公断之一类，除公断专约内已将审定此种问题之权交付法庭外，则不得归法院与闻。"① 事实上，公断专约一般很难将公断与否的决定权交付法庭，可见一方提请法院仲裁能否推行，其重要前提依然是另一方的同意与否。无论如何，争端当事国依然有很大的自由或诉诸公断谋求争端和平解决，或听任两国关系长期紧张，导致局势恶化，最终走向战争。因此，在公断自由的前提下，公断公约维持和局，弭靖兵戎的效力依然很有限。总之，无论是 1899 年的模糊提及，抑或是 1907 年的进一步规定，都体现了国际社会既想要有前提地强制公断，同时又不想受公断牵制的矛盾心态②。

另一个和平解决国际争端类的公约是新订的《限制用兵力催索有契约债务条约》（*Convention Respecting the Limitation of the Employment of Force for the Recovery of Contract Debts*，即《限制使用武力以索偿契约债务公约》），该约明确规定不能使用武力、战争方法索债，从而进一步在索取债务这个范围里对"诉诸战争权"作了限制。根据上述两约，各缔约国要

---

① James Brown Scott, *The Hague Peace Conferences of 1899 and 1907：A Series of Lectures Delivered before the Johns Hopkins University in the Year 1908*，Vol. Ⅱ-Documents，The Johns Hopkins Press，1909，p. 337.《和解国际纷争条约》，薛典曾、郭子雄编：《中国参加之国际公约汇编》，第 40—41 页。

② 后来的《国际联盟盟约》在此基础上，又进一步明确了争端当事国和平解决争端的义务，盟约第十二条指出，"倘联合会员国间发生争议，势将决裂者，当将此事提交公断或依法律手续解决或交行政院审查，并约定无论如何非俟公断员裁决或法庭判决或行政院报告后三个月届满以前不得从事战争"。与 1907 年相比，这里的规定在和解公断的强制力度上进一步加大，不过依然没有质的突破。直到 1920 年，各国签订《国际裁判常设法庭规约》，才明确规定了国际法庭对"条约之解释""国际法上任何问题"以及"足以构成破坏国际义务者"等争端端有"当然强迫"之管辖权（参见《国际联合会盟约》《国际裁判常设法庭规约》，薛典曾、郭子雄编：《中国参加之国际公约汇编》，第 296、306 页）。

承担和平解决国际争端和尽量避免诉诸武力的义务。

第二，中立国权利与义务类。即新订的《陆战时中立国及其人民之权利义务条约》（*Convention Respecting the Rights and Duties of Neutral Powers and Persons in Case of War on Land*，即《中立国家和人民在陆战时的权利和义务公约》）和《海战时中立国之权利义务条约》（*Convention Concerning the Rights and Duties of Neutral Powers in Naval War*，即《关于中立国在海战中的权利和义务公约》）。这两项公约分别从陆战和海战两个方面，详细、具体地规定了交战国、中立国及其人民均应相互遵守的权利义务关系。

第三，具体的战争法规类。属于此类的是其他十项，这些国际公约从不同方面对作战行为作出了限制。具体而言：

规定战争状态的法律效果的，即新订的《战争开始条约》（*Convention Relative to the Opening of Hostilities*，即《关于战争开始的公约》）。该公约确立的国际法原则是：非经事先宣告不能开战，战争状态之存在应立即通告各中立国。宣战的原意在于使对方和中立国有所准备，必要时可以撤退平民和妇孺老弱[1]。

专门禁止战争中的一些作战方法和手段的有《禁止自气球上放掷炮弹及炸裂品声明文件》，该约是对 1899 年公约的修订。

关于陆战法的《陆战法规及惯例条约》，该约是对 1899 年陆战公约的修订，其最大的突破是增加了追责条款，公约第三条规定："凡交战国若违反前述章程中之各款，如有损害则须赔偿，即其军中人等违犯之一切行为，该国亦须负责。"[2]

其他七项皆系海战规约。其中《日来弗红十字约推行于海战条约》在修订 1899 年条约的基础上，进一步明确和完善了战斗员、战俘以及伤病员的人道主义待遇；其他各项皆为新订：《战争开始时敌国商船之地位条约》（*Convention Relative to the Status of Enemy Merchant Ships at the*

---

① 吴报定：《战争和武装冲突中的国际法规范》，《安徽大学学报》1985 年第 3 期。

② 《陆战法规及惯例条约》，薛典曾、郭子雄编：《中国参加之国际公约汇编》，第 58 页。

Outbreak of Hostilities）规定在战争开始之际，给予敌国商船一定宽限日期准其离港，从而确立了战争开始时对敌国商船的保护制度；《敷设机械自动水雷条约》（*Convention Relative to the Laying of Automatic Submarine Contact Mines*）则对战时在海上敷设机械自动水雷之海战手段作出规范和限制；《设立万国捕获物审判院条约》（*Convention Relative to the Creation of an International Prize Court*），各国对于该约所涉问题"异常重视，颇多发抒意见"，最后形成的约文详细规定了设立国际捕获审检所之总纲、组织以及诉讼方法，以决定各国海上捕获之判决[①]；《战时海军轰击条约》（*Convention Respecting Bombardment by Naval Forces in Time of War*，即《关于战时海军轰击公约》）明确禁止以海军轰击未设防之口岸城乡房屋[②]；《商船改充战舰条约》（*Convention Relative to the Conversion of Merchant Ships*）订明了战时商船改充海军战舰之规则[③]；《海战时限制行使捕获权条约》（*Convention Relative to Certain Restrictions with Regard to the Exercise of the Rights of Capture in Naval*）则从邮政通信、某些船舶免受拿捕以及关于交战国捕获的敌国商船船员等方面，对国际社会一直争论不定或听任各国政府任意处理的海上捕获原则作出了共同的约定[④]。

就形成国际公约的数量及覆盖的领域而言，第二次海牙保和会的成就，表面上似乎大大超过了第一次保和会。但实际上，"彼列会议者，固欲人待我以平和，而我但求得自利耳"[⑤]，会议期间，各国考虑到自身各方面的需求，分歧依然很大。而且在各国际公约签署和批准的过程中，"由于批准国的保留，或由于签字国未予批准，其效力反不及 1899 年的三项公约与三项宣言普遍"[⑥]。另外，同第一次保和会一样，第二次保和会各项国际公约，依

---

① 刘达人、袁国钦：《国际法发达史》，第 131—132 页。

② 《战时海军轰击条约》，1907 年 10 月 18 日，世界知识出版社编辑：《国际条约集（1872—1916）》，第 392—396 页。

③ 《商船改充战舰条约》，1907 年 10 月 18 日，世界知识出版社编辑：《国际条约集（1872—1916）》，第 385—388 页。

④ 《关于对海战中行使拿捕权的某些限制的公约》，1907 年 10 月 18 日，世界知识出版社编辑：《国际条约集（1872—1916）》，第 403—407 页。

⑤ 《论第二次平和会各议题（编者按）》，《外交报》第 182 期，1907 年 7 月 24 日。

⑥ 杨泽伟：《宏观国际法史》，武汉大学出版社，2001 年，第 131—132 页。

然保留了普遍参加的条款，这使得其效力也进一步打了折扣。也难怪英国代表团会颇有怨言地指出，"这次会议没有给人更多的安全感，而是起了反效果，因而外人对这次会议取得的微薄收获也感到不满"①。

相比较第一次保和会，中国对第二次保和会的参与更加重视。早在1904 年 10 月美国倡议召开第二次保和会时，中国方面便积极地予以响应，表示"现在中国政府深愿照此办理"②。之后，又有俄国照会，中国政府亦未改其初衷。第二次保和会也引起了当时中国社会舆论比较广泛的关注。仅以《外交报》为例，1905—1911 年间其刊登的文章标题包含保和会或平和会的就有二十余篇（如下表所列），由此可以看出第二次保和会亦是中国外交上的一件大事。

表 6—3：《外交报》上的相关文章

文章名称	期数、时间
《美国外部大臣海约翰第二次致驻扎关于海牙平和会议各国公使开会训条》	第 113 期，1905 年 6 月 27 日
《美国外部大臣海约翰提倡海牙平和会议之训条》	第 150 期，1905 年 7 月 17 日
《论平和会议》	第 117 期，1905 年 8 月 5 日
《外务部奏请派洋员充荷兰保和会议员折》	第 143 期，1906 年 5 月 27 日
《论第二次平和会议》	第 155 期，1906 年 9 月 22 日
《论海牙平和会》	第 163 期，1906 年 12 月 10 日
《论第二次平和会》	第 180 期，1907 年 7 月 5 日
《第二次平和会问题》	第 181 期，1907 年 7 月 14 日
《论第二次平和会各议题》	第 182 期，1907 年 7 月 24 日
《论第二次平和会始末情形》	第 183 期，1907 年 8 月 3 日
《论列国之于第二平和会》	第 187 期，1907 年 9 月 12 日
《海牙第二次平和会记略》	第 198 期，1907 年 12 月 29 日

---

① "Memorandum by Lord Reay," G. P. Gooch and Harold Temperley eds., *British Documents on the Origins of the War 1898—1914*, Vol. 8, pp. 299—300.

② 《外务部给美国公使康格照会：第二次弭兵会中国愿照办理由》，光绪三十年十一月二十五日，台北"中研院"近代史研究所档案馆藏外务部档案，馆藏号：02—21—001—01—025。

（续表）

文章名称	期数、时间
《出使荷国大臣钱奏报保和会（海牙第二次平和会）会议情形折》	第 200 期，1908 年 2 月 26 日
《论第二次平和会会议之结果》	第 200 期，1908 年 2 月 26 日
《俄政府第二次平和会通告文（二则）》	第 207 期，1908 年 5 月 4 日
《论第二次平和会议成绩》	第 208 期，1908 年 5 月 14 日
《预议平和会问题》	第 212 期，1908 年 6 月 23 日
《预备海牙第三次平和会会议事平议》	第 217 期，1908 年 8 月 11 日
《第二次海牙平和会会议条约》	第 223 期，1908 年 10 月 9 日
《前出使荷国今出使义国大臣钱奏报和会三约画押折》	第 229 期，1908 年 12 月 8 日
《万国平和协会之议》	第 243 期，1909 年 6 月 2 日
《美国平和会议》	第 249 期，1909 年 7 月 31 日
《外部订定第二次平和会议案》	第 251 期，1909 年 8 月 20 日
《前出使和国大臣钱奏陈和会（即海牙第二次平和会）条约未可轻易画押折（补录）》	第 256 期，1909 年 10 月 8 日
《咨告万国和平会议案》	第 259 期，1909 年 11 月 7 日
《预筹万国和平会议案》	第 262 期，1909 年 12 月 7 日
《瑞国和平会之意见》	第 287 期，1910 年 9 月 8 日
《预备通告保和会文件》	第 299 期，1911 年 1 月 5 日

　　显然，中国愿意重新与会讨论第一次保和会遗留问题，即有遵从前已画押之葳事文件，入会讨论解决前述悬案之意。正如北洋大臣袁世凯所言：美国所举之议案，"为我国所经画押允于下次公会商办者，则此次公会我国自应简派大员与议，以符前案"[①]。不过，画押责任的履行还不足以让中国产生强烈的与会热情，其实当时中国态度的背后更有图谋国家利益之考虑。具体而言，有以下两方面：

---

　　① 《外务部收北洋大臣袁世凯函：驻奥杨使函称美廷拟重开弭兵会自应派员与议由》，光绪三十一年二月初一日，台北"中研院"近代史研究所档案馆藏外务部档案，馆藏号：02—21—001—02—008。

第一，通过参与保和会，签署国际公约，借此进一步融入国际社会，并谋求提升国际地位。

由前述可知，试图通过参与国际公约，改变低下的国际地位，以不至于被国际社会排斥，这是中国参与第一次保和会，并同意各项公约的根本动因。1905 年初，袁世凯亦致函外务部要求派员参与第二次保和会，指出："此会宗旨要在减轻战祸，既系善举，又属公会，尤宜派员前往，以示善与人同，庶将来拟入各国他项公会亦不至见摈，似于外交不无裨益。"① 可见，此时，一些清廷大员依然延续了上述融入意识。只是与参加第一次保和会时相比，此次中国在入会之前便明显表现出了追求更高国际地位的意识。这一点在外交代表的派遣上充分体现出来。清廷先是在 1905 年 11 月 16 日，谕令曾参与第一次保和会的陆征祥（时任驻俄使馆二等参赞）担任首任驻荷公使，并兼办保和会事宜②。1907 年 5 月 9 日，外务部奉旨简派陆征祥为保和会全权专使③。专使的派遣，打破了中国向由驻外使馆人员就近处理国际事务的旧例。陆征祥在这方面不遗余力，并最终推动了政府决策的转变。

1907 年 3 月 4 日，陆征祥在上奏力陈派遣"位望相当"之大臣为赴会专使的重要性和必要性。其一，世界各国皆以特派大（专）员标榜国家地位。陆征祥指出，"疆场之上，两军对垒，以扼形胜为先；坛坫之间，万国同盟，以占地位为上。会员在会场地位之阶级，隐判国家在世界地位之等差"，"是以各先谋地位之保持，必慎选会员之资格"，而"各国亦皆有特派大员之说"，"各国以专使，中国以驻使，驻使地位势难与专使抗衡，矧臣品秩较微，更不足以示重"。其二，在派使问题上尤不能落后于日本。陆征祥认为，日本此次所派"必为位望尤崇之大员或驻欧大使"，中国如仅以驻使兼充未免相形见绌，"倘列强误会以为日本新造之邦，今挟战胜之概，事事力争上

① 《外务部收北洋大臣袁世凯函：驻奥杨使函称美廷拟重开弭兵会自应派员与议由》，光绪三十一年二月初一日，台北"中研院"近代史研究所档案馆藏外务部档案，馆藏号：02—21—001—02—008。
② 《军机处奉旨：为着陆征祥充任出使荷兰大臣并兼办保和会事宜事》，光绪三十一年十月二十日，中国第一历史档案馆编：《晚清国际会议档案》第 1 册，第 360 页。
③ 《外务部致陆军部咨文：为奏请简派保和会专使并武员一折现录旨抄奏请钦遵事》，光绪三十三年三月二十七日，中国第一历史档案馆编：《晚清国际会议档案》第 2 册，第 488 页。

游；我顾不能与之颉颃，则欧美大邦更何能并驾"①。可见，在国际地位的追求上，中国相关方面已明确表现出要与同处亚洲之日本相抗衡的态度。

第二次保和会关系全球大局，且参与国之众，远远超越了第一次保和会，可谓盛况空前，因此自是各国获取或维持国际身份、地位的重要舞台，即便是日本，也是极力借保和会谋求国际地位。对此，日本舆论一再强调要注意本国在平和会中之地位。他们认为："欧洲列国之意想，谓欧洲以外之国，殆无可以列入世界之势力，即以日本论，战后虽在东洋占有国际势力，然欧洲各国果认我为世界一有势力之国与否，犹不可知……日本遇世界有事之际，必冒水火鼎镬而投入其中，俾足以左右世界，以进日本在世界之位置。"② 可见当时日本不仅对自己在亚洲的地位自恃颇高，并企图利用保和会，进一步图谋世界大国之地位。因此，在亚洲乃至世界地位的谋取上，中、日不约而同隐持蚌鹬之势。会议期间，以《外交报》为核心的国内舆论对于日本争取在保和会上博取国际名声和地位的意图，多有披露和指责。以陆征祥为首的中国会议代表，亦尤重防范日本③。对于中、日之间在会议期间的角力，其他国家也有所察觉，英国代表曾指出，"中国人不信任日本人，也不想接受日本的领导"④。是故，陆征祥所持亦应有理。

按照中国惯例，参与此等国际会议，一般由驻外使臣就近处理，因此外务部之前并未置意专使之派遣问题。之后陆征祥又致电外务部，指出"各国注重此会，均派头等专使，我国不宜殊异"⑤。在陆征祥的一再劝说和催促之下，外务部最终同意陆征祥的意见，并于 5 月 7 日上奏指出，"该大臣以驻使兼充议员，似与各国未能一律"，因此请旨特简陆征祥为全权专使，"并作

---

① 《驻荷兰大臣陆征祥奏折：为敬陈本年保和会各国注重派员之情并拟请简派专员以崇国体事》，光绪三十三年正月二十日，中国第一历史档案馆编：《晚清国际会议档案》第 2 册，第 427—431 页。

② 《论第二次平和会始末情形》，《外交报》第 183 期，1907 年 8 月 3 日。

③ 唐启华亦指出，自甲午、日俄战后，日本想取代中国成为"东方霸主"，20 世纪初中国加入国际组织的目的，"主要就是抗衡日本成为东亚中心的企图"。详见唐启华：《中国在周边——二十世纪初国际组织中的中国与日本》，"从周边看二十世纪中国"研讨会论文，2001 年 11 月 28—30 日，日本国长崎县对马岛。

④ "Memorandum by Lord Reay," G. P. Gooch and Harold Temperley eds., *British Documents on the Origins of the War 1898—1914*, Vol. 8, pp. 299—300.

⑤ 《驻荷兰大臣陆征祥致外务部电文：为各国均派头等专使我国不宜殊异事》，光绪三十三年二月二十一日，中国第一历史档案馆编：《晚清国际会议档案》第 2 册，第 452 页。

为二品实官，以崇体制"①。最后，中国方面组成了 11 人的外交团，队伍阵容可谓空前庞大，与英、俄、德、法、日各国所派员数大致相当②。并且，陆征祥因专使身份并肩大使之列，而被举为第三股名誉股长。其实各股还有主持会议之正股长，这里的名誉股长并无实权，不过陆征祥还是认为"名誉股长等席大都为欧美名人所占"，故此事"于中国固不无稍占地步"。中国对国际地位之追求，由此可见一斑。

第二，借助国际公约之规范，维护本国权利。

由前述可知，清政府在参与第一次保和会，签署相关公约时，并没有深刻认识到公约条款所涉国际事务对自身以及国际社会的重要性。相对于公约条款本身，清政府更看重的是参加公约在形式上所带来的意义，即中国不仅没有被国际社会排斥在外，而且也在积极地要求融入国际社会。但是，几年后，借助国际公约之规范，维护本国权利却成了中国与会签约的重要动力。

第二次保和会召开前夕，中国民族主义情绪高涨，尤其是日俄战后，中国受日本挫败欧洲强国之事实鼓舞，全国上下出现比较强烈地维护国家权利的意识。这一时期，以废除"准条约"为中心内容的收回利权运动，更是将民众斗争与政府交涉结合起来，并取得较好效果③。社会舆论也纷纷强调国际外交对于中国之重要性，认为："主权坠地之国，先有外交而后有内政，其谋国者，必先望外交现若何之情状，而后于内政用若何之支吾，此今日中国之外交是也。至于国权愈失，则政治愈以外交为转移，及外交之影响，遍及全国。"④ 更有论者指出，当今天下"不啻为白种人所独有之天下"，"夫以一族之大私，而冒为天下之大公，其孰能从而韪之"，"人生之权利必其人自争之，而自守之，始能有正式之利权。若权利而为他人所赐予，他人固无有赐我以权利之事，藉曰能之，则其权利必非真权利"⑤。

---

① 《庆亲王奕劻等奏折：为遵旨议复保和会事宜，并请简派陆征祥为全权专使事》，光绪三十三年三月二十五日，中国第一历史档案馆编：《晚清国际会议档案》第 2 册，第 484 页。

② 《保和会专使陆征祥奏折：为敬陈本年办理保和会情形事》，光绪三十三年十一月初八日，中国第一历史档案馆编：《晚清国际会议档案》第 2 册，第 814 页。

③ 详见李育民：《中国废约史》，中华书局，2005 年，第 215—229 页。

④ 《论壬寅以来外交之变迁》，《外交报》第 100 期（甲辰第 31、32 号合本），1904 年 12 月 31 日、1905 年 1 月 10 日。

⑤ 《论第十四次国际议会会议》，《外交报》第 161 期，1906 年 11 月 20 日。

葡萄牙人马楂度也发现，在日本战胜俄国这一主要原因推动下，中国人的民族主义精神"被极大地、突如其来地唤醒"，其特点是继续仇视外国人，但这一感情融合在更高的渴望中，"从煽动者使用的口号中可以清楚地看出其所要达到的目的：'收回中国的主权''中国属于中国人'"①。伦敦《泰晤士报》驻北京记者莫理循在 1905 年 12 月亦指出："予离中国者七阅月，今日重来，默察其时局，实有至大之变化。盖于日俄战事既终，舍弃其自古所宗之暧昧无为之政略，以执行力保主权之策。谓中国者，中国人之中国，云云。至欲显抗外国之势力，则固无可掩隐者。考此变局之由来，实自日本挫败欧洲一强国而起无形之影响，直能使其国人顿易其性情。"②

当美国提议召开保和会时，中国正因日俄开衅被迫宣告中立，并深受其害。因此，亟欲借助保和会和国际公约维护国权。1904 年底至 1905 年初，驻美公使梁诚、驻奥公使杨晟等人先后就美国提议召开保和会之事致函外务部，指出美提议续议保和会，"盖鉴于现在情形，欲以戢强国之凶横而伸公理于将坠，推其用心，殆与东方战事声明战界同一主义"，尤其是其中拟议之中立条规与中国现实情形极有关系。因此，他们认为中国应该趁势利用，并派精通法律、声望素著的大员前赴会议，将"此次俄、日开衅所损害于我东三省者""西藏将来善后事宜"等利害所关之问题"统核规画，预订条款，指授机宜"，如果与会代表能"张弛得宜，操纵如法"，中国"未尝不可隐受其益，使为我助也"③。外务部深以为然，1907 年 3 月 15 日，该部特致函各驻外公使及参赞，强调指出："方今时局趋重亚东，我国外交尤为吃重，正宜公会发言隐资补救……所有应商各节自应及时研究，方免仓卒挂漏。执事驻节是邦，凡于亚东、中国大局以及公共利害之有关涉者，应将其国之议论

---

① ［葡］马楂度：《勘界大臣马楂度葡中香港澳门勘界谈判日记》，"前言"第 11 页。

② 《论中国时局》，《外交报》第 134 期，1906 年 2 月 27 日。

③ 《外务部收出使美国大臣梁诚函：美总统续弭兵会届时请派员与会由》，光绪三十年十一月十一日，台北"中研院"近代史研究所档案馆藏外务部档案，馆藏号：02—21—001—01—011；《外务部收驻奥大臣杨晟函：详陈弭兵会事宜由》，光绪三十一年正月二十三日，台北"中研院"近代史研究所档案馆藏外务部档案，馆藏号：02—21—001—02—004。

宗旨详加探访，随时译寄……以资考镜。"① 此后，驻外使臣在汇报各国动态的同时，也分别就一些亟待解决的问题提出议案。

考察各驻外使臣所陈，主要涉及的问题有以下两个方面：一是限制军备问题。虽然各使在是否同意裁减军备问题上有分歧，但即便是支持裁减、限制者，依然主张以国家人口、国土面积以及沿边界限或海岸线等中国占优势之数据，作为预留军备之标准，从此大略可以看出，他们希望中国军备获得尽可能多的发展空间。二是日俄之战中国所受损害及海战、中立条规问题。驻意公使黄诰之主张颇有"惩前毖后"之意，他提出：两国议和后应限期撤兵，中立国人民财产倘遭战国损失应令赔偿，各国领土不得恃强占据。但是驻英公使汪大燮认为关于中立条规，中国倘无索赔之举，宜声明不牵前案，所有既往之事应一了百了；驻比公使李盛铎则指出，日俄之战关于中国沿海之纷争恐不能追溯。此外，各使所议还涉及不得用兵力索债、海牙仲裁法庭权限、陆战条例应画押以及收回租界等其他问题。诚如汪大燮所言，此次保和会虽然限制了开议条款，而各国必有款外提议之件，但是"我国现在地位尚未能别有提议"，因此只能就近时情形酌拟数端②。不过，从上述所列各议题，仍不难看出各使臣十分关注与本国相关的国际事务，其中尤为讲求本国利权。陆征祥"综核所陈，潜心研究"，认为各使意见虽多超出保和会所议范围，但仍表示"国家利益所关，自宜挽救"。而且，陆征祥还向大会声明"会中提议之件，虽经议准而按诸情势室碍难遵者，中国有不置可否之权"，又"应议之件，有密切会旨而为众见所未及者，中国有随时陈议或请改之权"。陆氏认为有此二说，"一以示

---

① 《外务部致出使英国大臣汪大燮、出使法国大臣刘式训、出使俄国大臣胡惟德、出使意大利大臣黄诰、出使比利时大臣李盛铎、出使奥国大臣李经迈、出使日本大臣杨枢、驻德使馆参赞吴寿全函：海牙公会应各抒所见分别函电以资考镜由》，光绪三十三年二月初二日，台北"中研院"近代史研究所档案馆藏外务部档案，馆藏号：02—21—002—02—010。

② 《外务部收出使英国大臣汪大燮函：酌拟海牙保和会提议四端乞酌核由》，光绪三十三年四月三十日，台北"中研院"近代史研究所档案馆藏外务部档案，馆藏号：02—21—002—02—071。关于各使所议题另详见唐启华：《清末民初中国对"海牙保和会"之参与（1899—1917）》，台北《政治大学历史学报》2005 年第 23 期；林学忠：《从万国公法到公法外交：晚清国际法的传入、诠释与应用》，第 321—322 页。

不受各国之范围，一以留日后操纵之地步"①。

同时，从中国外交团相关人员的派遣情况，依然能看到清政府对维护国家利权的期望和努力。除了前述全权专员陆征祥外，中国代表团还有驻荷公使钱恂担任全权副议员，"会同办理，以资接洽"。更值得一提的是，还有其他专员参与其中，直接反映了中国对公约条款所涉国际事务及国家利权的关注。其一是军务委员的派遣。因所议之事主要为战争法规，派遣熟谙军务规则的代表与会自是题中应有之意，欧美等国对此无不加以注意。第一次保和会及 1906 年修订《红十字公约》时，许多国家都有军务议员之派遣，但中国仅由驻使就近担任全权议员，并无军务议员之设置。有鉴于此，陆征祥在第二次保和会召开之前，强调指出，"此次会务情形更重，其所议水战、陆战、中立各节尤以日俄之役所得实验为多，于中国不无影响"，因此"请饬下陆军部选择通晓西文兼有学识经验之武员一人派令前来，以备咨询而襄会务"②。陆军部认为"该会所议水战、陆战、中立等事于军事深有关系"，故自应派员随同研究，最终奏准简派练兵处军政司法律科监督丁士源担任军务议员，据称该员"当差有年，通晓西文，于法律素所讲求，军学亦尚谙习"③。其二是全权副议员福士达的派任。福士达为美国前国务卿，曾担任中国驻美使馆顾问十余年。中国驻英公使汪大燮及驻美公使梁诚都竭力推荐福士达充任保和会议员，认为该员"办理交涉，声名素著"，且为中国效力期间，成效可观，此次赴会必能得力，外务部亦以为然。最终清廷同意由福士

① 《保和会专使陆征祥奏折：为敬陈本年办理保和会情形事》，光绪三十三年十一月初八日，中国第一历史档案馆编：《晚清国际会议档案》第 2 册，第 815—818 页；《陆专使在保和会宣言》，《振华五日大事记》1907 年第 23 期。

② 《驻荷兰大臣陆征祥奏折：为敬陈本年保和会各国注重派员之情并拟请简派专员以崇国体事》，光绪三十三年正月二十日，中国第一历史档案馆编：《晚清国际会议档案》第 2 册，第 432—433 页。

③ 《陆军部致外务部咨文：为选派保和会军务议员一折现奉录旨抄奏请钦遵事》，光绪三十三年三月二十八日，中国第一历史档案馆编：《晚清国际会议档案》第 2 册，第 492—496 页。

达代表中国担任全权副议员①。另外，在陆征祥的建议下，还特意从法部调
派员外郎施绍常及法律学生陈篆参赞会务②，考虑到研究国际法需有专家，
还电调国际法专家、学部行走董鸿祎旁参会事③。

　　第一次保和会召开期间，中国代表在会中无所谓议。第二次保和会上，
中国代表的作为有了很大改观，上面所陈之与会准备其实已预示了这一趋
势。会议召开后，中国代表"外察全球之大势，内定自处之方针"，每次赴
会，"必熟商审计，慎之又慎"④。对会议诸提案，中国代表多能赞同，另对
于一些国体攸关之问题，亦颇能坚持主权平等原则，予以抗争，其中最突出
的两场抗争都集中在《和解公断条约》的修改上，一是治外法权排除在强制
公断之外的问题，一是公断员的席位和任期之争。

　　如前所述，各参加国代表团就特定事项的争端进行强制公断的问题提出
了许多草案，其中，英、美政府还提议将治外法权各事排除在强制公断之
外⑤。然而，在第一委员会开会前几天，英国便发现围绕该条款的议论已经
明显对其不利，并已影响到土耳其、中国、波斯以及暹罗的立场。据英国全
权代表爱德华佛来（Edward Fry）所言，"对他们来说——就如波斯代表亲
自告诉我们的那样——该条款无异于英国刻意打了东方国家一记耳光"⑥。不

---

　　①《驻英大臣汪大燮奏折：为公断会议事关重要拟请以驻美使署顾问洋员福士达充任议员事》，光绪三十二年正月十九日，中国第一历史档案馆编：《晚清国际会议档案》第1册，第365—370页；《庆亲王奕劻等奏折：为遵旨议复并准请以洋员充补保和会议员事》，光绪三十二年三月二十一日，中国第一历史档案馆编：《晚清国际会议档案》第1册，第378—381页。福士达在担任会议代表期间，对中国代表团的决策产生了一定的影响，英国代表团曾这样指出，"当福士达还在这儿的时候，他们（中国代表团）倾向于同美国一起行动，但福士达离开以后中国代表团则表现出一种更加独立的姿态"（见"Memorandum by Lord Reay," G. P. Gooch and Harold Temperley eds., *British Documents on the Origins of the War 1898—1914*, Vol. 8, pp. 299—300）。
　　②《外务部致法部咨文：为保和会专使商调法部员外郎施绍常参赞会务请转饬遵办事》，光绪三十三年四月十七日，中国第一历史档案馆编：《晚清国际会议档案》第2册，第629页；《保和会专使陆征祥致外务部咨呈：为酌派使馆参赞等数员佐理保和会会务事》，光绪三十三年五月十五日，中国第一历史档案馆编：《晚清国际会议档案》第2册，第656页。
　　③《外务部致学部咨文：为保和会专使商调董鸿祎赴荷襄助会务请查照饬知》，光绪三十三年五月二十一日，中国第一历史档案馆编：《晚清国际会议档案》第2册，第671页。
　　④《保和会专使大臣陆征祥奏折》，1907年12月12日，金敏荣编选、中国第二历史档案馆藏：《陆征祥出席海牙保和会奏折两件》，《民国档案》2000年第2期。
　　⑤《外务部收保和会专使陆征祥函：保和会公断约事》，光绪三十三年十月初七日，台北"中研院"近代史研究所档案馆藏外务部档案，馆藏号：02—21—003—03—001。
　　⑥"Sir E. Fry to Sir Edward Grey," October 12, 1907, G. P. Gooch and Harold Temperley eds., *British Documents on the Origins of the War 1898—1914*, Vol. 8, pp. 288—294.

仅如此，把治外法权相关问题排除在强制公断范围之外的提议逐渐遭到与会代表普遍而坚决的反对，其中数中国代表的反对最为强烈。为什么会出现这种状况呢？

首先我们还得从治外法权的内涵说起。需要指明的是，这里的治外法权采用了英、美国家和中国近代的习惯用法，也即是一个包括领事裁判权在内的广义的概念。英国代表特意在会上解释并明确了这一点："'治外法权'名下的权力不只是在某些特定国家实施的治外司法管辖权，它还包括由外交及领事人员享有的特权，以及军舰在外国港口享有的特权。"①

英国代表这里提到了治外法权的两层含义，一是元首和外交代表等在外国境内享受的一种特权和豁免，另一是领事裁判权。前者是国际公认、适用、互惠且平等的原则，后者则是不平等条约所赋予的，是违背近代国际法原则，并损害东方国家主权的片面特权②。英、美代表在保和会上提出将治外法权排除在强制公断之外的条款，其实是要避免东方国家援引国际公约，去挽回受损的国家主权。陆征祥也洞察到了这一点，并这样揭露英国的意图："英政府亦虑及东方交涉未结各案，将遵新章径交公断，彼反无词可拒也。因亟密授训条，别增一款。"③

因此，从这个意义上说，英、美此项提议，实质是想将不平等条约特权进一步通过国际公约固化下来，这对东方国家而言是一种赤裸裸的侵害，同时也违背了保和会及《和解公断条约》所倡导的公平、正义等基本精神。对此，各国代表可谓是心知肚明。不过，英国代表仍试图凭恃强权，暗渡陈仓。在解释提案条款所涉治外法权的内涵时，该代表特意强调了其前一方面的意义，并指出："从这个意义上来说，世界各国之间都缔结有这种相互约定；而且在很大程度上，各国之间友好关系的维持也有赖于这些相互约定，

---

① James Brown Scott, *The Proceedings of the Hague Peace Conferences：Translation of the Official Texts，the Conference of 1907*，Vol. Ⅱ，Oxford University Press，1921，pp. 115—116.

② 详见李育民：《近代中国的条约制度》，第 13—16 页。

③ 《外务部收保和会专使陆征祥函：保和会公断约事》，光绪三十三年十月初七日，台北"中研院"近代史研究所档案馆藏外务部档案，馆藏号：02—21—003—03—001。

而无需讨论。"[①] 显然，他是要用治外法权所包含的平等内容来淡化、甚至掩盖其中的不平等，并试图借此推动各国同意其提议条款的内容。

我们再重点分析一下中国的态度。在第一次保和会上，中国各方面突出强调公断自由一项，并把其作为该约尚无窒碍，且同意画押的原因之一，这也反映出他们对于公约条款所涉国际事务的重要性并没有深刻认识。而到第二次保和会，中国代表的态度出现了很大的转变。陆征祥在致外务部的信函中明确指出，1899 年公断条款，"范围就嫌太狭，效力必不能宏"，而将公断宗旨由原来的自由操纵进而为"照约施行无可规避"之义务，且公断范围亦"无庸故为限制"，虽"其法稍邻强制"，且"于各国主权独立自由之性质诚不能无窒碍"，但"其意实属公平"，而且陆征祥还"深冀其议之有成，则于东方一切违理越权、不正干涉可以稍资补救"[②]。列强在华之治外法权对中国危害深重，之前清政府为改进、收回这一特权也做了各种谋划和努力，尤其是在 20 世纪初的商约谈判中，更是使英、美及日本等国允诺，在中国法律"皆臻妥善"后，各国即放弃治外法权[③]。陆征祥认为，英、美之议即是与中国为难，"并将我与英、美、日改订商约苦心先留收回'治外法权'地步条款一笔勾销，且载诸四十五国公约，永成铁案"[④]。因此对于英、美所持义务公断排除治外法权之议，中国代表表示了强烈反对的态度。在 10 月 5 日第五次会议上，陆征祥就治外法权被排除在强制公断之外发表了抗议声明：

我们认为，我们有责任在此高级会议上声明，该问题条款完全背离了《和解公断条约》的倡导者们当初的意图。分委员会及委员会全体同仁全力以赴的目标，是尽可能扩大有权诉诸公断的事项范畴；对该事项范畴的限制有违于那个无比高贵和严肃的目标，即法律帝国的扩展和国际正义感的加强。而且，我们认为那个问题条款是专门针对包括我们在内的某些特定国

---

① James Brown Scott, *The Proceedings of the Hague Peace Conferences: Translation of the Official Texts, the Conference of 1907*, Vol. II, pp. 115—116.

② 《外务部收保和会专使陆征祥函：保和会公断约事》，光绪三十三年十月初七日，台北"中研院"近代史研究所档案馆藏外务部档案，馆藏号：02—21—003—03—001。

③ 详见李育民：《晚清改进、收回领事裁判权的谋划及努力》，《近代史研究》2009 年第 1 期。

④ 《保和会专使陆征祥致外务部电文：为英、美所提议增订公断条款之治外法权经众国决议即删除事》，光绪三十三年九月初二日，中国第一历史档案馆编：《晚清国际会议档案》第 2 册，第 750 页。

家；因此，我们别无他途，只能强烈反对该条款，并且直到该条款被删除，我们都只能投票反对这个包含有破坏公平及正义条款的公约，而维护公平与正义正是和解公断本身所具备的基本要素。①

陆征祥能直摘其隐，并证之以永持公道之言。这样一种据理抗议的姿态，无疑反映了中国代表在国际多边外交中试图废除不平等条约特权、坚决捍卫国家主权之决心和努力。

此次会议结束后，英国代表私下与中国、暹罗、波斯等国代表会面，并迭次解释游说，大意谓：在强制公断问题上，目前仅是尝试性地做出一些努力，各国也一致决定把尝试范围"局限于一些相对不重要的事情上"，在这种时候要求把治外法权"这样世所公认的重大事项纳入强制公断范围"，"是多么的不合情理"②。

固然，如果搁置其通过国际公约固化不平等条约特权的用意不议，按照原公约条款的模糊规定，有关治外法权之争端，既可以算是法律问题，也可以看作重要的政治问题，而如果定性为后者的话，它是可以被排除在公断实施范围之外的。也正是因为如此，英国在后来申辩中刻意强化治外法权的重要性。然而即便如此，这也不能成为治外法权被国际公约排除在强制公断之外的理由。当时会议只是讨论哪些特定事项可以付诸强制公断，英、美两国要求排除的提议，恰恰说明了以下两点：其一，他们在恃强侵犯深受治外法权之害的东方国家；其二，他们比较担心前述国家修改和废除不平等条约特权。与会期间，英国代表又试图巧辞辩护，谓此条专指土耳其、摩洛哥两国，固非为中国而设。陆征祥洞悉隐情，坚持不让步。这样，往返商议两日，中英双方始终各自坚持原议，而美国代表却改变了支持英国的立场，转而答允收回提议条款③。

在 10 月 7 日第 7 次会议上，各国代表就治外法权应否排除在强制公断

---

① James Brown Scott, *The Proceedings of the Hague Peace Conferences：Translation of the Official Texts, the Conference of 1907*，Vol. Ⅱ，p. 83.

② "Sir E. Fry to Sir Edward Grey," October 12, 1907, G. P. Gooch and Harold Temperley eds. , *British Documents on the Origins of the War 1898—1914*，Vol. 8，pp. 288—294.

③ 《保和会专使陆征祥致外务部电文：为英、美所提议增订公断条款之治外法权经众国决议即删除事》，光绪三十三年九月初二日，中国第一历史档案馆编：《晚清国际会议档案》第 2 册，第 750—751 页。

范围之外进行了热烈讨论。陆征祥针对治外法权问题再次发表谈话，指出将治外法权排除在义务公断之外的条款内容，"包含着令人震惊的不平等"，且不能代表各出席会议国家的普遍利益，"它与我们正在讨论的公约也格格不入，我们的目标是要缔结一项世界性的公约"，因此要求委员会删除该条款，以维护国际间的公平与正义，并称"这将是一次正义的行动，它也会获得社会公众的感激"①。英国代表爱德华·佛来发言反对撤销有关治外法权的条款提议，其中谓："'治外法权'目前已在国际法领域占据一个非常特殊的位置。当那些重要性尚不及'治外法权'的事项都被排除在强制公断范围以外时，如果还默许'治外法权'被列入可提交强制公断的事项清单，那就不符合逻辑了……对于拥有这些权力的国家而言，'治外法权'构成了它们国家主权的一部分……就我们自己而言，维持这种权力具有最高的重要性，我们绝不会同意对这种权力的侵犯，哪怕是间接的。因而我们认为，维持现状是绝对必要的。"②

波斯和暹罗代表原本是打算自己提出建议，对条款的措词进行符合他们目标的小幅度修改。对此英国也准备接受。但是，最终因中国坚持不懈，而且对该条款的反对也赢得了普遍支持，他们亦愿"竭力以抗"。中国的抗议态度因此更加坚决，并表示了若不删除，必持全款反对的立场③。另外，美国、俄国、德国以及土耳其代表团也同样要求删除此项条款。

这样，会长不得已将英国上述提议条款付诸表决。删除该款的问题最后以 36 票对 2 票（法国和英国）的表决结果确定下来，另外有 5 个国家投了弃权票（希腊、日本、葡萄牙、瑞典和瑞士）。对于投票结果，英国全权代表爱德华·佛来发表了如下声明："由于 16L 款未获通过，因此英国代表团

① James Brown Scott, *The Proceedings of the Hague Peace Conferences：Translation of the Official Texts*, the Conference of 1907, Vol. II, p. 115.

② James Brown Scott, *The Proceedings of the Hague Peace Conferences：Translation of the Official Texts*, the Conference of 1907, Vol. II, pp. 115—116.

③ "Sir E. Fry to Sir Edward Grey," October 12, 1907, G. P. Gooch and Harold Temperley eds., *British Documents on the Origins of the War 1898—1914*, Vol. 8, pp. 288—294.《外务部收保和会专使陆征祥函：保和会公断约事》，光绪三十三年十月初七日，台北"中研院"近代史研究所档案馆藏外务部档案，馆藏号：02—21—003—03—001。《保和会专使陆征祥致外务部电文：为英、美所提议增订公断条款之治外法权经众国决议即删除事》，光绪三十三年九月初二日，中国第一历史档案馆编：《晚清国际会议档案》第 2 册，第 751 页。

必须为其政府提出保留意见，即在所有涉及‘治外法权’的解释及应用问题上，英国有权不履行诉诸公断的义务。"① 陆征祥亦在大会声明："再订之时，务于各国主权及平等之公理，总勿蔑视其议成之约。"②

这样一个结果，跟中国代表的坚决斗争是分不开的，国内舆论也高度赞扬了中国代表在国际多边外交中为废除不平等条约特权，捍卫国家主权而展开的抗争。1907 年 10 月 31 日《外交报》上刊登的文章评论道："近日国势之弱，一落千丈，使职骤增，而外交愈以困难。膺使节者颇难媲美前贤，而且辱国之事，或有所闻。幸哉！当此艰难盘错之交，而海牙第二次平和会陆使乃能不畏强御，据理抗争，以为他日拒回领事裁判权之地也。朝阳鸣凤，讵非难能可贵者哉……六十年来，丧地失权，外交之失败，盖不胜屡指矣，岂皆势处于无可挽哉？无亦当外交之冲者，未以强辨毅力持之故耳。向使内而总理衙门，外而使臣疆吏，皆能如陆使之不为威慑，不为利疚，见之明而守之固，何至丧主权于冥冥之中，迄于今而始悔无及也哉！"③

诚然，之所以能删除英国之提议，中国代表的抗争发挥了最关键之作用。但在当时国势之下，倘独有中国一方之力，那也是很难取胜的。1909年 1 月《美国国际法杂志》上刊登的编辑部评论或许更客观："'治外法权'被排除在强制公断之外的公约草案被提交给第二次海牙和会第一委员会，英国虽然一再努力坚持，但最终该条款还是被删除，这主要归因于中国以及其他存在领事裁判权的国家的反对，其次美国、德国和俄国的反对也发挥了作用。"④

深受领事裁判权之害的波斯、暹罗等国家与中国有同样的立场，因此保和会上治外法权条款的删除，也可以说是以中国为首的亚洲国家协同维护国家主

①　James Brown Scott, *The Proceedings of the Hague Peace Conferences*：*Translation of the Official Texts*, *the Conference of 1907*, Vol. Ⅰ, Oxford University Press, 1920, pp. 533—534.

②　《保和会专使大臣陆征祥奏折》，1907 年 12 月 12 日，金敏荣编选、中国第二历史档案馆藏：《陆征祥出席海牙保和会奏折两件》，《民国档案》2000 年第 2 期。

③　《论海牙第二次平和会专使力争增订公断条款事》，《外交报》第 192 期，1907 年 10 月 31 日。

④　Editorial Comment, "Arbitration Treaty with China," *The American Journal of International Law*, Vol. 3, No. 1, January, 1909, pp. 166—168.

权的一次胜利，"会中各报评议此事至为亚洲战胜欧洲"，陆征祥认为这种评论虽未免溢美，但是"亚陆各国联合之机，此举或为联兆，亦未可知"①。另外，美国等国家的作用也是不容忽视的。这些国家之所以能支持东方国家的反对意见，在形式上也许正如他们自己所说的，要将中国等国当作"国际大家庭中的平等一员来对待"②，但事实上还是考虑到本国在东方的利益，对此爱德华·佛来揭露道："其他在东方有重大利益的国家都投了反对票，这种态度可能是因为他们想借此显示一种赞助各国'平等'的道义立场。"③

1907 年修订《和解公断条约》时，各国又对常设公断法院的组织规则进行了补充。按照 1899 年的公约规定，海牙公断法院公断员的派遣是每国不超过 4 人，以 6 年为限，而且平时只是记名，临时有事再选定组成法院。有学者指出，这种常设公断法院，没有固定公断员，缺乏司法程序的连续性，它既非法院，又非常设，不能满足以法律方法解决国际争端的要求④。因此，第二次保和会上，美国提议设立由 17 名常驻公断员组成新的公断法院，且公断员 12 年一任，这样就产生了公断员的席位和任期问题。

当时，中外交涉十分频繁，公断员的席位和任期可谓事关国权。8 月 17日第二次会议上，陆征祥特意就公断法院的组成问题发表声明。他建议在公断员的席位上，将与会各国分担国际局经费的份额作为考虑的基础，"因为不同的份额已经确定了国家的等级"；或另以人口基数为标准，否则"中国代表团将不得不放弃投票，并且保留向原常设公断法院派驻新的公断员的权利"⑤。鉴于当时中国已承担国际局头等国经费，且在人口基数上也颇占优势，陆征祥的提议显然对中国是有利的。

---

① 《外务部收保和会专使陆征祥函：保和会公断约事》，光绪三十三年十月初七日，台北"中研院"近代史研究所档案馆藏外务部档案，馆藏号：02—21—003—03—001。

② Editorial Comment, "Arbitration Treaty with China," *The American Journal of International Law*, Vol. 3, No. 1, January, 1909, pp. 166—168.

③ "Sir E. Fry to Sir Edward Grey," October 12, 1907, G. P. Gooch and Harold Temperley eds., *British Documents on the Origins of the War 1898—1914*, Vol. 8, pp. 288—294.

④ 杨泽伟：《宏观国际法史》，第 213 页。

⑤ James Brown Scott, *The Proceedings of the Hague Peace Conferences: Translation of the Official Texts*, *the Conference of 1907*, Vol. Ⅱ, pp. 605—606。

但是，1907 年 9 月 22 日的会议上，美国代表正式提议"按国法之完缺，以配摊常年公断员任期"①，并建议美、德、法、英、奥、意、俄、日等 8 国各派 1 人独任，其余 9 席由各国共任，共任之中，又有 10、4、2、1 年任期之别。其中，土耳其法官任职 10 年，中国则因所谓的法律不完备而被列为三等国，最后只得 4 年。美国虽打着法律是否完备的旗号，其实遵行的依然是实力原则。英国传教士莫安仁、清末士绅管鹤等人一针见血地指出："中国实居三等之位置，盖平和会之所注视者，不以人民，不以土地，不以学术，而全视乎国力之如何……国力强者居上等，国力弱者不得不递降之。"②陆征祥在呈递的奏折中进一步分析了该提议对中国的危害："土耳其尚得十年，而中国只在四年之列，以法律不备为词，显列我为三等。臣以该法院为万国观听所系，无论国家地位骤失故步，万难隐忍自安。且国际交通日益便利，纷议事件亦必日多，万一有事交该法院公断，而本国适无在任人员，关系亦岂细故？"③

因此，陆征祥在会上表示强烈抗议，指出无论户口、幅员，中国都不在各国之下，土耳其尚任 10 年，中国只得 4 年，甚为不公。而且中国在第一次保和会时已列头等，并承担了常设公断法院之头等国 25 股经费，"应仍以摊费清单股数之多少为准，否则万难承认，惟有循守旧章"④。10 月 9 日第 8 次会议上，陆征祥还就公断法院组成等问题，发表了声明，强调指出："从今以后，我们不能再以这种令人遗憾的方式，漠视国家之间的主权、独立及平等的权利，它们是构成国际公断正义的基本原则。修正案所规划的新的公断法院——该法院在将来某天自会建立起来——也应该以此为基础。"⑤

事实上，美国的提议仅两三个大国附和赞成，反对者不仅有中国，而且

---

① 《外务部收保和会专使陆征祥、出使荷兰大臣钱恂函：详陈近日会议情形由》，光绪三十三年九月二日，台北"中研院"近代史研究所档案馆藏外务部档案，馆藏号：02—21—003—01—002。

② ［英］莫安仁、管鹤：《论海牙平和会之位置中国》，《大同报（上海）》1907 年第 6 期。

③ 《保和会专使大臣陆征样奏折》，1907 年 12 月 12 日，金敏荣编选、中国第二历史档案馆藏：《陆征祥出席海牙保和会奏折两件》，《民国档案》2000 年第 2 期。

④ 《外务部保和会专使陆征祥、出使荷兰大臣钱恂电：为电公告员额任期分配情形并请预备公断员人员遴选及早订法律》，光绪三十三年七月十二日，台北"中研院"近代史研究所档案馆藏外务部档案，馆藏号：02—21—010—01—001。

⑤ James Brown Scott，*The Proceedings of the Hague Peace Conferences：Translation of the Official Texts，the Conference of 1907*，Vol. Ⅱ，p. 161.

还有南美诸国，最后美国提案没有通过①。

其他海陆军事问题，基本上由军务委员丁士源专心核议，陆征祥等人"只于其条举采选施行"。唯一的例外是美国要求保护海上私产之提议，是遵从了福士达的意见。因为福士达先已应美国代表之请，允赞其议，陆征祥见势难令其收回成说，若坚持不允，将有碍于外交，同时又默察会中情形，发现美国之提议必无成效，因此转而表示赞成美国之提议。另外，中立条款内也有一些问题，中国代表意欲提议，后因其他国家也有不少类似的提议，因此"协力赞成"。据陆征祥所述，其他各股所议条款，"苟无不便于我而为公益所关者，亦自从众认可"，"间有窒碍者，虽已为多数所遵从，臣亦酌除而不认。计万国海上捕获审判所约中，酌除其第十五条，海上中立国权利义务约中，酌除其第十二、十九及二十三条。其它诸约暂从众议，似尚于我无损"②。

另外，值得一提的是，对于陆地战例，中国从与会之初就表示出了积极的态度。1907 年 4 月 25 日，外务部收到陆征祥来文，提议中国在入会前先补画第一次保和会《陆地战例条约》③。5 月 23 日，外务部奏请即行补押该约，同时还抄交《陆地战例条约》以及详细的陆战规例注释作为附件，以供参考。当日奉旨依议④。6 月 12 日，陆征祥将《陆地战例条约》遵旨画押⑤。

考察这一时期中国各方关于补押《陆地战例条约》之议论，可以看出其同意画押的缘由主要有以下几个方面：一是补押该约以便届时与议第二次海牙保和会之相关条约。陆征祥认为，"若陆地战例未经画押，会议时所有关于陆战事宜即未便预于其列"，且《红十字公约》已画押，该条约与《红十

---

① 《外务部收出使荷兰大臣钱恂文：咨送万国仲裁裁判员名单并陈明我国被降等第之故由》，光绪三十三年九月十六日，台北"中研院"近代史研究所档案馆藏外务部档案，馆藏号：02—21—003—01—016。

② 《保和会专使大臣陆征祥奏折》，1907 年 12 月 12 日，金敏荣编选、中国第二历史档案馆藏：《陆征祥出席海牙保和会奏折两件》，《民国档案》2000 年第 2 期。

③ 《外务部发陆军部文：保和会陆地战例条约应请补行画押希酌核见复由》，光绪三十三年三月十五日，台北"中研院"近代史研究所档案馆藏外务部档案，馆藏号：02—21—002—02—042。

④ 《庆亲王奕劻等奏折：为保和会陆地战例条约请旨补行画押事（附件一：陆地战例条约；附件二：一八九九年海牙公订陆战规例注释）》，光绪三十三年四月十二日，中国第一历史档案馆编：《晚清国际会议档案》第 2 册，第 521—626 页。

⑤ 《保和会专使陆征祥致外务部电文：为本日遵将陆地战例条约画押并遵三月筱电办理红十字约事》，光绪三十三年五月初二日，中国第一历史档案馆编：《晚清国际会议档案》第 2 册，第 651 页。

字公约》相辅而行，二者相关之处甚多。陆军部亦认同应当补押《陆地战例条约》①。二是 1899 年未画押之缘由已不复存在。1899 年中国未画押，其主要原因是中国军队操法不一，不谙公例，担心遇事会有窒碍。但到第二次保和会前夕，这一顾虑已不复存在。陆征祥指出，"各省练军亦较著成效"；外务部亦指出，"中国陆军制度业经改订新章"；驻英公使汪大燮也强调，"现在中国已一律改用西法操练，上届办理中立尚无背错之处"②。三是追求与各国一律。外务部提出该约初订之时未画押之国近年已陆续补画，因此奏请即行补押该约，"以期与各国一律"③。四是如汪大燮所言"此等条规终当遵守"④。当然，推动清廷决策出台的主要原因应该是前面两项，但从上述所列原因，依然能管窥其要求在无大窒碍的前提下积极地参与国际公约的基本态度。

会议结束时，在陆、钱二使的建议下，外务部指示中国代表暂缓画押。陆征祥遂在 10 月 18 日第二次海牙保和会的闭幕式上发言，表示："我一定会强烈建议（I shall not fail to warmly recommend to）我的政府接受这些公约，它们是我们长期工作的丰硕成果。帝国政府希望仔细研究这些数目众多的文件，如果明天我们不能与诸位一起签署，我们也极其希望能够在几个月内签署它们。"⑤

在上述各公约及声明文件中，中国的画押及批准有选择，且有先后之

① 《外务部发陆军部文：保和会陆地战例条约应请补行画押希即核见复由》，光绪三十三年三月十五日；《外务部收陆军部文：陆地战例条约应请旨准饬补押电行陆大臣遵办由》，光绪三十三年三月二十三日，台北"中研院"近代史研究所档案馆藏外务部档案，馆藏号：02—21—002—02—042、02—21—002—02—045。

② 《外务部发陆军部文：保和会陆地战例条约应请补行画押希即核见复由》，光绪三十三年三月十五日，台北"中研院"近代史研究所档案馆藏外务部档案，馆藏号：02—21—002—02—042；《庆亲王奕劻等奏折：为保和会陆地战例条约请旨补行画押事》，光绪三十三年四月十二日，中国第一历史档案馆编：《晚清国际会议档案》第 2 册，第 522 页；《外务部收出使英国大臣汪大燮函：酌拟海牙保和会提议四端乞酌核由》，光绪三十三年四月三十日，台北"中研院"近代史研究所档案馆藏外务部档案，馆藏号：02—21—002—02—071。

③ 当时，原来暂时没有画押的 11 国，除永久中立国瑞士以及中国外，余皆画押或补画押。《外务部发陆军部文：保和会陆地战例条约应请补行画押希即核见复由》，光绪三十三年三月十五日，台北"中研院"近代史研究所档案馆藏外务部档案，馆藏号：02—21—002—02—042；《庆亲王奕劻等奏折：为保和会陆地战例条约请旨补行画押事（附件一：陆地战例条约）》，光绪三十三年四月十二日，中国第一历史档案馆编：《晚清国际会议档案》第 2 册，第 522、527—530 页。

④ 《外务部收出使英国大臣汪大燮函：酌拟海牙保和会提议四端乞酌核由》，光绪三十三年四月三十日，台北"中研院"近代史研究所档案馆藏外务部档案，馆藏号 02—21—002—02—071。

⑤ James Brown Scott, *The Proceedings of the Hague Peace Conferences：Translation of the Official Texts, the Conference of 1907*，Vol. Ⅰ, p. 580.

别。具体而言，《和解国际纷争条约》《日来弗红十字约推行于海战条约》以及《禁止自气球上放掷炮弹及炸裂品声明文件》是对第一次海牙和会旧约的增订，对此中国早已批准，因此最早决定画押。1908 年 6 月 26 日如期画押三约，同时对《日来弗红十字约推行于海战条约》第二十一条提出保留。该约第二十一条是关于惩办违约的办法："各签署国同样应保证在本国刑法不充分的情况下，自行采取或建议立法机构采取必要的措施，以便制止在战时的个人抢劫行为及对海军伤病员的虐待行为，并以盗用军徽罪惩处不受本公约保护的船舰对第五条所规定的识别标志的滥用。各签署国应至迟在本公约批准后五年内，通过荷兰政府相互通知各自有关此项惩治的规定。"[1] 这一条款规定与 1906 年新修订的《改正红十字条约》第八章惩办违约办法的基本精神相同。海军处认为，后者中国以"专律未订"为由已在签署时提出了保留，而到 1908 年"新律尚未颁行"，故对《日来弗红十字约推行于海战条约》第二十一条也应保留[2]。从中不难看出中国政府对国际公约惩办条款的排斥态度。这一特点，同样也对中国签署新修订的陆战法规造成了阻碍。前面已经述及，原本中国已经特意赶在保和会召开之前签署《陆地战例条约》，以参与陆地战例的会议讨论，从而表现出了积极参与该公约的姿态。但是，《陆战法规及惯例条约》订立后，最终却因为增加的违约追责条款中所规定的如有违犯约章国家需担负赔偿责任等语，清政府各方以为此于实行上诸多窒碍，遂决定对该约暂缓画押。

　　1909 年 10 月 18 日，上述签押三约奉旨批准。荷兰政府定于 1909 年 11 月 27 日为接受修订第一次保和会各约之期，这一天中国代表将批准之本送会存储，并于文据画押，上述三约参加的法律手续至此结束。

　　如前所述在新增十约中，中国在会议规定的签押期限过后，批准五项。对于五约的批准，外务部与筹办海军处、陆军部往返咨商，最后达成一致意见。

----

　　① 《关于日内瓦原则适用于海战的公约》，1907 年 10 月 18 日，世界知识出版社编辑：《国际条约集（1872—1916）》，第 401 页。
　　② 《外务部收海军处咨呈：第二次保和会各约应分别会奏画押》，宣统元年八月十七日，台北"中研院"近代史研究所档案馆藏外务部档案，馆藏号：02—21—006—01—008。

1909 年 9 月 10 日，外务部收到陆军部咨呈，大意谓上述前三项可会奏请旨意画押①。另外，陆军部还提出应将已经画押之《陆地战例条约》与此三项条约一并奏请批准，而另外两项关于海战的公约要外务部去询问海军筹办处的意见。9 月 30 日，外务部收到筹办海军大臣载洵、萨镇冰咨呈，主张另画押《战时海军轰击条约》《海战时中立国之权利义务条约》两约②。之后，外务部综合各方意见，奏请批准上述五项公约。外务部对各约的分析如下：

> 　　除与我国无甚利益及势难实行条约六件拟暂时勿庸画押外，其《限制用兵索债条约》为预防因债用兵起见，系和解国际纷争之一种。《和解公断条约》业经奉旨画押，则该约似亦可画押，以示和平至意。《开战条约》为规定交战国彼此对待应有之行为，及交战、中立各国互相对待应有之行为，其文义原系各国国际公法家所常主张，现厘为约本，以冀易于遵守。《海军轰击口岸城村条约》，该约主义在于保居民而减战祸，未设防之口岸城村房屋彼此战时均不得以海军兵力轰击，在攻者可存仁爱之德，在守者亦可省无用之防。其敷设水雷地方不能作为防守一节，正与吾国地势合宜。至交战国应有之权利均于第二条以下明白维持，无虞掣肘。以我国现在海军情形而论，当亦不难施行。《陆战时中立国及其人民之权利义务条约》，该约第十一、第十二、第十四、第十九等条，系将已亥年《陆战规例》内第五十四、第五十七、第五十八、第五十九等条移入，字句并无更换。此外各条或为日俄战时我国所欲主张者，或为国际尚已有先例而我国及他国业已主张而实行者。惟该约须交战国中立国彼此均经画押方有效力，前准出使和国大臣钱恂电称，该约各国均已画押。以上四约，臣等详加推究，尚无窒碍，拟请画押，以副和平宗旨。《海战时中立国之权利义务条约》，该约各条所规定者与日

---

　　① 《外务部收陆军部咨呈：第一二次保和会各条约自应一并会奏请旨画押批准至海军等项各条约俟海军处核定再订期会奏》，宣统元年七月二十六日，台北"中研院"近代史研究所档案馆藏外务部档案，馆藏号：02—21—006—01—004。

　　② 《外务部收海军处咨呈：第二次保和会各条约应分别会奏画押》，宣统元年八月十七日，台北"中研院"近代史研究所档案馆藏外务部档案，馆藏号：02—21—006—01—008。

俄战争时我国所办中立情形及所主张之法意均无甚出入，惟第十四条第二款专为考察学问及宗教或善举之兵船有特别待遇，于我国并无利益。第十九条第三款停泊期限展长二十四小时似于战时徒予远来兵舰以便利。又第二十七条随时将各种法律命令知照订约各国一节，于遇事改订时颇形不便，动多牵制。拟请将该约画押，而将第十四条第二款、第十九条第四款及第二十七条提出。①

外务部所陈可谓详慎，从中可以看出当时中国政府已经清楚地意识到公约条款所涉国际事务对自身以及国际社会的重要性，并且明显透露出了借助国际公约之规范，维护本国权利的意识。其间，旁参会事的国际法专家董鸿祎在呈送朝廷的《和会条约译诠》一书中，还特意结合中国情势，分析了各公约对中国的利弊。他在诠释《战争开始条约》时不无感慨地指出，"甲申之役，法国固不宣战且未撤使而毁我船厂，攻我台湾。甲午之役，日人虽已通牒，尚未宣战而袭击我运船，轰沉我将卒。法国之暴，日人之忍，百倍于俄之被袭，当时我未暴其罪于天下，反令人有不知公法之讥者，殊为遗憾也！"②

1909年10月18日上述五约奉旨批准，1910年1月15日，陆征祥将盖用御宝的批准文件送海牙备案。同时，对于《海战时中立国之权利义务条约》中的第十四条第二款、第十九条第三款、第二十七条提出保留。因为当时已过了规定的画押期限，所以中国是以批准加入的方式参加了上述六项国际公约③。

可以说，与第一次保和会系列公约的参与相比，无论是从与会前的准备，还是从公约议订中的作为以及会后对公约的参加情况来看，中国各方都有了很大进步。其中最堪道者，即中国政府已经比较清楚地意识到公约条款所涉国际事务对自身以及国际社会的重要性，并透露出借助国际公约之规

① 《外务部奏折：具奏第二次保和会条约五件拟请画押并业经画押之条约三件一并请旨批准》，宣统元年八月二十六日，台北"中研院"近代史研究所档案馆藏外务部档案，馆藏号：02—21—006—01—013。

② 董鸿祎：《和会条约译诠》上册，清光绪宣统年铅印本，第4页。

③ 1916年外交部呈请补签海战各约及《陆战法规及惯例条约》，并拟就宣告加入文件，呈请大总统签署，于12月11日奉令，而《设立万国捕获物审判院条约》未获批准。

范，维护本国权利的意识。而且在国际事务的具体安排上，中国开始坚定地表达自己的意见，并与文明国比争，要求平等对待。虽然这一时期的国际事务依然摆脱不了大国操纵的局面，但是清廷外交代表却在夹缝中以西方国家的一些准则为利器，联合弱小国家，为维护和争取国家主权、利权而不懈努力。这样一种主动性，比起消极接受西方所谓的"文明"规则，毫无疑问更有利于中国融入国际社会。

此外，通过参与第二次保和会，参加系列国际公约，中国政府上下及社会各方更加清楚地意识到了自身的落后（尤其是法制上的落后），以及被国际社会其他强国排斥、压制的事实，由此更坚定了改革国内法制，进一步加强国际法学习的意识。在这方面，驻外使臣的感受尤为强烈。他们认为中国应该"急起直追，权操自我"，且"暹罗改法律，惟日孜孜，闻有二年观成之说；波斯亦改良宪政，勉为其难，不以国家多故自阻大计。中国固已钦奉懿旨，预备立宪，定有年期，逐渐施行。国计所系，自非仓促所可图功。惟臣愚以为第三次会转瞬即开，倘能先期实行，尤足以塞各国之口，而戢其不逞之心"[1]。董鸿祎在呈送朝廷的《海牙仲裁与中国之关系论》一文中也明确指出，晚近之世，以法律的优劣定国家的文明与野蛮。故国家欲图自强，国际欲谋平权，必须修明法律，而"海牙和会中，我国与各国外虽平等，内不平权。苟不从速修明法律，改正条约，不但权之永不能平，更不知居我于何等"[2]。以陆征祥为首的各外交代表对当时的国际关系亦有了深刻的体认，并上奏力陈外交上之合纵连横之道，建议中国政府联合波斯、暹罗等有共同利益的亚洲国家一起维护主权利益，同时联盟德美，以对抗日本[3]。不仅如此，中国政府上下及社会各方参与国际公约的意识也进一步增强。会事告竣后，中国政府便着手筹备参加第三次保和会（拟定于 1914 年举行）事宜，并对

① 《保和会专使大臣陆征祥奏折》，1908 年 1 月 1 日，金敏荣编选、中国第二历史档案馆藏：《陆征祥出席海牙保和会奏折两件》，《民国档案》2000 年第 2 期；《外务部收保和会专使大臣陆征祥文：具奏保和会前后实在情形等折片请代递由》，光绪三十四年一月十六日，台北"中研院"近代史研究所档案馆藏外务部档案，馆藏号：02—21—004—01—003。

② 董鸿祎：《海牙仲裁与中国之关系论》，《外交报》第 254 期，1909 年 9 月 18 日。

③ 《保和会专使大臣陆征祥奏折》，1908 年 1 月 1 日，金敏荣编选、中国第二历史档案馆藏：《陆征祥出席海牙保和会奏折两件》，《民国档案》2000 年第 2 期。

保和会各项公约及中国拟提议案进行了详细的研究和讨论[①]。上述种种为民国时期中国大幅度参与国际公约埋下了伏笔。

三、　参加有关战争与和平的其他国际公约

除参加两次海牙和平会议并缔结相关公约之外，中国还参加了其他一些有关战争与和平的国际公约，主要集中在战场救护等方面。

首先是参加 1864 年各国在日内瓦议订的《改善战地武装部队伤者境遇的公约》。如前所述，1899 年第一次海牙和平会议上，各国将 1864 年公约推广到海战，共同制订了《推广 1864 年日来弗原议行之于水战条约》。在各国画押该水战条约时，瑞士政府声明请求尚未加入日来弗原议的国家补签公约，以免纷歧。1900 年 1 月 27 日，杨儒上奏请旨补签，指出"别国有允从现约而未与原议者，均已向瑞士补押"，中国向未签署，因此"推广条约之发端，补押自不可缓"。按照荷兰外交部所筹供之简便办法，中国要签署该约，不必另派专员，可以在原议各国之中选择一友好国家，给予该国外部代为补押全权文凭，请其驻瑞士公使就近代为办理。杨儒认为荷兰外交部所筹简便办法，"亦友邦效劳之通例"，故采纳其建议，请荷兰外交部代押，荷兰外交部称极愿效劳。于是，杨儒奏请饬总理衙门核议具奏[②]。遗憾的是，由于义和团运动和八国联军侵华战争的爆发，清廷无暇顾及此事，因此杨儒的奏议，连同业已画押的保和会各项条约清廷均未来得及批准办理。

1904 年，日俄战争爆发，上述外交遗留问题遂一并提上解决日程。中国补签 1864 年《日内瓦公约》直接源于解决日俄战争现实问题的需要[③]。日俄战争爆发后，东三省深受其害，出现大量难民。清政府乃下令在天津、奉化等

[①]　详见唐启华：《清末民初中国对"海牙保和会"之参与（1899—1917）》，台北《政治大学历史学报》2005 年第 23 期；林学忠：《从万国公法到公法外交：晚清国际法的传入、诠释与应用》，第 337—342 页。

[②]　《外务部收驻俄大臣信一件：函陈俄国近事并抄呈红十字会奏稿及文件由（附奏稿：杨儒遵赴和兰画押并请补签日来弗原议暨筹办救生善会各缘由）》，光绪三十年八月二十八日，孙学雷、刘家平主编：《清代孤本外交档案》第 38 册，第 15976—15981 页。

[③]　20 世纪初期，中国鼓吹加入国际红十字会，设立中国红十字会的舆论高涨，成为清廷签约的又一潜在动力。例如，1902 年的《外交报》上登载了 1864 年《红十字公约》的条款内容（《红十字条约》，《外交报》第 8 期，1902 年 4 月 22 日）；1904 年的《申报》刊登了题为《中国宜入红十字会说》（《申报》1904 年 3 月 5 日）的文章，呼吁中国应尽早加入国际红十字会，并成立中国红十字会。

地，由当地官方出面，设立救济机构，并试图派官方船只驰往战地予以接济，最终遭到交战国阻止。有鉴于此，外务部以为，"东西各国所立红十字会虽为医治病伤军士而设，藉前往战地救济难民实亦推广善举之办法"，因此敦促北洋大臣袁世凯"力为提倡，详细熟筹"①。可见，清政府当时似已有意举办红十字会。但是当时中国尚未参加 1864 年《日内瓦公约》，即便成立红十字会，日、俄两国也未必能同意其参与救济。1904 年 3 月 10 日，上海绅商沈敦和等人在政府的暗中授意下，在上海组建由中、英、法、德及美五国代表合办的上海万国红十字会，试图通过国际合作的方式，借红十字会之名，以实行救济之事。而在外交程序上，正如该会西董所言，仍应由中国政府商请日俄两国政府承认此会，并"饬下战员知照"②。3 月 20 日，商约大臣吕海寰、盛宣怀会同电政大臣吴重熹致电外务部，称除上述办法外，还应预先照例知照瑞士红十字总会，在得到该总会承认后，两交战国方能承认上海万国红十字会的中立救济身份，吕海寰等人还随电附上《日内瓦公约》，催促政府签约之意不言自明③。按照《万国红十字联合会规约》，各国政府参加《日内瓦公约》是该国红十字会获得国际红十字会承认的重要前提。此前中国虽画押《推广 1864 年日来弗原议行之于水战条约》，但并没有批准该约，而且更非《日内瓦公约》缔约国，因此上海万国红十字会要想获得中立救济身份殊非易事④。在此期间中国政府又接瑞士总办摩尼业来函，以中国应补画为请。在此形势下，接踵续签变得尤有必要。而且，自日俄开战以来，中国虽宣布中立，但"东省因应尤处两难"，迭遭日俄指责，在外交上十分被动，遂对以调解争端和协调战事关系为核心的保和会公约寄予厚望⑤。因此，中国决定立即补签 1864 年公约，并批准海牙保和会已画押之系列国际公约。

---

① 《外务部函北洋大臣袁世凯：希妥筹红十字会事并安插难民由》，光绪三十年二月初一日，台北"中研院"近代史研究所档案馆藏外务部档案，馆藏号：02—21—013—01—001。

② 《外务部收商约文：红十字会事照日俄两使并电胡杨二使迅商由》，光绪三十年二月初一日，台北"中研院"近代史研究所档案馆藏外务部档案，馆藏号：02—21—013—01—002。

③ 《外务部收商约大臣吕海寰、盛宣怀，电政大臣吴重熹电：拟定红十字会办法请照日俄两使即电胡杨二使迅商并知照瑞国总会由》，光绪三十年二月初四日，台北"中研院"近代史研究所档案馆藏外务部档案，馆藏号：02—21—013—01—003。

④ 详见张建俅：《中国红十字会的起源（1904—1912）》，台北《政大史粹》2000 年第 2 期。

⑤ 《外务部发驻俄大臣信一件：详叙俄在奉省情形并红十字会各事由》，光绪三十年六月十六日，孙学雷、刘家平主编：《清代孤本外交档案》第 38 册，第 15929 页。

从完成加入 1864 年《日内瓦公约》和批准海牙保和会公约的程序来看，中国政府的态度积极而急切，却又昧于所需程序，故加入和批准也是一次曲折的学习过程。5 月 1 日，外务部将全权敕谕咨寄驻英大臣张德彝。因万国红十字会急于集事，而敕谕转寄需时，外务部又于 5 月 4 日致电张德彝："补画瑞士红十字会事，希遵电传谕旨照会瑞使先行入会，俟奉到全权敕谕补行宣示，并将入会日期速电复外务部。"① 也就是说外务部还是迫切要瑞士方面以电传的允准谕旨为据先行通融加入公约。但不几日便接到张之回电，称："瑞使云，入会务遵定例，瑞政府于此未便迁就，先行入会一节，故难照办。"② 6 月 28 日，驻英大臣奉到敕谕，旋于 7 月 1 日（光绪三十年五月十八日）将全权凭据及入会画押文件面交驻英瑞使，并请其转递瑞士政府，此项文件即为中国愿行加入公约之依据。瑞士方面在收到上述文件后按照万国公例，于 7 月 8 日备文将中国入会一事布告在约各国，这也宣告了该公约加入的法律程序的结束③。

其次是参与议定并批准《关于战时医院船免税的公约》。

《关于战时医院船免税的公约》（*Convention Concerning the Duty-Free Hospital Ship in War*，又称《战时医院船免税公约》《病院船条约》），是对 1899 年《推广 1864 年日来弗原议行之于水战条约》第一至三条关于海战医院船的条款进行补充的国际公约。1899 年海牙公约所规定的医院船包括交战各国专为救助伤病员和遇船难者建造或装备之军用医院船，全部或部分由私人或官方承认的救济团体出资装备之医院船，以及全部或部分由中立国私人或官方承认的团体出资装备之医院船。按照 1899 年海牙公约规定，上述船舶在使用前应将船名预先知照交战国，且应受到尊重，不得被毁坏，并免受拿

---

① 《发驻英大臣电，遵旨照会瑞使先行入会，俟奉到敕谕补行宣示由》，光绪三十年三月十九日，孙学雷、刘家平主编：《清代孤本外交档案》第 38 册，第 15902 页。

② 《收驻英大臣电一件：瑞使不允先行入会，当先备宣示之文俟敕谕到即知照由》，光绪三十年三月二十二日，孙学雷、刘家平主编：《清代孤本外交档案》第 38 册，第 15903 页。

③ 《收驻英大臣信一件：全权凭据及画押件交瑞使由》，光绪三十年七月初一日；《收驻英大臣电奏一件：画押事竣》，光绪三十年六月十七日；《收红十字会会长穆业信一件》，光绪三十年八月十七日，孙学雷、刘家平主编：《清代孤本外交档案》第 38 册，第 15934、15932、15952 页。

捕①。1904 年，为助成施医船在开战时办理善事，法国政府提议"将此等施医船全免海口税款及船钞等费"，并由荷兰政府转请签押 1899 年海牙公约之国拣派大臣会议此事。因此，遂有战时医院船免税之议及相关公约的出台。

1904 年 11 月 15 日，荷兰驻华公使希特斯照会外务部，邀请中国简派全权大臣赴海牙会议战时医院船免税事宜。中国已在 1899 年画押《推广 1864 年日来弗原议行之于水战条约》，并且于 1904 年 7 月将批准文本补交荷兰政府存储。外务部认为，"中国既经入会，自应接续与议，以联邦交而成善举"，因此请旨简派出使大臣一员，给予全权，届期前往和兰会议。11 月 27 日奉旨着派驻俄大臣胡惟德赴会②。

12 月 13 日，会议正式开始。在参与 1899 年海牙保和会的 26 国中，"英以各属地税各异，瑞典以与本国宪法未符，瑞士以国无海口，土耳其以前约未批，皆不预会"③，故此次与会者共 22 国。经过四次会议，最后在原拟约文的基础上，形成《关于战时医院船免税的公约》六条，规定在战争期间，凡恪遵 1899 年《推广 1864 年日来弗原议行之于水战条约》第一至三条规定之医院船，"在开战时免纳该国各口岸向应交纳国库之税钞"，但是"不得阻碍各口岸现行之税课、法律以及他项法律上所有验看船只及他项例行规条"。另外，该约同样也有普遍参加的条款，当非缔约国与缔约国交战时，缔约国应即停止遵从以上条款。由于该约只免国家之税，非概免地方应需各费，故各国还出台一声明文件，声明愿在短期内将地方应需各费一律免除④。1904 年 12 月 21 日，中国、美国、俄国、德国、法国等 20 国代表分别签署该公约，意大利和危地马拉分别以未接到政府训条和未奉全权之命为由暂不画押⑤。

诚如外务部如上所言，"以联邦交而成善举"也是此番中国与会的基

---

① 《推广一千八百六十四年八月二十二号日来佛原议行之于水战条约》，薛典曾、郭子雄编：《中国参加之国际公约汇编》，第 19—20 页。

② 《外务部具奏一件：各国议免红十字会医船税钞请派员与议》，光绪三十年十月二十日，孙学雷、刘家平主编：《清代孤本外交档案》第 38 册，第 16016—16019 页。

③ 《出使大臣胡惟德奏红十字船免税条约画押毕事折》，许同莘、汪毅、张承棨编：《光绪条约》，沈云龙主编：《近代中国史料丛刊续编》第 8 辑，第 2666—2667 页。

④ 薛典曾、郭子雄编：《中国参加之国际公约汇编》，第 334—335 页。

⑤ 《出使大臣胡惟德奏红十字船免税条约画押毕事折》，许同莘、汪毅、张承棨编：《光绪条约》，沈云龙主编：《近代中国史料丛刊续编》第 8 辑，第 2667 页。

调，之后中国的态度无不体现了这一点。与会前夕，荷兰使臣当面告知胡惟德称此次海牙会议，即于保和会推广日内瓦条约内添设医院船免税一款，其文拟定如下："推广日来弗条约一、二、三款所载医药船经本国派遣出差，其船各预先知照敌国，此项船只开战时驶近战国口岸，一律免纳税钞，惟该口岸向来应需各费，如引港费之类不在此例，仍遵照该口岸预防私运军火定章听候查验。此款现经通告各国届期派员画诺，并不会议。"胡惟德据此认为会议一节似已更改办法，因此为避免临时来不及请示，特意事先在电文中向外务部请示，"如各员届期会而不议，仅从众画押，中国应如何办理？"① 12 月 5 日，清政府指示胡惟德与各国一律办理②。由此可见，相对于具体的条款细节，外务部更看重参加该免税公约在形式上所带来的融入国际社会的象征意义。事后，胡惟德在谈及此次会议亦提到这一层意思，其中不乏溢美之词："事关慈善，各国无不欣然乐从。臣亦对众口宣圣德无疆，善与人同之至意。各国又均以中国渐次预列各种会议，为与列邦联合之证，群相引重。臣忝膺使职播皇仁而荣预会盟，东望战场祝兵气之销为日月无任，诚祷屏营之至。"③

　　批准存储是完成公约参加程序的最后一环，中国方面清楚地知道这一点，但具体操作起来却又反映出了国际法常识的欠缺。按照公约规定和通行的国际规则，中国批准的正当程序应是俟 1905 年 10 月 1 日画押期限已过后，在荷兰政府缮就之约文正本（由荷兰驻使递交中国政府）上盖印批准，然后将批准之件交荷兰政府存储，且送到批准之件，应立文据，并将此条文据抄件校对无误④。而早在 1905 年 5 月 24 日，外务部就自行缮就汉、洋文约本，奏请用御宝作为批准之据，并于 6 月 19 日寄送胡惟德。胡使于 9 月 10 日收到批准约本后，立即照会荷外交部订期交送，但是荷兰外交部拒绝接

---

　　① 《外务部收驻俄大臣电一件：海牙会而不议，中国应如何办理请旨示遵由》，光绪三十年十月二十八日，孙学雷、刘家平主编：《清代孤本外交档案》第 38 册，第 16029—16030 页。

　　② 《外务部奉旨一件：胡惟德着与各国一律办理》，光绪三十年十月二十九日，孙学雷、刘家平主编：《清代孤本外交档案》第 38 册，第 16031 页。

　　③ 《出使大臣胡惟德奏红十字船免税条约画押毕事折》，许同莘、汪毅、张承棨编：《光绪条约》，沈云龙主编：《近代中国史料丛刊续编》第 8 辑，第 2667 页。

　　④ 《病院船条约》，薛典曾、郭子雄编：《中国参加之国际公约汇编》，第 334 页。

收中国自行缮就批准之件。直到 1906 年 2 月 21 日，荷兰署使才照送该约底本，由于荷兰外交部称批准约本应俟画押各国批本到期才订期同时收储，故一直等到 1907 年 3 月 26 日，中国才与另外 18 国在荷兰同时实行画押存储，至此终于彻底完成参加公约的程序①。

第三是参与修订与签署《改正红十字公约》。

《红十字公约》自 1864 年形成以来，得到了国际社会的普遍承认，截止到 1906 年 6 月 1 日，加盟国已达 48 个之众。同时，"其约文甚多缺憾，此语学人固言之，实验家亦多道之"②。故针对条约规定不完全之处，各国政府机关、各种救恤协会、国际法学会、个人以及一些大国会议等纷纷提出修正案。

19 世纪中后期以来，关于战地伤者病者救护之修正案总计不下 13 个，其内容虽互有异同，但 1864 年原约之不完备且必需之改正已为各国所认同，正如时论所概括的那样，存在系列问题。如该约只规定"陆军病院及绷带所并其所属人员材料为中立，而于救恤协会之人员物品，都未规定"；"战地假病院及陆军病院，并不包含各国军队卫生机关之全部，意义失之过隘"；该约限定享有特权之人员，致使救护机关必需之人员不能并包在内；特权人员如陷于敌军，如愿退归，则交战者负送致敌军前哨之义务，"是蔑视军事上必需之要项"；交战国将官有义务恣惠居民为慈善之举，此项未为紧要；接受或守护负伤者人民之家屋，不可侵犯且免其战时课税，但必当排除滥用为军队之宿舍；伤病者之资格不甚明了；红十字臂章及红十字旗常被滥用，却无制裁之规定，等等③。这些所提需修正之处，或是涉及条约规定之模糊性，或是揭露权利所覆盖范围不全面，又或是指出条约"太偏于尊重人道，因之对于交战国，妨害其交战上之利益"④。因此，对该约进行改正无疑大有裨益。

---

① 参见唐启华：《清末民初中国对"海牙保和会"之参与（1899—1917）》，台北《政治大学历史学报》2005 年第 23 期。

② ［日］秋山雅之介：《纪会议改正红十字条约情形》，《外交报》第 173 期，1907 年 4 月 27 日。

③ 《改正红十字条约之规定·绪论》，《外交报》第 256 期，1909 年 10 月 8 日。

④ 君实：《红十字事业与战争》，《东方杂志》1918 年第 15 卷第 8 期。

　　然而，以上所列补充《红十字公约》缺点的各种方案并无战时约束各国行为之效力。其中涉及提案之 1868 年《红十字公约》追加条款及 1874 年《布鲁塞尔宣言》都没有得到各国批准①，其余皆为红十字会、国际法学会等团体及个人的提案。之后，在 1899 年海牙和平会议中，《陆战法规和习惯公约》所附章程第二十一条重申了《布鲁塞尔宣言》关于交战国保护伤病者之义务，又《推广 1864 年日来弗原议行之于水战条约》则根据《红十字公约》之原则，对海战时伤病者及遇难船之保护作出规定。然而，《红十字公约》之缺点，并没有根本改观，故"改正之约，人人皆望从速实行"②。在 1899 年保和会上，各国于葴事文件中一致约定为此从速开各国会议③。原拟于 1901 年 5 月由瑞士政府出面召集《红十字公约》订约各国会议以修改条约，时承中国义和团事变及南非战争之后，又有日俄战争，因此开会遂延期。

　　1906 年 6 月 11 日，瑞士政府召集各国于日内瓦会议修改《红十字公约》，当时国际社会决定在该会议后举行第二次保和会④。中国外务部收到邀请后，认为"中国既已入会，自应派员赴议"，并于 1906 年 4 月 14 日请旨简派驻荷使臣陆征祥前往参会，当日奉旨依议⑤。17 日，陆征祥致电外务部，称"顷探各使，各国通用全权字据，瑞政府不认电传全权，前为张使画押颇费笔舌，此次应否从速奏颁"。5 月 1 日，外务部寄出令陆征祥出席会议之全权饬谕⑥，这反映了中国对国际会议程序的进一步熟悉。

　　但是对于此次会议，清政府并没有如一些学者所言格外重视。与会三十余国，大多数都有两员以上代表，且其身份除驻外使臣外，更有陆军将领、军医长官、法学家乃至红十字会议员等专业人士，而中国代表仅由驻荷使臣

---

①　1868 年欧洲 14 国会议于日内瓦订结《红十字公约》追加条款十五条，前五条修正旧约之规定，后十条则为海战时行使《红十字公约》之法规。因当时发生普法战争，遂没有得到各国批准。1874 年布鲁塞尔会议时，俄、德、比、瑞等国关于伤病者待遇问题皆有提案，后从德国委员之议，改正《红十字公约》之事缓期，该会议通过的《布鲁塞尔宣言》第三十五条，规定交战者遵守 1864 年《红十字公约》，履行待遇伤病者之责任义务。
②　《改正红十字条约之规定·绪论》，《外交报》第 256 期，1909 年 10 月 8 日。
③　薛典曾、郭子雄编：《中国参加之国际公约汇编》，第 5 页。
④　《外务部收出使荷兰大臣陆征祥电：邀请各国瑞京修改红十字会公约中国如拟派员先示祥由》，光绪三十二年三月初八日，台北"中研院"近代史研究所档案馆藏外务部档案，馆藏号：02—21—014—01—017。
⑤　《外务部递奏片：请旨简派陆征祥赴瑞京议修红十字会公约由》，光绪三十二年三月二十一日，台北"中研院"近代史研究所档案馆藏外务部档案，馆藏号：02—21—014—01—020。
⑥　《外务部发出使荷兰大臣陆征祥电：红十字会全权敕谕本月初八寄由》，光绪三十二年四月初八日，台北"中研院"近代史研究所档案馆藏外务部档案，馆藏号：02—21—014—01—026。

陆征祥一人出任。与中国相类似仅由一二名使领人员出席的还有波斯、暹罗、智利、危地马拉、洪都拉斯、尼加拉瓜、秘鲁以及乌拉圭等小国①。日本代表也注意到，"至各国所派委员，惟南美各国皆一二人，此外大国，多遣四五人，俄且派至七人，实各国中委员之最多者"②。因此，相较之下，中国从一开始就表现出浓厚地注重参与形式和会议外交的色彩。

6月13日，38国代表正式开议③。会中审查诸问题已由瑞士政府预先送达各国政府，共计十四项，由各国委员分成四组分科委员会讨论。第一委员会研究伤病者、死者之事项，第二委员会研究卫生部员之事项，第三委员会研究卫生材料之事项，第四委员会研究滥用徽章等事项。据日本赴会人员秋山雅之介所言，"四委员会所分担事项，皆关联而不可离，若间隔会议，诸多窒碍"，故日、俄等国大抵皆以委员四五人"匀分列为各会之委员"④。中国是以一人而兼列于四科，虽如陆征祥所言"幸无顾此失彼之虞"，但毫无疑问会议效果是大打折扣。

在条约草案讨论的过程中，各国委员各执意见，议论百出，草案甚难定妥，其中"德、奥、义、俄、英、法等大国，辄主张一己发言之意见，而不肯迁就，致会议之间，恒有阻滞不进之弊"⑤。会议最后，由众人公举各分科委员代表、法学家和外交官共计15人组成一委员会负责起草条约。东方国家中，陆征祥与日本代表同被推举。7月5日，《改正红十字公约》各条终于拟定出台，并将1864年的《红十字公约》由原来的十条增至八章三十三条。而且，各国在藏事文件中另立一约，规定条约解释权归海牙公断法院⑥。如前所述，对于《红十字公约》，40年来宣示其修正或改正案者不可胜计，因此"条约之改正，实为一千八百六十七年以来之著称之问题"。时人亦指出："改正条约中，将从来学者及实务家所驳难旧条约之种种缺点，一律修除。

---

① 《修订日来弗条约藏事文件》，薛典曾、郭子雄编：《中国参加之国际公约汇编》，第342—344页。
② ［日］秋山雅之介：《纪会议改正红十字条约情形》，《外交报》第173期，1907年4月27日。
③ 《外务部收军机处交出陆征祥奏折：陆征祥奏遵赴瑞士会议修改红十字会公约分别画押各情形一折》，光绪三十二年九月初七日，台北"中研院"近代史研究所档案馆藏外务部档案，馆藏号：02—21—012—01—017。
④ ［日］秋山雅之介：《纪会议改正红十字条约情形》，《外交报》第173期，1907年4月27日。
⑤ ［日］秋山雅之介：《纪会议改正红十字条约情形》，《外交报》第173期，1907年4月27日。
⑥ 《外务部具奏：议复驻和陆大臣修改红十字会公约分别画押一折应俟军律奏准再行请旨办理由》，光绪三十三年十二月初二日，台北"中研院"近代史研究所档案馆藏外务部档案，馆藏号：02—21—012—01—033。

且于通年文明国战争时，各国所实验以为必须新规定，略皆采用，无他异议。故该会议于旧条约之规定，大加改良。"①

按照新约第三十二条规定，1864年公约之签署国，均得于1906年12月31日前补行签押；之后仍许入约，只是应备文通告瑞士政府，由该政府转告各缔约国。另外，其他向未入约各国亦可以同式文书请求入约，条约对其生效的前提是：自行文通知瑞士政府之后一年内无缔约国反对②。

在执行签署手续之前，陆征祥已向政府请示应否从众办理。因《红十字公约》关系军事，外务部便行文练兵处酌核声复。后者回文指出："红十字会事关仁政，于兵事尤有关涉，现值编练新军之际，既据称无甚窒碍，自应从众办理。"③ 1906年7月6日，包括中国在内的与会35国全权代表对约文画押。陆征祥以为，"中国入会签约在先，此次自应从众办理，惟西国视约文为定本，设或全款遵允，遇有战事，必须照约施行"，而该约第六章公认红十字标记，"惟中国未经沿用于前，即须酌议于后"，第八章惩办违约一层，"似应参考中西通行例章，从详编辑。设于该约所定五年限内尚未颁订就绪，亦不足昭示外人"，因此在签押时对第六章特别记章（第十八至二十三条）和第八章禁止滥用及其违犯（第二十七、二十八条），声明"暂缓允从，应俟详陈政府再定，盖于从众之中略寓审慎之意"，该声明得到会众的承认④。

10月24日，外务部奉令就《红十字公约》是否应当全款照允批准议奏⑤。之后，外务部、陆军部、农工商部、修订法律大臣以及陆征祥等各方着重就第六章红十字标记和第八章惩办违约办法申明保留之处进行了研究。

对于第六章所载红十字标记各节，陆军部认为可以照准，因为自1904年中国对1864年《红十字公约》补行画押后，"陆军所设各医院及卫生等队

---

① 《改正红十字条约之规定·绪论》，《外交报》第256期，1909年10月8日。

② 《修订日来弗条约藏事文件》，薛典曾、郭子雄编：《中国参加之国际公约汇编》，第341页。

③ 《外务部收练兵处文：红十字会事关仁政既据称无甚窒碍自应从众办理请查照转知由》，光绪三十二年五月初四日，台北"中研院"近代史研究所档案馆藏外务部档案，馆藏号：02—21—014—02—006。

④ 《外务部收军机处交出陆征祥奏折：陆征祥奏遵赴瑞士会议修改红十字会公约分别画押各情形一折》，光绪三十二年九月初七日，台北"中研院"近代史研究所档案馆藏外务部档案，馆藏号：02—21—012—01—017。

⑤ 《外务部收军机处交出陆征祥奏折：陆征祥奏遵赴瑞士会议修改红十字会公约分别画押各情形一折》，光绪三十二年九月初七日，台北"中研院"近代史研究所档案馆藏外务部档案，馆藏号：02—21—012—01—017。

人员物件均已照用红十字徽章，且前年日俄战时上海奏设之万国红十字会亦经照行"①。对此其他各方尚无异议。

对于第八章，陆军部最初以为该章第二十七款所载，应订律不准以红十字名称为商号牌记一节亦可照准，并请外务部咨行农工商部及修订法律大臣会商酌订专律办理。对于该章第二十八款严禁战时抢掠虐待一节，陆军部亦表示："现正拟订各项军律，当斟酌中外法意，量为纂订专律，俾与该约融洽，届时另案奏咨。"对于该款不得擅用红十字旗帜及红十字袖章等不解之处一并询问陆征祥，还要求将与会各国人员的各种议论的详细报告，并同洋文原稿寄到再核议②。陆征祥颇为赞同陆军部的意见，认为该部与其"在会斟酌情形声明各节亦隐符合"，同时对陆军部的疑问也作出了答复③。但是，外务部倾向先妥订惩办违约专律，然后才画押以上两款。1907 年 1 月 11 日，外务部咨行农工商部及修订法律大臣将商号标记禁用红十字名称一节妥订专条办理④。1 月 15 日又奏称："所有惩办违约办法关系綦重，一经签约即应按照五年期限先期颁布，现在中西通例一时尚未能编辑就绪，自未便预行画押，致与约定年限有所妨碍。此项约本并无批准限期，亦经部兹明驻和国大臣将各国在会议员各种议论详行报告，一俟该大臣复到及军律奏准之后，应即行知该大臣将未允两款补行画押。"同日，该折奉朱批依议⑤。1 月 24 日，外务部将上述决议告知农工商部、陆军部、法律大臣以及陆征祥⑥。农工商部对于第八章第二十七款所载应订律不准以红十字名称为商号牌记一节

① 《外务部收陆军部文：咨复瑞士红十字公约各节应照准商订应再核议等款请转陆大臣由》，光绪三十二年十月二十日，台北"中研院"近代史研究所档案馆藏外务部档案，馆藏号：02—21—012—01—026。

② 《外务部收陆军部文：咨复瑞士红十字公约各节应照准商订应再核议等款请转陆大臣由》，光绪三十二年十月二十日，台北"中研院"近代史研究所档案馆藏外务部档案，馆藏号：02—21—012—01—026。

③ 《外务部收出使荷兰大臣陆征祥文：红十字会新约各款逐条声复请条咨陆军部并俄第二次保和会节目如有提议早日示复由》，光绪三十三年二月二十一日，台北"中研院"近代史研究所档案馆藏外务部档案，馆藏号：02—21—012—02—037。

④ 《外务部行农工商部、法律大臣文：商牌禁用红十字标记应会订专条办理》，光绪三十二年十一月二十七日，台北"中研院"近代史研究所档案馆藏外务部档案，馆藏号：02—21—012—01—032。

⑤ 《外务部具奏：议复驻和陆大臣修改红十字会公约分别画押一折应俟军律奏准再行请旨办理由》，光绪三十三年十二月初二日，台北"中研院"近代史研究所档案馆藏外务部档案，馆藏号：02—21—012—01—033。

⑥ 《外务部行农工商部、陆军部、法律大臣、驻和陆大臣文：具奏议复驻和陆大臣修改红十字会公约分别画押一折录旨抄奏钦遵由》，光绪三十二年十二月十一日，台北"中研院"近代史研究所档案馆藏外务部档案，馆藏号：02—21—012—01—037。

不甚积极，指出第二十七款英、日两国均未签押，"故英、日政府对于该款如何定禁、如何定罚，或订专律、或附属于他律，将来必有明文"，决定打算等英、日两国的办法发布后，再参考酌定。修订法律大臣对农工商部的意见亦未予反对①。最后，陆军部复咨外务部称，该约第六章红十字标记请即补行画押，第八章各节应从缓画押。外务部采纳其议，并于1907年4月29日电达陆征祥②。

6月4日，陆征祥致电瑞士政府，第六章红十字标记一节中国政府业已允准照约办理，同日并备致瑞士政府公函以凭存案，谓："一千八百六十四年日来弗条约自驻英张大臣补行画押后，中国于行军医院及卫生等队业已遵约行用红十字标记，一千九百零六年修改该约之时，会中所讲红十字标记不本宗教一节，经本大臣电达北京政府后，本政府益见推广施行，足证本政府一视同仁，初无歧异之见。盖本政府宗旨亦愿遵守万国军中划一标记，俾各国军队易于辨认以期一律。"翌日，瑞士总统复电，极致欣幸之意③。这样，中国政府最后保留的是第八章惩办违约办法（第二十七、二十八条）。

按照新约第二十九、三十条规定，各国签约画押后，应从速批准，且该约应于瑞士政府接到批准文件六个月后对缔约各国发生效力。因此，陆征祥上述签押和补行画押之行为既有最基本的法律效果，即确定公约文本不再变更，同时在此基础上还可以确定另外一层法律效果，也就是表示中国初步同意缔结该条约，但只有经过国家批准才能接受其约束。遗憾的是，该约对于批准期限没有明确规定④。中国政府遂一直拖延，直至清朝灭亡也没有批准。《改正红十字公约》第三十一条对于中国这种签署而没有批准的情况也作了

---

① 《外务部收农工商部文：红十字会公约第六章第二十七款拟俟英日办法发布后再酌定由》，光绪三十三年二月初五日；《外务部致驻871陆大臣函：保和会事已函致各驻使并商标禁用红十字一节应与各国一律由》，光绪三十三年二月十七日，台北"中研院"近代史研究所档案馆藏外务部档案，馆藏号：02—21—012—02—018、02—21—012—02—033。

② 《外务部发陆军部咨：准陆大臣电称陆地战例暨红十字约遵照画押由》，光绪三十三年五月初五日，台北"中研院"近代史研究所档案馆藏外务部档案，馆藏号：02—21—014—03—001。

③ 《外务部收保和会专使陆大臣函：函述禁用红十字会徽章并摘出声明各节由（附来往电函）》，光绪三十三年六月初七日，台北"中研院"近代史研究所档案馆藏外务部档案，馆藏号：02—21—014—03—004。

④ 俄国担心新修订之约款与即将召开的保和会议定各节互异，因此会前坚持要求允其先议而缓批准，各国同意，因此《改正红十字公约》虽经议定画押，而批准仍须俟保和会议成之后（《外务部收出使荷兰大臣陆征祥文：红十字会约本及派员赴会等事》，光绪三十二年闰四月初一日，台北"中研院"近代史研究所档案馆藏外务部档案，馆藏号：02—12—025—02—013）。

明确规定："缔约各国自批准日起，其缔约国间之关系应将一千八百六十四年八月二十二号之旧约作废，遵照本约办理。旧约签押各国在未经批准本约以前旧约仍有效力。"① 照此规定，在批准该约以前，对中国有法律约束力的依然是 1864 年的《红十字公约》。

第四节　参加其他国际公约

中日甲午战争之后，中国除了参加有关经济、战争与和平等方面的国际公约外，还继续关注和思考其他方面国际公约的参加问题。在这当中，中国参加了《航海避碰章程》。另外，邮政、电信及版权也是中国试图进一步拓展国际公约关系的重点。

一、 参加《航海避碰章程》

《航海避碰章程》是清政府参加的第二项国际公约。早在甲午战争之前，清政府便已在 1889 年派员参加了《航海避碰章程》的制定会议②。按照各国约定，此次会议上议定的《航海避碰章程》于 1897 年 7 月 1 日开始实施③。该章程主要是在西方行船经验的基础上拟定的，不完全符合中国的实际情况。因此，中国虽然参加了公约制定会议，但在接受该章程时是有所保留的。实际上，在《航海避碰章程》这样的国际性规则拟定之前，中国早已颁布了一些类似的行船避碰章程，只不过它们主要适用于中国内河及沿海港口等处。为了更好地理解中国对《航海避碰章程》的有条件接受，有必要在此作一简单的历史回顾。

鸦片战争以降，因历次不平等条约的签署，我国沿海及内河航运权丧失殆尽，万里海疆门户洞开。各国商船、军舰日渐频繁地出现在我国各大通商

---

① 《修订日来弗条约藏事文件》，薛典曾、郭子雄编：《中国参加之国际公约汇编》，第 341 页。

② 详见尹新华：《晚清中国与国际公约》，第 56—60 页。

③ 《总署收英国公使窦纳乐信：行船免碰章程定于本年六月初二日开办希转饬遵照由》，光绪二十三年二月初六日，台北"中研院"近代史研究所档案馆藏总理各国事务衙门档案，馆藏号：01—13—019—03—003。

口岸及沿江沿海各地。我国水上交通安全形势随之日益紧迫，船碰事件时有发生。特别是在华船与洋船的碰撞事件中，受损的往往是身小力单的华船。如何维护水上交通秩序，并在事发后迅速认定事故责任，切实维护当事船只及船员的正当权益，成为中国有关当局必须面对的一个重大问题。由于中国之前并无成法，只好先行援引西方避碰规则以为应对。但嗣后发现中西情势不同，完全照搬西方规则不利于维护华船的利益。因此，清政府在借鉴西方成规的基础上，逐渐制订和颁布了一些自己的避碰专章。

1868 年 6 月，上海道台照会驻沪美国领事："通商各口华洋船只来往江面，每有磕碰沉损，彼此各拟一词，争讼不休，因思船只被碰之后，如何应赔，如何不应赔，贵国当有一定条例，必须明白出示晓谕，庶华洋各商均能行悉，知所避忌。"在复文中，美国领事附送了本国的行船免碰章程，以供参考①。在此基础上，上海道台与驻沪各国领事商议，拟定了《行船防备碰撞条款》。不过，这些条款主要在上海通行，而且因为它并未由总理衙门照会各国公使会议，通饬各口领事遵办，所以遇有碰船案件援引前章，领事等皆不允遵行②。1875 年，俄国总领事将本国的《航海船只预防碰撞章程》《内河行驶船只管驾号令各条》译送天津海关。中方当即各择最关切要数条知照各关道查阅③。

1876 年，德国公使在译送其本国行船免碰章程时，特别指出："章程内所言应用号灯恐华船难使遵照，应为另立专章，至于中国断偿之例如何，亦请录示。"总理衙门也认识到，先前上海道台与各国议定的行船条款"系泰西各国之所通行，专指轮、篷两船而言，并无中国各项船只在内"，且"中国向无断偿之例"。在这种情况下，一旦发生华洋船碰，华船不仅受损较重，且又难以获得赔偿。另外，1871 年间批准通行的东海关所拟《内地船只防碰章程》也"属略而未备，各华船亦未能一体遵悉"。因此，"中国各项商船以及巡渔各艇应如何防备轮船碰撞"，"倘有碰撞，或船或货或人均应作何办

① 《行船防备碰撞条款》，同治七年刻本，转引自蔡晓荣：《晚清中外船碰问题探论》，《安徽史学》2004 年第 3 期。

② 蔡乃煌总纂：《约章分类辑要》第 7 册，台北华文书局股份有限公司，1968 年，第 3290 页。

③ 蔡乃煌总纂：《约章分类辑要》第 7 册，第 3220 页。

理"均成为亟待解决的问题。1876 年 8 月 27 日，总理衙门咨行南北洋大臣，要求他们转饬各关道，悉心妥议，参考中外情形，拟定章程①。在拟议过程中，九江关认为西洋章程内容繁多，文字复杂，提出"所议中国船专章似宜简明易晓，务期一律遵行，若话语太繁，不独内地驾船穷民愚蠢者多未能尽悉，抑恐奸刁船户巧于避就，只可酌定纲领，议立数条"。根据该原则，九江关草拟了《内地船只防备轮船碰撞章程》八款。当时的南洋大臣也深刻认识到订立专章，防备华洋船碰的必要性。他指出：西洋行船章程都是"指大船相碰，势均力敌者而言，不知华船之于轮船其力较小，其行较缓，其质较薄，华船行遇轮船虽云见有碰像即应互让，终恐华船避让不及，易受轮船之害"。该大臣对于九江关起草的章程颇为满意，马上将其推荐给总理衙门②。光绪二年（1876）十一月，总理衙门将九江关拟定之章程抄发各口遵行③。

1880 年 1 月，在总理衙门的努力下，清廷下旨颁布了更为系统详尽的行船章程，即《内港江河行船免碰及救护赔偿审断专章》。该专章下分行船章程、停船章程、救护章程、赔偿章程以及审断章程等五部分内容。专章开篇即指出："华洋行海轮船、夹板船，均照美、英、德国通行免碰新章……其驶入内港江河，仍须照章一律举行，无庸另议。"④ 也就是说，该专章并非代替以前通行的西洋章程，而是专门针对华式船只与轮船避碰的问题。从具体内容来看，该专章比较注意结合中国实际情况，对小民之船加以一定的变通和照顾，如对于一人小船之避碰的规定，对于轮船在华船拥挤处的规定，对于华船因轮船余波沉没的规定，对于偏僻乡民之小船被撞沉的规定，都表现出较为宽容的态度⑤。此后，中国在洋式船只上依然照例援引西方成规，但凡涉及华式船只，都会有所保留。例如，1890 年 8 月 19 日，美国国会对通行的行船免避章程进行了增补。英、美驻京公使随即将新条款知照总理衙门。在征求了总税务司赫德的意见后，总理衙门即"咨行各

---

① 蔡乃煌总纂：《约章分类辑要》第 7 册，第 3272 页。
② 蔡乃煌总纂：《约章分类辑要》第 7 册，第 3289—3292 页。
③ 江天风主编：《长江航运史（近代部分）》，人民交通出版社，1992 年，第 667 页。
④ 《总署奏定内港江河行船免碰及救护赔偿审断专章》，光绪五年十一月二十七日，王彦威、王亮辑编，李育民等点校整理：《清季外交史料》第 2 册，第 346—347 页。
⑤ 叶士东：《晚清交通立法研究》，中国政法大学博士学位论文，2005 年，第 100 页。

直省将军督抚，转饬各兵轮、商轮、小轮以及仿西式之篷船，均令照行"，但是民船则不在此例①。

正如以上所述，中国在援引西方行船避碰章程时，早已认识到华洋船只的不同，并已在颁行有关章程时给予区别对待。因此，当《航海避碰章程》临近生效时，中国有关当局也在考虑该章程与中国客观环境的适应问题。

其实在1889年华盛顿会议之后，各国就批准《航海避碰章程》一事分歧很大，章程条款也被多次修改，致使其生效时间一再拖延。在此期间，英、美均多次致函总理衙门，询问中国立场，希望中国允诺照办。但是该章程与中国实际情况确有出入，何时以及怎样接受该章程较为妥当，总理衙门考虑再三，并多次咨商总税务司及南北洋大臣。1896年11月14日，总税务司赫德致函总理衙门，指出避碰章程第九条于中国渔船不甚合宜，不便照办。赫德还说："其余各条虽系周妥可嘉，然于万国未经共守之先，中国似可不必照行。"② 1896年12月5日，英国公使窦纳乐致函总理衙门，称接到本国政府来电，就《航海避碰章程》一事询问中国是否可能照办？总理衙门并未直接回答，而是根据赫德的建议复函窦纳乐，要求先明确"究竟各国是否一律照行，均按定期开办"③。12月12日，窦纳乐回函："经电询本国政府……所有各国除荷兰、布加利亚及南亚美利加数小国尚未定准外，皆已允为照行。"在信中，窦纳乐还要求总理衙门"请即酌定中国一律照行"④。几天后，总理衙门根据赫德的意见照会窦纳乐，正式通告中方立场："此章既经贵国与美国商订，各国多愿兴办，实为有益之举，中国亦无不乐从，除由本衙门咨行南北洋大臣转饬所属洋式兵船、商船遵照如期开办外，相应照复贵大臣查照。"⑤ 与此同时，总理衙门也按照以上口径照复美使，允先将洋式

---

① 蔡乃煌总纂：《约章分类辑要》第7册，第3270页。

② 《总税务司赫德呈总署文：海船免碰章程宜询英使照复后再酌并译呈各条由》，光绪二十二年十一月初六日，台北"中研院"近代史研究所档案馆藏总理各国事务衙门档案，馆藏号：01—13—019—02—007。

③ 《总署致英国公使窦纳乐函：海船免碰章程各国是否照办希声复再酌由》，光绪二十二年十一月初六日，台北"中研院"近代史研究所档案馆藏总理各国事务衙门档案，馆藏号：01—13—019—02—010。

④ 《英国公使窦纳乐致总署函：行船避碰章程政府已允照行请即定示复由》，光绪二十二年十一月初八日，台北"中研院"近代史研究所档案馆藏总理各国事务衙门档案，馆藏号：01—13—019—02—013。

⑤ 《总署致英国公使窦纳乐照会：行船免碰章程中国先饬洋式兵商船试办由》，光绪二十二年十一月十六日，台北"中研院"近代史研究所档案馆藏总理各国事务衙门档案，馆藏号：01—13—019—02—018。

兵船、商船两类照章遵行①。

从以上中国《航海避碰章程》的决策过程可以看出，当时的中国政府在国际公共事务安排上是愿意加强协作的，也允诺承担确定的国际法义务。另外，也必须指出，中国是在 1896 年底以照允的方式接受该章程，并且是有保留的，即公开声明华式船只不受海上避碰规则的约束。这就充分照顾到了中国的实际情况。因为中国航政事业相对落后，于中国而言，该避碰章程的具体条款并非皆可操作，尤其是章程对于中国式之渔船，尚无明文规定②，如果允照章程全款遵守，自是对中国多有窒碍。

1905—1906 年间英国提议增改《航海避碰章程》第八款和第九款。中方的立场再次印证了晚清政府对国际公约的接受并非盲目，而是尽可能考虑本国的实际情况。

1905 年 9 月 21 日，英国驻华公使萨道义致函外务部，称："兹准本国外部咨渔船所用灯号及引水轮船悬挂之灯现立新章，于一千九百六年五月初一日作为《海船免碰章程》第八、第九各款施行，附送章程两件，希中国政府照允以便在中国沿海各处同日举行。"③ 外务部遂将此项章程分别咨札南北洋大臣及总税务司查照，并请酌核声复。

翌年，署南洋大臣周馥咨文外务部，转呈苏松太道瑞澂及兼办渔业公司修撰张謇等人的复文，其中称："中国渔船往返海岛，向无一定旗灯，亦无旧章可考，此次英国新定《海船免碰章程》至繁且复，窃恐中国渔民本非商船，出身不识字者居多，且船小人少，法老事劳，碍难悉照英国新章多备色灯，尤难责以悉通旗语。"④ 言下之意即《海船免碰章程》第九款新增渔船规则碍难照办。总税务司接奉外务部之札文后，当即转饬巡工司戴理尔详查情形申复办理。戴理尔复称，《海船免碰章程》第八款引水轮船悬挂灯号早已照办，第九

---

① 薛典曾、郭子雄编：《中国参加之国际公约汇编》，第 665 页。

② 《海上避碰章程一九二八年订正》，《集美周刊》1937 年第 14 期。

③ 《外务部咨送万国海船免碰章程新增第八款引水轮船悬灯及第九款渔船应用灯号新章文》，光绪三十一年八月，颜世清、杨毓辉、胡献琳编：《光绪乙巳（三十一）年交涉要览》，沈云龙主编：《近代中国史料丛刊续编》第 30 辑，台北文海出版社，1976 年，第 155—156 页。

④ 《署南洋大臣周咨万国海船免碰章程第九款渔船碍难照办，由渔业公司酌定简章文》，光绪三十二年七月，王克敏、杨毓辉编：《光绪丙午（三十二）年交涉要览》，沈云龙主编：《近代中国史料丛刊续编》第 30 辑，台北文海出版社，1976 年，第 1587—1588 页。

款渔船所用灯号碍难举行，理由是实际操作相当困难，"缘此章办法甚为详细，小民不易奉行，刊印告示固属易事，令各渔户知悉即已不易，而令其一同遵守尤属难行。若允照办，则不在沿海逐段派人巡查即难免彼等不视为具文。且购备各项灯号不但费其资财，而如何遵章行用亦甚不易谙练，因有此初一着手之种种难题。故该章第九款似应从缓允办。倘此时一律照允，而日后未能奉行，致有碰撞之事，则外人以为我既允行，自系明晓章程能行遵守之人，势必照律办理，毫无宽假，非徒无益反有损碍"，因此建议此款暂行缓办更为合适。同时，他认为"其余各项洋式华船自可按照通例一律办理"。1906 年初，总税务司将中国渔船难于允办各情形申复外务部，请其核夺照复英使①。

以后，《航海避碰章程》又迭经修改②。其中，1910 年在布鲁塞尔国际海事会议上修订的避碰规则与华盛顿会议起草的规则仅有微小区别，其后的修改也未出现剧烈的变化③。清政府依然表示接受该规则，但仍对非机动船提出保留。这一基本原则也为往后的中国政府所沿袭。

二、　拓展与其他国际公约的关系

清政府关注和思考邮政、电信及版权等其他国际公约的参加问题，虽然没有加入相关公约，但参与了部分相关国际组织的活动，进而拓展了与这些国际公约的关系。

甲午战后，中国举办国家邮政的步伐明显加快。清政府也开始切实考虑加入万国邮政联盟，签署《万国邮政公约》的问题。在这方面，总税务司赫德发挥了举足轻重的作用。1896 年，赫德在讨论如何裁撤外国客邮问题时向

---

①　《总税务司赫德申万国海船免碰章程第九款渔船难于允办，应请将情形照会英使文》，光绪三十二年二月，王克敏、杨毓辉编：《光绪丙午（三十二）年交涉要览》，沈云龙主编：《近代中国史料丛刊续编》第 30 辑，第 1589—1590 页。

②　1889 年《航海避碰章程》制订后，各航海国家又分别于 1910、1929、1948、1960、1972 年迭次召开国际航海会议，对海上避碰规则进行审查、修改和补充。其中，1929 年在伦敦召开的国际海上人命安全会议上，将修改后的海上避碰规则列为国际海上人命安全公约的附件二。至此，海上避碰规则正式作为一个公约性质的文件而存在。不过，1929 年的规则未能得到各国（包括当时中国）的普遍接受，国际社会仍多沿用 1910 年在布鲁塞尔修订的规则，直至 1954 年 1 月 1 日新规则生效为止。目前国际上通行的是 1972 年修订的《国际海上避碰规则》，该规则于 1977 年 7 月 15 日生效。参见《水运技术词典》编辑委员会：《水运技术词典》，人民交通出版社，1982 年，第 181 页；尹东华、徐国勇著：《海商法》，台北元照出版公司，2000 年，第 310 页。

③　A. N. Cockcroft, J. N. F. Lameijer, *A Guide to the Collision Avoidance Rules*: *International Regulations for Preventing Collisions at Sea*, Butterworth-Heinemann, 2003, p. 14.

总理衙门建议:"万国联约邮政公会,系在瑞士国,应备照会寄由出使大臣转交该国执政大臣为入会之据,自可援万国通例,转告各国,将在华所设信局一律撤回",因为"按咸丰八年俄约、光绪十二年法约,本载明两国公文信件互相递送。中国既经入会开局,各国当无从借口"①。

不过这个办法在实践当中未必能够奏效。后来赫德自己也认识到这一点。他举例说,土耳其在参加万国邮联后屡次要求各国裁撤在土所设信局,但一直没有成功。他因此怀疑:"撤局之效既无实在把握,中国入会有何益耶?"②

1906 年,万国邮联第六届大会在罗马召开。清政府委派驻意使臣黄诰及副税务司赫承先为正、副代表,赴意参会。但外务部明确指示他们不签订任何文件,只作观会;同时照会意大利驻华公使:"中国邮政系属创办,自开办迄今,虽已逐渐扩充,日有进步,惟尚非入会之时,只可派员作为观会,不能予以签订办法之权。"清政府对此会的关注热情是毋庸置疑的,中国代表每日均到会听议。黄诰还在大会上发言,表示中国将在下届大会时正式入会,并承诺"已开之局,能按联邮章程与各国互寄往来邮件"。会后,万国邮联又多次邀请中国签署相关文件,但均为清廷婉拒③。

1907 年 10 月 12 日,赫德在致税务处的说帖中总结了中国迟迟未入万国邮联、未签邮政公约的四点缘由:"一系中国不入会,各国不撤在华之邮局,然纵使中国入会,而各国之局亦未必即能闭歇;一系中国若入此会,则恐各国代寄之邮政轮船索取津贴,事所不免;一系历年所办邮政虽进步不为不速,然仍恐各局不及入会各国邮政之完全;一系若入此会,即恐有人云:邮政须与海关分办另立衙署,则经费较多。因有以上各故,是以至今未敢请办入会之事。"④赫德此论虽不尽完善,且如他自己所说"所虑各节,或系过虑,亦未可定",但以上开列各条基本道出了清政府一直未加入万国邮联的内情。直到 1914 年,中国才正式申请加入万国邮政联盟,并声明于同年 9

---

① 中国近代经济史资料丛刊编辑委员会主编:《中国海关与邮政》,中华书局,1983 年,第 81 页。
② 中国近代经济史资料丛刊编辑委员会主编:《中国海关与邮政》,第 118 页。
③ 丁进军:《晚清中国与万国邮联交往述略》,《历史档案》1998 年第 3 期。
④ 中国近代经济史资料丛刊编辑委员会主编:《中国海关与邮政》,第 135 页。

月 1 日起执行《万国邮政公约》①。

　　进入 20 世纪，中国与《国际电报公约》的关系仍止步不前。1908 年，万国电报公会在里斯本召开会议。会前，英、法两国驻华公使均照会清政府，再邀中国入会。但清廷不为所动，邮传部仅派电政局襄办周万鹏、电报局总管德连升等人赴会旁听。后来，民国政府署交通总长叶恭绰就此回顾道："光绪三十四年，该会于葡京开会，曾照请我国加入。当时因电报系属商办，而各省复有官办之局，管理不能统一，万不能加入公会以致启人訾议。而线路之窳败，机械之迟钝，报务局务之措理不当，尤无加入之资格。"必须指出，当时清政府已开始有加入万国电报公会的打算。因为在婉拒入会邀请的同时，清廷即开始统一国内电报管理。当年就将电报商股一律收回，1910 年又将东三省及云、贵、甘、新、粤、桂等省官办电报局全部接收，统归邮传部管辖，叶恭绰将视为"全国电政统一之始，即以立加入公会之基"②。不过，中国正式加入该公会已是民国年间的事情。1920 年下半年，外交部照会葡萄牙驻华公使，请该国政府通知在会各国及万国电报公会，声明中国愿加入万国电报公会并认缴头等会费。翌年初，葡萄牙邮电总理衙门回函，正式确认中国入会③。

　　这一时期，有关版权保护的《伯尔尼公约》也在中国传播开来，并引发国人关于是否加入版权公约的讨论。

　　19 世纪后半期，随着欧洲文化事业的进步及国际间文化交流的不断开展，版权保护问题日益受到重视。各国间就此达成某种协议或公约也就提上了议事日程。1878 年，法国文学家雨果在巴黎主持召开了一次文学大会，建立了国际文学艺术协会，详细讨论了版权保护问题。后经多次议论，这个非政府间协会草拟了一个保护文学、艺术作品的国际公约，并提交给瑞士政府。1886 年 9 月 9 日，瑞士政府在伯尔尼举行的第三次国际文学艺术协会大会上通过了公约草案，定名为《保护文学和艺术作品伯尔尼公约》（简称

---

① 邮电史编辑室编：《中国近代邮电史》，人民邮电出版社，1984 年，第 98 页。
② 交通铁道部交通史编纂委员会编纂印刷：《交通史·电政编》第 5 册，1936 年，第 479 页。
③ 交通铁道部交通史编纂委员会编纂印刷：《交通史·电政编》第 5 册，第 481 页。

《伯尔尼公约》)。这便是国际版权保护体系的肇始。1896 年 5 月 4 日,各国复于巴黎订立补充条约。

此时正值中国资产阶级改良运动的宣传发动时期,国内思想界异常活跃,国外优秀著作的翻译出版更是蔚然成风。在这种情况下,国际版权界的最新动态很快进入国人视野。1903 年,于宝轩所辑《皇朝蓄艾文编》卷 73 学术部分,就收录了《伯尔尼公约》的汉译正文及其续增条款和改正条约。此外,国内一些报刊也从 1902 年起陆续登载《伯尔尼公约》的条款译文及评述文章,从而开启了该公约在国内的传播过程。这从下表所列的几条题录信息可以窥见一斑。

表 6—4:国内报刊登载的《伯尔尼公约》条款译文及相关文章

题名	报刊	时间、卷期
《创设万国同盟保护文学及美术著作条约》	《外交报》	第 3、4、5 期,1902 年 3 月 4、14、24 日
《译各国新闻·版权同盟》	《浙江新政交儆报》	1902 年壬寅春季信集
《入万国版权同盟会问题》	《图书月报》	1906 年第 2 期
《拟查版权同盟章程编订新律》	《通问报》	1906 年第 200 期
《时闻·学部电嘱使法大臣调查版权条约》	《直隶教育杂志》	1906 年第 14 期
《公使查复版权条约》	《广益丛报》	1907 年第 128 期
《论万国会议保护著作权》	《外交报》	第 252 期,1909 年 8 月 30 日
《万国保护文艺美术版权公约》	《外交报》	第 258 期,1909 年 10 月 28 日
《外国新闻·版权同盟》	《四川官报》	1910 年第 16 期

不过,国内对《伯尔尼公约》的翻译和介绍一般都未涉及中国与该公约的关系问题。1902 年,美、日等国在与中国就续修通商行船条约所进行的谈判中,都要求在新约中加入版权保护的内容。朝野人士就此各抒己见,从而在国内引发了一场关于版权问题的大讨论。一般都认为,像中国这种经济文化比较落后的国家,不能太过强调版权,以免阻塞国外先进知识的引进①。1903 年,《外交报》发表的一篇社论颇具代表性。社论说:"文字语言,国与

---

① 参见李明山:《20 世纪初中国版权问题论争》,《近代史研究》1999 年第 1 期。

国异，于是复制仿造之外，又有翻译，最足以夺版权之利于境外者也，故同盟之约第五、第六、第七条，明定翻译之例，然吾谓此例之行，在民智既进时则可，在民智尚稚时则大不可，民智既进，一切可以自为，能禁我之翻译，不能禁我之著述，即不自著述，而我国之民，知彼国文字语言者多，购其书而读之，亦可收交换智识之效也，而民智未进之时，则断断不能。"①

　　当时的管学大臣张百熙以及刘坤一、张之洞、吕海寰等官方人士都倾向于反对在中外商约中加入版权保护的内容。在这种背景下，清廷自然不会考虑加入国际版权公约的问题。而且，其间所涉及的种种考虑一直阻碍着晚清政府与《伯尔尼公约》关系的发展。这种状况在民国时期以及新中国成立后的很长一段时间内都没有突破。众所周知，直到 1992 年中国才正式加入《伯尔尼公约》。

第五节　国际公约给条约关系带来的新特点

　　从 19 世纪中叶以来近半个世纪的时间里，中国在列强武力胁迫下，以签订不平等条约的方式被强行拖入国际社会。晚清时期不平等条约是中外条约的主体，这也使得这一时期中外条约关系是以不平等为基本内核，并以中外之间具体事务为规范对象。而国际公约与不平等条约有很大不同，它在参加上的自主性、条款性质的相对平等性以及所涉内容的公共性，为中外条约关系带来新的发展特点，为中国开辟了一条融入国际社会的新途径。

　　第一，参加国际公约是构建相对平等的条约关系，是以相对独立、平等姿态融入国际社会的新途径。

　　以 1840 年第一次鸦片战争爆发为开端，西方列强通过诉诸武力，在中国逐步建立起不平等条约制度，从而把中国强行拖入近代国际社会系统之中。列强强加在中国身上的不平等条约与西方强国之间的条约规范有很大差

---

① 《驳美日两国商约要索版权》，《外交报》第 36 期，1903 年 3 月 3 日。引文中的"同盟之约"，指的就是《伯尔尼公约》。

异。它仅在形式上平等，而其产生、变更、终止以及条约义务的履行等各方面皆有违公正的国际法准则，实质上是列强实施殖民掠夺的工具。这使中国从一开始就被置于国际社会的底层和边缘，并且遭受着无尽的欺凌和压迫。与此不同的是，国际公约在很大程度上属于平等条约的范畴。对于晚清中国而言，参与国际公约是以相对平等姿态融入国际社会的一条新途径。

国际公约首先反映的是一种相对平等的合作关系。它是在国际会议上经多国协商通过或签订的。其制订的国际规则不是建立在压制或强迫之上，而是以参加国的共同意志为合法基础。一般而言，出席公约制订会议的各国多是主权国家；不论大小、强弱都有同等的代表权及投票权；同时各参与国享有公约赋予的相同权利，并肩负履行公约条款的同等义务①。晚清时期，中国大都是以独立、平等的主权国家身份派出外交代表参与到相关公约的议订进程之中②。而且，就所参与公约的内容而言，绝大多数条款都是针对所有缔约国或后来的入约国而统一规定。即便是少数公约规定各国所承担的国际事务办公经费有等级差别，但也体现出自由平等的原则。比如《国际海关税则出版联盟公约》就明确规定各国按照贸易额的大小分等级承担不同数额的会费，因此中国最终按照贸易额承担了三等会费③。另外，《和解公断条约》和《罗马万国农业会合同》所规定的办公经费的承担也分成不同的等级，而中国都根据自愿的原则选择承担一等会费。

另外，在参与国际公约的实践中，中国外交代表以及政府相关部门对本国在这一国际舞台上的独立、平等地位十分重视。并且，在国际事务的具体安排上也开始以平等姿态表达自己的意见，如有必要还会与其他国家比争，要求平等对待。

其中，对自由处置之权的强调即是一个重要体现。譬如，在接受第一次保和会入会邀请时，中国就突出强调了"准驳之权在我"（也即中国可以自

① 梁西：《国际组织法》，武汉大学出版社，1998年，第26—27页。
② 其中惟有《国际海关税则出版联盟公约》和1864年《日内瓦公约》没有参与制订，而是以后来加入的方式参加。
③ 《为前万国税则公会费用已归出使经费项下开报事》，光绪二十六年五月二十六日，中国第一历史档案馆编：《晚清国际会议档案》第1册，第17—18页。

由决定是否入约）的重要性。而在第二次保和会上，中国代表陆征祥还声明中国对会中提议及应议之件拥有"不置可否之权"和"随时陈议或请改之权"，借此"一以示不受各国之范围，一以留日后操纵之地步"。而在议订条款的过程中，对于列强试图用不平等原则压制小国或弱国的行为，中国代表也进行积极地抵制和抗争。例如，1907 年《和解国际纷争条约》修订时，英、美代表提出草案条款，要求将治外法权排除在强制公断之外。其实是想将已获得的不平等条约特权通过国际公约固化下来，以避免东方国家援引公约挽回受损的国家主权。这完全违背了保和会及《和解公断条约》所倡导的公平、正义等基本精神。对此，以陆征祥为首的中国外交代表多次公开发言，指出将治外法权排除在强制公断之外的条款内容，"包含着令人震惊的不平等"，并要求委员会删除该条款，以维护国际间的公平与正义[1]。此外，在讨论常设公断法院之法官设置时，按照美国代表的提议，中国被划归为三等国，只能与其他 9 国共任法官之职位，且任期只有 4 年。在划分标准上，美国虽打着法律是否完备的旗号，其实遵行的依然是实力原则。因此，陆征祥在会上表示强烈抗议，指出无论户口、幅员范围，中国都不在各国之下，该草案条款甚为不公。而且中国之前已承担了常设公断法院之头等国经费，故主张各国派驻该法院之法官数量和任期"应仍以摊费清单股数之多少为准，否则万难承认"[2]。之后，陆征祥还就公断法院组成等问题发表声明，强调指出，国家之间的主权、独立及平等的权利，是构成国际公断正义的基本原则，新的公断法院也应该以此为基础来建立[3]。在中国代表的坚决斗争下，上述侵害国家独立、平等地位的草案条款最终被删除。

固然，直至清朝覆亡，近代中外条约不平等的基本性质终究未能改变。但是，中国参与国际公约的确是一个新迹象。它意味着构建相对平等的条约

---

① James Brown Scott，*The Proceedings of the Hague Peace Conferences：Translation of the Official Texts*，*the Conference of 1907*，Vol. Ⅱ，p. 115.

② 《外务部保和会专使陆征祥、出使荷兰大臣钱恂电：为电公告员额任期分配情形并请预备公断员人员遴选及早订法律》，光绪三十三年七月十二日，台北"中研院"近代史研究所档案馆藏外务部档案，馆藏号：02—21—010—01—001。

③ James Brown Scott，*The Proceedings of the Hague Peace Conferences：Translation of the Official Texts*，*the Conference of 1907*，Vol. Ⅱ，p. 161.

关系和以相对平等姿态与国际接轨的开端。而且，晚清中国参与国际公约的活动，亦指引了一条把中国人的声音和要求扩张到国际社会中去的道路，这实际上也是影响、改造和修正国际社会规则的正反馈过程。这些无论是对抬高中国的国际地位，抑或是对改造和打破不平等条约体系，并推动近代中外条约关系转型都有着积极意义。当时国内舆论亦从此角度对中国代表的外交活动进行高度评价，指出他们"不畏强御，据理抗争，以为他日拒回领事裁判权之地也"①。

第二，参加国际公约从横向领域进一步拓展了中外条约关系的内容，拓展了融入国际社会的范围和程度。

就与国际社会关联的范围和程度而言，国际公约与双边条约、其他有限性多边条约及一般的国际法通例有很大不同。首先，在范围上，双边条约及其他有限性多边条约主要是"处理只与这些缔约方有利害关系的事项"②。而国际公约表现出明显的公共性。它旨在处理和规定具备全世界意义之国际事务，反映的是众多国家集合以谋解决国际问题之趋向及结果。因此，积极参与国际公约，有助于中国突破以往以不平等为主要特征的双边条约和有限性多边条约的限制，更能反映其对国际事务的参与和承担。其次，就程度来说，国际公约是以立法为目的，为缔约国和其他国家将来制订共守的行为规则。基于条约必须信守的基本原则，使得国际公约比同样关系国际事务的一般国际法通例有着更强的法律约束力。所以，相对于认同和接受一般的国际法通例而言，参与国际公约更能增强中国与国际社会接触的紧密性。从这两层意义上说，参与国际公约的确能提高中国融入国际社会的广度和深度。

纵向来看，晚清中国先后签署的国际公约有二十项左右，正式缔结的有十五项（不含重新修订者）。它与国际公约的关系经历了从拒绝、观望到初步参与再到较大幅度拓展的变化过程。具体而言，洋务运动时期是中国与国际公约的早期接触阶段。19 世纪 80 年代之后，中国开始参与国际公约的制订会议，并在 1894 年通过加入《国际海关税则出版联盟公约》，迈出了正式

---

① 《论海牙第二次平和会专使力争增订公断条款事》，《外交报》第 192 期，1907 年 10 月 31 日。
② 李浩培：《条约法概论》，第 35 页。

加入国际公约的第一步。甲午战后是中国努力参与国际公约的新阶段。这一时期，中国不仅在 1896 年底照允遵行《航海避碰章程》，而且还参与了 1899 年第一次海牙保和会这种大规模的公约制订会议，并进而签署了《和解公断条约》等五项相关条约文件。清末新政时期中国与国际公约的关系有了较大拓展。这一阶段中国先后签署、批准或加入的国际公约有十余项，如 1864 年的《日内瓦公约》《关于战时医院船免税的公约》《罗马万国农业会合同》《和解国际纷争条约》《限制用兵力催索有契约债务条约》《战争开始条约》《战时海军轰击条约》《陆战时中立国及其人民之权利义务条约》《海战时中立国之权利义务条约》，等等。从中不难看出中国融入国际社会的程度逐步加深的趋势。

横向而言，晚清中国接触或参与的国际公约领域在不断拓宽，并涉及和解纷争、战争法规、航海避碰、税则出版、农业、邮政及电信等诸多方面。在这过程中，中国政府对内在理船章程、军队规章等方面推进相关立法、出台相关制度；对外承担国际责任，并按照国际公约规则展开交往和交涉[①]。尤其是在国际事务的交往方面，通过参与一些涉及国际组织或国际机构设立的公约，使得中国融入一个庞大的活动整体之中。以较早加入的《国际海关税则出版联盟公约》为例。从加入公约之始，中国便按照公约条款，向国际局照送通商税则。并且，也相应地接收了该局分发的年度工作报告、财政管理报告以及编译的税册书籍。据 1895 年 11 月总理衙门收到的报单记载，1894 年 4 月 1 日至 1895 年 3 月 31 日，包括中国在内，递送税则的国家和地区就有六十多个[②]。之后数年，以迄于清亡，中国与国际局的上述文件往来一直在延续。另外，在参与《罗马万国农业会合同》后，中国还与四十多个国家通过万国农业会传递和共享有关农业方面的资料。除了资料的传递之外，中国还派出代表直接参与国际事务的管理，比如向海牙常设公断法院派出公断员，向万国农业公院派出常驻议员，等等。可以说，中国参与国际公约的各种活动，使得它与其他国家之间建立起了拥有权利和履行义务的国际

① 参见尹新华：《国际公约与清末新政时期的中外关系》，《求索》2011 年第 12 期。
② 《照送税则会报单三分由》，光绪二十一年十月十三日，台北"中研院"近代史研究所档案馆藏总理各国事务衙门档案，馆藏号：01—27—014—01—022。

平台，也有力地推动中国各方面与国际社会的交往和接轨。这些，毫无疑问地扩展了中国融入国际社会的范围。

第三，参加国际公约强化了融入国际社会的主动精神和自觉意识。

与不平等条约的被迫签订不同，国际公约具有明显的开放性。一般而言，主权独立的国家可以自由和自主地选择参与和退出国际公约。晚清中国参与国际公约的历程中，无论是公约制订会议的参与与否，抑或是参加某项公约的取舍，基本都是中国政府根据当时的内外形势自主决议的结果。因此，晚清参与国际公约这一行为本身便被赋予了主动融入国际社会的色彩。同时，中国融入国际社会的主动精神和自觉意识在这当中亦得到体现和强化。

自第一次鸦片战争后，中国虽然被西方列强拉入近代国际社会，但是其融入国际社会的主动精神和自觉意识并没有因此同步并生。甚至在此后很长一段时间里，在处理与国际社会的关系时中国依然采取抵拒隔离的方式。第二次鸦片战争后，中国与国际社会的关系开始了由隔绝到调适接轨的转变。即便如此，中国政府依然在固守和努力维持东方的宗藩朝贡体系和传统的天朝身份，并没有多少主动融入近代国际社会的意识。这一时期中国加入《国际海关税则出版联盟公约》虽然反映了中国接受国际规则、融入国际社会的一面，但是正如总理衙门照会所言，中国此举乃是以"熟筹邦交友睦之谊"为主要取向的①。直至 19、20 世纪之交，中国政府才逐渐形成了自进于"文明国"的身份定位。其背后的重要原因是中国在亚洲和世界的地位堕入低谷，尤其是日本取代中国成为亚洲中心和头号强国。而参与国际公约集中反映了当事国对国际事务的承担，这不仅能密切一国的国际交往，而且对其在国际社会地位的提高及形象的改善皆有裨益。因此，甲午战争结束后，中国开始比较积极地参与国际公约，试图借此塑造一个积极融入国际社会的文明国形象，并抬高中国的国际地位。这样一种主动意识和目标追求，是中国被强加给不平等条约时所不曾有的。

---

① 《总署致比国公使陆弥业照会：照送中国与各国通商税则其经费俟有确数再由总税司拨照付由》，光绪二十年二月二十六日，台北"中研院"近代史研究所档案馆藏总理各国事务衙门档案，馆藏号：01—27—014—01—018。

　　我们看到，在酌议各项公约时，中国外交代表及政府各相关部门强调要尽可能从众签署相关公约，否则各国"遇有应入之公会，未必肯与我周旋"①，明显流露出不想被国际社会排除在外的参与意识。而在这当中，那些规范战争，并突出人道与文明之意旨的国际公约亦被中国政府视为获取"文明国"身份的重要符号②。例如，在 1899 年签署涉及红十字战场救护规则的《推广 1864 年日来弗原议行之于水战条约》时，外交代表杨儒及总理衙门皆视战场救护为国家教化文明和社会进步的重要标志，因此该约之规定"虽为中国水陆军向章所无"，但"势难独异"，建议"不妨示以善与人同，好行其德之意"③。1904 年参与议订并签署《关于医院船公约》时，外交代表胡惟德及外务部亦认为该约"事关慈善，各国无不欣然乐从"，因此十分重视参加该约在形式上所带来的融入国际社会的象征意义。胡惟德更是指出在参与该约议订和签署的过程中，"对众口宣圣德无疆，善与人同之至意"，"播皇仁而荣预会盟"，各国"均以中国渐次预列各种会议，为与列邦联合之证，群相引重"④。另外，在国际地位的追求上，中国也表现出了积极谋求与日本同等的地区性大国地位的需求，这在外交代表的派遣和参与某些公约时认缴一等会费上充分体现出来。

　　更重要的是，在接触、参加和运用国际公约的过程中，中国政府、外交人员以及国内社会各方人士对国际公约的理解和分析日渐增多，同时更清楚地意识到要缩小中国与国际社会其他国家的差距。这种互动进一步强化了他们融入国际社会的意识。以《陆地战例条约》签署为例，第一次海牙保和会上，中国政府因为"各省旗绿防营虽间有改习洋操，未必尽谐西例，设或准

---

　　① 《军机处交出杨儒抄折：具奏遵赴和都保和会藏事返俄情形由》，光绪二十五年九月十一日，台北"中研院"近代史研究所档案馆藏总理各国事务衙门档案，馆藏号：01—28—001—03—005。

　　② 当时的社会舆论也透露出了这样一种趋向。譬如，甲午战争之后，《申报》等各大报纸频繁发表文章，呼吁中国创设红十字会。其中，众所公推的一个理由就是"今则合欧亚美诸洲，除野蛮外，凡有教化之邦，无不踔兴斯会，所未兴者惟我中国及朝鲜耳"，坐令受伤兵卒在战场不得拯救，"不将贻四邻之笑而鄙之为野蛮乎"（鳅生：《创兴红十字会说》，《申报》1898 年 5 月 9 日）。可以说，创设红十字会及参与战场救护等行为在当时已被普遍视为文明国身份的基本要素。

　　③ 《总署议奏：遵议保和公会第一三四股似均无甚窒碍可准予使臣会同画押由》，光绪二十五年九月二十八日，台北"中研院"近代史研究所档案馆藏总理各国事务衙门档案，馆藏号：01—28—001—04—003。

　　④ 《出使大臣胡惟德奏红十字船免税条约画押毕事折》，许同莘、汪毅、张承棨编：《光绪条约》，沈云龙主编：《近代中国史料丛刊续编》第 8 辑，第 2667 页。

约，一旦疆场之事，转多牵掣"，故没有签署该约。不过，外交代表杨儒仍上奏建言将该条约章程"颁发各省统兵大员备案存核"，"务将陆地战例训练有成"，这样该约"仍可随时允从"[①]。此后，这一基本意旨贯彻到了陆军的操练和军法制度的修订上。到第二次海牙保和会召开前夕，中国各相关部门认为中国陆军已一律改用西法操练，而且陆军制度已经改订新章[②]。这样，之前未签署之缘由已基本上不复存在，故中国政府遂于 1907 年 6 月补签该约。另外，通过参与系列国际公约，清政府及社会各界更加清楚地意识到中国法政改革上的落后以及被国际社会排斥、压制的事实，因此转而要求改革国内法制、加强国际法学习以及更深入地参与国际公约，"以期合于公法"[③]。在这方面，驻外使臣的感受尤为强烈，他们极力呼吁中国政府急起直追[④]。第二次保和会会事告竣后，清政府即着手筹备拟定于 1914 年举行的第三次保和会事宜，并对保和会各项公约及中国拟提议案进行了详细研究和讨论[⑤]。从中亦能看到中国向国际规则靠拢的积极心态。这样一些主动精神和自觉意识反过来推动了中国参与国际公约、融入国际社会的进程，尤其是为民国时期中国更大幅度参与国际公约和融入国际社会埋下了伏笔。

中国融入国际社会是一个长期发展并且延续至今的过程。由上述可知，晚清中国虽然是以签订不平等条约等方式被强行拖入国际社会，但在那个阶段，中国自身并非完全失能。就参与国际公约而言，我们看到中国以相对独立自主而又平等的姿态接受国际规则，并在政治、军事及社会经济等领域同众多国家建立起相应联系。而且，在这过程中，既有自处国际社会之内的自觉意识，同时亦不乏对本国发展水平的考虑。毫无疑问，在融入国际社会问题上这是一种相对平等、独立和更加主动的发展面向。虽然它未能冲破不平

---

① 《外务部收驻俄大臣信一件：函陈俄国近事并抄呈红十字会奏稿及文件由（附奏稿：杨儒遵赴和兰画押并请补签日来弗原议暨筹办救生善会各缘由）》，光绪三十年八月二十八日，孙学雷、刘家平主编：《清代孤本外交档案》第 38 册，第 15975—15976 页。

② 《庆亲王奕劻等奏折：为保和会陆地战例条约请旨补行画押事》，光绪三十三年四月十二日，中国第一历史档案馆编：《晚清国际会议档案》，第 2 册，第 522 页。

③ 马德润：《中国合于国际公法论》，商务印书馆，1908 年，"序"第 1—2 页。

④ 《外务部收保和会专使大臣陆征祥文：具奏保和会前后实在情形等折片请代递由》，光绪三十四年一月十六日，台北"中研院"近代史研究所档案馆藏外务部档案，馆藏号：02—21—004—01—003。

⑤ 详见唐启华：《清末民初中国对"海牙保和会"之参与（1899—1917）》，台北《政治大学历史学报》2005 年第 23 期；林学忠：《从万国公法到公法外交：晚清国际法的传入、诠释与应用》，第 337—342 页。

等条约体系的枷锁，但的确反映了中国人适应形势变化，尝试新方法、探索新道路的努力。相对于外力的冲击和拉动而言，自身的努力才是推动中国融入国际社会的持续动力。

另外，从晚清中国参与国际公约这一途径，亦能感觉到作为备受外国侵略的弱国所背负的沉重包袱。它给中国初入国际社会的历程打下了深刻的历史烙印。

一是参与国际公约的一个重要目标是借此树立积极融入国际社会的正面形象，进而谋求平等待遇，甚至恢复昔日的优势地位。这种努力直接体现了19世纪中叶以来中国国际地位急剧下降的艰难困境。不过，它在一定程度上又背离或冲淡了国际公约解决国际事务这一本质。事实上，公约条款所涉具体事务对于国际社会的重要性，清政府并没有十分深刻的认识。可以说，晚清承担国际事务的国际主义意识是比较淡漠的。相对于公约条款本身，清政府更看重的是参加公约在形式上所带来的身份象征意义。必须承认，参与国际公约的确是获取国际身份的重要平台，但它更是解决国际事务的有效途径。晚清政府的朴素愿望虽能暂时推动中国参与国际事务，但从长远来看显然不利于中国对国际公约的深度参与，当然也就很难真正提高中国的国际地位[①]。

二是在考虑是否参加某项国际公约时，其决策带有明显的防御外国侵略或干涉的色彩。譬如，《国际海关税则出版联盟公约》就是因为带了"税则"二字，让清政府联想到了外国对中国关税主权的侵害，以至于历经数年才加入进去。并且，在加入时总理衙门还特意申明"其不在各国通商税则之内地税厘中国自行专主，无庸入此公会"[②]。而对于1899年第一次海牙保和会公约的议订，会议初始清廷便谕旨训示外交代表杨儒，"总期于中国情形无碍，

---

① 在遵从实力原则的国际社会，在没有实力保障的情况下要获得为国际社会所认同的地位是很难的。事实上，中国为自己设定的目标并没有得到国际社会的普遍认同。

② 《总署致比国公使陆弥业照会：照送中国与各国通商税则其经费俟有确数再由总税司拨照付由》，光绪二十年二月二十六日，台北"中研院"近代史研究所档案馆藏总理各国事务衙门档案，馆藏号：01—27—014—01—018。

仰见宸衷慎重，严杜觊觎"①。在此思想指引下，清政府对《和解公断条约》表现出了列强合以谋我的担心，并将是否公断不受公约之牵掣作为强调重点。中国迟迟未加入邮政、电信等领域的国际公约在一定程度上其实也有这方面的顾虑。毫无疑问，中国在接触和参与国际公约时出现上述状态是对当时以强凌弱的国际关系现状的认知和反映，同时也是常年受外国欺压的特定思维的产物。这样一种防御和戒备，使得清廷在接触和参与一些国际公约时并没有表现出满怀期待，更多的则是初入国际社会的小心翼翼。这在一定程度上束缚了中国参与国际公约的步伐。

三是在运用国际公约维护本国利权时，仍然强调对既有不平等条约的遵守。固然，在参与国际公约这一问题上，我们看到了清政府坚决抵制强权和不平等条款的一面，但是第二次鸦片战争以来清政府主要是"以守约来保护未失权益"②，"缺乏废除不平等条约的民族主义运动所必须的积极主动精神"③。因此，面对既已存在的不平等条约特权挑战公约权利的矛盾状况时，清政府一般是在遵守不平等条约特权或惯例的前提下，再援引国际公约展开交涉。中国运用国际公约的效果因此受到影响。例如在 1907—1910 年间中英围绕"陈兴泰案"④ 而展开的交涉中，事故责任方是英商"海坛"轮，但是按照不平等条约特权，此案要由英国驻厦门领事追究其赔偿责任。对此，中国政府予以认同。中国政府所做的主要工作只是援引既有的行船避碰章程，据理力争，并督促英国方面处理追责赔偿事宜。然而英国驻厦门领事就是不肯秉公办理，一直拖到 1910 年，"海坛"轮都只同意赔偿 200 元，而且"不能认赔偿之责，亦不能牵涉领事官之判断"⑤。

---

① 《军机处交出杨儒抄折：具奏遵赴和都保和会藏事返俄情形由》，光绪二十五年九月十一日，台北"中研院"近代史研究所档案馆藏总理各国事务衙门档案，馆藏号：01—28—001—03—005。

② 李育民：《中国废约史》，第 77 页。

③ Immanuel C. Y. Hsü, *China's Entrance into the Family of Nations: the Diplomatic Phase*, 1858—1880, Harvard University Press, 1960, p. 144.

④ 1907 年 12 月 28 日晚，福建船户陈兴泰所驾帆船在"尾楼有灯，再放火为号"的情况下被直冲而来的英商"海坛"轮撞沉，导致全船货物沉没，三名船员溺毙。陈兴泰将此事禀报兴泉永道。道台刘庆汾当即照会英国驻厦门领事额必廉，要求扣留船主，追偿损失。"陈兴泰案"交涉由此开始。

⑤ 《外务部咨闽督文：咨复闽督据英使函称陈兴泰案请饬厦道与领事和平了结希查核办理由》，宣统元年十月初十日，台北"中研院"近代史研究所档案馆藏外务部档案，馆藏号：02—06—009—05—002。

　　总之，中国融入国际社会是一个复杂而又曲折的系统工程。晚清中国参与国际公约的活动，为其后中国与国际社会关系的拓展奠定了重要基础，也留下了深刻教训。1919年巴黎和会召开和"五四"运动爆发后，中国的民族主义意识进一步觉醒，中国上下反抗强权和不平等条约的意志空前壮大。由此，中外条约关系开启了新的一页。在修改和废除不平等条约运动全面兴起的大背景下，中国对国际公约的参与在原来的基础上取得了飞跃性发展。到1949年新中国建立时，不平等条约时代终告结束。1978年实行改革开放后，中国参与国际公约的活动更进入一个崭新时代。通过参与国际公约，承担国际事务和开展平等外交，成为中外关系的一个重要方面。作为崛起中的大国，在参与国际公约时，如何更好地承担国际责任？如何更有力地发挥与国家实力相称的作用？又如何更有效地把自己的声音和要求融入国际规则的制定和执行中去？这些都是现代中国进一步融入国际社会时必须要面对的时代命题。

第七章　"准条约"关系的进一步发展①

　　"准条约"不属于正式条约，它主要是国家同外国私法人订立的契约，其所涉事项应由国内法进行规范和调整，其涉外内容亦属国际私法范畴。近代中国的"准条约"一般附着于条约关系之中，是条约关系的重要补充形式，因此在中外条约关系中亦具有重要地位。甲午战争后，进入垄断资本主义阶段的列强掀起了瓜分中国的狂潮，加大了对华资本输出，不平等条约关系急剧强化，中外"准条约"关系相应地进入发展高峰，并反过来进一步巩固和强化了既有的不平等条约关系。其中，巨额的战争赔款，直接催生了带有苛刻条件的政治性国家借款合同；在列强瓜分狂潮下，中国路矿主权进一步丧失，"准条约"性质的路矿合同，尤其是铁路合同如雨后春笋般出现。《辛丑条约》签订后，清末中国的"准条约"更趋多样化发展，不仅电信、铁路、矿务等之前已出现的"准条约"集中展现，而且还出现了用于改革发展币制实业和订购军需的财政、军事类"准条约"。同时，伴随国内经济管理机构的专门化，以及以收回利权为核心的国民外交运动的萌兴，清末"准

---

　　① 本章一至三节由侯中军、尹新华、李育民合作完成，第四节由尹新华撰写。

条约"的签订渐趋减少，对路矿类"准条约"的否定和废弃逐渐增多，这进一步体现了"准条约"作为国际私法较正式条约更为容易修废的特征，而这又为不平等条约关系的全面修改和废除埋下了伏笔。

第一节 政治性借款与"准条约"的恶性发展

甲午战争给"准条约"带来的一个重大变化是政治性借款"准条约"的出现。不仅中国国家开始作为借款主体出现在借款合同之中，列强还支持本国银行竞相向中国借款，并借此加大了对华控制，"准条约"由此走向恶性发展。之后，列强虽然通过《辛丑条约》强取了巨额赔款，但在偿付方式上并未采用政治性借款，中外条约关系在经历了瓜分狂潮阶段的恶性发展后，亦开始出现了调整的迹象。

清政府对外借款在甲午战前便已存在，只是对清政府而言影响甚微。论者指出："在 1861—1894 年间，外国公司和银行举办了大约 25 次小型贷款，总额约计 1200 万镑。这些大多数贷给地方当局以应军需的贷款，一般都立即偿还了。"[①] 国内有学者经统计后认为，到 1894 年时，清政府的债务负担仅为 0.3%[②]。甲午战后，晚清外债发生了急剧变化。这种变化不仅在于数量的巨幅增长，更在于外债开始具有"准条约"性质。这一时期，中国国家开始成为合同中的借款主体，这是之前少有的现象。而出借人则是英、法、俄等国银行。美国学者威罗贝指出，一般情形下外国对中国的贷款，虽由私家银行办理，但背后几乎一概都有它们各自政府的同意和外交的支持，"各国政府利用几乎一切可能方式的国际行动，以强制执行它们本国人民根据他们和中国政府间的契约所主张的权利"[③]。这样，外国政府虽未成为借款合同的直接责任人，但通过其对本国人民的支持，获得了对中国的财政控制。为了说明这些债务的特殊性质，威罗贝专门引用了麦克莫雷的观

① [英]杨国伦著，刘存宽、张俊义译：《英国对华政策（1895—1902）》，第 28 页。
② 陈争平：《1895—1936 年中国国际收支与近代化中的资金供给》，《中国经济史研究》1995 年第 4 期。
③ [美]威罗贝著、王绍坊译：《外人在华特权和利益》，生活·读书·新知三联书店，1957 年，第 599 页。

点："各国政府用国与国间交往中所能使用的一切手段以谋取这类利益——既直接地用一般条约规定的形式，又间接地用对个别银行或实业团体给与特许权的形式。"① 也就是说，在这些合同中，中国政府往往被视为合同的责任方，而作为合同另一方的个人或公司则获得了其母国给予的特许权，"这些让与权的持有人时常得到他们政府的声援，对于所给与他们的权利，坚持他们自己的解释"，这种情况就导致了个人利益和政府利益往往混在一起，而所有的一切使得"许多在别处仅是商务性质的事情，遇有争执可由法院判定的，在中国就成为国际政治问题，其最后的解决办法是外交行动"。"准条约"所产生的这些特殊状况，使得中国政府的国际地位，"受它和私人公司或银团的商业契约所决定和规定，确实几乎不下于被它和其他国家政府所订的正式条约所决定和规定"②。甲午战后的政治性借款类"准条约"最能恰当地表明这一点。

一、　甲午战争中的政治性借款"准条约"

早在《马关条约》签订之前，为了应付甲午战争耗费，清政府内部为如何筹措资金曾有过讨论，并提出了借外债以应急需的问题。而以英国为代表的西方列强也在积极准备向中国借款，政治性借款"准条约"在甲午战争的炮火中逐步浮出水面。

1894 年 8 月 4 日，台湾巡抚邵友濂最早上奏，要求向上海洋商举借外债，以应防务急需。李鸿章随后于 8 月 12 日要求借外债买快船。光绪帝起初未批准邵、李二人举借洋款的要求，而是仍着户部筹拨。清政府希望通过内部筹款的办法以应战争之需，但收效不大。为了满足台湾地区反抗日本侵略的需要，光绪帝于 9 月 15 日批准了邵友濂 8 月份的借款要求。邵友濂最终从洋商处筹借 50 万两规平银，此即甲午战争中的上海洋商借款。在汇丰银行 1000 万两库平银借款之前，清政府曾通过驻英公使龚照瑗向英商借款，此即为"天津海关道借款"，但未获成功③。

---

① ［美］威罗贝著、王绍坊译：《外人在华特权和利益》，第 600 页。
② ［美］威罗贝著、王绍坊译：《外人在华特权和利益》，第 600 页。
③ 参见许毅、金普森等：《清代外债史论》，中国财政经济出版社，1996 年，第 358—360 页。

其实，早在 1894 年七八月间，汇丰银行已经在是否可能为清政府提供贷款而进行准备了。汇丰银行伦敦行经理嘉谟伦（E. Cameron）表现积极，并通过赫德向中国转达愿意借款的意向①。9 月 30 日，赫德告诉金登干正在同汇丰银行商谈一笔 1000 万两的银借款，年息 7 厘②。10 月 25 日，赫德告诉金登干已与汇丰银行签妥草合同，借款银 1000 万两，而"总理衙门已授权汇丰银行必要时得会同金登干商办借款事宜"③。确定向汇丰银行借款后，汇丰银行在借款利息和年限上仍有不同提议，首先是认为"银借款七厘息恐难借到"，因为中国必将续借，而非仅仅一次借款；其次借款年限应是 20 年，而非 10 年。当赫德向伦敦确认是否能以 20 年期限实现银借款时，得到了汇丰银行肯定答复④。11 月 1 日，赫德致电伦敦，请即发行银借款债券。但是，汇丰银行决定暂缓发行，因为当时尚未得到清政府借款通知和谕旨。11 月 4 日，赫德向金登干确认"请告汇丰银行，总理衙门今晨已奉谕旨批准银借款一千万两，利息七厘，期限二十年"⑤，要求尽速发行债券。翌日，金登干向赫德确认，债券已经发行。但他认为汇丰银行坚持必须奉准谕旨后方发行债券实无必要，因为"一经通过官方手续，就意味着已经英国官方承认，因而会引起人们向英国外交部提出问题等等"⑥。汇丰的坚持与金登干的不主张，恰从不同侧面说明了贷款所具有的国家性质。汇丰银行方面，是要确认中国政府是贷款的主体，以确认所放款项的安全性；金登干方面，是认为既然中国政府已经通过正式手续与英国外交部达成意向，就意味着如果中国政府在款项上发生问题，英国政府不会坐视不管。

白银借款落实后，总理衙门又委托赫德试探向汇丰银行进行英镑借款的

---

① 《1894 年 8 月 3 日伦敦来函 Z 字第 883 号》，中国近代经济史资料丛刊编辑委员会主编：《中国海关与中日战争》，中华书局，1983 年，第 112 页。
② 《1894 年 9 月 30 日北京去函 Z 字第 634 号》，中国近代经济史资料丛刊编辑委员会主编：《中国海关与中日战争》，第 113 页。
③ 《1894 年 10 月 25 日北京去电第 541 号》，中国近代经济史资料丛刊编辑委员会主编：《中国海关与中日战争》，第 114 页。
④ 《1894 年 10 月 31 日北京去电第 543 号》，中国近代经济史资料丛刊编辑委员会主编：《中国海关与中日战争》，第 115 页。
⑤ 《1894 年 11 月 4 日北京去电第 550 号》，中国近代经济史资料丛刊编辑委员会主编：《中国海关与中日战争》，第 117 页。
⑥ 《1894 年 11 月 9 日伦敦来函 Z 字第 904 号》，中国近代经济史资料丛刊编辑委员会主编：《中国海关与中日战争》，第 118 页。

可能。11 月 10 日，金登干转来汇丰银行开出的英镑借款条件：借款期限为20 年或 30 年，利息 5 厘，九五折扣发行；银行经手费用与银借款相同。汇丰不建议此时出借英镑款项，认为"目前金融市场极不稳定，中国信用不高，分批募借极困难，且不合算"。更大笔款项的出借，最好等到战争结束之后①。赫德亦认为，是否续借英镑债款尚难确定。

但是，随着战争进行，清政府在战场上节节败退，财政极度吃紧，需要大笔款项应付局势。而筹议中的英镑借款则迟迟未能实现。清政府内部亦曾向汇丰以外的英国机构拆借款项，但因种种阻力未能实现，尤其是遭到汇丰银行和赫德的反对。亚模士公司 100 万镑借款失败后，为统揽清政府的对外借款，伦敦方面建议为了恢复中国信用，所能用的唯一办法是由总理衙门指定汇丰银行为"中国一切外债的经理人"，随时与总税务司协商进行，亦即由赫德承揽中国政府的借款，而且借款只能向汇丰银行进行②。赫德很快开始动手布局，12 月 12 日指示金登干"一切从债款账内拨款的命令，只能由我交汇丰银行驻北京代表转达伦敦汇丰银行，否则不准由账内拨付任何款项"③。12 月 13 日，赫德进一步指示金登干通知汇丰银行，"目前除由总理衙门和总税务司提出的借款外，其他可一概拒绝"④。对于赫德的建议，汇丰银行表示赞同，并即刻予以实施。清政府驻伦敦使馆曾向汇丰银行要求划拨白银借款项目下的款项，但被拒绝，理由是未能获得总理衙门和赫德的指示⑤。赫德此举很快获得效果，12 月 16 日，赫德致函金登干称"目前我已差不多把借款问题纳入正轨，今后的外债将统一由总理衙门、总税务司和汇丰银行经办"⑥。同日，赫德又电致伦敦予以确认。

---

① 《1894 年 11 月 10 日伦敦来电第 822 号》，中国近代经济史资料丛刊编辑委员会主编：《中国海关与中日战争》，第 119 页。

② 《1894 年 12 月 11 日伦敦来电第 848 号》，中国近代经济史资料丛刊编辑委员会主编：《中国海关与中日战争》，第 126 页。

③ 《1894 年 12 月 12 日北京去电第 570 号》，中国近代经济史资料丛刊编辑委员会主编：《中国海关与中日战争》，第 127 页。

④ 《1894 年 12 月 13 日北京去电第 571 号》，中国近代经济史资料丛刊编辑委员会主编：《中国海关与中日战争》，第 127 页。

⑤ 《1894 年 12 月 14 日伦敦来函 Z 字第 914 号》，中国近代经济史资料丛刊编辑委员会主编：《中国海关与中日战争》，第 127 页。

⑥ 《1894 年 12 月 16 日北京去电 Z 字第 644 号》，中国近代经济史资料丛刊编辑委员会主编：《中国海关与中日战争》，第 128 页。

统揽到借款权限后，赫德即通知金登干，要其询问汇丰银行能否于 1895 年 1 月份之前筹到 500 万镑，并且需要简要说明利息、折扣、经手规费及归还年限①。由于战争尚在进行，伦敦金融市场上并不看好向中国提供贷款，汇丰向总理衙门提出一个前提条件，即"除非谕旨保证以后其他方面的借款不在这笔借款以前偿还，汇丰银行不能承办。中国政府于战后举办大借款时，这项借款可按票面收回。总理衙门是否可给予优先偿还之权？"② 12 月 20 日，总理衙门和户部同意了汇丰银行所提出的借款条件。汇丰所提条件虽然得到总理衙门的同意，但各财团仍无意此时出借款项。在与多家财团接洽后，汇丰银行认为，一时之间难以筹足 500 万镑③。此时，清政府败局已定，德催琳代表清政府赴日求和，消息传到伦敦，甚至影响到中国政府已经卖出的银债券。此时，汇丰提出了具体的借款条件：1. 借款必须有优先偿还权和保证。在一个月内可以借到 300 万—500 万镑，具体情形视市场而定。2. 利息 6 厘。3. 按九五点五折扣发行。4. 期限 20 年，但随时可于 3 个月前通知照票面收回。5. 银行经手规费 6.5%，较银借款多 0.5%。金登干指出，汇丰所提议条件，已经比普法战争时法国所借外债优惠了 10%，当时法国的国防公债是按八五折发行的④。

此时汇丰与总理衙门交涉的是两笔借款，一个是 1000 万两银借款，另一个是 500 万英镑借款。银借款虽然有了初步协议，但尚未到账，英镑借款尚未草签。赫德一方面批评汇丰银行过多地考虑了自身的利益，而不顾大局，另一方面亦对户部擅自与德国银行打交道而不满。在赫德施压下，汇丰银行于 12 月 24 日作出了部分让步，同意改作 5 厘利息，但发行折扣是九二点五。此时清政府需款孔急，已经顾不得争取更优惠的条件，便于 12 月 26 日同意了汇丰原提议的 6 厘借款，要求款项到账

① 《1894 年 12 月 16 日北京去电第 572 号》，中国近代经济史资料丛刊编辑委员会主编：《中国海关与中日战争》，第 128 页。

② 《1894 年 12 月 17 日伦敦来电第 851 号》，中国近代经济史资料丛刊编辑委员会主编：《中国海关与中日战争》，第 128 页。

③ 《1894 年 12 月 21 日伦敦来函 Z 字第 916 号》，中国近代经济史资料丛刊编辑委员会主编：《中国海关与中日战争》，第 129 页。

④ 《1894 年 12 月 19 日伦敦来电第 853 号》，中国近代经济史资料丛刊编辑委员会主编：《中国海关与中日战争》，第 129 页。

越早越好，至少应在 1895 年 1 月份将 500 万两汇到上海①。12 月 30 日，清政府收到了银借款债券的发行书，英镑借款也有了眉目。1895 年 1 月 6 日，谕旨批准 500 万镑借款，各项办法可照银行认为最好的办法办理。获得消息后，赫德致电金登干："草合同内除述明以上种种条件及以海关收入为担保外，最好简单说明一切细节均留待最后签立合同时再行订明。"② 1 月 26 日，总理衙门会同户部与汇丰银行同时订立《汇丰银行一千万两借款合同》《汇丰银行英金三百万镑借款合同》，分别借英银 1000 万两、金 300 万镑③。总理衙门在奏折中明确写道，"窃臣等因筹备军需，议借洋款，当由总税务司赫德向汇丰洋行借库平足银一千万两"，"续又向该行拟借英金五百万镑"，由于 500 万镑的数额过于庞大，最终签订合同时定为 300 万镑④。

　　上述两笔借款合同是中国政府同汇丰银行这一国际私法人之间签订的契约，中国国家成为合同中的借款主体，体现了"准条约"的性质。在《汇丰银行一千万两借款合同》中，明确记有"总理衙门会同户部代中国国家向汇丰银行商借银款"语句⑤。在《汇丰银行英金三百万镑借款合同》中亦明确载明，"总理衙门会同户部代中国国家向汇丰银行商借金款"的字样⑥。考虑到这两笔借款的国家性质，亦有学者将其视为"清政府首次典型意义上的国外公债"，认为此次借款与以前由各省督抚或统兵大臣请旨批准而举借的外债，无论在形式上还是内容上都是有所不同的，属于严格意义上的国外公债⑦。因此，此次借款也开创了借款类"准条约"的新特点，如在借款的具

　　① 《1894 年 12 月 24 日伦敦来电第 854 号》《1894 年 12 月 26 日北京去电第 575 号》，中国近代经济史资料丛刊编辑委员会主编：《中国海关与中日战争》，第 131 页。
　　② 《1895 年 1 月 6 日北京去电第 581 号》，中国近代经济史资料丛刊编辑委员会主编：《中国海关与中日战争》，第 136 页。
　　③ 《汇丰银行一千万两借款合同》《汇丰银行英金三百万镑借款合同》，光绪二十一年正月初一，王铁崖编：《中外旧约章汇编》第 1 册，第 610 页。
　　④ 《总署奏息借汇丰洋行一千万两及三百万镑订立合同折》，光绪二十一年正月十二日，王彦威、王亮辑编，李育民等点校整理：《清季外交史料》第 5 册，第 2086 页。
　　⑤ 《汇丰银行一千万两借款合同》，光绪二十一年正月初一，王铁崖编：《中外旧约章汇编》第 1 册，第 598 页。
　　⑥ 《汇丰银行英金三百万镑借款合同》，光绪二十一年正月初一，王铁崖编：《中外旧约章汇编》第 1 册，第 604 页。
　　⑦ 许毅、金普森等：《清代外债史论》，第 366—367 页。

体形式上，此次借款采取了在贷款国发行股票的形式，如合同中载明："中国国家准汇丰银行代售借款全数股票，其股票数目、式样系由汇丰银行酌定发给收买股票之银主收执。每张由中国驻英使臣加盖关防，以为中国允行之据。"① 此外，这两笔贷款，虽由汇丰银行办理，但背后其实得到了英国政府的同意和外交的支持，也体现了英国政府所主张的在华权利，如合同规定，此次借款应以中国通商各关之税饷为抵偿还，"应由总理衙门会同户部，按所借银数暨应付利息数目发给关票，均须盖有总理衙门暨户部印信，并由总税务司签字，以该票扶同作保。此项关票，每张应载明上款所列优先偿还字样"②。赫德当时亦认为"最近的几次借款，可能延长海关的寿命，也可能扩大海关职权范围"，中国如果长期摊还对日赔款，还有可能增加日籍海关人员③。可见，英国政府据此进一步加大了对中国关税及海关的影响，因此合同已超越了商务范围，并体现政治性特点，我们亦可将这两笔合同视为政治性借款类"准条约"的初步开端。

二、 甲午战后的政治性借款"准条约"

甲午战后，清政府为偿还日本勒索的赔款，被迫举借外债，进一步产生了一批政治性借款类"准条约"。《马关条约》签订后，中国被迫向日本赔偿军费2亿两，分8次逐步付清，而且第一次须付5000万两，须在《马关条约》批准互换后6个月内交清④。另外，还加上赎回辽东半岛的3000万两，清政府一下子陷入严重财政危机。举借外债赔款成为唯一能缓解燃眉之急的途径。在此种背景下，列强围绕中国借债问题而展开的外交争夺粉墨登场，各自国家支持本国银行向华借款，最后达成了三笔借款合同。此一时期的"准条约"中，政治性贷款成为主要特点之一。

---

① 《汇丰银行一千万两借款合同》，光绪二十一年正月初一日，王铁崖编：《中外旧约章汇编》第1册，第599页。

② 《汇丰银行一千万两借款合同》，光绪二十一年正月初一日，王铁崖编：《中外旧约章汇编》第1册，第599页。

③ 《1895年1月6日北京去函Z字第647号》，中国近代经济史资料丛刊编辑委员会主编：《中国海关与中日战争》，第136页。

④ 《马关新约》，光绪二十一年三月二十三日，王铁崖编：《中外旧约章汇编》第1册，第615页。

（一）《四厘借款合同》

首先达成的是被称为"俄法洋款"的《四厘借款合同》。

为了偿还对日甲午战争赔款，清政府组建了一个借款委员会。1895 年 5 月 9 日，由光绪帝颁布谕旨，派恭亲王奕䜣、庆亲王奕劻、户部尚书翁同龢等人办理借款事宜[1]。借款委员会的组建受到了俄、德、法三国的影响。据法国驻华公使施阿兰描述，"由于俄国政府不待通知，即采取敏捷行动，借款问题便马上产生这样的转折：它无可置疑地说明中国政府是信赖圣彼得堡及巴黎的内阁进行和解决借款问题的，这个问题的性质已经变成政治问题，而不仅仅是财政问题了"[2]。俄国以干涉还辽向清政府邀功，要求清政府应该首先考虑向俄借款。驻俄公使许景澄在 5 月 2 日致电清政府，谓："江电现商巨款，系英人红牌独揽，非德法所甘，恐于公事有碍。"[3] 紧接着于 5 月 3 日再电清政府，转达俄国对中国向英国商借款项的不满："乃闻现欲向不肯合劝之英国商借，颇觉诧异，特请代达国家，应先商俄国，方见交谊。"[4] 赫德曾对此发表评论："德国皇帝与俄国沙皇都把中国问题当作自己的切身利害，两人都决计要设法使德、法、俄三国（虽然俄国没有钱）取得对华的大借款，而把英国排挤出去。"在赫德看来，其原因无非是"俄、德、法三强——特别是俄国——为中国帮了这样大忙，已使中国人的眼睛看不到别的，英国人只好远远地退处下风"[5]。

清政府最终应允了俄国的借款要求，并重新排定各国对华贷款的顺序，即俄国第一，德国、法国第二，英国暂不予以考虑[6]。抢在英国之前，俄国获得了甲午战后第一批贷款合同。俄国并不准备以国家的名义签署合同，而是打算让俄国的银行出面，由国家为其进行担保。这样的贷款安排，从国际法而言，已经决定了贷款的主体并非俄国政府，因此，该合同的"准条约"

---

① 许毅、金普森等：《清代外债史论》，第 415 页。

② ［法］A. 施阿兰著，袁传璋、郑永慧译：《使华记（1893—1897）》，第 69 页。

③ 《出使大臣许景澄来电》，光绪二十一年四月初八日到，中国史学会主编：《中日战争》第 4 册，第 65 页。

④ 《使俄许景澄致总署报俄欲贷我款偿日费并俄主意尚相近电》，光绪二十一年四月初九日，王彦威、王亮辑编，李育民等点校整理：《清季外交史料》第 5 册，第 2209 页。

⑤ 《1895 年 5 月 17 日伦敦来函 R 字第 946 号》《1895 年 5 月 18 号北京去电新电第 859 号》中国近代经济史资料丛刊编辑委员会主编：《中国海关与中日战争》，第 173—174 页。

⑥ 许毅、金普森等：《清代外债史论》，第 417 页。

性质在签订之前已经由俄国确定。许景澄在致总理衙门的电文中指出,"晤商俄户部,彼意嫌与德、法争揽,改荐银行承办,海关作押,关款不敷,由俄国国家担保,以便减轻息扣"[1]。后来中俄订立的借款合同正是循此办法办理。有研究认为,俄国改由银行承办,只是由于其国内不具有借款的实力,不得已而拉拢法国财团一起提供对华贷款[2]。俄国财政大臣维特曾派圣彼得堡国际银行总经理罗特施泰因赴巴黎,游说法国垄断财团,包括霍廷盖兄弟、巴黎及荷兰银行、里昂信托银团、国立贴现银行、法国通用银行、法国工商信托银行等[3]。不论俄国出于何种原因改由银行出面签订借款合同,都不会影响到借款合同的"准条约"性质,俄国国家为合同所作的担保是无法通过合同本身体现出来的。为了弥补这种缺憾,在签订合同的同时,俄国与中国国家订立一个条约性质的声明文件。

1895 年 7 月 6 日,中国驻俄公使许景澄代清政府与俄国各银号商董订立《四厘借款合同》。合同共十九条,规定"西历九十五年七月初一日中国国家准借此款,并准中国驻森堡公使将以下所开各条商定画押,作为切实凭据"、"中国奉准全权公使许景澄奉到中国大皇帝谕旨,准与俄国各银号商董商定合同以下各条",这些具体的规定标明了合同两造的身份,也因而决定了合同的"准条约"性质。借款总额为 4 亿法郎,合 1 亿金卢布(约合白银 9800 余万两),4 厘息,以九四点一二五折扣交付,偿还期限 36 年。以海关收入为担保,如到期不能偿还应付本息,要向俄国提供别项收入加保。而且合同还规定,中国若许他国管理、监督税收等项权利,亦准俄国均沾[4]。此项借款系中国国家与俄国公司法人所订立的"准条约",俄国政府为了担保此合同能够顺利执行,并保证俄国新获得的各项利益,在签订此项合同的同时还以俄国国家的名义与中国政府订立了一个《四厘借款声明文件》。该声明文件相比合同而言,具有条约的性质,甚至为此专门以一个具体条款写入合同

---

① 《使俄许景澄致总署报以关税作押订借俄款电》,光绪二十一年四月二十六日,王彦威、王亮辑编,李育民等为点校整理:《清季外交史料》第 5 册,第 2235 页。

② 许毅、金普森等:《清代外债史论》,第 417 页。

③ [法] A. 施阿兰著,袁传璋、郑永慧译:《使华记(1893—1897)》,第 69—70 页

④ 《四厘借款合同》,光绪二十一年闰五月十四日,王铁崖编:《中外旧约章汇编》第 1 册,第 626 页。

之中："此声明文件与条约一例看重，自中国与承办借款之银号合同书押日为始至还清此款之日止。"[①] 俄国政府以一个条约来保证其银行对外贷款的收益，其政治特殊性可谓绝无仅有。

（二）《英德借款详细章程》

紧接着，清政府又与英德银行达成《英德借款详细章程》。英德借款的详细经过，可以为我们分析近代中国政治借款类"准条约"，提供一个典型例子，即政府出面牵线而由银行出资订立合同。银行执行本国政府的决定，其在获得一定经济利益的同时，更重要的是帮助本国政府实现在华的政治利益，而这一点远非一般贷款利率的高低所可比拟。在提供贷款的各国看来，谁能最终成功向中国政府提供贷款，远不是一个经济利益的问题，而是集中体现了究竟谁能在中国取得主导地位，从而取得压倒其他列强的优势。而这也正是"准条约"的意义所在。对中国政府而言，这样的条约是国家义务，承载了中国的国际声誉，是必须遵守的法条。而对出借国而言，它们借此可以获得在中国从事各种活动的特权，虽然形式上各自政府只是"准条约"的担保者，甚至只是一个幕后的促成者，但这种特权正是他们所追求的。作为实际出资者和真正的签字人，银行家们与各自政府的考虑并不一致。

在清政府与俄国紧密商谈借款一事时，早已不满的英、德两国反应强烈，于是便出现了英、德与俄、法争锋的情况，同时英、德内部也存在分歧。1895 年 6 月 5 日，英国外交部致电驻华公使欧格讷，要求其反对俄国对中国借款的干预，称："此间汇丰银行通过北京汇丰银行致电给您，外交部也致电欧格讷，一致认为，俄国的干预是要不得的！"[②] 在中俄借款即将签字时，英国甚至开始威胁总理衙门，"如中国接受俄国担保的借款，以后除通过俄国外，将不能在别处借到外债。如中国能谢绝俄国，所需款

---

① 《四厘借款声明文件》，光绪二十一年闰五月十四日，王铁崖编：《中外旧约章汇编》第 1 册，第 630 页。
② 《1895 年 6 月 5 日伦敦来电新字第 752 号》，中国近代经济史资料丛刊编辑委员会主编：《中国海关与中日战争》，第 182 页。

项，可用同样条件在伦敦借到，并且不附带任何限制"①。这样的话语其实连英国人自己都不相信，英国非但没有拒绝中国的借款，而是积极出借，甚至不惜联合德国一起出面。其实，英国政府非常清楚，中国政府本身对俄国担保借款一事并不握有完全的主动权，甚至不能自主，赫德曾劝告说"我向嘉谟伦说，您在中国已尽力左右一切，但恐中国政府对此事不能自主，说也无用"②。

6月15日，英国银行巨头罗斯希尔德委托嘉谟伦探询清政府是否愿意接受一笔为数不少于1600万镑的借款，照以前办法，以中国关税担保即可，并称如中国政府同意，他将邀请俄、德、法三国参加③。此时中、俄之间正为贷款担保问题进行谈判，光绪皇帝对俄国借款所提出的担保问题大为不满，认为"俄款末端所云，预收关税，监守、稽察，管理地方刑名等语，此中国所必无之事，何可虚拟，列入条内？至制造、商务，亦与借款无涉"，要求许景澄"婉言与商，总宜彼此得体，不可迁就，以贻后患，是为至要"④。在清政府的坚持下，俄国也改变了策略，在细节上对中国做出了一些让步。俄国的让步在很大程度上也与英、德积极筹划的借款计划存在很大的关联。

英国此时并不看好中、俄之间的借款会有多少实际成果，一直在准备着俄国担保借款行为的失败，并为由英国出面的借款进行筹划，如俄国的干预失败，而借款由罗斯希尔德发行时，"为中国利益着想，最好规定给与汇丰银行以管理和经纪中国外债的权利"⑤。德国同样不甘落后。6月17日，伦敦很快得知德国辛迪加向中国提出了3200万镑借款的要求，"利息五厘，九

---

① 《1895年6月14日伦敦来函Z字第951号》，中国近代经济史资料丛刊编辑委员会主编：《中国海关与中日战争》，第182—183页。

② 《1895年6月14日伦敦来函Z字第951号》，中国近代经济史资料丛刊编辑委员会主编：《中国海关与中日战争》，第183页。

③ 《1895年6月21日伦敦来函Z字第952号》，中国近代经济史资料丛刊编辑委员会主编：《中国海关与中日战争》，第184页。

④ 《使俄许景澄致总署借款事俄稿末条宽浑彼允定后再论并盼早定电（二件附旨）》，光绪二十一年五月二十八日奉旨，王彦威、王亮辑编，李育民等点校整理：《清季外交史料》第5册，第2258页。

⑤ 《1895年6月16日伦敦来电新字第751号》，中国近代经济史资料丛刊编辑委员会主编：《中国海关与中日战争》，第183页。

三净数发行，另加减债基金，三十六年内还清"。英国对德国所提出的条件不以为然，称汇丰银行和罗斯希尔德可以照样承办，条件甚至可以更优厚①。不过英国很快否定了能提供比德国更为优厚贷款条件的说法，具体负责金融业务的汇丰银行在致分行的电报中不得不坦陈："无论如何，汇丰不能办到比德国所提三十六年期的借款更好的条件。如愿按五十年期限，可能办到五厘半，而不是五厘七五"，因此，"汇丰除与罗斯希尔的分开外不能单独承办借款"②。

在中、俄即将签定合同的前期，英国内部及英、德之间正为如何向中国借款而争论不休。英国意识到银行巨头罗斯希尔德并不完全可信，认为其"接近德国甚于英国"，英国外交部抱怨"德国辛迪加根据德国政府命令行事，而罗斯希尔德不顾他原来和汇丰银行的默契，公然听之任之，这样已使汇丰银行处于进退维谷的地位"③。英国政府此时意识到自己在借款方面并不占有优势。基于对情势的此种认识，英国对德国的借款表现出了容忍态度，指出"这件事怎样了结还不可知。德国的这笔借款，也许可以打开僵局，照这种情形，汇丰银行最多只能当个陪客，弄的不好，恐怕就连余利也沾不到"。无可奈何之下的英国政府不得不表示，"中国已无再借外债的需要，不必强行供给"，除了等候之外，别无良法④。

6 月 24 日，罗斯希尔德向英国表示，他只愿意在国际合作的框架内向中国提供借款，"因此汇丰银行可径自承办单纯的财政借款而不必牵扯到政治"，罗斯希尔德同时要求英国外交部致电欧格讷，要其力争国际性借款，即包括俄、英、德在内的借款方式⑤。但是俄国于 6 月 28 日拒绝了德国的国际性借款建议，因为此时中俄借款即将告成。英国政府对罗斯希尔德显然不满意，认为其态度无常，且明显偏向德国，由于罗表示如果中国拒绝国际借

① 《1895 年 6 月 17 日伦敦来电新字第 750 号》，中国近代经济史资料丛刊编辑委员会主编：《中国海关与中日战争》，第 183 页。
② 《1895 年 6 月 20 日伦敦来电新字第 748 号》，中国近代经济史资料丛刊编辑委员会主编：《中国海关与中日战争》，第 184 页。
③ 《1895 年 6 月 21 日伦敦来电新字第 747 号》，中国近代经济史资料丛刊编辑委员会主编：《中国海关与中日战争》，第 184 页。
④ 《1895 年 6 月 23 日北京去函 Z 字第 665 号》，中国近代经济史资料丛刊编辑委员会主编：《中国海关与中日战争》，第 186 页。
⑤ 《1895 年 6 月 24 日伦敦来电新字第 746 号》，中国近代经济史资料丛刊编辑委员会主编：《中国海关与中日战争》，第 186 页。

款，他本人愿意提供不带任何政治条件的纯粹财政借款，此举竟被英国认为可为汇丰银行提供机会。

此时借款形势已经明朗，俄国担保的借款已成定局。不过，此时中国驻伦敦公使仍未放弃举借纯粹财政性国际贷款的努力，而此种行动一直为汇丰银行所关注。为了应对中国仍在进行的借款努力，汇丰银行向赫德询问应付办法①。面对此种情形，赫德无奈表示"克萨借款现在批准了，但是公使的举动使我很难再向总理衙门提出意见。借款的事情很复杂"②。

在中俄借款合同订立的前一天，英国外交部告诉赫德，汇丰银行现在正与德国辛迪加合作，他们之间协议由汇丰主持借款谈判，英德借款如要在短期内实现，必须排除俄国在借款合同中所规定的 6 个月内不得再借外债的要求，即"在西历九十六年正月十五日以前，除与银号商董商明外，中国暂不另行借用金钱各债，亦不准他人售卖各种借款股票；惟遇有战事，此条可以不凭"③。事实上，英国外交部未能完成此点。中俄借款合同订立后，赫德告诉英国外交部，由于合同中 6 个月内不准续借外债的规定，推翻了德国借款的基础，短期内无法再向中国政府提出借款问题。这还不是最糟糕的事情，最让赫德担心的是俄、法财团筹到大笔款项，"俄、法如能续以低利筹到大宗款项，以后中国的借款，恐怕都将由它们包办了"。赫德认为这样的借款"不是财政的而是政治的借款，会造成政治上的牵扯和后果"④。

中俄借款合同订立后，总理衙门通知德国公使，"碍于俄国借款的合同，暂时不考虑举借外债，八百万镑借款事可俟六个月后再商"⑤。至此，关于争论中的英德借款暂告一段落。

由于俄、法联手取得了第一批政治贷款，赫德感叹法国人无往而不利，

①　《1895 年 7 月 1 日伦敦来电新字第 744 号》，中国近代经济史资料丛刊编辑委员会主编：《中国海关与中日战争》，第 187 页。

②　《1895 年 7 月 2 日北京去电新字第 853 号》，中国近代经济史资料丛刊编辑委员会主编：《中国海关与中日战争》，第 188 页。

③　《四厘借款合同》，光绪二十一年闰五月十四日，王铁崖编：《中外旧约章汇编》第 1 册，第 629 页。

④　《1895 年 7 月 7 日北京去函 Z 字第 667 号》，中国近代经济史资料丛刊编辑委员会主编：《中国海关与中日战争》，第 188 页。

⑤　《1895 年 7 月 7 日北京去函 Z 字第 667 号》，中国近代经济史资料丛刊编辑委员会主编：《中国海关与中日战争》，第 188 页。

担心自己在中国海关以及在华的地位受到威胁："施阿兰绝顶聪明，而且十分活跃，有使俄国人听他摆弄的本领，英国人现在是被远远地甩在一边了"，"中国海关里现在缺少能干的英国人。美、德、法三国的人已经比我们多了，而且都有较好的文化和工作能力"①。从这些言语里能够看出赫德之所以积极参与英德借款，原因之一就是为了保持自己和英国在中国的影响力，而海关是所有这些的基础。

随着借款谈判的停顿，赫德对形势的担心似乎越来越厉害，不是担心中国政局的稳定，而是担心自己及英国在华影响力的下降。8 月 18 日在致伦敦的信函中，赫德抱怨："最近传说，法国表示中国如不批准江洪条约，将拒绝付给借款。俄、法两国在此左右大局，为所欲为，别人无说话余地。"② 8 月 25 日，赫德已经开始惊呼海关即将转手："俄、法现在可以随心所欲，俄国已提出共同分享管理海关的权利，这是企图控制海关的楔子，只要我一走，他们必定立刻下手。"③

由于中国允诺不续订借款，因此俄法借款订立后的 6 个月，属于一个平静期。但在表面平静的背后，英、德正为借款而暗自较劲。赫德作为海关的负责人，其目的远非一项借款就能满足。依据其自己所说，是想通过借款进一步掌控中国的盐务和铁路："我曾向总理衙门建议，应将这些事掌握手内，派我为总办，集中管理"，借款是"能取得成功的唯一方法。"④ 显然，赫德希望通过由其个人的努力实现让英国控制中国。虽然德国一直在借款问题上与英国保持着密切联系，但赫德并不以为然，并建议汇丰银行单独承担借款，认为汇丰银行不应当与德国签订合作合同，"这有如一个初学外国语言的人，刚会一两句就想显一手，结果把他自己的语言也搅忘了"⑤。

① 《1895 年 8 月 4 日北京去函 Z 字第 670 号》，中国近代经济史资料丛刊编辑委员会主编：《中国海关与中日战争》，第 190 页。

② 《1895 年 8 月 18 日北京去函 Z 字第 672 号》，中国近代经济史资料丛刊编辑委员会主编：《中国海关与中日战争》，第 190 页。

③ 《1895 年 8 月 25 日北京去函 Z 字第 674 号》，中国近代经济史资料丛刊编辑委员会主编：《中国海关与中日战争》，第 190 页。

④ 《1895 年 9 月 15 日北京去函 Z 字第 677 号》，中国近代经济史资料丛刊编辑委员会主编：《中国海关与中日战争》，第 190—191 页。

⑤ 《1895 年 9 月 15 日北京去函 Z 字第 677 号》，中国近代经济史资料丛刊编辑委员会主编：《中国海关与中日战争》，第 191 页。

由于清政府从俄法借款中挪出 3000 万两用于偿还日本所谓的"还辽费",导致原本为偿还日本战争赔款的款项不足,为了弥补不足,清政府在自筹的同时,不得不再寻借款之道,于是向英德借款的步伐加快了。到 1895 年 11 月,由英德平分新的借款几成定局,借款数额是 1600 万镑,由汇丰银行经办。借款利息等等,虽比俄法借款略高,但所加于中国的约束相对要轻一些①。英德借款难以视为单纯的商业交易,也不能摆脱政治性借款的嫌疑。此时,由于法国民众对俄法借款认购并不踊跃,法国已不打算再插手对华借款事宜②。俄国仍然相当活跃,甚至向清政府提出了一个合作借款计划,并将英国排除在外。1896 年 1 月初,俄国财政大臣维特建议联合"圣彼得堡、柏林、巴黎和阿姆斯特丹的金融界,缔结一项新的借款",虽然清政府表示乐见其成,但"巴黎金融界对此并未表示出很大的热忱",借款终归失败③。

在英国以为借款一事志在必得时,清政府仍然没有放弃寻求更低利率贷款的可能,赫德对清政府的这种寻求并不乐见。他最担心的仍然是俄、法、德三国在中国海关影响的扩大,他在各种函件中毫不隐瞒自己的这种担心:"我希望英德联合银行团能办妥借款,这样他们就可对管理海关问题,取得与俄国、法国一样多(我希望是一样少)的发言权了。"④ 英国外交部亦有人认为,法俄之所以反对中国向英国借款,其目的仍然在海关,即"排斥英国将来对于海关管理的发言权"⑤。

清政府鉴于汇丰银行所提出的条件过于苛刻,曾终止与英德的借款谈判。1 月 29 日监察御史王鹏运上奏建议清政府不要从汇丰借款,认为其"较之俄款贵之又贵","且异时倘再有借贷必将援以为例,关系之巨与亏损之多,莫此为甚",且"银行不独一英国,英国不独一汇丰,何在彼善居奇,

---

① 《1895 年 11 月 24 日北京去函 Z 字第 686 号》,中国近代经济史资料丛刊编辑委员会主编:《中国海关与中日战争》,第 195 页。

② 《1895 年 11 月 29 日伦敦来函 Z 字第 975 号》,中国近代经济史资料丛刊编辑委员会主编:《中国海关与中日战争》,第 196 页。

③ [法] A. 施阿兰著,袁传璋、郑永慧译:《使华记(1893—1897)》,第 103 页。

④ 《1896 年 1 月 19 日北京去函 Z 字第 693 号》,中国近代经济史资料丛刊编辑委员会主编:《中国海关与中日战争》,第 200 页。

⑤ 《1896 年 2 月 20 日伦敦来电新字第 726 号》,中国近代经济史资料丛刊编辑委员会主编:《中国海关与中日战争》,第 202 页。

而在我自寻窘步也"①。清政府于 1 月底主动终止了同英德的借款谈判,准备向美国一商业公司借款 400 万镑,再从各省捐献中补足余额,以偿还对日本的第二期 5000 万两的还款②。于是,为了确保借款顺利进行和英国对中国海关的影响力,赫德要求汇丰银行减低贷款费用。他在 2 月 20 日致伦敦的电报中要求"一切费用应减轻三分之二,并按九八折扣发行"③。然而赫德的建议并未为英国方面完全接受。到 2 月 22 日,嘉谟伦告诉中国驻英公使,"汇丰银行和德国辛迪加愿承办五厘借款,九六折扣,经手规费 5.5%"④。赫德并未放弃说服英国银行界及英国政府给予更多贷款优惠的努力,他认为在俄国已经控制了中国的情形下,恢复英国与中国情谊的企图是没有希望的,唯一可以防止俄国增强其在中国的影响的办法是"在借款上帮忙","如英国政府能办到三厘借款一千万镑,并照俄国债券上所列办法,予以担保,就可以造成分裂,摆脱俄国的财政控制"⑤。

经过一番折冲角逐,最终在 1896 年 3 月 11 日,清政府与汇丰银行和德华银行订立借款草合同,规定"钦命总理各国事务衙门代中国国家向汇丰银行暨德华银行代德英银行总会订立借款草合同章程"⑥。3 月 23 日,总理衙门代表清政府同汇丰银行、德华银行订立正式合同《英德借款详细章程》,英德借款终于定音。按照章程规定,采用售卖股票的方式,借英金 1600 万镑(合银 1 亿两),九四折扣,5 厘息,36 年还清。章程明确了国家政治性借款的性质,规定由总理衙门将允准之上谕,照会德国和英国驻华公使。而且,要由总理衙门会同户部,按照所借金镑本利之全数,发给关票,并盖有该两部门之印信,由总税务司签字,"以该票联环作保",关票上还需载明"第七款所列尽先偿还字样"。另外,章程还规定,以中国通商各关税银抵

① 许毅、金普森等:《清代外债史论》,第 430 页。
② 许毅、金普森等:《清代外债史论》,第 430 页。
③ 《1896 年 2 月 20 日北京去电新字第 839 号》,中国近代经济史资料丛刊编辑委员会主编:《中国海关与中日战争》,第 202 页。
④ 《1896 年 2 月 22 日伦敦来电新字第 724 号》,中国近代经济史资料丛刊编辑委员会主编:《中国海关与中日战争》,第 203 页。
⑤ 《1896 年 2 月 26 日北京去电新字第 838 号》,中国近代经济史资料丛刊编辑委员会主编:《中国海关与中日战争》,第 203 页。
⑥ 《英德两国借款草合同》,光绪二十二年一月二十八日,王铁崖编:《中外旧约章汇编》第 1 册,第 638 页。

还，借款未付还时，"中国总理海关事务应照现今办理之法办理"，这等于确保了赫德所代表的英国对海关的影响力①。

（三）《英德续借款合同》

第三项是《英德续借款合同》。清政府用所借款项支付完日本的第二期赔款后，所余银两仅有 300 多万两，尚有 8300 多万两白银需要支付。如果赔款能在 1898 年 5 月 8 日前全数还清，清政府可以免付赔款利息，并扣还已经赔付的利息银 1000 多万两。因此，为了早日还清贷款，并尽量节省贷款，清政府在还清第二期赔款后，开始筹划再次借款②。清政府的海关税收经俄法和英德借款后，基本上抵押出去了，难以再以关税作新的抵押。在此种情形下，总理衙门与赫德开始商量新的抵押方式。总理衙门试探性地询问赫德，"是否愿意管理内地的土产鸦片。各通商口岸的常关、厘金、盐税等"，如有可能，这些都可以交其管理。在赫德看来，如果他不管这些，正好符合俄法企图以贷款控制中国的野心："法国和俄国正在企图控制中国的内地税收，交换条件是中国可以从此不再为了钱而为难。中国如果吞下这块钓饵，下一步就将被吞并了。"③

1897 年 3 月 15 日，户部尚书翁同龢等为了偿还对日赔款余额，商讨借债数量问题，最终确定借债 1 亿两白银。总理衙门经再次商议后，决定再向英德举借，并要求李鸿章与上述两国驻华公使接洽借款问题④。透过赫德与金登干之间的往来函件，可以清楚地看出当时清政府筹款的过程。作为海关总税务司，赫德以其个人的观点及好恶对借款过程中的种种事件所作的评价，对我们从另一个角度审视此次借款颇有启发意义。6 月 6 日，赫德在去函中不无预见地表示，"关于借款问题，中国不久就要处于进退两难的境地"。他颇为自负："我是不沾手的，自动献计不如等他们来求教时再出主意

---

① 《英德借款详细章程》，光绪二十二年二月初十日，王铁崖编：《中外旧约章汇编》第 1 册，第 641—643 页。

② 《为定期交清赔款并请同时撤回威海驻军事致日使矢野文雄文》，光绪二十四年三月初六日，戚其章主编：《中日战争》第 5 册，中华书局，1993 年，第 563—564 页。

③ 《1896 年 5 月 17 日北京去函 Z 字第 708 号》，中国近代经济史资料丛刊编辑委员会主编：《中国海关与英德续借款》，中华书局，1983 年，第 4—5 页。

④ 见许毅、金普森等：《清代外债史论》，第 436 页。

更有力量。"① 赫德的这种判断是建立在其对时局的观察之上的。清政府的对外借款需要提供保证,内地税收是最有可能作保的一项,虽然具体经办人李鸿章不同意以内地税收作保,但在现实的压力面前,这种条件不得不适当放松。在询问汇丰借款条件时,李鸿章提及"由汇暗要抢办,扬言保项无着。姑将厘金作抵,仍由户部拨偿。汇言相符否,无论何项作抵,必归户部"。汇丰开出条件:"盐或厘作保,不请监收,只由钧署督新关征收,事可立成。"② 稍后,汇丰又表示作保的范围可限于长江一带盐课,"由钧署督新关征收"。罗丰禄在 6 月 12 日的电文中表示:"丰以华债向来清还,作保何须太拘泥,辩论再三,渠坚谓必照此法,售票方有把握。是否可行,祈速电。"③ 李鸿章回复罗丰禄说,"汇丰欲盐课由新关征收作保,是扰乱国家定章,信税司过于户部,碍难准行。今但议总署、户部作保,万无一失,否则另由他国他处商借"④。

在李鸿章的强硬态度下,汇丰银行有所让步,"拟请仿照各省协饷之例,由户部饬付某运司或某厘局,每年将课银若干解交附近新关税司上册,以为抵还洋款之用"⑤。李鸿章对汇丰的此次建议感到可行,于是进一步就借款的息扣、期限问题与汇丰展开商谈。此时赫德建议英国政府出面为贷款进行担保:"在目前危机中,无法发行商业性的债券,英政府虽不必实际担保债券,但如英国政府指示英格兰银行会同汇丰办理,发行是可能的,英政府最低应宣布英国的政策是于必要时保护债权人的利益。"⑥ 其实,赫德要求英国政府出面担保借款,绝非仅是为借款的可行性而考虑,其对自身总税务司职务的担忧亦是其中之一。俄法等国一直希望总税务司职务能更换人选,如果英国

---

① 《1897 年 6 月 6 日北京去函 Z 字第 755 号》,中国近代经济史资料丛刊编辑委员会主编:《中国海关与英德续借款》,第 12 页。

② 《致伦敦罗使》,光绪二十三年五月初十日申刻;《附罗使复电》,光绪二十三年五月十一日午刻到,顾廷龙、戴逸主编:《李鸿章全集》第 26 册,第 337 页。

③ 《附罗星使来电》,光绪二十三年五月十三日未刻到,顾廷龙、戴逸主编:《李鸿章全集》第 26 册,第 337 页。

④ 《复罗星使》,光绪二十三年五月十三日未刻,顾廷龙、戴逸主编:《李鸿章全集》第 26 册,第 337 页。

⑤ 《附罗星使来电》,光绪二十三年五月十七日辰刻到,顾廷龙、戴逸主编:《李鸿章全集》第 26 册,第 338 页。

⑥ 《1897 年 12 月 24 日伦敦来电新字第 558 号》,中国近代经济史资料丛刊编辑委员会主编:《中国海关与英德续借款》,第 26 页。

政府此时表现强硬，积极应对借款，当然可以给清政府以显著影响，从而确保赫德的职务。金登干电告："上海来电称，法、俄政府正逼迫中国用俄国人继您充任总税务司，因为俄、法两国目前对中国的债权地位，正如同您被派为总税务司时英、法两国的地位一样。"这样的分析当为事实，果为赫德所忧虑，应对的最好方法是英国政府能够出面断然回击①。

由英国政府出面阻击俄国承担借款，不仅对汇丰银行，而且对赫德本人而言，都成为有利的事情。汇丰银行认为仅凭其一己之力难以承揽中国政府的新借款，"如果英国政府不帮助，俄国借款谈判就会成功"。为了给英国政府施加压力，赫德甚至夸大俄国借款成功后的危害，认为"中国就会变成俄国的一个州，海关也就不再在英国人的手中了"②。出于种种考虑，赫德积极要求英国政府担保，或声明在必要时保护债券持有人的权利。1897年12月25日，金登干告诉赫德，汇丰银行已经正式致函首相，要求取得政府支持，同时要求赫德向英国施压，"使英国外交部充分了解现在局势对英国利益有莫大危险"③。12月27日，金登干致函赫德，指出英国外交部已经开始关注借款一事。28日，金登干告诉赫德，"外交部正认真考虑此事，并询问没有抵押的关税收入还有多少"④。赫德在回电中再次强调俄国贷款的可能性及"俄人对借款担保并不苛求"，并希望英国政府出借款项，并保证贷款的安全性，认为"英国政府如能自行以薄利贷款给中国政府，大有好处而没有任何风险。英国政府如置身事外，将来除用武力为后盾外，只好眼看别人取得优势"⑤。事实上，中国借款的消息及相关争夺已广为各国舆论关注，金登干转告赫德，英国报纸几乎一致支持英国政府担保的对华新借款。

汇丰银行以及英国金融界的努力渐现成效，英国政府可能要担保借款的

---

① 《1897年11月9日伦敦来电新字第577号》，中国近代经济史资料丛刊编辑委员会主编：《中国海关与英德续借款》，第25页。

② 《1897年12月24日伦敦来函Z字第1096号》，中国近代经济史资料丛刊编辑委员会主编：中国近代经济史资料丛刊编辑委员会主编：《中国海关与英德续借款》，第26页。

③ 《1897年12月25日伦敦来电新字第557号》，中国近代经济史资料丛刊编辑委员会主编：《中国海关与英德续借款》，第27页。

④ 《1897年12月28日伦敦来电新字第553号》，中国近代经济史资料丛刊编辑委员会主编：《中国海关与英德续借款》，第28页。

⑤ 《1897年12月30日北京去电新字第716号》，中国近代经济史资料丛刊编辑委员会主编：《中国海关与英德续借款》，第28页。

消息逐渐在有关人员中传播。1 月 8 日，窦纳乐正式向清政府提出贷款 1200 万镑的要求，并以关税、盐税和厘金作保，由英国人管理，同时附加提出下列要求：1. 英国建筑自缅甸至长江铁路；2. 长江流域不划与他国；3. 开放南宁、湘潭、大连为通商口岸；4. 开放内河；5. 永久任用英人为税务司。

赫德等一致要求英国政府担保借款的背后，除却赫德个人的考虑之外，还有更为直接的原因，即确保借款的信用，从而保证原有的债券能够顺利发行。1897 年底，五厘金债券已经跌至 98.875 镑，当英国政府传出要担保新借款的消息后，债券短短一个星期涨到了 100.375 镑，高出票面价值 0.375 镑，无怪金登干发出"英国政府担保太好了，令人难以相信"的感叹[1]。英国政府将出面担保的利好消息，极为明显地刺激了英国国内金融市场，"一般相信英国将直接借款与中国政府，如此就直接造成债权关系，而无所谓担保了"[2]。1898 年 1 月 17 日，英国财政大臣公开宣称，"我们不能承认欧洲或其他的国家征服或割据中国土地。我们把中国视为英国和全世界最有希望的商业市场，因此，英国政府有决心绝对不使中国市场的大门关闭，即使诉诸战争也在所不惜"。这种政策性表态，无疑向各国明确表明了英国的态度和立场[3]。英国政府此时的表态显然并非专门针对贷款问题，而是列强在中国争相抢夺势力范围和租借地的外交争夺。但此种表态对于借款问题无疑是有帮助的。

清政府并未放弃其他渠道借款的可能，呼利詹悟生借款即是这种尝试之一，但该次借款很快归于失败。俄国借款也是选择之一，但由于俄国过于明显的政治要求，这条道路逐渐难以走通。甚至为了平衡英、俄，清政府提出向两国各借一半的提议，但均遭拒绝[4]。在俄国租借到旅大后，俄国放弃了强迫清政府借款的要求，向英国借款成为唯一的选择。

---

① 《1897 年 12 月 31 日伦敦来函 Z 字第 1097 号》《1898 年 1 月 7 日伦敦来函 Z 字第 1098 号》，中国近代经济史资料丛刊编辑委员会主编：《中国海关与英德续借款》，第 29 页。

② 《1898 年 1 月 11 日伦敦来电新字第 546 号》，中国近代经济史资料丛刊编辑委员会主编：《中国海关与英德续借款》，第 30 页。

③ 《1898 年 1 月 18 日伦敦来电新字第 541 号》，中国近代经济史资料丛刊编辑委员会主编：《中国海关与英德续借款》，第 31 页。

④ 见许毅、金普森等：《清代外债史论》，第 451—452 页。

在签订草合同之前，赫德首先得到了他能继续甚至永远担任中国海关总税务司的保证，此种保证虽然系借款谈判的副产物，但并未体现于借款合同之中，而是以中英两国之间照会的形式出现。1898 年 2 月 10 日，总理衙门致英国公使，称赞赫德"熟悉商务，办事公平，精干正直，诚实可靠，中国国家倚畀正殷"，并声明"嗣后仍照以前办法，聘用英人为总税务司"①。

2 月 13 日总理衙门告诉赫德，"如果你收的厘金比现在收的多，那就证明我们不顾所有财政官员们的反对把厘金交给你管理是正确的，而且将来扩大你的管理范围也就更有理由了"②。总理衙门此番谈话表明，中英借款基本已成定局，即以厘金担保新借款。伦敦有关方面此时普遍认为，最后会有一个英国政府担保的借款。2 月 21 日，赫德告诉金登干，新借款 1600 万镑的草合同已签字。总理衙门已听从他的意见，应允由他管理盐税和厘金，以每年约 500 万两的收入，作为借款担保，并允将来扩大管理范围③。

1898 年 3 月 1 日，总理衙门与汇丰银行、德华银行订立《英德续借款合同》，"中国国家准银行等办中国四厘五利息借款，数目系英金一千六百万镑，应以西历一千八百九十八年三月初一日为借款之初日"。借款仍采用发卖股票的方式，45 年还清，以洋税、厘金作抵，同时还规定借款未付还时，"中国总理海关事务应照现今办理之法办理"。而且，总理衙门请旨允准一切，分别照会英德驻华公使，所抵押税厘，由总税务司代征④。这样，不仅确保了赫德所代表的英国对海关的影响力，而且进一步控制了厘金和其他洋税。至此，借款而展开的竞争终于尘埃落定。赫德告诉金登干，"正式合同已签字。俄国人无可奈何，法国人暗图报复"⑤。英国政府对由英国人继续担任海关总税务司表示满意，认为中国此举是"表示尊重英国的贸易优势"，

① 《总理衙门致英国公使照会》，光绪二十四年正月二十日，王铁崖编：《中外旧约章汇编》第 1 册，第 732—733 页。

② 《1898 年 2 月 13 日北京去函乙字第 783 号》，中国近代经济史资料丛刊编辑委员会主编：《中国海关与英德续借款》，第 35 页。

③ 《1898 年 2 月 21 日北京去电新字第 706 号》，中国近代经济史资料丛刊编辑委员会主编：《中国海关与英德续借款》，第 36 页。

④ 《英德续借款合同》，光绪二十四年二月初九日，王铁崖编：《中外旧约章汇编》第 1 册，第 733—737 页。

⑤ 《1898 年 3 月 2 日北京去电新字第 702 号》，中国近代经济史资料丛刊编辑委员会主编：《中国海关与英德续借款》，第 38 页。

强调英国政府的政策是"保持中国的独立与完整，保障我们的条约权利，并且坚持贸易自由的原则"①。此次借款，中国国家是合同的一方，担保偿还之责。汇丰银行、德华银行能成功揽得贷款，在很大程度上是英国政府的功劳。英国外交部在促使借款成功方面做了很多外交工作，"外交部使借款染上政治色彩，因而激怒了某些国家"②。

政治性借款类"准条约"集中出现，当为甲午战后条约关系发展的新趋势之一。近代中国第一批"准条约"主要内容是电信类条款，而且均属一些具体条款。其中中国缔结方并非清政府，而是执行国家职能的相关企业。这些企业因其所具有的政府职能部门的功能，自觉或不自觉地承担了对外经济交涉的任务。甲午战争的爆发及清政府的战败，打乱了"准条约"发展的趋势，中国政府由"准条约"缔结的幕后，走向了前台。战争前后，俄、法、德三国的干涉还辽，以及其他列强不同程度的参与，使得此一时期的对外借款基本上脱离了纯财政的范围，具有浓郁的政治性质。而且，这些借款不但有抵押担保，还以一个专门的"准条约"规定借款国的国家责任，这在近代中国的外交史和条约关系发展史上皆属首次。不论是战争期间的对英借款合同，还是战后的俄法借款和英德借款合同，虽然担保的范围尚属于海关税收、厘金等层面，但中国国家都是借款合同的主体，对出借方而言，中国国家的借款身份也是一面最好的担保，即使清政府不存在了，后继政府也须偿还前任政府的国家债务。

就作用影响来看，政治性借款类"准条约"的出现是中外条约关系恶性发展的重要体现。第一批"准条约"的出现在一定程度上体现了中国近代化的起步。而在甲午战争期间和之后产生的这些政治性借款类"准条约"基本上是反动的。一方面，它是列强对华进行资本输出，积极夺取在华利权的产物。为偿还外人勒索的战争赔款和为了筹集抵抗外人而增加的国防支出，清政府迫不得已以国家的名义对外借款，其折扣之高在外债史上空前的。其

---

① 《1898 年 3 月 2 日伦敦来电新字地 522 号》，中国近代经济史资料丛刊编辑委员会主编：《中国海关与英德续借款》，第 38 页。

② 《1898 年 3 月 11 日北京去电新字第 699 号》，中国近代经济史资料丛刊编辑委员会主编：《中国海关与英德续借款》，第 39 页。

间，英、俄、德、法等国为争夺对清政府贷款权，进行了长期激烈的斗争，并在中国掠夺了大量的政治、经济等特权，掌握了中国的财政经济命脉，加剧了瓜分中国的狂潮。另一方面，合同借款主要目的是战争赔偿。赔款的小部分转化为购舰借款与筑路借款，并"对于加强北洋海军全军覆没后的海防，对于推动甲午战后中国的铁路建设高潮"，"起到了进步作用"①。但这小部分显然不能改变整个借款的功能与性质，相反地更能体现政治借款背后对中国近代化的遏制。

三、 庚子赔款偿付方式与有关政治性借款的讨论

甲午战后的政治性贷款所形成的"准条约"开创了清政府支付外国勒索赔款新方式。几年之后的庚子赔款的总数达到 4.5 亿两白银，且时隔上次战争赔款仅 5 年，此时清政府根本没有财力支付如此巨额的赔款。但不同的是，上次争相向华政治贷款的各国，此时最后所议定的还款方式是抵押分期偿还，而非政治性贷款。对于此种由海关为主的抵押还债方式，学术界的评价基本上是以批评为主，认为其直接导致了中国海关主权的丧失，"从此，中国点滴的关税，都通过海关这个导管源源不断地输送到外国去。中国海关的性质开始发生了根本性的转变。作为中国机构的海关，名副其实地变成了外国在华的代理机构"②。庚子赔款最终并未以政治性贷款"准条约"的形式取得，这对此一时期"准条约"的发展产生了巨大影响。接下来有必要结合庚子赔款偿付方式的议定，分析中外关于政治性借款的讨论和审视，借此把握世纪之交"准条约"的发展变化。

值得一提的是，在义和团运动尚未结束时，赫德于 1900 年撰写了系列文章，阐发其对中国问题的认识，并呼吁支持清政府的统治，不要瓜分中国③。赫德自认为这些文章"包含着中国问题的精髓——发病原因和治愈的方法"，"对所论及的问题是经过咀嚼、消化并吸收了中国人的思想和

---

① 许毅、金普森等：《清代外债史论》，第 434—435 页。
② 许毅、金普森等：《清代外债史论》，第 471 页。
③ 这些文章汇编成《这些从秦国来——中国问题论集》，英文原名为 *These From the Land of Sinim*，*Essays on the China Question*。详见［英］赫德著、叶凤美译：《这些从秦国来——中国问题论集》。

感情的"①。论及即将到来的议和谈判，赫德认为甲午战后对日本的赔款已构成一个沉重负担，对此次赔款的数目各国应将其降至最低，并本着同情和迁就的精神对待中国政府②。赫德后来全程参与谈判，并在幕后对议和的重大原则及进程多有影响。他在这里的思路，最终贯彻到了列强关于庚子赔款偿付方式的讨论上，而且，还成为其要求控制赔款总额，并停止政治性借款的重要原因。

1900年10月，各国在往来商议议和条件时，已经开始初步涉及赔款问题。1900年10月5日，法国公布和谈通牒，其中要求谈判的基础中包含有"合理地赔偿各国政府和私人"一项。对法国的建议，除日本外，各国均表示了赞同③。但另外一个因素也开始困扰各国，即中国为赔偿甲午战败所举借的款项每月需偿付大量利息，义和团运动显然打乱了原有的赔偿步骤。赫德显然注意了此种状况："有人担心中国将付不出本年12月到期的俄法借款半年利息30万镑。如果真是这样，恐怕将有一番吵闹，并且会引起干涉，提出新的管理办法。"④ 10月25日，赫德在其所拟《围攻使臣始末节略五》中，正式涉及赔款问题，并对甲午战后之借款多有反省。赫德自认前述由总税务司经手办理的四次借款，借款过程中有两项难处：一是"于定借之前，另有多人纷纷向无力借银者议借，致令有力者疑中国极贫，借与银款，恐无把握"；二是"及令办之时，又有多人纷上条陈议拟办法，致令人疑总税务司之言恐难凭信"。如果将此两点作为赫德对甲午战后政治性借款的教训总结，似乎总有些不痛不痒之感。其出发点是基于中国自身的借款困境及其个人感受。是否这些难处是导致日后改变借款方式的根本原因，或许要进行慎重的分辨。在此节略中，赫德认为此次中国赔款，当会超过甲午战后赔款，"自应早为默计，俾免临时无法可施"。赫德表明自身对承办政治性借款的态度，谓："总税务司实非欲揽此多劳无益之举，若

---

① 陈霞飞主编：《中国海关密档——赫德、金登干函电汇编（1874—1907）》第7卷，第123—124页。
② 详见陈诗启：《中国近代海关史》，人民出版社，2002年，第342—350页。
③ 《1900年10月6日伦敦来电新字第418号》，中国近代经济史资料丛刊编辑委员会：《中国海关与义和团运动》，中华书局，1983年，第12—13页。
④ 《1900年10月14日北京去函（未编号）》，中国近代经济史资料丛刊编辑委员会：《中国海关与义和团运动》，第13页。

并未拟用，总税务司自可不必多言。设若仍拟委办，则须先有所请者。"赫德要求清政府预先做到的两点是：如果中国国内有人主动愿意出借款项，议定合同，应先予以拒绝；如果外国有人自愿商借款项，应以未奉上谕为由，婉拒要求。做到上述两点"似不致将来有割地之患，亦不致有借词代管国政之累，不然时事将不知如何结局也"①。

正式谈判开始前，赫德心中始终将赔款问题作为一大难题："我估计总数不致超过 5000 万镑，即使这个数目中国也难以支付！我将尽力使中国取得最便宜的条件，但恐各国都想在赔款以外使他们'本国人'能生财有道，因此他们是否肯答应还有问题。"② 1900 年 11 月中旬，各国公使为议和所进行的讨论大体结束。11 月 15 日，赫德在去函中表露了他关于赔款问题的想法：反对国际共管中国财政，"赔款当然不是容易的事，如果再规定由一个国际管理委员会管理中国财政，对于海关将造成不利的局面"；他并未提及具体赔款数及支付方式，但表示"我们将尽力设法在最便宜的条件下筹付"，且信心满满地表示"我已胸有成竹，但暂不发表，以免时机未熟反而有害"③。显然，此时偿付方式已经进入赫德主要考虑之内，和议尚未开始，因此时机未到。

11 月 23 日，德国外交大臣李福芬致电驻伦敦大使哈慈菲尔德伯爵，商谈向中国要求赔款的问题，并请他探听英国政府的意见。李福芬表示德国"能赞同任何能最好取得战费赔偿的方式"，此时赫德所预估的 5000 万镑的赔款已为德国所知④。李福芬建议赔款总数中德国应获得 1500 万镑，并以此作为要求的基础。哈慈菲尔德从英国得到的消息是，英国不希望"过度地危害中国的财政地位"，但此时的确尚未提出赔款预案⑤。

1900 年 12 月 24 日，辛丑议和正式开始。此时英德之间已经就赔款方式

---

① 《赫德围攻使臣始末节略五》，1900 年 10 月 25 日，中国近代经济史资料丛刊编辑委员会：《中国海关与义和团运动》，第 41 页。

② 《1900 年 11 月 1 日北京去函（未编号）》，中国近代经济史资料丛刊编辑委员会：《中国海关与义和团运动》，第 15 页。

③ 《1900 年 11 月 15 日北京去函（未编号）》，中国近代经济史资料丛刊编辑委员会：《中国海关与义和团运动》，第 16 页。

④ 《外交大臣李福芬男爵致驻伦敦大使哈慈菲尔德伯爵电》，1900 年 11 月 23 日，孙瑞芹译：《德国外交文件有关中国交涉史料选译》第 2 卷，第 327 页。

⑤ 《驻伦敦大使哈慈菲尔德伯爵致外部电》，1900 年 11 月 29 日，孙瑞芹译：《德国外交文件有关中国交涉史料选译》第 2 卷，第 328 页。

开始私下接触，德国首相布洛夫伯爵致电德国驻伦敦大使，催促与英商谈赔款问题。布洛夫赞赏赫德治下的海关，建议应得到赫德所领导的海关的支持，将"海关系统之适当改组，赫德爵士职权之扩大，及其职员之充分增加"作为解决财政问题的目标。在讨论赔款问题上，布洛夫认为应该关注以下两点：第一，"债务之偿付愈稳定，则中国政府所需用款将更便宜和更容易得到"；第二，"旧债权人决不应因新债之发行，致其有价证券贬值而遭受任何损失"。德国向英国表示反对"设立一个欧洲人领导，或者只是用欧洲人管理中国全国的财政制度"的意见①。德国此时并未决定采取何种方式获取赔款。

虽然赫德关于赔款方式尚未向各国提出建议，但其已经向中国政府提出，并征询意见。在 26 日致张之洞电文中，袁世凯提及赔款问题时认为"付款必须借债，可缓者应商分期，关税盐厘均可担保，惟地丁一项似须慎重"，建议张之洞"入枢府"，盛宣怀"入农部"，这样才能找到办法②。盛宣怀在 1900 年 12 月 28 日寄给张之洞、袁世凯的函件中指出，"赫德前拟四五十年内每年须筹三千万，系指分期四五十年本利一并在内，如能不借银行之款，即与各国商定担保之法，分年归还，免出利息，数目不必商减，便宜实多"③。由此可推断，在辛丑和议开始前，清政府已经就赔款方式有了探讨，赫德的建议显然在考虑之中。盛宣怀亦于此时成为清政府选中的处理赔款问题的人选，"款成，正思藏拙，恩擢一阶，又须看大局为进退之据"，并征询袁世凯的意见。12 月 29 日，袁世凯回复盛宣怀，"各电悉，大纲已允，可望就绪，担保赔款，惟有公任司农，香入枢府，弟等竭力奉行，或可取信于人"，劝盛担当此任。袁世凯亦认识到，各国可能重用赫德④。刘坤一此时亦支持分期偿还的办法，在劝盛宣怀出面的同时，提出自己的担忧："巨款担

---

① 《帝国首相布洛夫伯爵致驻伦敦大使哈慈菲尔德伯爵电》，1900 年 12 月 29 日，孙瑞芹译：《德国外交文件有关中国交涉史料选译》第 2 卷，第 331—333 页。

② 《袁抚台来电》，光绪二十六年十一月初六日，吴剑杰编著：《张之洞年谱长编》下册，上海交通大学出版社，2009 年，第 665—666 页。

③ 《寄江鄂督帅山东抚帅》，光绪二十六年十一月初七日，夏东元编著：《盛宣怀年谱长编》下册，上海交通大学出版社，2004 年，第 709 页。

④ 《袁慰帅来电》，光绪二十六年十一月初七日，夏东元编著：《盛宣怀年谱长编》下册，第 709 页。

保，须有切实凭据，或以新议加税及各省地丁做保何如，若办到则四五十年中所省不下千兆，诚补救大端，未知外人肯允否耳"①。透过这些督抚之间的函电，可以确认的是清政府所倾向的赔款方式是分期摊还，但在以何种办法做保方面仍然未有明确的选择。

赫德与盛宣怀二者谁是分期摊还的首先提出者或许是一个问题，但这并不影响这样一个论断：辛丑和议正式开始前，分期摊还已经成为清政府内部的选择，如果考虑到赫德所治下的海关仍然属于清政府所辖，则赫德的建议亦应属于清政府内部的范围。不同的是，鉴于赫德在当时国际社会的影响力，他的建议较容易得到各国重视。1901 年 1 月 2 日，张之洞致电庆亲王奕劻、商务大臣李鸿章，赞同盛宣怀所提议的赔款办法②。1 月 3 日，袁世凯发电赞成盛宣怀提议③。张之洞此时建议，自借国债还款，"筹赔款之法，拟自借国债，不借洋债"，其办法是"借之民间，各省派定借数，照英国国债办法，每年付息三厘，与国同休、永不还本"。此议遭到各省反对，认为不可行④。

盛宣怀于 1901 年 1 月 5 日被任命为会办商务大臣，处理赔款问题。1 月 13 日，盛宣怀上奏清政府，陈述其预筹赔款办法。该奏折分析了赫德所拟的《围攻使臣始末节略》中的赔款问题，"庆邸、李相前示赫德节略内称：无论何项办法，四十五年，每年须筹出三千万两，彼盖连借款利息计算在内，共需十数万万之谱"，如此巨额赔款使得"四五十年内，只能还债，断无发展余地"。盛宣怀虽然认为赔款为数过巨，但并未对赫德所提议的赔款方式提出异议，而只是希望在减免赔款数额上提出办法⑤。

1 月 16 日，赫德在其所拟《围攻使臣始末节略七》中已经提出了致各国照会的草稿，在赔款问题上提出了两个要点，一是如何筹备款项；二是如何

---

① 《刘岘帅来电》，光绪二十六年十一月初九日，夏东元编著：《盛宣怀年谱长编》下册，第 709—710 页。

② 《张之洞致奕劻、李鸿章电》，光绪二十七年十一月十二日，夏东元编著：《盛宣怀年谱长编》下册，第 711 页。

③ 《袁慰帅来电》，光绪二十七年十一月十三日，夏东元编著：《盛宣怀年谱长编》下册，第 711 页。

④ 《为筹赔款事电商江宁刘制台、上海盛京堂及各督抚》，光绪二十年十一月十四日，吴剑杰编著：《张之洞年谱长编》下册，第 666 页。

⑤ 《预筹赔款办法电奏》，光绪二十七年十一月二十三日，夏东元编著：《盛宣怀年谱长编》下册，第 714—715 页。

按时交出。在要求各国将各自所要求赔款总额先行开列单据的同时，要求各国"不以富国看待，不然担荷太重，必致多年与民气商情两有妨损"。照会向各国承诺"此事中国既允，自系中国必能办之事"①。

1 月 29 日，德国内部已经开始讨论赔款方式问题。认为可以考虑三种办法：一、每年分期付款；二、接受一笔由各国担保的借款并整理一切旧债；三、中国接受一笔新借款，以个别可靠税收为抵押品。德国倾向于第三种办法，中国以税收作抵，接受一笔新借款。此种办法显然系沿袭甲午战后政治性赔款的路数。而或许此时德国并不清楚，德国所倚重的赫德并不希望以此办法进行赔款②。

在 2 月初与李鸿章会谈时，李告诉赫德，惩办祸首容易，但赔款困难。在 2 月 11 日写给金登干的函件中，赫德讲明了他已经成竹于胸的赔款方案："各银行都准备发一笔大财，但是我们希望各国同意分年摊还，避免由银行承办。"这是目前所见赫德关于赔款偿还方式的最早记载。赫德经手过英德借款及续借款，并为其居间的成功表示得意，此时断然表达了拒绝各银行提供贷款的偿还方式。至于国际共管中国委员会，赫德亦不赞成，这一点与其和议谈判前的筹划一致。赫德认为，有些国家在中国并无利益存在，他们之所以要求成立国际管理委员会，就是要插手中国事务③。

2 月 10 日，英国外交部曾致电赫德，要其提交一个"最有益"的偿还方式，赫德称："英国外交部约我以非官方方式提供资料以协助他们确定中国力能支付的赔款数额和有利于一般利益的最好筹款方法。希望我的建议能减低赔款数目，并防止国际共管财政。"④ 显然英国外交部亦未首选由银行提供贷款的方式，而这一点与赫德已经筹议中的借款方式存在共通之处。对于英国政府的询问，赫德除表示接受外，还建议英国外交部应事先与中国沟通，

① 《赫德围攻使臣始末节略七》，1901 年 1 月 16 日，中国近代经济史资料丛刊编辑委员会：《中国海关与义和团运动》，第 43 页。
② 《帝国首相布洛夫伯爵致驻北京公使穆默电》，1901 年 1 月 29 日，孙瑞芹译：《德国外交文件有关中国交涉史料选译》第 2 卷，第 343—344 页。
③ 《1901 年 2 月 6 日北京去函 Z 字第 881 号》，中国近代经济史资料丛刊编辑委员会：《中国海关与义和团运动》，第 17—18 页。
④ 《1901 年 2 月 10 日伦敦来电新字第 402 号》，中国近代经济史资料丛刊编辑委员会：《中国海关与义和团运动》，第 18 页。

"在决定数额前，最好先问中国有何计划"①。

德国于 1901 年 2 月 21 日向英国提出备忘录，主张以中国增加关税为担保而借债，目的在于急于获得现金。但英国对于德国的提议迟迟未予答复。1901 年 3 月 24 日，德国首相布洛夫伯爵上文德皇威廉二世，指出赔款问题进展缓慢"主要应由英国政府负责，它对陛下驻伦敦大使馆提出的种种申述与提议，到现在为止有时全无答复，有时得到规避的，或一般性的答复"，建议德皇派遣一名熟悉中国事物的专家到伦敦，磋商赔款事宜。德国前驻上海总领事施妥博博士被选中②。布洛夫在其第二日的记录中写道，"陛下提议在赔款问题上取得俄、法、日的支持"，德国的公使是唯一被害的，所以"它可以强制赔偿，例如通过夺取海关的方法"。此时的德国，显然将英国视为实现其目标的主要障碍③。

事实上，英国国内仍然有人担心中国的信用问题，实质上倾向于采取借款方式。3 月 18 日，赫德致函金登干，再次表达赔款的偿还方式可能采用向各国政府按年摊付而不用借款的办法，因此没有议论中国信用的必要，因为采取此种还款方式的优点在于"所有债款将以量入为出的办法拨付，可能有稽延，但决不会赖债"④。此时，四国公使组成的赔款委员会已经成立，分别由美国公使柔克义、德国公使穆默、比国公使姚士登和荷兰公使罗伯担任，委员会正讨论赔款的原则。

赫德在《围攻使臣始末节略八》中详细分析了赔款问题，关于赔款方式，认为只有两项办法："一系中国商借洋款；一系与各国约定按年付银若干，由各该国凭此分行借银归款"，如果中国自行借债，"所费之银，约较各国分借多至五分之一"，因此最好的办法莫过于"中国不借洋款，只按年付银若干，如此办理约须定为五十年，还本带利每年少则二千万两，

---

① 《1901 年 2 月 11 日北京去电新字第 621 号》，中国近代经济史资料丛刊编辑委员会：《中国海关与义和团运动》，第 18 页。

② 《帝国首相布洛夫伯爵奏威廉二世公文》，1901 年 3 月 24 日，孙瑞芹译：《德国外交文件有关中国交涉史料选译》第 2 卷，第 361 页。

③ 《帝国首相布洛夫的记录》，1901 年 3 月 25 日，孙瑞芹译：《德国外交文件有关中国交涉史料选译》第 2 卷，第 362 页。

④ 《1901 年 3 月 18 日北京去函 Z 字第 885 号》，中国近代经济史资料丛刊编辑委员会：《中国海关与义和团运动》，第 18 页。

多则三千万两"①。

3 月 25 日，赫德向北京公使团赔款偿付委员会提交了一份关于赔款问题的意见书，阐述他本人关于偿付方式和担保方式的意见，主要分为四个方面：一是中国究竟能偿付多少；二是用什么方式支付赔款最为恰当；三是哪些税收容易取得并且是可靠的担保财源；四是怎样的监督赔款交付办法为适当。赫德认为在当时情况下，只有两种办法可供选择，即由中国借款一次付清，或者各国答应分期摊还。在这份意见书中，赫德极力反对举借外债。他认为如果举债，从银行方面而言，必将收取高额佣金，并以大的发行折扣吸引投资者，同时在担保和条件上却很难使公众满意。这种方式不但对中国不经济，而且讨论担保和条件，一定会拖延时间，越拖延困难越多。对中国而言，如果不采取举债而采取若干年摊付的办法，不但比较便宜，而且摊付细节能比较迅速地解决。赫德强调，第二种方式对中国人而言比较合适②。

3 月 27 日，德国赔款问题专使施妥博奉命到英，随即与英国商讨赔款办法。他提出，由英国"（允）许中国为借一笔债而增加海关税超过百分之五到百分之十"，而且"施用一切压力使其改革（厘金、内河航行）"。之所以要由英国提出，在德国看来是因为英国占据中国全部贸易的 60%③。而英国则坚持，如果没有得到相当的报偿，不会赞成提高进口税至 5% 以上的意见。"赫德爵士提议的发行五千万镑借款，每年还本百分之五，三十年还清"，以及"汇丰银行亦提议发行五百万金镑债券，年息五厘，每年还本百分之点五"都要求避免增加关税④。3 月 29 日，布洛夫致电德国驻伦敦大使哈慈菲尔德，认为德国在赔款谈判中居于孤立地位，为改变状况，要求其作出让步并准备与英日一齐向中国要求取消厘金，称"我们可无须关心英、日所期望

---

① 《赫德围攻使臣始末节略八》，1901 年 2 月 25 日，中国近代经济史资料丛刊编辑委员会：《中国海关与义和团运动》，第 45 页。

② 《1901 年 3 月 25 日赫德致北京公使团赔款委员会意见书》，中国近代经济史资料丛刊编辑委员会：《中国海关与义和团运动》，第 64—69 页。

③ 《外部殖民局长施妥博致外部电二五八号》，1901 年 3 月 27 日，孙瑞芹译：《德国外交文件有关中国交涉史料选译》第 2 卷，第 363 页。

④ 《外部殖民局长施妥博博士致外部电二六二号》，1901 年 3 月 28 日，孙瑞芹译：《德国外交文件有关中国交涉史料选译》第 2 卷，第 364 页。

的关税改革，将来在实施上是否遭到内部的困难，只要我们现在能得到关税的增加，或其他税源的开放作为我们合作取消厘金的代价"①。德国表露出愿与英国合作的意向后，30日，德国副外交大臣再次表明立场，愿与英国在赔款问题上达成一个合理协议，且希望尽快解决问题："我们认为首要之点，只是赔款的偿付，而不是方式，我们因之要想尽可能地迎合英国的愿望。"②因此，至1901年3月下旬，德国已经决定在赔款问题上与英国妥协。这也就为英国选择抵押方式分期还款铺平了道路③。

在清政府内部，除直接谈判人员外，其他重要官员亦在关注赔款问题，张之洞、刘坤一即是其中代表。张之洞等一些重要大员除认为赔款过于巨大外，对于赔款方式仍然缺少实际可行的操作办法。4月26日，张之洞致电军机处，要求再行与各国商讨，务求分年摊还："英萨使电，此次赔款，各国索银四百五十兆两，中国借票只能售六七折，须向银行借六百兆，方得此数"，建议"极力磋商，尤望勿允现银，切商分年摊还"④。在具体的筹措方式上，张之洞反对"将现有之盐课、常税、折漕并另由部拨凑三千万以抵洋债，而另筹新法以补国用"，虽然自认没有妥当的办法，但应"与各国切商先定分年摊还之议"⑤。

1901年4月，谈判继续进行，各国仍没有达成最后协议，"据信可能的结果将是法国管理邮政、德国管理盐务、而英国管理海关。但另一传说是可能成立国际管理委员会来代替或管理这三个机构"，赫德清楚这样的结果当然于英国不利⑥。但赫德一直建议采取分期摊还的方案到5月间还未被接受，

---

① 《帝国首相布洛夫伯爵致驻伦敦大使哈慈菲尔德伯爵电》，1901年3月29日，孙瑞芹译：《德国外交文件有关中国交涉史料选译》第2卷，第364—365页。

② 《外交副大臣米尔堡致殖民局局长施妥博》，1901年3月30日，孙瑞芹译：《德国外交文件有关中国交涉史料选译》第2卷，第365页。

③ 有研究认为，中国偿付赔款的方式不外四种：一是中国政府一次付清；二是借债，中国自行担保；三是借债由各国担保；四是，中国发行债券，分年付偿本息，按赔额分配各国。上列四种方式只有后两种有可能性。各国所争议的亦在后两种方式。参见王树槐：《庚子赔款》，台北"中研院"近代史研究所专刊，1985年，第87—88页。

④ 《致电西安行在军机处转奏朝廷陈赔款太巨，须极力磋磨，分年摊还》，1901年4月26日，吴剑杰编著：《张之洞年谱长编》下册，第680页。

⑤ 《又致电奏陈筹拨赔款办法》，1901年4月28日，吴剑杰编著：《张之洞年谱长编》下册，第680页。

⑥ 《1901年4月8日北京去函Z字第887号》，中国近代经济史资料丛刊编辑委员会：《中国海关与义和团运动》，第19页。

"参加讨论的十几位代表们各有一套方案，这就使谈判工作拖延不决了"。然而赫德并不担心，他认为在意见不一的时候，最后还要听取他的建议①。

俄国极力主张现款交付，于是发起由德、法、俄三国担保，其他若干国家参加的借款案，并于 5 月 1 日正式向各国提出，理由是为中国节省费用②。英国坚决反对共同担保借款，理由有四点：一是过去的共同担保，曾产生极不良的后果；二是英国的信用比他国高，共同担保对英不利；三是英国所得之赔款约占全数的 11%，英国参加共同担保，国会将难同意；四是各国可自行考虑是否接受中国所发行之债券或其他保证。同时任何一个国家如需要相当于债券之款项，亦可自行担保出售，不必共同担保。美国政府认为，俄国的主张"不可避免会导致建立某种形式的国际财政管制，从而影响中国行政权的完整"，与美国推行的门户开放政策相抵触③。由于英美反对，德国也改变立场，不再支持共同担保借款："若各国接受俄国提议后与中国协议不同支付的方式——这似乎是不可能的——则分配难以控制的收入来源，作为不同支付方式的抵押，势属不易实行。"德国另一个担心或许是促使它改变立场的主要因素，"俄国也许害怕陷了进去，如果在一般性的借款中每一国必须按照它要求赔偿的数目来担负借款的数目。"④亦即，各国需贷款付给其本身，所分得赔款愈多，则付出的贷款愈多，而这对德国并不有利⑤。

此时张之洞仍然坚持反对以盐、漕等税收作为抵押，"赔款竟以盐、漕、常关税全数备抵，焦急万状"，"事定以后，谁肯筹款"。张之洞希望能"趁此时另筹新款以作抵押还债之需，而留出旧款以归旧日国用，另以加税、印税等事为开办自强各事之用，中国或尚有生机"。张的建议当然不无道理，但他与李鸿章等所处位置不同。李处于谈判一线，如不能尽快就赔款达成协议，谈判旷日持久，不利于中国。而张正在筹议变法新政，所考虑多为实际

① 《1901 年 5 月 7 日北京去函 Z 字第 889 号》，中国近代经济史资料丛刊编辑委员会：《中国海关与义和团运动》，第 19 页。

② 见王树槐：《庚子赔款》，第 90—91 页。

③ 《柔克义致海函》，1901 年 3 月 28 日，天津社会科学院历史研究所编，刘心显、刘海岩译：《1901 年美国对华外交档案——有关义和团运动暨辛丑条约谈判的文件》，第 129—130 页。

④ 《驻北京公使穆默致外部电》，1901 年 4 月 24 日，孙瑞芹译：《德国外交文件有关中国交涉史料选译》第 2 卷，第 381 页。

⑤ 见王树槐：《庚子赔款》，第 91—92 页。

发展。西安行在军机处在回复张之洞时，表明了其中原因："据奕劻、李鸿章电奏，各国索赔款四百五十兆两，此时若不预筹的款，俟四月底会议时，往返筹商，多延时日，恐又增数千万巨款。"① 第二天又致电张之洞，"昨因赔款亟待指实，以便定议撤兵，是以拟将洋税作抵"，但海关已经历次借款抵押，所剩无几，"不得已，只好将盐课、盐厘、漕折、漕项及各关常税全数备抵，实可得银两千万两"②。对此种解释，张之洞并不满意，认为"此时总宜另筹新款以应新债"。行在军机处的"定议撤兵"之说，远非所声称的那样紧急，"前英萨使来电所言四百五十兆之数，声明系截至中历五月十六日为止，为期尚宽，断宜不汲汲遽允"，"早撤兵一两旬，仅省一两千万，而抵款不慎，则贻患不可胜言"③。

张之洞将对借款抵押方式的不满，归咎于李鸿章。5 月 14 日，他在致刘坤一电中指出，"合肥成见太深，办法太谬，本息如何能支。至盐务抵债之害，无论其他，盐枭尽化为票匪，长江危矣"。虽然反对盐务作抵，但此时他仍未能想出办法，"此非江、鄂合力，不能挽救，但须商定一筹款办法"④。

英德等在与奕劻、李鸿章于北京谈判的同时，派人赴地方，听取地方大员对赔款的意见。英国驻华参赞杰弥逊两次赴武汉，与张之洞商讨此事。张之洞希望将利息减为 3 厘 3 毫，或 3 厘半，杰弥逊以英国可商，但他国未知为由，加以搪塞。在加税问题上，张之洞同意免掉出口土厘及进口洋厘，在此基础上将进口税提高至值百抽十，杰弥逊未给以确定答复。张之洞指出："洋关抽十免厘一节，管见以为此是善政，彼此有益，但不知各省意见如何"，如果盐务由中国自办，"似可作抵"⑤。此时张之洞仍未得赫德所拟筹款办法的消息，认为李鸿章所拟还款显系赫德影响。"顷盛电，四厘息，分四十八年，本息

---

① 《行在军机处来电》，光绪二十七年三月十六日到，吴剑杰编著：《张之洞年谱长编》下册，第 682 页。

② 《行在军机处来电》，光绪二十七年三月十七日到，吴剑杰编著：《张之洞年谱长编》下册，第 682 页。

③ 《就赔款事电复西安行在军机处并江宁刘制台》，光绪二十七年三月十九日，吴剑杰编著：《张之洞年谱长编》下册，第 682 页。

④ 《致电江宁刘制台》，光绪二十七年三月二十六日，吴剑杰编著：《张之洞年谱长编》下册，第 684 页。

⑤ 《致电西安行在军机处转奏朝廷陈与英参赞杰弥逊商赔款、加税免厘诸事》，光绪二十七年四月初七日，吴剑杰编著：《张之洞年谱长编》下册，第 685 页。

共还一千一百七十三兆，仍是算错"，在张看来，这是为了迎合李鸿章原来的每年还 3000 万、共 45 年之议。此议的来源则是赫德。赫德无非是"本欲借此照顾银行从中多分行用巨款，故以三十年、九百兆之说要挟，并欲揽办盐务"。至于盛宣怀，则是"盛祖合肥，必欲成其每年三千万之谬说"①。

时至 6 月，张之洞仍在多方联络赔款办法，以期改变李鸿章所定原议。9 日，张之洞致电刘坤一，"合肥意，总愿岁筹少而总数多，不肯照江、鄂原议耳"。并以赌气的方式批评李鸿章"筹现款诚难，然六百万故难筹，二千万又在何处"，对李鸿章以每年少还 600 万为由而将期限延长至 40 年深为不满②。在稍后的电文中，更是指出"全权向不愿人参议，偏执成见"，对李鸿章的不满进一步加剧③。其实早在 3 月份李鸿章就与盛宣怀有电文谈及此次对外交涉的不同之议，虽不是专指赔款，但足可表露其心迹："南皮倡言效尤，各款若与英日通谋，执事乃扬其波而逐其流，都喜为隔壁谈，奉劝稍安勿躁。"④

1901 年 6 月 25 日，张之洞再电军机处，希望按 30 年期限归还，而不是李鸿章等所商议的 40 年，"昨江、鄂会奏赔款酌中办法，恐全权以每年多还数兆即须多指抵款，不肯商议"。并特别提出，"今既取息四厘，是中国若照全数四百五十兆，每年还利息十八兆，便不亏负各国，其还本若干乃随我之便，量力办理"⑤。6 月 28 日，李鸿章等致电军机处，认为张之洞等所拟办法"总算省息良多，惟最难在抵款"⑥。7 月 1 日，军机处又收到不同的解释，指出张之洞所言债款是寻常债，而此次赔款与借款不同，"各使每言所用之银已由各国设法借垫，中国每年能付若干，彼即作为岁入之款，以备支

① 《致电西安鹿尚书》，光绪二十七年四月十二日，吴剑杰编著：《张之洞年谱长编》下册，第 686 页。
② 《就赔款办法致电江宁刘制台》，光绪二十七年四月二十三日，吴剑杰编著：《张之洞年谱长编》下册，第 687 页。
③ 《就赔款办法再电江宁刘制台》，光绪二十七年四月二十三日，吴剑杰编著：《张之洞年谱长编》下册，第 688 页。
④ 《李中堂来电》，光绪二十七年二月初四日，夏东元编著：《盛宣怀年谱长编》下册，第 725 页。
⑤ 《致电西安行在军机处筹款办法》，光绪二十七年五月初十日，吴剑杰编著：《张之洞年谱长编》下册，第 688 页。
⑥ 《全权大臣致行在军机处电》，光绪十七年五月十三日到，吴剑杰编著：《张之洞年谱长编》下册，第 689 页。

用"，不论是利息还是本金，"皆须指明抵款"①。同日，刘坤一致电张之洞，劝其"此事恐无济，若枢无来电，似可听之"②。至此，以张之洞为代表的异议官员已承认了分期偿还的现实。

这样，在英国的坚持下，庚子赔款最终确定了以抵押的方式分期偿付。就政治性贷款而言，庚子赔款背景下的晚清"准条约"，并未沿着甲午以来的趋势进一步发展。分期摊还在一定程度上也意味着对甲午战后借债赔款的否定。对英美等国而言，维持住清政府的统治，是辛丑议和谈判的前提，如果所制定条款有违于这个总原则，则很难在谈判各国中达成共识。各国内心虽然清楚此点，但并不公开点破。而赫德作为海关总税务司，在幕后全程跟踪了有关庚子赔款的数额及赔偿方式的讨论，他一开始就建议应该由清政府分年摊还，而不是向银行借款。赫德自己解释是因为太不划算，其关键点应该是注意到了各国为争夺借款权而展开的外交斗争，以及利用借款而对中国划分势力范围的事实，这也是英国极不愿看到的。在某种程度上分期摊还对债权国而言，存在较少的利益风险。各国能为赫德所说动，接受此种还款方式，乃是希望在维持住清政府统治的前提下，使得自身的利益得以长久发展，如果因赔款问题，而逼迫中国政府出借外债，从而导致清政府的垮台，则与整个谈判原则不相符。由于德国在赔款方面对赫德的信任及对英国政府的妥协，使得赫德所建议的偿还方式极具竞争力。事实上，在拒绝俄国所建议的共同担保借款时，德国已经意识到分头各自担保的风险所在，自己担保借款，然后借给自己，这显然存在很多的风险。只要能拿到赔款，德国并不在意方式如何。有了德国的合作，俄、日、美等国的态度就不那么重要了。

就当时的清政府而言，相较于政治性借款偿付，分期付款的方式是更为可行的选择。庚子赔款筹议过程中，赫德最为后人所诟病的是其对海关权势的扩张。学界多认为赫德将赔款与海关紧密结合在一起，是为了维护列强的

---

① 《全权大臣致行在军机处电》，光绪二十七年五月十六日到，吴剑杰编著：《张之洞年谱长编》下册，第689页。

② 《刘制台来电》，光绪二十七年五月十六日到，吴剑杰编著：《张之洞年谱长编》下册，第689页。

利益，把海关沦为债权国的代理机构①。无论如何，海关、盐税等抵押均属严重损害中国主权之举，赫德本人难以摆脱这种嫌疑。问题在于，当时除抵押外，清政府很难有别的方式归还巨额的战争赔款。虽然分期付款扩大了抵押的范围，但考虑到甲午战后列强借政治借款强行划分势力范围的前车之鉴，这或许是一个两害相权取其轻的选择。另外，张之洞反对李鸿章所支持的赫德方案，无疑是出于中国自身利益的考虑。从整体而言，作为清政府内部不同声音的存在，张之洞的反对有利于中国做出慎重选择。但除反对态度值得赞赏外，其所提缩短还款年限的提议其实意义不大。

甲午战后的政治性借款合同，是瓜分狂潮时期中外"准条约"关系恶性发展的集中表现。由上可知，庚子赔款的偿付方式议定过程中，中外各方对甲午战后的政治性借款问题进行了比较充分的审视。虽然中外双方都还存在个别支持此类借款的声音，但在中国已经千疮百孔，不堪一击，而列强之间的争执已出现白热化发展的情况下，此类在政治、经济上都有极度苛刻条件的政治性借款，最终让位于平息列强争端、保全中国的主流趋势，并暂时退出舞台。这也意味着，在经历了瓜分狂潮阶段条约关系的恶性发展后，条约关系的调整已在酝酿或已开始。同时，因甲午战后赔款问题而引起的各国之间的政治争夺和相互关系的分化组合，已经逐渐显现出复杂化的状态，为了应付这种状态，各国已经逐渐走到危险的边沿，战争的因素正超越在中国的争夺，而逐渐积累。

第二节　路矿利权的丧失与"准条约"范围的扩大

虽然在甲午战前中国已经出现了路矿事业，但尚未出现典型的"准条约"性质的路矿合同。甲午战后伴随帝国主义瓜分中国狂潮的出现，路矿相关的"准条约"开始集中出现，"准条约"的范围进一步扩大。其中，特许修筑铁路权及相关铁路外债的合同是"准条约"的核心内容。而且，有关路

① 详见薛鹏志：《中国海关与庚子赔款》，《近代史研究》1998 年第 1 期；陈诗启：《中国近代海关史》，第 350—354 页。

矿的合同一般是以补充正式的不平等条约的形式出现，因此此类"准条约"的出现又往往意味着路矿利权的进一步丧失。清末十年，作为"准条约"的主要类别，路矿类合同一直是清政府关注的重点，其试图从制度上控制路权、矿权的努力不仅从未停止，而且有所强化，这也影响到这一时期有关路矿类"准条约"的发展。

一、 铁路类"准条约"

铁路是近代文明的一种体现，在近代中外条约关系中，它却成了列强对中国"进行压迫的工具"[①]。从 19 世纪中后期开始，列强便开始涉足中国铁路建设问题。关于铁路投资建设，1887 年，清政府修建津沽铁路，曾向英怡和洋行和德华泰银行借了两笔款，但数目小、期限短，没有任何附加条件，基本上属于正常的金融借贷。1895 年，中日《马关条约》签字后两个月，法国迫使中国通过《续议商务专条附章》，应允越南已建或往后拟建的铁路，可由两国酌商妥订办法，接至中国界内，并"争得了中国所出让的第一条铁路的让与权"[②]。此后，列强在中国掀起了攫取路权的高潮，它与战前的借贷完全不同，形成损害和控制中国路权的普遍性特权制度，"准条约"性质的铁路合同进一步出现。

（一）外国在华投资铁路的两种方式

"准条约"性质的铁路合同按照外国投资方式可分为直接和间接两种，不论是哪一种投资，清政府均须接受其苛刻的条件。直接投资，是相关国家的公司直接投入资金，建筑和管理铁路以控制路权的方式。直接投资的特权，一般通过正式条约取得，如俄国的东省铁路、日本的南满铁路和安奉路、德国的胶济铁路、法国的滇越铁路以及英国的粤汉铁路九龙段，等等。直接投资又分中外合资和外国独资两种形式，其具体内容，多规定于清政府与有关国家或其指定公司所订立的章程合同中。中外合资如东省铁路，1896年，清政府与华俄道胜银行订立了《合办东省铁路公司合同章程》，规定：

---

① 《帝国主义是资本主义的最高阶段》，《列宁全集》第 27 卷，第 326 页。
② ［英］菲利浦·约瑟夫著、胡滨译：《列强对华外交》，第 134 页。

中国政府以库平银 500 万两入股，与华俄道胜银行"合伙"开设，生意盈亏均照股摊认①。外国独资，即由外国及其指定公司筹资，如滇越铁路，中法两国在来往照会中规定，由法国筹资修筑，由中国提供地段②。这类铁路的管理，都被控制在外国公司手里，即使是中外合资，名义上中方参与，实行中外合办，但实际上也由外国公司独揽大权。例如，东北三省铁路"所有建造、经理一切事宜派委华俄道胜银行承办"③。因此，外国独资的铁路，完全由外国公司掌控，中国方面无置喙余地。另外，表面上是各外国公司控制这些铁路，实际上却是由各国政府操纵。

间接投资是外国公司通过给予中国铁路借款来控制路权的方式。此类铁路投资甚多，除几条直接投资的铁路之外，其他外资铁路基本上属于此类，如芦汉、正太、沪宁、粤汉、京奉等铁路。各外国公司一般是在本国政府支持下，通过与清政府订立借款合同取得某铁路的贷款权，这一特权制度的具体内容也详细规定于这些合同中。从甲午战后到 20 世纪初年，各外国公司与清政府所订借款合同，条件极为苛刻，反映了前述特权制度的基本性质。此类铁路借款，均规定了折扣和利息，与欧美金融市场相比较，中国的铁路借款折扣大、利息高，各外国公司投资由此获得了极大的经济收益。此外，各借款合同还规定了借款担保，这是它们获得高额利益的重要保证，而不必承担风险。这类铁路的管理，有不同形式，或由外国公司完全承办和经营，或设立一个中外机构来建造和经营，等等。但不论哪一种形式，实际的管理权均在外国公司手里，不过程度稍有差异。同时，合同章程又规定不能随便提前偿还借款，须到一定年限才能还本。如芦汉路，合同规定中国在 1907 年前"不得增还股本，或全还股本，或核减利息"；在此之后，中国才可将借款提前还清，"一经全还，所有合同，即时作废"④。此类限制中国提前偿

---

① 《合办东省铁路公司合同章程》，光绪二十二年八月初二日，王铁崖编：《中外旧约章汇编》第 1 册，第 672 页。

② 《总理衙门致法国公使照会》，光绪二十四年三月二十日，王铁崖编：《中外旧约章汇编》第 1 册，第 745 页。

③ 《合办东省铁路公司合同章程》，光绪二十二年八月初二日，王铁崖编：《中外旧约章汇编》第 1 册，第 672 页。

④ 《芦汉铁路比国借款续订详细合同》，光绪二十四年五月初八日，王铁崖编：《中外旧约章汇编》第 1 册，第 774 页

还的规定，其目的是保护外国公司在一定期限内对路权的控制，并保证其经济利益不因此受到损失。不管是直接还是间接的，其目的是控制中国的路权，获取巨大经济利益。为此，他们"对中国人的主权和权力永远不加重视，对中国的利益永远不加考虑"①。

（二）甲午战后的铁路类"准条约"

1896 年 10 月 12 日，总理衙门奏请设立铁路总公司，统筹南北铁路建设，为了支持盛宣怀等的建造计划，总理衙门拟从英德借款内挪用 1000 万两，作为先期官方投资。10 月 20 日，清政府以上谕的形式正式同意铁路招商总公司的设立，由盛宣怀"实力举办，以一事权"，并由王文韶、张之洞督率兴作。甲午战后"准条约"性质的中外铁路合同形成的过程中，铁路总公司发挥了重要作用。以下着重对甲午战后几个主要的"准条约"性质的中外铁路合同展开分析。

1.《龙州至镇南关铁路合同》

《龙州至镇南关铁路合同》是由总理衙门派员与法国费务林公司监工葛理义订立，是《中外旧约章汇编》中所收录的第一个有关铁路的"准条约"。该约订立于 1896 年 6 月 5 日。

龙州至镇南关铁路的建造形式，采取的是张之洞曾经建议的完全委托外人的方式，但不同的是，该路完全为官办，没有采取商办或官督商办的形式。合同第一条载明："中国予令费务林公司承办广西龙州至镇南关铁路工程，由中国铁路官员稽察。"费务林公司负责筑造，清政府担任监督之责，"于官局名下筑造铁路，由官局稽察其造路，并预先堪路，均系包办"。"准条约"将铁路建成后的经理权限也完全承包给费务林公司，"费务林公司照以上所载专为无名贸易公司，承受中国官局令，于官局名下经理铁路，由官局稽察，如此经理，均系包办"②。该合同的特殊性在于，一年后，中法两国又以条约的形式对合同的加以确认，并新增加了部分修造内容。这正如政治类借款合同中《四厘借款合同》，即先签订一个"准条约"，然后再以一个条

---

① ［美］T. M. 欧弗莱区著、郭家麟译：《列强对华财政控制》，上海人民出版社，1959 年，第 175 页。

② 《龙州至镇南关铁路合同》，光绪二十二年四月二十四日，王铁崖编：《中外旧约章汇编》第 1 册，第 652 页。

约的形式对"准条约"的内容加以确认。1897 年 6 月 18 日，总理衙门与法国公司互致照会，就中越边界商务、铁路事务进行规定，"中国国家、法国国家按照和约条款，并以示和好情意，彼此一愿将中国与越南邻界、通商、来往便宜兴盛更明白详细，专订中国与法国前定约章内载数条办法"。此规定表明了该照会的国家间条约性质①。

在最初的政治类贷款和铁路类"准条约"中均出现了此种模式的条约，应该说不属偶然，结合当时的中国形势和外交关系，至少有两点可以明确：签订"准条约"的外国公司和银行并非单纯的基于经济目的而订约，其背后的国家背景使其为各国的外交政策而服务；在中国政府看来，公司或银行并不单纯是一个商业组织，如果需要，可以将合同上升为条约。该类性质的合同出现在两种领域之内，而并非单独个案，表明了当时"准条约"与条约之间界限的模糊。

2. 关于中东铁路的系列"准条约"

值得关注的还有围绕中东铁路而形成的"准条约"系列，包括《合办东省铁路公司合同章程》《东省铁路公司续订合同》以及《吉林铁路交涉总局章程》。这些合同或章程属于中俄之间铁路类"准条约"，它们在甲午战后的"准条约"中独具特色，为研究甲午战后"准条约"的发展变化提供了很好的例证。

上述章程或合同的议定直接源于 1896 年 6 月 3 日达成的《中俄密约》。该约第四款规定："中国国家允于中国黑龙江、吉林地方接造铁路，以达海参崴"，并规定"其事可由中国国家交华俄银行承办经理。至合同条款，由中国驻俄使臣与银行就近商订"②。通过该条约约文，似乎铁路的所有权为中国国家所有，但事实上在《中俄密约》订立之前，维特已经与李鸿章协商好了所谓的密约三要旨，将铁路所有权及相关国家主权允与俄国。第一条即中国允许俄国通过中国领土建筑一条直达海参崴间的铁路，但这条铁路必须委托给一私营公司。之所以这样做，是因为李鸿章坚决拒绝维特关于把这条铁

---

① 《商务专条及铁路合同等事照会》，光绪二十三年五月十九日，王铁崖编：《中外旧约章汇编》第 1 册，第 721—722 页。

② 《御敌互相援助条约》，光绪二十二年四月二十二日，王铁崖编：《中外旧约章汇编》第 1 册，第 650 页。

路交由俄国财政部出资建筑的提议。因此,就必须组织一家私营公司,即中东铁路公司。至于公司的性质,"自然是完全属于政府支配的",但由于名义上是一家私营公司,它就受财政部的管辖了。第二条,中国同意让与为这条铁路的建筑和行车所必需的用地。在这条铁路用地内,允许这家公司有自己的警察,行使充分的不受干碍的权力。关于这条铁路的建设和营运,中国本身不负任何责任。第三条,日本如果进攻中国领土或俄国远东沿海领地,两国应互相防护①。

可见,中俄两国通过公开的条约和私下的外交谈判,有意使东省铁路的修建成为一个"准条约"性质的合同,而非国家间的条约。中国此举的目的在于维护国家名义上对铁路的所有权,以合清政府内部一直以来所追求的自造铁路的要求,另一方面是为应对复杂的外交形势,不给其他列强以争夺中国铁路权的口实。李鸿章坚拒维特所建议的由俄国国家直接出面组建铁路公司的提议,最主要的考虑也在于此。

1896年9月,清政府与华俄道胜银行订立《合办东省铁路公司合同章程》,之后又订立了后续的《东省铁路公司续订合同》以及《吉林铁路交涉总局章程》,构成了围绕中东铁路而形成的"准条约"系列,这一系列是"准条约"中的独特类别,因其对中国行政主权的破坏和挑战,值得对其进行深入探究。该系列章程或合同系承中俄之间的正式条约而订立,即先前订立的《中俄密约》的具体条款已经规定了该章程的方向,即:通过该章程,使筹建中的铁路成为一个凌驾于中国主权之上的特别区域,在此以前的"准条约"中尚无此先例。无论是电信类"准条约"还是贷款类"准条约",尚属于因具体业务而抵押或让与某些优惠,而此章程则完全创立了一个新的模式,为晚清"准条约"的发展提供了另一个例证。

《合办东省铁路公司合同章程》系典型的"准条约",因为其缔结者一为清政府,这是一个完全的国际法主体,一为华俄道胜银行,这是一个典型的私法人。华俄银行的创立经过、资金构成及组织管理情况都表明,这是"一家结合了法、俄、德三国金融资本,以法国金融资本为主的跨国银行"。该

---

① [美]亚尔莫林斯基编、傅正译:《维特伯爵回忆录》,第70页。

行不同于一般银行之点在于其"股权和管理权背离，（管理权）始终操纵在沙皇政府手里"，因此，学界多认为其乃略加伪装的俄国财政部的分支机构及其驻华办事处①。但其终究是一个法人组织，正如研究者所认识到的，"总之，维特为了推行他的侵略远东的新方针，需要一个以私营企业为掩护的金融组织充当他的政治手段和经济手段。拟议中的银行就是这样一种手段"②。华俄道胜银行可以得到沙皇政府的特别照顾，尽可能多地得到国家的订单或合同，并且在从事对外业务时可以获得国家的优先保护，但是所有的这些优势都不能从根本上改变它在国际法上私法人的身份。华俄道胜银行在东亚的活动经常可以得到沙皇政府的支持，甚至某些合同就是由沙皇政府为银行争取的，但是这一点无助于更改此类合同的"准条约"性质。沙皇政府的这种行为表面上是为本国银行争取业务，履行自己保护本国银行的义务。这种保护在我们看来当然是赤裸裸的侵略和对我国主权的侵犯，可是华俄银行毕竟不能代表作为国际法主体的俄国国家③。

1896 年 9 月 8 日的《合办东省铁路公司合同章程》第五款规定："凡该铁路及铁路所用之人皆由中国政府设法保护。至于经理铁路等事需用华、洋人役，皆准该公司因便雇觅。所有铁路地段命、盗词讼等事，由地方官照约办理。"④ 这里照约办理的规定，为以后铁路附属地治外法权提供了依据。1898 年 7 月 6 日的《东省铁路公司续订合同》第五款规定："俄国可在辽东半岛租地内自行酌定税则，中国可在交界征收货物从该租地运入或运往该租地之税。"⑤ 东省铁路公司竟然能与清政府订立此有关协定税则的协议，以一合同的外衣确立国与国之间的商约性质的内容，实为罕见。1899 年 5 月 31 日的《吉林铁路交涉总局章程》第二条规定："设立该局，专为定办吉林省所有各事件，或正关涉铁路公司，或连涉铁路公司，再或正关涉或连关涉与东省铁

① 中国社会科学院近代史研究所编：《沙俄侵华史》第 4 卷上，第 32 页。
② 中国社会科学院近代史研究所编：《沙俄侵华史》第 4 卷上，第 28 页。
③ 见侯中军：《近代中国的"准条约"问题研究》，《史学月刊》2009 年第 2 期。
④ 《合办东省铁路公司合同章程》，光绪二十二年八月初二日，王铁崖编：《中外旧约章汇编》第 1 册，第 673 页。
⑤ 《东省铁路公司续订合同》，光绪二十四年五月十八日，王铁崖编：《中外旧约章汇编》第 1 册，第 784 页。

路作工之人,并承办各种工作之包揽人及各匠人均归哈尔滨总局定断办理。"①

这几个"准条约"以铁路类合同的名义,规定了远超铁路范围的政治和经济特权,是甲午战后"准条约"发展的一个顶峰,但其发展方向并非沿着洋务运动以来的近代化路线,而是一条半殖民地路线。铁路在物质属性上亦属近代化的内容,但无论如何,东北三省铁路的修建所能起到推动中国近代化的作用已经被其对中国主权的损害所遮蔽,一个不属于中国管辖下的近代化企业,如何能有利于中国的发展呢?因之而起的日美等对中国东北三省铁路建设的争夺,已经超出了经济的范围,而直接影响了此后中国历史的发展方向。

3. 《芦汉铁路借款合同》与《粤汉铁路借款合同》

另外值得一提的是《芦汉铁路借款合同》及后续合同。1897 年 5 月 27 日,盛宣怀与比利时公司订立《芦汉铁路借款合同》,"中国铁路总公司奉旨承办由京城之卢沟桥直达汉口铁路。除总公司已有成本银一千三百万两外,并准总公司筹办借款四百五十万金镑,专为营造铁路经费"②。1897 年 7 月 27 日,《芦汉铁路借款续增合同》订立。1898 年 6 月 26 日,《芦汉铁路比国借款续订详细合同》订立,后续合同与草合同一起共同构成了芦汉铁路系列借款合同③。有研究认为,《芦汉铁路借款合同》是一个典型,"比国债款的举借是 19 世纪末中国借债筑路的起点,若置于当时的大环境之下它又是甲午战后列强以外债为诱饵扩充势力的蓝本",不过,不应把路权的丧失完全归结为外国的政治压力,洋务派的铁路外债观在其中的作用不容忽视④。

《芦汉铁路借款合同》系由大清铁路总公司与比利时银行工厂合股公司订立。铁路总公司是在盛宣怀、王文昭、张之洞等筹划下建立,实乃清政府在海军衙门监管之外成立的一个意在掌管铁路建设的机构,涉及范围,不仅限于芦汉铁路,而是旁及南部中国的铁路网。由于清政府预先注资了 1000 万两白银,使得该公司的商办之说只是一种宣传,其目的在于吸引尽可能多

---

① 《吉林铁路交涉总局章程》,光绪二十五年四月二十二日,王铁崖编:《中外旧约章汇编》第 1 册,第 904 页。

② 《芦汉铁路借款合同》,光绪二十三年四月二十六日,王铁崖编:《中外旧约章汇编》第 1 册,第 709 页。

③ 《芦汉铁路比国借款续订详细合同》,光绪二十四年五月初八日,王铁崖编:《中外旧约章汇编》第 1 册,第 773—779 页

④ 详见马陵合:《清末民初铁路外债观研究》,复旦大学出版社,2004 年,第 55—56 页。

的国内资金加入。无论清政府如何刻意避免使之成为国家的企业，其头上笼罩的政府光环是不可能消去的。在此合同中，盛宣怀的署名是"大清国督办铁路总公司事务大臣头品顶戴大理寺少堂盛"，如此的身份，清政府岂能摆脱干系。比利时银行工厂合股公司能够取得借款合同，比利时国王利奥波德二世起了很大的作用。合同签订之前，张之洞致电盛宣怀，告知比利时国王专门派领事前来游说，"奉该国君主命来见，铁路借款，极愿助力，比系小国，不干预他事，较诸大国为胜"，比利时领事的游说正合张之洞的建议，在此之前，张之洞已经有倾向于向小国借款的提议①。比利时政府的背后运作与清政府大员的直接出面，对合同的性质起着不同的作用，比利时政府始终未在合同上体现出自己的身影，而清政府则完全不同，正因如此，决定了此合同的"准条约"性质。

合同规定，比国公司借付之款，利息"按年起四厘（即每百镑每年起息四镑）；其息应于递年西正月、七月算清"；具体归还方式则为"前十年不还本。由西历一千九百零九年正月初三日起，分作二十年还清，每年正月应还二十二万五千金镑。其应还利息，并递年划归本银，应兑于在中国之银行，其银行由比国公司指明何家。每年应还本利数目，另开清单，附于合同之后，按照办理"。抵押方式经第五款规定："中国总公司奏请国家批准，以芦汉铁路及其产业，与一切属于该铁路之物作保"，首开以铁路作抵押贷款的先例②。此种抵押的本质在于，在难以预知是否能如期还本付息的情况下，事先执行了"用于抵押的收入届时不能兑现，抵押品将归债权方支配的抵押原则，否定了债务人对抵押物的实际所有权"③。诚如所言，这才是《芦汉铁路借款合同》抵押的危害所在。在借款交涉过程中，盛宣怀等人对利息、折扣等斤斤计较，却对以路作抵的方式少有异议，未能切实提出对铁路修筑权、经营权、财务权的保护，直接导致路权丧失，且极大地影响了以后的铁路外债。另外有较大争议的一点就是国家作保。有研究认为"国家担保是信

---

① 《致上海盛京堂》，光绪二十三年二月十六日戌刻发，苑书义等主编：《张之洞全集》第 9 册，第 7247 页。
② 《芦汉铁路借款合同》，光绪二十三年四月二十六日，王铁崖编：《中外旧约章汇编》第 1 册，第 710 页。
③ 夏利民：《担保》，学苑出版社，1994 年，第 70—93 页，转引自马陵合：《清末民初铁路外债观研究》，第 68 页。

用担保，并不归属于抵押范畴"①，从国家主权概念出发来理解国家担保，当无问题。但是就具体问题而论，铁路总公司所经办的芦汉铁路，难以归为纯商业行为，问题在于如何理解国家在借款和筑路过程中的作用。

还原已有的史料，清政府似乎存一种趋利避害的倾向，即借用外资但尽力避免让国家承担债务，以国家的名义尽得铁路之利，而以公司的名义去承担所有可能的风险。铁路总公司的官督商办外衣或许在某种程度上能够解释清政府的这种矛盾立场。由于此种形式业已存在的弊端，主要是政府信用的严重弱化，这就导致了试图剥离政府与企业关系的国内招股行为归于失败。前期开平铁路、台湾铁路的建设都出现了此种现象。芦汉铁路不同之处在于，列强将其视为争夺在华势力范围的标志，谁取得铁路贷款，谁就可以占据有利地位。这种争夺，自然是将清政府当然地视为借款的责任人，而不论铁路公司如何设法把政府的责任排除在外，各种努力总是归于无效。正如张之洞所言，"今以未成之路作抵，虽由公司签押，洋人知铁路现属公司，而后来之予夺之权仍在国家，故非国家作保不可"②。清政府经办大员自认为，国家担保的目的，只是为了确保对铁路的控制权，不会因为不能偿还本利而让债权人获得铁路所有权，甚至还要为此去劝说部分清政府高层官员"国家但有作保之例，决非代还"③。这种趋利避害倾向也是在多年与列强打交道过程中所产生的本能反应。

部分民间舆论此时也认可国家担保的借款，并认为这种贷款不属于国债，"商兴而借，而国家任其保责，不能指为国债"。或许正如有的研究所指出的那样，国家作保的目的在于打消外国对中国使用借款的疑虑，"中国政府是铁路特权的让渡人，同样也是资金的主要请求人。对于强有力的和可靠的政府，金钱是可以无条件信托的，但中国政治的不稳定，再加以它管理财政的无经验，就逼使外国的金融家对他的投资不得不保持相当大的控制"④。如果说得更浅显一些，即外国银行希望清政府作保，但他们又对政局担忧，

---

① 马陵合：《清末民初铁路外债观研究》，第69页。
② 《致总署》，光绪二十三年三月二十二日发，苑书义等主编：《张之洞全集》第9册，第7270页。
③ 见马陵合：《清末民初铁路外债观研究》，第70页。
④ ［美］T. M. 欧弗莱区著、郭家麟译：《列强对华财政控制》，第5—6页。

虽然满心希望清政府完全有能力偿还，但不愿放弃一定的直接控制权。

是否可以把《芦汉铁路借款合同》归入"准条约"，或许存在疑问。毕竟"奉旨代办"与"国家画押"在不同的研究者看来具有不同的意义，清政府似乎亦有意去规避尽可能承担的责任，但如果不是过度纠结于清政府画押与否，事实上该借款已经完全具备"准条约"的性质，盛宣怀以"头品顶戴"的身份签名于合同之后已经足以说明一切。如果从"准条约"的视角去理解，或许国家作保的困境就不太让人费解。由于中国铁路总公司官督商办性质，一如最初电报局，实际上承担了管理的职能，无论如何，清政府都难以摆脱借款的责任。既然政府是名义上的铁路所有权拥有者，又岂能在公司破产的情形下而放任外人接管铁路，这其中悖论，也只有在"准条约"的背景下才能有合理的解释。

接着要探讨的是《粤汉铁路借款合同》。

美国曾参与芦汉铁路贷款的争夺，但最终未能如愿。芦汉铁路的南延长线，即从粤到汉的干线铁路，成为下一个争夺的目标。1896 年铁路总公司成立之后，依据其成立前的提议，相继经手了除芦汉铁路以外其他重要铁路，粤汉铁路即为其中之一。事实上粤汉路是芦汉路的自然伸展，划归铁路总公司经理，亦是情理之中。1897 年，修建芦汉铁路的消息传开后，湘、粤、鄂三省士绅曾上禀清政府，要求修建芦汉铁路延长之南段干线："中国幅员广远，南北相距万里，恃大海以通声气。今海军既无力能兴，设有外变消息，中段隔若异域，呼应不灵，必内地造有铁路，方可连为一气。"其实，此时的清政府已经意识到了铁路的重要性，并不需要民间呼吁，关键是筹集建造资金和选择建造者的问题。"近者湘人讲求时务，风气渐新，电线之设，毫无阻碍。又恐他人先我而办铁路，切肤之痛，患在心腹，皆愿合群力兴办，塞绝其觊觎。"[①] 时任湖南巡抚的陈宝箴在致盛宣怀电中指出，"顷据湘绅前山东布政使汤聘珍等呈请创立湘粤铁路公司，集股开办，公举现署臬司长宝道黄道遵宪为总办，以专责成，而通湘鄂之气"[②]。

---

① 宓汝成编：《中国近代铁路史资料》第 2 册，第 494 页。
② 宓汝成编：《中国近代铁路史资料》第 2 册，第 495 页。

1897 年 12 月 8 日，张之洞致电陈宝箴，对于湖南呈请设立湘粤铁路公司一事表示欣慰，并提醒创办铁路的困难情形，称"惟湘绅未悉铁路甘苦曲折。朝廷于铁路一举，招商借债，绝不担肩"。事实上张之洞此番言语实乃言不由衷，如果没有朝廷的担保，芦汉铁路借款不可能成行。张的目的或许在于打消陈宝箴向国家要求担保借款的可能："现今芦汉以部款千万，官股三百万为底本，并借洋债四百万镑，由总公司订约，国家仅批准而不可肯担保，各国以为难。比人利其制造，始首肯。"张之洞同意由湖南另组公司办理粤汉铁路，但必须满足的条件是"粤汉总办若能独任华股七百万，并担当洋债二千余万，自可另树一帜；否则应由湘、粤、鄂三省各举一总办，仍照总署奏准原案，不脱总公司，方无窒碍"。

张之洞所提条件，超出陈宝箴的能力范围，粤汉铁路另立公司可能性基本不存在。张之洞所提出的办理粤汉、芦汉铁路的原则是"权可分，利可共，章程不可不贯通，纲领不可不画一。各省路权尽可各省分任，路利必须公溥均沾"。1898 年 1 月 26 日，清廷以上谕形式确定粤汉路由铁路总公司"总其纲领"，要求"造路之资本，借款之办法，通行之章程，必须与芦汉公司一气贯注，始可收通力合作之效"。2 月 21 日，盛宣怀致电伍廷芳，谓："粤汉铁路奏准借款。请问华士宝、坎理或别人，五厘息，九五扣，给股份余利四分之一；除土工外，一切准其包造，另给五厘用。事权如税务司"，意在征求伍廷芳的意见，伍廷芳指出，坎理要求"九扣，余则照办"。3 月 17 日，盛宣怀致电王文韶、张之洞、陈宝箴，指出"粤汉如不定借款，仍不免为英、法所攘"，"粤路非美莫属，且晋路八厘，容议镇路洋股得余利四分之三"，建议迅速定议，签署向美借款草约①。

1898 年 4 月 14 日，《粤汉铁路借款合同》签署。合同开头载明："督办大臣盛奉大清国皇帝谕旨由汉口至广东省城创建铁路，奉旨设立铁路总公司，并奉旨督办总公司事务，今盛大人托大清钦差出使美、日、秘大臣伍大人与美华合兴公司代订合同。"② 合同开头的这些文字，意在表明盛宣怀以

---

① 本段与上段详见宓汝成编：《中国近代铁路史资料》第 2 册，第 495—496、498—499 页。

② 宓汝成编：《中国近代铁路史资料》第 2 册，第 501 页。

"奉旨"为名,以督办大臣的身份,办理铁路事务,并委托清政府出使大臣伍廷芳代为订立合同。伍廷芳能够代表盛宣怀,且为美国公司所认可,主要的在于二者都属于清政府国家体制内的政府要员,其背后是清政府。盛宣怀能够如此顺理成章地让伍廷芳签字,而伍廷芳又毫无犹豫地代签如此大笔的合同,不应在于二人之间私人关系,而是因为他们都属于清政府,所签合同,不属于个人,亦不属于公司,而属于清政府。从《芦汉铁路借款合同》至《粤汉铁路借款合同》,意在竭力避免国家债务的清政府只停留在了言语上,张之洞所讲的"国家绝不肯担肩"恐怕只是清政府自身的愿望。

铁路总公司成立后,所签订的铁路借款合同还包括 1898 年 5 月 13 日与英国订立的《沪宁铁路草合同》。此一时期东南地区的铁路合同大多与铁路总公司有关,但铁路总公司成立后并未如电报总局曾经做过的那样,担负起清政府铁路管理部门的职能。此一时期事关铁路的对外交涉任务亦未由铁路总公司出面,而由身为督办铁路大臣的盛宣怀和志在经营铁路的地方督抚担起了这一职责。铁路总公司成立的初衷是立足芦汉及其相关路线的建造,以求建立一个统筹全局的修路机构。但事情远非如设计者所料想的那样。由于铁路事关各国在华势力范围的划分,列强之间的利益争夺远非铁路总公司所能应付。地方督抚之间与铁路总公司亦非步调完全一致,柳太铁路借款背后就不见铁路总公司的身影。"开办柳林、太原铁路,山西商务局拟由银行暂借,核计所需实款约二千五百万法朗克,约合华银六百八十万两",华俄道胜银行成功揽得合同[1]。《柳太铁路合同》不属于近代中国"准条约"的范畴,合同条文明确将中国国家排除在外,表明"此路借款系华、俄两国商人公同商办之件,所有赢绌,两国国家概不干预"[2]。山西地方当局派商务局出面签订借债筑路合同,无疑削弱了铁路总公司的职能,为了完成统一全国铁路筹划的任务,清政府开始筹议矿务铁路总局。

---

① 《柳太铁路合同》,光绪二十四年四月初二日,王铁崖编:《中外旧约章汇编》第 1 册,第 760 页。
② 《柳太铁路合同》,光绪二十四年四月初二日,王铁崖编:《中外旧约章汇编》第 1 册,第 763 页。

(三)《辛丑条约》签订后的铁路类准合约

1. 商部成立前后的铁路类准合约

商部成立前后,铁路类"准条约"亦有所发展。从铁路总公司以至路矿总局,清政府的目的在于修建有重大意义的铁路而"权自我操"。甲午战后,清政府关于铁路的政策一直未能成形。但是,"路矿总局的政策在当时对遏制西方列强对中国路权的占夺还是起了积极作用,纵观有清一代借款筑路的规模,基本上仅限于总局规定的范围,再没有盲目扩大"①。商部成立后,在进呈其所拟章程折中,已经对商办铁路的修建模式有了新的规定,认为原先所讨论的官督商办等形式已经不再必要,"以上各公司如一时官本筹集不易,全系商股承办者,应由臣部随时维持保护。所有商股,获利或亏损等事,臣部除奖励及饬追逋欠外,其余概不与闻。并不用官督商办名目,亦不另派监督总办等员"②。1903 年 12 月,商部颁布《铁路简明章程》二十四条,第一条规定:"本部钦奉上谕,饬将矿务、铁路、归并办理。钦遵在案。除矿务另订专章外,其业经开办之铁路档案,均由路矿局移交到部"③,从而正式接管铁路。商部力图代表清政府行使对铁路的监督权和管理权,为了达到这一目的,自成立后即采取了相应行动。1904 年 7 月,商部奏请清廷批准,令督办铁路大臣、关内外铁路大臣、云贵总督、江苏巡抚、办理潮汕铁路候补京堂、两湖总督、云南巡抚等,要求其将历年办理铁路情形等详细上报,"以期有利与兴,有弊与革,其最要者莫如铁路总公司早一日清偿路款,即中国早一日收回路权"④。1906 年 4 月,商部颁布《路务议员办事章程》十二条,加强对铁路具体修建、经营方面的管理。商部还统一规定了路轨的规格。5 月,商部又要求各省配合制作本省路线全图,分别缓急,次第兴办,避免乱建。很明显,"商部的铁路政策,无论是加强中央对铁路的监督和管理,还是提倡商办,目的都是要收回路权,促进路政的统一,同时推动铁路事业的发

---

① 崔志海:《论清末铁路政策的演变》,《近代史研究》1993 年第 3 期。
② 宓汝成编:《中国近代铁路史资料》第 3 册,第 925 页。
③ 宓汝成编:《中国近代铁路史资料》第 3 册,第 925 页。
④ 《商部奏请饬铁路大臣将历办情形报部折》,《东方杂志》1904 年第 1 卷第 10 期。

展。但在清末封建政治体制下，商部的这些政策，也没有得到很好的贯彻"①。法国公使吕班（Dubail）在评价商部的成立时认为，"这不是根本的改变，但是它反映了（朝廷）希望中国资本家参与铁路建设的投资"，"我们的国民最好事先与中国商人谈妥。初步商谈时肯定要做出努力和妥协，这对于欧洲人来说几乎是不可能办到的，而没有这些妥协，我们的要求注定不可能实现"②。

就铁路类"准条约"的整体发展而言，商部成立前后"准条约"的订立数量并未出现大量增长。从《辛丑条约》订立至1903年9月商部正式成立，清政府订立的"准条约"主要集中于矿务、电信和铁路三类。其中涉及铁路类别的"准条约"有五个，分别是《奉天省铁路交涉总局章程》（1902年4月20日）、《东省铁路公司接修吉长枝路合同》（1902年7月11日）、《正太铁路借款详细合同》（1902年10月15日）、《正太铁路行车详细合同》（1902年10月15日）及《沪宁铁路借款合同》（1903年7月9日）。

《奉天省铁路交涉总局章程》与吉林、黑龙江两省铁路交涉总局章程类似。这三个章程虽然有铁路二字的出现，但显非铁路实业问题，而是司法问题。交涉局处理的是铁路附属地的司法问题。与政治类贷款合同类似，交涉总局章程亦属"准条约"中的另类，是中国近代化发展的畸形产物。章程规定："在奉天省辽阳车站设立铁路交涉总局一处，派专任局员数员，专驻辽阳，另设分局一处，派会办一员、局员数员，驻哈尔滨。"设立该局的目的专为"定办奉天省所有各事件，或正关涉铁路公司，或连涉铁路公司，再或正关涉或连涉东省铁路做工之人、并承办各种料件之各承包人、各匠人、又所有居住铁路界内或暂住、或久住之华人，如买卖人、手艺人、或服役、或闲居诸色人等，虽不涉铁路差使，亦均归总局定断办理"③。《东省铁路公司接修吉长枝路合同》是清政府与东省铁路公司订立，负责全国路矿事务的矿务总局被排除之在外。合同第一条规定："与中国政府所订建修东省干路及南满

① 崔志海《论清末铁路政策的演变》，《近代史研究》1993年第3期。
② ［法］约瑟夫·马纪樵著、许峻峰译：《中国铁路：金融与外交（1860—1914）》，中国铁道出版社，2009年，第151页。
③ 《奉天省铁路交涉总局章程》，光绪二十八年三月二十六日，王铁崖编：《中外旧约章汇编》第2册，第42页。

洲枝路合同内章程，于此次建修吉林支路，截然两事，不能仿照办理。"①

　　然而，路矿总局的努力并非毫无成果，在山西，盛宣怀主持下的铁路总公司取得了正太铁路的借款和行车合同。同样作为与华俄道胜银行的"准条约"，清政府力图获得的铁路管控权虽然未能实现，但相较于东省铁路的系列合同，取得订立合同的权限本身已经是一种进步。《正太铁路借款详细合同》规定："督办大臣准照前因，定计为中国国家外借五厘金款，计总数四千万佛郎克，名曰一千九百二年中国国家铁路五厘借款。"② 行车合同把铁路的经理权交与华俄银行，"中国铁路总公司奉中国国家允准，委派华俄银行，由华俄银行妥派人员，将正定府至太原府铁路代为调度经理、行车生利"③。《沪宁铁路借款合同》亦以清政府为合同一方而订立，"此合同……一系中国督办铁路总公司大臣盛钦奉谕旨办理，一系英国怡和洋行及汇丰银行。"④

　　值得注意的是，这一时期商办铁路的兴起影响到铁路类"准条约"的发展趋向。路矿总局在其设立之初就曾规定，铁路可以官办、商办、官商合办，但以商办为主，由于最初民间资本筹集存在困境，商办铁路一直未有起色，清政府被迫由幕后走向台前，担当铁路借款和修筑的直接责任方。商部成立后，这种状况有所改善，真正民间意义上的自办铁路开始出现。其实，如果商办铁路能真正涌现，清政府退回到监督者身份，则铁路类"准条约"必将大幅减少，让位于铁路类合同。潮汕铁路的修建，或许是商办铁路的真正开始。光绪二十九年（1903）九月，盛宣怀批准张煜南修建潮汕铁路的呈文，并表示将咨商两广总督部堂、广东巡抚部院暨外务部、商务部。盛宣怀指出，修铁路所借洋款，因"中国商力微弱，风气初开，各省铁路不得不筹借洋款以为之倡"，如果华商能集股兴办，"亦足为保持利权之助"⑤。1903年12月2日，商务部尚书载振上折，请办潮汕路："臣部创设伊始，首以顺商情、保商利为宗旨。现在铁路由华商承办者，潮汕一路，实为嚆矢，自应

———————————

　　① 《东省铁路公司接修吉长枝路合同》，光绪二十八年六月初七日，王铁崖编：《中外旧约章汇编》第 2 册，第 56—57 页。

　　② 《正太铁路借款详细合同》，光绪二十八年九月十四日，王铁崖编：《中外旧约章汇编》第 2 册，第 119 页。

　　③ 《正太铁路行车详细合同》，光绪二十八年九月十四日，王铁崖编：《中外旧约章汇编》第 2 册，第 127 页。

　　④ 《沪宁铁路借款合同》，光绪二十九年闰五月十五日，王铁崖编：《中外旧约章汇编》第 2 册，第 165 页。

　　⑤ 宓汝成编：《中国近代铁路史资料》第 3 册，第 930 页。

切实维护，树之风声。"① 潮汕铁路公司在其创办章程中规定，"本公司所集股银，如有不敷用处，由公司承办人自行筹足。商借商还，不请官款，以归划一"，而且规定"本公司资本全属内地商人、华人及入洋籍商人所集，无论将来利益如何，应准专归商办，俾永远得享国家保护之益，以顺商情"。该规定，一方面是为了杜绝在拆解洋款时国家作保的可能，另一方面也防止清政府官办的可能②。

除上述潮汕铁路，商办其他铁路也在筹划，如新宁铁路、张振勋的广厦铁路计划等。岑春煊在致相关局的文札中指出，"查广厦铁路，前准张京堂来咨，拟由省城直达黄埔，先行筑路一段，并在黄埔建筑码头，作为自辟商场"，"跨连闽、粤两省，绵亘甚长，将来如何次第接造，及与粤汉铁路能否接轨，亦应统筹全局，详核咨商。其厦门地方应筑铁路，尤应会同闽省商办"③。该项铁路修建计划曾引起美国方面的外交干预，因美国合兴公司曾获得独办粤路的特许，为此，驻华美使照会外务部，要求暂不开工。外务部以查无案据为由，请商部回复。商部在最终致外务部的咨文中指出，"张弼士侍郎拟由广州府至黄埔口建造铁路，为合兴公司所阻。外务部即因咨查商部，旋准复称：谓该公司请将此项工程暂缓之处，查与原约不符，碍难照准"④。虽然广厦铁路最终查无下文，但其计划修建过程中的外交交涉耐人回味。无意之中，清政府所设计的避免路矿事务外交化的政策进行了一次实践。在商部成立之前，这种因具体路矿事务而展开的交涉一般集中于总理衙门或外务部，甚至是清廷，而这无疑是对中国不利之举。每路一议的管理模式，迫使外交部门直接面对外国投资方，清政府缺少一个缓冲的环节，在政策的制定中往往面临被动局面。广厦铁路修建筹议过程中，合兴公司通过其驻华公使向外务部提出外交交涉，外务部以无案可据的理由推给商部，这其中看似简单的公务处理过程，实际上将外交事务转化为中国国内事务，避免给外人以干涉的借口。不经意间，涉及铁路的外交交涉，因商部的存在而多

---

① 宓汝成编：《中国近代铁路史资料》第 3 册，第 931 页。
② 宓汝成编：《中国近代铁路史资料》第 3 册，第 932 页。
③ 宓汝成编：《中国近代铁路史资料》第 3 册，第 957 页。
④ 宓汝成编：《中国近代铁路史资料》第 3 册，第 956 页。

了一个中间环节，为清政府的外交提供了多种选择。

2. 邮传部成立后的铁路类"准条约"

邮传部成立是清末最后几年经济管理职能进一步专门化发展的重要内容。商部路矿兼管的职权范围本身设置并不合理，其主要是沿袭路矿总局的管理思路。面对铁路等机构的混乱管理状况，戴鸿慈等奏请设立邮传部①。从邮传部成立，直至清政府覆亡，中间大约有 5 年的时间，在这短短的 5 年期间，邮传部对清末经济、外交的发展起到了重要作用。邮传部时期进一步调整铁路政策，进而影响到铁路类"准条约"的发展。

"邮传部之创设也，首先接办路政"，至此，由铁路总公司始，历经路矿总局、商务部，几经转手的铁路事务终于由邮传部来接办②。在邮传部接手路政之前，商部已经并入农工商部，因此此时铁路实际上是在农工商部的管辖下。"是年（1906 年）十一月十八日，准农工商部咨开，本日奏准移交铁路档卷，分装三箱暨督办铁路大臣盛宣怀原送京汉路图两箱、帐册一箱，一并咨送前来"，在移交铁路案卷之前，农工商部已经不再管辖铁路事务③。邮传部成立后，便在部内设立管理官办铁路的专门机构。先是在1907 年 3 月设立提调处，12 月，撤销该处，改设铁路总局。值得一提的是，邮传部成立后，仍接续订立有关铁路的"准条约"借款合同，虽然其强调自身对铁路的管辖权，但在订立借款类合同时，其与外务部的职权划分并不明确。1907 年 3 月 7 日，清政府外务部与中英有限公司订立的《广九铁路借款合同》即为其中一例。该合同是清政府以国家名义向中英公司借款，修建广九铁路，即广州省城至英租九龙边界的铁路，其议定合同之人，"一系钦奉上谕简派之外务部，一系中英公司"④。在合同署名时，唐绍仪将其身份标注为邮传部左侍郎兼署外务部右侍郎。学界在涉及邮传部与

---

① 《出使各国考察政治大臣戴鸿慈等奏请改定全国官制以为立宪预备折》，光绪三十二年七月初六日，故宫博物院明清档案部编：《清末筹备立宪档案史料》上册，第 372—373 页。

② 《邮传部总务沿革概略》，邮传部档案全宗，第 47 卷，转引自苏全有：《清末邮传部研究》，中华书局，2005 年，第 44 页。

③ 《接收铁路档卷折》，邮传部参议厅编核科编辑：《邮传部奏议类编·续编》，沈云龙主编：《近代中国史料丛刊》第 14 辑，台北文海出版社，1967 年，第 519 页。

④ 《广九铁路借款合同》，光绪三十三年正月二十三日，王铁崖编：《中外旧约章汇编》第 2 册，第 366 页与

外务部的关系时，一般认为两部之间权限不清，情形不明①。尤其是在清末铁路收回国有运动中，邮传部与外务部之间存在诸多认识上的分歧，当时就引发了国内舆论的不满。

从体系上讲，外务部系秉承总理衙门而来，在清末列强环伺的情形下，很多事情都涉及外务部。列强对华路矿等主权的侵夺，初始多以不平等条约形式加以限定，因此从根本上，只要不平等条约存在，只要片面治外法权及其他不平等条约特权存在，路矿等事务很难完全排除外务部的参与。邮传部初设，虽然接收了路、运、电信等事业，但由于这些事业的早期运作与总理衙门有着千丝万缕的联系，故很难与外务部断然分清。究其根本，铁路问题绝非是一个单纯的内政问题，甲午以来的很多铁路修建与外资有着密切联系，而外资的进入势必牵涉外交事务，在很多情形下，不是清政府非要经过外务部办理，而是外资要求通过外务部办理，以确保其投资权限。时人虽然意识到二者之间的矛盾之处，但并未提出解救良方。或许唐绍仪身兼两部要职是一个不得已的解决办法。《广九铁路借款合同》的订立，很好地说明了当时外务部与邮传部之间的关系。这种关系体现了晚清"准条约"的发展过程中的体制性矛盾。在清政府内部并未出现专门化的官制划分时，铁路、电信、矿务等类实业的管理虽然具有模糊性质，但因其涉外性与近代性，一般均由总理衙门参与其中。随着清政府官制逐渐完善，开始适应近代性质的管理模式，各部之间的管辖权限就开始出现模糊和重叠，矛盾也就在所难免。

《广九铁路借款合同》尚有邮传部的影子，而在稍后的《天津浦口铁路借款合同》中则见不到邮传部的身影。1908 年 1 月 13 日，清政府与德华银行、伦敦华中铁路公司订立《天津浦口铁路借款合同》，建造津浦铁路，此借款"指明系为建造官铁路之资本"，由中国国家担保合同的本利偿还，"若铁路进项及、或借款进款不敷全还本利之数，督办大臣奏明由中国国家设法以别项款项补足，按期交付银行，清还本利"。合同载明订立之人系"署外

---

① 见苏全有：《清末邮传部研究》，第 175—180 页。

务部右侍郎梁敦彦,已奉旨允准订立合同"。该项"准条约"之所以绕开邮传部订立,其最主要的原因或许在于"遵光绪三十三年十二月初十日上谕签定"①。虽然清廷是最高权力部门,但通过天津浦口铁路合同的订立方式来看,其不经邮传部而直接由负责交涉的外务部来签订,说明在政府部门权限划分方面,清廷本身并未很好遵守。既然邮传部专管铁路,而外务部负责交涉,最理想的组合莫过于由外务部参与交涉,而邮传部订立合同。广九铁路合同由于签订者身兼二职,唐绍仪既是邮传部左侍郎,又系外务部右侍郎,因此,表面而言,尚不至于明显感觉邮传部游离于合同签订过程之外。天津浦口铁路合同体现得比较明显。合同签订后,具体执行部门仍然是邮传部。曾任邮传部尚书的徐世昌曾怨言:"邮传部事,难办在权限不一,即用人犹如此掣肘,况兼交涉更须与外务部会办,无怪历任尚书无久任者。"②

邮传部不参加铁路类"准条约"的制定,并不正常。更多的情形是,外务部与邮传部共同参与涉外铁路"准条约"类合同的订立。《沪杭甬铁路借款合同》可谓清政府在处理铁路类"准条约"时政府部门之间合作的一个例子。1908 年 3 月 6 日,外务部与邮传部共同作为合同订立人,与中英公司订立合同,"中国国家准公司办五厘利息金镑借款,数目系英金一百五十万镑。此借款自出售债票之日起算,名为中国国家沪杭甬铁路五厘利息借款"③。在此合同中,外务部只是一个形式上的参与者,出于对涉外交涉的监管而挂名,业务条款均由邮传部负责。如果将其与天津浦口铁路合同相比较,邮传部与外务部之间的责任划分就比较明显。从制度设计而言,沪杭甬铁路的借款模式当为理想。

在实际运作中,外务部与邮传部并未达到理想中的状态,即"外部顾全邦交,邮部保持利权",外务部的作用应当在于"商办之权,既有专责,则虽遇两造坚执各不相下之时,外部犹得置身局外,作调人而取仲裁",然而事实上是"职任则各不相谋,其权界则浑而不画"④。事实上,不仅在铁路问

---

① 《天津浦口铁路借款合同》,光绪三十三年十二月十日,王铁崖编:《中外旧约章汇编》第 2 册,第 456、461 页。

② 《盛尚一朝权在手》,《民立报》1911 年 2 月 4 日,转引自苏全有:《清末邮传部研究》,第 60 页。

③ 《沪杭甬铁路借款合同》,光绪三十四年二月初四日,王铁崖编:《中外旧约章汇编》第 2 册,第 468 页。

④ 《论苏杭甬路事当上下调和以图补救》,《外交报》第 26 期,1907 年 11 月 10 日。

题上，在邮政问题上，两部之间的意见也不一致。

虽然邮传部在执行其制定的铁路政策上面临许多困难，需要处理与外务部等部门之间的矛盾，但无可否认，邮传部在铁路方面的整顿是取得了相当的成效。体现在"准条约"上的一个例子是《新民府至法库门铁路工程草合同》。1907 年 11 月 6 日，东三省总督与奉天巡抚欲展筑京奉铁路，将铁路由新民府筑至法库门，并决定由英国保龄公司承修。合同条款第十七条载明："现在所定者系草合同，俟邮传部核定及奉旨批准后，再定详细合同。"① 该"准条约"体现了邮传部成立后统一全国铁路建设的成效，虽然东三省总督代国家订立该合同，但邮传部的监督权得以明文规定，从程序上而言，这无疑有助于防止丧失利权。

邮传部成立后，清政府在铁路政策上经历了由鼓励商办到收回国有的转变过程②。这一政策的转变，导致了收回路权"准条约"的出现。此类"准条约"的出现无疑是晚清"准条约"中的一个特殊类别，见证了晚清中国收回利权的历史过程。1908 年的《沪宁铁路总管理处续订办事新章》，即为其中之一。签订于 1903 年 7 月的《沪宁铁路借款合同》，是铁路督办大臣盛宣怀与英国银公司订立的，当时商部尚未成立，铁路总局仍是名义上的铁路监管机构。该合同第六款规定，"此铁路预备开筑之时，督办大臣即设立管理铁路行车事务处，名之曰沪宁铁路总管理处，其总局设在上海"，总管理处设办事人员 5 名，其中华人 2 名，英方 3 名，包括总工程司在内。总工程司"职任止能管理、建造行车以及办理铁路相干之事"。该规定，实际上将沪宁铁路管理权交予了银公司③。《办事新章》系邮传部铁路总局与银公司订立，新章第一款规定："钟文耀业经邮传部派定为总管理处总办，及经银公司认可，当公举为总管理处主席。"新章对原来管理铁路的总工程司规定如下："总工程司系充本路总管，应认总办为总管理处代表，受总办节制"④，将铁

---

① 《新民府至法库门铁路工程草合同》，光绪三十三年十月初一日，王铁崖编：《中外旧约章汇编》第 2 册，第 443 页。

② 详见崔志海：《论清末铁路政策的演变》，《近代史研究》1993 年第 3 期。

③ 《沪宁铁路借款合同》，光绪二十五年闰五月十五日，王铁崖编：《中外旧约章汇编》第 2 册，第 169 页。

④ 《沪宁铁路总管理处续订办事新章》，光绪三十四年三月十三日，王铁崖编：《中外旧约章汇编》第 2 册，第 483 页。

路管理权收归邮传部。

　　邮传部另一个收回路权的案例是芦汉铁路的收回。该铁路的收回并非是通过铁路合同直接体现，而是通过签订一个新的铁路类借款"准条约"而实现的。1908 年 10 月 8 日，邮传部与汇丰、汇理银行订立《英法汇丰汇理银行借款合同》。合同第一款规定："该项借款，中国国家以八成在欧洲预备补足还铁路借款之用，其余二成为邮传部自办工艺、实业之用。"[1] 类似该合同的还有《邮传部借款合同》。1911 年 3 月 24 日，邮传部与日本横滨正金银行订立《邮传部借款合同》，清还铁路官款。其订立之人，中国政府方面为邮传部，日方为横滨正金银行，"中国国家准银行承办五厘利息金币借款，数目日本金币一千万元"[2]。虽然名义上是邮传部的借款，但由于其用途指明是归还铁路官款，因此将其归入铁路类"准条约"。对于邮传部铁路国有的努力，学界并非一味否定。有研究指出，"在邮传部的努力下，借款筑路政策毕竟朝着愈来愈有利于中国的方面发展"[3]。

　　总之，甲午战后"准条约"性质的铁路合同进一步出现，是列强疯狂攫取路权的重要体现，进一步拓宽了"准条约"的范围。不过，清政府的铁路政策的一个目标是为了抵制西方列强的侵夺，收回路权。从甲午战后清政府决定兴修铁路起，中国的铁路事业就在晚清急进的政治变化中逐步发展壮大。如果仔细分析铁路总公司成立以来的历次路矿章程，客观而言，清政府的铁路建设是在不断吸收和借鉴西方经验，朝着专业化、合理化、制度化和自主性的方向迈进，清末收回路权"准条约"的出现无疑是这一政策的直接产物。当然，在这一进程中亦不可忽略清末铁路国有化的过程中，清政府对外资依赖的发展和出卖路权的行为。这方面代表性的有 1911 年 5 月 20 日清政府与英、法、德、美四国银行团签订的《粤汉川汉铁路借款合同》（亦称《湖广铁路借款合同》）。该合同共二十五款，规定借款 600 万英镑，九五折，5 厘息，40 年偿付期；规定以湘、鄂百货厘金、盐捐等为抵押，而四国

---

[1] 《英法汇丰汇理银行借款合同》，光绪三十四年九月十四日，王铁崖编：《中外旧约章汇编》第 2 册，第 540 页。

[2] 《邮传部借款合同》，宣统三年二月二十四日，王铁崖编：《中外旧约章汇编》第 2 册，第 695 页。

[3] 崔志海：《论清末铁路政策的演变》，《近代史研究》1993 年第 3 期。

银行团则享有湘、鄂境内粤汉、川汉铁路的修筑权甚至以后铁路延长借款修筑的优先权①。清政府在这里以铁路国有为名，出卖粤汉、川汉铁路权利，引发了川、鄂、湘、粤四省的保路运动，直接点燃了清朝覆亡的导火索。

二、 矿务类"准条约"

矿产属国家永久主权的范畴。对外国在本国投资采矿业，各国均非常慎重。然而自鸦片战争以来，西方列强即开始觊觎中国的采矿权，到 19 世纪 80 年代，外国资本便直接渗入了中国的矿业，但主要是为商品输出服务的。甲午战争之后，法国以干涉还辽向清政府索取报偿，首先取得矿业投资的条约特权。1895 年 6 月订立的中法《续议商务专条附章》第五条规定，中国将来在云南、广西、广东开矿时，可先向法国厂商及矿师人员商办。随后在瓜分中国的狂潮中，列强也掀起了争夺中国矿权的高潮，"得步进步，直有拒之不能，应之不给之势"②。通过对华进行矿业投资，形成了控制中国矿权的特权制度。

外人在华投资办矿，主要属直接投资，其基本形式有外国独资和中外合资两种，其中后者又可分为几种形式。其实，因华股难以筹集，中外合资实际上仅有其名，多虚而不实。间有以借款方式进行间接投资，但仅有借款名义，在其他方面与直接投资并无多大差别，实际上仍是直接投资。当时就有人指出，相关合同"太含糊"，"殊未可解"③，等等。其管理体制，亦有多种形式，大体可分为外国公司独管和中外共管两种基本类型。然不论何种形式，其管理大权实际上都为外人所控制。独管者，或规定外国公司有"独擅之权"④，或规定由其承办⑤，只字不提中方参与管理的权利。即使华股达到

---

① 《粤汉川汉铁路借款合同》，宣统三年四月二十二日，王铁崖编：《中外旧约章汇编》第 2 册，第 722—736 页。

② 《总署奏》，光绪二十四年七月十八日，台北"中研院"近代史研究所编印：《矿务档》第 4 册，第 2255 页。

③ 《外务部收委办山西矿务姚文栋呈》，光绪二十九年三月二十九日，台北"中研院"近代史研究所编印：《矿务档》第 3 册，第 1434 页。

④ 《改订吉林开采煤斤合同》，光绪二十七年五月二十九日，王铁崖编：《中外旧约章汇编》第 1 册，第 997 页。

⑤ 《云南隆兴公司承办七属矿务章程》，光绪二十八年五月十六日，王铁崖编：《中外旧约章汇编》第 2 册，第 53 页。

一定数额可派人参与管理，中方也无实际的管理权。如德国的德华矿务公司在山东铁路沿线所开煤矿，规定华股在 10 万两以上时，可"选派妥员入公司"，但其权限仅是"稽查华股应得一切利益"①。外人在华投资矿业，可获得极大利润，尤其是某些根据条约取得的矿权，甚至可托辞规避纳税。如华德矿务公司在山东沿路各矿，有关条约和章程中没有纳税规定，即使清政府所拟矿章要求纳税，德国也根据《胶澳租界条约》，认为不应该纳税，照会清政府免除了税收②。此外，外资所获矿权，期限很长，有的长达五六十年。

　　矿务类"准条约"相较于铁路类"准条约"而言，出现的时间相对晚一些，主要原因在于清政府对开矿事项的国家专营控制较为严格。甲午战前的矿务政策虽无具体明确的国家规划，但总体而言，清政府有意抵制外国侵略者的渗透，就"准条约"而言，甲午战前的矿务"准条约"几成空白。清政府不仅不允许外国势力染指矿务，同样严格限制中国民间资本投资矿务。但是，甲午战后，在各国掀起瓜分狂潮，纷纷抢占路矿利权的形势下，清政府官办开矿的垄断遭遇挑战，矿务类"准条约"开始出现。清政府的矿务政策也随着发生改变。由禁止和限制民间开矿，转为一定程度鼓励发展民间采矿业。此种状况出现的原因，一是由于甲午战后外国侵略者依据不平等条约得以直接在中国投资设厂，矿产铁路等面临着外资的侵夺，二是为了增加财源，缓解财政危机③。而对于外资的利用，则有研究认为从甲午战后到日俄战争爆发的这段时间内，中国对于外资办矿的政策有两次转变："首先自排斥外资变为接纳外资，这一步又从自主性的接纳外资变为给与各国承办中国各矿的特权。而且此项特权与领事裁判权、内河航行权及协定关税权一样，载明在中英、中美间正式缔结的条约内"，这种矿务政策转变的主要动力在于"各国所给予的压力"④。

　　甲午战后出现第一批的矿务类"准条约"中，以《南票矿务合同》较为

---

　　① 《山东华德矿务公司章程》，光绪二十六年二月二十一日，王铁崖编：《中外旧约章汇编》第 1 册，第 949 页。

　　② 《外务部收德署使葛尔士照会》，光绪二十八年九月二十五日；《外务部给德署使葛尔士照会》，光绪二十九年正月二十七日，台北"中研院"近代史研究所印：《矿务档》第 2 册，第 1096、1098 页。

　　③ 见朱英：《晚清经济政策与改革措施》，华中师范大学出版社，1996 年，第 116 页。

　　④ 李恩涵：《晚清的收回矿权运动》，第 20 页。

典型。1898 年 10 月 10 日，督办津榆铁路大臣胡燏棻与汇丰银行并代怡和洋行经理华英公司订立该合同。胡燏棻铁路督办大臣的身份，决定了该合同的中国责任方是清政府。由督办大臣胡燏棻向朝阳县南票地方购买上中下三票煤矿，然后与公司订立合同，合股开办。合同要求将上述地方及附近地方的其他矿产亦交由公司开办，但仍需经由督办大臣先行购买。开办资金约需 100 万两平银，由督办大臣及公司各出资一半，至于集资办法，则各听其便。合同还特别规定了建造煤矿铁路支路的问题，即"女儿河至南票煤矿支路，应由督办大臣按照与公司订立之山海关、牛庄干路及接连各路合同办理"①。胡燏棻在甲午战后即上疏请办矿务，并提及办矿应注意的四点事项：第一，应重聘外洋矿师；第二，应慎选矿地；第三，当细考矿质；第四，当厚集矿本。在资金筹集问题上主张"招散股不如招大股，招商股不如招官股，而其大要尤在办理之得人，必须正大光明，赤心为国，绝无一毫私见"②。此次南票矿务合同的订立，可谓是胡一直以来所倡导矿务的一次实践。之后，又签订了《黑龙江开挖煤斤合同》《直隶顺德内邱临城矿务合同》等"准条约"类合同。

各国于甲午战后，在华掀起了一股瓜分势力范围的狂潮，其表现形式基本上是围绕筑路、开矿等具体事务而展开，要求在中国某一地区内拥有优先的利益特许。对于列强之间展开的争夺竞赛，清政府内部有着清醒的认识。1898 年 2 月 14 日，盛宣怀在致王文韶、刘坤一、张之洞、陈宝箴的电文中指出，"处今日而欲散其瓜分之局，惟有照土耳其，请各国公同保护。凡天下险要精华之地，皆为各国通商码头，特立铁路、矿务衙门，统招中国及各国股份，聘请总铁路司、总矿务司，职分、权力悉如总税务司"，如此做法"英、德不患俄独吞"，"俄、法亦不患英独噬"，以便为国家赢得发展时机③。4 月 1 日，盛宣怀致电张之洞，表达成立国家总公司的必要，指出："救分裂之弊宜合纵，故铁路莫妙于专立衙门，由国家借各国巨款，设铁路公司，合

---

① 《南票矿务合同》，光绪二十四年八月二十五日，王铁崖编：《中外旧约章汇编》第 1 册，第 840 页。

② 见李恩涵：《晚清的收回矿权运动》，第 4 页。

③ 《盛京堂来电并致天津王制台、江宁刘制台、长沙陈抚台》，光绪二十四年正月二十六日子刻到，苑书义等主编：《张之洞全集》第 9 册，第 7501 页。

办天下干路，为上策也。"在该电文中，盛宣怀同时分析了当时各国对中国路权的争夺①。在铁路总公司成立后的如此短的时间内，身为铁路公司总办的盛宣怀就要求成立国家铁路专门机构，以弥补原有机构之弊端，总公司面临的尴尬处境可以想见。1898 年 8 月 2 日，清廷颁布上谕，宣布成立矿务铁路总局，其中谓："惟路矿事务繁重，诚恐各省办法未能划一，或致章程歧出，动多窒碍，亟应设一总汇之地，以一事权。着于京师专设矿务铁路总局，特派总理各国事务王大臣王文韶、张荫桓专理其事"，上谕明确要求以后所有开矿修路等公司事宜，俱归该局管理②。可见清廷明令成立矿务铁路总局，强调事权归一。从制度设计层面而言，矿务铁路总局旨在制订相应的管理措施，并担当对外交涉的任务，但并不意味着对原有官督商办形式的进一步发展。在政府职能方面，矿务铁路总局只是一个指导和管理机构，并不准备去经营具体的某一条道路，这一点相比电报总局是有进步的。矿务铁路章程中的第一条就明确规定了矿路建设的三种办法，即官办、商办、官商合办，并认为，三者中商办最为适宜。先期借款修路牵涉到了国家担保问题，清政府一直认为不妥，在矿务铁路章程中再次提出该问题，"借用洋款，必须先禀明总局，由局核定给予准照，该商方能有议借之权。仍声明商借商还，中国国家概不担保"③。

矿务铁路总局成立后，即着手加强自己的管辖权限，首先是通知各国。总理衙门于 1898 年 10 月 6 日致各国驻华公使，照会要求各国商人在华订立合同章程必须经矿务铁路总局批准："中国开矿造路等事，借用洋款，必须有矿务总局准办明文，方能作准。其有未经总局批准，私与洋商订立合同章程，无论办矿办路，成本若干，一概视同废纸。"④对内则是由清廷以上谕的形式，严令各省遵循，"嗣后各直省如有开矿、筑路借款及一切交涉事件，均须于事前将详细办法奏明，听候朝廷酌夺，勿得擅立合同，致多窒碍"⑤。

---

① 《盛京堂来电》，光绪二十四年闰三月十一日酉刻到，苑书义等主编：《张之洞全集》第 9 册，第 7570 页。
② 宓汝成编：《中国近代铁路史资料》第 2 册，第 524 页。
③ 宓汝成编：《中国近代铁路史资料》第 2 册，第 528 页。
④ 宓汝成编：《中国近代铁路史资料》第 2 册，第 526—527 页。
⑤ 宓汝成编：《中国近代铁路史资料》第 2 册，第 527 页。

可见，矿务铁路总局的成立目的在于统一对外交涉，以保主权，防外的倾向多于防内。铁路总公司创办之初，志在成立一个脱离国家系统之外的商务机构，以便在官督商办的名义下，筹得修建铁路的大宗款项。另一方面，可以从形式上摆脱外债对国家的束缚。短短的两年时间，具体经办铁路的大员已经意识到，原先的设计难以适应实际情形。无论是芦汉路，还是东三省铁路、粤汉路，各地的铁路修筑非但未能摆脱由政府出面的形式，而且由于没有一个专管机构，彼此之间因不同国家的借款问题而难以沟通。同时，矿政此时也面临管理混乱、资金短缺问题。正是基于这种严峻形势，矿务铁路总局才得以成立。该局实质上是在路矿管理原有业务的基础上，承揽所有对外交涉中的路矿事宜，清政府对内、对外所明令强调的，亦是为了保证该局的权力。矿务铁路总局的成立，属于清政府为路矿类"准条约"的订立所作的制度设计，相比于由总理衙门直接出面处理路矿外交涉事务，显然是一种进步。经过若干次试探和挫折以后，路矿建设终于走上类似电报总局的路子。

义和团运动后，中外之间主要的矿务交涉系以条约的面目出现，由各外国政府出面，为其本国公司取得勘矿、开采特权，然后再以"准条约"的合同和章程予以实施。如俄国在东三省仅 1901 年就取得了三个矿务类条约，分别是 1901 年 3 月的《新订吉林开办金矿条约》、5 月的《续订吉林开办金矿条约》、7 月的《黑龙江省采勘矿苗草约》。这些条约均包含对中国主权的侵犯，是俄国国家为其公司开采中国矿藏订立的条约。《黑龙江省采勘矿苗草约》非但允许俄人可以采勘矿藏，而且允许其自行保护。除俄国外，日本、德国等也订立有矿务类条约。矿务类条约的出现直接影响了此一时期的相关"准条约"的数量，很多事项均由条约加以规定，然后由具体的公司去执行。义和团运动后，一直到清政府覆亡，矿务类"准条约"并未大量涌现。依据《中外旧约章汇编》，此一时期的矿务"准条约"主要有：《改订吉林开采煤斤合同》（1901 年 7 月 4 日订于哈尔滨）、《黑龙江开挖煤斤合同》（1902 年 1 月 14 日订于哈尔滨）、《直隶顺德内邱临城矿务合同》（1902 年 3 月订于北京）、《云南隆兴公司承办七属矿务章程》（1902 年 6 月 21 日）、《江西萍乡煤矿商借礼和洋款合同》（1902 年 8 月 7 日订于汉阳）、《江西萍乡煤矿续借礼和洋款合同》(1902 年 8 月 7 日订于汉阳)、《井陉煤矿合同》(1908年 4 月 14 日订于天津)。

在矿务类"准条约"订立和实施的过程中，如何保护矿权亦是清政府主要应付的问题。在清政府的护矿政策面前，外资银行和企业如果抛开其各自背后的政府，而单独与清政府交涉，难以有所作为，这也是此一时期矿务类条约较多出现的背景。庚子事变后，俄国借口侵占东三省，中俄之间的交涉围绕撤军、开矿等事务展开，因此庚子事变后东三省的矿务条约主要是在中俄之间。湖广总督张之洞反对向俄国让步，主张让各国共同开发东三省的矿藏和铁路。在《江楚会奏变法三折》中，张之洞、刘坤一所列举的措施之一即是定矿律、路律、商律、交涉刑律。他们分析认为"中国矿产富饶蕴蓄而未开，铁路权利兼擅迟疑而未办，二事久为外人垂涎"，"此次和议成后，各国公司更必接踵而来，各省利权将为尽夺，中国无从自振矣"。鉴于此种情势，他们主张制定专门的矿律，应对列强的侵夺。"此必须访聘著名律师，采取各国办法，秉公妥订矿路画一章程。无论已经允开允修之矿路，未经议开议修之矿路，统行核定，务使界址有限，资本有据，兴办有期，国家应享权利有着，地方弹压保护有资，华洋商人一律均沾。洋人有范围则稍知敛戢，平民免欺侮则渐泯猜疑。至滋生事端，公司受累，亦须分别有因无因，办犯赔偿，亦须预定限制。庶中国自然之大利，不至为无穷之大害，尤今日之急务也。"[①] 张之洞等的奏议，目的是将矿务集中于政府的监管之下，以国内规定限制外来的侵夺。1902 年 3 月 17 日，在王文韶等主持下，新的矿务章程制定出来。由于章程主要是防范外人而订立，因此，其中对外商的规定颇引起人们注意："开办者，或华人自办，或洋人承办，或华洋人合办，均无不可"，并同时规定"均应遵守中国定章，倘出有事端，应由中国按照自主之权自定"。程序上的设定亦体现此点，批准办矿的权利首推外务部，如果外务部认为可以办理，再执照路矿总局批准。但章程对于外人办理矿务的权限，仍然模糊，流弊很大，张之洞认为"《开矿新章》浑言'洋人可开

---

① 《遵旨筹议变法谨拟采用西法十一条折》，光绪二十七年六月初五日，苑书义等主编：《张之洞全集》第 2 册，第 1441—1443 页。

矿'，必应改"①。

此时正处于中英商约谈判期，如前所述，英国代表马凯要求在商约中对清政府修订铁路矿务章程作出规定，清政府考虑到希望加税的条款，最终同意以条约的形式保证中国将修改现行矿务章程②。张之洞事后指出，"洞等再四密商，马使交来之款，系欲中国允照英国指出之意修改章程，如此自然不可与议。莫若由我自出一办法与之商订，须由我采取各国章程，酌量仿效修改。改定后令各国开矿洋商一律照办，则于我主权、利权必无所损，且不致为一国独擅其利"③。1902 年 8 月 11 日，张之洞、刘坤一电奏清政府，要求参考各国矿务章程，修订本国章程。清廷于 8 月 12 日颁布谕旨，同意二人所奏④。不久，刘坤一去世，张之洞一人实际负责起修订矿务章程的工作。1905 年 12 月 24 日，张之洞将修订后的矿务章程上奏清廷。由于矿务总局业务已经划归商部，因此建议由商部设立专司，各省设立矿务总局，"开采之权，属之国家，无论官办、民办或华、洋商人合办，均以奉官局批准为度"。章程同意洋人参与开采矿藏，但必须"遵守中国法律，乃准其承充矿商，又洋商非与华商合股，断不准其独自开采"，"其合股之法，则无论官地、民地、华商、洋商，业主以矿地作股，矿商以银作股"⑤。

商部自其 1903 年成立至 1906 年归并于农工商部，其间并未有矿务类"准条约"订立。此种现象并不意味着商部在办理矿务中的无所作为。事实上，此一时期的矿务企业是在逐步增加的。可以从两个角度来分析此种现象：一是中国国家出面订立的条约系双方政府直接出面，外资公司、银行是条约的受益者，能否通过条约保护中国矿权，已经不是商业行为；二是具体的办矿开采合同系两国之间的商人订立，均在商部管辖之内，而不再通过外

---

① 《致外务部，上海吕大臣、盛大臣，江宁刘制台》，光绪二十八年四月十四日辰刻发，苑书义等主编：《张之洞全集》第 11 册，第 8792—8794 页。

② 《1902 年 7 月 8 日马凯在武昌与张之洞等会谈简记——裘式楷记》，中国近代经济史资料丛刊编委会主编：《辛丑和约订立以后的商约谈判》，第 94—95 页。

③ 《致外部》，光绪二十八年六月十六日发，苑书义等主编：《张之洞全集》第 11 册，第 8851 页。

④ 《光绪二十八年七月初九日内阁奉上谕》，中国第一历史档案馆编：《光绪宣统两朝上谕档》第 28 册，广西师范大学出版社，1996 年，第 177 页。

⑤ 《进呈拟订矿章程折》，光绪三十一年十一月十八日，苑书义等主编：《张之洞全集》第 3 册，第 1687 页。

务部办理，就对外交涉而言，这是一种形式上的进步。

第三节 电信类"准条约"的继续发展

电信类"准条约"是近代中国出现的第一批"准条约"，与洋务运动的开展存在密切关系。甲午战争之后，电信类"准条约"并未随着洋务运动的结束而结束，而是进入一个新的发展阶段。

邮传部正式接手电信事业之前，中国电报局是晚清电信经营部门和主管部门，甲午战后的两年内，中国电报总局与丹麦大北公司、英国大东公司先后就具体的电信业务订立有 3 个电信类"准条约"：1896 年 7 月 11 日的《电报合同》、1897 年 5 月 13 日的《电报合同》及《续订电报合同》。上述三个"准条约"并未开创新的电信线路，而是关于电报收发的具体事项。中间虽有人事方面的规定，但并未有重大改变。如 7 月 11 日的《电报合同》规定："中国电报局，丹国京城古本海根之大北电线公司以及英国大东电报公司，今电局与公司愿将办理外洋来往电务并电局与公司交涉各事尽善尽美，特订以下各条。"[①] 该合同详细规定，中国与欧洲（俄国除外）及美国来往电报，以及经过欧洲的来往电报，如果经由中国与亚细亚之俄国接线处或由公司之印度线、亚细亚之俄国线传递，价目一律按照合同办理。由于俄国电线是中国电信必须经过的线路，因此 1897 年的《电报合同》中，中国与大北公司专门就此协议价目，规定"中俄往来电报，由公司现有之水线以及将来在亚细亚所设接连中、俄水线传递，勿论公司自有或与该公司相连者，所收本线报费，应与电局在亚细亚与俄国相接之陆线所收本线报价一律"，"俄国与香港往来电报，所收本线报价，应照此条第一节办理"[②]。《续订电报合同》并未涉及电信收发事宜，而是由中国收回两公司在厦门、南台安设的电线[③]。因此，该合同带有一定收回利权的色彩。

---

① 《电报合同》，光绪二十二年六月初一日，王铁崖编：《中外旧约章汇编》第 1 册，第 654 页。
② 《电报合同》，光绪二十三四月十二日，王铁崖编：《中外旧约章汇编》第 1 册，第 698 页。
③ 《续订电报合同》，光绪二十三四月十二日，王铁崖编：《中外旧约章汇编》第 1 册，第 702 页。

日本割占台湾，影响了此时的电信类"准条约"。1898 年 12 月 7 日，盛宣怀代表清政府与日本驻上海领事小田切订立《订购淡水海线合同》，"由大清国总理衙门与大日本国驻京大臣，彼此照会施行"。显然，该合同已经突破了"准条约"的范围，属于中日两国间的条约。通过该条约，日本取得淡水海线的所有权及经营权，"所有台湾淡水口至福建省川石山头海中电线一条，自立此约之后，即归日本政府作为自主之业"，中国电报局获得价格是英洋 10 万元，于订约后 1 个月内，由日本驻沪领事交付中国电报总局。淡水线归日本以后，川石山及南台的电信报价，照中国电报总局与英国大东公司所订合同规定收取①。

为了应对甲午战后新的电信交涉局面，主要是来自日本电信的竞争，大东、大北公司与中国电报局于 1899 年 1 月 29 日订立《续议电报条款》，强调 10 年之内，不准他人在中国沿海一带，或洲岛各处，安设电报水线；亦不准将水线与中国电线相接，或传递电报。该"准条约"特别强调，"而福州、台湾水线既归日本，自不应阻其台湾与各处来往电报；此外所有电报，非经中国电报局与大东、大北两水线公司允准，该水线不得传递"②。同年 3 月 6 日，大北公司与中国电报局督办盛宣怀订立《电报合同续约》，为保护大北水线利益，要求 10 年之内，不准在中国沿海安设水线，或另设法传递电报。日本所有的台湾、福州水线只准传递台湾来往各处电报。③

20 世纪之交的这几个电信类"准条约"，完全系中国战败而引起的后续反应，是各国在华争夺经济利益的一个方面。中国电报局不但面临来自日本海线的争夺，在其传统电报区域，亦面临着德国方面的竞争。

1897 年，德国占领胶州湾后，安设青岛至烟台水线；1900 年，德国在北京至大沽间设立行军电线、电话，私自将烟台海线设至上海。上述线路均收发商电。中国电报局经外务部向德国发出照会，抗议收发商电。经

---

① 《订购淡水海线合同》，光绪二十四年十月二十四日，王铁崖编：《中外旧约章汇编》第 1 册，第 846—847 页。

② 《续议电报条款》，光绪二十四年十二月十八日，王铁崖编：《中外旧约章汇编》第 1 册，第 848—849 页。

③ 《电报合同续约》，光绪二十五年正月二十五日，王铁崖编：《中外旧约章汇编》第 1 册，第 861 页。

中国照会抗议后，1904 年 10 月 6 日，德国公使穆默表示"本大臣已嘱驻津德国提督，将行军电务，照贵国电政大臣之意办理"，"自今以后，德国行军电线不过收发德国官报，严禁违章"①。德国的实际行动并未按照会中的规定进行。1905 年 6 月 17 日，中国电报局黄开文与德国参赞拉德威商讨相关电信事宜。德国公使表示，德国不但行军电线已经停发商报，即使山东铁路电报亦不侵占中国电局权利，鉴于上述状况希望"准照东北水线公司借线之例，由德国自行与东北公司商订，将烟台至大沽水线，每日借用若干时刻，一俟德荷水线抵沪，德国官报即可自行传递，俾与英国一律"。中国一一据以驳复，拒绝德国借用水线的要求②。中德电信交涉日趋紧张，为了协调双方态度，1907 年 5 月 31 日，中德双方订立《会定电报事宜合同》，以国家间正式条约的方式结束了两国之间关于电信问题的争论。此合同明确载明，"彼此皆奉本国政府委派"，表明了条约缔结双方的国家身份。合同承认德国所有之吴淞、青岛、烟台水线，但仅限于上述三地，"若非先由中国电局允许，德国电局不再将水线扩充，亦不建造陆线或无线电报"。此合同为了强调上述权限的适用范围，专门解释了当时已经存在的政府、电局、公司之间电信所有权的关系。对于辨别电信类"准条约"而言，此合同的第一款颇有启发意义。合同原文规定："总之，凡以上情事，德国电局较之别政府（指他国政府所设之电线）、别电局（指他国官商合办之电局）、别公司（指他国商家所设之电线公司）所享之利益，无论为事实（指中国允许他国电报已经施行之利益），为定例（指中国电局定章所给应得之利益）皆不能减少。"③

该合同对政府、电局、公司所做的区别，显然并非中国电报局单方面的解释，而是获得了德国方面的认可。在一定程度上，这也代表了当时社会各界对电信经营机构的划分。在中国境内，不但存在着政府经营的电线，也存在着官商合办和商办电线。这三种经营形式，在客观上意味着条约、"准条

---

① 《收德使穆德照会》光绪三十年八月二十七日，台北"中研院"近代史研究所编印：《海防档·丁·电线》，1957 年，第 2505 页。
② 交通铁道部交通史编纂委员会编纂印刷：《交通史·电政编》第 3 册，第 90 页。
③ 《会定电报事宜合同》，光绪三十三年四月二十日，王铁崖：《中外旧约章汇编》第 2 册，第 398 页。

约"以及非条约的存在。

邮传部成立前后，中国电报局与山东德国铁路公司订立《山东路电交接办法合同》，以"准条约"的形式将两国间电信条约规定的事项加以具体实施。这也是晚清时期，中德之间为数不多的电信"准条约"之一①。整个晚清最后十年，电信类"准条约"的数量屈指可数，但这并不意味着此时中外电信交涉活动的停止。除上述德国、大东、大北公司与中国电报局的交涉外，还有中日、中俄之间在中国东北地区的电信交涉。

中俄之间的电信交涉，主要是具体的电报事务，交涉主体是中俄两国政府。1902 年 11 月 27 日，中俄订立《续订接线展限合同》，将 1892、1896 及 1897 年的中俄电信条约延长至 1925 年 12 月 31 日。如果中国电报局与大北公司的合同延长至 1930 年 12 月 31 日，则中俄之间亦展限至 1930 年 12 月 31 日②。邮传部成立后，中俄之间的电信交涉主要是北满军线、京恰线及傅家店电报房等问题。上述交涉主要是以外务部为主体进行，邮传部提供具体的业务建议③。

除政府层面的交涉之外，亦有与俄国公司的交涉。该种性质的交涉，形成了中俄之间的电信类"准条约"。1907 年 10 月 7 日，中国电报局与俄国东清铁路局订立的《东清铁路电报合同》即为其中之一。铁路电信类"准条约"的出现，是在铁路主权丢失的背景下发生的。与传统意义上的电报局不同，铁路电报的经营者是铁路局。对于近代中国的电信类条约而言，这种附属于铁路的电信线路的出现，亦属一个新的特色。在晚清最后十年，铁路电线随着各国对中国路权的侵夺逐步发展，成为一个普遍现象。

中日之间此时的电信交涉，不仅限于烟台水线，还有东三省陆线，这其中包括日本擅自在华设立的军用电线问题。1906 年 2 月 20 日，中国电报局代表黄开文与日本军方订立《暂立奉新电线借用合同》，清政府"借用"日本政府所立奉天至新民府电线，"所借之电线由日本政府通信所至清国电报局，其接

---

① 《山东路电交接办法合同》，光绪三十三年九月二十六日，王铁崖编：《中外旧约章汇编》第 2 册，第 438—441 页。

② 《续订接线展限合同》，光绪二十八年十月二十八日，王铁崖编：《中外旧约章汇编》第 2 册，第 145 页。

③ 邮传部成立后的中俄电信交涉，详见苏全有：《清末邮传部研究》，第 334—337 页。

线工程以及保线皆归清国政府担任"①。邮传部于 1907 年咨文外务部，要求外务部照会日本公使，要其撤去日本设立的军用电信线路。邮传部还努力整顿东三省官电局，与日本电信线路争夺利权②。1908 年 10 月 12 日，邮传部电政局代表清政府与日本订立《中日电约》，以国家间条约的形式将纷争多年的两国电信问题予以解决。电约开头载明："本约签押之员系奉中日两国政府委派，将关东省至烟台水线及日本在满洲陆线事宜彼此通融和平议商。"③

此时中美之间的电信交涉也形成了"准条约"文件。1906 年 8 月，中国电报局收回美国太平洋商务水线公司的岸上陆线部分，"准将自上海附近公司之水线登岸处至上海租界中报房其间所接之线移让交割，永远归入电局及其接办者名下"④。

电信类"准条约"的数量在邮传部成立后，并未大量出现。在订立趋势上，正如同铁路类、矿务类"准条约"，渐显弱化。晚清最后十年间的中外电信交涉，是伴随着中国电信管理部门的专门化而进行的，在邮传部接管电政之前，随着电信国有呼声的高涨，中国电报局所具有的政策制定和业务经营于一体的身份遇到挑战，官督商办的形式下，使得电信业之外的人士对电信以国家垄断而利商人的怀疑日渐增多。

盛宣怀作为电局的实际主持人，对甲午之后兴起的电局收归国有呼声屡有异议，并着力强调电局在保护中国国家利权方面的功能，谓："船、电两局华商合众与洋商争利之创举……聚亿万人之商力，可以兴天地自然之利，可以夺中外互市之利，可以养民生，可以培元气，故觇国势者，以商务之盛衰定邦家之强弱。"但电报局收归国有的趋势已经非盛宣怀个人之力所能阻挡。1907 年 4 月，邮传部奏派杨文骏前往上海接收电报总局，改电报总局为电政局，设于上海。电政局成为邮传部下辖部门之一⑤。在电信国有的过程

---

① 《暂立奉新电线借用合同》，光绪三十二年一月十九日，王铁崖编：《中外旧约章汇编》第 2 册，第 344 页。
② 中日之间的电信交涉，详见苏全有：《清末邮传部研究》，第 337—340 页。
③ 《中日电约》，光绪三十四年九月十八日，王铁崖编：《中外旧约章汇编》第 2 册，第 549 页。
④ 《交还淞沪岸线凭照》，光绪三十二年七月初四日，王铁崖编：《中外旧约章汇编》第 2 册，第 351 页。
⑤ 参见韩晶：《晚清中国电报局研究》，上海师范大学博士学位论文，2010 年，第 151—152 页。

中，随着各政府部门之间职能的专门化，事关对外交涉的事项并非电报局或邮传部所能独立解决。此时东三省所发生的中日、中俄之间的电信交涉均属国家交涉，具体交涉事项是由外务部执行的。

第四节　财政与军事类"准条约"的出现

清末十年间，清政府推行新政，财政危机进一步加重。在穷途末路之时，为改革币制、发展东三省实业及海军，清政府考虑吸纳外资，推动相关事业发展。与此同时，列强对华资本输出进一步扩展。财政和军事是主权国家最重要的领域，以美国为首的列强为更好影响和掌控这两个重要领域，围绕中国的相关借款展开了十分激烈的争夺，进而推动了财政和军事类"准条约"的产生和发展。清末出现的财政与军事类"准条约"数量非常有限，这些"准条约"和相关合作伴随清廷统治瓦解最终被搁浅，但也为之后中外"准条约"的发展奠定了一定基础。

一、　币制实业类借款合同

币制实业类借款合同是清末财政类"准条约"的主要方面。它经历了1910 年的《美国借款草合同》和 1911 年的《币制实业借款合同》两个阶段。其中涵盖了东三省实业发展计划和清末币制改革两项事业，背后交织着帝国主义列强在华争夺、斗争、妥协与结盟的国际背景。

日俄战后，为抵制日俄勾结在东北开展独占性扩张，清政府试图引进和依靠英美等其他外国势力以平衡。东三省实业发展计划便是这一均势政策的产物。1907 年，由时任奉天巡抚的唐绍仪与美国驻奉天总领事司戴德拟定了一个借助美国资本（拟借 2000 万美元），设立东三省银行，以在当地从事稳定币制、兴办实业的计划。1908 年清政府派唐绍仪为专使赴美，争取美国资本支持，并进一步试探中、美、德三国联盟问题，但 11 月 30 日日美《罗脱—高平协定》的缔结，使得唐绍仪的使命落空。不过，之后中国借助美国资本抵制日俄在东北势力的计划并没有停止。1909 年塔夫脱出任美国总统，在对华问题上开始积极推行金元外交，不仅将美国资本势力的活动纳入政府在华扩张计划，并且还为美国资本的利益积极进行干预和争夺。在这一政策下，美国强行加入湖广铁路借款。在中国东北先是推行锦瑷铁路计划，继而提出"满洲铁路中立化案"（通称"诺克斯计划"），但皆因日俄的抵制而被化解①。不仅如此，美国的推进还促成 1910 年 7 月第二次日俄协约的达成。该协约具有军事同盟性质，日俄两国借此维持分据东北南北"现状"，坚决抵制其他列强在东北插足。因此，美国与日俄在东北的矛盾进一步激化，清政府的危机感更为加深。8 月 16 日，东三省总督锡良上奏指出："东省大局，久成日、俄分据之势"，"近自两国协约成立，而大局益岌岌可危"。针对东三省危局，锡良进而提出由中国政府担保，让东北地方商借外债 2000 万两，发展东三省实业，其中以 1000 万两设立东三省实业银行，500 万两用作移民兴垦，500 万两用于开矿筑路②。度支部、外务部遵旨议奏，表示赞同该督计划，认为："时艰日迫，经营实业自不能再事迁延，固圉必先实边，既庶方可致富。以东省地大物博，倘经理得法，富强可待，何止图存……外资过巨，虽非良图，然用之生利之途，非藉为消耗之用，既为各国所习见，亦符均势之本谋。"③ 美国驻华公使嘉乐恒（W. J. Caihoan）听闻东三省总督拟借某国款项办理实业，9 月 3 日特致函清外务部表示关切，并在函文中强调：1908 年曾有发展实业要向美国借款一节，而昨日锡良与美国使馆参赞议商时提到借款必向美国商办，等等④。

在这种形势下，中国与美国的币制借款交涉也在进行，而且两种借款最终走向合并。币制财政是半个世纪以来尚未被列强操控的重要领域，清末改革币制的一个重要目的是加强中央集权，缓解财政危机。美国提供币制借款

① 详见崔丕：《近代东北亚国际关系史研究》，第 268—281 页。
② 《东督锡良奏东省大局益危密陈管见折》，宣统二年七月十二日，王彦威、王亮辑编，李育民等点校整理：《清季外交史料》第 8 册，第 4355—4356 页。
③ 《度支部外务部奏遵旨妥筹东三省请借外债二千万两兴办实业拟请照准折》，宣统二年八月初二日，王彦威、王亮辑编，李育民等点校整理：《清季外交史料》第 8 册，第 4369 页。
④ 《美使嘉致外部闻东督拟借某国款项办理殖业希见复函》，宣统二年七月三十日，王彦威、王亮辑编，李育民等点校整理：《清季外交史料》第 8 册，第 4368 页。

的一个重要目标就是要乘机在其中安插美籍财政顾问，以期在该领域取得优先地位。早在 1903 年修订《通商行船条约》时，美国便要求中国统一货币。据美国总统 1910 年致国会的年度咨文指出，1903 年中美《通商行船条约》签订后，翌年美国便曾派员到中国协助商议币制统一的方法，1908 年中国也曾派专员赴美寻求贷款以建立新的货币体系①。1910 年 5 月，清政府颁布了《币制条例》，开始计划按照新修订的《通商行船条约》的要求在全国统一币制。美国得知这一消息后，积极与中国联系，双方很快就币制借款进行了秘密接触。9 月 22 日清政府向美国正式提出借款 5000 万两作为币制改革之用，并很快得到美国银行团同意。同时，为避免东三省借款引来日、俄列强干涉，清政府提出增加借款额，将东三省借款并入币制借款之中。作为附加条件，清政府还在只向美国借款、"十足"担保、指派一美国人担任财政顾问协助改革等方面提出保证②。美国早就觊觎东北借款，自然爽快答应。为避免日俄等第三国干涉，两国决定先迅速草签合同，具体细节留待以后商定。

1910 年 10 月 27 日，中美币制实业借款草合同（即《美国借款草合同》）在北京正式签订。该草合同一方为由度支部代表的清政府，另一方为由纽约的摩根公司、昆勒贝公司、第一国立银行、国立城市银行四家联合成的美国资本家。合同内容共六款，规定：借款额 5000 万美元，方式由清政府出金债票，美国资本家代卖；年利息 5 厘，九五折，且须存在美国资本家或其许可之代理银行，听候清政府按照借款办事所需随时提用③。关于存款提款章程、借款期限、本利分年归还以及抵押、债票起息停息日期等各项，都留待之后的详细合同商订。这一草合同的达成是清政府的均势政策与美国金元外交相结合的产物，它对美国推进在华侵略意义重大。据德国驻美大使称，美国总统塔夫脱"他很热心地促成中国借款，因为他希望能通过借款在

---

① "Message of the President, Annual," December 6, 1910, U. S. Department of State, *Papers Relating to the Foreign Relations of the United States with the Annual Message of the President Transmitted to Congress December 6, 1910*, Government Printing Office, 1917, p. XII.

② 详见马陵合：《从"联美"到均势外交——清季币制借款的外交功能及其缺失》，《安徽师范大学学报》2009 年第 1 期；夏良才：《清末币制实业借款的几个问题》，《学术月刊》1986 年第 2 期。

③ 《美国借款草合同》，宣统二年九月二十五日，王铁崖编：《中外旧约章汇编》第 2 册，第 694—695 页。

中国夺取一个坚固的立足点并在该处可以维持'门户开放'"①。借款草合同的达成，意味着美国之前在东三省的门户开放政策在有力推进。就币制贷款而言，美国借此获得了操控中国财政优先地位的初步保证。美国总统在1910年致国会的年度咨文中就安插美籍顾问一层作了特别强调，谓："为了这次贷款的成功，以及对美国和整个文明世界的商业利益至关重要的拟议改革，显然需要一位专家。本届政府已从中国得到保证，将聘请一位这样的顾问，而此人将是一位美国人。"②

中美币制实业借款草合同签订后，美国就借款之事对外发布了一个模糊的照会，内称："该借款的大部分将由中国用于符合它对美、英、日等国条约上内政改革的义务"，并表示"欢迎有关列强的诚意支持以保证这改革的切实执行"③。这在国际社会引来强烈反应，并使得后续详细合同的商订演变成多国参与的国际化借款交涉。一方面，日俄两国深受刺激，认为这个借款计划是"诺克斯原计划的复活"，严重危害到它们在中国东北的利益。为此两国联合起来，推出了争夺借款监督权、军事恫吓、筹组新银行团等系列反制措施④。另一方面，美国垄断该借款也引起了英、法、德三国的不满。当时，英、法、德、美为维持和协调在华利益，刚形成四国银行团组织来联合对华进行贷款活动。因此，其他三国银行家也在各自政府的支持下提出联合借款的要求⑤。当时，美国同意其他三国参加此项借款。因为中国内部的相关改革也需要列强一起行动，美国自身可供借款资金并不宽裕，更不愿意放弃四国银行团刚刚确立的对华借款国际化的原则。但是，美国政府不愿放弃借款的主导权，并坚持由美国政府代为从中与清政府斡旋。清政府最初担心

① 《驻华盛顿大使本斯托夫伯爵上帝国首相柏特曼何尔味公文》，1910年11月5日，孙瑞芹译：《德国外交文件有关中国交涉史料选译》第3卷，第174页。
② "Message of the President, Annual," December 6, 1910, U. S. Department of State, *Papers Relating to the Foreign Relations of the United States with the Annual Message of the President Transmitted to Congress December 6, 1910*, p. XII.
③ 《美国大使馆于1910年11月8日递交外交部节略》，孙瑞芹译：《德国外交文件有关中国交涉史料选译》第3卷，第172页。
④ 详见夏良才：《清末币制实业借款的几个问题》，《学术月刊》1986年第2期。
⑤ 《驻华盛顿大使本斯托夫伯爵致外部电》，1910年11月27日收，孙瑞芹译：《德国外交文件有关中国交涉史料选译》第3卷，第176—177页。

列强"协以谋我",因此只愿同美国资本家单独签订正式合同,反对英、法、德参与其事。美国利用俄日对东北的威胁向清政府施加压力,清政府转而担心东北形势恶化进一步失去借款机会,只得同意由四国银行团承办币制实业借款①。之后,美国继续坚持让清政府履行聘请美国顾问的诺言,并鉴于中国政府的态度,还建议联合其他三国,以不借给清政府任何款项相威胁,要求清政府在合同中就借款用途的监督作出让他们满意的规定②。同时,法、英、德三国对只聘请美国顾问也存在不满,而日俄也在积极联合法英组成另一个银行团来抵制借款,美国不愿重蹈之前在东北推行金元外交的覆辙,只得同意任命一名第三国公民作为中国财政顾问③。这样,在与清政府交涉之外,各相关政府之间也进行了系列交涉沟通,并达成对清一致意见。3月18日,四国银行团代表在布鲁塞尔召开会议,在确定其他条件的同时,还特别强调在合同中包括这一条,即:"中国政府所提出的借款用途计划必须由四国银行团一致通过。包括在中国计划内的币制改革建议,必须规定派一位财政顾问并同时指定其权利与义务。"④可见,通过借款,进而集体监管中国财政及其他相关事业是各国政策的重点。这也意味着清政府担心的列强"协以谋我"并非空穴来风。

1911年4月15日,度支部代表清政府与四国银行团正式签订《币制实业借款合同》。合同共计21款,规定借款总额为1000万英镑,5厘息,九五折,限期45年⑤。虽然该合同的执行最终伴随清朝的覆亡而搁浅,但依据合同内容,列强在控制中国财政及相关实业上迈出了一大步。

首先,在这一正式合同中,借款者已由草合同的美国资本家一方,发展为美国资本家、英国汇丰银行、德国德华银行、法国东方汇理银行组成的四

① 详见马陵合:《从"联美"到均势外交——清季币制借款的外交功能及其缺失》,《安徽师范大学学报》2009年第1期。
② 《柏林英国大使馆递交外部备忘录》,1911年2月13日,孙瑞芹译:《德国外交文件有关中国交涉史料选译》第3卷,第178页。
③ 《驻华盛顿大使本斯托夫伯爵致外部电》,1911年2月26日收,孙瑞芹译:《德国外交文件有关中国交涉史料选译》第3卷,第179—180页。
④ 《外交大臣基德伦致驻华盛顿大使本斯托夫伯爵》,1911年3月23日,孙瑞芹译:《德国外交文件有关中国交涉史料选译》第3卷,第182页。
⑤ 《币制实业借款合同》,宣统三年三月十七日,王铁崖编:《中外旧约章汇编》第2册,第703—710页。

国银行团。这一国际金融集团于 1910 年 5 月组成，专门垄断对华借款，是对中国进行政治经济侵略的联合组织。"四国银行团的出现，表明国际金融资本为宰割中国的利权，由激烈争夺走向妥协和结为同盟，从而形成了帝国主义侵略中国的一种新形式，体现了帝国主义发展成熟时期的国际政治的一个新特点。"① 因此，这一形式的变化，足以说明中国的币制财政和东三省的实业发展已处于国际金融集团及其背后的列强集体宰割之下。

另外，就合同的具体内容来看，也从多方面强化了列强对中国财政和实业的控制。此次合同规定借款时间长，利息和折扣都比较重，而且抵押指向的是一批之前并无牵连于其他借款征纳、抵押情形的东三省烟酒税、出产税、销场税以及各省盐斤新加价收入。而合同第十六条规定清政府保证给予银行团今后在财政、实业两项事务上的借款优先权。这就为国际银行团以后继续控制中国财政和实业作了铺垫。更值得一提的是，在银行团与清政府度支部交涉期间，银行团代表就曾明确提出："此项借款不以合同为根本，而以币制章程及用款各单为根本。"② 合同围绕这一根本，对银行团审议、查帐作出了系列规定，列强要求的集体监督权在很大程度得到了保证③。例如，合同第八款第一条规定，在合同签字之日，清政府度支部应将以下各项交与银行团，包括币制改革章程、"载明办理币制各项所用此次借款数目"的币制用款单以及"载明拟办何种实业，并载明由此次借款拨与东三省该项用款数目"的东三省用款单；第二条规定，"一经银行等知会度支部以该章程与两用款单为发售此项债票之基础后，务必从速将此项款发行"。按此规定，银行团仍可审议清政府的币制改革计划、币制用款单以及东三省用款单，如审议不合，则有理由不发款。这就意味着币制改革计划要得到银行团同意，清政府要按照银行团意见列出开支单目和数据，币制改革和东三省实业发展之权实为其操控。另有第九款第五条规定，以后用款须 3 天前向银行提交由

---

① 详见崔丕：《近代东北亚国际关系史研究》，第 268—281 页。

② 《度支部借款正合同会议问答》，宣统三年三月初三日，第一历史档案馆度支档 0171 号，转引自夏良才：《清末币制实业借款的几个问题》，《学术月刊》1986 年第 2 期。

③ 一些研究者亦认为，银行团原拟通过签订正合同勒索更多权益，但由于清方代表的驳议，有些要求并没有被列入合同内，如查账制度、顾问官问题等。因此仅仅看借款合同条款，很难说四国银行团究竟已攫取了多少监督权。详见夏良才：《清末币制实业借款的几个问题》，《学术月刊》1986 年第 2 期。

度支部签字的拨款凭单，且凭单"须在前第八款第一节所载之整顿币制及东三省两用款单内列定"，由银行验明凭单无错后才发款。第十一款规定，每一季度后 30 日内将向银行团报送每季办理币制章程内所列各事与东三省兴办扩充各事业支用各款之中、英文报告，且报告所列内容应在币制与东三省两用款单内列定，度支部另外还要将其向资政院或议院递送的年度报告送与银行团一本。这样，即便不设顾问官，四国银行团也可以审查清政府各项支出款项是否实在，仍可以查账为名，干预中国财政和东三省实业发展，而这些正是订立合同前清政府试图争持的重点①。

　　该借款合同犹如助燃剂，不仅进一步激化了中国社会的矛盾，还助长了列强在中国的追逐和争夺，因此合同的执行从一开始就成了难题。就借款款额而言，除度支部在当年 5 月申请借支 40 万镑以偿还救灾债务以及兴办实业外②，其他借款基本没有启动。银行团却凭借合同，开始陆续干预中国币制改革问题。当年 8 月间，四国银行团代表与大清银行代表就中国币制改良在伦敦召开秘密会议③。到 9 月中旬，银行团代表"已将改革币制及行用之策大致议定，但此项债票尚未发行招募"④。这时的清政府已进入穷途末路，尤其是清末最后两年，清政府与四国银行团签订币制实业、粤汉川汉铁路等方面的"准条约"，在国内引发对其统治合法性的批判，进一步加剧了国内矛盾⑤。在这种情况下，清政府也不敢在借款上轻举妄动，对振兴实业和整理财政更无切实可行办法，银行团更加拒绝支付贷款。这样，清政府既没有得到维系统治必须的财政支持，反倒还要因此受限于列强对华联合财政控制体制。就东三省实业贷款这部分而言，中国更没有实现均势外交，真正从列强处得到支持以抵制日俄在东北的势力扩张。美国主导此次借款，原本想继"满洲铁路中立化"计划受挫后，借助国际联合力量，对日俄展开一次新反

<hr>

① 订约前度支部与美国财团代表司戴德关于监督权的争执，详见夏良才：《清末币制实业借款的几个问题》，《学术月刊》1986 年第 2 期。

② 按照合同规定，银行团同意可以分别预先垫给清政府 100 万镑用作整顿币制和兴办东三省实业。

③ 《中国币制问题在伦敦密议》，《时事新报（上海）》1911 年 8 月 24 日。

④ 《债权国会议币制》，《新闻报》1911 年 9 月 26 日。

⑤ 《论政府违法借债之罪》，《梁启超全集》，北京出版社，1999 年，第 2363—2364 页。

击和"大赌博"①，但事实上也没有带来十分理想的效果。合同签订后，俄日先是抗议合同第十六条严重侵害他们在东北的利益，接着要求加入币制实业及其后续借款，并且还要加入四国银行团，参加一切将来的借款。美德一方开始尽力抵制，德国外交部就此通知英国驻柏林代办时曾指出："在正常时候借款是属于经济问题的事务，在借款时必须首先让银行自己协议分配的数额。如果在这方面过分监督银行，在我们看似乎不是合适的。"②此番推脱之辞虽然在理，但事实上，此次借款早就超越了纯粹的经济事务，列强争夺对华借款其实是要在政治上贯彻自己的侵华政策。最后，经过一番角逐，1911年9月28日，银行团举行会议，对日俄作出重大让步，即：声明不利用合同第十六条将活动扩大到东北，不妨碍俄日两国在该地的贷款；不反对俄日与中国交涉取消合同第十六条规定；愿意接受俄日参加银行团；推迟币制实业借款发行债券的时间③。但是，日、俄两国仍认为银行团的声明不能减轻他们对第十六款的疑虑，因此仍坚持要求取消或修改该款。其他四国只得一致同意按照英国提议作出调整，即由"中国政府立刻起草一个拟在满洲兴办企业的详细计划。这个计划必须列出每一个用借款举办的企业及应花在它身上的数目。这样，银行团将来用增加款项来扩充已成企业的优先权将受到限制"④。辛亥革命爆发后，银行团暂时停止采取下一步的动作，清末币制实业借款就此搁浅。民国成立之初，日俄正式加入银行团。但两国仍坚持保留东三省的单独借款权，还联合英法力量，与美国对抗。1913年年3月，美国只得正式宣布退出银行团。4月，五国银行团与袁世凯政府签订《善后借款合同》，之后币制实业借款屡被提出，但均未落到实处。

---

① Charles Vevier, *The United States and China*, *1906—1913*: *A Study of Finance and Diplomacy*, Rutgers University Press, 1955, p. 184.

② 《俄日德国外交部参事蒙格拉斯伯爵的记录》，1912年3月1日，孙瑞芹译：《德国外交文件有关中国交涉史料选译》第3卷，第280页。

③ 苏联外交部：《帝国主义时代的国际关系》第2编第18卷，第765、486号，转引自转引自夏良才：《清末币制实业借款的几个问题》，《学术月刊》1986年第2期。

④ 《驻伦敦大使梅特涅伯爵上帝国首相柏特曼何尔味公文》，1911年10月24日；《代理外交大臣齐谋门致驻伦敦大使梅特涅伯爵》，1911年10月31日，孙瑞芹译：《德国外交文件有关中国交涉史料选译》第3卷，第200—201页。

二、 军需类合同

订购军需的合同出现，亦是清末军事类"准条约"新发展的重要表现。在这当中，海军建设军需类"准条约"尤为引人关注。在清末中美海军合作计划的推动下，中美军事类"准条约"也得以产生，从而进一步扩展了晚清中国"准条约"的范围。

中美军事类"准条约"的产生与清末中国重建海军的计划密切相关，同时它也是美国金元外交向中国海军建设扩展的必然结果。甲午战后，清政府便决定重建海军，并向英德等国购买了一些军舰。义和团运动运动和八国联军侵华战争爆发后，清政府重建海军的活动顿踬多年。1909 年 7 月 15 日，清政府设筹办海军事务处，并着派郡王衔贝勒载洵、提督萨镇冰充筹办海军大臣①。1910 年 12 月，清政府改海军事务处为海军部，海军建设问题重新被提上了议程。筹办海军事务处提出了以购买先进军舰为主要目标，并兼及建设海军基地和发展海军教育的计划。1909—1910 年间，载洵、萨镇冰乘轮船前往欧美考察海军，并在意大利、奥匈帝国、德国、英国、美国、日本订造一些军舰。同时，1910 年 7 月第二次日俄协商成立，瓜分中国的流言甚嚣尘上。清政府遂一方面与美国积极联络，提出币制实业借款问题，并在 10 月 27 日达成借款草合同；另一方面，重拾 1908 年中、美、德联盟之议，并派外务部尚书梁敦彦秘密前往美国和德国，讨论中、美、德同盟的建立，并希望在这两国的帮助下建设强大军队，以保全领土完整。

德皇威廉二世对远东地区垂涎不已，为了在英日同盟、俄日协约分霸中国的境地里火中取栗，主动向清政府靠拢，并意图发展出中、美、德三国同盟。早在当年五六月间贝勒载涛率领军事考察团访德时，德国便表示了支持中国独立，并像美国一样愿协助中国经济开发的态度。前驻德公使、现任陆军大臣荫昌在接洽梁敦彦访德之行时，先通过德国驻京公使传达了希望德国支持中国发展陆军的意思。对于支持中国的事，德国首相柏特曼何尔味略有担忧，他在上奏时表示："德国任何加强中国的举动，日人均极不欢迎，因

① 《醇亲王载沣日记》，宣统元年五月二十八日，群众出版社，2014 年，第 331 页。

此使我们在无意之中处于反对日本的地位。"德皇威廉二世对俄、日在华行动颇有不满，并在批文中表示："至于日人或其他人是否对此事不快，是无所谓的……英国没有带着我们和俄国瓜分了波斯；俄国与日本没问我们的事瓜分了中国……因此，现在也要反过来……我们必须绝对地用一切方法——连金融的在内——支援这两国（中国与土耳其）以反对英国对它们的财政包围政策。"他支持中国在危险局面下亟须采取断然的措施，并认同柏特曼何尔味提出的在发展陆军方面对中国予以支持的意见，还建议与荫昌保持私人接触，以更好地贯彻德国的意图①。梁敦彦抵达德国后，首先请德国发表一个宣言照会，表示德国欲为维持中国独立，特别是关于满洲的独立与完整而斡旋。德国在赞成的同时，还建议发动美国一起来发表这样的宣言照会，并愿意促成其同意中国的计划。梁接着又提出请德国协助改组中国陆军的愿望，德国正中下怀，便十分愉快地答应下来②。

接着，梁敦彦赴美展开秘密交涉，并于 1910 年 12 月抵达华盛顿。但是，美国没有同意发表宣言照会，因为其"满洲铁路中立化"计划失败及当时它所主导的币制实业借款正遭遇国际舆论压力，故"对中国变成极为小心"③。不过，美国仍有意拉拢中国对抗英日，而之前载洵领导的海军考察团在赴欧洲考察期间在沿途，尤其是在英国订造军舰的情况，使美国感受到了威胁，国内的一些造船公司为抢得订单，也一再呼吁美国政府给予相应支持。这些公司还提醒美国政府警惕英国在中国海军重建上逐渐加大影响的发展趋势，因为该国不仅通过造船企业获得清政府的巡洋舰订单，而且由此获得提供船上英式军械和弹药的机会，进而参与培育中国海军官兵，而一旦大批官兵由英式训练舰上培育而出，将来必然会将购造装备的重点放在英国。照此下去，美国可能会失去中国这一大的海军军需市场和对中国海军的影响力。这是美国极不愿看到的。于是，在美国政府的极力要求下，载洵在 1910

① 《帝国首相柏特曼何尔味奏威廉二世公文》，1919 年 9 月 28 日，孙瑞芹译：《德国外交文件有关中国交涉史料选译》第 3 卷，第 163—165 页。

② 《帝国首相柏特曼何尔味上威廉二世公文》，1910 年 10 月 21 日，孙瑞芹译：《德国外交文件有关中国交涉史料选译》第 3 卷，第 165—167 页。

③ 《驻华盛顿大使本斯托夫伯爵致外部电》，1911 年 3 月 11 日到，孙瑞芹译：《德国外交文件有关中国交涉史料选译》第 3 卷，第 170 页。

年 9 月出访美国，并在美国订造了"飞鸿"号练习巡洋舰。但是，考虑到已购军舰装备的一致性，清政府坚持要求安装英式武器。这意味着美国仍然没有打破英国在这方面的既得优势①。而以贝里咸钢铁公司（Bethlehem Steel Corporation，又译作伯利恒钢铁公司）为代表的美国公司进一步向其政府施压，要求政府积极出面支持美商争夺清政府的订单。1911 年 2 月 3 日，国务卿诺克斯（Philander C. Knox）致函海军部，转达贝里咸钢铁公司的要求，希望海军部提供帮助，并将这方面的合作明确上升到美国国家利益的战略地位。该函文提出："国务院希望以合法的形式为美国公司的利益提供援助，并且鉴于美国造船业者在获得战船及设备订单中遇到激烈的竞争，美国的利益将由一些完全适合于这项工作的专家来代表，这是十分重要的。"② 于是，美国为争夺海军军需市场以及未来对中国海军的影响力，在私下里与清政府展开沟通。载洵访美之后，清政府相关人士对与美国展开海军建设合作抱持积极态度。1911 年 3 月间，梁敦彦密电奏称："美总统言中国究以自强为要，若办海军，美愿代造船只、拨将训练。"清军机处同外务部、度支部、海军部妥慎商议，决定"造船款项以二千五百万两为限，分年筹还，不用抵押，炮厂、船厂拟在中国建筑，炮式由我定，倘必用美炮，则须用美国海军式，以免他国口实"，并密电梁敦彦与美国政府相商，而美国国务院对此"并无难色"并称"当可办到"。同年 9 月间，得到美国政府正式授权的贝里咸钢铁公司公司总裁施华伯特正式来华交涉承办事宜，他还随身携带了政府批文，"准用美国海军船舰、炮械、弹药图式及专制权，并美国海军特别秘要事件"③。

1911 年 10 月 21 日，清政府与贝里咸钢铁公司在北京正式订立《某种海军建筑合同》（又称《伯利恒合同》）。合同正文共九款。在前言部分，明确规定清政府拟用库平银 2500 万两，以应海军之需，用以改良枪炮弹药、船坞、制造局等，并计划另设新厂制造海军船舰和大炮等。其中以 200 万两改

① 相关交涉，详见崔志海：《海军大臣载洵访美与中美海军合作计划》，《近代史研究》2006 年第 3 期。

② "Knox to the Secretary of Navy," February 3，1911，*Records of the Department of State Relating to Internal Affairs of China*，*1910—1929*，Microfilm，Roll No. 122，转引自崔志海：《海军大臣载洵访美与中美海军合作计划》，《近代史研究》2006 年第 3 期。

③ 《与美国贝里咸钢铁公司拟订合同》，宣统三年八月三十日，台北"中研院"近代史研究所档案馆藏总理各国事务衙门档案，馆藏号：01—07—001—13—001。

良现有枪炮弹药，或在中国境内另行设立新厂制造枪炮弹药；另 200 万两改良现有船坞、制造局，或在中国境内另行设立新坞、制造局。所余之数，用以制造中国船厂所不能造之海军船舰及大炮，其船舰款式和度量由清政府拟定。正文第一、二款规定以上各项厂坞局所工程、海军船舰等由贝里咸公司代为建造、办理。

第三、四款是关于价值和款项贷偿方面的规定。明确照美国政府发给同式或相似船舰工程之价值划一估算；各项制造及工程所有应需款项，由公司代清政府支给，公司收清政府债票付价。所发债票不用抵押，每年行息 5 厘，折扣为九七点五折。从中能看出美方不惜以出让利益为代价来推动合作的急切意图。

第五、六款是关于技术援助和人才教育方面的内容。合同规定公司允代中国政府求得美国政府特许权，照用美国船舰、炮械、弹药图式专制权"及美国海军之特别秘要事件"，嗣后美国海军船舰、弹药等更新改良，中国政府也得照样改良。公司并允请美国政府准许中国海军军官及学生，在美国兵舰或中国兵舰用美国海军官教练，并允入美国各种海军学堂肄业，且与美国军官及学生同班教授，受划一待遇和教育。规定中国海军部如需专门兼熟悉美国海军情形人员协商，公司允派来华，此项人员所需费用政府全不担任。按照这些规定，美国在海军教育、海军军舰及武器技术上在一定程度上突破了既有限制，对华进一步打开大门。

这样，根据《某种海军建筑合同》，清政府可以用无抵押的贷款，从美国方面订购船舰、准予其承包厂坞局所等工程，并获得海军方面的技术和教育支持，可以在资金、技术、人才等方面部分解决清末重建海军的困难，中美海军合作由此初步达成。这也标志着清末复兴海军的工作也达到了一个新高潮。合同还规定厂坞局所工程建筑及清偿债票之法需另订副合同办理，且副合同签订后本合同才生效。但是，还未待后面副合同的签订，清政府便已崩溃。按照民国政府的对外政策，该合同虽尚未生效，但并未因清朝覆亡而终结，民初中美双方都承认该合同效力①。值得一提的是，这种合作与清政

---

① 《前清海军部与美钢铁公司订立合同自当继续有效》，1913 年 12 月 16 日，台北"中研院"近代史研究所档案馆藏总理各国事务衙门档案，馆藏号：01—07—001—13—003。

府原来所期望的同盟有本质区别①。事实上，对于中国，美国并不想增加同盟保护的义务。美国所在乎的，是通过该合同夺得承办相关业务的权利，以推进相关商贸利益，并借此影响和控制中国海军。合同虽然并未明文规定美国在中国海军建设各方面的独占权，但是根据上述规定，美国在中国海军军需市场和中国海军未来发展上已经表现出了一种全面推进的态势，并已获得了一种优势地位，这为美国后来干涉和限制中国海军建设主权，并激化国际社会对中国海军建设权利的争夺埋下了伏笔②。

由币制实业合同和海军军需合同，能看到清末中国政府推进内部改革和突破日俄瓜分东北外交危局的努力，反应出清末中国意与美国结盟的外交趋向。但是，最终中国并未如合同所言，得到发展需要的主要资金或设备，而以美国为代表的西方列强反倒趁机加大了对中国的影响和控制，列强在华争夺还由此进一步激化。1911 年 10 月 23 日，清政府为讨伐革命军，还由陆军部与日本泰平组合代理店北京大仓洋行签订借款 273.264 万日元的武器买卖合同③。日本政府更是以在华侵略利益的推进为要的，在积极推动合同签订的同时，趁机要求清政府改变对日态度，尊重日本在"满蒙"的地位④。这些"准条约"的出现，进一步揭示了清末中国政局混乱、列强对华侵略加深和争夺加剧的复杂格局。

总之，甲午战后"准条约"的进一步发展与当时的政治形势，尤其是中外条约关系的发展紧密相关。甲午战前，中国内部的虚弱并未完全暴露给列强。西方列强在巴尔干的争夺及对非洲的瓜分即将完成时，日本通过战争揭露了中国外强中干的本质，这成为列强向华提出各种权利要求的一个转折

---

① 亦有人认为，"这个合同意味着中美两国在海军方面的结盟地位完全确立"。参见中国航海博物馆主编、陈悦编著：《辛亥·海军》，山东画报出版社，2017 年，第 67 页。

② 民初，美国便依据该合同，针对中国拟用英员充任海军顾问教习的议论，一再提出抗议和交涉，并逼使中国政府中止英员聘用谈判。美国政府试图依据该约，独擅中国海军建设方面的种种权利，有违其所提倡的门户开放政策，也引发英日等国的不满，使得是否协助中国海军重建成为国际间争执的问题。而中国以北洋陆军为主导的新政权在海军重建问题上很不积极，这样该合同最终被搁置。详见陈存恭：《从"贝里咸合同"到"禁助中国海军协议"（1911—1929）》，台北《"中研院"近代史研究所集刊》1976 年第 5 期。

③ 《兵器代金支付延期契约》，宣统三年十二月十八日，王铁崖：《中外旧约章汇编》第 2 册，第 796 页。

④ 日本外务省：《日本外交年表并主要文书》上卷，第 353 页，转引自李廷江：《孙中山委托日本人建立中央银行一事的考察》，《近代史研究》1985 年第 5 期。

点。有观察者认为，1894 年前西方各国的对华关系基本上是商业上的，此后则变成以政治为主①。这里所指以政治为主，其具体表现是各国政府开始卷入对华经济特权的争夺。"甲午战争开启了这样一个时代：没有一个国家愿意以武力与对手进行竞争，而是展开以经济利益为主的激烈争夺，经济竞争的得失被视为政治上成功与否的标准。"② 外国资本在中国开始急剧扩张，中国一时间变成了一个经济战场。各国政府联合其银行为各种贷款和路矿、电信合同而竞争，并将政治上的争夺通过经济的手段加以实现，经济合同的背后，往往都能看到正规条约和政府的身影，这客观上增加了"准条约"的签订几率。与此同时，甲午战后清政府由战前基本上压制民间使用机器兴办近代工矿实业，转而鼓励民间实业的发展，这一调整也推动了"准条约"的发展。当然，这一变化与甲午战后列强的加大对华殖民侵略，中华民族危机进一步加深的国际格局存在密切关系。

正因如此，这些"准条约"虽然能在一定程度上刺激中国工业的近代化发展，或是暂时缓解中国的财政危机，但是在中国处于半殖民地国际地位的历史背景下，它们"是在帝国主义的政治、军事力量的保护和支持下，在享有领事裁判权、势力范围、租借地和租界等条约特权的条件下进行的"，"不可避免地具有殖民主义掠夺性质"③。事实上，在"准条约"签订的过程中，中国不得不放弃某些领域的主权和利权，从而对中国民族资本主义的发展、对中国的国民经济产生极为不利的影响。列强不仅垄断了中国的路矿、电信事业，操纵中国经济命脉，而且剥夺了中国政府的管理职能，从而造成整个经济的无政府状态。例如在"准条约"范畴下由各国投资修筑的铁路，在工程技水标准、客货运输规章、度量衡制度等等方面均不同，以致被称为"国际铁路展览会"。

为了应对新的形势，清政府尝试着进行了一些变革，尤其是义和团运动后，随着清政府政治体制改革的进行，"准条约"的发展趋势出现了新的特

---

① [英] 菲利浦·约瑟夫著、胡滨译：《列强对华外交》，第 39 页。
② E. W. Edwards, *British Diplomacy and Finance in China, 1895—1914*, Clarendon Press, 1987, p. 9.
③ [美] T. M. 欧弗莱区著、郭家麟译：《列强对华财政控制》，第 175 页；李育民：《近代中国的条约制度》，第 312—313 页。

征：其一是随着经济管理机构的专门化，"准条约"的签订有弱化的趋势，就中国近代化的进程而言，这种"准条约"的弱化趋势是一种进步；其二是中国社会内部对路矿类"准条约"的否定，这种否定是伴随着国民外交运动兴起而展开的，其典型的表现当属收回利权运动。体现清末"准条约"主要类别的铁路、开矿、电信等事关国家主权的经济事项，构成晚清收回利权运动的主要内容。"准条约"视野下的收回利权运动，其本质是抵制外来的经济扩张，与 20 世纪 20 年代兴起的废除不平等条约运动具有根本的不同，无论是运动的主体还是客体都存在巨大差别，"这是一场较为特殊的废约斗争，它没有提出废除正式条约，只是要求废除那些属于国际私法性质的'准条约'"①。在这一趋势下，清末最后两年，清政府在内外交困中与四国银行团签订币制实业、粤汉川汉铁路等方面的"准条约"，陷入列强对华联合实施政治经济控制的体制，进而引发其统治合法性的全面危机。

---

① 李育民：《中国废约史》，第 215 页。

第八章　条约关系观念的形成[①]

在中外条约缔结之初，清朝君臣没有条约观念和意识，考虑条约关系的参照物，除天朝体制意识之外，主要是中国古代的盟誓实践。遭受一系列武力打击后，他们被迫放弃传统的羁縻之道，认真应对和接受强权政治下的国际关系秩序，同时从国际法角度对近代条约有了新认识。至甲午战争后，中外不平等条约关系经历了恶化，进而走向巩固和强化，而参加国际公约这一新的条约形式也逐步出现。面对这一新的条约关系格局，中国相关人士进一步从订约的宗旨、条约的遵守、条约的修改等方面认识中外条约关系，由此，中国的条约关系观念进一步形成，中外条约关系走向更深层次的发展。

[①]　本章主要由李育民撰写。

第一节　订约宗旨以求互益

　　清帝国自视为至高无上的天朝，怀柔远人是它处理对外关系的基本理念之一。1689 年，清政府应俄国要求，与之订立平等的《尼布楚条约》[①]，很大程度上是因为怀柔远人的观念[②]。鸦片战争后，清政府的这一观念开始发生变化，逐渐认识到条约应彼此"两益"，看到中外条约的不平等性，并试图在条约关系中维护自己的权益和平等地位。

　　在清朝君臣看来，中国不需要与外国建立通商关系，因为"国家四海之大，内地所产何所不有"。允准洋人来华通商，"特系怀柔远人之道则然"。乾隆帝否认通商贸易"与天朝有益"，要求两广总督等"明切晓谕，使知来广贸易，实为夷众有益起见，天朝并不藉此些微远物"[③]。林则徐也认为此系"推恩外服，普示怀柔"[④]。出于这一观念，清朝君臣将应允英国的条约要求视为"怀柔"之举。道光帝谓："我朝抚驭外夷，全以恩义"[⑤]，"中外一体，念切怀柔，不以其侵犯在先，诉辩在后，遽加屏绝"[⑥]。英法交涉修约，江苏巡抚吉尔杭阿视为"归命乞恩"，认为"因而抚之，并未失体"。待其或生异志，"再图绥辑之方，则不如早用怀柔之法"[⑦]。所谓"怀柔之法"，即同意彼方要求。怀柔远人又须持平对待，即"抚绥中外，一视同仁"，"一秉至

---

　　① 《尼布楚界约》，康熙二十八年七月二十四日，王铁崖编：《中外旧约章汇编》第 1 册，第 1—2 页。

　　② 《恰克图市约》第一条谓："恰克图互市于中国初无利益，大皇帝普爱众生，不忍尔国小民困窭，又因尔萨那特衙门吁请，是以允行（中俄《恰克图市约》，乾隆五十七年正月二十八日，王铁崖编：《中外旧约章汇编》第 1 册，第 29 页）。

　　③ 《高宗纯皇帝实录》卷 649，乾隆二十六年十一月辛亥，《清实录》第 17 册，中华书局，1985 年，第 259 页。

　　④ 《议复曾望颜条陈封关禁海事宜折》，道光二十年三月二十六日，《林则徐全集》第 3 册，海峡文艺出版社，2002 年，第 325 页。

　　⑤ 《上谕二》，道光二十一年正月辛卯，齐思和等整理：《筹办夷务始末·道光朝》二，中华书局，1964 年，第 711 页。

　　⑥ 《上谕》，道光二十二年四月乙巳，齐思和等整理：《筹办夷务始末·道光朝》四，第 1848 页。

　　⑦ 《吉尔杭阿奏关税未缴营饷难筹似可将贸易章程略为变通折》，咸丰四年九月十八日，贾桢等纂修：《筹办夷务始末·咸丰朝》一，第 349 页。

公"①。耆英向来华订约的美国专使顾盛表示，"中国之待各国商人，不能有所偏，偏则各国人心不服"。所以，"一切有益远商之事，大皇帝不待各国请求，即通行一体照办"②。道光帝亦谓："国家抚驭外夷，一视同仁，断不使彼此稍分厚薄，致启争端。"③《南京条约》订立之后，根据这一传统政策，清政府将给予英国的条约特权也同样给予其他没有订约的国家。1845年，比利时驻印度支那总领事兰那（Lannoy）奉派到广州谈判条约，道光帝降谕，"将五口贸易章程一体颁发，以示怀柔"④，准许彼在现有条约办法下通商。

对于各国要求，清朝君臣使用的便是恩施之类的语言，如"求恩""恩准""邀惠"等等。这种"一视同仁"的怀柔远人心理及政策，相当程度上限制其思维，造成他们不是采取积极态度应对新的条约关系，而是以羁縻之道单方面让与权益，并无区别地"施恩"于各国。"中国通商以来，与泰西各国立约，皆指洋人来华一面而言。"⑤ 这种让与不免会损害天朝体制和国家权益，又是他们所不愿意的。在他们看来，条约"经一次更改，即多一次要求"⑥，即中国多受一次损失。清政府希望不要改变已订条约，其考虑的主要因素即在于此。

与中国的怀柔政策恰恰相反，列强"以条约为挟持之具"，没有止境地向中国索取。"故一事也，但使于彼有益，则必出全力以相争，不载入条约之内不止。"入约之后，"字字皆成铁案，稍有出入，即挟持条约，纠缠不已"，更"得步进步，不独于约内所已载者难稍更动，且思于约外未载者更

---

① 《致英国国王檄谕稿》，道光十九年六月二十四日，中国第一历史档案馆编：《鸦片战争档案史料》第1册，天津古籍出版社，1992年，第644页；《耆英照复顾盛》，道光二十四年五月十四日，朱士嘉编：《十九世纪美国侵华档案史料选辑》上册，中华书局，1959年，第33页。

② 《耆英致顾盛函》，道光二十四年五月十二日，朱士嘉编：《十九世纪美国侵华档案史料选辑》上册，第30页。

③ 《宣宗成皇帝实录》卷408，道光二十四年八月庚子，《清实录》第39册，中华书局，1986年，第110页。

④ 《廷寄》，道光二十五年六月，齐思和等整理：《筹办夷务始末·道光朝》六，第2929页。

⑤ 《总署奏遵议中韩通商条约折》，光绪二十五年正月二十日，王彦威、王亮辑编，李育民等点校整理：《清季外交史料》第6册，第2650页。

⑥ 《办理通商事务大臣薛焕奏》，同治元年六月甲戌，宝鋆等纂修：《筹办夷务始末·同治朝》卷7，第40页a。

为增添"①。在列强通过条约屡屡攫取特权的现实中，同治年间便有不少官吏舍弃传统意识，开始认识到近代条约的某些性质，并由此产生维护国家自主权利的思想。美卸任驻华公使蒲安臣代表中国出使欧美，曾国藩等建议维护自己的权益，"于领海申明公法，于租界争管理权，于出洋华工谋保护，且预防干涉内治"等②。随后与美国所签《续增条约》第一、五、八等条款的规定，也确实一定程度上实现了这一意图。同任出使大臣的志刚认为，各条款均为有益应办之事③。

1867 年，为应对修约，清廷饬令内外大臣商讨对策。绝大多数人并未意识到可以通过修约来维护权益，担忧又要作单方面的让与。在颇为紧张的气氛中，李鸿章等少数人从国际法角度剖析条约的性质，认为修约不是结束战争状态的城下之盟，是条约而非议和。根据条约规定，彼此双方均有同等权利，任何一方若要重修条约，须先行知照。"有一勉强，即难更改。"可坚持自己的意见，"于其可许者许之，其不可许者拒之"，并可引万国公法"直言斥之"④。李鸿章将条约视为双方的权利，肯定己方地位，表明他在某种程度上摒弃片面怀柔的传统观念。交涉中，清政府尽管未能完全消除这一意识，却以提出要求作为抵制对方的策略。鉴于"惟彼有所求于我，而我一无所责于彼，虽足以示中国宽大，特恐彼视中国太易，更生非分之思"，奕䜣"亦拟数条向彼商办"⑤。其后中英签订的《新定条约》，尽管仍是不平等条约，但体现了中国权益要求的新理念。该约在形式上亦与以往大不一样，每一款均以"中国允"或"英国允"之类的语句⑥，明确规定双方的权利义务。这无疑体现了订约通例和规则。英贸易部也肯定说："中国也和英国一样在修订条约时有权提出适合它自己的要求。"而对于习惯于从中国单方面索取的英国商人而言，这"是退步的修改"⑦，因而反对该约，英国

---

① 《总理各国事务恭亲王等奏》，同治六年五月丁卯，宝鋆等纂修：《筹办夷务始末·同治朝》卷 49，第 6 页 b。
② 《邦交四·美利坚》，赵尔巽等撰：《清史稿》第 16 册，第 4584 页。
③ 志刚：《初使泰西记》，湖南人民出版社，1981 年，第 26 页。
④ 《湖广总督李鸿章奏》，同治六年十二月乙酉，宝鋆等纂修：《筹办夷务始末·同治朝》卷 55，第 7—9 页。
⑤ 《总理各国事务恭亲王等奏》，同治七年十二月甲子，宝鋆等纂修：《筹办夷务始末·同治朝》卷 63，第 5 页。
⑥ 《新定条约》，同治八年九月十九日，王铁崖编：《中外旧约章汇编》第 1 册，第 308—310 页。
⑦ ［英］伯尔考维茨著，江载华、陈衍合译：《中国通与英国外交部》，第 103、91 页。

政府最终也未予批准。

在条约中表达自己的权利主张，是一个重要进步，说明清政府开始对条约关系有了新的认识。毋庸置疑，其时清政府尚缺乏明确的主动意识，其目的主要在于"杜要求而示限制"[①]。在他们看来，中国向不以通商为务，"本不必似彼之极意要求，致蹈商贾行径"[②]。然而，这一观念正在发生变化。尤其是光绪之后，随着出使大臣的派遣，以及对不平等条约的危害、国际法和条约关系认识的加深，清朝君臣逐渐转变怀柔和羁縻观念，对条约的双边性有了较为清楚的了解。如光绪五年（1879），曾纪泽认为通商章程"尽可商酌更改"，"以求两益"，列强"断无恃强要挟久占便利之理"[③]。翌年又上奏明确揭示中外条约的片面性质，谓："中国自与西洋立约以来，每值修约之年，该公使等必多方要挟，一似数年修改之说，专为彼族留不尽之途，而于中华毫无利益者。"[④]

与此相应，最体现怀柔意识的"一体均沾"，其弊害亦为清朝君臣所发见。1869 年，奕訢上奏指出：从前各国条约，"最难措手者，惟中国如有施恩利益，各国一体均沾等语"。他提出，"若不将此节辩明，予以限制，则一国利益，各国均沾，此国章程，彼国不守，其弊曷可胜言"[⑤]。至光绪年间，更多人认识到此条约特权的危害。曾纪泽认为，"中国与各国立约，所急欲删改者，惟'一国倘有利益之事，各国一体均沾'之语，最不合西洋公法"[⑥]。其他如薛福成、李鸿章等均提出类似看法。1880 年，中德订立《续修条约》，首次对最惠国待遇作了有条件的限定："德国允，中国如有与他国之益，彼此立有如何施行专章，德国既欲援他国之益，使其人民同沾，亦允于所议专章一体遵守。"[⑦] 在谈判中，"中国大臣们根本不迁就"德国方面的

---

① 《总理各国事务恭亲王等奏》，同治八年五月丙申，宝鋆等纂修：《筹办夷务始末·同治朝》卷 66，第 13 页。

② 《总理各国事务恭亲王等奏》，同治七年十二月甲子，宝鋆等纂修：《筹办夷务始末·同治朝》卷 63，第 6 页。

③ 刘志惠点校辑注、王澧华审阅：《曾纪泽日记》中册，光绪五年三月廿八日，岳麓书社，1998 年，第 866 页。

④ 《使俄曾纪泽奏谨就收回伊犁事宜敬陈管见折》，光绪六年六月十五日，王彦威、王亮辑编，李育民等点校整理：《清季外交史料》第 2 册，第 412 页。

⑤ 《总理各国事务恭亲王等奏》，同治八年十一月壬戌，宝鋆等纂修：《筹办夷务始末·同治朝》卷 70，第 39 页。

⑥ 刘志惠点校辑注、王澧华审阅：《曾纪泽日记》中册，光绪五年闰三月初三日，第 868 页。

⑦ 《续修条约》，光绪六年二月二十一日，王铁崖编：《中外旧约章汇编》第 1 册，第 373 页。

要求，德国则"作了一个有一定意义的让步"，"愿意承认与这些权利有关联的施行细则"①。其后，清政府更将这一范例推及其他条约。

"以求两益"的观念还被贯注于新订条约之中。除 1871 年与日本订立的平等条约《修好条规》"与历办西洋条约不同"之外②，清政府与秘鲁、巴西、墨西哥等国订约均体现了这一思想。中秘交涉，秘使"必欲援照各国和约通例，不肯一语放松"。李鸿章就某些条款"反复争论，几于舌敝唇焦，至往复数十次，该使始勉强遵允"③。中巴交涉，李鸿章坚持中方权利，如"各国派来领事，我竟不能过问，中国派赴各国领事则须该国准认乃得充当，殊于体制有碍，今特于巴西约内添入"。再如最惠国待遇，也参用"互相酬报"之义。其他"凡紧要枢纽，勿任略有通融，冀可渐收利权"④。张树声说，"此次巴西立约，亦多中国力占地步之处。此后各国修约辩论有据，未尝非返弱为强之本"⑤。又如中墨订约，以"为最持平"的中秘、中巴两约为底本，参之墨与各强国所订之约，"务期妥当"。并于约内声明："若中国将来与各国设立交涉公律，以治侨居中国之外国人民，墨国亦应照办，以为日后治外国人张本，则外人受治于我，此实权舆。"⑥

到清末，清政府对现存条约的片面性，更有清楚认识。为应对即将开始的商约交涉，尽管处于战败国的不利地位，各大吏仍以维护己方权益作为交涉基本方针，即："如彼此有益，或益于彼无损于我，皆可允改。如一事益彼而损我，则我亦应求一益我之事相抵。"⑦ 须按照各国通商的常法修改，

① ［德］施丢克尔著、乔松译：《十九世纪的德国与中国》，第 129、132 页。

② 《大学士直隶总督李鸿章奏》，同治十年八月辛酉，宝鋆等纂修：《筹办夷务始末·同治朝》卷 83，第 3 页。

③ 《大学士直隶总督李鸿章奏》，同治十三年五月丙辰，宝鋆等纂修：《筹办夷务始末·同治朝》卷 94，第 15—17 页。

④ 《直督李鸿章奏与巴西使臣议立通商条约竣事折》，光绪六年八月初六日，王彦威、王亮辑编，李育民等点校整理：《清季外交史料》第 2 册，第 432—433 页。

⑤ 《粤督张树声等奏球案不必急议日约未便牵连折》，光绪六年十一月二十五日，王彦威、王亮辑编，李育民等点校整理：《清季外交史料》第 2 册，第 473 页。

⑥ 《使美伍廷芳奏遵旨与墨西哥妥订约款定期画押折》，光绪二十六年正月二十日，王彦威、王亮辑编，李育民等点校整理：《清季外交史料》第 6 册，第 2727—2728 页。

⑦ 《寄刘岘帅张香帅》，光绪二十六年十一月二十一日，盛宣怀：《愚斋存稿》卷 49，台北文海出版社，1974 年，第 1113 页。

"亦必期彼此有益"①。谈判中，他们力争己方权利，反复与对方磋磨，"于中国治权、利权，极力护持"。而给与对方的权益，"尚无凭空白送，较历来条约得体多矣"②。他们坚持，"中国境内，无论何国，均断不容稍侵一切权利，致损自主之权"③。外务部总结以往的经验教训，谓："向来与各国所订条约，我多允许与各国利益，而各国鲜允许与我利益，按诸彼此优待之例，实非平允。惟光绪七年所订之巴西条约暨二十五年所订之墨西哥条约颇多持平之处。"基于这一认识，在与瑞典订约时，外务部更"注重此意，不使各项利益偏归一面"。其有益于我者，如加税、免厘之类，则以中国与各国商允通行照办遵守等语浑括，以免挂一漏万。此外如派驻使、设领事及通商行船一切事宜等，则"始终不离彼此均照最优待国相待之意，以扼要领而示持平"。正是出于持平的理念，尽管瑞典远在欧洲北境，现尚无华商前往贸易，"其所许我利益未能遽沾实惠"，也"不可不预为地步"④。对于尤体现怀柔理念的片面协定关税制度，他们亦有深入认识。驻意公使钱恂谓：协定关税的要旨，在于"利不独擅"，即"有所求于人者，必预筹夫所报。有所允于人者，必还取夫所偿""互享懋迁有无之利，各有所失，亦各有所得也"⑤。

　　无疑，清政府逐渐摆脱传统怀柔观念，认识到自身权益是条约关系中的重要组成部分，开始从国际法和条约的视角，阐明自身权益的合理性。他们意识到，国际往来虽"若家人之相与"，却并非是由"天下共主"的单方面施恩，而是"恩怨报施，各有其分，不相凌越"⑥。这一观念上的转变，与国际法的输入不无关系。

---

① 《寄江鄂督帅山东抚帅》，光绪二十六年十一月二十四日，盛宣怀：《愚斋存稿》卷49，第1118页。
② 《致江宁刘制台、上海吕大臣、盛大臣》，光绪二十八年七月二十三日，苑书义等主编：《张之洞全集》第11册，第8906页。
③ 《致上海袁道台》，光绪二十八年九月初八日，苑书义等主编：《张之洞全集》第11册，第8945页。
④ 《外部奏中瑞修改通商条约请旨派员画押折》，光绪三十四年六月初二日，王彦威、王亮辑编，李育民等点校整理：《清季外交史料》第8册，第3826—3827页。
⑤ 《使义钱恂奏调查义国对于中国货物进口征税情形折》，宣统元年八月二十五日，王彦威、王亮辑编，李育民等点校整理：《清季外交史料》第8册，第4161页。
⑥ 《约章成案汇览序·杨士骧序》，北洋洋务局纂辑：《约章成案汇览》甲篇卷1，第1页。

第二节　条约以信守为据

春秋时期盛行结盟立誓，在其发展变化过程中，曾出现两种相反的观念。一是主张讲求信义。"信"被称为"国之宝""德之固"①，等等。二是认同背盟弃信。春秋盟誓的兴起，一定程度上又反映了世道风气的混乱败坏，所谓"世道交丧，盟诅滋彰"②。到春秋中后期，随着时局的变化，以及民智的进步和鬼神信仰的弱化，盟誓对各国的约束效力也越来越低。"背盟而克者多矣"，违背盟约而取胜的事例屡见不鲜，"千乘之国，不信其盟。"如果说，正常订立的盟约都可违背，那么被逼订立的盟约，即"要盟"，更无遵守必要。所谓"要盟无质，神弗临也"，"明神不蠲要盟，背之，可也"③。孔子说，"要盟也，神不听"④。

晚清中外条约多系列强迫使清政府接受的城下之盟，相当于春秋时期的"要盟"。在传统国际法时代，强迫他国订立的"要盟"在西方具有合法性，与中国春秋战国时期认可背盟弃信的观念迥然有别。依据一般国际法，"在各国关系上，武力的威胁和使用（战争）不是非法的"⑤。国际法鼻祖格劳秀斯说，"人人都要尊重誓约的神圣"，"因为誓约是以上帝的名义而立的，也因为上帝拥有强制履行义务的权威"。至于和约，根据"誓约保证的信义之神圣性"，"无论和约订立了何种条款，务当绝对遵守"⑥。美国著名国际法学家惠顿亦谓："至于各国相待，有被逼立约者，犹必遵守。""倘不遵守，则战争定无了期，必至被敌征服尽灭而后已焉。"⑦

其时，清朝君臣不懂此类规则，当不得不接受西方强加的条约时，其

---

① 杨伯峻编著：《春秋左传注》，中华书局，1981年，第435、516页。
② 李学勤主编：《十三经注疏·春秋穀梁传注疏》，北京大学出版社，1999年，第26页。
③ 杨伯峻编著：《春秋左传注》，第1436、1671、1682、971页。
④ 《史记》卷47，《孔子世家》，中华书局，1999年，第1550页。
⑤ ［美］汉斯·凯尔森著、王铁崖译：《国际法原理》，华夏出版社，1989年，第273页。
⑥ ［荷］格劳秀斯著、何勤华等译：《战争与和平法》，上海人民出版社，2005年，第213、217、499页。
⑦ ［美］惠顿著、丁韪良译、何勤华点校：《万国公法》，中国政法大学出版社，2003年，第163—164页。

据以应对的自然是中国传统的盟誓观念。他们一方面主张信守条约，如耆英根据传统的信义观，将条约视为"信守之凭"①。同时，又承袭古代背盟弃信的权变之术，以及"要盟"可以背之的观念。鸦片战争中，耆英等便将议和视为"暂事羁縻"的缓兵之计②。订约之后，耆英等既注重"格之以诚"，又强调"尤须驭之以术"③。这种权变意识在清朝君臣中非常普遍，奕经谓之权宜办理④，其后叶名琛也说是一时权宜之计⑤。怡良等将"驭夷"之法，归结于"不过责其恪守成约"⑥，而非自己守约。道光帝亦说，给予英人条约权利，"在当日本系一时羁縻"，也不过是权宜之计⑦。第二次鸦片战争中，桂良甚至提出，万不可将与英法所签条约作为真凭实据，只是"假此数纸"，暂且诱彼退兵。将来若欲背盟弃信，只须将他等治罪，即可作为废纸⑧。咸丰帝更以"自古要盟不信"为据，认为订约"本属权宜"⑨，明确提出不必信守。

然而，清政府的"要盟不信"虽不无合理性，却缺乏实力支撑。在列强的武力逼迫下，清政府不得不确认这些"要盟"的法律地位，承诺将其视为须遵守的法规⑩。不过，由于中国被迫订约的现实没有改变，清政府的"要盟"意识亦未因此消除。第二次鸦片战争后，清王朝仍有着抵制不平等"要

---

　　① 《耆英又奏应行添注各条已另列一册俟呆噗嚁喳盖戳后录呈折》，道光二十三年七月丁巳，齐思和等整理：《筹办夷务始末·道光朝》五，第2683页。

　　② 《耆英等奏英船窜至乍浦现饬防守并示羁縻折》，道光二十二年四月壬辰，齐思和等整理：《筹办夷务始末·道光朝》四，第1803页。

　　③ 《耆英又奏体察洋情不得不济以权变片》，道光二十四年十月丁未，齐思和等整理：《筹办夷务始末·道光朝》六，第2891页。

　　④ 《奕经等奏尖山英船开赴外洋酌调兵勇赴省严防折》，道光二十二年四月壬寅，齐思和等整理：《筹办夷务始末·道光朝》四，第1837页。

　　⑤ 《叶名琛奏复英美要求三款实为无厌之求及法使来津意在庇护教士折》，咸丰五年八月十八日，贾桢等纂修：《筹办夷务始末·咸丰朝》二，第413页。

　　⑥ 《怡良吉尔杭阿奏福州宁波关务情形片（抄件）》，1856年4月18日，太平天国历史博物馆编：《吴煦档案选编》第6辑，江苏人民出版社，1983年，第18页。

　　⑦ 《廷寄》，道光二十九年三月庚寅，齐思和等整理：《筹办夷务始末·道光朝》六，第3174页。

　　⑧ 《桂良等奏英自定条约五十六款逼令应允折》，咸丰八年五月十六日，贾桢等纂修：《筹办夷务始末·咸丰朝》三，第966页。

　　⑨ 《朱谕》，咸丰十年七月己未，贾桢等纂修：《筹办夷务始末·咸丰朝》七，第2270页。

　　⑩ 《署湖广总督江苏巡抚李瀚章奏》，同治六年十一月庚午，宝鋆等纂修：《筹办夷务始末·同治朝》卷52，第31页。

盟"的意识，对中外条约"中国百官多不乐意"①，尤其是地方官员对条约有强烈的抵触情绪。其中一些人无视条约规定，公开对办理对外交涉的恭亲王奕䜣表示不满。如法国传教士文乃耳（Néel Jean Pierre）携带盖有奕䜣印章的法国文凭来贵州开州传教，署开州知州戴鹿芝将其捕拿，堂讯时大呼："尔文凭乃法国文凭，并非清国文凭，不足据。至恭亲王乃久蓄异志，私通外洋之人，其人何足道哉！其印花又何足道哉！"遂将文乃耳及其随行教徒处死②。不少大吏怀着"徐图后举"之念，如署湖广总督江苏巡抚李瀚章认为，与列强订约系时势迫之使然，此后要筹自强之谋，如此"外攘之策，第可潜图"③。惇亲王奕誴提出，应筹画自强，将洋人驱逐出境④。醇郡王奕譞也认为，"将来必应决裂"，现在则要设法激励乡绅和激励民众，"焚其教堂，掳其洋货，杀其洋商，沉其货船"⑤。

至光绪年间，各重臣大吏对中外条约的"要盟"性质仍耿耿于怀，直隶总督李鸿章谓："从前中国与英、法两国立约，皆先兵戎而后玉帛，被其迫胁兼受蒙蔽。"⑥ 右庶子陈宝琛谓："自道、咸以来，中国为西人所侮，屡为城下之盟，所定条约，挟制、欺凌大都出地球公法之外。"⑦ 粤督张树声等亦谓，与各国订立和约，"所定条款皆由欺诳挟制而成，盖多非理所有，而束缚于势者"⑧。海关总税务司赫德分析认为，由于条约从一开始便具有强权和不平等性质，"它们不是自愿交往而是恳求交往的产物，它们被接受是在被打败后而不是在协商后，它们从中国得到的是外国人认为他们需要的而不是

---

① 《英使威妥玛为请将江省官宪殴逐英教士入奏事致奕䜣照会》，同治十一年正月初三日，中国第一历史档案馆等合编：《清末教案》第 2 册，中华书局，1998 年，第 1 页。

② 《贵州法主教为教民被杀害致法使申陈》，同治元年五月，中国第一历史档案馆等合编：《清末教案》第 1 册，中华书局，1996 年，第 236 页。

③ 《署湖广总督江苏巡抚李瀚章奏》，同治六年十一月庚午，宝鋆等纂修：《筹办夷务始末·同治朝》卷 52，第 31 页。

④ 《惇亲王奏》，同治七年十二月辛未，宝鋆等纂修：《筹办夷务始末·同治朝》卷 63，第 93 页。

⑤ 《醇郡王奏》，同治八年正月乙亥，宝鋆等纂修：《筹办夷务始末·同治朝》卷 64，第 2—3、5 页。

⑥ 《直督李鸿章奏日本议结琉球案牵涉改约暂宜缓允折》，光绪六年十月初九日，王彦威、王亮辑编，李育民等点校整理：《清季外交史料》第 2 册，第 461 页。

⑦ 《右庶子陈宝琛奏琉案日约不宜遽订折》，光绪六年九月二十五日，王彦威、王亮辑编，李育民等点校整理：《清季外交史料》第 2 册，第 451 页。

⑧ 《粤督张树声等奏球案不必急议日约未便牵连折》，光绪六年十一月二十五日，王彦威、王亮辑编，李育民等点校整理：《清季外交史料》第 2 册，第 473 页。

中国愿意让与的"①，因此，中外条约关系就如同一幢建筑在"偏离了垂直线"基础上的楼房，"迟早会倒塌"②。

清政府与民众从不同角度抵拒着条约关系，潜蓄酝酿，至义和团运动时期联成一气。清廷在宣战上谕中谓："三十年来，恃我国仁厚，一意拊循，彼乃益肆枭张，欺陵我国家，侵占我土地，蹂躏我民人，勒索我财物……我国赤子仇怨郁结，人人欲得而甘心，此义勇焚毁教堂屠杀教民所由来也。"朝廷"柔服远人，至矣尽矣！"然而，"彼等不知感激，反肆要挟"，"彼自称教化之国，乃无礼横行，专恃兵坚器利，自取决裂"。与其在"要盟"之下"苟且图存，贻羞万古"，孰若"大张挞伐，一决雌雄"③。

八国联军的炮火再次迫使清王朝放弃摆脱"要盟"的打算。经过这一次前所未有的巨创深痛，清政府不得不接受西方国际法体系中的条约观念。向来"痛恨一切外国人"的慈禧④，自认"做错了这一件事"⑤。光绪帝一再"颁自责之诏"，公开承认"罪在朕躬"⑥。对条约关系，清朝大吏们也逐渐有了更深的认识，更加重视考究条约和国际法。1905年，直隶总督袁世凯指出，条约居国际法之主位，东西各国法律专家，"童而习之，皓首而不辍"。而吾国"士大夫鲜所究心，其何以惩前毖后乎"？"方今环球大通，世变日亟，诘戎练武之实与讲信修睦之文，二者相为表里。"⑦ 管学大臣张百熙谓："条约者，国与国自表其权利义务，公认之以为信据者也。"⑧ 山东巡抚杨士骧谓："今尺寸之儒，稍涉西人学说，辄执条约之文，较短量长以肆其讥议，此特事后之智耳。"有志之士"欲究明中外之势，以裨补国家者，其为术固自有在，毋徒訾议旧约为也"。他认为编纂约章，可以揭示国家近百年来的

① 《中国、改革和列强》，1901年2月，[英]赫德著、叶凤美译：《这些从秦国来——中国问题论集》，第123—124页。
② 《义和团，1900》，1900年12月，[英]赫德著、叶凤美译：《这些从秦国来——中国问题论集》，第106页。
③ 《上谕》，光绪二十六年五月二十五日，故宫博物院明清档案部编：《义和团档案史料》上册，第162—163页。
④ 顾秋心等译：《德龄忆慈禧》，中国广播电视出版社，1996年，第192页。
⑤ 德龄：《清宫二年记》，容龄等：《慈禧与我》，辽沈书社，1994年，第352页。
⑥ 《德宗景皇帝实录》卷477，光绪二十六年十二月壬戌、癸亥，《清实录》第58册，第292、290、294页。
⑦ 《约章成案汇览序·袁世凯序》，北洋洋务局纂辑：《约章成案汇览》甲篇卷1，第1页。
⑧ 《约章成案汇览序·张百熙序》，北洋洋务局纂辑：《约章成案汇览》甲篇卷1，第1页。

"交涉大端""得失之林"和"成败之迹",而"谨而持之,以谋其便,化而裁之,以会其通,异日国运之振兴,必有赖于是者"①。总之,"交涉一道,首重条约,虽一字亦不能删除,矧一款乎"②?上述各重臣的态度和认识,反映了清政府条约关系观念的新变化。

1906 年,清廷降谕严辞要求守约,强调:"团体原宜固结,而断不可有仇视外洋之心。权利固当保全,而断不可有违背条约之举。"其时,"讹言肆起,适偶有不虞之暴动",清政府需要与列强协调一致,以应对方兴未艾的反清革命运动。不然,"一有匪人乘机滋事,必至贻害地方"③。随着时局变化,清政府放弃"要盟"意识,对外态度由此前的排外转衍为惧外和媚外。革命党人谓:"满人排外之政策,一变为媚外。"④ 立宪派的《新民丛报》更大量披露,谓:"戊戌以后,庚子以前之举动,皆原于排外之目的,排外之成见也。辛丑以后,则一变而为媚外之目的,媚外之成见。"⑤ 据该报统计,清廷回銮后的短短一个来月,"保护外人之懿旨,不下二三十次"⑥。舆论亦认为,"今日媚外之政府,固昔时排外之政府"⑦。

第三节　预筹修约以挽权益

在西方近代条约关系中,任何条约均非一成不变,可根据形势变化进行修改⑧。中外条约关系建立伊始,清政府没有修约观念,其后随着对国际法了解的深入,在不断应对列强通过条约攫取特权的过程中,逐渐产生挽回国家权益的修约思想。

---

① 《约章成案汇览序·杨士骧序》,北洋洋务局纂辑:《约章成案汇览》甲编卷 1,第 1—2 页。
② 《例言》,北洋洋务局纂辑:《约章成案汇览》甲篇卷 1,第 1—2 页。
③ 《德宗景皇帝实录》卷 555,光绪三十二年二月戊申,《清实录》第 59 册,中华书局,1987 年,第 363—364 页。
④ 《清政府与华工禁约问题》,《民报》第 1 期,1905 年 11 月 26 日。
⑤ 《论媚外之祸》,《新民丛报》1902 年第 16 期。
⑥ 《奴隶与盗贼》,《新民丛报》1902 年第 8 期。
⑦ 《论中国民气之可用》,《时报》1905 年 7 月 15 日。
⑧ 李浩培:《条约法概论》,第 445 页。

《南京条约》订立，清政府认为这是一揽子解决争端的"万年和约"。道光帝视此为一劳永逸之计，"从此通商，永相和好"①。耆英也认为，"可期一劳永逸，永杜兵端"②。善后条款前言亦谓，"以为万年和好之确据"③。在他们看来，《南京条约》及其附约已解决中英两国争端，不需与他国订约，也不需修改。故顾盛来华交涉订约，护理两广总督广东巡抚程商采答复说：中英"构兵连年"，"故立条约以坚其信"，中美通商二百年来，"毫无不相和好之处，本属和好，何待条约"④？虽然最后仍与订约，却并非着眼于建立条约关系。中美《望厦条约》作了修约规定："各口情形不一，所有贸易及海面各款，不无稍有变通之处，应俟十二年后，两国派员公平酌办。"⑤ 但把条约视为单方面让与的清朝大吏，并不懂得这一条款的意义，更不用说通过该条款提出己方修约要求。1854 年，英美公使包令（John Bowring）和麦莲（Robert Milligan McLane）要求修约，两广总督叶名琛"颇觉秘密"，经查询始知江南定约"有十二年后，再行重订等语"。叶名琛所指系《南京条约》，其实该约并无修约条款，可见这些大吏对条约的隔膜。他很不理解定约之后，为何又要以 12 年为期限⑥。其时，条约意识的欠缺是普遍现象。在清朝君臣眼中，条约应永久不变。咸丰帝谓："既称万年和约，便当永远信守。"⑦ 桂良等谓："前立和约，既称万年，何得妄议更张。"⑧

英法再次用战争打破清王朝一劳永逸的愿望。中英《天津条约》明确规定："日后彼此两国再欲重修，以十年为限"，酌量更改⑨。中法《天津条约》亦作类似规定。这给清朝君臣上了生动的一课。随着国际法的传入，以及国

---

① 《廷寄》，道光二十二年七月癸亥，齐思和等整理：《筹办夷务始末·道光朝》五，第 2277—2278 页。

② 《耆英等奏和约已定详议善后事宜折》，道光二十二年八月丙申，齐思和等整理：《筹办夷务始末·道光朝》五，第 2335 页。

③ 《五口通商附粘善后条款》，道光二十三年八月十五日，王铁崖编：《中外旧约章汇编》第 1 册，第 34 页。

④ 《照复顾盛》，道光二十四年二月己未，齐思和等整理：《筹办夷务始末·道光朝》六，第 2808—2809 页。

⑤ 《五口贸易章程：海关税则》，道光二十四年五月十八日，王铁崖编：《中外旧约章汇编》第 1 册，第 56 页。

⑥ 《叶名琛又奏美使英使同时更易系据江南定约十二年后重订之语片》，咸丰四年五月二十八日，贾桢等纂修：《筹办夷务始末·咸丰朝》一，第 271 页。

⑦ 《廷寄二》，咸丰四年九月初二日，贾桢等纂修：《筹办夷务始末·咸丰朝》一，第 326 页。

⑧ 《桂良奏筹议与英美交涉办法并派员赴津会办折》，咸丰四年九月初二日，贾桢等纂修：《筹办夷务始末·咸丰朝》一，第 324 页。

⑨ 《天津条约》，咸丰八年五月十六日，王铁崖编：《中外旧约章汇编》第 1 册，第 99 页。

际知识的增加，清朝君臣对条约性质有了新认识，开始萌生修约意识。两江总督何桂清最早看到和约与商约的不同，并知道后者可以修改，谓：《南京条约》"谓之万年和约，系一成不变之件，在广东所定者，谓之通商章程，载明：十二年后，酌量更改"。他认为，由于未看到相关条约，以致办理外交的官员不了解修约的条约规定，误将通商章程作为万年和约①。清政府一改此前的态度，开始重视修约问题，如前所述，同治六年（1867）就预筹修约组织一场大讨论。虽然李鸿章主要着眼于如何拒绝对方要求，未能提出主动修约主张，却为走向这一目标搭建了台阶。由于态度较为积极，清政府在修约谈判中有所作为，取得一定成果。奕訢认为，"将来别国修约时，似亦可援此为式"②。

一些大吏更进一步提出收回某些条约特权的修约设想。例如，三口通商大臣崇厚主张收回外籍税务司条约特权，"于现修约内，无论何款，不可有责成税务司字样"，则沿海利权，不致被外国把持③。江苏布政使丁日昌从另一角度提出类似主张，建议将同文馆熟习外国语言文字者，派往海关学习税务，俟事理通达，即授予税务司之任，"庶各关税务司一缺，亦不致专为洋人所占"④。

到光绪年间，由于国际法的传播，以及日俄废约的影响，他们进一步产生主动修约的企望和主张。1878年，总理衙门咨行各驻外公使，谓："条约每届十年准修一次，其如何增删改换，自系出于两国情愿"，"因思更修条约，贵将两国之意先行说明"，要求他们向驻在国外务大臣"诵听其颠末"⑤。一部分官员，尤其是驻外公使对此更有明确认识。李鸿章谓："我与西约始

---

① 《何桂清奏缕陈洋务棘手情形折回常州再定进止折》，咸丰八年十月初九日，贾桢等纂修：《筹办夷务始末·咸丰朝》四，第1194页。

② 《总理各国事务恭亲王等奏》，同治八年九月丁亥，宝鋆等纂修：《筹办夷务始末·同治朝》卷68，第15页。

③ 《三口通商大臣兵部左侍郎崇厚奏》，同治六年十一月乙亥，宝鋆等纂修：《筹办夷务始末·同治朝》卷54，第22页b。

④ 《李鸿章附呈藩司丁日昌条款》，同治六年十二月乙酉，宝鋆等纂修：《筹办夷务始末·同治朝》卷55，第20页。

⑤ 《总理衙门咨行出使大臣》，光绪四年，〔英〕赫德著、叶凤美译：《这些从秦国来——中国问题论集》，第140、146页。

由胁逼而成，各款多违万国通例，正思逐渐挽回。"① 曾纪泽认为，"改约之事，宜从弱小之国办起。年年有修约之国，即年年有更正之条。至英、德、法、俄、美诸大国修约之年，彼亦迫于公论，不能夺我自主之权利。则中国收复权利而不着痕迹矣"。他区分两类不同的条约，认为通商条约"与时迁变，尽可商酌更改"。按照西洋通例，"虽蕞尔小邦欲向大国改约，大国均须依从，断无恃强要挟久占便利之理"②。中国也要利用商约的这种性质，"彼所施于我者，我固可还而施之于彼"。他们主张修约，主要是依据条约性质和条约规定，但已触及中外条约的不平等性质。如曾纪泽上奏说："酌量公法之平颇，则条约之不善，正赖此修约之文，得以挽回于异日，夫固非彼族所得专其利也。"③ 并赴英外交部商谈改条约之事，"争辩良久"④。

1884 年，总理衙门向各国明确表达修约期望："前与各西国所立各约，其中原有中国未尽出于情愿勉为允许者，谅各国大臣亦所素悉，中国则于明知各约内之有损于国，无益于民者，初未尝或有不行照办，不过期望各西国渐渐可以改为和平。"⑤ 1886 年，曾纪泽在《中国先睡后醒论》一文中将重修和约视为中国目前所最应整顿之事，指出："战后所立和约未能平允，则其怨难消。盖所立之和约系中国勉强设立，中间有伤自主之体统，今不能不设法改订。"并向国际社会表示，"中国决派钦使分诣诸国，往复妥议，必不隐忍不问"⑥。诸如此类，表明清政府的修约思想，比以前更进一步，已注重从条约的不平等性质和国家主权角度置论。这一认识愈益清晰和普遍。如驻美公使崔国因谓："东西各国与亚洲立约，向不公平。""骤然挽回，固难为力，然亦当步步留心，早为之计。"特别提出，"其中最不公平者，莫如两国

①　《复总署论维护朝鲜》，光绪六年十一月二十一日，顾廷龙、戴逸主编：《李鸿章全集》第 32 册，第 639 页。

②　刘志惠点校辑注、王澧华审阅：《曾纪泽日记》中册，光绪六年四月十三日，光绪五年三月二十八日，第 981—982、866 页。

③　《使俄曾纪泽奏谨就收回伊犁事宜敬陈管见折》，光绪六年六月十五日，王彦威、王亮辑编，李育民等点校整理：《清季外交史料》第 2 册，第 412 页。

④　刘志惠点校辑注、王澧华审阅：《曾纪泽日记》中册，光绪七年正月初四日，第 1049 页。

⑤　《总署致各国公使请将法人违约之处转报各本国照会》，光绪十年六月二十二日，王彦威、王亮辑编，李育民等点校整理：《清季外交史料》第 3 册，第 868 页。

⑥　曾纪泽：《中国先睡后醒论》，光绪十二年，中国人民大学中共党史系、中国近现代政治思想史教研室编印：《中国近代政治思想史参考资料》上册，1980 年，第 284—285 页。

入口之税"，"当徐思变计"①。不过，清政府此时并无修约的急迫心理。如曾纪泽认为，修约"事体重大，其整顿也自不免多延时日。然此一世界固非将近终穷，太阳又非行尽轨道之圈，为时尚永。中国尽为国之职分，正可以暇日行之，而无事亟迫也"②。

甲午战后，清政府更为积极筹划修约，尤注重关税利权和领事裁判权。户部尚书熙敬等奏请整顿关税，逐渐收回利权，谓："条约税则及通商各款，遇修约年分，原准酌量议改。"他以日本争得关税权与曾纪泽争得税厘并征为例，认为"利权所在，据理力争，未尝不可挽回万一"，故宜悉心了解现存关税制度的失平，"知我吃亏所在"。然后坚持不懈，"经年累月，反复申论，争得一分即得一分之益"，可与日本一样"磨砻而成"③。1898 年，因翌年届与英修约之期，总理衙门"奏请将英约修改，藉得早定加税之议"，奉旨允准。于是拟"与各国使臣妥议加税章程，列入条约，以冀保我利权，藉收得寸得尺之效"④。收回领事裁判权方面，由同治年间开始的改进谋划有了更清晰的思路，伍廷芳奏请变通成法，提出较为完整的方案⑤。

经过庚子事变，清政府的修约意识更为清醒，体现了更多主动性，而且从各个方面提出具体方法，以维护中国的权益。

清朝大吏更明确提出修约要求。为应对修订商约交涉，安徽巡抚王之春提出抵制之法和预筹修约的建议。一方面，针对列强的要求，事先筹策。中外所订诸约，"其中不无亏损，而每届修改，辄有要求，屡烦支拄"。当今修约系平常施行的约章，可以反复驳辨，"彼索利益，则此议抵偿"。他具体提出"议改税则必酌量相抵之法"，即"有一减必有一增"。至于必议的添开口岸，展拓租界，提出"先自辟地段，设工局巡捕，以握主权，且以此抵偿他

① 《使美崔国因奏奉使任满谨陈办理使事各节折》，光绪十九年九月初四日，王彦威、王亮辑编，李育民等点校整理：《清季外交史料》第 4 册，第 1793 页。

② 曾纪泽：《中国先睡后醒论》，光绪十二年，中国人民大学中共党史系、中国近现代政治思想史教研室编印：《中国近代政治思想史参考资料》上册，第 285 页。

③ 《户部尚书熙敬等奏整顿洋税逐渐收回利权片》，光绪二十一年六月初四日，王彦威、王亮辑编，李育民等点校整理：《清季外交史料》第 5 册，第 2289—2290 页。

④ 《总署奏遵议陈其璋请与各国开议酌加进口税折》，光绪二十四年五月十六日，王彦威、王亮辑编，李育民等点校整理：《清季外交史料》第 5 册，第 2581—2582 页。

⑤ 参见李育民：《晚清改进、收回领事裁判权的谋划及努力》，《近代史研究》2009 年第 1 期。

项要素"，并指出日本常用此法收回权利，成效昭然。另一方面，"旧约失策之最甚者"，如治外法权、片面关税协定二端，"绸缪不容稍懈"。主张效法日本，派专员与外务部"考其害之重轻、争之难易，而因以筹补救之机宜"。虽然"效非一蹴可几，而事必以预而立"①。他们又充分利用条约规定，努力争取自己的修约权。交涉中，中方代表突破《辛丑条约》仅规定对方有权提出修约的限制，提出己方要求，谓："既有商议二字，便是彼此可以商改。"②盛宣怀等认为，"加税原非各国所愿，但期满修改税则，系条约所载"③。即根据条约，中国完全有修改税则的权利。

他们更进而注重从根本上商改条约。驻俄公使杨儒提出"保权"，在税法、租界、司法等方面，改变反客为主的现状④。在关税问题上，以往主要是从"利柄"着眼，尚未提出收回关税主权的根本问题。至宣统年间，一些官员则有了明确的关税主权认识。驻意公使钱恂指出：各国税政均有独立自主之权，中国却受条约约束，不能自主，仅实行片面协定关税，"大失持平"。他批评清政府仅知免厘加税，而不筹划收回关税主权。提出"断不能仅以加税作补苴之计"，当以日本为鉴，详细研究各国条约，"以预筹他日改约"，恢复中国的关税主权。并相信只要"坚忍以持，必有改正之一日"⑤。考察宪政大臣李家驹提出，收回税关管理权，改正税率，"亟应为改正之准备"⑥。

各大吏又主张整顿内政，广泛研究条约，为修约创造条件。两江总督刘坤一等称，和局大定之后，"即行宣示整顿内政切实办法，使各国咸知我有

---

① 《皖抚王之春奏预筹和约抵制办法折》，光绪二十七年七月初六日，王彦威、王亮辑编，李育民等点校整理：《清季外交史料》第 6 册，第 2843—2844 页。

② 《商约大臣盛宣怀致外部与英使订行轮传教诉讼通商各条电》，光绪二十八年正月初五日，王彦威、王亮辑编，李育民等点校整理：《清季外交史料》第 6 册，第 2879 页。

③ 《遵旨筹议增税事宜并拟税厘兼顾办法折》，光绪二十六年二月，盛宣怀：《愚斋存稿》卷 4，台北文海出版社，1974 年，第 149 页。

④ 《使俄杨儒请变通成法补救时艰谨拟六策折》，光绪二十七年七月初一日，王彦威、王亮辑编，李育民等点校整理：《清季外交史料》第 6 册，第 2839—2840 页。

⑤ 《使义钱恂奏调查义国对于中国货物进口征税情形折》，宣统元年八月二十五日，王彦威、王亮辑编，李育民等点校整理：《清季外交史料》第 8 册，第 4161—4162 页。

⑥ 《考察宪政大臣李家驹奏考察日本财政编译成书折》，宣统二年十二月十九日，王彦威、王亮辑编，李育民等点校整理：《清季外交史料》第 8 册，第 4432 页。

发愤自强之望、力除积弊之心，则筹议修约时尚可容我置词"①。杨儒提出，"非审酌时宜，更定律法，则外人断不肯就我范围，而约章终不可改"。援照东邻日本成例，则可望挽回时局②。东三省总督锡良提出修改东三省通商条约，认为"为今之计，可与各国密约以数年为限，为我预备开放之期，届期之日收回治外法权，准其杂居内地"③。张荫棠谓：列强"视吾国为半开化之国，未许同入于国际公法范围之内"。要收回关税主权和领事裁判权，"须于内政、外交——布局预筹，非旦夕可以收效"④。

总之，庚子事变之后，清政府更积极主动地筹划修约，形成较为完整的思路。从全面反思和批判传统驭外之道，到重视国际公法中近代意义上的国家主权意识，注重条约本身的规定，又进而筹划内政改革，创造收回主权各种条件，等等，这些表明清政府的对外观念和意识有了很大改变和进步。不可否认，清政府仍缺乏坚定的决心，更谈不上废约意识，又无整体的修约筹划，且无法彻底摆脱传统观念的羁绊。这就使得它所作努力成效甚微，不可避免地制约着修约的进程，实际上仍处于预筹修约阶段。此后经过民国时期的努力，迄至中华人民共和国建立，中国才彻底清除不平等条约的残余，按照国际法规范与世界各国真正建立平等的条约关系。

---

① 《刘坤一张之洞盛宣怀致总署通商行船事应详思力筹拟具说帖以备修约电》，光绪二十六年十二月初一日，王彦威、王亮辑编，李育民等点校整理：《清季外交史料》第 6 册，第 2775 页。

② 《使俄杨儒奏请变通成法补救时艰谨拟六策折》，光绪二十七年七月初一日，王彦威、王亮辑编，李育民等点校整理：《清季外交史料》第 6 册，第 2839—2840 页。

③ 《东督锡良奏遵旨密陈东三省大局应行分别筹办情形折》，宣统二年十月十六日，王彦威、王亮辑编，李育民等点校整理：《清季外交史料》第 8 册，第 4410 页。

④ 《使美张荫棠奏敬陈外交事宜并请开缺简授贤能折》，宣统三年九月初四日，王彦威、王亮辑编，李育民等点校整理：《清季外交史料》第 9 册，第 4575 页。

第九章　清政府应对条约关系的举措①

庚子事变之后，西方列强的集体暴力，使清政府完全接受了传统国际法时代的强权规则，再次以更屈辱的方式确立了恪守条约的方针。同时，通过加入国际公约，清政府进一步扩展了这种交往，以更加自主的姿态融入国际社会。对条约关系的性质及重要性，清政府有了更深入的认识，更加重视考究条约和国际法。为适应条约关系的新变化，清政府进一步采取了系列应对举措。其中，首先和主要进行的是外交制度的革新，并通过中央、地方外交机构的改革及其他外交制度的调适，进一步建立起了条约外交体制。另外，清政府启动了已中止三十余年的修律工作，进行了以模仿列强为宗旨的司法改革，建立了中外通行的法制体系。同时，清政府在对待外国人传教和边疆治理等其他方面也采取了系列措施。这些举措，揭示了条约关系的运行在晚清最后十余年的进一步调整和变化。

---

① 本章一、二节主要由李育民撰写，第三节由尹新华、李传斌合作完成。

第一节 制度革新与条约外交体制的形成

经过甲午、庚子的重创，尤其是八国联军入侵，清政府被迫订立《辛丑条约》，其对外观念及对外政策发生了重大转变。一个突出表现是，清政府进一步舍弃了羁縻之道，在接受传统国际法时代的强权规则的同时，为适应条约关系的新变化，又从中央及地方外交机构、驻外使领馆的整顿、外交礼仪及外交方式等方面推动相关制度革新，由此形成了较为完整和颇具近代化色彩的条约外交体制。

首先，从外交机构的变革上来看，中国的外交体制更褪去了羁縻"驭夷"的传统色彩，不论是在中央还是在地方，均作了新的调整，进一步走向统一化、规范化和近代化。在中央层面，对于总理衙门的种种弊端，不仅列强不满，而且清政府亦希望进行改革。各国提出将总理衙门改为外务部后，得到了李鸿章、奕劻等人的积极响应。奕劻看到《议和大纲》后，致函荣禄谓："译署鼎新，彼如不言，中国亦宜自加整顿。"[1] 李鸿章有更全面的考虑，他认为：设立了逾四十年的总理衙门未发挥作用，沦为不合理及不负责任的机构，招致公使馆被围攻，外国人被害，因此必须废除，并成立新的外交负责机构。他主张将这一机构改称为"外务部"，对任职于该机构的大臣授予高薪待遇，并要求由北京公使会议明确提出[2]。李鸿章的意图是借助列强的力量，推行外交机构的改革。光绪二十七年（1901）六月初九日，清廷降旨，将总理衙门改为外务部，"班列六部之前"，对该部官员"优给俸糈"[3]。显然，中央外交机构的改革，其议虽发自列强，但主要内容却是出于李鸿章的谋划。该机构被提升为各部门之首，并受到各种优待，体现了清政府将以

---

① 《奕劻札》，光绪二十六年十二月初四日，杜春和等编：《荣禄存札》，第 10 页。

② 参见［日］川岛真著、田建国译：《晚清外务的形成——外务部的成立过程》，《中山大学学报》2011 年第 1 期。

③ 《辛丑各国和约》附件十八，光绪二十九年七月二十五日，王铁崖编：《中外旧约章汇编》第 1 册，第 1023 页。

条约为核心的中外关系放在了首要地位。在官制改革中，清政府也明确提出，"列邦对峙，首重外交，外务部宜居第一"①。体现传统"驭夷"观念，"以示羁縻"的总理衙门被改为外务部，表明清政府在体制上舍弃了羁縻外交，使中国的外交更趋向近代化。用美国专使柔克义的话说，"总理衙门（或称外交事务署）是既臃肿庞大而又无能履行所赋予的职责的机构，根据会议建议的方式进行了改组，变成了一个承担责任的外务部，并按照世界上所有其他国家所采用的类似方式组织起来"②。

地方外交，亦在庚子事变之后的改革中，作了新的调整，试图建立统一的体制。在近代国家，外交属于国家行为，外交权由中央掌握，地方政府只能在宪法和法律允许的范围内从事有关地方事务的外交活动。晚清时期形成的地方外交，是一种削弱国家统一的体制，是不可取的。这一体制有种种弊端，造成了国家外交格局的混乱，促使了外重内轻局面的恶化。此外，作为封建专制的国家，地方外交权的过度泛滥又必然削弱皇权，因此，改革这一制度已是必然趋势。外务部员外郎辜鸿铭称："李鸿章为北洋大臣，适值中外交讧，外患孔亟，故凡办理外事，朝廷仍不得不畀以重权，一若前督臣曾国藩督军之时。由此以来，北洋权势愈重，几与日本幕府专政之时不相上下，故当时言及洋务，中外几知有李鸿章而不知有朝廷也。""人见办理外事既无定章可守，遂渐视内政之旧法亦可以不必守也。"③ 还在光绪三十一年，便有人在《南方报》上载文，指出外交机关需要改革，并提出了改革的方案。他说，"中国今日处世界之冲，厕列强之侧，国家之运命，几全系于外交"，但中国"组织办外交之法，实亦多所失当"，所以"整理外交机关，尤为要着"。他建议，"于各省设立交涉总局，直隶外务部，而仍受节制于该管督抚，略如各商局、商会直隶商部之例。置一道员或司员相当之官，总辖其事。其一省之府、厅、州、县，凡属通商及有教堂者，皆由局

① 《附阁部院官制节略清单》，光绪三十二年九月十六日，故宫博物院明清档案部编：《清末筹备立宪档案史料》上册，第469页。
② 《美国赴华专使柔克义的报告》，1901年11月30日，天津社会科学院历史研究所编，刘心显、刘海岩译：《1901年美国对华外交档案——有关义和团运动暨辛丑条约谈判的文件》，第6—7页。
③ 《外务部员外郎辜汤生陈言内政宜申成宪外事宜定规制并请降谕不准轻改旧章创行新政呈》，光绪三十三年十月，故宫博物院明清档案部编：《清末筹备立宪档案史料》上册，第310页。

遣员与地方官襄理交涉，略如近拟遣员办理刑狱之例。其事简者，或一人兼管数县，如有要事，得随时由总局直禀外务部，以便预备应付之法。小事由委员自结，不可结者，归之总局。再大则归之外务部，如此联络一气，脉络灵通，内外无扞格之虞"。关于经费筹集问题，他的办法是"各省多有洋务局，将其改设，事极不难"①。正由于这些原因，清末，清政府开始采取措施限制地方官的外交权。

这些措施主要有：其一，取消将军、督抚的总理衙门大臣兼衔。光绪二十七年六月初十日，即发布改总理衙门为外务部上谕的第二天，清廷又颁发了一道上谕，撤销了各将军、督抚的总理衙门大臣兼衔，谓："前因各直省办理交涉，事务殷繁，特令各将军、督抚均兼总理各国事务衙门大臣之衔，现在该衙门已改，各将军、督抚着毋庸兼衔。惟交涉一切，关系繁重，皆地方大吏分内应办之事，该将军、督抚等仍当加意讲求，持平商办，用副委任。"② 该上谕虽未完全收回将军、督抚的外交权，将"交涉一切"仍作为地方大吏的分内应办之事，但撤销了将军、督抚在中央外交机构的兼衔，意味着他们失去了参与国家外交事务的法理依据，留在他们手中的外交权随时都可以被收回。其二，借宪政改革，进一步强化君主控制外交的大权。清政府进行宪政改革，即所谓预备立宪，其重要目的之一便是加强中央集权，收回内政、外交等各种大权。所谓"仿行宪政，大权统于朝廷，庶政公诸舆论"③。载泽在《请宣布立宪密折》中称："凡国之内政外交，军备财政，赏罚黜陟，生杀予夺，以及操纵议会，君主皆有权以统治之。"④《宪法大纲草案》亦谓，宣战、媾和、订立条约及派遣与认受使臣之权由君主亲裁⑤。根据这一法规，外交权均掌握在君主手中，包括战争权和订约权以及平时交往权等。其三，通过厘定地方官制，削弱地方外交权。光绪三十三年五月，奕

---

① 《论外交之机关急宜整理》，《东方杂志》1905 年第 2 卷第 11 期。
② 朱寿朋编、张静庐等校点：《光绪朝东华录》第 4 册，总第 4685—4686 页。
③ 《宣示预备立宪先行厘定官制谕》，光绪三十二年七月十三日，故宫博物院明清档案部编：《清末筹备立宪档案史料》上册，第 44 页。
④ 《出使各国考察政治大臣载泽奏请宣布立宪密折》，光绪三十二年，故宫博物院明清档案部编：《清末筹备立宪档案史料》上册，第 174 页。
⑤ 《附宪法大纲暨议院法选举法要领清单》，光绪三十四年八月，故宫博物院明清档案部编：《清末筹备立宪档案史料》上册，第 58 页。

勋等拟定《各省官制通则》，规定："一省或数省设总督一员，总理该管地方外交军政，统辖该管地方文武官吏，并兼管所驻省份巡抚事，总理该省地方行政事宜；每省设巡抚一员，总理地方行政，统辖文武官吏……唯于该省外交、军政事宜，应商承本管总督办理。"无总督兼辖者，即由该省巡抚自行核办；督抚衙门设交涉等科作为幕职，办理文牍等事务；幕职设立后，原来所设各项局、所要酌量裁撤①。《各省官制通则》将原来拟议中的"直接掌管"改为"总理"，并规定只设交涉科，原来的洋务局、交涉局等地方外交机关均酌情予以裁撤。较之讨论时提出的"两层办法"，《各省官制通则》进一步削弱了督抚的外交权。督抚们对此提出了不同意见，或提出由督抚对外交负完全责任，或提出以与京师的距离远近为依据，分三等办理，或主张中央与地方应该划清外交权限，等等②。督抚们的主流意见，是希望扩大而不是削弱外交权，因此未被清廷所采纳③。

进而，在各省设立交涉使，统一各省外交体制。先是东三省试行《各省官制通则》，设立了交涉使司，掌管办理外交各事④。云南、浙江两省也相继设立了交涉使司。宣统二年（1910）六月，外务部认为现有体制存在种种弊端，提出要统筹外交全局，使内外联成一气⑤。会议政务处赞同外务部的主张，认为此举"实于外交有裨，应如所奏办理"。同时，外务部拟订《交涉使章程》，提出在交涉事务较繁的省份设立交涉使司，获得了谕准。《交涉使章程》第一条规定："凡有交涉省份每省设交涉使司交涉使一员，办理全省交涉事务。"⑥ 外务部奏称，"向来各省多设洋务局，或交涉局，办理交涉，以藩、臬两司兼充总办，而参用道、府以下人员"。"一省交涉，何等重要，乃仅受成于局所，待理于兼差。虽各口岸尚有关道分治，殊非统一外交之

---

① 《总司核定管制大臣奕劻等奏续订各直省官制情形折附清单》，光绪三十三年五月二十七日，故宫博物院明清档案部编：《清末筹备立宪档案史料》上册，第506—508页。

② 督抚的不同意见，参见丁进军编选：《清末筹备立宪档案史料补遗》，《历史档案》1993年第3期。

③ 《各直省官制先由东三省开办俟有成效逐渐推广谕》，光绪三十三年五月二十七日，故宫博物院明清档案部编：《清末筹备立宪档案史料》上册，第510页。

④ 《东三省总督徐世昌等奏东三省设立职司官制及督抚办事要纲》，光绪三十三年四月，吉林省档案馆、吉林省社会科学院历史所编印：《清代吉林档案史料选·上谕奏折》，1981年，第83页。

⑤ 《外务部奏请设省交涉使缺并拟章程请饬会议政务处复核折并单》，《政治官报》1910年第1014号。

⑥ 《外务部奏请设省交涉使缺并拟章程请饬会议政务处复核折并单》，《政治官报》1910年第1014号。

道。"现拟请将交涉一司"定为通制",除奉天、吉林、浙江、云南已设外,其他各省或先设,或兼办,或缓设,"如应增置,随时办理",而旧交涉局所,即行裁撤,清廷降谕从之①。全国由此普遍建立了交涉使司制度。交涉使司的设置,标志着地方外交制度的规范化和统一化,具有重要意义。作为地方外交机构,交涉使司与此前的洋务局、交涉局不同,它被正式纳入了国家官制。尽管它仍未脱离地方外交的窠臼,但相对于此前的混乱状态而言,无疑有了很大的改善。如学界所言,"交涉使制度大体上是一个进步。地方外交机构原来散漫、分歧、无计划、无系统,至是全国主要省份皆有一律的机关,职权人选俱有一定标准"②。或谓其设立,"使得外交行政中长期存在的中央与地方扞格之弊初步得到了解决"。就外交行政的客观规律而言,"这一步骤无论对于外交机构的正规化,还是对于外交行政的统一,都是有积极意义的"③。

另外,这一时期,清政府就驻外使领馆的正规化整顿采取了系列措施④,表现出了更多的接受西方文明体制的主动意识。如光绪二十七年,驻俄公使杨儒提出修订出使章程,他认为,西方将出使"立为专门之学",而在中国则当做进身之阶,因此遭到外人的轻视。应改变这一状况,重新修订出使章程,"俾资模范,使务必大有起色"⑤。光绪三十四年,驻德公使孙宝琦上奏,提出"推广驻使""豫储外交人才"等举措,经部议,谕令奏明办理⑥。

中外交往的仪礼问题也获得进一步解决,清廷最终放弃了尽可能更多地保存旧制,维护残留的天朝体面的企望。辛丑议和时,清廷仍向全权大臣奕劻等提出,"觐见礼节如何更改,自应酌中定议,总期无伤国体"⑦。然而,这一冀图终被列强所否定,《辛丑条约》基本上按照列强的意旨,变通各国

① 《宣统政纪》卷 38,宣统三年七月甲寅,《清实录》第 60 册,中华书局,1987 年,第 684 页。
② 陈体强:《中国外交行政》,商务印书馆,1943 年,第 101 页。
③ 王立诚:《中国近代外交制度史》,甘肃人民出版社,1991 年,第 186 页。
④ 详见王立诚:《中国近代外交制度史》,第 186—193 页。
⑤ 《使俄杨儒奏请变通成法补救时艰谨拟六策折》,光绪二十七年七月初一日,王彦威、王亮辑编,李育民等点校整理:《清季外交史料》第 6 册,第 2841 页。
⑥ 《德宗景皇帝实录》卷 586,光绪三十四年正月丙辰,《清实录》第 59 册,第 753 页。
⑦ 《军机处为复行遵拟磋磨各条款事致全权大臣奕劻等电》,光绪二十六年十一月初五日,中国第一历史档案馆编:《庚子事变清宫档案汇编》第 9 册,中国人民大学出版社,2003 年,第 167 页。

公使觐见礼节。该约附件十九对觐见全过程和各个细节作了详细规定，包括觐见地点和路线、乘轿规格，以及国书呈递，要求"皇帝必亲手接收"；款宴诸国使臣，皇帝须"躬亲入座"，等等。尤其是最后强调："总之，无论如何，中国优礼诸国使臣，断不至与彼此两国平行礼制有所不同。"① 这些规定，确立了近代国家平等交往的原则，对觐见问题作了最后的结论，传统国体的核心对外理念也由此基本上被清除。

尤值得指出，经过庚子事变，清政府的外交方式亦发生了重大的转变。民众反侵略斗争方式的更新和进步，文明排外的兴起，如抵制美货与收回利权运动等，促使了国民外交的兴起，推动了清政府外交的转型。条约关系的发展变化，推动民众运动由传统走向近代，促使了近代民族主义的兴起。这一新的趋向，与清政府新产生的外交理念和诉求结合起来，形成了国民外交与政府交涉融合的新态势。在 20 世纪初年，政府以民众呼声为后援，而民众则推动政府办理交涉。民众与政府的协调一致，取得了可喜的成效，在某种程度上改进和减轻了条约关系中的不平等内容，这是前所未有的新现象。某些官僚便产生了国民外交的思想，提出，"此次条约关系中国大利害，必须博询臣民，舆论金同，方可施行"②。在实践中，一些重臣与民众站在同一条战线上，借助民众力量进行交涉，取得了明显的效果。如在收回粤汉路的交涉中，清政府的官员积极参与了这一事件，其中两广总督张之洞支持民众要求，尤为突出。关于国民外交的兴起，后文详述，这里不赘。

总之，甲午战争、庚子事变之后，舍弃传统的"驭夷"之道，代之以近代外交制度，在清末形成了明确的趋向。作为传统的"驭夷"之道，羁縻逐渐退出历史舞台，走向了"以夷变夏"。在道光、咸丰、同治三朝，"羁縻"这个词可以说是俯拾皆是，充斥了君臣的上谕和奏折中；而在光绪朝以后，这个词便不多见了，尤其是在庚子事变之后更为罕闻。朝野"竞起而讲交际之道"，与此前"鄙夷外人，贱之如番獠，士大夫不屑与交涉也，且不屑与

---

① 《辛丑各国和约》附件十九，光绪二十七年七月二十五日，王铁崖编：《中外旧约章汇编》第 1 册，第 1024 页。

② 《工部学习主事夏震武折》，光绪二十六年十一月十九日，故宫博物院明清档案部编：《义和团档案史料》下册，第 874 页。

交际"的"感情从事",大异其趣。甚至"上自宫廷,下至地方官吏,其所以与外人交际者,宴会馈遗,无不竭力奉迎,以求得其欢心"①。中国外交正在发生根本的转折,传统的观念和制度,逐渐被以条约为内核的近代外交所取代。但是,清末的变化仅仅是这一全面变革的开端,羁縻意识仍未被彻底抛弃。"今以中国现象言之,国际观念最为幼稚,较其程度,尚在排斥主义之终期,与相互主义之初期。"一般臣民之理想,"不失于拒外,即失于畏外"。大多数人对条约公法和国家主权,仍然是一知半解,"此皆平等观念尚未萌芽之故也"②。尽管如此,中国外交已出现了新的趋向,传统的"驭夷"走向了近代的外交。

第二节　条约关系影响下的法制变革

20 世纪前,条约关系对晚清法律制度的影响,主要限于涉外司法领域。除了以国际条约的法律形式,系统改变清政府的涉外法规之外,国内法亦有相应的变化,但清政府的整个法律体系,并未由此发生根本性改变。而条约关系犹如催化剂,打破了传统法律的稳定格局,刺激中国引进新的法律文明,建立中外通行的法律体系。尤经庚子事变,延续数千年以治内为主要内容的封建法律体系,更全面地转向适应内外形势变化的新格局。

众所周知,《大清律例》颁行后,曾确立了五年一小修,十年一大修的制度。进入近代,自同治九年(1870)最后一次修律之后,便中止了这一制度,迄至清末再未启动。对于其原因,沈家本谓,"自同治九年以来,绌于经费,迄未举行,至今垂四十年"③。"绌于经费"虽是原因之一,但主要原因,实际上在于列强侵略导致的中外形势的变局,尤其是条约关系确立之后,打破了旧的法律体制,造成中国法律体制的紊乱和多元化。《万国公报》

---

①　《论交际与交涉之界限》,《外交报》第 107 期,1905 年 4 月 29 日。

②　王倬:《论外国人之私权与平等主义》,《外交报》第 269 期,1910 年 3 月 15 日。

③　《宣统政纪》卷 20,宣统元年八月甲辰,《清实录》第 60 册,第 375 页。

载文谓，"不意海禁开后，全地大变，交涉日广，持法益难"①。"持法"既难，按照惯例对《大清律例》进行修改，自然难以措手。《清史稿》谓，"德宗幼冲继统，未遑兴作。兼之时势多故，章程丛积，刑部既惮其繁猥，不敢议修，群臣亦未有言及者，因循久之"②。此论未归于经费原因，而是着眼于形势变化的影响，应较符合事实。

　　显然，条约关系的建立和发展，使封建旧律陷入困境，由此将晚清时期的法律引向新的路径，即建立适应这一关系的中外通行体制。作为明确的方针，中外通行是在清末提出的，而它的酝酿却始于第二次鸦片战争之后。这一方针的产生，与中外条约的演化，尤其与清政府为改进和收回领事裁判权所作谋划和努力，有密切的关系。如前所述，同治年间，清政府预筹修约，便开始萌生这一想法。其时，总理衙门"妥为悉心筹画"，"为未雨之绸缪"③。章京周家楣就领事裁判权问题提出，"定约时，将中外命案定一公例，凡系交涉之案彼此照办，以得其平"④。所谓"公例"，即中外双方共守的律例；这是中外通行主张的最初设想。接着，英驻华公使阿礼国要求修约，也提出了类似的设想，包括中外商定章程，设立管理洋人的外国官，以及"定一通商律例"⑤，即由中外会商订立统一的法律，并建立混合法庭，裁决民事案件中的所有中外争端。英国方面认为，"要有一部中外法官均接受的商律，以广泛的、为普世所接受的平等原则为基础，并且使法庭有一套遵循实践规则的固定程序，这些法庭应以同样的方式建立，由中外当局共同同意、同时行动"⑥。清政府接受了这一主张，并在中英《新定条约》中作了规定，该约为英国政府否定之后，清政府仍在继续筹划。光绪元年（1875）"滇案"发

①　尹彦铢：《剂变篇论刑律》，《万国公报》1900 年第 139 期。

②　《刑法一》，赵尔巽等撰：《清史稿》第 15 册，第 4187 页。

③　《总理各国事务恭亲王等奏》，同治六年九月乙丑，宝鋆等纂修：《筹办夷务始末·同治朝》卷 50，第 24—27 页。

④　《总署奏拟纂通商则例以资信守折》，光绪三年九月二十五日，王彦威、王亮辑编，李育民等点校整理：《清季外交史料》第 2 册，第 216 页。

⑤　《复英国公使修约二十九款》，同治七年十二月，宝鋆等纂修：《筹办夷务始末·同治朝》卷 63，第 30—31 页。

⑥　"Instructions by Sir R. Alock to British Commissioner Respecting Mixed Corts," May 1, 1868, *British Documents on Foreign Affairs*, Part1, Series E, Vol. 20, University Publications of America, 1994, p. 224.

生后，总税务司赫德提出了一个较为明确的中外通行方案，总理衙门认为"所议自可采取"，但仍顾虑重重，未予采行①。其后驻英公使郭嵩焘重提赫德方案，奏请纂辑《通商则例》②，总理衙门主张进行筹备。清廷同意这一意见，令出使大臣"广译各国律例汇寄"，南北洋大臣"一体纂辑汇送"，"以便派员画一纂订成书"③。

在这一过程中，赫德的建议为不少大使所关注，除了前面提到的李鸿章赞成赫德在通商口岸设置"共同的法庭"，采用西方律例的建议，以及郭嵩焘提出纂辑《通商则例》之外，还有其他官员主张订立中外通行的通商律例。光绪五年，薛福成再次提出借鉴赫德的方案，甚至认为"专用洋法亦可"④。光绪七年，翰林院侍讲学士陈宝琛条陈讲求洋务六事，其中关于中外诉讼，提出"参合中西律意，订一公允章程，商布各国，勒为科条"。他进而主张将其推向各州郡，"俾穷乡僻县，有司持平以执意宪，不至茫惑于两歧"。如是"公则生明，通则可久，中国之福，亦外国之福也"⑤。清廷谕令直隶总督李鸿章、两江总督刘坤一、长江巡阅使彭玉麟酌议具奏，又令总理各国事务衙门议奏⑥。刘坤一复奏，对参订中西律例深以为然。鉴于中西律不同，刘坤一认为必须延请各国有名律师，公同斟酌。他主张"商允"各国使臣，"自派律师或刑名人员，与中国委员会办"。而中国委员必须参用熟悉公法西律之人，"庶易集事"⑦。未见李鸿章和彭玉麟表示意见，总理衙门亦未议奏，订"公允章程"之议又无声息。迄至甲午战争之后，康有为在戊戌变法中上书光绪帝，进一步明确提出，"今宜采罗马及英、美、德、法、日本之律，重定施行；不能骤行内地，亦当先行于通商各口"⑧。出使美、日、

---

① 《总署奏拟纂通商则例以资信守折》，光绪三年九月二十五日，王彦威、王亮辑编，李育民等点校整理：《清季外交史料》第 2 册，第 216—217 页。

② 《请纂成通商则例折》，光绪三年八月二十七日，杨坚校补：《郭嵩焘奏稿》，第 383 页。

③ 《德宗景皇帝实录》卷 58，光绪三年九月丁丑，《清实录》第 52 册，中华书局，1987 年，第 801—802 页。

④ 《筹洋刍议》，1879 年，徐素华选注：《筹洋刍议：薛福成集》，辽宁人民出版社，1994 年，第 57—58 页。

⑤ 《条陈讲求洋务六事折》，光绪七年闰七月，陈宝琛著，刘永翔、许全胜校：《沧趣楼诗文集》下册，上海古籍出版社，2006 年，第 810 页。

⑥ 《德宗景皇帝实录》卷 134，光绪七年八月癸亥，《清实录》第 53 册，中华书局，1987 年，第 931 页。

⑦ 《议复陈宝琛条奏洋务情形折》，光绪七年十一月初二日，中国科学院历史研究所第三所工具书组校点：《刘坤一遗集》第 2 册，中华书局，1959 年，第 669—670 页。

⑧ 《上清帝第六书》，1898 年 1 月 29 日，汤志钧编：《康有为政论集》上册，第 215 页。

秘鲁大臣伍廷芳也奏请变通成法，修订法律，"采各国通行之律，折中定议，勒为《通商律例》一书，明降谕旨，布告各国。所有交涉词讼，彼此有犯，皆从此为准"①。可见，在清末司法改革之前，为调整条约特权下的法律关系，不少大吏的观念已发生变化，产生并形成了较为明确的中外通行的修律思路。关键在于，实行这一方针就必须采用西方法律，而这是清政府最为纠结之处。李鸿章说，日本与西方交涉改约，"先将向用刑章改就西法，犹虑西人不能尽从"。而"试问中国刑部及内外各衙门，能将祖宗圣贤刑制尽改乎"？如果不改，"强西人归我管辖，虽巴西、秘鲁小邦亦不愿也"②。也正是由于这一原因，总理衙门一再否定此类方案，并得到清廷的肯定。

经过庚子事变的重创，且随着条约关系观念的逐渐形成，清政府对西律的态度有了重大转变。光绪二十六年十二月，光绪帝和西太后下诏维新，主张要"浑融中外之迹"，学"西学之本源"，取外国之长，去中国之短③。张之洞认为，不变西法不能挽救危局，如果仅仅整顿中法，在传统体制中讨出路，"以此而望自强久存，必无之事"，提出酌改律例④。清廷接受了这一建议，启动已中止三十余年的修律程序，明确宣布中外通行方针。清廷降谕："着各出使大臣查取各国通行律例，咨送外务部。并着责成袁世凯、刘坤一、张之洞，慎选熟悉中西律例者，保送数员来京，听候简派，开馆编纂，请旨审定颁发。总期切实平允，中外通行，用示通变宜民之至意。"⑤ 此上谕是清末司法改革的动员令，它明确指出《大清律例》已不合时宜，确立了借鉴西方法律的基本方针，为中国走向新的法律文明开出了通行证。正是有了这张通行证，沈家本才敢明确提出，"专心折冲樽俎，模范列强为宗旨"⑥，即按照西方资产阶级法律原则改造封建旧律。尽管这一方针遭到礼教派的反对和抵拒，一度出现回流，但这并未从根本上改变改革旧律的总趋势。东三省总

① 《奏请变通成法折》，1898年2月10日，丁贤俊、喻作凤编：《伍廷芳集》上册，第50页。
② 《复曾劼刚星使》，光绪五年九月初五日，顾廷龙、戴逸主编：《李鸿章全集》第32册，第488页。
③ 《谕》，光绪二十六年十二月丁未，朱寿朋编、张静庐等校点：《光绪朝东华录》第4册，总第4601页。
④ 《致江宁刘制台》，光绪二十七年二月十二日，苑书义等主编：《张之洞全集》第10册，第8533—8534页。
⑤ 《谕》，光绪二十八年二月癸巳，朱寿朋编、张静庐等校点：《光绪朝东华录》第5册，总第4833页。
⑥ 《修订法律大臣沈家本等奏请编定现行刑律以立推行新律基础折》，光绪三十四年正月二十九日，故宫博物院明清档案部编：《清末筹备立宪档案史料》下册，第852页。

督徐世昌等谓："世界大同，文明竞化，均以法律之大同觇权利之得失。""果能变通成规，集取新法，使各国商民之在我领土者均以诉讼为便，则宣布实行，或有更改旧约，与各国跻于同等之一日。"①

在中外通行方针之下的改革中，改变列强凭借条约建立的畸形法律关系，收回领事裁判权，是清政府最重要的考虑。同治年间，周家楣便认为，"中外办罪生死出入，不得其平"，由此提出"定一公例"②。光绪时期，这一思路更为清晰。李鸿章指出，"洋人归领事管辖，不归地方官管辖，于公法最为不合"③。薛福成谓：美国与日本议立新约，"许归复其内治之权，外人皆归地方官管辖"。中国"亦宜于此时商之各国，议定条约"④。康有为将领事裁判权视为"非常之国耻"⑤，认为"吾国法律，与万国异，故治外法权，不能收复"⑥。伍廷芳根据各国通例，指斥这一特权制度"冠履倒置"，较为明确地提出了收回领事裁判权的方案，包括修订法律和内地通商⑦。清末司法改革伊始，清廷谕旨虽没有明确提出收回领事裁判权，但中外通行方针无疑含有这一意图。如前所述，在随后的中英商约谈判中，清政府提出了领事裁判权问题，英、美、日也在通商续约中作出了相关承诺。

收回领事裁判权，由此成为清末法律改革的目标，中外通行的修律方针亦出现了重要变化。此前提出的通商律例方案，仍然保留领事裁判权，具有折中过渡性质。现在则明确以收回领事裁判权为目标，朝臣疆吏以此作为立论依据和改革主调。"试观内外论说公文等，凡言新律之可行者，多以收回裁判权为据。"⑧ 如前所述，主持修律的沈家本、伍廷芳等人多次表示，以收回治外法权为宗旨。收回领事裁判权，成了效法西方法律，建立中外通行的法制体系的基本理由。如沈家本等提出删除重法，谓："中

---

① 《东三省总督徐世昌署吉林巡抚陈昭常署黑龙江巡抚周树模奏参考刑律草案签注各条折并单》，《政治官报》1909 年第 549 号。

② 《总署奏拟纂通商则例以资信守折》，光绪三年九月二十日，王彦威、王亮辑编，李育民等点校整理：《清季外交史料》第 2 册，第 216 页。

③ 《复曾劼刚星使》，光绪五年九月初五日，顾廷龙、戴逸主编：《李鸿章全集》第 32 册，第 488 页。

④ 《筹洋刍议》，1879 年，徐素华选注：《筹洋刍议：薛福成集》，第 57—58 页。

⑤ 《上清帝第六书》，1898 年 1 月 29 日，汤志钧编：《康有为政论集》上册，第 214—215 页。

⑥ 《请开制度局议行新政折》，1898 年 8 月 30 日，汤志钧编：《康有为政论集》上册，第 352 页。

⑦ 《奏请变通成法折》，1898 年 2 月 10 日，丁贤俊、喻作凤编：《伍廷芳集》上册，第 48—50 页。

⑧ 崔云松：《新刑律争论之感言》，《国风报》1910 年第 30 期。

国之重法，西人每皆为不仁，其旅居中国者，皆借口于此，不受中国之约束"，"此亟当幡然变计者也"。"此而不思变通，则欲彼之就我范围，不犹南辕北辙乎？"① 沈家本又奏呈《刑律草案》，指出："各法之中，尤以刑法为切要"，"中国介于列强之间，迫于交通之势，盖有万难守旧者"。根据国际通例，国家有独立体统和独立法权，"法权向随领地以为范围"。而"独对于我国，借口司法制度未能完善，予领事以裁判之权"，"此亟于时局不能不改者"。他又从中国的国际地位以及教案为祸之烈等角度，提出了变通旧律、制定新刑律的必要性②。庆亲王奕劻强调，改革旧律，"为撤去领事裁判权之本"，且关系国家的存亡，新刑律"合乎公理"，"宜行""当行"③。即使是礼教派也承认，"欲收回治外法权，则旧律有碍治外法权者，不能不酌加删改"④。

条约关系下对外开放的扩大，经贸新局面的出现，又冲击了诸法合体的观念和格局，推动司法改革向更广的领域展开，从而建立完整的中外通行法律体系。随着中外条约关系的建立和发展，列强攫取了大量经济特权，中国自己亦相应兴办了不少新的事业，由此产生的法律问题亦愈益广泛，尤其是大量的民事诉讼。相关条约缺乏详细具体的规范，而以治内为主的国内法，已完全不能适应这一变化，需要作全面的调整和修改。还在光绪三年，郭嵩焘便指出，"仅恃通商条约为交接之准，而条约定自洋人，专详通商事例，于诸口情状皆所未详，每遇中外人民交涉事件，轻重缓急，无可依循"。"遇有辩论事故，无例案之可援，观望周章，动为所持。"其原因在于，"中国本无通商成案，一切屈意为之，所定条约，苟且敷衍，应付一时，未尝为经久之计"。例如，镇江趸船一案，"中国于此全未定立章程"，外商肆意抗拒，历三年之久。中方"无词以相诘难，一切任从所为，不得已就其国辩论，听

---

①　《删除律例内重法折》，光绪三十一年三月二十日，沈家本：《沈寄簃先生遗书·寄簃文存》第 1 卷，第 1—4 页。

②　《修订法律大臣沈家本等奏进呈刑律草案折》，光绪三十三年，上海商务印书馆编译所编纂、李秀清等点校：《大清新法令 1901—1911 点校本》第 1 卷，商务印书馆，2010 年，第 457—458 页。

③　《宪政编查馆和硕庆亲王奕劻等奏为核定新刑律告竣请旨交议》，光绪三十三年，刘锦藻撰：《清朝续文献通考》第 3 册，第 9893—9894 页。

④　《学部复奏新刑律草案有妨礼教》，光绪三十四年，刘锦藻撰：《清朝续文献通考》第 3 册，第 9920 页。

候外部核议"。又由于来华通商的洋人,"到处与中国人民错居,交涉纷繁,决非通商条约所能尽其事例"。有鉴于此,郭嵩焘奏请纂辑《通商则例》一书,"庶一切办理洋案有所据依,免致遇事张皇,推宕留难,多生枝节"①。

郭嵩焘所言,揭示了条约关系下法规建设的滞后和缺失,以及其导致的涉外诉讼和中外关系的困境。中日甲午战争后,列强侵入中国经济领域的范围更为扩大,这一现象更为严重,康有为更具体地提出了这一问题,奏言:"虽名为国,而土地、铁路、轮船、商务、银行,惟敌之命,听客取求,虽无亡之形,而有亡之实矣。"其根本原因在于,"笃守旧法而不知变,处列国竞争之世而行一统垂裳之法"。他提出,"民法、民律、商法、市则、舶则、讼律、军律、国际公法,西人皆极详明,既不能闭关绝市,则通商交际势不能不概予通行。然既无律法,吏民无所率从,必致更滋百弊。且各种新法,皆我所夙无,而事势所宜,可补我所未备。故宜有专司,采定各律,以定率从"②。

庚子事变之后,刘坤一与张之洞在"江楚会奏"第三折"采用西法"中,提出定矿律、路律、商律、交涉刑律。这是由于,"近数年来,各国纷纷集股来华,知我于此等事务尚无定章,外国情形未能尽悉,乘机愚我攘利侵权"。必中国定有商律,"则华商有恃无恐,贩运之大公司可成,制造之大工厂可设,假冒之洋行可杜"。他们建议,博采各国矿务律、铁路律、商务律、刑律诸书,为中国编纂简明矿律、路律、商律、交涉刑律,"请旨核定,照会各国,颁行天下,一体遵守"③。张之洞指出,"国际交涉日益繁重,实非旧例所能赅括",即如轮船、铁路、电报、邮政、印花、钞票等,"在外国莫不严妨碍交通之罪,设侵害信用之防",应特设专条,预为防范。如商务"别有商法",军政各项"别有海陆军刑法",等等,"各国已为通例,未有与刑法相混者"。各国法律均分类编定,而"中国合各项法律为一编,是以参

① 《请纂成通商则例折》,光绪三年八月二十七日,杨坚校补:《郭嵩焘奏稿》,第 381—383 页。
② 《上清帝第六书》,1898 年 1 月 29 日,汤志钧编:《康有为政论集》上册,第 211—212、215 页。
③ 《遵旨筹议变法谨拟采用西法十一条折》,光绪二十七年六月初五日,苑书义等主编:《张之洞全集》第 2 册,第 1441—1442 页。

伍错综，委曲繁重"①。其他如工部尚书等也提出了类似主张。宣示中外通行的清廷上谕亦提出，"近来地利日兴，商务日广，如矿律、路律、商律等类，皆应妥议专条"②。

尤其是，编纂民法的建议被明确提了出来，并付诸实施，由此又推动了国人对国际私法的了解和关注。20 世纪初年，已有舆论呼吁制定民法。接着，大理院正卿张仁黼奏称："中国法律，惟刑法一种，而户婚、田土事项，亦列入刑法之中，是法律既不完备，而刑法与民法不分，尤为外人所指摘。"他进而解析了公法与私法，以及国际公法与国际私法等不同法律的区别，并认为二者皆"是为关乎撤去领事裁判权之根本"③。接着民政部奏请制定民律，亦阐明了各种法律的区别，认为公法与私法，二者相因，不可偏废，而制定民律，"实为图治之要"④。张之洞亦谓，在各国，"民法一项，尤为法律主要，与刑法并行"。据修订法律大臣俞廉三等奏，拟定《民律草案》，以"注重世界最普通之法则"为第一项宗旨。这是因为，"瀛海交通于今为盛，凡都邑、巨埠，无一非商战之场"。另外，华侨流寓南洋，生齿日繁，而按照国际私法，"向据其人之本国法办理"。若"一遇相互之诉讼，彼执大同之成规，我守拘墟之旧习，利害相去，不可以道里计"。因此，编订民律，"为拯斯弊，凡能力之差异，买卖之规定，以及利率时效等项，悉采用普通之制，以均彼我而保公平"⑤。显然，制定民律，其首要目的，便是在条约关系的新形势下，运用国际私法来处理涉外民事纠纷，维护自身权益。

由上可见，清末司法改革，相当程度上是在条约关系的刺激下进行的，并非通常情况下的自主革新。当时有人撰文谓："吾国编订法典之原动力，

---

① 《遵旨核议新编刑事民事诉讼法折》，光绪三十三年七月二十六日，苑书义等主编：《张之洞全集》第 3 册，第 1774 页。

② 《谕》，光绪二十八年二月癸巳，朱寿朋编、张静庐等校点：《光绪朝东华录》第 5 册，总第 4833 页。

③ 《大理院正卿张仁黼奏修订法律请派大臣会订折》，光绪三十三年五月一日，故宫博物院明清档案部编：《清末筹备立宪档案史料》下册，第 835 页。

④ 《民政部奏》，光绪三十三年五月辛丑，朱寿朋编、张静庐等校点：《光绪朝东华录》第 5 册，总第 5682—5683 页。

⑤ 《修订法律大臣俞廉三等奏编辑民律前三编草案告成缮册呈览折》，宣统三年九月初五日，故宫博物院明清档案部编：《清末筹备立宪档案史料》下册，第 911—912 页。

本含有外交上意味，则不可不与各国立法例相比较。"① 清末协助沈家本等制定新律的董康亦谓，"清季光绪辛丑，感于交际需要，特设专馆，修订法律"②。这一外在因素，对清末司法改革带来了双重影响。一方面，在改革中大刀阔斧引进西方资产阶级的法律思想和原则，对封建旧律进行改造，由此推动中国引进新的近代法律文明，包括组织翻译了德、日、俄、法、荷、意、比、美、瑞、芬等西方各国法律，树立进步的法律观念和原则，初步建立具有近代性质的法律司法体系，等等。清末民初的法学家秦瑞玠评说新刑律称，"沟合新旧，贯通中外，为现时最新最完备之法典"③。学术界对此多有论述，这里不赘。

另一方面，由于过分注重与外国接轨，尤其是受制于条约体制，又在某种程度上忽视本国国情，使这一法律改革存在种种弊窦。从其涉外内容来看，新刑律设立了"国交罪"，对保护外国条约特权作了详尽的规定。例如，关于杀伤外国外交代表者的处罚，为"慎重国交"，"较对于常人加一等"。其中有些条款系清末修律所首创，在其他国家尚未入律。如对滥用红十字记号作为商标者，亦作为犯罪予以处罚。其说明谓：此"足生列国之异议，而有害国交之虞者。本案故特为加入，将来各国刑典上必须有之规定也"④。还有其他条目，国外亦无规定，不少内外大臣主张不应入律，但编纂者认为，"关于国交之罪名，系属最近发达之理，不能纯以中外成例为言"⑤。

如何处理条约规定与刑律的关系，亦有待进一步斟酌，慎重处理。《刑律草案》第八条规定，"如国际上有特别条约、法规或惯例，仍从条约、法规或惯例办理"⑥。此条引起了很大争议，因为，"东西各国刑法，从未有声明应受国际法制限之条文，然亦不闻因此有以刑法而破国际法之限制，致酿重大交涉。就国际上惯例之制限一端而论，我中国与东西各国情形曾无少

---

① 陶保霖：《论编订法典之主义》，《法政杂志》1911年第2期。
② 《新旧刑律比较概论》，何勤华等编：《董康法学文集》，中国政法大学出版社，2005年，第480页。
③ 秦瑞玠：《新刑律释义序》，《法政杂志》1912年第10期。
④ 《刑律分则草案》，上海商务印书馆编译所编纂、李秀清等点校：《大清新法令1901—1911点校本》第1卷，第532页。
⑤ 沈家本等编：《修正刑律案语》第2编，修订法律馆，1909年，第12页。
⑥ 《刑律草案》，上海商务印书馆编译所编纂、李秀清等点校：《大清新法令1901—1911点校本》第1卷，第470页。

异，不必牵彼入此"①。邮传部签注认为，"刑法与国际法本自截然两物，各有独立性质，牵此入彼，实为大谬"。而且，"以国际条约与法规惯例并举，在学理上亦有未妥"。此条若作为正文颁布，"与中国国权体面大有损伤"，因为"领事裁判混合裁判等特别条约，只成为国际条约上之权利，与内国法律上之权利，固自有间"②。编纂者将此条改为"如国际上有特别成例，仍从成例办理"。他们认为，"刑律与国际法如有冲突之时，则刑律不免受国际法之限制，本条即为声明此项限制而设，并非牵国际法入于刑律之内"，"于国权国体并无损伤"③。显然，他们没有考虑到，在遵守条约规定的国际义务的同时，如何兼顾中国废除不平等条约的需要及其法律依据。其时，英、美、日等国已与清政府订约，承诺俟"皆臻妥善"即允放弃治外法权。当时人们担心，"于刑法正文中自认此等之国际成例，转辗牵掣，长此因循，是即将来提议收回法权，彼转可援引我内国法之明认，以为口实。而条约改正之交涉益难，不得谓非本律此条之失"。或认为，"倘自信有可收回之一日，则领事裁判权，在今日不过暂时之限制，不必于刑法正条，为此反对相消之规定，因循而自生枝节"④。

另外，由于中外通行方针侧重于"外"，即重在引进外国法律，编纂者对中国的国情不免有所忽视。礼教派曾群起反对，其维护封建礼教的主张虽不合时宜，但其注重民情风俗等意见，无疑值得肯定，需要在新律中予以考虑。"然尔时所以急于改革者，亦曰取法东西列强，藉以收回领事裁判权。"⑤尽管沈家本等谓，修订大旨，"折衷各国大同之良规，兼采近世最新之学说，而仍不戾乎我国历世相沿之礼教民情"⑥，但实际上重在"模范列强"，不免出现削足适履、东施效颦的现象。董康其时坚执"法律论与礼教论不宜混合"之说，但在民国后他改变了看法，认为"起草者富于知新，昧于温故"。

① 秦瑞玠编：《新刑律释义》，商务印书馆，1911年，第29页。
② 宪政编查馆编：《刑律草案签注》，1910年油印本，转引自高汉成：《签注视野下的大清刑律草案研究》，中国社会科学出版社，2007年，第159页。
③ 沈家本等编：《修正刑律案语》第1编，第5—6页。
④ 秦瑞玠编：《新刑律释义》，第30页。
⑤ 《刑法三》，赵尔巽等撰：《清史稿》第15册，第4216页。
⑥ 《修订法律大臣沈家本等奏进呈刑律分则草案折并清单》，光绪三十三年，上海商务印书馆编译所编纂、李秀清等点校：《大清新法令1901—1911点校本》第1卷，第521页。

他自己"始信吾东方以礼教立国，决不容无端废弃，致令削足就履"①。再从《大清民律草案》来看，虽也"求最适于中国民情之法则"，但更为注重"世界最普通之法则"，"原本后出最精之法理"。他们强调，"各国法律愈后出者，最为世人注目"，"学问乃世界所公，并非一国所独也"，因此有关法人及土地、债务诸规定，采用各国新制，认为这"既原于精确之法理，自无凿枘之虞"②。在这一指导思想之下，虽曾组织进行民事调查，但《大清民律草案》并没有很好地容纳本国民事习惯，当时便遭到了猛烈抨击。1912 年，北京政府曾两次提出援用该草案，均因为法学界的反对而放弃，最终该草案成了废案③。

这些弊窦说明，半殖民地的中国，在不平等条约的约束下，难以独立自主地制定"一代之法典"。编纂者动辄以外交上的需要和条约的现实等理由进行辨析，实际上是"牵事实于法律之中"④，自觉不自觉地步入了他们自己所否定的思路。当然，即使存在种种不足和弊端，清末司法改革仍具有重要的意义，它开启了中国法律史的新纪元，封建旧律被新的近代法律文明所取代，中华法系开始走向国际化，与世界接轨。如刘锦藻所言，"尽废纲常礼教"，"此中华数千年未有之奇变，非止一代一朝之因革损益而已也"⑤。

晚清是中国法律史上特殊而又重要的历史阶段，在这个阶段，中西冲突，新旧交替，中国开始了从传统到近代的转型，而列强用暴力建立的条约关系则是促使这一变化的外在因素。可以庚子事变为界，将这一变化分为前后两个主要阶段。

前一阶段，晚清法律的变化，体现为被动适应条约关系下的局部调整。某些原有的国内涉外法规，为条约规定所取代。两者又相互转换，出现了多种形式，所谓"著为约章，垂诸令典"⑥。条约关系打乱了清王朝的法律体系，造成半殖民地性质的重大变异，已定型的律例法体系转为新形式的律令

---

① 《刑法宜注重礼教之刍议》，何勤华等编：《董康法学文集》，第 626、631 页。
② 《修订法律大臣俞廉三等奏编辑民律前三编草案告成缮册呈览折》，宣统三年九月初五日，故宫博物院明清档案部编：《清末筹备立宪档案史料》下册，第 911—913 页。
③ 参见张生：《中国近代民法法典化研究》，中国政法大学出版社，2004 年，第 108 页。
④ 沈家本等编：《修正刑律案语》第 1 编，第 11 页。
⑤ "沈家本等奏"按语，刘锦藻撰：《清朝续文献通考》第 3 册，第 9943 页。
⑥ 松寿：《交涉约案摘要序》，光绪庚子年，王鹏九编：《交涉约案摘要》卷首，清光绪年刻本，第 1 页。

法体系。这是条约规定与国内法规相互交混的过渡性法体系。为适应中国的半殖民地半封建社会,不得不对《大清律例》进行些微修改;同治九年后中止了五年一小修、十年一大修的修律制度,则体现了法律变革的严重滞后和清政府的消极应对及措置无方。正唯如此,被束之高阁的"八议"之法,又一度被作为维持天朝体制,抵制列强侵略的武器,但终因不能适应中外关系的新格局而昙花一现,名实俱亡。

后一阶段,经过甲午战争和庚子事变的重创,清政府由被动走向主动,开始从整体上调整条约关系下畸形的法律状态,试图建立统一的法律体系,以收回司法主权。因条约关系产生的种种经济、社会问题,缺乏相应的国内法规可以依循,更导致中国各种权益的丧失。为适应中外关系和中国社会的新格局,中止三十余年的修律程序在更广范围内重新启动,清政府全面革新以治内为主要内容的封建旧律,建立了中外通行的法律体系。例如,区分实体法和程序法,制定刑法、民法,民事诉讼法、刑事诉讼法,以及其他部门法,包括商业、工矿业等经济立法,等等。中外通行法的构想,是一种新的法律秩序的构想,新秩序既与《大清律例》为主体的法律体系根本不同,又与鸦片战争后条约规定与国内法规交混并存的格局大异其趣。它引进西方法律原则,改变了以刑为主、诸法合体的传统架构,建立了诸法并重、诸法分立的近代法律体系,开始与世界法律相衔接,呈现了与旧法系不同的新面貌;改革又以收回治外法权为宗旨,旨在恢复司法主权,匡正条约关系下中国法律的紊乱失序状态。

但是,晚清法律的变化,是条约关系约制和刺激下的急就章,并非国内社会、经济发展到相应程度的自然革新,不可避免存在各种局限和弊端。尤其是,由于条约关系是列强用暴力强加给中国的不平等的国际秩序,导致晚清法律的变化充斥着浓重的半殖民地色彩。列强在华条约特权通过中国国内法获得认可和维护,由此以法律形式确认了中国半殖民地性质的国家地位,从而使清末法律改革具有的近代性质黯然失色。独立自主是建立近代民族国家的根本前提,亦是构筑近代法律体系的基本要素。毋庸置疑,不平等条约关系虽在客观上刺激了晚清法律的革新和进步,但却限制和阻碍了中国独立自主地走向法律近代化。这正是近代中国的困窘所在。只有改变不平等的条约关系，中国法律才能真正实现从传统到近代的转型。

第三节 应对条约关系的其他举措

除了外交体制和法制变革外，清政府在对外国在华传教及边疆治理等方面也采取系列措施，以应对新的条约关系。

一、 传教特权的扩展与清政府的应对

如前所述，基督教与中国社会的冲突最终导致了义和团运动的大爆发，之后，《辛丑条约》及中外商约的修订，明确了传教士在华租地权，并且重新强调了对外国在华传教活动的保护，使得基督教在华传教特权得到进一步扩展。借助条约特权的保护，再加之中国社会变迁的影响，20世纪初基督教在华发展开始进入"黄金时期"。然而，基督教与中国社会的冲突并没有结束。同时，中国民族主义的觉醒使得更多的人从国家主权角度去思考基督教在华传教问题。

清末十年间，教会事务依然是影响中国内政和外交上的重要事务。清朝中央和地方政府为执行条约义务，采取了多种措施。

《辛丑条约》签订后，清廷多次发布上谕，要求援照条约保护教会。直隶、两广、山西等地的地方官员为解决教案、教务问题而制订了一些章程，如《直隶教案善后谕帖四条》《两广总督陶美领事默法领事哈会同商定教务章程》《山西教案善后章程》，等等。这些章程均要求传教士不能干涉中国司法，教会要约束传教士和教民，教民要承担相关义务。其中，《山西教案善后章程》就指出："为永息教案计，莫如遵照条约，民教词讼，教士概不与闻。曲直是非，一听地方官秉公判断。"[①] 关于传教士执护照传教、游历，地

[①] 《附件：拟订山西教案善后章程粘单》，光绪二十八年二月二十九日，中国第一历史档案馆等合编：《清末教案》第 3 册，中华书局，1998 年，第 234 页。

方官按约保护，但是"支应一节，本为约章所无"，不必提供。议和时，根据全权大臣的要求，"耶稣教士来晋议办教案时，官绅出迎，预备公馆、酒席，以示优厚"。但是此后，各国使节照会外务部，"西人入境，但求保护，毋庸支应"①。该章程的第六条是"教民有功有罪，必一体劝惩也"。这一要求也来自中外条约的规定。该条罗列了英、美、法、意、荷、比等国条约中的传教条款相关规定，称"综观以上约章，可知应行优待保护者，专系安分之教民。其不安分之教民，仍应由地方官惩办也"②。

面对时有发生的教案，清政府往往要求地方官员按约保护教会。同时，一些地方政府还提出了应对措施，这些措施还在一定程度上与不平等条约有关。

对于《辛丑条约》规定的因教案而处罚官员，山西地方官员的看法是"此次公约，在复请中国国家严定地方官教案处分，各国之意，以为如此可永久息教案也。然何以本年各省闹教之案，仍复时有所闻，足见永息数案之策，不仅在严定地方官处分矣"。认为只有"破除教界"即彼此之间不存在界限与偏见，官员、教民、教士都要尽到自己的职分③。

地方政府在考虑调和民教关系时，也涉及如何对待条约的问题。1905年，直隶学务处编书课出版的《民教相安》即是代表。该书由高步瀛、陈宝泉编，除记录基督教的教义、历史、在中国的传播与教案外，还节录有传教条款。

1909年，四川省咨议局第一次议事时曾提出调和民教的议案，请各议员提出调和之法，以求民教长久相安。当时咨议局的议员提出了积极与消极的两种办法。所谓积极调和法是振兴国势，普及教育。其原因是"自西人以殖民主义传教东来，入其教者恒其势力强占优胜，故中国人之仇教起于畏教，而畏教之源又关于国之不强，民之不智。使领事裁判不行于中国，教育普及于人民，则外人先不敢以无礼相加，而人民对于外人亦知我无可乘，彼无足畏。即吾国人之从教者，亦惟信仰自由，相安无事，断不至倚外人为奸，如

---

① 《附件：拟订山西教案善后章程粘单》，中国第一历史档案馆等合编：《清末教案》第 3 册，第 231 页。

② 《附件：拟订山西教案善后章程粘单》，中国第一历史档案馆等合编：《清末教案》第 2 册，第 233 页。

③ 《附件：拟订山西教案善后章程粘单》，中国第一历史档案馆等合编：《清末教案》第 3 册，第 230 页。

是民教不必调和而自可融化于无迹"①。不过,以上办法是"根本之图",不能救急。所谓的消极调和法就是应急之法。具体有三种,一是通饬各属地方官,对于民教争讼之端,宜据理裁判,不得袒教抑民。原因是"盖地方官每多不谙条约,不明法律,一遇外人交涉,辄瞠目束手,无可如何,而又恐妨一己之考成,只知外人可畏,吾民可欺,不惜枉民以伸教",结果导致仇教而发生教案。"此宜编定外交条约及国际法简明定章,颁发各州县,使其对外有所依据,而于民教之争不得有所偏倚,庶民教冲突之可免矣。"二是专派各地明达士绅,剀切劝告,不得歧视教民。三是由督部堂照会各国领事转饬该国教士,遵守约章,不得干涉词讼,欺侮人民。原因是"各国教士每因地方官民不谙条约,辄越俎妄为,违章滋事"。可见,积极与消极的办法均涉及了基督教与不平等条约的关系。积极办法就是要振兴国家,取消领事裁判权,然而这不是一朝一夕可以解决的;消极办法就是暂时承认基督教的条约特权现状,中方官民熟悉条约,循约办事,同时还要求外国传教士遵守条约,不能约外侵权。四川总督对于上述办法的批复是:"积极之法果能如是,民教何须调和,此不待言。消极三法,多为本督部堂所已行者,如颁发条约成案,严饬词讼不分民教,持平判断,照会领事,不准教士干预词讼是也。即劝绅民勿歧视教民,亦经剀切示谕。"不过,他也指出,在积极之法不能一时办到的情况下,"尤须教育速谋普及"②。

然而,清政府在遵守条约之际,教会的违约之举仍屡有发生。很多官员对此并不干预,此类事例不胜枚举。20 世纪初,法国传教士田司铎在云南宝川欺压百姓、干预司法,知州汪寿春并不干预,当地绅士"忍无可忍,历陈汪州媚教殃民之罪于省垣各大宪,而丁督(丁振铎——引者注)只以有无是否等字样批销,并未加汪州以何罪,亦未委干员密查,至绅士等愤而归"。《云南杂志》在刊文揭露其事时,所附记者按语称:"教士不得干预词讼。该教士劣迹山积,丁督犹不恤罔政府所定之法而助之,此法人所以谓其善于外交也。"③ 这

① 隗瀛涛、赵清主编:《四川辛亥革命史料》上册,四川人民出版社,1981 年,第 132 页。
② 隗瀛涛、赵清主编:《四川辛亥革命史料》上册,第 132—133 页。
③ 《法教士在宝川的罪恶》,中国科学院历史研究所第三所编:《云南杂志选辑》,科学出版社,1958 年,第 411—413 页。

不仅反映了清朝官员的无能，也表现了半殖民地背景下教士的骄横。

对教会违约，有的地方官员则采取了制止措施。根据中外条约，教堂租地应当交租税。然而，有的教堂对之置若罔闻。如黑龙江余庆街天主堂租地多处，历年来从未交纳租税。该教堂司铎所持理由却是"劝教各省所买地基按照和约例不纳租"。1904年，黑龙江交涉总局禀请将军衙门，根据中外条约的规定，要求该司铎将"本年及历年所欠租赋一律催缴，该司铎如再违扰，或借词搪塞，务须得有该司铎抗租笔据，备文报省"，同时呈请外务部就此事向法国公使交涉①。1907年，江西巡抚因教民姜顼民在法国教堂内办《南昌日报》"有碍约章"，将之移交北京交涉。经外务部部务与法国驻华公使商议后，双方同意查封该报，外务部同意不拿究姜顼民②。

有的省份还试图采取一些措施防止利权外溢，减少外交纠纷。1910年，湖广总督提出《关于地方自治之议案》交湖北谘议局议决，其中关于租卖产业限制一条，称"查条约所载，外人除教会公产外，并无准在租界外置产明文"。然而，汉口有商民"勾通外人在租界外置产"，"现在整理内政，应使我国商民守条约上规定之范围，以免事后挽回，转成交涉"，并请议员筹议办法。随后，谘议局通过了置产与租厘限制方法，对外国人租屋作了种种限制。其中关于置产限制的第一条是"凡置产税契，应按照江夏县清丈商场地址成案，于税契纸上一律盖印'外国人不得管业，并不准转卖、转押与外国人，违者此契作废'等字"。关于租屋限制，内地租屋者资格对教会租地有明文限制，规定各国教会教士、医院医士，"以曾领凭证确系慈善事业不涉营利者为限"③。随后，湖广总督对谘议局的办法提出了若干小的修改意见，对于置产限制的第一条，他认为应在"凡置产税"后增添"除教士租地建堂、契内应载'租作本处公产'字样外"，这样才能"与教堂置产之文不相混淆"④。可见，湖北地方当局承认教会在内地置

---

① 参见孔经纬主编：《中国东北地区经济史》第1卷，黑龙江人民出版社，1990年，第735页。

② 《南昌日报之交涉已了》，《大同报（上海）》1907年第21期。

③ 《关于地方自治之议案》，宣统二年十月二十一日呈，吴剑杰主编：《湖北谘议局文献资料汇编》，武汉大学出版社，1991年，第601、606—607页。

④ 《湖广总督札复》，吴剑杰主编：《湖北谘议局文献资料汇编》，第611页。

产和租屋的权利，但是明确地指出了其他外国人并没有与之同等的权利，并对教会租屋有明确的限制。

不过，遵守条约限制教会毕竟只是一种权宜之计，取消传教条款才是根本之策。1906 年，吕海寰曾提出与罗马教廷修订商约的主张。关于修改商约，他认为"查各国公例，通商条约本不应牵入保护传教一事，既入通商条约之中，遂成各国政府干预教务之局"，由于产生的民教冲突危害甚大，"如能与各国订立传教专约，日后各国议订商约，即可删除此条，未始非正本清源之一道也"①。主持外务部的奕劻对于这一提议并不热心，而是认为很多重要的外交事件还没有头绪，无暇顾及他事，传教专约尚非急务，可暂缓再议②。1907 年，新教传教士在华大会召开时，上海道台作为两江总督端方的代表与会。他在发言中声明了清政府的立场，希望传教士不要依赖条约与强权传教。他说：传教士在华活动对世俗的力量依赖太多，这是违背基督教教义的；"毫无抱怨地忍受非正义比强要条约权利更符合基督教；忍受伤害胜过要求金钱和土地赔偿；宽恕冒犯者胜过要求严惩他"。然而，许多传教士的所为正好与以上相反，"这将会给他们的工作和努力带来非常大的负面影响"③。可是，这些意愿和努力在晚清均未能实现。

二、 条约善后与边疆治理的发展

有关边疆问题的条约议定，虽在一定程度上捍卫了国家主权，但亦或多或少的损害到国家权益，使得清政府意识到传统边防理念和政策的局限，并推动其采取各种措施对条约进行善后，以加强对边疆地区的管理。

首先是有关东北边疆的条约善后和相关边疆治理举措的出台。

1909 年 9 月 4 日签订《图们江中韩界务条款》和《东三省交涉五案条款》，清政府虽然通过努力交涉，使日本承认以图们江为中朝国界，维护了中国对延吉的领土主权，但是仍准韩民在图们江北垦地居住。这些人虽服从中国法权，但许日本领事听审。而且，除了延吉界务问题外，其余中日东三

---

① 台北"中研院"近代史研究所编印：《教务教案档》第七辑（二），第 750 页。
② 《论改订传教专约》，《现世史》1908 年第 8 期。
③ *China Centenary Missionary Conference*，Centenary Conference Committee，1907，p. 736.

省五案交涉则基本以满足日方要求的方式收尾，中国依然丧失了大量权益。因此，此两约签订后，激起了一片反对的声浪。9月6日，吉林绅民便致电外务部，称："闻延吉交涉已解决，许日人接展吉林至会宁路权，许开五埠，许裁判会审，许天宝山开矿。阖省传闻，人心惶惶，以为政府明弃我吉林矣。吉林系根本重地，大错一铸，后患何堪设想？"接着细数条约危害，表示誓死不能承认，并请外务部主持大局，"乘尚未签押之际，取消此议，俾挽将亡之吉省，藉拯垂死之民命"①。之后，香港《华字日报》刊《中日条约志痛》一文，其中痛陈："间岛者，名为我有，而实仍为彼有耳。"②

有鉴于此，清政府对条约善后及相关边疆治理十分重视。1908年4月，在东三省边务的管理上，延吉边务帮办吴禄贞撰《延吉边务报告》，对清政府延边地区的传统边防政策进行检讨③。1909年9月，在东三省六案交涉议定条款之际，外务部就条约议定情形上奏，指出了加强边务治理的重要性，称："从来外交、内政，本属息息相通，必内政日起有功，而后外交易于措手。东三省固为强邻逼处之地，然疆臣果能事事整顿，为地方渐充实力，以与外人争衡，则成约具存，主权未失，尽可奉以周旋。倘不能未雨绸缪，及时布置，则虽藏空文于盟府，亦难恃为绥边固圉之资。应请饬下东三省督抚于殖民兴商、练兵选吏诸要政，切实办理，以杜隐谋而消后患"。清廷对此颇为重视，当日谕曰："外交之得失，视内治为转移。倘能于殖民兴商，练兵选吏诸要政，切实整顿，极力扩充，则虽强邻环伺，将无可乘之隙。倘或玩愒因循，放弃权利，纵有成约，亦属空文。该督抚身膺疆寄，责有攸归，务须未雨绸缪，及时布置，毋托空言而忘实效，毋狃近虑而昧远图，是为至要。"④9月12日，清外务部特就东三省六案条约诸善后事宜，致函东三省总督锡良、奉天巡抚程德全，其主要事宜有七条，包括：杂居区域内日员听审办法，韩民杂居区域四周界限，商埠内居住垦地韩民之管辖裁判，图

① 《吉林绅民呈外部请勿允日人修吉会路以救危亡电》，宣统元年七月二十二日，王彦威、王亮辑编，李育民等点校整理：《清季外交史料》第8册，第4136页。
② 《中日条约志痛》，香港《华字日报》1909年9月15日。
③ 《延吉边务报告》，吴禄贞、匡熙民：《光绪丁未延吉边务报告延吉厅领土问题之解决》，第1—166页。
④ 《外部奏中韩界务暨东三省交涉五案议定条款折》附旨，宣统元年七月二十一日奉旨，王彦威、王亮辑编，李育民等点校整理：《清季外交史料》第8册，第4133页。

们江北杂居区域外垦地韩民之保护、管辖与裁判，自办商埠内巡警及日领事馆内巡警不能干涉地方行政之事，商埠地段缩小范围，抚顺王承尧偿款银数，等等。外务部在该函文最后，还强调指出："现在条款已定。日人订明于两月内撤退宪兵，并设立领事馆。我亟应预备巡警，节节填扎以保治安，并将划定地段预备开埠等事赶行举办。将来设立审判所，遴派法律人员极关紧要，尤当及时预谋。至应如何整理地方，扩充实力，以期于照约应守之权利无所放弃。"①

条约签订后，吉林巡抚陈昭常遂遵旨赴吉林东南边境筹办开埠及善后情形。据称，"举凡定约后两月内所应筹办及善后之事应早筹备者，均遵照此次条约，参酌本地情形，并与日总领事永泷久吉会晤接洽，大致办理就绪"。吉林南部如期开埠，"所有买地、建屋、修路，及巡警、卫生各项办法，悉皆依据现在条约，参考他省自开商埠章程，分别详定规则，并设立开埠局遴员妥慎办理，以专责成"。陈昭常认为，吉林南部现经开放，而地方内政不可不急图治理，因此就分布巡警，添设官缺，收买电线、房产等项大力筹办，以固边围。而且，为防范日本以韩国为跳板继续推进对东省侵略，陈昭常在上奏中提出筹设税关、速谋交通、招抚韩侨为当前急应筹办之务，应早为预备。其中，招抚韩侨一项中，陈昭常分析了条约第四条的危害，并提出应对之策。他分析指出，在签约之前，"越垦韩民一律编籍为氓，许其领照纳租，历经办理有案。故我国前此虽未专定国籍法，而越垦韩民实有入中国籍之特例。臣前督办边务时，即据此项成案认越垦者为已经入籍，绝对不认日人有保护之责，遇事力争，始得保有行政裁判主权"，但是，"此项条约第四条所定，虽与向来办法原无不合，但允日领听审，即允日领得以保护，是以默认越垦者仍为韩国侨民，而往年领照入籍之案遂归消灭。倘不速谋善后之策，则凡所划杂居区域，韩民皆得有土地所有权，我国不过空有领土之名而已"。因此，他提议："遵照现颁国籍法，使地方官吏设法劝导，仍令越垦韩民入我国籍"，但"须先与日人约定，嗣后韩民如有资源入我国籍者，即

---

① 《外部致锡良程德全陈昭常东省中韩界务及交涉五事请妥筹善后函》，宣统元年七月二十八日，王彦威、王亮辑编，李育民等点校整理：《清季外交史料》第 8 册，第 4144—4145 页。

须消除韩国国籍，日人不得再藉保护之名，以援听审之条。迨越垦者多数归化，庶几我国主权尚有收回之一日耳"[1]。但是，在日本步步推进侵略的情况下要完全达到这一目的谈何容易？事实上，1909 年《图们江中韩界务条款》签订后，日本政府亦在设法阻止越垦韩民加入中国国籍，甚至制造双重国籍；1910 年 8 月日韩合并后更是强调居住在间岛的朝鲜人，不分"垦民"与"侨民"都是日本帝国臣民，理应服从日本法律，使得间岛朝鲜人的管理问题十分复杂[2]。

东三省总督锡良及吉林巡抚陈昭常在 1909 年 11 月 19 日的奏折中重点分析到了延吉与周边俄日军事力量之差距及延吉边防之重要，称："夫吉、江两省，东自临江州以至珲春，南自长白山以至图们江口，绵长三千余里，处处与俄韩边境相连，即在平居无事之时，亦应添练重兵，扼要设防，籍资震慑。今既势逼，处此不得已，先其所急，则延珲一带，至少非练有陆军一镇不足以言备边。"故提出"通盘筹划，必须由部常年筹拨银一百万两，内外协济，方可编练陆军一镇"，"仍令吴禄贞督办边务，专管延珲全境军政防务事宜"，倘若筹款为难，则将督办边务一差暂予裁撤。东北地方政府巩固东北的态度似颇积极，但是当时清政府财政困难，度支部、外务部、军咨处、陆军部等部门遵旨会奏称朝廷慎重边务，表示国家财政困难，无法予以财政支持[3]。此时国家财政困难固然是事实，但它也反映了清中央政府在界务问题解决后对边疆防御略有松懈的态度。之后，锡良、陈昭常虽然一再上奏申明加强延吉边防军备之必要，但不得不在 1910 年 3 月 25 日的上奏中无奈地表示："暂就现有之兵，设法改编，先成一镇，然后徐图扩充。"[4]

1910 年 7 月第二次《日俄协约》签订，锡良有感于东三省大局益危，提

---

①　《吉抚陈昭常奏亲赴吉林东南边境筹办开埠及善后情形折》，宣统元年十月二十九日奉朱批，王彦威、王亮辑编、李育民等点校整理：《清季外交史料》第 8 册，第 4204—4208 页。

②　姜龙范：《近代中朝日三国对间岛朝鲜人的政策研究》，黑龙江朝鲜民族出版社，2000 年，第 167 页。

③　《度支部等会奏遵旨密筹延吉善后事宜折》，宣统元年十二月初九日奉旨，王彦威、王亮辑编，李育民等点校整理：《清季外交史料》第 8 册，第 4239—4241 页。

④　《统筹吉省边防兵备情形请将旧有陆防各军先行改编陆军一镇折》，宣统二年二月十五日，中国科学院历史研究所第三所工具书组整理：《锡良遗稿·奏稿》，中华书局，1959 年，第 1106 页。

出由国家担保借款，以支持兴实业、修铁路和移民兴垦的计划。锡良认为
"东省积弱之故，首在土旷人稀，吉、江两省荒凉尤甚。东南、东北沿边数
千里，处处毗连俄、韩，有土地而无人民，犹自弃也"，因此他 8 月 16 日上
奏拟请于东北设立垦务局，派大员督办其事，并"派员前往内地招垦移民，
岁以若干万人为率，分段垦辟，按年进行，内力渐充，方可抵御外力"[①]。移
民实边晚清早已实行，当此提议乃是要将以往实边范围和程度进一步扩大[②]。
锡良自知"兹事体大，既非数百万金所能济事，亦非一二年内所能奏功"，
"断非东省一隅之地所能撑持"，因此他呼吁"应请敕部臣统筹全局，贷款速
办"。同时一并需要借款兴办的还有实业和铁路，锡良认为"东省地大物博，
应办实业甚多"，"均为绝大利源"，但其发展却受制于交通不便。因此，他
提出商借外债银 2000 万两，以 1000 万两设立东三省实业银行，以 500 万两
作移民兴垦经费，500 万两开矿筑路[③]

8 月 22 日，日韩合并，东三省局势更加危迫，清中央政府此时对东北边
务的态度又有所变化。度支部和外务部在遵旨会奏锡良上述奏折时指出，
"固圉必先实边，既庶方可致富"，"外资过巨，虽非良图，然用之生利之途，
非藉为消耗之用，既为各国所习见，亦符均势之本谋"，故基本同意锡良意
见。其中于东省设立垦务局，特简大员督办一节，"应俟借款定议，由该督
奏明请旨办理"。朱批依议[④]。之后，锡良又于 10 月 16 日上奏指出，日本在
"朝鲜全境布置粗完，势必席卷而西，踞吉、奉以窥顺、直"，因此他再次提
出要"倾全国之力，以谋东三省，即以保固全国"，其中重点提到从军事上
加强防务，要将近畿陆军勤加训练，并"添练数镇，以为后劲"，而且"于

---

① 《度支部外务部奏遵旨妥筹东三省请借外债二千万两兴办实业拟请照准折》，宣统二年八月初二日奉朱批，
王彦威、王亮辑编，李育民等点校整理：《清季外交史料》第 8 册，第 4368—4370 页。

② 19 世纪中叶东北边疆出现危机时，晚清政府为巩固在东北的统治便开始放垦东北部分荒地，实行移民实
边政策。1904 年日俄战争爆发后，清政府加快移民垦边的步伐，在各省设立垦务总局，省下设立垦务分局，以抵
制日俄之侵占。1908 年，清政府制定《黑龙江沿边招民垦荒章程》，掀起了移民实边的高潮。通过移民和放垦，清
政府实现了充实边防、开发边疆的目的（详见马汝珩、成崇德主编：《清代边疆开发》，山西人民出版社，1998 年，
第 402—424 页）。

③ 《东督锡良奏东省大局益危密陈管见折》，宣统二年七月十二日，王彦威、王亮辑编，李育民等点校整理：
《清季外交史料》第 8 册，第 4355—4357 页。

④ 《度支部外务部奏遵旨妥筹东三省请借外债二千万两兴办实业拟请照准折》，宣统二年八月初二日奉朱批，
王彦威、王亮辑编，李育民等点校整理：《清季外交史料》第 8 册，第 4368—4370 页。

北省设特大工厂"，赶速制造军火①。

至于东南海疆，清政府在《收回东沙岛条款》签订后，采取系列措施来巩固对东沙群岛的统治，以杜外人的觊觎。

其中，直接加强政治军事管理是首先要做的工作。清广东当局在委派劝业道补用知府蔡康等人前往接收东沙群岛时，便决定："派委营弁，酌带勇丁，随同蔡守前往东沙岛，以资驻守。"② 接收之初驻守东沙的有司事二人，护勇四人。接收之后，蔡康给两广总督袁树勋上办理东沙岛务条陈八条，建议"每月派拨兵轮巡视一次，以备不虞"，并"多募护勇数名，以资照料"③。之后，蔡康应劝业道要求筹拟招商承办岛产办法，其中特别强调声明领岛主权。蔡康认为"该岛几经磋议，始能争回主权，由我国办理。现招商承充，系只承办理采取磷质等物之权。其管理岛地之权，仍归我国政府"，因此进一步提出："承商批准后，由粤派勇一旗，常驻该岛，并随时派拨兵轮前往巡视，以示保护。"④ 为进一步加强对东沙岛的管理，1910 年 7 月清政府还在行政建制上设立了管理东沙岛委员，专门负责管理东沙岛事务，并任命蔡康为第一任委员，颁发"办理东沙岛委员之关防"，同时还一并增加了驻守东沙岛的人员，看守岛上物业。东沙岛委员每月将岛上情况禀告劝业道，并行文知会广东水师提督，后者则会饬派兵船载运粮食赴岛以供驻岛人员之需，并巡视东沙一带洋面，以保护领土⑤。

条约签订后，广东官员对东沙群岛的经济开发也表现出很高的积极性。如上所述，蔡康在接收的过程中便提出办理东沙岛务的八条计划，之后更筹拟招商承办岛产办法。其所拟八条计划，除上面所提加强政治军事管理的内容外，还包括招商承办磷质矿、招募原来的工头采取玳瑁、螺壳等物、招商承办渔业、办理存岛小轮俾资应用、将该岛航路详为探测以及安设无线电机

---

① 《密陈东省陆危恐牵全局亟宜练兵准备籍以图存折》，宣统二年九月十四日，中国科学院历史研究所第三所工具书组整理：《锡良遗稿·奏稿》，第 1234 页。
② 陈天锡编：《西沙岛东沙岛成案汇编·东沙岛成案汇编》，第 70 页。
③ 陈天锡编：《西沙岛东沙岛成案汇编·东沙岛成案汇编》，第 78—79 页。
④ 陈天锡编：《西沙岛东沙岛成案汇编·东沙岛成案汇编》，第 82—83 页。
⑤ 陈天锡编：《西沙岛东沙岛成案汇编·东沙岛成案汇编》，第 210、146 页。

以通消息等方面，大多为关涉经济开发的内容①。两广总督袁树勋认为蔡康筹议办法"不为无见"，并经劝业道、筹饷局、布政司会同核议，在蔡康条陈的基础上拟定招商章程六条，并议定运输、建设、管理各项办法，经袁树勋批准照办。其中，在各司局拟定的招商章程中，最后一条明确了清政府主导东沙群岛经济开发的目的，即"东沙岛孤悬海外，现在办理磷矿及渔业等事，浚辟利源，维持领土，均有关系"②。这样，从一开始便把开发东沙群岛和维护国家领土主权紧密地联系起来。1910 年 8 月初，管理东沙岛委员蔡康率司事、总技司、工匠等共六十余人乘兵舰抵达东沙岛，开办布置岛上磷质矿采挖及销售转运事宜③。之后，经过日本驻广州总领事濑川浅之进的介绍，广东劝业道陈望曾和管理东沙岛委员洪念宗等代表广东地方当局与日本大泽商会就东沙岛经济开发展开合作。其中，1911 年 3 月与大泽商会总理森田金藏签订了《代雇工采取东沙岛螺壳及承售办法合同》，7 月签订了《代售东沙岛水产物办法条款》④。

另外值得一提的还有传统渔民的生产管理问题。在遭到日人驱逐之前，东沙岛便有中国渔民建造房屋、庙宇，进行渔业生产劳动。条约签订后，政府以高价收回东沙岛，并加强了官方对该岛的开发管理。因此，东沙岛收回后，自然产生了沿海渔民是否能像往日那样赴东沙从事渔业生产的问题。渔业公司为此特禀文广东地方当局，称"现在应准渔船仍至东沙捕鱼，被毁之庙准其建复"，广东地方当局经研究后发布《示谕沿海渔民赴岛捕鱼之通饬》，其中规定："该岛系经官厅备价收回，现正拟章开办，如果渔船出海捕鱼，或因避风，或有事故到岛，自应饬令驻岛员司妥为招待，倘须在岛居住及建筑等事，必须禀经官厅许可，方始准行，以示限制，而防流弊。"⑤ 也就是说，中国沿海渔民往东沙岛附近捕鱼不禁，但要在岛上行建筑之事，须经官厅许可。可以说，条约签订后，清政府对东沙群岛的开发管理进入了一个

---

① 陈天锡编：《西沙岛东沙岛成案汇编·东沙岛成案汇编》，第 78—83 页。
② 《招商章程》，陈天锡编：《西沙岛东沙岛成案汇编·东沙岛成案汇编》，第 194 页。
③ 陈天锡编：《西沙岛东沙岛成案汇编·东沙岛成案汇编》，第 114—116 页。
④ 陈天锡编：《西沙岛东沙岛成案汇编·东沙岛成案汇编》，第 154—168 页。
⑤ 《示谕沿海渔民赴岛捕鱼之通饬》，陈天锡编：《西沙岛东沙岛成案汇编·东沙岛成案汇编》，第 107—109 页。

新的发展阶段，即在部分保留传统的民间渔业生产的基础上，增添了更多的政府掌控、引导的色彩，最后既巩固了领土主权，又提升了经济效益。同样的趋势也见诸中国对西沙等其他海疆的管理上，成为清末中国海权意识觉醒的重要一环。

第十章　民众运动与条约关系^①

在中外条约关系的新发展中，民众运动亦是不可忽略的一股推动力量。甲午战后，随着瓜分狂潮的出现，民众对外国侵略的抵拒和斗争进一步激化，最终在世纪之交发展成一场"最恨和约"的义和团运动，这对现存的不平等条约体系产生极其重大的影响。义和团运动之后，民众运动进入新的阶段。20 世纪初年的收回利权运动和抵制美货运动，在形式上抛弃了简单粗暴的笼统排外，而代之理性平和的抗争，在内容上更是明确提出了废弃不平等约章、维护国家主权的具体目标。而且，这一时期的民众运动与政府交涉结合起来，国民外交由此萌兴，并进一步冲击到不平等条约体系的根基。

---

① 本章主要由李育民撰写。

第一节 义和团笼统排外与民众废约斗争的先导

义和团运动是中国近代史上的一个重要转折点，在各方面产生了深刻的影响。在中外条约关系方面，更是影响巨大。一方面，它的笼统排外及其失败，为西方列强完备这一体系提供了借口和机会。通过《辛丑条约》，西方列强对中国行使"准统治权"的特权制度更为完备，更为严密。列强束缚中国的不平等条约体系，由此发生了重要的变化。另一方面，它又是制约不平等条约进一步恶性发展的基本因素，鼓舞了中华民族的反帝斗争，成为中国人民反对帝国主义和废除不平等条约斗争历程中的先导。基于第一方面在它章已有论述，这里重点对后一方面进行分析。

在这场史无前例的反帝爱国运动中，义和团对不平等条约采取了极为激烈反对的态度。在《刘伯温碑文》的各种版本中，他们表示："最恨和约，误国残民，上行下效，民冤不伸"；"最恨和约，一误至今，割地赔款，害国殃民"；"最恨和约一误，致皆党鬼殃民；上行下效兮，奸宄道生"；等等①。此"最"字表达了他们对不平等条约深恶痛绝的情感，为此他们采取了"灭洋"的方针来根本清除不平等条约祸害。如孙中山所说，"庚子、辛丑以后，中国人的脾气，被帝国主义者认识清楚了些。知道一味的强硬手段，还不济事；必须用些柔和方法，才能将爱和平讲礼貌的中国人压伏得住"②。由于义和团运动表现出强烈的反抗不平等条约的精神，列强又不得不吸取教训，有所顾忌，对某些条约特权采取谨慎的态度，新订不平等条约又体现出这一变化。

在议和过程中，美国即有人认为"切勿加中国以不公平，致产生新的仇视，播下甚至更加可怕的民众起事的种籽"③。有关传教的条款就显示出这种

---

① 陈振江、程歗：《义和团文献辑注与研究》，天津人民出版社，1985年，第80—83页。
② 《"九七"国耻纪念宣言》，一九二四年九月七日，陈旭麓、郝盛潮主编，王耿雄等编：《孙中山集外集》，上海人民出版社，1990年，第533页。
③ ［美］泰勒·丹涅特著、姚曾廙译：《美国人在东亚》，商务印书馆，1959年，第556页。

变化。经过此次巨变，西方列强已多少看到传教特权与其因果关系，主张收敛以往那种猖狂的举动。英国首相即说："劝诸君以后传教，不必过于踊跃，总以谨慎为主。"① 清政府曾在 19 世纪 70 年代就提出传教士不得干预官司、庇护教民等主张，但各国以条约所无，予以拒绝。此次议和过程中，张之洞等不少内外大臣主张乘此机会"酌定教士教堂限制"②。

1903 年中美订立商约，这一设想得以载入条约。该约第十四款重申了有关传教特权，并规定不准向教民抽收酬神、赛会等费用，使早已实行的这一特权成为一项条约权利。但更重要的是，该款削弱了传教士和教民的特权地位，明确规定："教士应不得干预中国官员治理华民之权"；"入教与未入教之华民均系中国子民，自应一律遵守中国律例，敬重官长"；入教者，"如有犯法，不得因身已入教，遂免追究，凡华民应纳各项例定捐税，入教者亦不得免纳"。此外，以前所订约章允许教会在内地置买房地产，此约则变改为租赁及永租；并明确规定作为教会公产，以备传教之用。另外，在 1902 年的中英通商续约中，英国允愿派员与中国"会同查议，尽力筹策"教事，以期民教永远相安③。翌年，英驻华公使萨道义明确承诺，并通令各领事："教士非英政府派驻中国之经理员，照中英《天津条约》第八款，原不欲准教士干预中国教民讼事也。"④ 上述这些，第一次按照中国的意愿，在条约中对以往漫无边际的传教特权作了一定的限制，部分地实现了限教的目标。

与此密切相关，在新订条约中，列强首次许诺在适当时候放弃领事裁判权。伍廷芳以传教士"气焰倍张"，是由于彼"不受制于我"，曾于 1898 年 2 月上奏提出修订法律，收回领事裁判权的主张。认为此律一定，内治有权，"则教民教士知所警，而不敢妄为"⑤。清政府采纳了这一建议，在 1902 年中英商订商约时，提出了这一要求，被英国所接受，写入条约。"一俟查悉中

---

① 中国史学会主编：《义和团》第 4 册，第 213 页。
② 《又电报》，光绪二十六年十一月初六日，故宫博物院明清档案部编：《义和团档案史料》下册，第 854 页。
③ 《通商行船续订条约》，光绪二十九年八月十八日；《续议通商行船条约》，光绪二十八年八月初四日，王铁崖编：《中外旧约章汇编》第 2 册，第 187—188、109 页。
④ 顾维钧：《外人在华之地位》，外交部图书处，1925 年，第 256 页。
⑤ 《奏请变通成法折》，1898 年 2 月 10 日，丁贤俊、喻作凤编：《伍廷芳集》，第 50 页。

国律例情形及其审断办法及一切相关事宜皆臻妥善，英国即允弃其治外法权。"① 其后美日在与中国所订商约中，作了同样的允诺。这种允诺虽然难以兑现，但毕竟为列强承诺放弃条约特权开了先河，有利于中国人民日后的废约斗争。它透露出一个信息，即不平等条约达到顶点之后，将逐渐走向衰退。这正是经过义和团运动之后，在不平等条约史上出现的一线转机。

即在《辛丑条约》订立过程中，列强亦有稍许松动。先是它们在《议和大纲》中提出的条件更为苛刻，而且"词意决绝"。经"婉商砥磨"，某些条款亦有所"转圜""更议"，如"罪首听我自办，赔款务期核实，军火暂禁入口"等，"视前约较和平"②。

此外，清政府在后来的商约谈判中所提一些要求，如禁止吗啡鸦任便贩运来华，亦被写入条约③。英、美、日提出的一些要求，如允许洋人入居内地贸易、洋盐进口、米谷出口、广开口岸等，清政府以"将引起人民的喧嚷"等理由予以拒绝，也为彼等所接受④。帝国主义列强所作的这些姿态，与其对中国主权的严格限制和新攫取的大量特权相比，是无足轻重的。但是，这些无足轻重的"让步"反映出一个事实：即列强认为在"中国方面实无力加以阻止"瓜分的大好时机下，亦不能轻视中华民族的独立意志和反抗精神。列强看到，即使瓜分中国，"然不能羁约华人，终必为华人所抗"⑤。"今若突倡分割，则义和之事，可为前车。"⑥ 这是它们将新的不平等条约枷锁套在中国身上的时候，不敢分割中国领土，以及有所顾虑的根本原因；也是沙俄割占中国东北的图谋破产，美国的"门户开放"政策再次得到列强认可的重要因素。赫德即鉴于义和团运动的教训，提出改善条约关系，"以使

---

① 《续议通商行船条约》，光绪二十八年八月初四日，王铁崖编：《中外旧约章汇编》第 2 册，三联书店，1959 年，第 109 页。
② 《李鸿章致枢垣各使议款略有转圜视前约较和平电》，光绪二十六年十一月初十日，王彦威、王亮辑编，李育民等点校整理：《清季外交史料》第 9 册，第 4750 页。
③ 《续议通商行船条约》，光绪二十八年八月初四日，王铁崖编：《中外旧约章汇编》第 2 册，第 108 页。
④ 《1902 年 9 月 26 日中日修订商约会议记录第 3 号》，中国近代经济史资料丛刊编辑委员会主编：《辛丑和约订立以后的商约谈判》，第 214 页。
⑤ 中国史学会主编：《义和团》第 4 册，第 258 页。
⑥ 伤心人（麦孟华）：《论议和》，《清议报》第 61 册，1900 年 9 月 1 日。

中外关系变得更友好、交往变得更有益"①。

尽管义和团运动最终失败，也存在着种种落后性，但它在中国反对帝国主义和废除不平等条约的斗争历程中，鼓舞了中华民族的反帝斗争，具有极其重要的地位。

首先，它第一次展现了中国人民反对帝国主义和废除不平等条约的坚强决心和英雄气概。此前，中国从无任何社会势力，用如此强劲的声音和视死如归的气概表示"最恨和约"。义和团的英雄壮举，显示他们"实为中国民气之代表"②，表达了中华民族不甘忍受西方列强通过强力和不平等条约奴役中国的意愿，激励着中国人民始终不懈地坚持废约反帝斗争。

义和团运动所显示的反帝精神，揭示了中国革命的一个基本任务，此后不仅为中国共产党人所继承，而且为孙中山所肯定。中国共产党确立了反帝反封的民主革命纲领之后，对义和团作为一场反帝运动的伟大意义，更有明确的认识。蔡和森在《辛丑条约》签订二十三周年时撰文指出，"自从外国帝国主义侵入中国以来，中国的革命已经不是单纯对付某一朝代某一军阀的内政问题，但是对付国际资本帝国主义之野蛮酷烈的侵略问题，而某一朝代某一军阀不过为这问题中之一部份。在这一点上，义和团运动是最足以代表中国革命之客观的需要与性质的；也只有由这一点才能真正理解义和团的精神与价值"③。彭述之也说，"要想振刷中国的民族革命精神，打倒媚外的奴隶主义，在这个日子里，首先须把这个日子在中国被国际帝国主义压迫史上的意义重新介绍，尤其对于义和团运动须得重新沽定其在中国民族革命运动史上之真价值"④。他们正是从反帝的角度，对义和团予以充分肯定。中国共产党继承了义和团的反帝精神，最先明确提出了废除不平等条约的主张，并在大革命中将废约作为反帝的具体目标。孙中山后来在中国共产党的帮助下，明确提出反帝废约纲领，也一再赞颂义和团的反帝精神。他认为，自从

---

① 《义和团，1900》，［英］赫德著、叶凤美译：《这些从秦国来——中国问题论集》，第96—109页。
② 张枬、王忍之编：《辛亥革命前十年时间论选集》第1卷上册，生活·读书·新知三联书店，1960年，第60页。
③ 和森：《义和团与国民革命》，《向导》1924年第81期。
④ 述之：《帝国主义与义和团运动》，《向导》1924年第81期。

鸦片战争以来，外国列强强迫中国定了种种不平等的条约，进行武力的、政治的、经济的、宗教的侵略，逼使义和团运动发生。因此，"拿义和团的人格，与庚子、辛丑以后一班媚外的巧宦和卖国的奸贼比较起来，真是天渊之隔。可怪他们还笑义和团野蛮。哼！义和团若是野蛮，他们连猴子也赶不上"。"义和团起，倒唤醒了中国无数热血之人。"①

其次，义和团运动证示，中国废约反帝的主体力量，是以农民为主体的广大人民群众。这一运动以前所未有的声势反对条约特权和帝国主义侵略，"摇动世界"，"寒列强之胆"②，充分显示了人民群众的伟大力量。它虽然遭到失败，但却给后人留下了深刻的启示。

这场运动是群众性反对不平等条约运动的先导，为以后兴起的国民外交打下了一定的基础。当时就有人感悟到这一点，谓："我国外交屡失败，以无人民作后盾也。今有义和团作后盾，未始非国家之利。"③ 经此震动，某些官僚还产生了国民外交的思想萌芽，他们甚至提出，"必须博询臣民，舆论佥同，方可施行"④。当然，这一主体力量须与科学理论结合起来，才会产生巨大的合力，在废约斗争中真正发挥其作用。

义和团运动之后，孙中山和中国共产党人均从中认识到人民群众的伟力。孙中山从义和团运动中受到巨大鼓舞，说：义和团仅"一隅之民"，"若其举国一心，则又岂义和团之可比哉！"⑤ 中国共产党人更是从中看到了一种伟大的国民革命精神，彭述之认为义和团运动是历史上"一个唯一的反帝国主义之民族群众运动"，认识这一点，就能"得着解放自己的新道路"⑥。蔡和森认为，"义和团是中国国民革命史上悲壮淋漓、可歌可泣的遗产"，"是中国国民革命精神头一次充分的表现"⑦。陈独秀认为，义和团代表全民族的

---

① 《"九七"国耻纪念宣言》，1924 年 9 月 7 日，陈旭麓、郝盛潮主编，王耿雄等编：《孙中山集外集》，第532—533 页。

② 《义和团有功于中国说》，张枬、王忍之编：《辛亥革命前十年间时论选集》第 1 卷上册，第 59 页。

③ 中国社科院近代史研究所《近代史资料》编辑组：《义和团史料》下册，第 844 页。

④ 《工部学习主事夏震武折》，光绪二十六年十一月十九日，故宫博物院明清档案部编：《义和团档案史料》下册，第 874 页。

⑤ 《支那保全分割合论》，1903 年 9 月 21 日，广东省社会科学院历史研究室等合编：《孙中山全集》第 1 卷，第 223 页。

⑥ 述之：《帝国主义与义和团运动》，《向导》1924 年第 81 期。

⑦ 和森：《义和团与国民革命》，《向导》1924 年第 81 期。

意识与利益，"是中国民族革命史之悲壮的序幕"①。正是义和团所体现出民众运动和反帝性质的双重意义，彭述之、陈独秀都认为，义和团运动的"价值决不减于辛亥革命与'五四'运动"，"其重要不减于辛亥革命"。蔡和森甚至认为，"辛亥革命，表面上似乎比义和团运动进步一些"，但实际上，"他的意义转不如义和团之重大"。中国共产党成立后，在实践中逐渐将农民作为中国革命的主力军，无疑是从义和团运动中受到启迪。

再次，义和团运动对传统国际法中的反动原则和理论，亦是一个极大的冲击。在传统国际法中，东方国家不仅"在不平等条约之法律形式下被纳入国际法约束范围"，而且更谈不上可以"废除或径行取消"不平等条约②。义和团的"灭洋"，不仅否定了不平等条约本身的合理性，而且实际上采取了单方面废除的激烈手段，虽然义和团未能实现自己的目的，但其行动却对传统国际法提出了怀疑和否定，并反映了传统国际法必须改弦更张的趋势。当时，日本人中村进午就义和团事件撰文抨击这种帝国主义的国际法，认为"今世界之文运大进，国际法亦大进步，以杀一二教士而略取胶州，因居民不安而剖割满洲，岂非奇怪之极耶？""列国所口称势力范围者……是岂非背法理之言耶？""若谓因中国无力之故，遂任意敢为之，则国际法之谓何？夫国际法之眼中，力无强弱，国无大小，唯以限制各国放恣为目的。近来欲于支那限制列国之举动，非先以国际法之正理正道不可。"③ 一些官员也针对议和大纲，运用进步的国际法原则，批驳帝国主义列强对中国主权的苛刻限制，主张"据公法废约改议"④。显然，义和团运动作为民族解放运动的一个浪潮，对国际法的发展产生了一定的影响，这种发展亦有利于中国的废约斗争。

总之，义和团运动将民众对笼统排外发展到顶峰，"最恨和约"的大爆发构成了中国反帝废约斗争历程中的一个重要环节，并为这一斗争的最终胜

---

① 《我们对于义和团两个错误的观念》，《陈独秀文章选编》中册，生活·读书·新知三联书店，1984 年，第 575 页。

② 周鲠生：《国际法》上册，第 50 页。

③ ［日］中村进午：《清国事变与国际法》，《清议报》第 63 册，1900 年 9 月 21 日。

④ 《工部学习主事夏震武折》，光绪二十六年十一月十九日，故宫博物院明清档案部编：《义和团档案史料》下册，第 872—873 页。

利铺垫了一块必不可少的基石。经过义和团运动，民众运动进入了一个新的阶段，也来了中外条约关系的新变化。

第二节　收回利权运动与民众文明废除"准条约"的斗争

义和团运动之后，民众斗争不论是形式还是内涵，均出现了重大变化。形式上抛弃了简单粗暴、笼统排外的斗争手段，而代之以贯注理性精神的文明方式。其内涵则提升到维护国家主权的层面，以抵拒不平等约章为目标，这与此前仅仅以自身利益为诉求大不相同。在 20 世纪初年出现的收回利权运动和抵制美货运动中，国人均明确提出了废弃不平等约章的具体目标，从不同角度典型地反映了这一转向。尤其是，民众运动与政府交涉结合起来，国民外交开始萌兴，中国的民众斗争由此出现了新的格局。

收回利权运动主要由地方士绅发动和领导，并与政府交涉相结合，取得了重要的成效。同时，这又是一场较为特殊的废约斗争，它没有提出废除正式条约，而只是要求废除那些属于国际私法性质的"准条约"。甲午战争之后，列强疯狂争夺中国路矿利权，与清政府签订了大量合同、章程，其内容为借款、投资之类。这些"准条约"，使中国的路权和矿权为列强所控制，由此激起了中国社会的收回利权运动。这一斗争是从废弃《粤汉铁路借款合同》开始的。1903 年，与清政府订立了借款合同的美国合兴公司，将公司股票的 2/3 售给比利时东方修造公司，引起了湘、鄂、粤三省绅商的极力反对。在这场斗争中，民众没有采取损毁破坏的手段，而是以理性抗争方式推动政府进行交涉。在他们尤其是在湘绅的坚持下，清政府最终以赎回的方式解除了与美国合兴公司的合同，收回了粤汉路路权。

在这一斗争中，民众的愿望和行动，直接影响了政府的态度和交涉进程。该年 5 月，湘绅向湖南巡抚赵尔巽提出，根据原约，"不得将合同转售他国及他国之人"，而"美公司私售比国"。且"美公司订明五年竣工，迄今四年未动尺寸"。因此，湘绅惧贻后患，要求争回自办，电请废约。而督办铁路大臣盛宣怀不赞成废约，谓"恐变本加厉，无益有损"，又说"废约必吃亏"。他们批驳说，应据约力争，彼曲我直，"若先自处于必负之地以与人争，办事者似不应出此"，表示"全湘命脉，系此一举"，要争至废约为止①。湘绅又致电两广总督张之洞，张认为，中国与美国公司签订的铁路合同，"废约虽难办到，然购回合兴公司股票，则志在必办。既需筹款，则筹款为先"②。他赞颂赵尔巽"风力刚劲"，湘绅志气坚强，"必能挽回此举"，并谓"难得福星在湘，大局之幸"。他请赵尔巽合官绅之力，切电盛宣怀将美公司承办合同声明作废③。在举国一片废约声中，盛宣怀也函请外务部转告美使将约作废，并派福开森赴美交涉④。其后，湘绅一再联名禀呈赵尔巽，要求废约。

在民情激愤的情况下，各督抚也持废约主张，但盛宣怀仍希望避免这一结局，仅要求美国公司收回他国股份。而张之洞与赵尔巽在湘绅的推动下，仍坚持废约，他们致电外务部谓：湘绅力请废约，归湘自行承办，鄂省绅民，亦群起力争，"众情所不愿，岂能强拂"。并说，公道自在人心，要求外务部鼎力主持，将此约作废，万勿稍与通融⑤。其时，湖北和广东也动起来了。鄂绅要求将约作废，归鄂自办，勿含糊了结⑥，"三省绅商自当集股举办，决不能坐受亏累"⑦。广东商务局作出决议：力争废约，务期收回主权⑧。收回粤汉铁路运动在湘、鄂、粤三省迅速展开，各阶层人士"纷电政府疆吏，立持废约之议"⑨。鄂、湘、粤留日学生组成了"鄂湘粤铁路联合会"，主张废约自办。

鉴于形势，盛宣怀虽认为"废约国家必吃亏"，但不敢"畏难瞻顾，致

---

① 宓汝成编：《中国近代铁路史资料》第 2 册，第 754—755 页。
② 《张之洞致盛宣怀电》，光绪二十九年五月二十九日，盛宣怀：《愚斋存稿》卷 97，台北文海出版社，1975 年，第 38—39 页。
③ 宓汝成编：《中国近代铁路史资料》第 2 册，第 756—757 页。
④ 《盛宣怀致张之洞、端方电》，光绪三十年三月二十五日，盛宣怀：《愚斋存稿》卷 64，台北文海出版社，1974 年，第 7 页。
⑤ 宓汝成编：《中国近代铁路史资料》第 2 册，第 758—759 页。
⑥ 宓汝成编：《中国近代铁路史资料》第 2 册，第 759 页。
⑦ 宓汝成编：《中国近代铁路史资料》第 2 册，第 760—761 页。
⑧ 宓汝成编：《中国近代铁路史资料》第 2 册，第 759 页。
⑨ 《湘人力争粤汉铁路权》，《东方杂志》1904 年第 1 卷第 5 期。

违公议"，遂提出请湘绅会同商办，并速筹巨资用以偿还美国垫款①。不过，盛宣怀仍希望避免废约，又与美商柏许接洽，"设法妥商接办"②。张之洞反对"以美接美"，认为此与湘、粤两省湘绅公电"亦均不合"，"非众人之公议"，而"废约事相持到今日，已有八九分，此中国莫大之幸"③。盛宣怀仍打算实行"以美接美"，湘绅表示反对。他们致电张之洞，认为关系"国际全局"，不能"损我权利"，批评盛宣怀"不主此立论"④。接着，清廷谕令张之洞接办此事，要求他妥筹办理，以挽利权⑤。

张之洞主持该案交涉之后，接受了驻美公使梁诚提出的"以华接美"方案，认为此事"重在收回地权，不惜多费"。他看到，"三省绅民志坚气愤，其势汹汹，若此路不能收回自办，必致酿成事变"，以后诸事更难办⑥。他与盛宣怀商议后，令梁诚照会美国，声明："合兴违背合同，三省绅民万口一词，力持废约，朝廷俯顺舆情，不能强数千万人迁就坏局，自蹙生路。"美方"自接此照会，口气始松"，于1905年6月7日与中方签订了草约⑦。

草约签订后，合兴公司股东摩根意图翻悔。张之洞认为，若仍令美国接办，"三省绅民及中国在东西洋留学生亦必群起哗噪，竭力愤争，不成不休，势将横生枝节，别酿事端"，"且于国体大有妨碍"。他恳请外务部鼎力维持，认为这实于国家大局有益，三省数千万士民皆将感颂彼"主持之德"。因担心有反复，张之洞又致电外务部，谓："似此全无信义，三省绅民岂能复忍？"三省绅民必群起抵抗，"巨衅之启，后患不可胜言"。"三省绅民志坚气盛，万难遏抑。合兴如再食言，我惟有实行废约。"⑧ 经此插曲，美方未再反复，最终以赎约的方式收回了粤汉路，此案得以和平解决。1905年8月29

---

① 《盛宣怀致外务部、户部电》，光绪三十年四月十九日，盛宣怀：《愚斋存稿》卷65，台北文海出版社，1974年，第7页。

② 宓汝成编：《中国近代铁路史资料》第2册，第764页。

③ 宓汝成编：《中国近代铁路史资料》第2册，第766页。

④ 宓汝成编：《中国近代铁路史资料》第2册，第769页。

⑤ 《德宗景皇帝实录》卷536，光绪三十年十月乙丑，《清实录》第59册，第138页。

⑥ 宓汝成编：《中国近代铁路史资料》第2册，第772—773页。

⑦ 《鄂督张之洞致枢垣粤汉铁路合同美如食言惟有废约电》，光绪三十一年七月十三日，王彦威、王亮辑编，李育民等点校整理：《清季外交史料》第7册，第3469—3470页。

⑧ 《鄂督张之洞致枢垣粤汉铁路合同美如食言惟有废约电》，光绪三十一年七月二十一日，王彦威、王亮辑编，李育民等点校整理：《清季外交史料》第7册，第3470—3472页。

日，双方正式订立了《收回粤汉铁路美国合兴公司售让合同》，将此前合同或特权注销，中方给合兴公司"公道偿费"675 万美元，中国政府可将合兴公司在中国的所有产业，以及中国应得权利，一概全行收管①。

此案采取了赎回的方式，实际是通过协商，给予赎金而换取美方放弃路权的承诺，"与废约之专用强硬办法者迥然不同"。这是当时双方均能接受的一种方式，对中方而言，其意义不仅仅在商务方面，而且涉及国家主权的维护。张之洞强调，"此路所争者，乃三省铁路之主权，非争三省铁路之商利"。他不惜多费银两的原因即在于此。同时，这种和平方式又反映了民意在对外关系中的影响。如张之洞所说，为避免国际冲突牵动交涉，"专用和平办法，改废约为赎约"。因为，"三省绅民志坚意决，为大局计，此路舍赎回自办更无第二办法"。若仍令美国人接办，"三省绅民及中国在东西洋留学生亦必哗噪沸腾，势将横生枝节，别酿事端，后患诚不知所底止"②。

此案经由张之洞最后解决，关键在于张之洞代表了湘、鄂、粤三省绅民的利益，是他们废约赎路要求的代言人。三省绅民和留学生纷纷致电，力请张之洞"为三省绅民代表，独力担承"。张之洞于是"慨然肩任"，并向三省承诺路权必能收回。自此之后，"不掺杂他人以后，宗旨始归画一"③。这一前所未有的新现象，无疑体现了民众对政府官员及外交的影响和作用。

粤汉路的收回，给予了其他各省的士绅们以极大鼓励，他们拟效法此事，废除本省的铁路借款章程。如江苏、浙江两省掀起了收回沪杭甬路权的斗争。江苏武进、阳湖绅士即函致江督周馥、苏抚陆元鼎，提出要"急起直追，或废已订之合同，或收垂失之权利"④。苏路公司致电外务部，再次要求废约，认为："论朝旨不宜借款，论民情则不愿借款。""草约逾期，照文明法律作为无效。彼系自废，我始收回。奉旨经年，忽来此强迫之举，万难承

　　① 《收回粤汉铁路美国合兴公司售让合同》，光绪三十一年七月二十九日，王铁崖编：《中外旧约章汇编》第2 册，第 318—319 页。
　　② 《鄂督张之洞致枢垣粤汉铁路合同美如食言惟有废约电》，光绪三十一年七月十三日，王彦威、王亮辑编：李育民等点校整理：《清季外交史料》第 7 册，第 3470—3471 页。
　　③ 《鄂督张之洞致枢垣粤汉铁路合同美如食言惟有废约电》，光绪三十一年七月十三日，王彦威、王亮辑编：李育民等点校整理：《清季外交史料》第 7 册，第 3469 页。
　　④ 宓汝成编：《中国近代铁路史资料》第 2 册，第 832 页。

认。"① 但如盛宣怀所言，由于英方"目前并无违背合同之处，与粤汉铁路之暗易主者不同，无辞可藉，碍难悔约"②。又兼英驻华公使多次照会，"执定原议"，坚决不肯同意废约，外务部反对废约③，最终未能实现废约的目的。其他如四川、直隶（今河北）、山东、江苏、安徽、云南等省，也都开展了收回路权的斗争。不过这类以收回路权为中心的废约斗争，有不少未收到预期的效果，粤汉路也得而复失。但经过收回路权的废约斗争，此后新订的铁路借款合同中，外国人控制中国路权的状况有所改变。如 1908 年 1月，清政府与英德两外国公司订立的《天津浦口铁路借款合同》，"第一次将外人投资的铁路的建造和经营完全交由中国人掌管；而且，也没有把铁路作为抵押"④。

在矿权方面，也出现了废约浪潮。如安徽掀起了收回铜官山矿权的运动，省城士绅认为英商既未在期限内开矿，合同即应依约作废。他们强调，"此次争约，非争一矿之得失，实关全省之利害，既关全省之利害，即关大局之利害"。此约若可不废，"将来我国佳矿，彼皆欲订立合同，任意迁延，我国商民将无可办之矿，且无可废之约矣。事虽铜官山一区，影响甚远，关乎大局，不能不争"⑤。1909 年 4 月 30 日，省城安庆举行全省大会，决议强硬办法数条，申明废约宗旨。由于绅商们态度坚决，英方只好放弃该矿，中英双方最终于 1910 年 1 月 30 日达成协议。中方赔偿 5.2 万英镑，英商所占铜官山矿地暨一切机器、房屋，均交还中国，原订合同全行作废⑥。其他各省亦均行动了起来。如山西收回英国福公司，山东收回德商五矿，云南收回英法隆兴公司，四川收回江北厅煤矿等处的矿权，等等。

士绅们的要求和行动，给清政府造成了很大压力，是废约运动取得一定成效的重要因素。除此之外，还有一个因素是这些借款合同属于国际私法范

---

① 宓汝成编：《中国近代铁路史资料》第 2 册，第 864 页。
② 宓汝成编：《中国近代铁路史资料》第 2 册，第 836 页。
③ 宓汝成编：《中国近代铁路史资料》第 2 册，第 842 页。
④ ［美］威罗贝著、王绍坊译：《外人在华特权和利益》，第 652 页。
⑤ 《收皖抚诚勋函（附件：全皖绅士公呈）》，光绪三十二年二月十八日，台北"中研院"近代史研究所编印：《矿务档》第 4 册，第 2140、2142 页。
⑥ 见李恩涵：《晚清的收回矿权运动》，第 174 页。

畴，然由于中国受不平等条约的束缚，这类私法性质事务的处理，往往超出了该领域的相关规则，变成某种程度的中外交涉，导致中国遭受了不应有的损失。当时，有识之士已清楚看到了这一点，并对此作了探讨。如《外交报》载文认为："据国际法财产权言之，有属于公法者，有属于私法者。国际私法之财产权，如私人与私人间之物权或无形财产权是也。国际公法之财产权，如领土及领土以外国有之动产不动产是也。"① 或认为，列强攫取的开矿权与其他条约特权尤其是领事裁判权密切相关，如果我国"政法甚修，教育普及，在野者即无野蛮排外之举动，在上者已有治外法权之全体，则彼外人之营业于兹者，亦不过私人之权利，不过国际私法之范围"②。显然，在不平等条约关系的总体格局之下，它并非纯粹的私法问题，而是掺杂了其他各种因素正由于问题的复杂性，围绕粤汉路废约问题，有识之士对相关理论作了探讨。这些探讨，体现了由赎回粤汉路引发的收回利权运动，是一种新的民众运动形式，具有显着的理性特征。其中值得一提的，是杨度所著的《粤汉铁路议》一书。该著于 1905 年 3 月由新民丛报社出版单行本，他对有关废除合同、收回路权等的各种法理和外交问题，作了详尽的探讨。杨度极力主张废除粤汉路合同，并围绕这一中心，从各个角度对该合同的性质、废除合同的依据和后果，以及如何废除合同等问题，阐述了自己的见解。

关于合同的性质，根据杨度的主张，可以从两方面来看。一是所属法律范畴。粤汉铁路合同是契约而非条约，因此"乃国际私法上之交涉，而非国际公法上之交涉，则废合同与废条约异"。二是所定权利义务。粤汉铁路合同，"则以国际上私人之契约，而因国势人类之强弱智愚不同，而生权利义务之不平等者"。其种种规定，"著于国际合同之上，亦世界万国未有之奇闻"。由于这种性质，该合同不是"谋一国人民交通之便利，实业之发达"，而是"限制一国之交通，以谋一公司之专利"。杨度指出，"土地为立国之一最重要之要质，故断不可以授与外人"。将来铁道所经之地，"并非中国之土地，而为美国之土地"，其结果，"欲不亡国灭种何可得乎？"根据粤汉铁路

---

① 王倬：《论今日中国对于国际投资之可危》，《外交报》第 290 期，1910 年 10 月 7 日。
② 《论外人攫取矿权之害》，《外交报》第 60 期，1903 年 10 月 24 日。

合同的性质，中国完全有权将其废除。该合同既是契约而非条约，废除合同则属于中国内政。根据 1868 年中美《续增条约》第八款的规定①，"美国政府断不能托词保护条约之权利而干预此事；果其悍然不顾公法而干预之，则是蔑视我政府，侵犯我主权"。而"我为自主之国，对于一公司与以办路之权与否，乃我以固有之主权，可自由处分者"。杨度认为，由于合同属私法性质，不会也不应导致激烈的国家间冲突和战争。其结果，"不过美公司与中国总公司互相诉，公同受裁判而已，无有他也"。如何废除合同？杨度认为，最要之关键，在于必须处处以合同为依据。如果产生交涉，应按照私法性质付之诉讼。诉讼之胜负不可知，"则我之所预备者惟赔偿而已"，而合同已废，自办之局已成②。鉴于中国利权已丧失殆尽，杨度认为收回粤汉路具有重大意义，"不仅将来之大利无穷也，即今日中国之民气，必因此而为之一振，群知国势之犹可为，国权之不可失，而咸思保护之焉，则爱国之心油然而生，国民之气勃然而起矣"③。

著中所论，虽仅涉及粤汉路，但这种理性的探索精神，以及其所阐发的种种问题，具有重要意义。除杨度之外，当时还有不少人对"准条约"作了不同程度的探讨，如山东绅士陈翰、陈树标等即说："五处矿务，系属商务性质，宜用国际私法，不当用国际公法。"④ 这些探讨，对于中国解决此类"准条约"问题，乃至改变不平等条约关系的重大使命，提供了必要的理论依据和有益的启示。以争回粤汉路为滥觞的收回利权运动，促使国人开始产生国家权益意识，表明中国抵拒不平等条约关系的斗争出现了新的态势。闭关状态被打破后，国人对国事漠不关心，只要"其事不直接而切于身家，即视本国之事与外国之事无异"⑤。起初，国人并未意识到路矿利权的严重性，

---

① 该款规定，"凡无故干预代谋别国内治之事，美国向不以为然，至于中国之内治，美国声明并无干预之权及催问之意，即如通线、铁路各等机法，于何时，照何法，因何情欲行制造，总由中国皇帝作主，酌度办理"（《续增条约》，同治七年六月初九日，王铁崖编：《中外旧约章汇编》第 1 册，第 263 页）。

② 《粤汉铁路议》，1905 年 3 月，刘晴波主编：《杨度集》，湖南人民出版社，1985 年，第 111—158 页。

③ 《粤汉铁路议》，1905 年 3 月，刘晴波主编：《杨度集》，第 184—186 页。

④ 《收山东巡抚电》，光绪三十四年七月二十六日，台北"中研院"近代史研究所编印：《矿务档》第 2 册，第 1201 页。

⑤ 《论排外当有预备》，《外交报》第 131 期，1905 年 12 月 21 日。

"外人索之而即与之"①。甲午战争后列强加强了对中国利权的攫取，逐渐促进了国人的觉醒。朝野上下，"乃知铁路虽有大利，然已己为之大利，人为之则大害"，而"拒绝外人，自办铁路之议以起"②。经过粤汉路之争和随之而起的收回利权运动，权益观念蔚然成风，时势为之大变。"积此十年报章之忠告，留学生之奔走呼号，加以外界之逼迫，日甚一日，皆有使鼾寐者不能不醒之势。""国民当自保利权之说，至此遂遍于通国，延及于下流社会。"③ 英《泰晤士报》亦载文指出，湘人"深知外人在华既享治外法权，而又以路权让之，实为莫大危险，故不愿粤汉道之干路，假道湖南，力请废约"，"以保主权而挽利益"④。

国家权益意识的普遍萌发，是收回利权的民众运动的重要特点，也是这一斗争出现转折的一个重要标志。这一意识是近代民族主义的内核，其所蕴含的理论主张，是改变不平等条约关系的基本依据，对于废约斗争的健康发展具有极为重要的作用。从此，民众的反侵略斗争逐渐摆脱了传统格局，由笼统盲目排外趋向理性文明，维护国家权益成为明确的方向和目标。随着这种权益意识的形成及维权运动的展开，国人又提出"必须根本之解决"。其道为何？"曰殖其国力，厚其民生，以为外交之后盾，则根本固矣。根本固矣而枝叶自蔚，然有欣欣向荣之势矣。"⑤ 他们进而又提出从政治上着手的主张，认为"朝廷宜本先朝立宪之诏旨，重颁明诏，确定国是"。师法日本明治维新，"胪举所定国是，誓于神明，以坚中外臣民之信"⑥。这一根本解决方案，即从政治入手，借鉴日本经验及治标治本之策。中国废除不平等条约的进程远远落后于日本，其症结之一便是没有根本之图，缺乏有力的举措。不过，这个步日本路径的方案，显得过于迟缓，缺乏只争朝夕的气概。其时，经历了重创的清政府，已开始实施这一根本之图，进行前所未有的改革，涉及政治、经济、军事等方面。与日本比较，改革显然姗姗来迟，且不

---

① 《湘人力争粤汉铁路权》，《东方杂志》1904 年第 1 卷第 5 期。
② 《敬告各省自办铁路者》，《外交报》第 118 期，1905 年 8 月 15 日。
③ 《论排外当有预备》，《外交报》第 131 期，1905 年 12 月 21 日。
④ 《论外人在华所得路权》，《外交报》第 98 期，1904 年 2 月 20 日。
⑤ 陈彦彬：《论收回利权之宜有根本解决》，《外交报》第 263 期，1909 年 12 月 17 日。
⑥ 陈彦彬：《论收回利权之宜有根本解决（续）》，《外交报》第 264 期，1909 年 12 月 27 日。

可能较快地取得达到根本目标的成效，因而也难以真正解决利权问题。因此，要尽快收回利权，仍需借助民众的力量。

第三节　文明抵货运动与中美正式条约的改废

1905 年的抵制美货运动，反对的对象是中美间的不平等条约，较之改废"准条约"的收回利权运动，更直接冲击了中外条约关系。这场运动以另一种方式显示了民众斗争的理性趋向，开创了文明拒约的新形式，具有重要意义。

运动发生的直接原因，是美国歧视和迫害华工，导致中国人民的反抗。美国由于开发西部的需要，通过 1868 年《蒲安臣条约》，在中国大量招收华工。至 19 世纪 80 年代，旅美华工已达三十余万人，他们对美国西部的开发作出了不可磨灭的贡献。而由于美国国内种族主义思想的抬头，从 19 世纪 70 年代开始，美国不断发生排斥、迫害乃至杀害华工的暴行。1884 年清政府与美国签订了限制华工赴美的条约，10 年期满后，又于 1894 年续订了该约，实际上认可了美国政府对华工的迫害。1904 年底，该约期满，从该年夏季起，美国华侨报纸和中国国内各报即开始呼吁，要求废除苛约。中国驻美公使梁诚也和美国政府进行了商议，但遭到拒绝。美国试图使用恐吓手段，强迫清政府签订续约，由此激起了全国人民的愤怒，掀起了抵制美货运动。檀香山《新中国报》首先提出这一抵制之法[①]，旅美华侨派员回国，发起拒约运动，北京、上海、广东及全国其他各地纷纷响应。1905 年 5 月 10 日，上海召开商务总会，决定：如果 2 个月以内，美国不肯删改苛例，而强迫签订条约，则全国人民将实行抵制美货行动[②]。上海商务总会的呼吁得到了以各地商会和学界为主的各界民众的大力支持，"不用美货之函电，几遍二十二行省"[③]，广州、北京、天津、武汉、南京、杭州等全国一百六十多个城市纷纷响应。

---

① 丁又：《1905 年的广东反美运动》，《近代史资料》1958 年第 5 期。
② 丁又：《1905 年的广东反美运动》，《近代史资料》1958 年第 5 期。
③ 《本埠及各外埠来函·赵荣昌》，苏绍柄编：《山钟集》，觉觉社，1906 年，第 105 页。

抵制美货与以往采取的激烈反抗手段不同，它是一种平和的方式，即"文明抵制，并非野蛮抵制"①。这是义和团运动之后，民众反对不平等条约斗争形式的重要变化，其出现有各种因素。其一，中国处于衰弱地位，无力通过正常外交手段实现废约或改约。"中国今日之国势，既不能以理争，又不能以力抗，所持者民间之团结力。"② 其二，这一斗争方式是在国际法允许的范围之内的，既可给彼造成压力，又不会引起国际交涉即"不用美货，乃人人自有之权，与国际毫无牵涉"③。或者说，抵制美货之举，是"文明之公理"，"是为平等，是为自由！"④ 或者说，这是一场"文明之战"⑤，"以其人之道，还治其人之身，彼号称文明之美国人，应亦哑口无言也"⑥。诸如此类的看法非常普遍。其三，采用这一方式，可以给政府交涉提供外交后盾。在抵制美货运动中，国人表现出了主动参与修约外交的极大热情，将此视为"国民之天职，亦同胞一分子之义务"，"永矢之弗谖，坚持以终始"⑦。或谓："吾国政府与外人议约，向无询诸国人之举"，而约定后设法抵制，"补救已迟"。为今之计，"莫若趁此约未定，先为实行抵制，庶彼易就范围"，"不然国力薄弱，政府恐难敌也"⑧。这一斗争方式亦得到了清政府某种程度的肯定，如两广总督岑春煊回复美驻广州领事照会谓："各商民自结团体，谋保公益，与一切排外仇教之举动迥不相同"。"商民购用美货与否，必须出于自由，本部堂只能饬属劝解，不能强加禁勒；且系民间贸易之事，与国际无干。来文乃遽指背约，并以美商不能将货出售，借端索偿。试问环球有无此等公理？"⑨

该运动的目标主要是改良华工禁约，"争约议论，均以改约为目的，鲜

---

① 《本埠及各外埠来函·淮安士商烈成氏等》，苏绍柄编：《山钟集》，第 78 页。

② 《阅筹拒美禁华工公启系之以论》，阿英编：《反美华工禁约文学集》，中华书局，1962 年，第 605—606 页。

③ 《曾铸致伍廷芳书》，朱士嘉编：《美国迫害华工史料》，中华书局，1958 年，第 147 页。

④ 《阅筹拒美禁华工公启系之以论》，阿英编：《反美华工禁约文学集》，第 606 页。

⑤ 《本埠及各外埠来函·常州抵制美约会恽用康钱以振等》，苏绍柄编：《山钟集》，第 128 页。

⑥ 《阅筹拒美禁华工公启系之以论》，阿英编：《反美华工禁约文学集》，第 606 页。

⑦ 《敬告我对付美约诸同胞》，民生社编印：《中国抵制禁约记》，1942 年，第 83 页。

⑧ 《叶高郑宪成蔡有守李名麟致曾铸书》，朱士嘉编：《美国迫害华工史料》，第 148—149 页。

⑨ 丁又：《1905 年的广东反美运动》，《近代史资料》1958 年第 5 期。

有议及废去工约者"①，但也提出，乘此机会，"使美政府竟然废禁工之约"②。或认为，废约关系到民气能否振兴，如果"吾国全体尚不能争一工约，吾国民气从此扫地"。因此，"必先要求废约，即使争之不得，尚有改约一层作为后图"③。中国教育会发布意见书，宣布："本会认此次抵制以废约为目的而非以改良旧约为目的"，并以此为第一目的，而以发起国民爱同胞抵外力之感情为第二目的，指出美国与其他国家未订禁工之约，"而我独有之"，"可耻可恨"，因此，"宜要求政府援国际公法中复仇之义，以声美人之罪"④。诸如此类的废约主张，提出了改变不平等条约关系的方针，可谓此次运动最为重要的创获。尽管此次运动没有提出废除所有的不平等条约的主张，但却以华工禁约为切入口，从人权平等、国际平等、国际交往权等角度解析了废约的合理性和必要性，从而突破了盲目排外的窠臼，为民众运动的新方式贯注了理性的内涵，进而大大推进了这一运动的进程。例如，有文章指出："列国错处，接而愈近，交通大开国，于是有国际交通权，设公使领事，缔结条约，凡以便国民间之交通，为国际公法所公认而华工禁约，乃以条约之力限制我、杜绝我，是无所谓交通，虽有条约而不如其无也，是不认我国际交通权。"该文章还阐述了关于形式平等与事实平等的见解，认为所谓"对等的文句"，即"禁止华工前往美国本境并禁止美工来华"，实际上并不对等；"所谓有形式无精神者，美工何必来华，即欲来华，我国果能仿美国之例以禁止之否耶"⑤。抵制美约的斗争，产生了显著效果，甚至美国国内也出现了反对华工禁约、要求设法挽回的声音。如亚细亚协会推举会员多人面见罗斯福，对华工禁约表示不满，谓："美国施行移民章程，对于华人备极苛酷，凡体面之商人、学生、游历员等，苟垂有发辫者，悉举而目之为移民，无理摈斥，时有所见。"中国举国一致抵制美货，是"华人欲泄其多年积愤"，可以理解。他们认为，万一将来实行停销美货，"则必酿成美国商家

---

① 《本埠及各外埠来函·晋宁宋嘉珍》，苏绍柄编：《山钟集》，第 107 页。
② 《本埠及各外埠来函·吴趼人》，苏绍柄编：《山钟集》，第 83 页。
③ 《本埠及各外埠来函·晋宁宋嘉珍》，苏绍柄编：《山钟集》，第 107 页。
④ 《中国教育会对于抵制美国华工禁约之意见书》，民任社编印：《中国抵制禁约记》，第 70—71 页。
⑤ 《敬告我对付美约诸同胞》，民任社编印：《中国抵制禁约记》，第 79、81—83 页。

之慌恐"，"且倚赖是等商家以谋生计之千万劳动者亦将骤失其糊口之方"，因此要求罗斯福"竭力补救"①。此外，美国输华货物也受到了极大打击。《纽约商报》载文说："华人这次实行杯葛主义，有条不紊，无远弗届，其团体之固，殊出人意料之外。"甚至欧洲也受到极大震动，"英国人也疑惑起来，认为这次苛约如果不解决，抵制的风潮可能蔓延到欧洲各国，这是不堪设想的"②。美国政府也因此对此前的排华政策有所放宽，"允优待华商，及教习、学生、游历人等，并允于议院开时，尽力公平妥办"③。1905 年 6 月 24 日，罗斯福总统发布命令，虽仍禁止华工入美，但表示：商、学、游客及政府官员任便往来，予以最惠国待遇；不准苛待华工，谨防对例准入美华人的骚扰；失礼于华人的政府官员，立即革职；在华使领官员所签护照非有确据不得驳退④。12 月 5 日，罗斯福在提交给国会的国情咨文中提出，应允许华工以外的中国人自由来美，并指出：排华政策与门户开放政策是矛盾的，"作为一个民族，我们一直在大谈中国的门户开放，我们也希望，同时也一直理直气壮地坚持中国人必须公正地对待我们，可是，我们不能要求中国人对我们做我们不愿意对他们做的事情"⑤，再次呼吁国会修改排华立法。

尽管运动取得了某些成效，对美国的排华政策有了一定的限制，但这一作用是极其有限的。美国不可能完全取消排华政策，且罗斯福是"美国历史上对中国最具种族偏见的总统之一"，他在当选总统前曾积极支持排华运动。他声称，中国是一个不开化的民族，因此"不能用对待文明民族的方法对待中国人"⑥。尤其是极端排华分子顽固坚持这一政策，在他们的操纵下，罗斯福修改排华立法的建议被国会拒绝。因此，美国政府又向清政府施压，要求制止抵制美货，甚至威胁说："美利坚合众国政府认为，由于贵国政府显然

① 《美会美报反对美国华工禁约》，民任社编印：《中国抵制禁约记》，第 96 页。
② 丁又：《1905 年的广东反美运动》，《近代史资料》1958 年第 5 期。
③ 《谕》，光绪三十一年八月壬寅，朱寿朋编、张静庐等校点：《光绪朝东华录》第 5 册，总第 5389 页。
④ 《清外务部档案》，转引自张存武：《中美工约风潮》，台北"中研院"近代史研究所专刊，1982 年，第 178 页。
⑤ 美国国会编：《总统咨文和文件汇编》，转引自王立新：《试论美国对中国 1905 年抵制美货运动的反应和政策》，《世界历史》1999 年第 4 期。
⑥ 霍华德·比尔：《西奥多·罗斯福和美国崛起为世界强国》，转引自王立新：《试论美国对中国 1905 年抵制美货运动的反应和政策》，《世界历史》1999 年第 4 期。

未能制止目前有组织的反对我们的运动，因此必须对美国利益已经和即将遭受的损失负直接责任。"① 在美国的压力下，开始利用民众斗争与美交涉的清政府，最终走向屈服。清廷于 1905 年 8 月底颁布上谕，压制抵货运动，谓："中美两国睦谊素敦，从无彼此抵牾之事。所有从前工约，业经美国政府允为和平商议，自应静候外务部切实商改，持平办理，不应以禁用美货，辄思抵制，既属有碍邦交，且于华民商务亦大有损失。"要求各省督抚，"晓谕商民，剀切开导，务令照常贸易，共保安全"，"认真劝谕，随时稽查"；并强调，"倘有无知之徒，从中煽惑，滋生事端，即行从严查究，以弥隐患"②。清政府态度变化之后，领导运动的资产阶级上层人物也动摇退缩，走向妥协，至年底该运动趋于沉寂。不过，经过这一反美爱国运动，中美两国政府最终未敢签订限制华工的续约。

抵制美货运动虽未达到预期目标，但在反对不平等条约的斗争史上，开创了民众运动的新形式，具有极为重要的意义。该运动被称为"我国民自与外通商以来第一次大举"③，"举中国未有之举"④，"第一次"的"创举"⑤，等等。其时，抵货被视为理想的斗争方式。或谓，"筹拒美约，莫善于此策者"⑥；或谓，"出抵制之妙策，运御外人之良谋"⑦。因为，这一方式"以文明之举动，行补救之微权"。运动的开创者获得了人们的高度赞誉，谓，"上天不厌黄种中国，乃有生气，则诸君子旋转乾坤之力也"⑧。这一在国际法所允许的范围内的斗争形式，用理性的手段抵拒了不平等的条约关系，为今后的民众反帝斗争提供了可资借鉴的模式，得到广泛赞同，甚至被视为抵制美约的"独一无二之法门"⑨。民国建立之后，这一手段被广泛运用，在废约反帝斗争中发挥了重要作用。通过这一方式，中国民众，尤其是资产阶级、小

---

① 美国国务院编：《美国外交文件，1905 年》，转引自王立新：《试论美国对中国 1905 年抵制美货运动的反应和政策》，《世界历史》1999 年第 4 期。

② 《谕》，光绪三十一年八月壬寅，朱寿朋编、张静庐等校点：《光绪朝东华录》第 5 册，总第 5389 页。

③ 《本埠及各外埠来函·南浔温松樵周湘龂张支谷等》，苏绍柄编：《山钟集》，第 106 页。

④ 《本埠及各外埠来函·淮安士商烈成氏等》，苏绍柄编：《山钟集》，第 78 页。

⑤ 《论抵制美约》，《外交报》第 117 期，1905 年 8 月 5 日。

⑥ 《阅筹拒美禁华工公启系之以论》，阿英：《反美华工禁约文学集》，第 605 页。

⑦ 《本埠及各外埠来函·檀香山中华会馆》，苏绍柄编：《山钟集》，第 58—59 页。

⑧ 《本埠及各外埠来函·北京五城中学堂学生》，苏绍柄编：《山钟集》，第 125 页。

⑨ 《本埠及各外埠来函·吴建常仲旗》，苏绍柄编：《山钟集》，第 133 页。

资产阶级及其知识分子和其他各种团体，增强了国民外交意识，成为废约反帝斗争的重要力量。

民众运动由此展现了新的面貌。舆论指出，"此可为民智渐高之证，非行徒在挽回区区之美约而已"。而各国"将以此觇我国之种智焉，即吾人亦将以此卜我国之命运焉。此举而得当耶，外人将谓中国之未可终侮，而忧世之士，亦奋起于神洲之尚有可为"①。"成则中国民族为世界上可贵之民族，不成则中国民族将愈奴隶牛马之不若，而听宰割。"② 海外华侨深受鼓舞，谓：此次拒约，"实为大局所关，中外属目。如果见诸实行，持之以久，大众一心，我之国权犹可自保，我之商权犹可扩张"③。正由于极为看重这一文明方式，国人对抵货运动抱有极大期望，担心若半途而废，"虎头蛇尾，群情一散，将益为外人所轻视"④。因此，他们对如何推进运动作了深入思考，揭示了民众运动隐伏的各种弊患，提出了各种要义和颇有见地的应对方略，还对斗争的具体口号及要求等问题进行了探讨，等等。综括各种议论和建议，不难发现，人们对这一新的文明方式所进行的思考，涉及民众的组织动员、斗争方式、运动的纯洁性和持久性、运动与政府的关系等。这些均是民众运动中的一些基本问题，尽管此次运动未能解决这些问题，但它们的提出，却给其后的民众反帝斗争提供了深刻的启示。

抵制美货与收回利权两大运动形式各异，但均促使了国民外交的萌兴，推动了中国外交的转型，并引发了人们对这一问题的思考。晚清外交出现了新的态势，民众开始在对外交涉中提出自己的诉求，并发挥了重要作用。粤汉路的成功收回，即得益于民众与政府的协调一致，如张之洞以民众呼声为后援，自称为"三省绅民代表"，从政府层面体现了这一结合。而民众则依恃政府办理交涉，并使政府有所凭借，抵制美货运动中，民众更为主动热情地参与外交，表示要尽"国民之天职"和"同胞一分子之义务"，要求"政府相助"，国民外交的实践，促进了相关的理论探讨。在抵制美货运动兴起

---

① 《论抵制美约》，《外交报》第 117 期，1905 年 8 月 5 日。
② 《本埠及各外埠来函·淮安士商烈成氏等》，苏绍柄编：《山钟集》，第 78 页。
③ 《本埠及各外埠来函·长崎清国商会》，苏绍柄编：《山钟集》，第 81 页。
④ 《本埠及各外埠来函·金匮学界代表人裴廷梁》，苏绍柄编：《山钟集》，第 90—91 页。

的 1905 年末，《外交报》载文赞许了这两大运动所体现的民气，论述了民气与外交的关系，提出外交应以国民为主体，谓："积民而成国，国有外交，即国民与国民之交涉也。国民不能人人自立于外交之冲，于是有外交当局以代表之。代表者所权之利害，即国民之利害也，所执之政策，亦国民之政策也。"该文认为，中国的外交"本体"经历了几个阶段的变化，由传统趋于近代。以往的外交"本体"，从鸦片战争前的王室，到战后的外交官，又有京师和官吏，或者"当局一人之感情"。而人民"殆不解外交为何事，则亦无所谓政策，故熟视外交当局之所为，而若无睹"。但他们"渐涉历于外交界，则亦以此为端倪"。由此进而"遂能以正当之政策，文明之举动，为外交官之后援"。尽管现在国民外交"尚在隐现绝续之交"，没有形成局面，但"已足为我国外交自昔未有之变相"。争回路矿权及抵制美约，便是这一"变相"的"事实"。例如，一开始外人攫取路矿利权，"人民固未尝注意于此"。现在不同了，"路矿自办之说，游学之士倡之，土著之绅和之，地方大吏亦相与提挈而鼓舞之，争废约，筹集股，江河流域，异口同声。于是外交当局，亦得有所凭借以与外人相折冲，而权利之争回，固已十之五六矣"。关于华工禁约，"以外交官一二人之口舌"相抵制，自然无效。当国民公认抵制美约，不定美货，于是"外交官遂得以是为凭借，而与彼国政府相抗"，而彼则"亟求调停之策"。该文作者由以上种种，得出了一个结论，即"民气之有裨于外交"。作者祈愿当局，"鉴于民气之大可凭借，而深悟外交之本体，实在国民，一扫我国畴昔外交家之僻见"[①]。此意愿虽不可能完全为当局所接受，但视国民为外交主体的思想主张，逐渐得到了更多人的认同，在其后的废约斗争中产生了重要的作用。

国民外交的兴起，以及前述国家权益意识的产生，显然是中国外交的进步，为改变中国的不平等条约关系地位提供了民众基础。然而，这一进步所依托的民众运动并未得到所有人的认同，有的人仍将其视为排外，认为其弊足以亡国[②]。与此相似，有人提出，针对列强的斗争和运动是排外形迹，20

①　《论民气之关系于外交》，《外交报》第 130 期，1905 年 12 月 11 日。
②　《论排外当有预备》，《外交报》第 131 期，1905 年 12 月 21 日。

世纪初年的抵制美约与反洋教斗争均属同类。尽管他们也肯定国民排外系出于爱国，但认为这会导致国家灾难。一言以蔽之，"不可有排外之形迹，但当有排外之精神而已"。也就是说，只能将排外放在心底，"振刷精神，改革内政，转弱为强，犹有可望"；而不能再有反帝举动，不要以文明排外来鼓动天下，否则"其国之亡，可翘足可待"①。显然，此类看法对新的民众斗争方式认识不足，夸大了它的负面作用，尤其是将具有近代民族主义性质的理性斗争，等同于传统的盲目排外斗争。在新的民众运动勃然而兴之时，这种不相协调的声音，反映了《辛丑条约》签订之后中国社会出现的惧外畏强、怯于抗争的倾向。

无疑，以拒约为内涵的民众文明排外运动，体现了明显的近代化趋向，其文明理性方式不仅具有了近代民族运动的特征，而且成为近代民族主义的催生剂。1903 年《浙江潮》载文谓："吾方悲继此以往，无有敢倡言排外者矣。果其有之，吾必尸之祝之表之扬之，曰是民族主义之所由生也。"② 近代民族主义的基本内涵和理念，诸如国家主权、平等独立等，在这个时期已经提出。传统排外，没有主权观念，"不过习攘夷之旧说"，"愤教民势力之逼怨"，"怒外人官吏之倨慢"，"初非知痛国势之屈辱，愤主权之见夺，争国民之人权，发愤而起求独立也"③。在文明排外运动中，国人摆脱了传统"攘夷"的盲目性，国家权益意识油然而生。鸦片战争后，"凡外交界上所威吓愚弄而丧其权利于外人者，其事不可以更仆数，而举国之人不知也。即知之，亦不问也"。如前文所述，甲午战争后列强加强对中国利权的攫取，逐渐促进了国人的觉醒。经过文明排外运动，权益观念蔚然成风，由争路矿，进而扩及其他领域，抵制美约、争会审公堂之权、抵制日本文部取缔等事接踵而起，遂成燎原之势。"国民当自保利权之说，至此遂遍于通国，延及于下流社会"④。国家权益意识的普遍萌发，"抉其本旨"，"莫不自排外思想之

---

① 勇立：《论排外不宜有形迹》，《东方杂志》1906 年第 3 卷第 12 期。
② 《敬告宁海之闹教者并以声徐承礼之罪》，《浙江潮》1903 年第 10 期。
③ 伤心人：《排外平议》，《清议报》第 68 册，1901 年 1 月 1 日。
④ 《论排外当有预备》，《外交报》第 131 期，1905 年 12 月 21 日。

泉源迸激而来"①。这一意识又强化了国家主权观念，"中国各报，莫不大声疾呼，发为论说"，"以保主权而挽利益"②。废约主张也在文明排外行动中被提了出来，收回利权运动针对的是"准条约"，抵制美货则涉及正式条约。显然，由传统排外脱胎而来的文明排外，具有了新的内涵，转变为近代民族主义，并焕发出了蓬勃的生机。诚如《东方杂志》一篇文章所称赞的，"结团体合群力谋公益，以实行此民族主义，为文明之竞争，为文明之排外"。"此主义之原质，其胚胎也以公义，其滋长也以热血，而又鼓之以方新之气，持之以万众之力。""美矣哉！中国民族主义之渐次发达也。茂矣哉！中国民族主义之渐次发达也。吾为中国之前途贺，吾为国民之前途贺。"③

　　总之，甲午战后开始的民众排外斗争，经历了从笼统排外到文明拒约的变化。这一历程，反映了中外条约关系的变化，以及近代民众运动的发展特点和规律。清末出现的文明排外新方式，体现了民众运动的进步，民众运动的理念和模式由此转向新的途径。正是在拒约斗争中，传统的排外观念和意识，开始走向近代化，并为此后的持续发展和更为完整的近代民族主义运动的兴起打下了基础，提供了有益的启示。历史证明，中国要改变不平等的条约关系，民众的觉醒和奋争是不可或缺的因素。

---

① 《论中国近时之二大主义》，《外交报》第 160 期，1906 年 11 月 11 日。
② 《论外人在华所得路权》，《外交报》第 98 期，1904 年 2 月 20 日。
③ 《论中国民气之可用》，《时报》1905 年 7 月 15 日。

结　语

1896—1911 年间是近代中外条约关系发展史上的重大转折时期。在这期间，中国彻底告别了传统的对外关系模式，不平等的中外条约关系得到进一步巩固和强化，同时新的条约关系形式出现，条约外交体制初步形成。

甲午战败后，中国被迫接受屈辱的《马关条约》，也中断了之前与日本发展平等条约关系的尝试，开始成了东西列强共同压迫的对象，中外条约关系愈发向恶性发展。中国的衰弱彻底暴露，列强更是趁机推行帝国主义的侵华政策，掀起瓜分中国的狂潮，极大发展了中外条约关系的不平等内涵，中外条约关系的危机趋向白热化发展。最终，世纪之交的中国爆发了义和团运动，清政府中的顽固势力与民众力量紧密结合起来，形成了驱逐洋人，以彻底摧毁条约体系的态势。为解决中外条约关系崩溃的危机，八国联军攻占北京，列强用集体强权胁迫中国签订《辛丑条约》，基本消除了中国内部的抵拒，巩固和强化了条约特权，中国从此完全沦入半殖民地的苦境，中外不平等条约关系发展到顶峰。而且，伴随着与原藩属国新的条约关系的建立，中国无奈地结束了传统的对外关系模式，由此进入到条约关系的单一国际秩序之中。这一时期，中国的外交家们和相关交涉人员为维护国家权益和传统国际秩序，付出种种努力，但国家虚弱至极，相关对外交涉终究难能大有作为。

如果说，不平等条约使得清政府被动地接受了新的国家交往方式，那么，在逐渐产生了近代世界观念和国家观念之后，它通过参加国际公约，进一步扩展了这种交往，并以自主的姿态融入国际社会。参加国际公约是甲午战后中外条约关系的新形式和重要发展。国际公约与被强迫订立的双边或多边条约不同，参加与否均可由当事国自主决定。从其产生形成到变更终止，从其主体地位的确立到退出，从权利的享有到义务的承担等等，均具有相对平等的性质。中国参加国际公约，是在整体不平等地位的基础上，以一种不同于以往的新方式，与国际社会建立某种意义的平等条约关系。这一新形式，不仅提供了融入国际社会的新途径，更蕴含了国际交往的平等原则。因此，甲午战争后由国际公约形成的新的条约关系，为中国打破不平等条约体系，产生了积极的引导作用，对中国以平等的姿态走向国际社会亦具有重要意义。中国代表在加入公约过程中所进行的抗争及其取得的效果，无疑证明了这一点。需要指出的是，在传统国际法时代，由于总体环境没有变化，这一积极作用是有限的，它仍不能改变不平等条约关系的总体格局。而且，这一总体格局，又不可避免地妨碍了人们对国际公约的客观了解，从而在某种程度上阻碍了中国参加国际公约的步伐。尤其是，由于强权政治仍然存在，相对平等的国际公约领域也或多或少地夹杂了一些不平等的因素。要真正维持其平等关系，要更好地融入国际社会，还需要更多努力。

经过甲午、庚子的重创，尤其是八国联军入侵和被迫订立《辛丑条约》之后，清政府的对外观念及对外政策发生了重大转变。它进一步舍弃了羁縻之道，在接受传统国际法时代的强权规则的同时，又更进一步树立了近代意识与观念，由此形成了较为完整的条约外交体制。尤值得指出的是，经过庚子事变，民众反侵略斗争方式有所更新和进步，文明排外的兴起，如抵制美货与收回利权运动等，促进了国民外交的兴起，进而推动了清政府外交的转型。条约关系的发展变化，推动民众运动由传统走向近代，促进了近代民族主义的兴起。这一新的趋向，与清政府新产生的外交理念和诉求结合起来，形成了国民外交与政府交涉融合的新态势。在 20 世纪初年，政府以民众呼声为后援，而民众则推动政府办理交涉。民众与政府的协调一致，取得了一些可喜的成效，在某种程度上改进和减轻了条约关系中的不平等内容。这是前所未有的新现象，它也为民国时期中外条约关系调整埋下了伏笔。

主要参考文献

一、 资料丛刊、汇编、实录、史志、已刊及未刊档案等

宝鋆等纂修：《筹办夷务始末·同治朝》，故宫博物院影印本 1930

北京大学历史系等编辑：《西藏地方历史资料选辑》，生活·读书·新知三联书店 1963

北京大学历史系中国近现代史教研室编：《义和团运动史料丛编》第 1 辑，中华书局 1964

北京政学社编：《大清法规大全》，台北考正出版社 1972

北洋洋务局纂辑：《约章成案汇览》甲篇卷 1，上海点石斋 1905

蔡乃煌总纂：《约章分类辑要》，台北华文书局股份有限公司 1968

陈崇桥、张玉田主编：《中国近代军事后勤史资料选编（公元 1840—1927）》，金盾出版社 1995

陈翰笙主编：《华工出国史料汇编》，中华书局 1980—1985

陈天锡编：《西沙岛东沙岛成案汇编·东沙岛成案汇编》，商务印书馆 1928

陈霞飞主编：《中国海关密档——赫德、金登干函电汇编（1874—1907）》第 4、7 卷，中华书局 1992、1995

复旦大学历史系中国近代史教研组编：《中国近代对外关系史资料选（1840—1949）》，上海人民出版社 1977

故宫博物院明清档案部编：《清末筹备立宪档案史料》，中华书局 1979

故宫博物院明清档案部编：《义和团档案史料》，中华书局 1979

郭廷以、李毓澍主编：《清季中日韩关系史料》，台北"中研院"近代史研究所 1972

海关总署《中外旧约章大全》编纂委员会编：《中外旧约章大全》第 1、2 分卷，中国海关出版社 2004、2007

胡滨译：《英国蓝皮书有关义和团运动资料选译》，中华书局 1980

吉林省档案馆、吉林省社会科学院历史所编印：《清代吉林档案史料选

编·上谕奏折》，1981

吉林省社会科学院《满铁史资料》编辑组编辑：《满铁史资料》第 2 卷第 2
    分册，中华书局 1979

贾桢等纂修：《筹办夷务始末·咸丰朝》，中华书局 1979

蒋廷黻编：《近代中国外交史料辑要》上卷，商务印书馆 1933

交通铁道部交通史编纂委员会编纂印刷：《交通史·电政编》，1936

交通铁道部交通史编纂委员会编纂印刷：《交通史·航政编》，1931

交通铁道部交通史编纂委员会编纂印刷：《交通史·路政编》，1935

交通铁道部交通史编纂委员会编纂印刷：《交通史·邮政编》，1930

劳乃宣编：《各国约章纂要》，湖南善后局 1891

李刚己辑录：《教务纪略》，台北文海出版社 1988

李文治编：《中国近代农业史资料》第 1 辑，生活·读书·新知三联书店 1957

辽宁省档案馆编：《日俄战争档案史料》，辽宁古籍出版社 1995

刘锦藻撰：《清朝续文献通考》，商务印书馆 1936

吕浦、张振鹍等编译：《"黄祸论"历史资料选辑》，中国社会科学出版社 1979

宓汝成编：《中国近代铁路史资料》，中华书局 1963

聂宝璋编：《中国近代航运史资料》第 1 辑，上海人民出版社 1983

戚其章主编：《中日战争》第 5、10 册，中华书局 1993、1995

齐思和等整理：《筹办夷务始末·道光朝》，中华书局 1964

秦光玉编纂、李春龙点校：《续云南备征志》下册，云南人民出版社 2017

秦瑞玠编：《新刑律释义》，商务印书馆 1911

青岛市博物馆、中国第一历史档案馆、青岛市社会科学研究所编：《德国侵占
    胶州湾史料选编（1897—1898）》，山东人民出版社 1987

《清实录》，中华书局 1985—1987

权赫秀编著：《近代中韩关系史料选编》，世界知识出版社 2008

全国图书馆文献缩微复制中心编印：《总署奏底汇订》，2003

上海商务印书馆编译所编纂、李秀清等点校：《大清新法令 1901—1911 点校
    本》第 1、4 卷，商务印书馆 2010、2011

沈家本等编：《修正刑律案语》，修订法律馆 1909

世界知识出版社编辑：《国际条约集（1648—1871）》，世界知识出版社 1984

世界知识出版社编辑：《国际条约集（1872—1916）》，世界知识出版社 1986

世界知识出版社编辑：《中美关系资料汇编》，世界知识出版社 1960

孙瑞芹译：《德国外交文件有关中国交涉史料选译》，商务印书馆 1960

孙学雷、刘家平主编：《清代孤本外交档案》，全国图书馆文献缩微复制中心
2003

孙毓堂编：《中国近代工业史资料》第 1 辑，科学出版社 1957

台北"中研院"近代史研究所编印：《海防档·丁·电线》，1957

台北"中研院"近代史研究所编印：《海防档·机器局》，1957

台北"中研院"近代史研究所编印：《教务教案档》第七辑（二），1981

台北"中研院"近代史研究所编印：《矿务档》，1960

台北"中研院"近代史研究所档案馆藏北洋政府外交部档案

台北"中研院"近代史研究所档案馆藏外务部档案

台北"中研院"近代史研究所档案馆藏总理各国事务衙门档案

天津社会科学院历史研究所编，刘心显、刘海岩译：《1901 年美国对华外交档
案——有关义和团运动暨辛丑条约谈判的文件》，齐鲁书社 1984

王尔敏、陈善伟编：《清末议订中外商约交涉——盛宣怀往来函电稿》，香港
中文大学出版社 1993

王克敏、杨毓辉编：《光绪丙午（三十二）年交涉要览》，沈云龙主编：《近
代中国史料丛刊续编》第 30 辑，台北文海出版社 1976

王明伦编：《反洋教书文揭帖选》，齐鲁书社 1984

王铁崖编：《中外旧约章汇编》第 1—3 册，生活·读书·新知三联书店 1957、
1959、1962

王彦威、王亮辑编，李育民等点校整理：《清季外交史料》，湖南师范大学出
版社 2015

王芸生编著：《六十年来中国与日本》第 3—4 卷，生活·读书·新知三联书
店 1980

威海市政协科教文史委员会编：《英国租占威海卫三十二年》（《威海文史资料》第 10 辑），1998

隗瀛涛、赵清主编：《四川辛亥革命史料》上册，四川人民出版社 1981

吴剑杰主编：《湖北谘议局文献资料汇编》，武汉大学出版社 1991

熊志勇、苏浩、陈涛编：《中国近现代外交史资料选辑》，世界知识出版社 2012

徐丽华主编：《中国少数民族古籍集成（汉文版）》第 95 册，四川民族出版社 2002

徐宗亮：《通商约章类纂》，北洋石印官书局 1898

许同莘、汪毅、张承棨编：《光绪条约》，沈云龙主编：《近代中国史料丛刊续编》第 8 辑，台北文海出版社 1974

薛典曾、郭子雄编：《中国参加之国际公约汇编》，商务印书馆 1937

颜世清、杨毓辉、胡献琳编：《光绪乙巳（三十一）年交涉要览》，沈云龙主编：《近代中国史料丛刊续编》第 30 辑，台北文海出版社 1976

姚之鹤编：《华洋诉讼例案汇编》，商务印书馆 1915

邮传部参议厅编核科编辑：《邮传部奏议类编·续编》，沈云龙主编：《近代中国史料丛刊》第 14 辑，台北文海出版社 1967

张蓉初译：《红档杂志有关中国交涉史料选译》，生活·读书·新知三联书店 1957

章开沅、罗福惠、严昌洪主编：《辛亥革命史资料新编》，湖北人民出版社 2006

赵尔巽等撰：《清史稿》第 15、16 册，中华书局 1976

中国藏学研究中心、中国第一历史档案馆、中国第二历史档案馆、西藏自治区档案馆、四川省档案馆编：《元以来西藏地方与中央政府关系档案史料汇编》第 4 册，中国藏学出版社 1994

中国第一历史档案馆、澳门基金会、暨南大学古籍研究所合编：《明清时期澳门问题档案文献汇编（四）·档案卷》，人民出版社 1999

中国第一历史档案馆、福建师范大学历史系合编：《清末教案》第 1—3 册，中华书局 1996、1998

中国第一历史档案馆编：《光绪朝朱批奏折》，中华书局 1995

中国第一历史档案馆编：《光绪宣统两朝上谕档》第 28 册，广西师范大学出版社 1996

中国第一历史档案馆编：《晚清国际会议档案》，广陵书社 2008

中国第一历史档案馆编辑部编：《义和团档案史料续编》，中华书局 1990

中国红十字总会编：《中国红十字会历史资料选编（1904—1949）》，南京大学出版社 1993

中国近代经济史资料丛刊编辑委员会主编：《中国海关与义和团运动》，中华书局 1983

中国近代经济史资料丛刊编辑委员会主编：《中国海关与英德续借款》，中华书局 1983

中国近代经济史资料丛刊编辑委员会主编：《中国海关与邮政》，中华书局 1983

中国近代经济史资料丛刊编辑委员会主编：《中国海关与中日战争》，中华书局 1983

中国近代经济史资料丛刊编委会主编、中华人民共和国海关总署研究室编译：《辛丑和约订立以后的商约谈判》，中华书局 1994

中国科学院历史研究所第三所编：《云南杂志选辑》，科学出版社 1958

中国人民大学中共党史系、中国近现代政治思想史教研室编印：《中国近代政治思想史参考资料》，1980

中国史学会主编：《戊戌变法》，上海人民出版社 1957

中国史学会主编：《洋务运动》第 8 册，上海人民出版社 1961

中国史学会主编：《义和团》，上海人民出版社 1957

中国史学会主编：《中日战争》，上海人民出版社 1957

朱士嘉编：《美国迫害华工史料》，中华书局 1958

"中华民国开国五十年文献编撰委员会"编：《列强侵略》第 4 册，台北正中书局 1979

朱士嘉编：《十九世纪美国侵华档案史料选辑》上册，中华书局 1959

朱寿朋编、张静庐等校点：《光绪朝东华录》，中华书局 1958

庄建平主编：《近代史资料文库》第 3 卷，上海书店出版社 2009

总后百科全书编审室编：《中国近代后勤参考资料》，1987

邹念之编译：《日本外交文书选译》，中国社会科学出版社 1980

［澳］骆惠敏编、刘桂梁等译：《清末民初政情内幕——〈泰晤士报〉驻北京
   记者袁世凯政治顾问乔·厄·莫理循书信集》上卷，知识出版社 1986

美国国务院编：《美国与中国的关系》，中国现代史资料编辑委员会刊印 1957

二、 经典著作，国际法、外交学、哲学等论著

《邓小平文选》第 3 卷，人民出版社 1993

《水运技术词典》编辑委员会：《水运技术词典》，人民交通出版社 1982

陈致中、李斐南选译：《国际法案例选》，法律出版社 1986

刁敏谦：《中国国际条约义务论》，商务印书馆 1925

窦田来编、顾葆光校订：《国际条约要义》，中华书局 1914

葛洪义主编：《法理学》，中国政法大学出版社 2008

顾德欣编著：《战争法概论》，国防大学出版社 1991

黄嘉华：《国际法与外交》，法学教材编辑部 1983

金正昆：《外交学》，中国人民大学出版社 2004

李浩培：《国际法的概念和渊源》，贵州人民出版社 1994

李浩培：《条约法概论》，法律出版社 1987

梁西：《国际组织法》，武汉大学出版社 1998

刘达人、袁国钦：《国际法发达史》，中国方正出版社 2007

刘高龙：《国际公法学》，社科文献出版社 2014

吕鹤云、黄新民主编：《法学概论》，高等教育出版社 2014

秦亚青主编：《西方国际关系理论经典导读》，北京大学出版社 2009

宋春林编：《新编海商法》，青岛海洋大学出版社 1995

万鄂湘、石磊、杨成铭、邓洪武：《国际条约法》，武汉大学出版社 1998

王铁崖：《国际法引论》，北京大学出版社 1998

王铁崖：《战争与条约》，中国文化服务社 1944

王逸舟：《西方国际政治学：历史与理论》，上海人民出版社 1998

吴昆吾：《条约论》，商务印书馆 1931

夏建平：《认同与国际合作》，世界知识出版社 2006

杨泽伟：《宏观国际法史》，武汉大学出版社 2001

姚梅镇主编：《国际经济法概论》，武汉大学出版社 1989

尹章华、徐国勇：《海商法》，台北元照出版公司 2000

张乃根：《国际法原理》，中国政法大学出版社 2002

周鲠生：《国际法》上下册，商务印书馆 1976、1981

朱寰、王恒伟主编：《中国对外条约辞典（1689—1949）》，吉林教育出版社
    1994

朱建民：《侵略问题之国际法研究》，商务印书馆 1939

朱文奇、李强主编：《国际条约法》，中国人民大学出版社 2008

［奥］阿尔弗雷德·菲德罗斯等著、李浩培译：《国际法》，商务印书馆 1981

［德］奥本海著、岑德彰译：《奥本海国际法——平时》，商务印书馆 1936

［德］奥本海著、岑德彰译：《奥本海国际法——战争与中立》，商务印书馆
    1934

［德］黑格尔著、贺麟译：《小逻辑》，商务印书馆 1980

［荷］格劳秀斯著、何勤华等译：《战争与和平法》，上海人民出版社 2005

《列宁论国际政治与国际法》，世界知识出版社 1959

《列宁全集》第 27 卷，人民出版社 1990

《马克思恩格斯论殖民主义》，人民出版社 1962

《马克思恩格斯选集》第 1 卷，人民出版社 1995

［美］汉斯·凯尔森著、王铁崖译：《国际法原理》，华夏出版社 1989

［美］惠顿著、丁韪良译、何勤华点校：《万国公法》，中国政法大学出版社
    2003

［美］亚历山大·温特著、秦亚青译：《国际政治的社会理论》，上海人民出版
    社 2008

［美］詹姆斯·多尔蒂、小罗伯特·普法尔茨格拉夫著，阎学通、陈寒溪等
    译：《争论中的国际关系理论》，世界知识出版社 2003

日本国际法学会编、外交学院国际法教研室译校：《国际法辞典》，世界知识出版社 1985

[日] 中村进午：《战时国际公法》，商务印书馆 1911

[瑞] 伯伦知理著、[美] 丁韪良等译：《公法会通》，长沙南学会 1898

[瑞典] 宾德瑞特著、李佳译：《为何是基础规范——凯尔森学说的内涵》，知识产权出版社 2016

[苏] 格·伊·童金著，刘慧珊、刘文宗、王可菊等译，刘慧珊校：《国际法理论问题》，世界知识出版社 1965

[印] 兴戈兰尼著，陈宝林、张锴、杨伟民译：《现代国际法》，重庆出版社 1987

[英] 劳特帕特修订，王铁崖、陈体强译：《奥本海国际法》上卷第二分册，商务印书馆 1972

[英] 萨道义：《外交实践指南》，世界知识出版社 1959

[英] 伊恩·布朗利著，曾令良、余敏友等译：《国际公法原理》，法律出版社 2002

三、 人物文集、传记、年谱、回忆录、日记等

阿英编：《反美华工禁约文学集》，中华书局 1962

陈宝琛著，刘永翔、许全胜校：《沧趣楼诗文集》下册，上海古籍出版社 2006

陈代湘校点：《刘坤一集》，岳麓书社 2018

《陈独秀文章选编》中册，生活·读书·新知三联书店 1984

陈旭麓、郝盛潮主编，王耿雄等编：《孙中山集外集》，上海人民出版社 1990

陈旭麓主编：《宋教仁集》，中华书局 1981

《醇亲王载沣日记》，群众出版社 2014

丛佩远、赵鸣岐编：《曹廷杰集》下册，中华书局 1985

崔国因著，刘发清、胡贯中点注：《出使美日秘国日记》，黄山书社 1988

丁凤麟、王欣之编：《薛福成选集》，上海人民出版社 1987

丁贤俊、喻作凤编：《伍廷芳集》，中华书局 1993

杜春和、耿来金、张秀清编：《荣禄存札》，齐鲁书社 1986

顾秋心、范文俐、李波译：《德龄忆慈禧》，中国广播电视出版社 1996

顾廷龙、戴逸主编：《李鸿章全集》，安徽教育出版社 2008

广东省社会科学院历史研究室、中国社科院近代史研究所中华民国研究室、中
　　山大学历史系孙中山研究室合编：《孙中山全集》第 1 卷，中华书局 1981

何勤华、魏琼编：《董康法学文集》，中国政法大学出版社 2005

《李大钊全集》第 2 卷，人民出版社 2006

《梁启超全集》，北京出版社 1999

刘晴波主编：《杨度集》，湖南人民出版社 1985

刘志惠点校辑注、王澧华审阅：《曾纪泽日记》中册，岳麓书社 1998

民任社编印：《中国抵制禁约记》，1942

钱恂：《二二五五疏》，沈云龙主编：《近代中国史料丛刊》第 54 辑，台北文
　　海出版社 1970

容龄等：《慈禧与我》，辽沈书社 1994

沈家本：《沈寄簃先生遗书·寄簃文存》第 1 卷，民国刻本

盛宣怀：《愚斋存稿》，台北文海出版社 1974、1975

苏绍柄编：《山钟集》，觉觉社 1906

孙应祥、皮后锋编：《〈严复集〉补编》，福建人民出版社 2004

汤志钧编：《康有为政论集》，中华书局 1981

翁同龢：《翁文恭公日记》，上海涵芬楼 1925

翁万戈编：《翁同龢日记》第 7 卷，中西书局 2012

吴丰培编辑：《清代藏事奏牍·鹿传霖藏事奏牍》，中国藏学出版社 1994

吴剑杰编著：《张之洞年谱长编》下册，上海交通大学出版社 2009

吴禄贞、匡熙民：《光绪丁未延吉边务报告延吉厅领土问题之解决》，吉林文
　　史出版社 1986

夏东元编：《郑观应集》，上海人民出版社 1982

夏东元编著：《盛宣怀年谱长编》下册，上海交通大学出版社 2004

谢俊美编著：《翁同龢年谱长编》下册，上海交通大学出版社 2018

徐世昌等编纂：《东三省政略》，吉林文史出版社 1989

徐素华选注：《筹洋刍议：薛福成集》，辽宁人民出版社 1994

许景澄：《许文肃公遗稿》，1918 年铅印本

薛福成：《出使公牍》下册，朝华出版社 2019

杨坚校补：《郭嵩焘奏稿》，岳麓书社 1983

喻岳衡点校：《曾纪泽遗集》，岳麓书社 1983

苑书义、孙华峰、李秉新主编：《张之洞全集》，河北人民出版社 1998

张枬、王忍之编：《辛亥革命前十年间时论选集》，生活·读书·新知三联书
　　店 1977

张之洞：《张文襄公全集》，中国书店 1990

志刚：《初使泰西记》，湖南人民出版社 1981

中国科学院历史研究所第三所校点：《刘坤一遗集》，中华书局 1959

中国科学院历史研究所第三所主编：《锡良遗稿·奏稿》，中华书局 1959

中国社科院近代史研究所近代史资料编辑组编：《杨儒庚辛存稿》，中国社会
　　科学出版社 1980

朱家英整理：《许景澄集》第 1 册，浙江古籍出版社 2015

［法］A. 施阿兰著，袁传璋、郑永慧译：《使华记（1893—1897）》，商务印书
　　馆 1989

［美］亚尔莫林斯基编、傅正译：《维特伯爵回忆录》，商务印书馆 1976

［葡］马楂度：《勘界大臣马楂度葡中香港澳门勘界谈判日记（1909—1910）》，
　　澳门基金会 1999

王光祈译：《瓦德西拳乱笔记》，台北文海出版社 1972

［英］赫德著、叶凤美译：《这些从秦国来——中国问题论集》，天津古籍出版
　　社 2005

四、 研究著作、论集

北京大学韩国学研究中心编：《韩国学论文集》第 19 辑，中山大学出版社 2011

蔡建主编：《晚清与大韩帝国的外交关系（1897—1910）》，上海辞书出版社

2008

曹英:《晚清中英内地税冲突研究》,湖南师范大学出版社 2008

曹中屏:《朝鲜近代史 1863—1919》,东方出版社 1993

陈顾远:《中国国际法溯源》,商务印书馆 1933

陈民耿主编、蔡文星编著:《泰国近代史略》,正中书局 1944

陈诗启:《中国近代海关史》,人民出版社 2002

陈体强:《中国外交行政》,商务印书馆 1943

陈振江、程歗:《义和团文献辑注与研究》,天津人民出版社 1985

程道德主编:《近代中国外交与国际法》,现代出版社 1993

池子华:《红十字与近代中国》,安徽人民出版社 2004

崔丕:《近代东北亚国际关系史研究》,东北师范大学出版社 1992

丁名楠等:《帝国主义侵华史》第 2 卷,人民出版社 1986

董鸿祎:《和会条约译诠》,清光绪宣统年铅印本

杜恂诚:《民族资本主义与旧中国政府》,上海社会科学院出版社 1991

费成康:《中国租界史》,上海社会科学院出版社 1991

复旦大学历史系编写组编:《沙俄侵华史》,上海人民出版社 1986

复旦大学历史学系、复旦大学中外现代化进程研究中心编:《近代中国的国家
　形象与国家认同》,上海古籍出版社 2003

高汉成:《签注视野下的大清刑律草案研究》,中国社会科学出版社 2007

顾维钧:《外人在华之地位》,外交部图书处 1925

关捷等总主编,刘恩格、王珍仁、于耀洲主编:《中日甲午战争全史》第 4 卷,
　吉林人民出版社 2005

郭卫东:《不平等条约与近代中国》,高等教育出版社 1993

侯中军:《近代中国的不平等条约——关于评判标准的讨论》,上海书店出版
　社 2012

胡永龄编著:《战时国际公法》,中华书局 1947

黄鸿钊:《澳门史》,福建人民出版社 1999

江天凤主编:《长江航运史(近代部分)》,人民交通出版社 1992

姜龙范:《近代中朝日三国对间岛朝鲜人的政策研究》,黑龙江朝鲜民族出版社 2000

孔经纬主编:《中国东北地区经济史》,黑龙江人民出版社 1990

李传斌:《基督教与近代中国的不平等条约》,湖南人民出版社 2011

李恩涵:《晚清的收回矿权运动》,台北"中研院"近代史研究所 1978

李济棠:《中俄密约和中东铁路的修筑》,黑龙江人民出版社 1989

李明山主编:《中国近代版权史》,河南大学出版社 2003

李文海、匡继先主编:《近代中国不平等条约写实》,中国人民大学出版社 1997

李细珠:《张之洞与清末新政研究》,上海书店出版社 2003

李永胜:《清末中外修订商约交涉研究》,南开大学出版社 2005

李育民:《近代中国的条约制度》,湖南人民出版社 2010

李育民:《晚清中外条约关系研究》,法律出版社 2018

李育民:《中国废约史》,中华书局 2005

李云泉:《朝贡制度史论——中国古代对外关系体制研究》,新华出版社 2004

梁敬錞:《在华领事裁判权论》,商务印书馆 1934

辽宁师范学院政史系历史教研室编:《沙俄侵占旅大的七年》,中华书局 1978

林东海:《外事警察与国际关系》,商务印书馆 1937

林家有、李明主编:《孙中山与世界》下册,吉林人民出版社 2005

林学忠:《从万国公法到公法外交:晚清国际法的传入、诠释与应用》,上海古籍出版社 2009

林增平编:《中国近代史》下册,湖南人民出版社 1958

刘禾著、杨立华等译:《帝国的话语政治:从近代中西冲突看现代世界秩序的形成》,生活·读书·新知三联书店 2009

刘宏煊主编:《中国睦邻史——中国与周边国家关系》,世界知识出版社 2001

刘利民:《不平等条约与中国近代领水主权问题研究》,湖南人民出版社 2010

刘利民:《列强在华租借地特权制度研究》,湖南人民出版社 2011

刘彦:《被侵害之中国》,太平洋书店 1929

刘彦:《帝国主义压迫中国史》上卷,太平洋书店 1934

刘彦：《最近三十年中国外交史》，太平洋书店 1930

卢峻：《国际私法之理论与实际》，中华书局 1937

吕一燃主编：《中国海疆史研究》，四川人民出版社 2016

吕一燃主编：《中国近代边界史》，四川人民出版社 2007

吕昭义：《英属印度与中国西南边疆：1774—1911》，云南大学出版社 2016

马德润：《中国合于国际公法论》，商务印书馆 1908

马陵合：《清末民初铁路外债观研究》，复旦大学出版社 2004

马汝珩、成崇德主编：《清代边疆开发》，山西人民出版社 1998

马汝珩、马大正主编：《清代的边疆政策》，中国社会科学出版社 1994

宓汝成：《帝国主义与中国铁路（1847—1949）》，上海人民出版社 1980

彭德清主编：《中国航海史（近代航海史）》，人民交通出版社 1989

戚其章：《甲午战争国际关系史》，人民出版社 1994

漆树芬：《经济侵略下之中国》，上海光华书局 1928

钱实甫：《清代的外交机关》，生活・读书・新知三联书店 1959

钱泰：《中国不平等条约之缘起及其废除之经过》，国防研究院 1961

石源华等：《近代中国周边外交史论》，上海辞书出版社 2006

苏全有：《清末邮传部研究》，中华书局 2005

孙克复：《甲午中日战争外交史》，辽宁大学出版社 1989

孙晓楼、赵颐年：《领事裁判权问题》，商务印书馆 1937

唐纪翔：《中国国际私法论》，商务印书馆 1934

唐启华：《被"废除不平等条约"遮蔽的北洋修约史（1912—1928）》，社会
科学文献出版社 2010

田涛：《国际法输入与晚清中国》，济南出版社 2001

王尔敏：《晚清商约外交》，中华书局 2009

王宏斌：《晚清边防：思想、政策与制度》，中华书局 2017

王纪元：《不平等条约史》，亚细亚书局 1935

王建朗：《中国废除不平等条约的历程》，江西人民出版社 2000

王建朗、栾景河主编：《近代中国、东亚与世界》下册，社会科学文献出版

社 2008

王开玺：《隔膜、冲突与趋同——清代外交礼仪之争透析》，北京师范大学出版社 1999

王立诚：《中国近代外交制度史》，甘肃人民出版社 1991

王鹏九编：《交涉约案摘要》，清光绪年刻本

王树槐：《庚子赔款》，台北"中研院"近代史研究所专刊 1985

王杨红：《从朝贡到早期订约交涉：中—暹关系的变迁（1782—1914）》，厦门大学博士学位论文 2018

王逸舟主编：《磨合中的建构：中国与国际组织关系的多视角透视》，中国发展出版社 2003

吴昆吾：《不平等条约概论》，商务印书馆 1933

夏东元：《洋务运动史》，华东师范大学出版社 1992

谢彬：《中国邮电航空史》，中华书局 1928

熊伟民：《和平之声——20世纪反战反核运动》，南京出版社 2006

许涤新、吴承明主编：《中国资本主义发展史》，人民出版社 1990

许毅、金普森等：《清代外债史论》，中国财政经济出版社 1996

许毅主编：《北洋政府外债与封建复辟》，经济科学出版社 2000

许永璋：《古代中非关系史稿》，上海辞书出版社 2019

杨闯：《近代国际关系史纲》，中国人民大学出版社 1998

杨大春：《晚清政府基督教政策初探》，金城出版社 2004

叶士东：《晚清交通立法研究》，中国政法大学博士学位论文 2005

叶祖灏：《废除不平等条约》，独立出版社 1944

仪名海：《中国与国际组织》，新华出版社 2004

尹新华：《晚清中国与国际公约》，湖南人民出版社 2011

邮电史编辑室编：《中国近代邮电史》，人民邮电出版社 1984

袁丁：《晚清侨务与中外交涉》，西北大学出版社 1994

袁继成：《近代中国租界史稿》，中国财政经济出版社 1988

张存武：《中美工约风潮》，台北"中研院"近代史研究所专刊 1982

张道行：《中外条约综论》，五洲出版社 1969

张德美：《探索与抉择：晚清法律移植研究》，清华大学出版社 2003

张凤岐：《云南外交问题》，商务印书馆 1937

张建俅：《中国红十字会初期发展之研究》，中华书局 2007

张生：《中国近代民法法典化研究》，中国政法大学出版社 2004

章熙林：《尼泊尔新志》，商务印书馆 1947

赵炳坤：《中国外事警察》，商务印书馆 1937

赵树好：《教案与晚清社会》，中国文联出版社 2001

郑友揆著、程麟荪译：《中国的对外贸易和工业发展》，上海社会科学院出版
　　社 1984

中国朝鲜史研究会、延边大学朝鲜·韩国历史研究所编：《朝鲜·韩国历史研
　　究》第 12 辑，延边大学出版社 2012

中国航海博物馆主编、陈悦编著：《辛亥·海军》，山东画报出版社 2017

中国社会科学院近代史研究所编：《沙俄侵华史》第 4 卷上，中国社会科学出
　　版社 2007

中华书局编辑部编：《纪念辛亥革命七十周年学术讨论会论文集》下册，中
　　华书局 1981

周斌：《舆论、运动与外交：20 世纪 20 年代民间外交研究》，学苑出版社 2010

周鲠生：《不平等条约十讲》，太平洋书店 1929

周秋光：《红十字会在中国：1904—1927》，人民出版社 2008

周育民：《晚清财政与社会变迁》，上海人民出版社 2000

朱英：《晚清经济政策与改革措施》，华中师范大学出版社 1996

朱雍：《不愿打开的中国大门》，江西人民出版社 1989

庄国土：《中国封建政府的华侨政策》，厦门大学出版社 1989

［德］施丢克尔著、乔松译：《十九世纪的德国与中国》，生活·读书·新知
　　三联书店 1963

［法］罗贝尔·科纳万著、史陵山译：《刚果（金）历史》，商务印书馆 1974

［法］约瑟夫·马纪樵著、许峻峰译：《中国铁路：金融与外交（1860—1914）》，

中国铁道出版社 2009

［韩］金容九著、权赫秀译：《世界观冲突的国际政治学：东洋之礼与西洋公法》，中国社会科学出版社 2013

［韩］李泰镇著、金京子译：《明治日本侵韩史略》，中国人民大学出版社 2011

［加］保罗·埃文斯著，陈同、罗文苏、袁燮铭、张培德译，袁传伟校：《费正清看中国》上海人民出版社 1995

［美］T. M. 欧弗莱区著、郭家麟译：《列强对华财政控制》，上海人民出版社 1959

［美］巴巴拉·杰拉维奇著、福建师范大学外语系编译室译：《俄国外交政策的一世纪（1814—1914）》，商务印书馆 1978

［美］费正清、刘广京编，中国社会科学院历史研究所编译室译：《剑桥中国晚清史》下卷，中国社会科学出版社 1993

［美］费正清著、张理京译：《美国与中国》，世界知识出版社 1999

［美］韩德著，项立岭、林勇军译，张自谋校：《中美特殊关系的形成——1914年前的美国与中国》，复旦大学出版社 1993

［美］柯文著、杜继东译：《历史三调：作为事件、经历和神话的义和团》，江苏人民出版社 2000

［美］孔华润主编、王琛等译：《剑桥美国对外关系史》，新华出版社 2004

［美］雷麦著，蒋学楷、赵康节译：《外人在华投资》，商务印书馆 1959

［美］马士、宓亨利著，姚曾廙等译：《远东国际关系史》，商务印书馆 1975

［美］马士著，张汇文、章巽、倪征𣈣等合译：《中华帝国对外关系史》第1—3卷，商务印书馆 1960、1963

［美］施坚雅著，许华等译，力践、许丽丽、庄国土审校：《泰国华人社会：历史的分析》，厦门大学出版社 2010

［美］泰勒·丹涅特著、姚曾廙译：《美国人在东亚》，商务印书馆 1959

［美］威罗贝著、王绍坊译：《外人在华特权和利益》，生活·读书·新知三联书店 1957

［日］滨下武志著，朱荫贵、欧阳菲译：《近代中国的国际契机：朝贡贸易体

系与近代亚洲经济圈》，中国社会科学院出版社 1999

［日］川岛真著、田建国译、田建华校：《中国近代外交的形成》，北京大学
出版社 2012

［日］高柳松一郎著、李达译：《中国关税制度论》，台北文海出版社 1972

［日］信夫清三郎编、天津社会科学院日本问题研究所译：《日本外交史》，商
务印书馆 1980

［日］野村浩一著、张学锋译：《近代日本的中国认识：走向亚洲的航踪》，中
央编译出版社 1998

［苏］B. 阿瓦林著、北京对外贸易学院俄语教研室译：《帝国主义在满洲》第 1
卷，商务印书馆 1980

［苏］福森科著、杨诗浩译：《瓜分中国的斗争和美国的门户开放政策》，生
活·读书·新知三联书店 1958

［英］伯尔考维茨著，江载华、陈衍合译：《中国通与英国外交部》，商务印书
馆 1959

［英］菲利浦·约瑟夫著、胡滨译：《列强对华外交》，商务印书馆 1959

［英］莱特著、姚曾廙译：《中国关税沿革史》，生活·读书·新知三联书店
1958

［英］魏尔特著，陈敉才、陆琢成、李秀风等译，戴一峰校：《赫德与中国海
关》，厦门大学出版社 1993

［英］杨国伦著，刘存宽、张俊义译：《英国对华政策（1895—1902）》，中国
社会科学出版社 1991

五、 报纸杂志

《外交报》《时报》《申报》《东方杂志》《清议报》《法政杂志》《政治官
报》《万国公报》《新闻报》《国风报》《国闻周报》《新民丛报》《民报》《思
想月刊》《经世报》《史料旬刊》《政艺通报》《外交季刊》《外交月报》《时事
月报》《大同报（上海）》《通问报》《现世史》《四川官报》《中外日报》《图
书月报》《中华法学杂志》《振华五日大事记》《广益丛报》《政治生活》《战

士》《爱国青年》《京报副刊》《京报》《向导》《共进》《顺天时报》《中国青年》《浙江潮》《民族（上海）》,《时事新报（上海）》《集美周刊》等等

六、 外文资料

Alexander Pearce Higgins, *The Hague Peace Conferences and other International Conferences Concerning the Laws and Usages of War*: *Texts of Conventions with Commentaries*, University Press, 1909

A. N. Cockcroft, J. N. F. Lameijer, *A Guide to the Collision Avoidance Rules*: *International Regulations for Preventing Collisions at Sea*, Butterworth-Heinemann, 2003

Charles Vevier, *The United States and China, 1906—1913*: *A Study of Finance and Diplomacy*, Rutgers University Press, 1955

China Centenary Missionary Conference, Centenary Conference Committee, 1907

Crystal Renee Murray Wright, *From the Hague to Nuremberg*: *International Law and War, 1898—1945*, Thesis, North Texas State University, 1987

David Scott, *China and the International System, 1840 — 1949*: *Power, Presence, and Perceptions in a Century of Humiliation*, State University of New York Press, 2008

Despatches from U. S. Ministers to China, 1843—1906, Nineteenth Century Collections Online, Gale Group, 2020

Edwin Dewitt Dickinson, *the Equality of States in International Law*, Harvard University Press, 1920

E. W. Edwards, *British Diplomacy and Finance in China, 1895 — 1914*, Clarendon Press, 1987

Frits Kalshoven ed. , *The Centennial of the First International Peace Conference*: *Reports & Conclusions*, Kluwer Law International, 2000

G. P. Gooch and Harold Temperley eds. , *British Documents on the Origins of the War 1898—1914*, Vol. 8，His Majesty's Stationery Office，1932

Henry Wheaton, *Elements of International Law*, Bradbury, Agnew, & CO. , 1878

Immanuel C. Y. Hsü, *China's Entrance into the Family of Nations: the Diplomatic Phase*, 1858—1880, Harvard University Press, 1960

James Brown Scott, *The Hague Peace Conferences of 1899 and 1907: A Series of Lectures Delivered before the Johns Hopkins University in the Year 1908*, Vol. Ⅱ-Documents, The Johns Hopkins Press, 1909

James Brown Scott, *The Proceedings of the Hague Peace Conferences: Translation of the Official Texts*, the Conference of 1899, Oxford University Press, 1920

James Brown Scott, *The Proceedings of the Hague Peace Conferences: Translation of the Official Texts*, the Conference of 1907, Vol. Ⅰ, Ⅱ, Ⅲ, Oxford University Press, 1920, 1921

James Lorimer, *The Institutes of the Law of Nations: A Treatise of the Jural Relations of Separate Political Communities*, Vol. Ⅰ, W. Blackwood & sons, 1883

Jerome Alan Cohen, Hungdah Chiu, *People's China and International Law: A Documentary Study*, Princeton University Press, 1974

John Bassett Moore, *A Digest of International Law*, Vol. V, Government Printing Office, 1906

Journal of World History

Kenneth Bourne etc. eds. , *British Documents on Foreign Affairs: Reports and Papers from the Foreign Office Confidential Print*, Part Ⅰ, Series E, Asia, 1860—1914, Vol. 12—14, 20, 25, University Publications of America, 1994

L. Oppenheim, *International Law: A Treatise*, Longmans, Green and Co. , 1912

Michael G. Kulma, *China and Multilateral Institutions : The Decision to Join*, Dissertation, City University of New York, 2005

Peter Wesley-smith, *Unequal Treaty*, 1898—1997, *China*, *Great Britain and Hong Kong's New Territories*, Oxford University Press, 1980

Rodney Gilbert, *The Unequal Treaties : China And The Foreigner*, John Murray, 1929

The American Journal of International Law

The Asiatic Fields : Addresses Delivered Before Eastern Missionary Convention of the Methodist Episcopal Church, Philadelphia, Pa. October 13—15, 1903, Eaton & Mains, 1904

The China Press

The China Quarterly

The Chinese Recorder

The NorthChina Herald

The Times, Digital Archive 1785—1985, Gale Group

U. S. Department of State, *Papers Relating to the Foreign Relations of the United States with the Annual Message of the President Transmitted to Congress December 2*, *1902*, Government Printing Office, 1902

U. S. Department of State, *Papers Relating to the Foreign Relations of the United States with the Annual Message of the President Transmitted to Congress December 6*, *1910*, Government Printing Office, 1917

U. S. Department of State, *Papers Relating to the Foreign Relations of the United States with the Annual Message of the President Transmitted to Congress December 8*, *1908*, U. S. Government Printing Office, 1908

U. S. Department of State, *Papers Relating to the Foreign Relations of the United States*, *1901*, *Affairs in China*, Appendix, Government Printing Office, 1902

Wesley R. Fishel, *The End of Extraterritoriality in China*, University of

California Press，1952

William I. Hull，*The Two Hague Conferences and Their Contributions to International Law*，Ginn & Company，1908

Zhang Yongjin，*China in the International System*，*1918—1920*：*The Middle Kingdom at the Periphery*，Macmillan Academic and Professional Ltd.，1991

日本外务省数字收藏《日本外交文书》：https：//www. mofa . go. jp/mofaj/ annai/honsho/ shiryo/archives/mokuji. htm